U0023831

與中國共舞

ENGAGING CHINA

Fifty Years of Sino-American Relation

美中關係

Anne F. Thurston
石文安——主編

陳於勤——譯
陳建元——審校

目次

第一部分

美中關係的成與敗

第1章 與中國交流——美中關係五十年

文／石文安（Anne F. Thurston）

一九四九年十月一日，毛澤東於天安門宣布中華人民共和國成立；然而，當時美國卻拒絕承認這個新中國政府。[1]美方在冗長的國共內戰期間一向支持蔣介石及國民黨，並在國民政府撤退至臺灣以後仍繼續承認其地位。隨後不出幾個月，美國與共產黨於朝鮮半島交戰。即便雙方於一九五三年七月簽署了停戰協定，美國社會依然籠罩在高度反共的緊張氛圍中，任何與中國接觸的作為皆可能涉嫌叛國；某些中國問題專家，包括學者或政府公職人員，甚至因遭認定為共產黨同路人而失去工作。[2]

一九六〇年代中期，改變的微光開始啟露。一九六六年，美國來自各方深具影響力的慈善家與頂尖的中國問題專家集合起來，成立了美中關係全國委員會（National Committee on U.S.-China Relations），作為非政府性質的橋梁，探究打破美中隔閡的可能性。作為創辦人之一的約翰・洛克斐勒（John D. Rockefeller III, 1906-1978）指出，在此期間美國看待中國的態度深受恐懼心理所支配，以致不少人認為僅僅提出重新思考對中政策也會被貼上叛國標籤。[3]

數月後，在一九六七年十月，即理察・尼克森（Richard Nixon, 1913-1994）成功當選總統的前一年，這位當時身為普通公民的堅定反共分子，於《外交事務》（*Foreign Affairs*）雜誌上發表了影響深遠的文章，闡明共產中國（Red China）為明確且真實的危險，並認為只有中國改變，世界才能安全。尼克森提出的解決方案主張要說服中國相信：只有接受國際文明的基本規範，才能維護其自身利益。他想將中國拉回國際社群——是作為一個偉大而進步的國家，而不是世界革命的中心。他說：「將中國永遠摒除在國際大家庭之外，讓她在那裡滋養幻想、擁抱仇恨和威脅鄰國，將會帶來危險後果。」[4]

該文預示尼克森對中政策的序幕。一九七二年二月，尼克森以美國總統之身分出訪中國，至北京與中國共產黨主席毛澤東面會，寫下歷史性的一刻。七年後，一九七九年一月一日，時任美國總統的吉米・卡特（Jimmy Carter, 1924-）正式與中華人民共和國建交。隨後，中國新掌權之最高領導人鄧小平訪美，受到熱烈歡迎，美中交流時代就此展開。

然而，現今美中交流的時代可能即將畫上句點。

本書探究近五十年的美中交流，並探討四大問題：發生何事？何為正確之舉？何為錯誤之事？未來將如何發展？本書想法源自二〇一八年十一月於威斯康辛州拉辛市（Racine）展翼會議中心（Wingspread Conference Center）舉辦的學術研討會：「五十年美中交流：我們學到什麼？」（Five Decades of U.S. Engagement with China: What Have We Learned?）；與會者大多為美國及世界頂尖的中國問題專家，在與中國交流方面，皆扮演要角，舉足輕重。這些專家有些是學者，有些是非政府組織之領導，還有一些則是曾經或正在政府及外交部門服務的官員。

本書出發點為美中關係的複雜性、多面性、多層性，要對其深入了解，只能從歷史進程、多樣層次及多種學科領域和實質觀點來切入。高龍江（John Garver, 1946-）撰寫的第三章交流史，所探討時間期間最長，他認為，超過百年以來，美方對中國的外交政策之核心要素為協助中國尋求財富與權力，並說明其原因及過程，然而現在中國已然強大，長久以來相互合作友好的政策已走到終點。其餘章節聚焦於非政府組織之交流。媒體經常報導政府與政府間關係及華府對安全議題的重視，但許多成果豐碩的交流實際是由次國家及非政府組織所主導（因此較無政治意涵），因而未受到媒體所重視和報導。這些非政府交流不僅讓美中一同發展實質且富有成效的計畫，而且在政府高層關係面臨偏離正軌的危機時，維持其穩定性。因此，除了探討整體美中關係〔馮稼時（Thomas Fingar, 1946-），第二章；高龍江，第三章；李侃如（Kenneth Lieberthal, 1943-）與董雲裳（Susan Thornton），第十三章；藍普頓（David

Lampton, 1946-），第十四章〕以外，本書也囊括中美看法與誤解〔趙文詞（Richard Madsen, 1941-），第五章〕、學術關係與交流〔戴博（Robert Daly, 1936-），第十章〕、健康領域之合作〔黃嚴忠，第九章〕、美國非政府組織之角色〔布洛克（Mary Brown Bullock, 1944-），第八章〕、中國領域之現狀〔毛雪峰（Andrew Mertha），第四章〕、經濟議題〔諾頓（Barry Naughton, 1951-），第七章〕、貿易與金融〔艾倫（Craig Allen, 1957-）；第六章〕、中國周邊地區之議題〔傅瑞珍（Carla Freeman, 1959-），第十二章〕，以及軍事議題〔傅立民（Chas Freeman, 1943-），第十一章〕。

本書大多數（可能全部）的作者都同意與中國的接觸交流實大有益處。中國參與國際事務系統的大門因美中接觸而展開，套句勞勃・佐利克（Robert Zoellick, 1953-）的話說，鼓勵中國成為負責的利益相關者（responsible stakeholder），不僅要適應上世紀制定的國際規則，更要聯合應對新世紀的挑戰。[5]作為國際系統的參與者，中國成為了聯合國安全理事會（UN Security Council）、世界貿易組織（World Trade Organization，簡稱ＷＴＯ）、國際貨幣基金組織（International Monetary Fund，簡稱ＩＭＦ），以及世界銀行（World Bank）的會員國。中國也是一九九二年《核武禁擴條約》（Treaty on the Non-Proliferation of Nuclear Weapons）、一九九六年《全面禁止核試驗條約》（Comprehensive Nuclear-Test-Ban Treaty），以及二〇一六年《巴黎協定》（Paris Climate Agreement）的簽署國。二〇〇〇至二〇一八年間，聯合國安全理事會制裁違反國際法規國家的決議有一百九十項，中國支持了其中一百八十二項。中國是聯合國的第二大出資者，在聯合國的主導下，已在世界各地部署約兩千五百名的維和人員。[6]美中交流幫助東亞開啟和平的新時代，反之亦推動了中國前所未有的快速經濟成長，加速整個亞洲及其他地區的社會變革與經濟改善。即使有許多美國人不信任中國已成為負責的利益相關者，他們卻也不致否認，中國已經在雙方利益趨同的議題上——如氣候變遷、伊朗核武協議及制裁北韓，[7]表現出具有意義與負責任貢獻的意願。雖然從美國的觀點看來，中國的表現絕非完美，但與接觸交流前相比，已大幅改善。

但這也不是說熱衷美中交流的支持者就能肯定美中關係不會遇到問題。本書作者群深知美中關係並不單純、容易，他們皆是思緒清晰的務實派。美中關係時常面臨挑戰，而且往往危機四伏。不同的利益與價值觀衍生出無窮無盡的誤解、誤會與衝突，趙文詞將於第五章細說這些誤解。美中雙方皆發起過最特異、最棘手的挑戰，如一九八九年六月中國武力鎮壓北京及全國各地的抗議活動、一九九〇年代中期中國向臺灣海峽試射飛彈、一九九九年駐北約（North Atlantic Treaty Organization，簡稱NATO）美軍意外轟炸中國駐南斯拉夫大使館造成死傷、二〇〇一年美軍偵察機EP-3與中方戰機相撞致中方飛行員喪生而美方軍機則未經允許迫降海南島等事件。傅立民將於第十一章深入這些或多或少威脅到美中關係、損害雙方早先所蓄積戰略基礎的事件。本書不僅詳盡說明交流的成果，亦探究雙方有心或無心犯下的錯誤、誤會、挫敗及合理的相互猜忌。

美中關係的重要性及關係破裂的潛在後果無須贅述，二十一世紀初期，中國崛起是不爭的事實，大多數的美國外交政策專家認為與中國的交流是此時期最重要的國際關係，因此合理地推論為「我們最好能讓中國改頭換面」（we had better get China right）。如同某研究說明中國崛起帶來的挑戰所言：

隨著二十一世紀展開，美國制定對中國外交政策及其可能帶來的後果須審慎考量。中國與美中關係的發展方向將會決定未來的世界局勢。無論是好是壞，美中關係對解決長久以來的挑戰、維持強權之間的穩定、維護全球經濟成長、阻止武器數量增加、打擊恐怖主義、處理如傳染病、環境汙染、跨國犯罪與政府失能等的新全球危機，至關重要。[8]

一份二〇一〇年調查美國民眾對中國看法的報告指出，美國民眾對於中國近年之改變有一定程度的理解，但同時也擔憂這些改變會影響自身的生活與工作。[9]即使有這些擔憂，大多數美國民眾認同從尼克森到歐巴馬（Barack Obama, 1961-）時期所制定的美中交流政策。主流民意認為美中是互利互惠且會持續進展的關係，尤其是在中國經濟持續成長且中國政府逐漸放寬對外開放條件與人身自由管控的情況下。多數人並不質疑歐巴馬視美中關係為二十一世紀最重要的雙邊關係之口號，甚且也不強烈反對他樂見中國崛起之言論。[10]對中國的理解與溝通需要多重訓練與專業知識，加上美中政治體制與價值觀的巨大差異，因此「讓中國改頭換面」並不容易，有時在根本利益（fundamental interests）方面就是相互對立。

漸漸地，根源於不同利益的想法開始出現，大眾對中國的看法也逐漸變得多樣。商界一直以來都是美中交流的熱衷派，相對地，人權組織則經常批評美國政府在人權議題上對中國的施壓不夠積極。中國新工業的蓬勃發展導致美國製造業就業率下降，諾頓將於第七章深入描述此現象，工會代表為受失業所苦的人發聲，公開指責中國為造成失業的主因，並斥責美國公司將工作境外外包（offshoring）。

在這種日益多樣化的利益格局中，有時中國被蒙上極端的色彩。擔心中國威脅的恐懼不算新鮮事，中國的發展走向也一直都是觀察的要點。在二〇〇〇年初期，中國威脅論（China threat school of thought）與中國崩潰論（China collapse school of thought）二者同時並存不相上下：威脅論者認為中國共產主義與美國民主主義彼此無法相容，質疑對中貿易能起到任何民主之效，並主張只有致力於鞏固民主、加強美國軍備才是應對中國威脅的解方；[11]崩潰論者則認為中國領導若無重大改變，衰退的經濟、高失業率加上貪腐的政府及加入世貿組織後必須的改革，十年內中國經濟與政府即會崩潰。[12]這些具爭議的論點不斷修正更新直至今日，有些是由學識淵博的學者所提出。對中國未來的猜想不外乎政權可能動盪分裂，[13]習近平（1953-）對中國夢的願景、限縮狹隘的政治、軍事力量的集結、戰狼文化（Wolf Warrior ethos）、誇大美國衰弱的想法，不僅會挑動雙方的緊張關係，更可能導致戰爭。[14]以修昔底德陷阱（Thucydides Trap）的觀點來看，當新興強權崛起挑戰處於防守的舊有強權時，戰爭可能一觸即發。

歐巴馬總統多次表示，美中關係為二十一世紀最重要的雙邊關係，並持續公開表態他樂見中國的崛起，但實際上他從未真正將中國稱為朋友。與中國建立夥伴關係的想法在華府政治圈並不受歡迎，實際上歐巴馬總統清楚表示，他有意要讓美國，而非中國這樣的國家，來制定世界經濟規則。[15]在美中關係日漸複雜的狀況下，誤解、誤會及衝突不斷增加，部分原因在於中國作為世界第二大經濟體的經濟實力不斷成長，另一原因則在於中國認為歐巴馬將美國戰略重心轉向亞洲是為了遏制中國崛起。在美國，諸如智慧財產竊盜侵權、強制技術轉移及「中國製造二〇二五」（Made in China 2025）之法律糾紛日漸加劇。中國的製造業政策與美國在國貿金融領域建立公平競爭環境的願景相左，中國在國際舞臺上的作為，如二〇一三年野心勃勃的一帶一路計畫（Belt and Road Initiative，簡稱ＢＲＩ）、二〇一六年於北京設置亞洲基礎設施投資銀行（Asian Infrastructure Investment Bank，簡稱ＡＩＩＢ、亞投行），這些作為並未讓中國被視為負責的利益相關者，反而使得一些觀察家認定中國亟欲積極改寫全球交流的規則，重塑亞洲經濟地位以將美國排除在外。在歐巴馬總統任內，美中雙方緊繃的關係持續升溫。[16]

但是，當政治強人習近平對上了美國總統唐納德・川普（Donald Trump, 1946-）時，美中關係突然出現斷崖式的惡化。二〇一七年底至二〇一八年初，川普行政團隊向國會提交《國家安全戰略》（*National Security Strategy*），國防部長詹姆斯・馬蒂斯（James Mattis, 1950-）隨即簽訂並公開了新的《國家防衛戰略》（*National Defense Strategy*）。[17]《國家安全戰略》雖然呼籲持續與中國合作，但同時也斷言：「中俄將挑戰美國權力、影響利益關係、試圖破壞美國國安與繁榮，中方決定限縮經濟的開放與公平性、擴增軍力、控制資訊流通以抑制社會民眾並擴展其影響力。」[18]《國家防衛戰略》則哀嘆美國軍備優勢已遭削弱並宣告美國國安與繁榮的核心挑戰是「修正主義強權（revisionist powers）重新崛起所帶來的長期戰略競爭」。[19]兩份文件直指中俄為修正主義強權，指責兩方取得好處的同時又破壞了國際秩序。中國遭指控利用掠奪經濟恐嚇鄰國及加強中國南海軍備。[20]然而，中俄兩方相較之下，又以中國的威脅更為強大。

二〇一八年十月，副總統麥克・彭斯（Mike Pence, 1959-）於哈德遜研究所（Hudson Institute）發表演講，不僅呼應了《國家防衛戰略》之報告，又更進一步說明對中國的指控：

> 北京採用整體型政府（whole-of-government）的方法以加深其影響力及擴大自身利益，中國運用

這樣的實力以更主動、更脅迫的手段干預國內政策及干涉美國政治。中國共產黨對美國企業、電影公司、大學機構、智庫、學者、記者及地方政府與聯邦官員軟硬兼施。最糟的是，中國投入前所未見的努力來影響美國民意、二〇一八年選戰與二〇二〇年總統大選的輿論環境。[21]

一年後的二〇一九年十月二十四日，副總統彭斯宣布美國想要與中國繼續交流合作，但必須維持公平公正、相互尊重並遵守國際商業規則。他提到許多中國違規的案例，包括逮捕基督教牧師、摧毀基督教教堂、維吾爾穆斯林的遭遇、無數知識財產權盜竊侵權、大量吩坦尼止痛藥（fentanyl）從中國出口到美國造成每年數千人死亡，以及南海軍事部署。這些指控皆為事實，美國的擔憂也確實合理。

隨後，美國政府關閉中國駐休士頓領事館，稱該辦事處為中國間諜與智慧財產竊賊的基地[22]，而中國則報復性地關閉了美國駐成都領事館。在二〇二〇年七月，為宣導新版《美國對中華人民共和國的戰略方針》（*Strategic Approach to the People's Republic of China*），國務卿蓬佩奧（Michael R. Pompeo, 1963-）派出多位行政團隊的頂尖官員到特定地點發表一系列演說，如哈德遜研究所、傑拉德・福特博物館（Gerald R. Ford Presidential Museum）與尼克森總統圖書館（Nixon Presidential Library）。這些演講讓人聯想到冷戰最黑暗的日子，它們開宗明義表示，美國自一九三〇年代至今外交政策最大的失敗便是，自以為中國能夠在逐漸開發的過程中成為負責的利益相關者，並且鬆綁經濟及政治限制，變得更像「我們」，[23]於是轉而與中國交流。據聯邦調查局（FBI）局長克里斯多福・瑞伊（Christopher Wray, 1966-）所言，中國投入全國心力不擇手段地致力於成為世界唯一強權。[24]而據國安顧問羅伯特・歐布萊恩（Robert O'Brien, 1966-）所言，在習近平的領導之下，中國共產黨意欲按照他們自身的願景重塑世界。歐布萊恩指出中國共產黨「藉由收集美國民眾的私人資料、言語作為、購買紀錄、定位紀錄、就醫紀錄、社群媒體貼文及文字訊息，他們正在繪製你的個人社交網絡」，獲得了對美國民眾的控制權。[25]司法部長巴維理（William Barr, 1950-）更表示許多美國公司已屈服在中國的影響之下。據傳好萊塢深受中國影響，主動自我審查以迎合中國。[26]司法部長巴維理指出，某些美國企業的領導層深受中國浸染，甚至成為外國政府的仲介推手。大型美國科技公司甚至幫中國設立防火長城（the Great Firewall of China）。[27]

這一系列演說的倒數第二場為國務卿蓬佩奧所發表，他對民眾表示，他所扮演的角色就是詳述中國威脅如何影響美國經濟、自由與未來的民主世界。他說若想要二十一世紀是自由的，而非習近平願景中的中國世紀，遵循與中國盲目交流的舊典範是無法實現的。他引用了尼克森在《外交事務》發表的文章，呼籲全球愛好自由的國家必須說服中國作出改變，正如尼克森總統所願。他宣稱中共已經進侵到美國境內，某些中國人表面上是學生，實際上卻是前來偷竊美國的智慧財產帶回中國，若現下不採取行動，往後子孫後代將深受中國共產黨擺布。[28]

所以，即便美國的官方說法稱中國為戰略競爭對手而非敵人，實際上卻已正式將中國視為主要威脅。民意調查也反映了這樣的轉變。皮尤研究中心（Pew Research Center）於二〇二〇年三月的調查發現，自二〇〇五年以來，該年對中國持有負面印象的占比最高：三分之二對中國持負面看法，百分之九十認為中國是一大威脅，超過百分之七十對中國領導人暨中共中央總書記習近平印象不好。不同黨派有顯著差異，相較於民主黨（Democrats），共和黨（Republicans）長期以來對中國較不友善。[29]受訪者最擔憂的議題為中國對國際環境的影響（百分之六十一）、受中國的網路攻擊的可能（百分之五十七）、貿易逆差（百分之四十九）與因中國而失去就業機會（百分之五十二）。蓋洛普（Gallup）二〇二〇年二月的民調結果也相似，只有百分之三十三的受訪者對中國持正面印象，比一九八九年北京武力鎮壓抗議人士後的民調結果還要再低百分之一。[30]

華府的權威專家特別喜歡在這座因兩極分化而惡名昭彰的城市裡，找出大眾的共識。也的確，華府在中國問題上達成了某種新共識，認為中國的所作所為大多存在嚴重問題，因此需要美國更有力地回應。[31]然而，要如何回應仍是大問題。[32]眾多智庫中心、專案部門、工作小組及中國問題專家，包含本書多位作者皆提出深思熟慮、兩方平衡與充分研究的建議。[33]思緒清晰的中國問題專家如本書的趙文詞，建議美國在美中關係分道揚鑣前，首先要解決自身的問題。這意味著，啟動一項國內振興新計畫，包括認真處理並解決我們國民之間的分歧，因為這些分歧破壞我們在國內的日常民主實踐，並且破壞了我們對於其他國家的影響力。我們必須處理長期存在的醫療、教育與基礎建設問題，對內團結一心，對外發揮影響力，只有這樣美國方能重回全球領頭羊的角色，重新接納歐亞及太平洋地區的盟友，成為開發中國家的有力夥伴。這些目標與新任拜登（Joe Biden, 1942-）行政團隊的目標一致。

＊＊＊

與此同時，在中國問題上，華府出現分歧甚至分化兩極的學派意見。這些意見可由兩封分別寫給白宮與國會的公開信中說明。

二〇一九年七月初，《華盛頓郵報》（*Washington Post*）刊登一封名為〈中國非敵也〉（China Is Not an Enemy）的公開信，指名寫給川普與國會議員。這封信有百餘人連署簽名，其中不乏來自學術界與外交政策界的頂尖中國問題專家。這封信並非對中國毫無批評。它對中國近日於國際上與國內的行動深感不安，如強化國內鎮壓、加強國家對私有企業之控管、未能履行國際貿易之承諾、加大力度控制外國輿論，以及採取更激進的外交政策。但這封信同時也表達了對美中關係持續惡化的擔憂，認為日益擴大的裂痕對美國與全球利益來說絕非理想，斷言華府的回應正是加深美中關係惡化的主因，因此華府也需要承擔責任。這封信強烈反對官方聲明將中國視為經濟仇敵與國安威脅，並且為美國更有效的對中外交政策提出七項建議，其發起人及許多連署人皆屬本書作者群。[34]

另一封寫給川普的公開信則名為〈堅守對中立場〉（Stay the Course on China），這封信與國務卿蓬佩奧所言的川普政策方向相似，指稱中共的野心與美國戰略利益相悖，過去四十年的交流已蠶食美國國安。這封信宣稱過去四十年的美中交流，許多美國外交政策專家並未準確評估中國的企圖，或僅將中國共產黨應受譴責的行為歸咎於治理十三億人口之必要。信中提到：「這些與中交流派的追隨者一次又一次地告訴美國政策制定者，一旦實現了足夠的經濟現代化水平，中國就會成為『負責的利益相關者』。但這並未實現，而且只要中國共產黨統治中國，這種情況就不會實現，也不可能實現。」[35]這封信也有百餘人連署。[36]

兩封信的內容截然相反。第一封信說明了我們可以對中國有所批評但仍相信交流的益處，它並未將美中關係惡化全部歸咎於中國，而是認為美國也要負點責任。文中提出一系列的建議來改善、消弭衝突，且抨擊並反對將中國視為仇敵；認為在競爭與合作上若能取得平衡，便能鞏固中國領導層中想要在世界扮演要角的派別，使其堅持與他國及國際組織共同合作之必要。第二封信則直指中國並非是也從未是和平政體，甚且運用經濟與武力優勢來欺負威嚇他國。信的結論是，美國對中政策制定錯誤，只要中國共產黨掌權，美國對中國的外交目標便無法實現，這意味著政權的改變是美中關係改善的先決條件。[37]

因此，華府似乎存在兩派完全相左的陣營：一方認為與中國交流有價值，雖然近年有裂痕危機，但即使關係漸衰仍偏好持續交流；另一方則將中國視為生存威脅。

第一陣營曾公開呼籲若美中關係持續惡化則會帶來危險，《紐約時報》（*New York Times*）專欄作家湯馬斯・佛里曼（Thomas Friedman, 1953-）寫道：

> 今日美中關係正處在岌岌可危的狀況，這完全不是誇大其詞。若目前的貿易糾紛演變成經濟戰，過去四十年來我們所熟悉的世界將變得更加醜陋、衰落、動盪不安，更無法處理現在接連向我們襲來的氣候變遷或網路犯罪等的全球挑戰。[38]

即便是代表尼克森總統於一九七一年七月由巴基斯坦入境祕密訪中、行事一向克制拘謹的前國務卿亨利・季辛吉（Henry Kissinger, 1923-2023）也直言示警。在美中關係全國委員會支持者的集會前，季辛吉直言美中衝突無法避免，除非雙方能排除彼此之間的分歧，否則後果會遠比世界大戰來得糟。[39]

華府另一陣營中有一群人致力於探討兩個極相似的命題：美國誤解了中國，以及（因此）美中交流是一大失敗。

最具影響力與爭議的論點是在二〇一八年《外交事務》上於二〇〇九至二〇一三年出任國務院亞太助理國務卿的庫特・康貝爾（Kurt Campell, 1957-）及二〇一五至二〇一七年擔任副總統拜登的副國安顧問伊利・瑞特納（Ely Ratner, 1977-）所發表。[40]他們認為自一九六七年尼克森總統呼籲與中國和睦相處以來，「深化商業、外交與文化關係將改變中國國內發展與對外政策的想法，是為美方戰略的中心思想」。他們接著述說各方說法皆有誤，如預見中國必然對外開放的自由貿易企業與金融家、認為只要中國與國際社會更多接觸即可馴服其野心的調和論者（integrationists），以及深信中國力量將在美國主導下減弱的鷹派（hawks）。他們認為這些因素對中國造成的影響皆不如預期，「華府現在面臨現代史上最多變、最強大的競爭，要確保應對正確，則須摒棄美國長期以來對中國正面思考的態度」。[41]

康貝爾與瑞特納的文章激起了許多回應，布魯金斯學會（Brookings Institution）的傑佛瑞・貝德（Jeffrey Bader, 1945-）指出美中交流並非為了幫助中國，而是因其符合美方利益；馮稼時在隨後的章節也說明這項論點。貝德認為美中交流後成功阻斷蘇聯的擴大，並導致其最終解體。和平降臨的半世紀前，亞洲約有三十五萬人於戰爭中不幸喪生，如今臺灣經濟與政治繁榮發展，中國更是如此，美國的各式企業也從互動中獲益不淺。貝德斷言美中兩國從零開始到每年數十億的擴大貿易，是一大成就，同時兩國協議限制新型大規模毀滅性武器也是成就之一。[42]

佐利克也提出有力反駁，認為那些輕率地聲稱美中合作並未帶來益處者大錯特錯，甚且認為那些聲稱中國只搞破壞而毫無建設者也是自欺欺人。[43]哈佛大學教授江憶恩（Alastair Iain Johnston）認為美中交流政策之最初目標遠非政策失敗批評者所說的那樣廣泛，例如所謂讓中國加入由美國主導的國際社會秩序，甚至所謂讓中國制度民主化等，其實皆非最初目標。江憶恩認為，所謂美國主導的自由秩序這樣的概念太過誇大與簡化。早期交流派被描繪為深信美中交流會促進中國之自由民主化，這其實是對他們當時真正所說內容的拙劣諷刺。他認為達賴喇嘛（Dalai Lama, 1935-）對美中交流的看法最為正確。一九九七年，達賴喇嘛曾被問及與中交流是否失敗，這位西藏的精神領袖回應，與中交流不應被視為「完全失敗，真實的情況要更加複雜」。[44]

正如本書各章所述，個中情況確實是更加複雜。鑑於中國現任領導人日益強硬的獨裁姿態、美國政府近期的聲明難以預測及變化不斷，以及美國隨之而來的道德危機等等因素糾結在一塊，對中外交政策依然重要但更具挑戰。然而，學界、智庫界思考縝密的中國問題專家，包括本書多位作者，不斷分析如何閃避極端危險爆發與保持中立。撰寫本書的中國問題專家擁有的中國經驗與知識，確實令人欽佩。

這當中許多人在一九七〇年代中後期至一九八〇年代早期初次到中國實地考察，見證了改變的開始，有些人甚至更早發現。傅立民是第一位見證者，他在一九七二年尼克森總統訪華期間，擔任美方首席口譯員。李侃如於一九七六年七月首次訪問北京，酣睡之際被唐山大地震驚醒，這次地震不僅造成數十萬中國人民不幸罹難，也在毛澤東逝世幾個月前動搖了政權。藍普頓是在一九七六年九月毛澤東逝世不久後，首次造訪上海，在他訪華的十天期間，毛澤東的接班人華國鋒（1921-2008）被指派接掌職位與粉碎北京及上海四人幫（gang of four），當上海市民得知消息後欣喜若狂，藍普頓親眼所見之民眾反應，正如巴黎自納粹統治中得到解放時一般。

於一九七〇年代與一九八〇年代早期首次訪華的學者所見的中國，正處於毛澤東暴政後的復原期，與今日中國的情況相去甚遠。當時中國首都內最高的建築物是十七層樓高的北京飯店（Beijing Hotel）。從公車窗外看去首都郊外的城鎮、農村，看起來跟一、兩百年前沒太多差別：簡陋的土屋，燃稻草而炊，騾子拉的木板車上堆滿了大白菜，沒有任何機械，偶爾可見到一、兩盞路燈跟幾輛腳踏車。中國農村非常貧窮，許多農民都一貧如洗。

在城市裡，人人身穿深色長褲或深色裙子，搭配同樣款式的白色襯衫。當時只有三種髮型：男子髮型、女子髮型，與未成年女子的雙股髮辮。外國遊客與一般中國民眾被隔離開來，中國民眾不能進入飯店，而滿心疑惑的外國遊客則在飯店內無法與當地人民隨意接觸；外國遊客在友誼商店（Friendship Stores）購物——此類商店並不開放一般中國民眾進入，而且只有外國遊客可以使用美金（或其他強勢貨幣）購買商品，而不須使用中國官方人民幣；飯店也只接待外國遊客。真實的閒話家常幾乎不存在，接待人員的口吻就像《人民日報》（*People's Daily*）的新聞報導一般，只報導正面消息，對於中共大躍進（the Great Leap Forward）導致數千萬人民挨餓致死則隻字不提，也沒有人談論文化大革命（Cultural Revolution）期間的暴力與崩潰的社會秩序。與外國遊客會面時的簡報與茶會，必定會提及中國曾經遭遇的問題完全是因四人幫而起，但自從四人幫粉碎之後，所有人都認為情況會一天比一天更好，事實也是如此。

接著，突然間整個國家活絡起來了。在一九七八年十二月，鄧小平於十一屆三中全會（Third Plenary Session of the Eleventh Central Committee）登臺，象徵毛澤東時代的暴政結束，政治體制將更加專業客觀也更具反應力，重大政治經濟改革即將展開，本書中的部分作者皆見證了這些改革。已故漢學家包瑞嘉（Richard Baum, 1940-2012）（毛雪峰所撰之章節將詳述其貢獻）曾說，「收」與「放」的循環始於一九七八到一九七九年持續至一九八〇年代的西單民主牆運動（the Democracy Wall movement）。[45] 如包瑞嘉所言，當時是實驗與創新的時代，[46] 重要的新式政治經濟改革，就從此時展開。中共政府領導人的終身任期制度終於廢除，新選舉法規定縣及縣級以下的地方人民大會代表由民眾直選，候選人數須多於席位，並透過無記名投票選出。[47] 大學也舉行了學生代表選舉，勝選人直言不諱地表達對民主改革的承諾，甚至超出當時傾向自由化的政治氛圍所能承受的範圍；當北京大學與湖南師範學院的大學行政領導宣布選舉無效時，竟然在國際上引起轟動。[48]

那十多年是極度動盪的時期，政治與社會能量驟然噴湧而出，「收」與「放」二者不斷輪迴交替，令人頭暈目眩。一九七八年十二月，魏京生（1950-）於北京的西單民主牆張貼了第一張大字報，呼籲實現第五個現代化——民主。[49]三個月後，魏京生更張貼大字報直指鄧小平是新的獨裁者，他隨後被捕並被判處十五年有期徒刑。魏京生在獄中度過了十四年半後，於一九九三年九月短暫獲釋，但幾個月後又再次被捕，並被判處四年半有期徒刑。[50]

與此同時，在文革中遭迫害，被下放到農村、勞改營或所謂的五七幹校（May Seventh Cadre Schools）的數千甚至數萬名學者和作家，正返回城市，重新開始學術及寫作生涯。一九七九年四月，中國派出了自一九四九年以來第一個由人文社會學家組成的代表團出訪美國。該代表團由中國社會科學院副院長、前駐歐盟大使宦鄉（1910-1989）率領，成員包括傑出的中國社會與人類學家費孝通（1910-2005）、著名小說家暨文學評論家錢鍾書（1910-1998）及基督教牧師趙復三（1926-2015）。代表團中許多人不久前才恢復他們的名譽，回到過去的工作崗位。[51]有幾位代表在中華人民共和國成立前曾在西方留學，直至近來才再度與美國友人重新聯繫，其中一些人已成為傑出的中國研究學者，如哈佛大學中國研究前輩費正清（John King Fairbank, 1907-1991）與其妻慰梅（Wilma Cannon Fairbank, 1909-2002）。

那是個自我反思的時代，隨著中國知識分子的回歸提筆，從前《人民日報》隻字未提的受暴力迫害與虐待之報導開始出現，例如：作家劉賓雁（1925-2005），他最先因一九五七年的反右運動（Anti-Rightist Campaign）遭到流放，隨後又因文革受到迫害。像他這樣遭遇的作家回歸發起了「報告文學」（baogao wenxue）或稱「報導文學」（reportage literature）這種新式批判文學，講述共產黨如何對普通正直的中國公民濫用權力。劉賓雁最廣為人知的作品為《人妖之間》（*People or Monsters?*），他書中所謂的「妖」就是貪腐的黨幹部，其權力仍支配著社會各層面。[52]其他作者則寫作「傷痕文學」（literature of the wounded），講述於文革時期受到暴力迫害與惡性報復的故事。巴金（1904-2005）為中國二十世紀傑出的作家，他運用優雅動人的文字寫出他對妻子之死最深刻的罪惡感；其妻僅僅因為是他的妻子而遭受迫害，在病重時無法得到醫療照護而不幸喪生。[53]事實上在文革期間毛澤東也曾下令不許為攻擊過毛的官員提供醫療照護，如前主席劉少奇（1898-1969）與前總理周恩來（1898-1976）皆因此不幸病逝。[54]

　　被封閉了數十載的教堂、清真寺跟寺廟重新打開大門，中國人民開始參與宗教活動。[55]很快地，某些民眾認為可以安全地跟外國人傾訴自己的真正想法，講述中國自一九四九年起悲慘萬分的歷史。美國文字記者開始撰寫毛澤東時期的暴政，[56]其他學者也紛紛響應。[57]至一九八六年十二月，時任中國科學技術大學副校長暨天體物理學家的方勵之（1936-2012）於多所大學發表題為〈民主、改革、現代化〉（Democracy, Reform, and Modernization）之演講而聲名鵲起。方勵之呼籲中國應全面西化、澈底實現民主體制，儘管他也承認「我們的民主素養遠不足以認真討論民主」。[58]他提及於一九八六年初到普林斯頓大學高等研究院（Princeton University's Institute for Advanced Study）擔任客座學者期間的一次經驗：某日，他收到該選區的當地國會代表寄送至其下榻處的一封書信，信中說明有哪些法案將送至國會審核，以及該代表以往如何在不同議題上投下一票，並徵求該選區選民的意見與建議。方勵之深感敬佩，在這個被中國堅稱是「偽民主」的國度，他本身的想法、意見竟受到如此之重視；反觀在宣稱「真民主」的中國，他個人對自己選區的代表卻一無所知，也未曾有人問過他的意見。[59]

　　隨後一九八六至一九八七年的冬季爆發了一系列大學生發起的抗議活動，思想開放的黨總書記的胡耀邦（1915-1989）因此遭到革職。劉賓雁與方勵之雙雙遭到開除黨籍處分，當局再度開啟新一輪的鎮壓。

　　即使如此，自由主義的評論家仍持續發聲，蘇曉康（1949-）爭議性十足的六集電視紀錄片《河殤》（*River Elegy*）於一九八八年下半年播放兩次，沒有任何中國官方電視臺的節目能與《河殤》批評的深度及廣度相比，這部紀錄片抨擊中國傳統文化的手法令人憶起一九一九年的五四運動（the May Fourth Movement），認為中國文化無法帶領國家進入現代世界。《河殤》認為社會主義是失敗的，並大力讚揚西方文化。該片嘲諷中國諸多傳統標誌與文化符號，例如：中國人崇拜黃河、黃土地，視為孕育早期文明的發源地，卻導致了人民保守和落後；中國人所宣稱有兩千年歷史的萬里長城，實際上從未能成功抵擋入侵，其實際做到的僅僅是將中國老百姓圈養在裡面，使其無知愚昧。[60]該片在中國獲得廣大迴響，包括受過教育、心懷不滿的大學生。當時擔任總書記的趙紫陽（1919-2005）對該紀錄片讚譽有加，據傳甚至送給新加坡總理李光耀（1923-2015）一份影片存底。

幾十年來，中國民眾只有官方指定的八個革命樣板戲（revolutionary operas）作為娛樂，如今歌手崔健（1961-）卻將中式搖滾帶給了不安躁動的青年。令人咋舌的新電影，如張藝謀（1950-）的《紅高粱》（*Red Sorghum*）上演了強暴、酗酒、謀殺與心膽俱裂的暴力場景，據知所有播放場次均座無虛席，有些電影院甚至二十四小時營業並且高朋滿座。

簡而言之，中國問題專家在改革開放之際所見的中國並非是一個崛起的大國。當時的中國可謂極其躁動不安、憤怒、開放又膽量十足。中國的變革無所不在，藍普頓憶起與趙紫陽在一九八四年一月的面會，年輕又充滿動力的領導助手群令他驚豔，此外趙紫陽一次次請助手群先回應外國與會者之提問後再提出自己的回答，[61]也讓他震撼。

一九八九年一月，方勵之撰寫了一封公開信給鄧小平，說到一九八九是中華人民共和國建國四十週年、五四運動七十週年與法國大革命兩百週年，他認為當時正是頒布特赦的大好時機，應該釋放包含魏京生等人在內的政治犯。隨後，另一封內容相似的公開信則由三十三位中國最著名作家連署；接著，又一封公開信由四十二位知名學者連署，其中二十七位為中國頂尖科學家。[62]在一九八九年四月十五日，受人民愛戴的遭罷免總書記胡耀邦心臟病發猝死，北京的大學生先是紛紛上街哀悼，再來演變成抗議中國政府的活動，呼籲民主自由與打擊貪腐，並點名要求包括李鵬（1928-2019）總理在內的幾位領導下臺，而當時的通膨率超過了百分之二十，更是火上加油。

抗議活動持續了數週，一路延燒到中國的各城各縣。在五月十三日，約三千名學生占領了北京中心的天安門廣場，發起絕食抗爭，各地支持者也陸續湧入天安門。不出幾天，北京四處充斥著救護車警笛聲響，絕食的學生相繼虛弱昏倒。搖滾歌手崔健的〈一無所有〉（Nothing to My Name）可以解讀為絕望的情歌，也可以解讀為青年對中國共產黨的疏離，成為抗議人士的國歌。崔健親自前往天安門探視抗議民眾並彈奏這首歌曲。蘇聯領袖米哈伊爾・戈巴契夫（Mikhail Gorbachev, 1931-2022）在五月十五日抵達北京，這是數十年來蘇聯領導人首次訪華，象徵中俄衝突的結束，當時在天安門仍聚集著許多抗議學生，有些拿著布條大喊戈巴契夫為「民主大使」，據傳甚至有學生嘗試邀請戈巴契夫到場加入聲援。原本預計於天安門舉行的盛大歡迎儀式被迫取消，這讓中國領導層深深蒙羞。正式的面會於人民大會堂（the Great Hall of the People）舉行，即使如此，在五月十六日至十八日，百萬北京人民仍毅然走上街頭遊行，聲援絕食抗議人士。[63]

正當學生持續抗議的同時，人民大會堂裡則上演了最終導致地緣政治翻轉之事件。當戈巴契夫與中國領導層逐一握手，從鄧小平、趙紫陽、李鵬到楊尚昆（1907-1998），兩國數十載的仇恨總算畫上句點。蘇聯再也不是中國的敵人，而美中關係的核心戰略根基也遭受動搖。美中關係起初是立基於應對蘇聯這個共同敵人的權宜之計，這個基礎如今因為中國已稱蘇聯為友而灰飛煙滅。

五月十九日，即戈巴契夫離境的隔天，李鵬總理宣布戒嚴，但仍有許多民眾到天安門抗議。接著六月三日晚上，大批軍隊進駐，造成北京市民傷亡無數，類似但規模較小的事件在中國各地蔓延，[64]趙紫陽遭肅清下臺，再未公開露面。[65]

天安門抗議活動是美中關係的分水嶺，在建交後的第一個十年，雙方基本上遵循周恩來總理所定的「不干擾內政」之原則，以「求同存異」（find common ground while reserving our minor differences），不讓相異的意識形態阻撓雙方互動。[66]保護中國人民的人權與民主提倡並不在美國政策範圍之內。

一九八九年春季，一連串的事件讓雙方無法對彼此的差異繼續視而不見。中國人民不需要美國的影響幫助或刺激來推動民主，看到數百萬中國學生與公民於北京及全國各地集結抗爭，以及中國人民普遍支持抗爭活動之態度，讓美國民眾深感驚訝。然而，中國當局竟出動武力鎮壓更是令人震撼，這代表中國政府願意殺死自己的人民、自己的孩子以維持自我權力。對美國而言，中國人權議題不容再被忽視，而美國先前對中國與其政府的正面印象，一夜之間已煙消雲散。[67]

美國政府，尤其是老布希（George H. W. Bush, 1924-2018）總統此時陷入兩難，要如何改善中國政府使其更為良善溫和，又不會被指責干預內政，十分困難。老布希是唯一一位於上任前對中國有豐富政治經驗的美國總統。[68]在一九七四至一九七五年間，美中關係已獲若干改善，老布希在雙方建交前曾擔任北京聯絡處負責人，他與妻子芭芭拉（Barbara Bush, 1925-2018）在未有隨扈的狀態下，經常騎著單車親自走訪北京各處。[69]儘管老布希厭惡北京的武力鎮壓，即使國會與美國民眾皆強烈譴責軍隊對和平抗議人士施暴，但作為總統，他仍必須盡可能維持兩國關係。老布希總統接著宣布一系列懲罰措施，包括暫停對中國出售武器與警用裝備、暫停兩國高層的訪問行程，以及無限期延長留美中國學生的簽證。幾週後老布希祕密派遣兩名特使——國安事務助理布倫特・斯考克羅夫特（Brent Scowcroft, 1925-2020）及副國務卿勞倫斯・伊格爾伯格（Lawrence Eagleburger, 1930-2011）至北京拜會中國領導層。此時距離天安門事件爆發不到一個月。

當兩位特使拜會中國領導人鄧小平時，後者講述了北京深陷嚴重的動亂，並堅持主張示威抗議是推翻中華人民共和國與其社會主義制度的反叛革命。鄧小平更進一步將美國國會的制裁反應視為一大威脅，他說：「現在，美中關係確實處在一個很微妙，甚至可以說相當危險的地步」，美國的這些反應將導致關係破裂。[70]

老布希總統擔心中國會更加親近蘇聯，因此急需另一個新的理由來維持關係，而貿易復興就是新的立基點。老布希在與斯考克羅夫特共筆的回憶錄中提到：「我並不想要因政府作為懲罰中國人民，我相信兩國的商業往來能推動尋求更多自由的行動。若商業利益足夠，無論是中國或是其他極權政體，必然往民主之路邁進。因此，我不願完全切斷商業往來的關係。」[71]

老布希並未確切解釋商業活動將如何加速民主化，但自天安門事件開始就擔任美國駐中國大使的李潔明（James Lilley, 1928-2009）——他也是老布希得知北京武力鎮壓之消息來源——清楚解釋了進程。

李潔明出生於中國青島，其父親在洛克斐勒的美孚石油公司（Standard Oil Company）做業務，他八歲之前住在青島，返美至耶魯大學就讀的最後一年加入了中央情報局。李潔明在一九七三年七月被派駐亞洲，此後約二十年持續執行祕密情報工作。李潔明晉升為首位駐中國中央情報處處長約三個月前，他的大學同窗好友，同時也是情報幹員的約翰・道尼（Jack Downey, 1930-2014）遭北京關押二十年後獲釋。一九五二年韓戰時期，中央情報局派遣至滿洲（現中國東北）接應幹員的專機遭擊落，而道尼正好是兩位倖存者之一。道尼與另一位倖存者理查・費克圖（Richard Fecteau,? -2014）遭定罪為間諜。[72]李潔明是不抱幻想的務實者，他堅信密切的美中交流能夠而且將會促進民主與人權，也堅持其他如貿易與武器擴散之問題迫切需要尋求解決辦法。

李潔明跟老布希所見相同，皆透過美中交流後的經濟發展，見證了中國民主發展的進程。李潔明於一九九四年寫道：

> 藉由鼓勵美國擴大參與中國經濟活動，美國能培育民主的動能與強化人權。快速經濟成長與雙方合作在中國南方改善人權的狀況，比無數的威脅要求與單方面強加條件的效果更為顯著。為忠於美國原則，柯林頓（Bill Clinton, 1946-）政府必須持續向中國施壓，要求中國政府採取具體措施以改善每一位中國人民的生活。為了更有效執行，施壓必須是總體計畫的一部分。這種壓力不能只由任何單一問題的支持者來推動，而忽略其他如貿易、武器擴散與相互文化擴張的重點問題。綜合這些問題才是促進中國民主與人權的最終手段。[73]

在天安門大屠殺（Tiananmen massacre）後，中國的自由開放已不復存在。矛盾的是，雖然許多人認為天安門事件後的美中關係落至谷底，但非政府組織（ＮＧＯｓ）與中國的嶄新合作機會卻開始蓬勃發展，布洛克將於她撰寫的章節詳述。不僅中國政府公開鼓勵美國人返回中國親眼檢視一切是否恢復正常，中國政府官員也鼓勵外國參與在農村舉行的試驗，也就是村長競選。許多農村地區的秩序不如以往穩定，民眾的抗議活動也愈來愈多。中國領導層希望透過允許民選村長，使黨在農村地區重振勢力。由於競選人對選舉有一定的知識經驗，多數新當選的村長都是共產黨員。

聯合國開發計畫署及歐盟設立村級選舉資源與培訓的專案，七個美國非政府組織也推出了計畫，如福特基金會（the Ford Foundation）、國際共和學會（the International Republican Institute）、亞洲基金會（the Asia Foundation）和卡特中心（the Carter Center）。二〇〇一年時任總統的卡特親自訪華，親眼見證農村選舉。卡特對選舉活動的評價保持謹慎態度但樂見其成，他指出，村民對自己的生活有了更多的權利，並鼓勵中國領導人將其擴大到更高的層次，但在朱鎔基（1928-）總理的任期內是否能夠實現則基於現實條件而態度保留。[74]參與這些活動的外國人充分意識到，因為任何中國式民主必然與西方民主政體有所差異，不敢保證成功。在中國工作的美國人明白，中國人民進一步接近西方理想的希望，至少在目前來說，可能不會實現。但中國農村選舉的外國支持者也知道，臺灣的民主之路同樣始於地方層級，隨後逐步向上發展。人民開始意識到，再微小、再不完美的政治改革，也比毫無改革要好，明白地方層級的競選活動比高層指派任命要好，正如某些中國人所說，「你非試不可」（you cannot not try），嘗試後失敗總比從未嘗試要好。[75]最重要的是，民主的種子已然播下。

正如李侃如及董雲裳於其撰寫的章節所述，歷屆美國總統皆認為幫助中國緩解面臨的巨大挑戰，既符合美國利益也是道德義務，在最好的情況下，可幫助中國必定會促進民主形式的政府。但鮮少人認為中國會有民主的一天，大多數人都心知肚明，任何政治轉變皆會引發動盪而且需要很長的時間才能成功轉變。在這段企圖往民主推進的過渡期，中國完成了許多值得讚許的成就：讓數億人擺脫貧困，大幅改善普通百姓的生活水準，並改善及擴大受教育和出國旅遊的機會，而且允許使用網路——儘管受到中國防火長城之限制。今日的中國人民比尼克森首次訪華時期與一九七九年美中建交時要富裕得多。

所以，深度參與中國發展的一些美國人確實希望，以長遠來看，中國會變得更加民主開放。他們也深信美中民眾更多地互動，將塑造出更開放的中國。但是他們始終對交流採取務實態度。

經濟發展與走向民主兩者的關係，不能一概否定。一些人仍然堅持經濟發展和民主的出現之間存在相關性，這可以往上追溯到一九五九年李普塞（Seymour Martin Lipset, 1922-2006）的經典論文〈民主的社會要件〉（Some Social Requisites of Democracy）。該文講述儘管難以證明因果關係，經濟發展與民主的出現之間確實存在關聯。李普塞認為工業化、財富、城市化及教育是經濟發展的指標。[76]貿易擴張到一定程度後，即會促進經濟成長與發展，而長期經濟發展則會促成龐大的中產階級，而強大又有活力的中產階級將要求政府的治理更懂得回應人民、更為穩定與負責。因此，自由化的新可能性開始出現，這並不一定是因為人民要求民主，而是因為他們想要更好的治理來保護屬於自己的東西。然而，這樣的過程需要時間，而且往往要歷經數個世代，民主有時甚至是在獨裁者逝世後才姍姍來遲，也有國家因獨裁治理開始繁榮的案例，如佛朗哥（Francisco Franco, 1892-1975）逝世後的西班牙就是最佳例子。[77]

世界銀行認為中國自一九七八年改革開放以來，已有超過八億五千萬人脫貧。但是，中國的人均收入為一萬零四百一十美元，只有美國（六萬五千七百六十美元）的六分之一左右。據估計大約有三億七千三百萬中國人，遠超過美國人口，仍然生活在每日五點五美元收入的貧窮線以下。[78]儘管中國的都市化水準很高（百分之六十），但百分之四十的人口——約五億五千六百萬人，仍然生活在農村地區，其收入仍遠低於城市居住者。在中國的大城市中，有一大部分的人口來自外地，從事低收入工作也沒有戶籍，因此，被剝奪了有戶籍者可以享受的社會福利，如義務教育與醫療保險。相反的，他們只能繼續成為地位低下、可能心懷不滿的社會底層。

有些人把中國不斷成長的中產階級視為民主化的力量。事實上，被稱之為中產階級的中國人大聲抗議對其生活有所影響的問題，有時還取得了成功，如造成環境影響的工業汙染、威脅到他們收入的貪腐官員、威脅到他們孩子的有毒嬰兒配方奶粉，以及威脅到他們健康的汙染食品。但這種抗議活動的範圍仍然有限，將他們的力量集結起來仍是艱鉅挑戰。此外，中國中產階級的實際規模與性質並不明確，某份報告更將其描述為「某種神祕的實體」（something of a mystic entity）。[79]中國政府的官方資料顯示，中產階級約有四億人口，並將其定義為年收入在三千六百四十美元至三萬六千四百美元之間。[80]雖然消費常被視為中產階級的特徵與經濟成長的驅動力，但中國許多中產階級的消費力目前仍受高額房貸、稅收、教育費用、醫療費用及孝親費所影響。此外，多數比例的中產階級為政府工作，是政策的直接受益者，因此通常不太願意推動民主改革。[81]中國中產階級這個神祕實體發揮現代化理論所賦予它的作用的時機可能尚未成熟。

許多人認為美中關係現正處於建交以來的谷底。本書的構思動機是為了致敬並獻給致力於美中交流的藍普頓，他在二〇一五年曾警示美中關係將來到由正轉負的翻轉點，[82]而如今已確實發生。藍普頓於本書講述我們所熟悉的互動已不復存在，並寫下美中互動的悼詞。習近平於二〇一二年底二〇一三年初上臺時，正是美中關係開始衰落的時間點，但早在二〇〇五年，非政府的合作就已與日俱減，即卡特中心觀察農村選舉的最後一年。[83]

二〇一三年四月習近平頒布《九號文件》，預示對人民的武力鎮壓即將來襲，該文件說明不容許挑戰中國官方所制定的秩序，如西方憲政民主、普世價值、公民社會、新自由主義、西式新聞、歷史虛無主義，以及對中國改革開放的任何質疑。[84]儘管有些人敢於嘲笑其內容，但中央委員會的指令仍使許多具有自由思想的中國人感到害怕。管理中國境內外國非政府組織的新法規於二〇一七年初生效，這條新法最能夠說明中國政府嚴格控制外國非政府組織在中國活動的決心。新法規將對外國非政府組織的管轄權從民政部轉移到公安局。正如托馬斯・凱洛（Thomas E. Kellogg）所詳述的，新法律的前提是「外國非政府組織應該被懷疑，在被證明無罪之前皆是有罪，類似於人民公敵、二等公民或犯罪嫌疑人」。[85]隨著局勢日趨惡化，要維持非政府組織所推動的計畫難度增高，過去長期支撐著美中關係讓雙方有共同目標進而攜手合作的計畫，愈來愈不可能實現。現在，許多美國非政府組織已經完全撤出中國。正如黃嚴忠於其所撰寫的章節所言，在醫療議題上的合作，長期以來是美中關係最成功的領域之一，拯救了數百萬人的生命，但如今合作已然破局。截至二〇二〇年六月，中國登記在案的美國非政府組織約有一百三十個，其中大多是非政治性的專業協會。

自新冠疫情出現以來，美中關係持續下降，而當時本書已經成稿。儘管初期試圖掩蓋疫情的是中國，且並未能採取措施防堵病毒擴散至海內外，但疫情範圍持續擴大的情況下，美中之間多次以不實資訊相互指責，兩國領導人的聲譽皆因此受影響。在二〇二〇年五月二十日，白宮向國會提交了二〇一七年十二月以後更新的《國家安全戰略》修訂版，[86]題為《美國對中華人民共和國的戰略方針》，說明自一九七九年以來美中關係的前提，立基於中國經濟與政治開放之上，期盼中國成為更有建設、負責的利益相關者，以及更加開放自由的社會，如今宣告該政策已失敗。內文更進一步闡明中國利用擴大經濟、政治、軍備，不僅損害美國核心利益，也破壞了全球國家人民的主權與尊嚴。但川普政府卻願意容忍更多的雙邊摩擦，以保護美國的重要利益，其目的是為保護美國人民與國家、捍衛生活方式、促進美國繁榮、維護和平，以及提升美國影響力。與此同時，新戰略宣稱對中國人民懷有深切而持久的尊重，並不希望與中國人民停止交流。[87]

現在並非對中國未來朝更民主的方向發展或改善美中關係感到樂觀的時候，趙文詞於其撰寫的章節告誡我們，對中國必然的「現代化」進程以實現民主的主張保持警惕，提醒我們在可見的未來，中國將會把成功的、有活力的經濟與專制政體結合起來。我們必須在這樣的條件下與中國交流。藍普頓也警告說，互動減少的時期可能很漫長，但在這期間，我們希望盡量減少關係惡化，並努力為更有成效的未來建立更強大的基礎。

不過，並不是所有發展都那麼悲觀和困厄。我們知道，籠罩整個中國的帷幕背後，在那些支持改革與自由化的聲音被壓制的情況下，將有無數的中國人會在時機成熟的時候站出來。正如本書所述，歷史尚未終結。有時也會收到愉悅的驚喜，樂觀的正面訊息會傳達出來。本書處編輯校閱最終階段時，一份與中國問題相關的英文電子報刊登了一封讀者來函。這位中國作者是長期參與草根行動之人士，致力於推廣村級與縣級的競選活動；他所見證的成功讓他相信中國民主進程是樂觀的，並認為中國正處於他四十多年前留美時學到的現代化理論的軌道上。他深信隨著中國愈來愈富裕及更好的教育與都市化程度，人民對政治有了更大的興趣，並開始要求政府對他們的權利與利益提供更多保護。他指出在四十年的改革、相對開放對外互動中，中國人民更加了解自由法治、人權與公民社會。他們意識到民主比暴政更好，並從未停止追求自由民主。他寫道：「我們已經實現了許多目標，如工業化、都市化，以及在各地傳播現代知識〔的目標〕。」他指出中國與其他政府、國際組織、民間組織、學者與媒體的互動影響深遠，認為中國正處於實現民主之前的最後階段，因此目前的緊縮政策不可能持久。[88]這位作者是藍普頓在俄亥俄州立大學當教授時的學生。

我在編輯本書時時常想起已故的費正清教授，他喜歡說「世事會改變」而且「總是在變化」。大部分的中國問題專家並未誤讀中國，而是中國轉變了，美國也轉變了，未來雙方依然會改變。在本書即將完成時，美國經歷了重大變革，拜登就任總統，美國對中政策有望更加理性。長遠來看，中國未來民主化的可能性也不能排除。我認為中國對民主的渴望猶如卡繆（Albert Camus, 1913-1960）經典小說《瘟疫》（*The Plague*）裡的鼠疫桿菌，永遠不會死亡或消失，而是長年累月地蟄伏著，躲藏起來，直到時機最終成熟。[89]如果習近平的中國復興之夢真的實現了，到二〇二一年中國共產黨成立一百週年時，中國將成為小康社會，到二〇四九年中華人民共和國成立一百週年時，則為全面發展的國家，這樣一來，民主社會的必要條件就已完全滿足，屆時中國民主的種子很可能已經成熟了。

註記：

感謝藍普頓、毛雪峰、黎安友（Andrew J. Nathan, 1943-）、饒玫（Madelyn Ross）、史提芬・衛斯理（Stephen Wesley）與兩位匿名校閱者對本文的建言。

引註：

1. 完整版敘述請見Nancy Bernkopf Tucker, *Patterns in the Dust: Chinese-American Relations and the Recognition Controversy, 1949-1950* (New York: Columbia University Press, 1983). See also Michael M. Gunter, "US Refusal to Recognize China (1949-1979)," *Cappadocia Journal of Area Studies* 2, no. 1 (June 2020): 35, http://dx.doi.org/10.38154/cjas.
2. 中國問題專家所遭遇之困境於毛雪峰所撰之第四章詳述。
3. 關於全國委員會之成立與洛克斐勒之角色請見布洛克所撰之第八章。
4. Richard M. Nixon, "Asia After Viet Nam," *Foreign Affairs* 46, no. 1 (October 1967): 111-25.
5. Robert B. Zoellick, "Whither China? From Membership to Responsibility: Remarks to the National Committee on U.S. China Relations," September 21, 2005, https://2001-2009.state.gov/s/d/former/hinese/rem/53682.htm.
6. Robert B. Zoellick, "Can America and China Be Stakeholders?" Carnegie Endowment for International Peace (speech, U.S.-China Business Council, December 4, 2019), https://carnegieendowment.org/2019/12/04/can-america-and-china-be-stakeholders-pub-80510.
7. See Judah Grunstein, "The U.S. Should Base Its China Strategy on Competitive Cooperation, Not Containment," *World Politics Review*, April 17, 2019, https://www.worldpoliticsreview.com/articles/27765/the-u-s-should-base-its-china-strategy-on-competitive-cooperation-not-containment.
8. C. Fred Bergsten, Bates Gill, Nicholas R. Lardy, and Derek Mitchell, eds., *China: The Balance Sheet; What the World Needs to Know About the Emerging Superpower?* (New York: Public Affairs, 2006), 1.
9. See Benjamin I. Page and Tao Xie, *Living with the Dragon: How the American Public Views the Rise of China* (New York: Columbia University Press, 2010).
10. See Cheng Li, "Assessing U.S.-China Relations Under the Obama Administration," August 30, 2016, https://www.brookings.edu/opinions/assessing-u-s-chna-relations-under-the-obama-administration.
11. See Bill Gertz, *The China Threat: How the People's Republic Targets America* (Washington, DC: Regnery, 2000), xii-xiv.
12. See Gordon G. Chang, *The Coming Collapse of China* (New York: Random House, 2001), xviii-xx.
13. 裴敏欣（Minxin Pei, 1957-）與沈大偉（David Shanbaugh, 1953-）為兩個例子。See Minxin Pei, "China's Coming Upheaval: Competition, the Coronavirus, and the Weakness of Xi Jinping," *Foreign Affairs*, April 3, 2020, https://www.foreignaffairs.com/articles/united-states/2020-04-03/chinas-coming-upheaval; and David Shambaugh, "The Coming Chinese Crackup," the *Wall Street Journal*, March 6, 2015.

14. See, for instance, Denny Roy and Brad Glosserman, "The Coming Crisis in US-China Relations," *PacNet*, no. 23, March 26, 2018.
15. David M. Lampton, "The Tipping Point: Can We Amplify What We Have in Common?" *Horizons*, no. 4 (Summer 2015), https://www.cirsd.org/en/horizons/horizons-summer-2015--issue-no4/the-tipping-point---can-we-amplify-what-we-have-in-common-.
16. See Li, "Reassessing U.S.-China Relations."
17. Donald J. Trump, *National Security Strategy of the United States of America* (Washington, DC: The White House, December 2017); Jim Mattis, *Summary of the 2018 National Defense Strategy of the United States of America: Sharpening the American Military's Competitive Edge* (Washington, DC: Department of Defense, 2018).
18. Trump, *National Security Strategy*, 2.
19. Mattis, *National Defense Strategy*, 2.
20. Mattis, *National Defense Strategy*, 1.
21. Michael Pence, "Remarks by Vice President Pence on the Administration's Policy Toward China" (speech, Hudson Institute, Washington, DC, October 4, 2018), https://www.hudson.org/events/1610-vice-president-mike-pence-s-remarks-on-the-administration-s-policy-towards-china102018. 實際上，這個嚴格的官方政策在執行上面往往與美國對中國的公開聲明背道而馳。川普總統就曾公開稱呼中國國家主席習近平為他的好友，祝賀中國共產黨治國七十週年，還呼籲中國調查他的政敵。
22. Michael R. Pompeo, "Communist China and the Free World's Future" (speech, Richard Nixon Presidential Library and Museum, Yorba Linda, CA, July 23, 2020), https://www.state.gov/communist-china-and-the-free-worlds-future.
23. Robert O'Brien, "Stronger America, Safer America" (speech, Arizona Commerce Authority, Phoenix, AZ, June 24, 2020).
24. Christopher Wray, "The Threat Posed by the Chinese Government and the Chinese Communist Party to the Economic and National Security of the United States" (speech, Hudson Institute, Washington, DC, July 7, 2020), https://www.fbi.gov/news/speeches/the-threat-posed-by-the-chinese-government-and-the-chinese-communist-party-to-the-economic-and-national-security-of-the-united-states.
25. O'Brien, "Stronger America."
26. 此控訴具有一定程度的價值，請見James Tager, *Made in Hollywood, Censored by Beijing* (New York: PEN America, 2020).
27. William P. Barr, "Attorney General William P. Barr Delivers Remarks on China Policy at the Gerald R. Ford Presidential Museum" (speech, Gerald R. Ford Presidential Museum, Grand Rapids, MI, July 16, 2020), https://www.justice.gov/opa/speech/attorney-general-william-p-barr-delivers-remarks-china-policy-gerald-r-ford-presidential.
28. Pompeo, "Communist China."
29. Kat Devlin, Laura Silver, and Christine Huang, "U.S. Views of China Increasingly Negative Amid Coronavirus Outbreak," April 21, 2020, https://www.pewresearch.org/global/2020/04/21/u-s-views-of-china-increasingly-negative-amid-coronavirus-outbreak/. See also "US Public's Opinion of China Hits 20-Year Low, Gallup Poll Says," *South China Morning Post*, March 3, 2020, https://www.scmp.com/

news/china/diplomacy/article/3064730/us-publics-opinion-china-hits-20-year-low-gallup-poll-says.

30. "US Public's Opinion of China Hits 20-Year Low."

31. Zack Cooper and Annie Kowalewski, "The New Washington Consensus," The Asian Forum, American Enterprise Institute, December 21, 2018, http://www.theasanforum.org/the-new-washington-consensus/.

32. Hal Brands and Zack Cooper, "After the Responsible Stakeholder, What? Debating America's China Strategy," *Texas National Security Review* 2, no. 2 (2019): 1, http://dx.doi.org/10.26153/tsw/1943.

33. 關於這方面少量的建言請見 Brands and Cooper, "After the Responsible Stakeholder, What?"; David Dollar et al., "Avoiding War: Containment, Competition, and Cooperation in US-China Relations," November 2017, https://www.brookings.edu/research/avoiding-war-containment-competition-and-cooperation-in-u-s-china-relations/; Kelly Magsamen and Melanie Hart, "Here's What a Progressive China Strategy Would Look Like: Trump's Trade War Won't Put Washington on Strong Footing to Compete with Beijing," *Foreign Policy*, May 10, 2019, https://foreignpolicy.com/2019/05/10/heres-what-a-progressive-china-strategy-would-look-like/; Melanie Hart and Kelly Magsamen, "Limit, Leverage and Competition: a New Strategy on China," Center for American Progress, April 3, 2019, https://www.americanprogress.org/issues/security/reports/2019/04/03/468136/limit-leverage-compete-new-strategy-china/; Evan S. Medeiros, "U.S.-China Relations and Its Impact on National Security and Intelligence in a Post-COVID World" (statement before the House Permanent Select Committee on Intelligence, Washington, DC, July 1, 2020), https://www.brookings.edu/testimonies/u-s-china-relations-and-its-impact-on-national-security-and-intelligence-in-a-post-covid-world/; Orville Schell and Susan Shirk, "US Policy Toward China: Recommendations for a New Administration Task Force Report," Asia Society and 21st Century China Center, UC San Diego, February 2017, https://asiasociety.org/files/US-China_Task_Force_Report_FINAL.pdf; Orville Schell and Susan Shirk, "Course Correction: Toward an Effective and Sustainable China Policy," Asia Society Center on U.S.-China Relations, February 2019, https://asiasociety.org/sites/default/files/inline-files/CourseCorrection_FINAL_2.7.19_1.pdf; Ashley J. Tellis, Alison Szalwinski, and Michael Wills, eds., "U.S.-China Competition for Global Influence," in *Strategic Asia 2020* (Washington, DC: The National Bureau of Asian Research, January 2020); Larry Diamond and Orville Schell, *China's Influence and American Interests: Promoting Constructive Vigilance* (Stanford, CA: Hoover Institution 2019), publication no. 702. See also the testimony to the House Intelligence Committee at House Intelligence, "U.S.-China Relations and Its Impact on National Security and Intelligence in a Post-COVID World," July 1, 2020, video, https://www.youtube.com/watch?v=x-WdgL9N9dQ&feature=youtu.be.

34. See M. Taylor Fravel et al., "China Is Not an Enemy," *Washington Post*, July 3, 2019, https://www.washingtonpost.com/opinions/making-china-a-us-enemy-is-counterproductive/2019/07/02/647d49d0-9bfa-11e9-b27f-ed2942f73d70_story.html?utm_term=.3e7418355996. 更多此信的分析亦可參見Ali Wyne, "Beyond Hawks and Doves: A Better Way to Debate U.S.-China Policy," *ChinaFile*, September 18, 2019, https://www.chinafile.com/reporting-opinion/viewpoint/beyond-hawks-and-doves.

35. See "Stay the Course on China: An Open Letter to Donald Trump," *Journal of Political Risk*, July 18, 2019, http://www.jpolrisk.

com/stay-the-course-on-china-an-open-letter-to-president-trump.

36. 注意兩封公開信在發表後，都收集到更多連署簽名。

37. 另一篇呼籲中國政權改革之文章請見Joseph Bosco, "US Engagement Has Failed in China," *Taipei Times*, September 21, 2018.

38. Thomas L. Friedman, "Trump and Xi Can Both Win the Trade War," the *New York Times*, August 28, 2019, A23.

39. Jodi Xu Klein, "Henry Kissinger Warns of 'Catastrophic' Conflict Unless China and U.S. Settle Their Differences," *South China Morning Post*, November 15, 2019, https://www.scmp.com/news/china/diplomacy/article/3037870/hineseo-warns-us-and www.scmp.com/news/china/diplomacy/article/3037870/hineseo-warns-us-and-china-their-conflicts-will-be.

40. Kurt M. Campbell and Ely Ratner, "The China Reckoning: How Beijing Defied American Expectations," *Foreign Affairs* 97, no. 2 (March/April 2018): 60-71.

41. Campbell and Ratner, "The China Reckoning," 60-61, 70.

42. See Jeffrey Bader, "U.S.-China Relations: Is It Time to End the Engagement?" Brookings Institution Policy Brief, September 2018, https://www.brookings.edu/research/u-s-china-relations-is-it-time-to-end-the-engagement/; and Jack Zhang, "The State of US-China Policy: Three Questions with Jeffrey Bader," September 4, 2019, https://chinafocus.ucsd.edu/2019/09/04/the-state-of-us-china-policy-3-questions-with-jeffery-bader/.

43. Robert B. Zoellick, "Can America and China Be Stakeholders?" U.S.-China Business Council, December 4, 2019, https://carnegieendowment.org/2019/12/04/can-america-and-china-be-stakeholders-pub-80510.

44. Alastair Iain Johnston, "The Failures of the 'Failure of Engagement' with China," the *Washington Quarterly* 42, no. 2 (Summer 2019): 99-114.

45. Richard Baum, *Burying Mao: Chinese Politics in the Age of Deng Xiaoping* (Princeton, NJ: Princeton University Press, 1994), 5-23.

46. Baum, *Burying Mao*, 95.

47. Baum, *Burying Mao*, 85.

48. Baum, *Burying Mao*, 108-9.

49. See Wei Jingsheng, ed., "The Fifth Modernization: Democracy," in *The Courage to Stand Alone: Letters from Prison and Other Writings* (New York: Viking Penguin, 1997), 201-12.

50. 魏京生在一九九七年十一月獲醫療假釋，並獲美國政治庇護，目前他仍居住於美國。

51. See Anne F. Thurston, "New Opportunities for Research in China," in *Items* (New York: Social Science Research Council) 33, no. 2 (June 1979): 13-25.

52. Liu Binyan, "People or Monsters?" in *People or Monsters and Other Stories and Reportage from China After Mao*, ed. Perry Link (Bloomington, IN: Indiana University Press, 1983), 11-69.

53. See Anne F. Thurston, *Enemies of the People: The Ordeal of China's Intellectuals in China's Great Cultural Revolution* (New York:

Knopf, 1987), 232.

54. 關於劉少奇之死請見Thurston, *Enemies of the People*, 151-53.
55. 在一九八一年的聖誕夜，我參加了由義籍傳教士利瑪竇興建的南堂天主教堂所舉辦大禮彌撒，教堂裡擠滿人潮。數百名教徒擠在教堂外的大庭院中，而教堂內部也擠得水洩不通，長椅座無虛席，教眾占滿了走道和唱詩班席位，而孩子們則坐在父親肩上。
56. 最早期的前三篇請見Roger Garside, *Coming Alive: China After Mao* (New York: McGraw-Hill, 1981); Richard Bernstein, *From the Center of the Earth: The Search for the Truth About China* (Boston: Little Brown, 1982); and Fox Butterfield, *China: Alive in the Bitter Sea* (New York: Bantam-Dell, 1983).
57. See Thurston, *Enemies of the People*.
58. See Fang Lizhi, *Bringing Down the Great Wall: Writings on Science, Culture, and Democracy in China* (New York: Norton, 1990), 166.
59. Fang, *Bringing Down the Great Wall*, 108-9.
60. 《河殤》之翻譯請見Su Xiaokang and Wang Luxiang, *Deathsong of the River: A Reader's Guide to the Chinese TV Series, Heshang*, trans. Richard W. Bodman and Pin P. Wan (Ithaca, NY: Cornell University Press, 1991), 91-223.
61. 此為我個人與作者共談之所獲。
62. Fang, *Bringing Down the Great Wall*, 242-44, 305-9.
63. 由美國紀錄片製作人卡瑪（Carma Hinton, 1949-）執導之紀錄片《天安門》（*The Gate of Heavenly Peace*）現為該事件經典之敘述。
64. 一九八九年五月三日至五月二十九日我人在北京，帶領一群美國人從武漢乘船遊覽長江到重慶。由於抗議活動，武漢市關閉了，沿著長江及其支流的每個村莊與城鎮都有抗議活動。抵達重慶時就是六月四日，而數天後我們離開時抗議活動仍持續進行。
65. See Andrew J. Nathan and Perry Link, *Tiananmen Papers: The Chinese Leadership's Decision to Use Force Against Their Own People—In Their Own Words* (New York: Public Affairs, 2001), 175-223; and Zhao Ziyang, *Prisoner of the State: The Secret Journal of Premier Zhao Ziyang* (New York: Simon and Schuster, 2009). 一九八八年，劉賓雁作為訪問學者前往哈佛大學，在中國爆發抗議活動之際仍旅居美國，此後他未返回中國，並於二〇〇五年於紐澤西州去世。方勵之於一九八九年春季身處中國，六四事件後他向駐北京美國大使館尋求庇護。一年後他離開大使館，隨後他先前往英國再到美國，先是前往一九八六年曾在高級研究院進行研究的普林斯頓大學，然後前往亞利桑那大學（University of Arizona），成為物理學教授，並於二〇一二年去世。
66. George Bush and Brent Scowcroft, *A World Transformed* (New York: Vintage, 1999), 176.
67. David M. Lampton, *Same Bed, Different Dreams: Managing U.S.-China Relations, 1989-2000* (Berkeley: University of California

Press, 2001), 385.

68. 然而赫伯特．胡佛（Herbert Hoover, 1874-1964）在當選美國總統前曾於中國北方擔任礦業工程師，感謝藍普頓教授之指教。

69. 藍普頓教授也指出，老布希會打網球，並認識中國的菁英人物。我曾在美國大使館附近的日壇公園與那些晨間遛鳥的長者們談話，他們告訴我說經常看到老布希在公園裡跑步或散步，而且在某種程度上認為他們是朋友。

70. Bush and Scowcroft, *A World Transformed*, 106.

71. Bush and Scowcroft, *A World Transformed*, 89.

72. 這個故事取自一九九八年我在美國之音（Voice of America）訪問李潔明的文字稿第三至十七頁，亦可參見James R. Lilley and Jeffrey Lilley, *China Hand: Nine Decades of Adventure, Espionage, and Diplomacy in Asia* (New York: Public Affairs, 2004).

73. James Lilley, "Freedom Through Trade," *Foreign Policy* 94 (Spring 1994): 37-42.

74. Martin Fackler, "Chinese Village Voting Wins Praise, Yahoo News, September 5, 2001, http://dailynews.yahoo.com/h/ap/20010905/wl/china_carter_1

75. 關於當時外國人對農村選舉的期望請見Anne F. Thurston, *Muddling Toward Democracy: Political Change in Grassroots China* (Washington, DC: United States Institute of Peace, 1998), iii-iv.

76. Seymour Martin Lipset, "Some Social Requisites of Democracy: Economic Development and Political Legitimacy," the *American Political Science Review* 53, no. 1 (March 1959): 71. 亦可參考借鑑了李普塞對中國神祕中產階級分析的文章：Andrew J. Nathan, "The Puzzle of the Chinese Middle Class," *Journal of Democracy* 27, no. 2 (April 2016): 5-19.

77. Daniel Treisman, "Economic Development Promotes Democracy, but There's a Catch," *Washington Post*, December 29, 2014, https://www.washingtonpost.com/news/monkey-cage/wp/2014/12/29/economic-development-promotes-democracy-but-theres-a-catch/.

78. "The World Bank in China," the World Bank, https://www.worldbank.org/en/country/china/overview.

79. Zhou Xin, "The Question Mark Hanging Over China's 400 Million-Strong Middle Class," October 13, 2018, https://scmp.com/economy/china-economy/article/2168177/question-mark-hanging-over-chinas-400-million-strong-middle-class.

80. Melissa Cyril, "China's Middle Class in 5 Simple Questions," February 13, 2019, https:// www.china-briefing.com/news/chinas-middle-class-5-questions-answered/.

81. Zhou, "The Question Mark."

82. Lampton, "The Tipping Point."

83. 詳見本書由布洛克所撰的第八章。

84. ChinaFile. http://www.chinafile.com/sites/default/files/assets/images/article/featured/73604126.jpg.

85. See Thomas E. Kellogg, "The Foreign NGO Law and the Closing of China," in *Authoritarian Legality in Asia: Formation,*

Development, and Transition, eds. Weitseng Chen and Hualing Fu (New York: Cambridge University Press, 2020), 132-33.

86. Trump, *National Security Strategy*.

87. National Security Council, "United States Strategic Approach to the People's Republic of China," May 20, 2020, https://www.whitehouse.gov/articles/united-states-strategic-approach-to-the-peoples-republic-of-china/.

88. 儘管該文章已以中英文出版，並且在美中兩國都可以取得，但出於謹慎起見，我不打算透露作者的身分。

89. Albert Camus, *The Plague*, trans. Stuart Gilbert (New York: Modern Library, 1948), 278.

第2章

美中交流之邏輯與效能——目標、前提、衝擊

文／馮稼時（Thomas Finar）

蘇聯時常被嘲諷為了達成優先目標與權力關係而改寫歷史，而中華人民共和國則是因選擇性失憶、神話化以及粉飾（airbrushing）自己的關鍵歷史而受公評（is justly criticized for）。[1]相較於蘇聯跟中國的修正主義（revisionism）對美中關係的惡劣評價，美國目前對美中關係的看法則沒有那麼負面，但其一樣重構跟扭曲了過去，藉此來詆毀從尼克森到歐巴馬時期美國對中政策的目標、手段與影響。不可否認，我所描述的單一政策經過共和黨與民主黨政府多次的重新評估與調整，但無論是哪一黨，無論政府是自由派或保守派，無論中國與國際局勢經歷多少重大改變，美中交流的政策基礎仍然非常穩定（stable）。穩定不變並非因為無能或慣性，而是因為這樣的基礎保護了美國利益、達成了美國的目標、促進社會互動，長久以來限制了政府改變扶持性政策（the enabling policies）的能力。

沒有任何一項政策是完美的，必須及時調整以反映出情勢變動，這才是交流的真諦。尤其是與中國、國際體制與美國國內政治於過去五十年歷經的劇變相比，交流邏輯與目標的穩定性則顯得特別重要。目前，美國官員及其他專家傾向認為，試圖將中國塑造成美國理想形象的作法太過天真莽撞，因此註定失敗。在考慮放棄交流、選擇脫鉤（decoupling）、牽制對抗之前，必須更準確了解政策的目標範圍。[2]

美國的對中政策並非獨自構想與執行，美國是在全球各地皆有利害關係的全球行為者（global actor with global interests），美中關係就是其一利益，但在過去的五十年間，中國與其他地區與議題相比，不在美國對外政策的中心位置。[3]中國如同其他國家一般，認為其本身所擔憂的問題以及與美國的關係，

通常對美國總統及其他高階官員而言更為重要。[4]整體而言，對研究中國或其他國家的學者來說，與美國的關係也是一樣的情況。他們高估自己國家的中心地位，並將任何影響該國事務的責任，歸咎於政策的主要目標；然而，通常事實並非如此。我之所以指出這一點，是因為必須先了解與中國的關係如何符合及影響美國在全球其他地方更優先重要的利益，才能理解交流的邏輯及長期不變的原因。長期不變源自美國制度的性質與聯邦制度的限制，聯邦制度賦予個人、利益集團及地方層級政府權利，但控制範圍有限。

自季辛吉一九七一年祕密訪華與隔年歷史性的尼克森訪華起，美中開啟交流約五十年。友好往來就此展開，其目標與期望雖然縮限但十分重要。雙方主要的動力是為利用「敵之敵即吾友」的可能來對抗蘇聯帶來的威脅。「務實」（realist）的牽制戰略是經典操作手法，這種手法既不假設也不尋求更親近的關係或政治變動，只須調整對外說法與表現，便足以讓莫斯科無法確知美中對蘇聯對外侵略之應對策略，而無須其他操作。[5]此舉乃是單純的現實政治（realpolitik）作法，不存在推動改革的目標與期待，[6]其造就了「便利軸心」（axis of convenience），而非盟友關係，[7]因此美中政府機構與人員之間的交流範圍十分有限。北京希望如此，而華府則認為施壓會暴露美中關係的合作範圍，破壞有助於威嚇蘇聯的友好合作表象。

友好交流開展歷經一段「正常化」（normalization）時期，初期首要目標為強化美中安全。正常化是過程也是目的：過程包括建立互信與障礙排除，目的則為建立「正常」關係，如全面的外交關係。[8]幾乎所有官方聲明與學者評論皆聚焦於新關係的地緣戰略重要性，當時對經濟、民間互動的潛力並無期待；也許因為認為那樣的目標遙不可及，而且對達成當時所定義之安全目標，並非必要。一九七二年二月二十七日尼克森總統訪華並簽訂《上海公報》（Shanghai Communiqué）一事，則讓中美雙方都達成了主要目的：讓莫斯科在擬定戰略時要考慮更多複雜的因素。[9]

《上海公報》為少數準官方代表團及個人訪問交流奠下基礎，但實際上直到正式建交前所面臨的障礙解決後，才有人預見更深、更廣的交流，這些障礙包括毛澤東對美國的疑慮、水門事件（Watergate）及兩國的國內政治情勢。[10]然而，直到一九七八年，最主要障礙是由於北京並不想要更深、更廣的交流，因而不願改變政策來引起華府的更大興趣。

美中交流之起點

一九八七年底，北京放棄追求毛澤東對革命與自給自足發展的願景，轉而支持出口導向的亞洲四小龍模式（Asian Tiger model），這澈底改變了美中關係。卡特政府表示，若中國願遵循改革開放的政策規定，美國將支持並協助新策略的國際面向，[11]從而有助於這種轉變。雙方的發展緊密相倚，雖然許多人將此轉變歸功於鄧小平，但是當中若沒有美國的合作，這轉變其實是無法實現的；反之，北京若不開放貿易、投資與民間交流，美國也無法協助中國作出轉變。鄧小平公開表示願意中國對外「開放」，是三十年來的大好機會，能夠實現長期以來美國的安全、通商與傳教之目標。[12]美中交流既是實現目標的過程，也是其產物。

鑑於與尼克森、季辛吉一樣的現實政治考量，同時也因為卡特個人對宗教自由的承諾、其童年在喬治亞州普萊恩斯市（Plains, Georgia）的經歷，以及在一九四〇年代末乘坐海軍軍艦訪問青島時第一次看到中國的影響，卡特總統決定支持鄧小平的改革開放策略。當時的國際情勢基本上與一九七〇年代初期相同。在冷戰時期蘇聯對美國及自由世界盟友依然構成威脅且可能長期存在威脅。[13]到一九七七年底，中國的政治與政策明顯發生變化，毛澤東的繼任者（毛於一九七六年九月逝世）決心重建經濟並恢復黨的合法性（legitimacy），而且北京方面也需要透過與美國更密切的交流以威嚇與抵禦莫斯科的威脅。[14]美國因交流而產生了新的機遇，但情勢變化莫測，交流也可能破壞尼克森與毛澤東的便利軸心。華府當時渴望維護現有利益，同時也渴望擴展新的可能。

鄧小平的改革開放創造了那些機遇，他強調的現代化、發展與經濟成長為美國企業造就了許多商機，同時也改變了中國的形象，成為更有能力的戰略夥伴。換言之，中國若要成為美方對抗蘇聯的長久夥伴，那中國最好要更加強大。因此，協助中國現代化雖說是出於明確的現實政治原因，但其並非唯一因素。

美國是資本主義商業大國，美國脫離英國而獨立後，美國企業不斷尋求進入傳說中的「中國市場」。[15]十九世紀時，美國無力強迫中國開放市場，因此在鴉片戰爭（Opium War, 1840-1842）及英法聯軍之役（Arrow War, 1856-1860）後，美國透過與英法合作，取得有限的市場進入權。一九七八年的情勢則大不相同，當時美國的經濟實力與技術優勢讓美國企業能有效利用在中國新興的商機。美國企業的地位十分有利，因為北京需要美國默許，或甚至是積極的支持，才能進入其他已開發國家的市場、取得資本與技術，而進入之障礙則是來自美國主導的自由世界所訂之出口管制與貿易禁令。此外，北京需要與美國建立準安全夥伴關係（quasi-security partnership），以阻嚇蘇聯（甚或美國自身），同時減少國防開支以集中精力於國內發展。

改革開放也促進民間交流的機會。十九世紀時，民間交流始於傳教士，主要為了傳揚基督教，但逐漸擴大至教育及醫療領域；到了二十世紀，民間交流範圍又進一步擴展至人權與公民權。[16]這其實牽涉到自傲（現在依然存在）與同情心這兩個因素，美國人堅信只要維持自己的作風，便能作為專制政權及其行為的正面示範，並且會逐步瓦解這樣的政權，[17]如本書第八、九章所詳述一般。在一九七八年十二月改革開放與建交的聯合公告宣布以前，這種往來互動具有特殊的象徵意義。[18]

在正式承認中華人民共和國並與其建交之後，最重要的問題是美國與臺灣關係的分歧，直到卡特總統說服北京相信美國準備協助鄧小平實現現代化發展，才解決了這個問題。一九七八年八月，白宮科學顧問法蘭克・普雷斯（Frank Press, 1924-2020）率領政府科學家代表團抵達北京，是實現目標的關鍵一步，這是美國派往他國最高級別的科學代表團，也明確傳達出美國準備支持北京以科學為基的發展策略。[19]此外，另一項重要的舉措是，美國願意接納數百甚至數千名中國留學生，只要中國學生透過正常管道入學且不須美國政府資助，便十分歡迎。這與美蘇之間交換少數學生的情形形成鮮明對比，其條件之嚴格，必須透過協商來實行一對一的學生或研究員交換，[20]蘇聯留學生才能來到美國。

安全、商業與民間三方的交流，希望能夠拉攏中國到美國主導的冷戰陣營，使中國成為更強大的夥伴，並促進互利的經濟關係，透過加強國安及讓更多人與機構在互動交流中獲利，為美中關係增添彈性。預想中的互動具有目的性，某種程度上是為了達成特定目標，但這類互動並非構成策略方向的主要成分。當中的一個原因是，一旦互動不受控制，美國社會就會追隨自己的夢想、衝動與利益，而想要實現改變中國政權，並且將個人之間關係視為有助於整體發展策略的要素。這樣的策略現在時常被評為大膽（或天真愚昧與失敗）。但美中交流策略並非如此，要衡量交流的效力與優缺點，首先要看交流想達到的目的為何；也就是說，需要對美中互動如何演變的背景因素有正確的了解。

美中雙方的交往並非萌生於卡特總統、他的反蘇聯國安顧問茲比格涅夫・布里辛斯基（Zbigniew Brzezinski, 1928-2017）的腦袋中，也不是如同梅杜莎（Medusa）的瞪視一般瞬間在行政體系中定型。相反，它主要是受到交流過程中事件與經歷的影響，迭代發展演變而來，而非受發展理論與國際關係理論的影響所致。雖然回頭來看，這些因素可以拼湊成總體策略，但是這些因素最初的目的並非如此。如前所述，最重點的因素是冷戰，避免北京跟莫斯科站在同一陣線，以阻止中國成為外交破壞者與國際麻煩製造者，尤其是與開發中國家的外交。讓中國更加緊密地與美國及自由世界連結在一起是美國政策的重點，也是最重要的目標。到一九七〇年代末期，華府為了實現此目標，已經學到了許多教訓。

華府的冷戰戰略倚重於不對稱關係，由美國承擔較多比例的防禦軍備開銷，並讓盟國進入美國市場，取得技術及其他好處。[21]這樣的戰略加速盟國經濟的復原與成長，並協助發展其工業以作為集體防禦的一環。整體漸強的盟國能夠增添威懾效用，讓美國更加安全，同時也讓盟國繁榮發展，有能力向美國企業採購商品與服務。這在國安與經濟方面創造了雙贏的結果。以抽象層面來說，無論是國內或以法治為基的自由國際秩序中，繁榮發展似乎有助於支持民主體制及宣揚自由的普世價值。

當中國快速成長時，美國必須決定是否要採取遏制措施，例如：是應該拒絕中國使用美國及盟友的經濟資源使其貧弱，還是擴大給予中國那些正式盟友才能享有的好處？如前所述，協助中國現代化部分目的是為了透過表現支持而非冷漠或反對，來維持準安全夥伴關係。在冷戰早期學到的教訓告訴我們，給予中國不對稱的好處（無論是否要求政治改革）對美國是有利的，但同時必須考慮美國盟友的長期支持與影響等因素。

美國選擇允許（後來演變為促進）中國獲得與盟友相同的條件來進行商業互動，這項決策背後包含了許多細項內容，其一重點為鬆綁對中國的出口管制；如此一來，想在中國營運的中國與美國企業能夠取得受管制的技術。[22]私人企業能自行決定是否參與交流或交流的具體方式，美國企業或駐美跨國企業從與歐洲、日本、臺灣、韓國的交流中學到開拓海外市場與賺取更多利潤的多種方法。企業的熱切迴響使交流從政策轉變為多邊相互依存的關係，並且大部分是在非政府領域進行。這同時也培養出日益龐大且有力的選民群體，他們有動機和能力積極要求政策與美中關係的穩定。這些發展強化華府的意圖，但同時也縮限未來政府行動的範圍。儘管總統候選人在競選期間會對中美互動嚴正批判，美國的對中政策在一屆政府到下一屆政府之間具有高度的連續性，正如李侃如與董雲裳在第十三章所述一般。很快地，美中關係的社會層面影響力與政府層級相比，已是同等地位甚或已超越之，因此對中政策維持不變。

冷戰的另一個教訓是現代化和經濟增長的變革性影響，儘管這個教訓直到一九七〇年代末才開始被正視。這種轉變的主要例子是臺灣與南韓——兩者直到一九七〇年代末期皆是威權政體，自從改為出口導向的成長策略後，其轉型成功的經驗足可供中國高層參考。不過，中國自然無法公開承認想效法臺灣，因此只好改稱效法日本模式。南韓與臺灣以現代化為動能的政治轉型經驗成為中國領導人的警惕，也成為帶給美中交流的支持者希望的最佳典範。

南韓與臺灣的經驗並未證明現代化將快速或必然改變中國的黨國體制，但確實強化了共產黨在中國的治理。在我記憶中，當時的論點並非著重於現代化可否快速促成政權變革或民主化，而是探討美國協助中國現代化是否會深化共產制度。馬克思主義（Marxism）與現代化理論主張轉型為民主政體的必要前提為經濟成長與現代化，但臺灣、韓國或日本的實際經驗比社會科學理論更具影響力。

美中交流上十分重要但卻經常受到忽略的一個面向是：（重新）建立機構與民間的聯繫。美國聯邦政府透過鬆綁或取消限制為此鋪平了道路，北京也逐漸地採取了相同策略，但日益增多的機構與民間互動，主要由「私人企業」所主導推動。我把「私人企業」畫上引號是因為在中國幾乎所有機構的推手皆為黨國企業。但當大學、地方政府、律師、醫生或是音樂家對外接觸時，他們的立場更像是利益或協會團體，而非中央政府的聯絡人；換言之，他們取得了與美國企業互動的「執照」。華府與北京當局促成非政府交流，但不介入控管。當然，北京方面比華府更加警戒、更加密切地監控這些互動，但絕大多數的互動並未受嚴格管控，而且中央監管的程度逐年降低。二〇〇八年後中國方面有了重大的變動，但是四十年的交流期間內，存在相當多主動創新互動的空間。

在美國方面，交流過程是有特定意圖指導的，但並未刻意加以控管，以這個角度來看，這與美國如何與盟國的機構及民間互動的常規作法一致。所謂的特定意圖，表現在美國有項政策，決定要規避對蘇聯及其盟國實施（和執行）遏制政策。這在某種程度上反映了遏制政策的最主要目的在於剝奪蘇聯及其盟國從與美國互動中得到的好處。因為蘇聯政權可以從這些好處來減輕政權固有的弱點並延長其生存，同時也排除了與美國人互動所可能導致的腐蝕和變革。

釋放美國人民與實踐的轉型力量不需要也無法透過聯邦政府介入而實現，華府只須靜觀其變，而無須插手。雖然在一九八〇年代初有些人認為美中互動有潛在危險，但這樣的論點並未獲重視。在此同時，北京一方則是懷疑美國的動機與作法，而且加強了監管的力道，這些猜忌造成了雙方互動進度緩慢；天安門事件後，北京對美國的猜忌不減反增，直到過了近二十年才慢慢降低。[23]

美國允許民間企業與中國廣泛互動交流是其總體策略的一部分，這是為了打造官方與民間互動關係的韌性。這些關係把國家政府（如部會處所、有相似職責的局室、具相似使命的機構）、行政單位（州、省、市）、教育機構、專業協會以及無數其他利益團體聯繫起來。這背後的邏輯雖簡單卻十分重要：關係利益愈深愈廣，相關利益團體的範疇就愈大，因此避免不同領域的分歧危及整體關係的難度也就愈低。北京是否考量過此目標我不知情，但我認為應該是沒有。

美中交流模式的細節從未被深入討論過，美國企業如何與國有或私有公司互動、科學家與醫療專業人員如何共同合作、無數的其他具體交流形式如何進行，全是透過不斷地嘗試與修正，實際上並無一確切細節的總策略或藍圖。北京採用「摸著石頭過河」（crossing the river by feeling the stones）的方法，這種謹慎的逐步推進能夠排除美中與其他已開發國家領導人之間的長期爭論與分歧，讓雙方能夠解決過程中所遇到的問題，慢慢累積經驗與信心，同時避免推進太多太急所帶來的風險。

美方本來希望能夠快速推進，但受到中方謹慎作法的限制，這樣的差異一部分來自於文化：美國作風急躁，並自信認為所有問題都能迅速解決；中國則擔心失敗的後果與陷入困境的危險。美國的急躁與中國的謹慎反映出文化差異，在之前的三十年期間，中國的政策變化劇烈且頻繁，因此華府急於儘快鞏固改革開放的承諾與可能。當時鄧小平已高齡七十四歲，一旦他喪失行為能力或去世，無人能確保鄧的政策還可持續下去。美方不希望交流的基礎與可能性建立在領導人的健康狀況上，而是希望向中國展示實施改革開放可能獲得的好處。北京方面則認為美國如此積極是為了束縛中國，創造依存關係並限制其行動自由，事實上這樣的想法並非全然錯誤。

美國希望鞏固改革開放，同時讓中國參與冷戰期間自由世界所建立的規則秩序，相信中國會因從中獲益良多以致難以輕易退出這個體制。[25]將這樣的策略定義成束縛有失公平，但美國的明確期望是：希望中國人能夠日益了解到，透過參與美國主導的自由秩序合作計畫，他們可以更迅速實現改革開放的目標（如財富、權力、安全、影響力），而非透過退出或僅有限地遵守能使該體系良好運作的規則與規範。這樣的希望立基於在自由世界秩序下成長與現代化的其他國家之行為，提供中國參考借鏡的實例，並且透過交流，我們知道原來有不少中國人民也有著相同目標與期望。

交流並不僅限於跟美國或美國企業的互動。中國一如預期立即尋求利用其與其他已開發國家的往來抗衡美國的影響力，減低對美國的依賴。美方並不認為北京與日本及歐洲國家往來以降低美國經濟影響力是一大問題，反而對此持正面看法。透過與其他自由世界國家的交流，可以促進中國的發展，讓其成為冷戰時期更強大的夥伴（並希望是長期的夥伴），同時也減輕北京方面對於受美國控制的擔憂。此外，這也證明美國不是美中夥伴關係之間唯一支持基於規則的體系優勢的國家。[26]

交流的演化

前一節對美中交流的解釋稍微誇大了連貫性和有意的明確安排，美中關係實際上是一個逐漸演進更迭的過程，只不過在回顧起來時，看起來像是比實際上更具一致性的策略。如同其他政策一般，美中交流政策受到時代與局勢的影響，最關鍵的因素就是可能無限期持續的冷戰。所謂的「交流政策」最初始於戰術，旨在拉攏中國站在自由世界這一邊，並回應中國能夠從自給自足轉型成以出口為導向的可能性，而其他因素還有對其他國家在自由世界秩序內轉變為現代化的期望，以及實現長期以來美國安全、商業及傳教的機會。

在中國發生的事件與決策提供了採用美方交流政策的先決條件。交流是對中國的可能性與機會的一種回應，而非為了主動改變中國。目前美中關係有意不談國安基礎，而是專注於探討為何在國際情勢與中國行為有重大變動之下，仍堅持持續交流。為理解交流的意義與持久的原因必須先探究這些問題。

既然交流是緣起於冷戰時期與蘇聯的競爭，為何在蘇聯與兩極世界解體之後依然存在呢？一個眾所皆知的過於簡化答案為：這是不確定性、慣性、選民要求與其他替代方案有所缺失的總合結果。事後看來，我們可以自信地斷言，蘇聯確實在一九九一年十二月解體了，但在其垮臺後的十年中間，擔憂蘇聯並未徹底瓦解的恐懼一直存在，害怕蘇聯在葉爾欽（Boris Yeltsin, 1931-2007）的混亂時期捲土重來。為因應不確定性，柯林頓政府採取避險策略，其中一個作法便是維持與中國的國安夥伴關係。[27]儘管發生天安門事件，中國還退出過去十年間發展起來的交流模式，但在俄國局勢更加清晰穩定前，維持與中國的半正式安全關係是審慎的布局。弗拉迪米爾・普丁（Vladimir Putin, 1952-）帶來了穩定，更清楚地展示俄國的能力與意圖，包括考慮恢復稱之為戰略三角關係（the strategic triangle of relations）的華府、莫斯科及北京之間的表面（而非實際）關係。[28]在這樣的國際情勢下，儘管中國有軍力集結及愈加明確的行動，對美國而言，與中國保持友好的安全關係仍是明智之舉。

慣性也是一個重要因素。冷戰確實結束後，美中交流也持續了二十年，華府的專業人士十分了解使交流成真的政策，但歷任政府的多數高階官員則是專注於其他問題。柯林頓政府聚焦於巴爾幹、中東與北韓問題，小布希政府則是專心打擊恐怖主義、阿富汗與伊拉克問題，歐巴馬政府須優先處理經濟大衰退（the Great Recession）、中東以及結束伊拉克戰爭。推動美國外交政策的根本變革是重大的行動，歷任總統皆不願或沒有足夠能力嘗試改動美國的對中政策。事實上，在多次危機中，北京在聯合國與其他國際組織的立場極有分量。當然，美中關係確實存在問題，而且年復一年變得更加明顯與惡化，但仍被視為可管控的範疇；整體來說，美中關係運作得相當不錯。近二十年來，對中政策一直遵循「若無破裂，則不修補」（If it ain't broke, don't fix it）的典範。此外，政策清楚明瞭基本上沒有爭議，而且由非政府組織主導施行，因此總統與高層核心官員不須投入太多時間與心力。試圖改善這種關係的嘗試一直被視為是麻煩遠大於價值，而且有鑑於全球化及美國與其盟國之間的競爭經濟關係，沒有人願意放棄眼前的經濟利益，去承擔與北京的更多衝突所帶來的不確定性。

美中交流的第三個主因在於重要的非政府受益群體與支持者對交流政策之集體影響力，其中最具影響力的代表就是商業界。如先前所言，美國積極回應鄧小平的改革開放的其一主因，是為了加大進入中國市場與促進民間交流的可能性。在蘇聯垮臺塵埃落定之際，美國企業非常重視中國市場。這二十年以來的投資總算有了回報，許多企業的生產鏈與供應鏈中國皆扮演要角，而且國內市場也逐漸開放。雖然在中國創立事業曠日費時且舉步維艱，但已逐漸獲利。諷刺的是，商界對中國行為雖多有抱怨（如盜竊智慧財產、未能履行世貿與其他條約的承諾、脅迫技術轉移等），發出最強力有效的聲音要求美國對中政策維持傳統的，卻也是商界。商界之所以講話有分量，是因為他們為美國政治競選活動提供了大量的資金。[29]雖然在中國營運的美國企業並非唯利是圖，但對於大多數企業而言，獲利確實比傳統安全問題、侵害人權與學術自由等「軟」問題，更加重要。

在交流政策中，商界是擁有最多利益、最有組織的群體，但仍有許多其他群體存在。恢復外交關係與改革開放，為在毛澤東時期中斷的學術醫療與其他專業，帶來重新建立聯繫的契機。如同本書其他章節的內容，太平洋兩岸的人民與機構已準備好甚至是渴望重建合作關係，有些可以追溯到十九世紀末與二十世紀初期。許多這樣的關係是在傳教士為中國人民帶來啟蒙（基督教、教育、醫療、法治等）的活動中產生的，反映了當時普遍存在的文化優越感和宗教熱情。雖說這種想法的痕跡依然存在，但可以說，傳教與對中國人民福祉與發展的人道關注是相輔相成的。隨著時間的推移和現代化、全球化和社會演變的力量，這些動機也發生了變化。沒有人會認為交流是重回了那種美國人（和其他西方人）有道德義務將啟蒙思想帶給中國人民的美好昔日，實際上，這是利益互補的關係：中國政府將快速現代化視為國家優先事項，中國的機關與民間渴望為此作出貢獻，而美國也願意提供幫助。雖然個人與機構的動機各有不同，但與十九世紀之際美國試圖「幫助」中國卻時常遭到抵制或反感的情況不同，在現今的交流時期雙方都有渴望合作的參與者。

在中國，黨將現代化定義為一項迫切需求，這就造就了許多契機與動機，把能夠做出貢獻的所有機構單位都聯繫起來。北京對未受控管的接觸交流及所謂的「精神汙染」（spiritual pollution），態度十分謹慎，但也願意為達成快速發展與經濟成長承受風險；之所以如此，是因為他們認為背信忘義的美國人早晚會暫停交流並回歸到遏制中國崛起之政策。儘管出於與中國不同的原因，美國也同樣急於推動交流。某些人擔心對外開放政策會像毛澤東時期那樣朝令夕改，為防止政策再次逆轉，他們急於建立關係、展現實際利益。至於其他層面的聯繫，則是建基於上個世代的美中人民之間的關係——雖曾長期斷絕，如今因著明確的個人目標，彼此也急於重拾友誼與交流經驗。其他人的動機則更傾向於功利主義，例如中國若要吸引外資，就須建立基本的法律框架、轉移資金及運輸貨物的機制。無論如何，雙方都渴望開始交流，並利用初步的成果來正當化及推動受毛澤東災難性政策所苦的國家與人民轉型。

交流描繪出了現實狀況

雖說交流時常被稱為戰略，但更準確地說，應該是由鄧小平決定開放中國，而卡特政府抓住了機會以實現美國的長期目標。某種程度上確實是戰略，美中雙方意欲建立多重關係，卻無法強迫施行。正如先前總結的原因，開放政策成就了多重利益與群體相互聯繫與依存的關係，並在數量、範圍、多樣性與深度方面穩步成長。北京對交流的態度比美方更加謹慎，但雙方都將其視為資訊溝通管道與改革推動因子。北京不安是因為交流被視為美國意圖實現「和平轉型」（peaceful transformation）、「政權輪替」（regime change）或「顏色革命」（color revolution）的手段。美方則將其視為自主關係，有助於實現美國國安與發展之目標但又不受政府引導或管控。在美國目前的政治環境中，這樣的多孔關係（porous relations）被視為北京利用美國資源獲得國家能力的管道。

就這些文化制度差異而言，相較於華府，北京擁有更多能力與動機來管理構成「交流往來」的管道與互動。美國體制的本質及美方參與交流的非政府組織與利益相關者，束縛了華府利用或是限制與中國互動的能力。因此，對呼籲減少交流並與中國脫鉤，構成了重大障礙。對美國而言，交流已是事實，是美國政治流程中眾多合法（有時強而有力）獨立選民群體所做的具體行動，就算政府想要減少交流，也十分困難。雖然本章並未詳細檢視中國方面的問題，但肯定的是，四十年的交流關係若破裂，對北京來說，代價也不容小覷。我們必須要記得，這是卡特政府的最初目標之一，以這個角度來看，交流政策是成功的。

「交流」一詞是彈性的概念，含括了美國重新與中國接觸的戰略、美中之間各種不同機構實體間的接觸與發展，以及雙方政治角色與利益之間的複雜關係。這些利益與能力促使他們在美中關係中捍衛自己的利益。在過去的四十年裡，美國各界不斷捍衛其利益，並推動對中政策的穩定性與可預測性。更明確地說，中國被誇大及妖魔化的形象，自一九七九年兩國建交以來，每次美國總統大選時都成為代罪羔羊。但無論言詞如何激烈——例如柯林頓所謂的「北京屠夫」（butchers of Beijing），美國對中政策基本上維持不變。對其他議題的關注、決定不採取會造成與中國關係惡化的作法，以及不複雜化追求優先目標，部分是為了維持這種穩定。但政策的一致性也是在美中交流中多重利益施壓下的產物。在某種程度上，交流已經成為美國政府控制範圍之外的一個現實。

什麼變了？

從一九七九年到歐巴馬第二任期內，美國的對中政策與交流模式一直非常穩定，卻在川普任內發生了重大變動。究竟是什麼因素造成了變動？有些人認為是因習近平上臺與川普當選總統，並將關係惡化歸咎於這兩位領導人的個性與政策方向偏好，影射若其中一位未能成功上臺，美中關係或多或少會延續尼克森總統的政策軌跡發展。[30]我對該解釋不甚滿意，因為這樣的說法降低或忽略掉交流的脈絡與其長期積累成果的重要性。

如同一九七〇年代早期、末期及一九九〇年代，美國在二十世紀前二十年的對中政策，一直受到國際情勢與國家安全優先事項的影響。前三個時期的政策調整與重新驗證，受冷戰跟俄國的不確定性之概念框架強烈影響。到了二〇〇一年，來自俄國的威脅減低，雖然中國當時歷時十載的軍事建設讓美國更加警惕，但九一一事件讓打擊恐怖主義成為國安優先事項。中俄兩國立刻成為美國打擊恐怖主義的重要夥伴。對中俄國內政策與軍事計畫的擔憂，與合作應對急迫的恐怖主義威脅相比，較為次要。回頭來看，也許有人會說小布希政府誇大了恐怖主義威脅以至於對其他重要迫切之議題視而不見，但實際上打擊恐怖主義確實優先於對中國軍事現代化的擔憂。拉攏中國站在美方這邊的想法，事實上需要暫緩針對解決雙邊關係問題所採取的行動，從而延續美中交流。

當這個時期接近尾聲時，對恐怖主義威脅的著重程度逐漸降低，國安官員更加關心中國軍事實力在長期累積後的變化，因其強大程度可能改變西太平洋安全局勢。這種情況發生在十年戰爭後必然縮編的脈絡下，需要新武器與任務來取代為冷戰時期開發的軍事設備，以符合後冷戰時代的需要。決定建造什麼以及如何部署需要判斷未來十到二十年間潛在敵人的實力，而不僅限於考量現況。中國的新軍事力量與潛在的各種企圖是其長期維持巨額國防開支與持續強化空軍、海軍的理由。關於未來需要何種軍事力量的爭論，引發了對中國軍事實力與其意圖的廣泛討論，國會證詞涉及許多新的威脅與軍事需求，在公開的國家安全文件中也將北京解讀為敵人。[31]簡而言之，事件發展方式陷入了典型的安全困境，一方的行動被認定為攻擊而另一方必須作出防禦回應，進而在經濟、科技與其他領域演變成作動與反作動的惡性循環。目前事態發展至此，雙方對彼此的看法比天安門事件後更加負面。

經濟環境也有了重大轉變，中國在二〇〇一年加入世貿組織後持續快速成長，中國人認為他們擁有更好的制度，並以此為證；批評交流政策者則認為，在中國實際履行更多正式要求之前，美國就同意中國加入是極其愚蠢的，而這就是證據。[32]我無意討論這個議題，我想指出的是，從二〇〇一到二〇一一年的這段時期中國經濟表現驚人，奠定了中外對中國崛起為主要國家甚至躍升至大國地位的認知與預測[33]。經濟成長的奇蹟時代已然結束，但當時中國經濟的規模與結構，考量到關鍵的利益群體，已經無法再忽視中國對國際慣例、條約承諾、雙邊協議及商業合約公然無視所產生的影響。若馬拉威或烏拉圭採取像中國類似的行動，可能對美國、其他外國企業及工人不會產生太大的影響；但是，中國的龐大規模強化了其異常經濟行為的影響與重要性，這種行為在早期發展規模較小時也許可以忽略，但現在已無法忽視。

為了協助中國成為更強大的夥伴、更繁榮的國家，以及更緊密地融入法治秩序中，交流有意也有效地促使了中國的崛起。在此過程中誕生了數千甚至數萬種經濟關係，而這些關係之所以持久，是因為它們目前或未來，對所有合作夥伴而言均有利可圖。在此過程中，美國企業適應或接受了中國的行為，這是它們要確保在中國市場與生產鏈中取得一席之地所必須承擔的代價。隨著中國經濟的成長，中國的不當行徑的後果也愈來愈嚴重。因此，美國政府觀察員與知識分子愈發頻繁地詢問華府是否該「做點什麼」。[34]直到歐巴馬政府第二任期後期，商界的回答仍是：「不需要，這是我們自己可以處理的商業問題，政治化反而會增加解決的難度。」[35]商界大佬可能高估了自己能夠改變中國企業的能力，因為許多中國企業實際接受了黨國的金援或指導。中國早期有些行為或作法，可能在初期發展階段相較於先進經濟體是可容忍的，但對商界與中國長遠的利益來說必須捨棄這種行為，而他們也或許高估了這樣的可能性。如果這就是他們的想法或謀略，那麼後來的事實發展證明他們是錯的。在歐巴馬第二任期內，一直以來在對中政策上提倡穩定交流的商界翻轉了立場。長期存在的問題變得更加嚴重且代價更高，企業（像其他許多利益相關者一樣）對北京的承諾已經感到厭倦，北京承諾會履行之前已經多次應允的承諾（如遵守加入世貿組織作出的承諾）。[36]如今，商界的論點是單靠企業本身實無法解決問題，還可能危及企業自身的重大利益，因此華府應該介入並發揮其影響力，為所有美國企業或廣義上的其他外國企業解決問題。因此，無論誰在二〇一六年當選總統，都必須挑戰並努力改變中國之不公平且無法接受的行徑。許多美國盟友也有相同擔憂，雖然他們有所抱怨，但也不願與北京正面衝突。

在第三類或整體交流中，也發生了變化，包括學術交流、非政府組織活動以及眾多專業與其他群體的互動。我認為，這種變化的誘因是自胡錦濤政府晚期以來，中國對外接觸的改革與自由化不斷倒退，這體現在二〇一六年中國對外國非政府組織活動的新法規中，該規定將監管責任從民政部轉移到了公安部。[37]許多人將對中國及外國公司的管控與限制歸咎於習近平個人；[38]但我認為這反映出中國高層十分關切成長放緩可能導致的不穩定性，擔心會因此導致經濟受損，從而削弱其基於績效的合法性，並堅信與美國或其他外國人接觸，會加劇社會動亂的危險，懷疑他們是美國政策的工具，其目的是為了在中國引發「顏色革命」。[39]換言之，北京加強限制與管控國內公民社會及其他可能的異議行動，既有國內理由，也是為限制國際上的民間交流。無論北京鎮壓的具體原因為何，其效應是疏遠美國每一位曾經支持及受益於美中交流的利益相關者。在當前的惡劣背景下，捍衛交流往往被視為等同於捍衛北京政權及其惡行。

交流失敗了嗎？

對美中交流有所批評者認為，美國愚蠢地協助中國成為規模可能超過美國的經濟巨頭，並允許中國利用不對稱的機會與美國的天真，做出不公平或是違法的行動。他們聲稱，美國愚蠢的政策使中國能夠合法或透過手段取得有助於軍事建設與監控社會的技術，美中交流則加強了黨國實力，增強了中國操縱國內外輿論的能力。[40]據他們的說法，最大的錯誤是相信交流政策能推動北京從威權的黨國體制轉變為美式民主。不論是含蓄還是直言不諱，他們的標語是：「華府怎麼會如此愚蠢、天真，忽視美國國安與經濟利益？」

這樣的指控扭曲了交流政策的目標，忽略了其起源與演變的脈絡，輕率地忽略交流政策是歷經六任總統、十屆政府（若從尼克森的友好往來開始算，則另外兩位總統、三屆政府也算在內）的檢視與維持之事實。難道這些政府，無論是共和黨還是民主黨、自由主義還是保守主義，皆是同樣幼稚短視嗎？難道他們當時真的無法看到交流政策失敗論者所指出的風險與缺點嗎？美國應該採取何種替代政策才能實現不同的結果，而且為何替代方法就一定成功而現實施行的方法就一定失敗呢？因無法針對這些問題提出有力的回答，批評者對交流政策及其實踐者的貶低，難以證明他們所提出執行「脫鉤」、創造「整體型政府」（whole of government）與「整體型社會」（whole of society）的作法能夠成功遏制中國。更基本的問題是，美國的盟國中有誰會跟華府有志一同呢？

有評論責怪交流政策未能實現將中國的黨國轉化為自由民主之目標，但事實上參與其制定或後續重新評估的人（包括我）都不記得交流政策曾設定或討論過這個目標，本章剩餘部分我將簡要概述交流政策實現的成就。[41] 如先前所論，最初主要的目標是透過使莫斯科在考量戰略時要計算的因素變得更複雜來增強美國的安全。一九七八年底美國從友好轉為交流政策（以正式建交為象徵），此時這正好是蘇聯實力與自信的高峰期，其目的為增強威懾與降低蘇聯發動核武攻擊美國及其盟國的危險。美中關係的加深與美國明確支持中國發展的作為，雖可能不是阻止蘇聯侵略或蘇聯解體的決定性因素（切記莫斯科正常化後不久便入侵了阿富汗），但確實是促成因素。美中交流在緩和北京對美國侵略的恐懼，以及推遲北京的軍事建設上也發揮了作用——當時鄧小平為了投注更多資源在國家發展，並說服華府及其已開發國家盟友（主要是日本）援助中國現代化不會立即危及他們的國安，而暫停了建軍計畫。

交流成功使中美、中臺或中日之間避免了衝突，其貢獻是無法量化的，不過客觀來說，自越戰以來東亞地區確實未曾發生重大衝突。這也許只是運氣好，但在此之前的五十年中，美國介入了二戰的太平洋戰爭、韓戰及越戰，並在一九五四年及一九五八年的臺海危機中背負著與中國發生戰爭的風險。交流是否促成北京撤回對北韓的支援無從得知，但第二次朝鮮戰爭並未發生卻是事實。至少有可能的是，在與美國接觸交流之後，北韓開始質疑盟友北京的可靠程度，從而產生制約作用。[42]

除了避免東亞地區的衝突，並使中國成為世界上成長最快、最具活動力的地區之外，與中國交流還讓華府在世界其他地區擁有更自由的軍事行動空間，這是跟與莫斯科交流得到的成果相反的。由於華府不必擔心中國，因此在波斯灣戰爭、巴爾幹半島、阿富汗與伊拉克進行軍事行動時，不受太多限制。許多人（包括我）質疑對伊拉克的處理方式，但事實是華府受益於中國在聯合國安全理事會中的支持或棄權，也不必擔心北京會利用美國轉移焦點到其他地區的時候占美國便宜。

經濟領域是最常被引用證明交流政策愚昧的例子，通常暗示或聲稱中國的經濟崛起對美國不利，但證據其實指出交流是有益的。當交流政策於一九七八年開始時，美國占全球經濟的百分之二十七，相當接近美國在二戰前的平均值。四十年後，歷經中國的奇蹟式成長、日本經濟的崛起（與衰退）、中歐國家加入歐盟，以及印度、非洲及其他地區的快速成長，二〇一八年美國的占比些微下降到百分之二十三點九。[43]考慮到這段期間美國在世界人口中的占比從百分之五點二下降到百分之四點三，以人均角度來看，現在美國的影響力比交流政策開始前更大。[44]

經濟交流有望能促進美中兩國的繁榮。在二戰後的經濟重建時期，與美國結盟並能利用美國政策所提供的不對稱機會來促進成長及參與國際事務的國家就獲得蓬勃發展，中國也是如此。中國的人均收入從一九七八年的一百五十六美元成長到二〇一八年的九千七百七十一美元。與此同時，美國的人均收入也從一萬零五百六十五美元增加到六萬兩千七百九十二美元。[45]美國存有分配問題（中國也是），但這並非交流造成的。交流的批評論者經常指責中國「偷走」美國人的工作機會，事實上，很難說美國工廠工作機會之減少是被中國搶走，遷廠外移的決定主要是在美國的董事會做的，他們履行對股東（包括美國的退休基金和 401K 退休計畫）的受託責任時，必須維持或增加利潤。此外，多項研究顯示，與美國以外地區的流動相比，因自動化流失的工作機會比美企遷廠外移更多，而且因與中國及許多其他國家的貿易成長，在運輸、倉儲、保險與其他領域創造的高薪工作機會，比製造業失去的還要多。[46]對於因工廠關閉而失業的民眾與失去重要稅收來源的城鎮來說，這其實無法安慰他們，但美國聯邦及州政府未能實施有效的過渡措施，並不是北京或交流的錯。

在交流初期，中國幾乎沒加入任何國際組織或（聯合國體制外的）控制機制，北京仍然宣稱堅持遵循毛澤東主義原則，即中國不受任何非中國幫助建立的國際規則及建立時沒有同意過的條款所約束。四十年後，中國積極參與了超過一百五十個國際組織，包括《核武禁擴條約》、世貿組織、聯合國維和計畫以及本書其他作者所提及的貢獻。儘管中國對國際規則秩序的默許與接受一直都十分勉強且緩慢，但現在它接受並為此秩序作出貢獻，因為它明白，在大部分情況下，這是符合中國利益的。[47]換言之，中國在國際體系中將負責的利益相關者之角色愈做愈好。因此北京理所當然地堅持認為，作為利益相關者，中國有權影響控制規則，並在與中國利益相關的決策中發聲。這比以前的情況要好得多。具體例子包括中國在加入《核武禁擴條約》與其他國際控制規則後，降低武器增生行為、參與制定伊朗核問題的《聯合全面行動計畫》（Joint Comprehensive Plan of Action），以及支持《國家保護責任》（Responsibility to Protect，簡稱Ｒ２Ｐ），其內容為當一個國家無法或不願保護自己的人民時，國際需要採取行動，[48]這與中國先前對主權與不干涉的立場截然相反。

這些例子還可以擴大到如共同合作應對氣候變遷、將國際標準納入中國主導之亞投行的營運指南，以及本書其他章節中提到的許多發展。總之，交流對亞洲的和平與繁榮有所貢獻，協助中國成為更好的國家、更負責任的國際行為者，促進了美國繁榮，讓中國及其人民更積極努力對跨國挑戰作出貢獻。大多數人都希望中國維持在習近平上臺前的模式，並希望中國不畏懼黨國菁英統治，重返具改革性與轉型效力的政策。然而，如本書其他作者所述，歷史尚未結束，中國像其他國家一樣將持續發展，現在宣告交流政策失敗而須以遏制政策取代的說法，言之過早。那些認為交流政策失敗者必須明確表述，哪些政策會產生更好的結果，並且在每個發生改變的關鍵時刻，以及美國政策制定者重新審視決定保留哪些交流政策目標與方法的同時，說明應該採取哪些替代措施。此外，他們也必須解釋如何處理受益於交流政策的商界與其他利益相關者。畢竟，不滿北京當前行為及對與美國互動的限制，完全不等於支持放棄在美國、中國、其他地區及全球系統成功運作的模式。

引註：

1. See, for example, Robert Conquest, *Reflections on a Ravaged Century* (New York: Norton, 2001); and Louisa Lim, "Rewriting History in the People's Republic of Amnesia and Beyond," The Conversation, May 28, 2018, http://theconversation.com/rewriting-history-in-the-peoples-republic-of-amnesia-and-beyond-90014.
2. Examples include Kurt M. Campbell and Ely Ratner, "The China Reckoning: How Beijing Defied American Expectations," *Foreign Affairs* 97, no. 2 (March/April 2018): 60-70; and Ben Weingarten, "Is It Time for America to Begin Decoupling from Communist China?" *The Federalist*, October 22, 2019, https://thefederalist.com/2019/10/22/is-it-time-for-america-to-begin-decoupling-from-communist-china/.
3. 對美國歷史的調查及大多數國務卿的回憶錄都只將有限的注意力放在中國上，請見Warren I. Cohen, *The New Cambridge History of American Foreign Relations, Volume 4: Challenges to American Primacy, 1945-the Present* (Cambridge: Cambridge University Press, 2013); and George P. Shultz, *Triumph and Turmoil: My Years as Secretary of State* (New York: Scribner, 2010).
4. 這種情況在川普政府時期發生變化，中國在眾多議題的決策中變得更加核心。
5. See Henry Kissinger, *The White House Years* (Boston: Little, Brown, 1979), 1087-1096.
6. See, for example, John Bew, *Realpolitik: A History* (Oxford: Oxford University Press, 2016).
7. 「便利軸心」一詞借用自Bobo Lo, *Axis of Convenience: Moscow, Beijing, and the New Geopolitics* (Washington, DC: Brookings Institution Press, 2008).
8. See William C. Kirby, Robert S. Ross, and Gong Li, eds., *Normalization of US-China Relations: An International History* (Cambridge, MA: Harvard University East Asia Center, 2007).
9. 公報的全文可在美國國務院歷史文獻辦公室取得。"Document 203," in *Foreign Relations of the United States, 1969-1976, Volume XVII, China, 1969-1972* (Washington, DC: U.S. Department of State, 1972), https://history.state.gov/historicaldocuments/frus1969-76v17/d203.
10. See, for example, Harry Harding, *A Fragile Relationship: The United States and China Since 1972* (Washington, DC: The Brookings Institution, 1992).
11. Harding, *Fragile Relationship*.
12. See, for example, Michael Green, *By More Than Providence: Grand Strategy and American Power in the Asia-Pacific Since 1783* (New York: Columbia University Press, 2017).

13. See Michel Oksenberg, "Reconsiderations: A Decade of Sino-American Relations," *Foreign Affairs* 61, no. 1 (Fall 1982): 175-95.
14. See, for example, Ezra F. Vogel, *Deng Xiaoping and the Transformation of China* (Cambridge, MA: Harvard University Press, 2011).
15. See, for example, Thomas J. McCormick, *China Market: America's Quest for Informal Empire, 1893-1901* (New York: Quadrangle Books, 1967); and Green, *By More Than Providence*.
16. See Paul A. Varg, *Missionaries, Chinese, and Diplomats: The American Protestant Missionary Movement in China 1890-1952* (Princeton, NJ: Princeton University Press, 1958).
17. Benjamin I. Page with Marshall M. Bouton, *The Foreign Policy Disconnect: What Americans Want from Our Leaders but Don't Get* (Chicago: University of Chicago Press, 2008).
18. Vogel, *Deng Xiaoping*.
19. See Bernard Gwertzman, "Top Government Science Mission Being Sent to China Next Week," *New York Times*, June 28, 1978, https://www.nytimes.com/1978/06/28/archives/top-government-science-mission-being-sent-to-china-next-week-carter.html.
20. 重建學生交流的政府間協議直到一九七八年十二月十九日才簽署，但史丹佛大學與中國科學院之間的「試驗性協議」模型則在十月份達成，首批學生於一九七八年十一月十二日抵達史丹佛校園。參見Thomas Fingar, "Negotiating Scholarly Exchanges: The Stanford Experience," *Contemporary China* 3, no. 4 (Winter 1979).
21. See Thomas Fingar, "American Foreign Policy in Transition: From Cold War Consensus to Controversy and Confusion," *Contemporary American Studies Review* 2, no. 1 (2018): 70-83 (in Chinese); English text available at https://aparc.fsi.stanford.edu/publication/hinese-foreign-policy-transition-cold-war-consensus-controversy-and-confusion.
22. See, for example, Elizabeth M. Nimmo, "United States Policy Regarding the Transfer of Technology to the People's Republic of China," *Northwestern Journal of International Law and Business* 6, no. 1 (Spring 1984): 249-84; and U.S. Congress, Office of Technology Transfer, *Technology Transfer to China* (Washington, DC: U.S. Government Printing Office, July 1987).
23. 對美國惡意意圖的猜忌在二〇〇〇年至二〇一〇年後半再次表現出來，當時改革進程減緩，然後轉而加速撤銷允許美中之間加深交流的政策。
24. 事實上，這些政策在中國的「自由派」在民主牆運動（一九七九年）受到質疑，十年後的天安門事件過後，則受到中國的「保守派」質疑。
25. 關於進入自由秩序的低成本與退出的高成本之綜合論述請見G. John Ikenberry, *Liberal Leviathan: The Origins, Crisis, and Transformation of the American World Order* (Princeton, NJ: Princeton University Press, 2011).
26. See Thomas Fingar, "Sources and Shapers of China's Foreign Policy," in *Fateful Decisions: Choices That Will Shape China's Future*, eds. Thomas Fingar and Jean C. Oi (Stanford, CA: Stanford University Press, 2020), 225-46.
27. 為了對抗不確定性——包括對中國的不確定性——美國加強其聯盟，而歐巴馬則推出了他的「再平衡」亞洲戰略。參見Green, *By More Than Providence*; Kurt M. Campbell, *The Pivot: The Future of American Statecraft in Asia* (New York: Twelve, 2016); and

Aaron L. Friedberg, *A Contest for Supremacy: China, America, and the Struggle for Mastery in Asia* (New York: W.W. Norton, 2011).

28. See, for example, Robert S. Ross, ed., *China, the United States, and the Soviet Union: Tripolarity and Policymaking in the Cold War* (Abington, UK: Routledge, 1993).

29. See Mark Green, *Selling Out: How Big Corporate Money Buys Elections, Rams Through Legislation, and Betrays Our Democracy* (New York: Regan Books, 2013).

30. See, for example, Elizabeth C. Economy, *The Third Revolution: Xi Jinping and the New Chinese State* (Oxford: Oxford University Press, 2018); and Michael H. Fuchs, "How to Lose Friends and Strain Alliances: Washington's Partners Aren't Buying Its China Policy," *Foreign Affairs*, March 12, 2020, https://www.foreignaffairs.com/articles/china/2020-03-12/how-lose-friends-and-strain-alliances.

31. See, for example, Daniel R. Coates, "Statement for the Record: Worldwide Threat Assessment of the US Intelligence Community," Senate Select Committee on Intelligence, January 29, 2019, https://www.dni.gov/index.php/newsroom/congressional-testimonies/item/1947-statement-for-the-record-worldwide-threat-assessment-of-the-us-intelligence-community; and Donald J. Trump, National Security Strategy of the United States of America (Washington, DC: The White House, December 2017), https://www.whitehouse.gov/wp-content/uploads/2017/12/NSS-Final-12-18-2017-0905-2.pdf.

32. See Office of the United States Trade Representative, *Findings of the Investigation Into China's Acts, Policies, and Practices Related to Technology Transfer, Intellectual Property, and Innovation Under Section 301 of the Trade Act of 1974* (Washington, DC: The White House, March 22, 2018), https://ustr.gov/sites/default/files/Section%20301%20FINAL.PDF; and Philip Levy, "Was Letting China Into the WTO a Mistake? Why There Were Not Better Alternatives," *Foreign Affairs*, April 2, 2018, https://www.foreignaffairs.com/articles/china/2018-04-02/was-letting-china-wto-mistake.

33. See, for example, Susan L. Shirk, *China: Fragile Superpower* (Oxford: Oxford University Press, 2007); and David Shambaugh, *China Goes Global: The Partial Power* (Oxford: Oxford University Press, 2013).

34. 透過比較中國美國商會（the American Chamber of Commerce in the People's Republic of China，簡稱AmCham China）公布的年度商業環境調查結果及美中貿易全國委員會（National Council for U.S.-China Trade，現名U.S.-China Business Council，簡稱ＵＳＣＢＣ）的年度會員調查結果，可以呈現出企業態度變化的軌跡。

35. 此處並非實際引述；我使用引號來描述在中國營運的美國企業高階管理層所表達之觀點。參見Laura Sullivan and Cat Schuknecht, "As China Hacked, US Business Turned a Blind Eye," NPR, April 12, 2019, https://www.npr.org/2019/04/12/711779130/as-china-hacked-u-s-businesses-turned-a-blind-eye.

36. See, for example, "When It Comes to China, Foreign Investors Are Getting 'Promise Fatigue,'" *Fortune*, September 18, 2017, https://fortune.com/2017/09/18/china-politburo-reforms-foreign-investment/.

37. 關於胡錦濤治下改革的遲滯，請見Ian Johnson, "China's Lost Decade," *New York Review of Books*, September 17, 2012, https://www.nybooks.com/articles/2012/09/27/chinas-lost-decade/. 至於非政府組織的法規，請見 Edward Wong, "Clampdown in China

Restricts 7,000 Foreign Organizations," *New York Times*, April 28, 2016, https://www.nytimes.com/2016/04/29/world/asia/china-foreign-ngo-law.html.

38. See, for example, Economy, *The Third Revolution*; and "China's Xi Tightens Ideological Control in Universities," *Reuters*, December 29, 2014, https://www.reuters.com/article/us-china-universities-idUSKBN0K70TI20141229.

39. See Thomas Fingar and Jean C. Oi, "China's Challenges: Now It Gets Much Harder," *The Washington Quarterly* 43, no. 1 (March 2020): 67-84.

40. Office of the United States Trade Representative, *Findings of the Investigation*; "Confronting the China Threat," FBI News, February 6, 2020, https://www.fbi.gov/news/stories/wray-addresses-china-threat-at-doj-conference-020620; and Larry Diamond and Orville Schell, eds., *China's Influence and American Interests: Promoting Constructive Vigilance* (Stanford, CA: Hoover Institution, 2019).

41. See comments by J. Stapleton Roy and by Thomas Christianson and Patricia Kim, in Wang Jisi et al., "Did America Get China Wrong: The Engagement Debate," *Foreign Affairs* 97, no. 4 (July/August 2018): 185-90, https://www.foreignaffairs.com/articles/china/2018-06-14/did-america-get-china-wrong.

42. See Don Oberdorfer and Robert Carlin, *The Two Koreas: A Contemporary History*, rev. 2nd ed. (New York: Basic Books, 2014).

43. 美國在全球經濟的占比資料來源為世界銀行，請見https://data.worldbank.org/indicator/NY.GDP.MKTP.CD?locations=US-CN-1W.

44. 美國在全球人口的占比資料來源為世界銀行，請見https://data.worldbank.org/indicator/SP.POP.TOTL?locations=US-CN-1W.

45. 人均國內生產總值資料以當前美元計算，資料來源為世界銀行，請見https://data.worldbank.org/indicator/NY.GDP.PCAP.CD?locations= CN-US.

46. See Federica Cocco, "Most US Manufacturing Jobs Lost to Technology, Not Trade," *Financial Times*, December 2, 2016, https://www.ft.com/content/dec677c0-b7e6-11e6-ba85-95d1533d9a62.

47. See Ann Kent, *Beyond Compliance: China, International Organizations, and Global Security* (Stanford, CA: Stanford University Press, 2007).

48. See, for example, Evan Medeiros, *Reluctant Restraint: The Evolution of China's Non-proliferation Policies and Practices, 1980-2004* (Stanford, CA: Stanford University Press, 2007); and Courtney J. Fung, *China and the Responsibility to Protect: From Opposition to Advocacy* (Washington, DC: U.S. Institute of Peace, 2016).

第3章 對中國崛起處理不當——中國南海衝突與美中關係從策略夥伴轉變為敵

文／高龍江（John W. Garver）

超過百年以來，除特殊的二十年間為例外，美國對中政策的核心是協助中國達到富國強兵的目標。從清朝到蔣介石的國民政府，再到後毛澤東共產時期，美國的外交政策支持中國發展經濟、政治及軍事建設。頂尖中國歷史家孔華潤（Warren Cohen, 1934-）說道，一九五〇到一九七一年這二十年間的美中衝突是友好關係的「大偏移」（great aberration）時期，[1]他說在美中關係的廣義模式下，雙方是互利合作的，美國傳統的對中政策是為了幫助中國強大起來，而當時中國實力確實虛弱。

鄧小平於一九七八年，即毛澤東去世兩年後繼任，他直接正面處理中國實力虛弱的現實，成功實施了（受美國支持的）發展計畫，放棄了一九五〇年代漏洞百出的蘇聯式計畫經濟，謹慎實行所謂的「戰略性謙和」（strategic humility）的「韜光養晦」外交，以取信美國，認為中國不想與美國對抗或取代美國。由此中國經濟成長快速，其國家實力逼近美國。如今，中國已然強大，與美國的長期合作與友誼政策已抵達終點。本章旨在說明二〇一二至二〇一八年左右，美中關係為何變得如此緊張與敵對，描述衝突的持續，特別是中國對南海的控制，從而解釋華府決心維護其航行自由政策，並對美國值此戰略競爭新時代中應如何謹慎改變對中政策予以建議。

簡而言之，在一九七八年中國改革開放以及二〇一二年習近平上臺之間，美中的綜合國力發生了巨幅改變，讓中國決定採取更堅定、更勇於正面衝突、不再強調規避風險的外交政策，以期塑造出符合習近平「中華民族偉大復興」構想的國際環境。

近期最危險的爭議是中國南海主權糾紛。習近平「偉大復興」的其一重點在於海事領域，中國新現代海軍，即中國人民解放軍海軍（the People's Liberation Army Navy，簡稱ＰＬＡＮ）不斷擴大影響西太平洋區域，中國分析家又將其稱之為第一與第二島鏈（the first and second island chains）。在海事領域方面，中國掌控南海主權的野心，是美中地緣政治緊張敵對的主因。

除了海事競爭外，還有其他因素造成美中關係在二〇一〇年後加劇緊張，但南海主權爭議是最急迫危險的衝突。

中國海軍的影響力是建立及捍衛南海主權強而有力的後盾，[2]解放軍海軍將自己視為保衛中國疆域核心利益的守護者，抵禦受美日煽動的東南亞小國所發動的攻擊。一九〇〇年前後美海軍上校阿爾弗雷德・賽耶・馬漢（Alfred Thayer Mahan, 1840-1914）說明海事力量在世界歷史的角色，解放軍海軍也將獲得全球海事力量的能力視為中國崛起成為頂尖大國的先決條件。[3]以中國海軍的觀點來看，確保南海全面主權同時也能確保中國海域在印度洋的溝通鏈，在第一與第二島鏈建立防禦線，最終，能讓中國海軍作為復興強權自由活動於全球各地。

美國認為中國強硬控制南海，是為挑戰東亞與東南亞於一九四五年後由美國建立的秩序。川普執政時期美國外交政策逐漸強硬，在二〇一七年十二月與二〇一八年一月發表的最高策略聲明與副總統彭斯於四月發表的演講，將政策方向推到最高層級。引述國家安全戰略二〇一七年十二月版，彭斯宣告強權競爭的新時代已開啟，並主張中國「意圖將美國從西太平洋趕走，不讓我們援助友邦」。[4]美國官方政策因此從支持中國崛起成為強大繁榮大國的態度，轉變成視中國為試圖削弱美國在亞洲的強勢力量以取而代之的敵人。長久以來美中友好的政策已抵達終點。

表3.1總述本章美中地緣政治關係轉變的論點結構。

表3.1　美中戰略夥伴關係時期

1898-1922	美國支持門戶開放政策並反對「瓜分」（carving the melon）中國	成果：記載於一九二二年《九國公約》
1931-1948	美國支持中國抵禦日本侵略並讓中國作為大東亞地區之「警察」	《開羅宣言》與《聯合國憲章》皆認可中國重要的地位
1949-1971	美中正面衝突，隨後中國又與美蘇正面衝突	二十年「大偏移」時期
1972-1989	共同對抗蘇聯	成果：蘇聯於一九九一年解體
1992-2013	後冷戰時期持續尋求戰略夥伴關係	美國提議「負責的利益相關者」
2013-2020	與美競爭在亞洲主導之地位	與鄧韜光養晦外交政策分道揚鑣

支持中國崛起的美國傳統政策

早自一八八〇年代起，協助中國逐漸繁榮強大就是美國的長期政策。美方制定政策時，認為協助中國既是為美國帶來立即利益的一種手段，也是後來拉攏中國支持一九四五年後由美國建立和維護的國際政治經濟體系的一種方式。美國政府高層與主流民意認為，正如副國務卿佐利克於二〇〇五年所言，日益強大繁榮的中國會成為負責的利益相關者，願意與美國成為夥伴，一同維護以法治為基、自由開放的國際秩序。

事實上，美國的支持確實協助中國強大繁榮，但美國政策的結果與期待卻反道而行，如今已然強大的中國正運用自己的力量來挑戰美國於西太平洋的軍事主導地位。中國希望建立安全領域並擴張至第一與第二島鏈。這樣的海上安全領域，將會取代美國海軍在一九四一至一九四五年從大日本帝國海軍手中歷經萬難拿下的西太平洋海權。理解美國長期支持中國崛起的悠久傳統，有助於理解美國為何感覺受到背叛與失望，而正是這種情緒在給予美國重新制定政策的辯論各種養分。

美國對中政策核心超過百年以來，專注於協助中國富國強兵。早自一八八〇年代起，美國代表稱其為「對中國的仁慈」（American benevolence toward China），然而該政策並非基於純粹的慈善，亦基於此舉有助於美國防止中國加入任何敵對的陣營或帝國，進而主宰亞洲大陸。

一八八〇年代，美國已然穩坐世界頂尖工業大國之寶座，並將中國視為盈利豐碩的出口市場。但一八九五年日本打敗清朝政府，日、德、俄三大列強開始在崩壞的中國境內劃分勢力範圍，美國領導人擔心在中國的勢力範圍劃分會阻礙美國對中國的出口成長。比較關心維持美國權力而非商業利益的外交官，也將中國視為對日俄兩國在東北亞勢力成長的潛在制衡力量。隨後在一八九九年（美國將夏威夷、關島、菲律賓併吞的一年後）及一九〇〇年，美國向條約簽署國發表兩項《門戶開放照會》（Open Door Notes），呼籲各國尊重中國主權，避免採取可能削弱中國領土或行政完整性的作法，堅稱中國的商機大門應該向所有強權平等開放。

美國政策表面上的仁慈在現實中被強力的種族歧視政策給抵消了——在一八八二年及一九〇二年制定的聯邦法中，嚴格限制了中國人移民美國的自由，這些禁令直到一九四三年才完全廢除。這樣的種族歧視表現深深地衝擊到中國對美國的態度，儘管如此，中國的國家領導層認為，相較於其他大國，美國更支持中國抵抗侵略與維持國家統一。[5]故而中國常用美國當擋箭牌，作為抵禦更具侵略性的其他國家的籌碼。

一戰讓日本有機會拓展其影響力至中國。一九一五年，當西方列強忙著在歐洲相互屠殺，而中華民國（成立於一九一二年）則拚命建立其權威時，日本祕密地向垂死掙扎的中國政府提出《二十一條要求》，使中國成為日本的附庸國；當美國外交官得知這項計謀，美國立即向日本施壓撤回要求。接著在一九一七年八月，中國加入協約國，期望戰勝的協約國能強化中國於戰後和平會議的地位，最少可以要求德國歸還山東租界。

在一戰時期，嶄露頭角的日本是門戶開放政策裡最有力的挑戰者，強化了美中合作的地緣政治基礎。華府支持中國主權獨立的主張在戰後有了新的走向，相較於最初的門戶開放政策是美國與列強單邊的交流，在一九二二年華府成功將其原則轉化為多邊的《九國公約》（Nine-Power Treaty）。新的公約承諾包含日本在內的簽署國，保障「中國的權利與利益」、「尊重中國主權、獨立、領土與行政完整性」、「為中國提供最充分與自由的機會以及發展維護有效且穩定的政府」。[6]中國外交官認為，在美國支持下簽署的公約是重大收穫，大幅增強中國對抗英、日的地位。

《九國公約》成為美國反對日本入侵中國的主要法律依據，[7]當日本在一九三一至一九三二年占領滿洲時，華府宣布此舉明顯違反公約，並拒絕承認日本的占領。[8]整個一九三〇年代，美日在中國地位問題上的分歧逐漸加深，在最後九個月緊張談判中，中國是兩國之間爭議的核心問題，最終導致珍珠港事件。可以說一九四一年十二月開始的美日戰爭，某種程度上算是中國定位之戰：中國當時是完全獨立、擁有主權，還是處於日本的監管之下？

同年，美中利益趨同進而促使兩國完全（雖尚未正式）結盟，過後因結盟關係廢除了治外法權，[9]根據一九四三年的《開羅宣言》（the Cairo Declaration），將臺灣歸還給中國，而根據一九四五年初的《雅爾達協定》（the Yalta agreement）將滿洲歸還給中國，並讓中國在新成立的聯合國安全理事會中擁有永久否決權的席位。

在這段期間，羅斯福總統（Franklin Delano Roosevelt, 1882-1945）對中國的核心戰略目標是要讓中國成為亞洲的主要強國，取代帝國主義的日本，成為「亞洲的警察」（the policeman of Asia），並阻止蘇聯的勢力擴展。羅斯福的政策即深植於門戶開放政策與《九國公約》。

中國的代表對美方支持表示熱烈歡迎。一九四五年發行的彩色的郵票（如圖3.1所示），即為了紀念簽署廢除治外法權的新條約。作為中國對美國的官方立場的證明，美國象徵的自由女神像，向中國散發慈悲之光。中國地圖中包含臺灣、滿洲、蒙古、緬甸北部及印度東北部的廣大區域。

日本投降後，中國內戰讓美國對中國是否能夠扮演好穩定亞洲、抵制蘇聯擴張的警察角色有所疑慮。[10]儘管美國最具盛名的將軍之一喬治・馬歇爾（George Marshal, 1880-1959）努力協商國民黨與共產黨共享權力的協議，並提供國民黨重要的軍事援助，杜魯門（Harry Truman, 1884-1972）總統所想出的最好作法則是不讓美軍介入國共內戰，並限制進一步撥出美國資金來重新武裝搖搖欲墜的國民黨軍隊。

在一九四八年底，中共在江蘇西北部的徐蚌會戰中獲勝，中共的全面勝利迫使美國重新思考對中政策。美國決定支持中國的狄托主義（Titoism），代表由共產黨統治、毛澤東領導、深受民族主義抱負驅動的中國，與蘇聯的衝突是不可避免的。[11]從美國的角度來看，美中兩國仍有許多共同利益，有著悠久的合作傳統，但中國與蘇聯卻存在深刻的利益衝突，包括史達林（Joseph Stalin, 1878-1953）在雅爾達會議要求蘇聯在滿洲的特殊權利、一九四三至一九四四年蘇聯才取消對新疆問題的控制，以及蒙古問題。[12]美國的策略是與戰敗的國民黨政權脫離接觸，讓中國內戰的塵埃落定，並討好中國民族主義政權式的新共產主義。美方推斷，在幾年內，美國與共產黨統治的中國可能會建立起一種可以接受的關係。[13]

中國共產黨領導層理解美國的提議，美國的舉動十分明顯，但共產黨的反應並不如預期。美駐瀋陽領事安格斯・沃德（Angus Ward, 1893-1969）受華府命令留駐，並積極與中國新當局保持正常的工作關係。美國外交官在瀋陽與人民解放軍（People's Liberation Army，簡稱ＰＬＡ）實際合作一週之後，瀋陽領事館突遭解放軍接管並關閉，通訊設備遭到沒收，沃德遭捕關押一年多。這一切都違反正常與條約明訂的外交豁免權，但杜魯門爭取與中國在衝突中達成和平協議的決定並未改變。

為回應在一九五〇年二月展開的杜魯門的行動，中華人民共和國與蘇聯簽署為期三十年的軍事同盟條約。中國新的共產主義領導人認為，美國企圖分裂社會主義陣營（實際上也確實如此），因此選擇全面與蘇聯結盟。[14]此外，中國正式加入蘇聯陣營，也就意味著毛澤東准許金日成（Kim Il Sung, 1912-1994）發動戰爭占領南韓，這個決定反過來導致中國與美國的全面開戰，並長久地將美中關係的態度由相互友好轉變為相互憎恨。

因此孔華潤稱這二十餘年為從悠久傳統美中關係大偏移。北京政府與蘇聯軍事同盟及支持金日成向南韓開戰的決定，導致美中兩國長達二十年的激烈對抗，包括韓戰與越戰，相互恐懼與憎恨，以及除直接的國土戰爭外利用各種手段傷害彼此。這個悲傷時期也可以當作警示，提醒我們，現在強大的中國，及美國因擔心其在全球經濟實力中占比萎縮而作出的選擇，可能會導致何種後果。

然而，一九四九年美國制定政策的前提——即中國民族主義如此強烈將導致與蘇聯無可避免的衝突——到了一九六九年，此一論點確實得證，中國開始視蘇聯為敵。毛澤東、周恩來與季辛吉重啟美中合作的策略核心是共同對抗蘇聯的擴張主義。因此，一九六九年中蘇邊界衝突期間，蘇聯曾徵詢美國是否同意攻擊中國的核設施以先發制人，但華府予以拒絕——其實甘迺迪（John F. Kennedy, 1917-1963）與詹森（Lyndon Baines Johnson, 1908-1973）政府任內早已考慮過並駁回了這種可能性！美國也放棄了早先反對其他國家與中國建交的立場，從而促成中國與世界各國外交關係的大幅擴展，在美國沒有反對甚或默許的情況下，中華人民共和國取代中華民國接掌了聯合國安全理事會的席位。不久後，華府默許其歐洲盟國向中國出售精密武器系統。一九七四年解放軍從南越手中奪取南沙群島，又於一九七九年發動中越戰爭，兩次美國皆表現理解態度，這些目標符合美國的悠久傳統，即促進中國強大以遏制其他外國勢力（即蘇聯）的侵入。

當然，毛澤東從未設想中國會與全球資本主義市場深度接觸，但他與美國合作的政策讓鄧小平後來可以順理成章地大幅擴展與美國的經濟合作，獲後人的推崇；實際上，鄧將經濟倒進了毛澤東與尼克森聯手打造策略合作的舊瓶中。一九七八年後，美國提供中國財富與權力驅動力巨大的幫助，華府迅速給予中國最惠國待遇（後更名為正常貿易關係），此舉使美國關稅大幅降低，並促進中國早期推動擴大出口，華府還給予中國向美國出口紡織品的大量配額。在美國的支持下，中國於一九八〇年成為世界銀行及國際貨幣基金組織的正式成員，並於二〇〇六年獲得慷慨的特別提款權（special drawing rights）。隨後的幾十年內，中國成為世界銀行貸款的主要接受國。

美國也與北京合作，安排香港在一九九七年和平回歸中國，此舉對北京的經濟發展有極大幫助。在中國一九七八年後的發展早期，香港已成為中國的外資主要來源，香港強大的行銷、金融、物流及其他服務能力加上廣東省的廉價勞動力、土地及工業資源，搖身成為華南地區快速工業化、全球化的引擎。香港與廣東聯手合作成為中國作為全球主要出口國的重要動力，香港還為來自東南亞與（大約在一九九〇年兩岸關係開放前）臺灣的華人資本，提供進入中國大門的管道。

香港回歸的過程變化莫測，其不確定性可能導致大量資本外逃，許多中產階級專業人士在對移民友好的英語系國家有親戚與投資，可能會逃離香港，財產與股市之價值可能會崩盤。在鄧小平一國兩制的政策下，美國本可以輕而易舉破壞香港回歸，但美國並沒有這麼做。

也許最重要的是在二〇〇一年底，華府同意中國加入世貿組織，也同意允許中國在很長的一段時間內，有權使用保護措施來保護其新興產業。

事後諸葛

中國加入國際市場經濟後更加繁榮強大，但中國所選擇的方向與美國所想並不一致。要回顧過去改寫歷史劇本與美中關係的成果，用不同的詮釋方式來取代真實發生的史實十分簡單。考慮到這一點，有人可能會問：美中合作是否真實符合美國安全利益？符合的程度又是如何？以這種分析想法看來，日本與蘇聯欲當亞洲霸權的失敗與美國長期對抗強大而野心勃勃的反民主國家，兩者之間的安全利益是互相吻合的。

當然，也有其他詮釋的空間。假如當時美國未與中國聯手對抗日本，而是讓日本實現一九四一年的核心目標：像是成功將中國分化成許多服從東京當局的附庸國、驅除歐美列強在東南亞的殖民統治、[15]將美國防禦邊界向東推到夏威夷，並且與德國領導的歐洲、中東心秩序合作，重建亞洲的新秩序。如此一來，當時美國所要面臨的局勢可能更加驚險危急。同樣地，假如蘇聯在一九七〇年代初成功插手支持中國共產黨中馬克思列寧主義的勢力（即毛澤東在共產黨內的反對派），並在一九七五年河內戰役中支持越共在中南半島擊退美國後，[16]以新蘇聯藍水海軍（blue-water navy）支援非洲與中美洲的馬克思主義代理勢力，那麼隆納・雷根（Ronald Reagan, 1911-2004）時期美國的反蘇遏制就可能不會發生。相反的，因在越南戰敗而備受責備的美國，當時可能會退回到其悠久的孤立傳統。若一切成真，到了一九九〇年，美國所面臨之相對良善的國際形勢，可能會大不相同；如同日本在亞洲的霸權，蘇聯霸權本可以讓美國的前景更加黑暗，強大的中國是使歷史事件結果傾向對美國有利而對非蘇聯有利的關鍵原因之一。

同樣地，從日本到菲律賓再到印尼的東亞及東南亞國家，新興的自由民主價值觀本可以被日本帝國或蘇聯所取代，但東亞及東南亞地區先後崛起為全球經濟成長中心，這有利於美國企業及消費者。日本提倡的亞洲新秩序及莫斯科對社會主義國家社群的願景，與美國對開放全球市場的願景相互牴觸。中國在一九七八年後逐漸融入開放的全球經濟體系，並得到美國的支持。美國努力與中國合作的核心目的是使中國變得富有強大，同時讓美國企業及消費者更加繁榮。現在宣告與中交流政策失敗可能還為時過早，因為這樣的說法會造成中國對美國在亞洲的角色產生強烈對抗的態度。中國在政策上進行劇烈改變，其實並不罕見，也許當中國理解到與美對抗競爭的成本增加後，將會再次擁抱與美國的合作關係。

孱弱的中國變得強大並挑戰美國[17]

超過百年來，美國希望支持與幫助中國繁榮強大，這樣一來中國會選擇在由美國主導維護的國際秩

中國及美國國內生產總值（GDP）及購買力平價（PPP）之百分比，以當前國際美元計算：

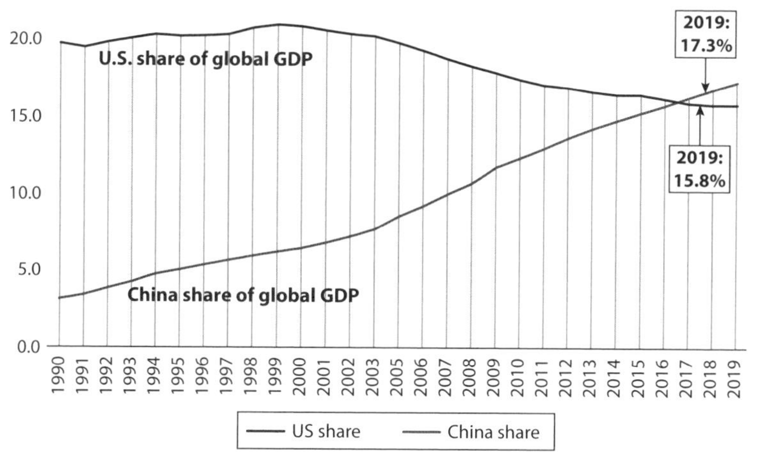

圖3.2　中國與美國GDP以購買力平價計算之百分比，由世界銀行所計算

資料來源：世界銀行資料庫

序下與美合作，可是這樣的期望並未實現，中國並未扮演好負責的利益相關者之角色。如前所述，美國政策傳統是因為現實中的中國實力虛弱才予以幫助，但中國的情況已今非昔比。澳洲洛伊國際政策研究所（Lowy Institute）於二〇一八年中期的研究，比較了一百一十四個國家的實力，美國仍然是最強大的國家，總計八十五分；[18]但中國緊追在後，迅速逼近，總計七十五點五分，遠高於日本的四十二點一分與印度的四十一點五分。研究中，經濟與軍事能力各別占總分的百分之二十，但也考量如盟國與外交品質等無形的變項因素。[19]

國家實力還有另外兩種衡量方式：一是以國家的人均收入在全球經濟生產中所占的百分比，二是是否擁有強大的藍水海軍。圖3.2顯示，以第一種方式衡量，中國在二〇一六年超越美國，到二〇一九年中國的全球人均收入占比為百分之十七點三，而美國則為百分之十五點八。

建設和部署一支龐大、強大、現代化的藍水海軍也是中國崛起的最重要方面之一。正如傅立民大使在本書第十一章中所解釋的那樣，在一九九六年的臺灣海峽對峙之後，中國領導人於兩年後決定建立一支現代化的強大艦隊以有效威懾美國，如果辦不到，就在臺灣戰爭中擊敗美國。新的海軍能力將於二〇〇八年到位，大致與二〇一〇年中國海軍在南中國海的強化行動在同一時間點。

中國決定建立現代化海軍，此一決定具有深遠的重要性。在悠久的中國歷史中，海軍並非中國的強項，相較之下，自十八世紀末成立以來，美國一直是航海大國。中國於一九九八年之後努力建立現代化海軍，在此之前，美中兩國的地緣政治勢力範圍有明顯分界線，以穩定彼此關係。美國在海上領域占主導地位，而中國則掌控陸權。如今中國已然成為主要的海上強國，穩步擴展到先前由美國主導的海洋、空中及外太空領域，這樣的過程如同德國在一戰前期打造公海艦隊（High Seas Fleet）挑戰英國皇家海軍一般。

中國的新海軍發展優良迅速。在二〇一五年蘭德公司（RAND Corporation）的研究中，在美中爭奪臺灣或南海的假想情境下，比較了兩國海軍在十個關鍵領域的實力，[20]結論是在大多數的領域，如遠距離精確攻擊、防空制空權、太空與反太空作戰、網路電子戰、潛艇與反潛作戰等方面，美國依然占優勢，但兩國之間的差距正急速縮短。在假想的戰爭中，美國任何的勝利都得來不易。在攻擊與摧毀水上艦艇的關鍵領域，解放軍已經優於美國。根據中國海軍準則，接近臺灣的美國軍艦將同時遭受各式潛艇或戰機如攻擊型直升機、超現代彈道飛彈（ultramodern ballistic missiles）及中國各種水上戰艦，從多個方向發射的導彈攻擊。美國軍艦防禦系統無疑將被擊潰。

中國開啟追求全球海洋權力，代表自一九四〇年對抗大日本帝國海軍以來，美國首次面臨真正的海上競爭對手。[21]自一九四五年以來，美國主宰包括西太平洋的全球海域，這是美國全球主導地位的關鍵核心。事實上，支持海洋自由（freedom of the seas）一直是美國的核心利益，從美國獨立成為共和國開始時就是如此。[22]如今，美國發現自己正與中國激烈競爭海軍軍備的素質與速度，又擔憂南海的航行自由問題。美國最擔心的是，中國已經開始利用日益強大的海軍實力，改變現有的海洋秩序。中國現在強大了，顯然正藉由軍事威脅來實現領土擴張的目標；然而，確保對有爭議的海域控制是北京唯一的直接目標。長期目標似乎是確保中國在亞洲的主導地位，擺脫中國百年國恥（Century of National Humiliation），回復到之前正當自然的天下秩序。[23]中國在亞洲的主導地位可以作為與美國競爭世界領導地位的重要基石。

中國決定爭奪南海之決策，可追溯到領導層對中國相對於美國日益增長的綜合國力的評估。如前所述，當鄧小平於一九七八年上臺時，他明白中國的科技落後程度，因此決定長達幾十載的重點現代化發展，其關鍵動力為西方先進國家的推力。為達成此目的，必須與美國和睦友好，中國只要能說服美國其不會成為敵對威脅，便可以避免與美國衝突，這就是韜光養晦外交政策之起源。鄧小平經常採取和解策略之舉有時也會受到挑戰，如一九九二年美國總統大選前，中國人民解放軍高階領導人對鄧小平低調回應美國向臺灣出售F-16戰鬥機提出質疑，[24]但整體來說，韜光養晦外交政策有助於穩定美中關係。

在鄧小平於一九九七年去世後不久，同年亞洲金融危機爆發時，他的韜光養晦政策受到重新評估。在金融危機期間，一些與西方有聯繫的亞洲主要經濟體（如泰國、韓國與印尼）因債務居高不下，面臨幣值崩盤。北京當時對危機的反應是不讓人民幣貶值，此舉有助於穩定債務問題嚴重的經濟體之出口；相較之下，許多人認為美國的反應不當且缺乏效率。隨後中國於二〇〇一年底加入世貿組織，大量的資金流入中國，促進中國迅速成為領先全球的勞動密集型產品生產國。二〇〇八年，西方經濟體再次遭遇金融危機與深度經濟衰退，為自一九三〇年代以來最深遠持久的經濟危機。中國則開始實施大規模的公共建設，包括建設高速公路、高鐵、光纖電纜系統、大型住宅區以及一支新的海軍。相較於中國經濟的蓬勃發展，西方經濟體受高失業率與緩慢成長所困。在政治方面，二〇〇八年北京成功舉辦奧運，向全世界展示中國的快速發展，對降低中國政府因一九八九年天安門事件大屠殺所受的道德譴責收到極大成效。

到二〇〇九年，中國共產黨發行的理論期刊宣稱中國現已足夠強大，可以放棄鄧的謙和路線；[25]

取而代之的是，中國應該開始更積極利用其不斷增強的實力，塑造符合中國作為真正利益大國的國際環境，並願意用更大的力量挑戰傷害中國利益的美國行動。

在胡錦濤（1942-）於二〇〇二至二〇一二年擔任中國最高領導人期間，這些衝動在南海政策中顯而易見。然而，是習近平推動把更具自信的民族主義作為統治核心，提出中國作為世界領先強國的願景，即擁有能夠打贏戰爭並活躍於太平洋與印度洋的世界級軍隊。如此一來，中國將擺脫百年國恥，回復到之前亞洲主導大國的地位，即在一八三九至一八四二年的第一次鴉片戰爭戰敗前中國所享有的千年地位。一帶一路計畫（One Belt, One Road Program，後來英文名稱改為Belt and Road Initiative）是習近平追求中華民族偉大復興的重要手法。建立中國對南海的掌控權則是另一手段。

中國對航行自由多邊秩序的反應

中國於一九七八年後開始加入國際社會時，對其所面對的海事體系（maritime / oceanic regime）並未發揮任何塑造之作用。海事體系的基本結構可以追溯到十五世紀歐洲海上強權，他們設計出新船體與船帆，讓船艦可以快速橫越世界上最廣大的海域，大量運輸貨物。如西班牙、荷蘭、英格蘭、法國這些海洋強國，認為維護世界海域的開放對其蓬勃發展的貿易有優勢所在，因此有了航行自由準則。加入維護航行自由權的國家，應使用其國旗辨識，並禁止在戰爭、海盜及販運奴隸行為中扣押聲明中立的船隻與貨物。沿海國家僅在狹窄的海域擁有主權管轄權，最初由一炮之距的兩海里範圍所定，超過該範圍的公海開放所有人自由活動。

中國未參與近代早期海事體系的建構，這一點尤其值得留意。在十五世紀後期歐洲船隻到達亞洲之前，乘季風往返的貿易已蓬勃發展了數百年，載著與後來荷蘭、英國所購買的相同中國商品，如絲綢、瓷器及茶葉，穿越南海橫越印度洋，抵達地中海東部。靠季風往返貿易的船隻使用截然不同的船體及船帆設計，適合仰賴強勁且可預測的風力完成一年一度的往返航行，而中國及其高價貿易商品是此季風貿易系統中最重要的供應者。亞洲季風貿易系統與近代早期歐洲海洋貿易系統直至十九世紀以前一直並行不悖。中國在這兩個系統中都扮演至關重要的角色，但其政府很少鼓勵這些貿易，也不關心本國邊界以外的貿易事務。即便是在一七九二年英國派出高級代表團到中國說服其加入由歐洲主導的貿易體系時，中國仍然予以拒絕。[26]直到百年國恥期間歐洲在多次戰爭中擊敗中國後，這才迫使中國參與以西方原則為基礎包括航行自由權的全球經濟體系。

隨著一九四九年中共建國，中國從從西方現代化體系中解放，轉向蘇聯式社會主義，遠離西方貿易體系。[27]當中國在一九七八年重新投入西方的現代化懷抱時，她正走出鎖國時期，這段時期的隔絕程度堪比乾隆皇帝時期（一七三五至一七九六年）。

中國為內向型大陸國家，而美國則是自建國之初便擁護航行自由（freedom of navigation）。理解這個差異十分重要，這就是為何美國對中國的主張與信念提出質疑，反對中國宣稱擁有南海主權，進而遏制削弱中國的力量。實際上，美國維護航行自由的決心可以追溯到一七七六年，當時《獨立宣言》（the Declaration of Independence）所列舉反叛獨立的原因，「切斷我們與世界各地的貿易」以及在公海上強徵美國水手於英國海軍服役，皆是原因之一。維護航行自由是美國在一八一二年戰爭及在地中海打擊海盜行動中重要的核心，甚至到今日，美國海軍陸戰隊的隊歌中仍有一句歌詞是「的黎波里的海岸」（the Shores of Tripoli），其所紀念的便是這次戰爭。當英美在十九世紀末逐漸和解時，對航行自由的支持成為英美戰略夥伴關係中的重要元素。德國對中立的美國船隻發動無受制的潛艇戰爭，違反航行自由，這也是美國一九一四年加入一戰的主要因素之一。[28]在一九二二年華盛頓會議上，美國成功要求英國終止與日本的一九〇二年盟約，由於日本在一戰前取得了德國於南太平洋的領地，美國透過終止此盟約來確保其不會妨礙英美合作對抗日本在該地區日益增加的海軍活動。一九四〇年《德義日三國同盟條約》（Tripartite Treaty of Germany, Japan, and Italy）宣布重新分配世界海域，使這三個軸心國在其新領地周圍的海域中占據主導地位。英美為了阻止他們的野心而發動戰爭，在戰後時期密切合作，致力於在《聯合國海洋法公約》（United Nations Convention on the Law of the Sea，簡稱UNCLOS）等論壇上，維護推動航行自由。

到一九六〇年代，因許多事件發展，大幅修訂與法典化《海洋法》有其必要，橫跨全球的殖民帝國已經崩潰，因此有了大量的新主權要求，其中包含海域主權的要求。許多新國家實力弱小，希望透過聯合國制定的《國際法》來保護自己免受大國行動的侵害，[29]而更強大的國家如蘇聯與美國，則希望保護自己的傳統權利。另外，過度捕撈與環境汙染正在惡化，也必須立刻著手處理。新科技的出現能擴大開採海底能源與礦物資源，相互衝突層出不窮，其中多數是主張自己有周邊海域長期使用的歷史。要解決歷史主張的爭議十分困難，而且也許不可行，明顯需要由聯合國主導的多邊努力來修訂全球海洋秩序。因此，聯合國於一九七三年開始修訂，並於一九八二年完成。

於一九七一年加入聯合國的中國，並未大量參與《聯合國海洋法公約》的制定，中國的外交機構在文革時期分崩離析，但當《聯合國海洋法公約》於一九八二年開放簽署時，中國是簽署國之一，並於二〇〇六年再次獲准。在這兩次場合裡中國皆發表聲明，將有爭議的問題記錄在案，傳達中國的立場。

中國對《聯合國海洋法公約》的想法有三個主要差異：第一，「歷史」在決定主權聲明的角色；第二，決定沿海國家在兩百海里內專屬經濟區（exclusive economic zone，簡稱EEZ，又稱經濟海域）主權的範圍，控制權僅限於經濟資源管理還是沿海國家在經濟海域內擁有完整主權？最後，沿海國家是否有權在包括經濟海域的領海內，管制與拒絕其他國家軍艦通行？

中國聲稱南海為富有重要歷史意義的海域，長久以來屬於中國的管轄範圍，因中國船隻長久以來在此海域捕撈漁獲、開採珊瑚與珍珠，而且參與季風貿易的中國商船停泊在某些南海的島嶼。同樣地，偶爾會有官方船隻停泊在此，其中以十五世紀初鄭和的船隊最為著名。中國的航海地圖上標記了南海各島的位置。由中華民國（非中華人民共和國）政府機關在一九四七年發布的地圖上，繪有九段線環繞南海周圍，主張中國對南海的主權，指出百分之九十的南海屬於中國。雖然中國政府官方從未宣稱這九段線的意義，但其暗示所有位於九段線內的水域、海底、礁石與淺灘皆是中國的主權疆土。北京認為，中國使用南海資源的歷史悠久，早於其他聲稱主權的國家，且頻率與範圍均超過他國。根據北京的說法，由於這份地圖早於《聯合國海洋法公約》制定期間，因此此地圖不應受此公約影響而應該被認可。

圖3.3說明中國在南海所布置之系統。

許多在南海或其他領土有主權爭議的其他國家，也使用歷史論據，或提出中世紀地圖、日誌與日記等證據。要平息歷史爭議十分漫長與困難，即使對具爭議的地圖之古老性或權威性做出最終判斷，當事方仍會感到委屈不平。為解決這個棘手的問題，《聯合國海洋法公約》採用明確的地理原則，以平息沿海國家所爭議的複雜歷史主張，該公約制定了領海基線，沿海國家從這條基線測量距離，確立在相對狹窄的領海海域（最終定為十二海里）中享有完全主權。因此，北京主張根據歷史，中國擁有並享有南海完全主權，與《聯合國海洋法公約》的核心宗旨背道而馳。

關於沿海國家於兩百海里經濟海域內的管轄權，中國正式簽署《聯合國海洋法公約》時，於一九九六年六月發布簽署聲明（說明簽署方對具體有爭議問題的意見），指出中國「享有兩百海里經濟海域的主權及管轄權」，[30]但《聯合國海洋法公約》規定，兩百海里經濟海域內的主權權利是「為了探索、開發及管理經濟海域內的天然資源」而設。

至於無害通行權，《聯合國海洋法公約》認定只要不對沿海國家造成軍事威脅，軍艦可以過境沿海國家的領海。然而，中國在一九九六年的簽署聲明中指出，其無害通行權允許「沿海國根據其法規，要求外國軍艦過境領海時，必須事先徵得許可或提前通報」。[31]

美國在成為強國前，長久以來就是航海大國，堅定支持航行自由權。相對地，中國並無航海傳統且曾遭海上列強侵略，因此支持嚴格限制戰艦的行動自由。也許在《聯合國海洋法公約》制定初期，中國長期與美國及大部分國際社會隔絕的情況下，北京並無法真正理解美國對於海洋自由的承諾有多堅定。

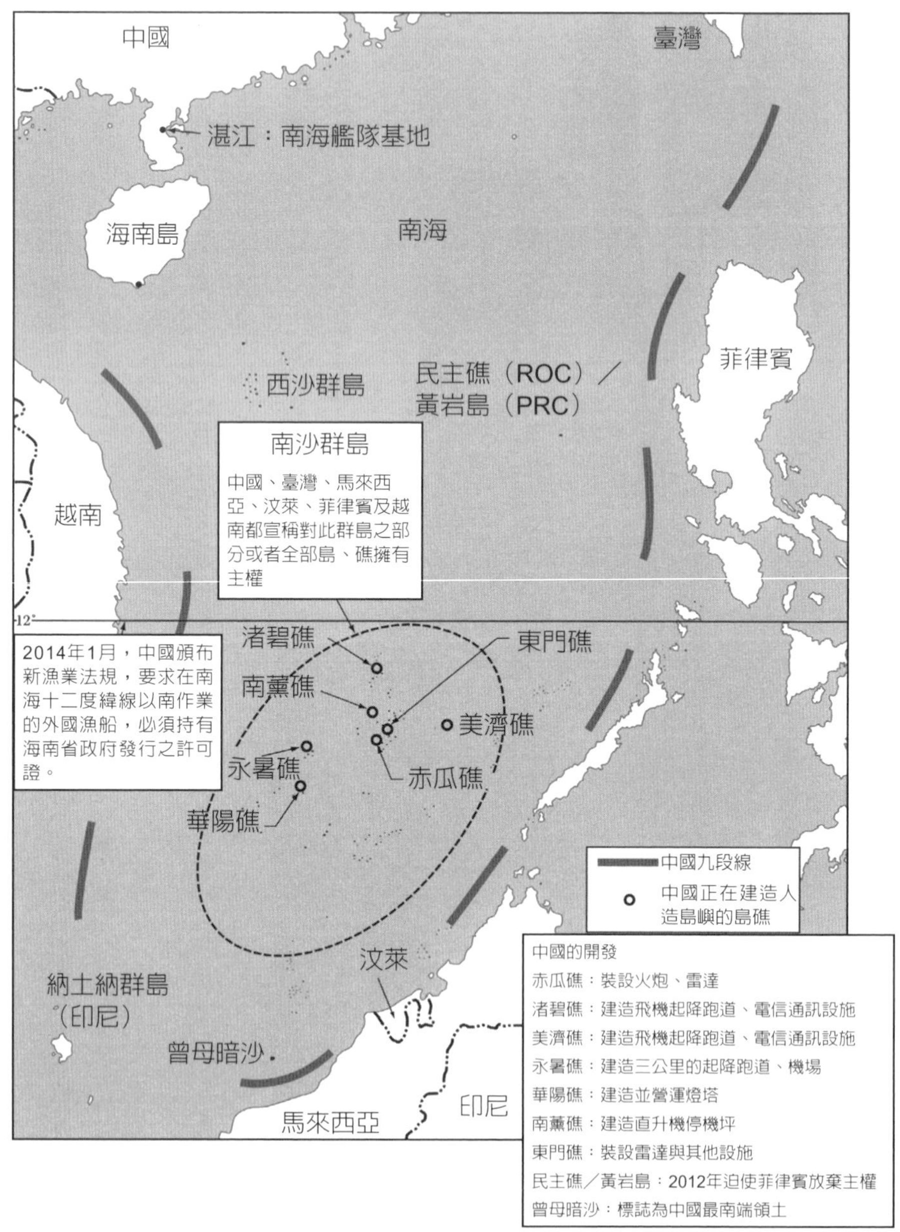

圖3.3　中國於南海的軍事行政系統

資料來源：John Garver, *China's Quest: The History of the Foreign Relations of the People's Republic of China*, paperback ed. (New York: Oxford University Press, 2018), 777.

當中國發現南海劃分問題，與菲律賓、越南及其他國家有爭議時，北京的結論是認為美國正試圖遏制、圍堵或削弱中國。隨著《聯合國海洋法公約》的立場與南海問題逐漸明朗，北京堅守單打獨鬥（go-it-alone）立場，幾乎所有東南亞國家都加強力道來反對北京作為（惟柬埔寨與寮國基本上與中國同一陣線）。當多數東協國家與美國聯合對抗中國的立場浮現時，北京認為邪惡的美國煽動東南亞挑戰中國的南海主權。北京動用不可抗力的手段，將南海島嶼與海域納入強大的中國海軍保護傘之下，壓倒競爭對手。[32]

中國占領南海

「占領」（seizure）這個詞在字典裡常見的定義是指藉由強制奪取或法律程序來占有某物。「占領」用於描述中國藉由壓倒性的軍事力量，取得海域主權及北京於該海域繪製的九段線內所標示的所有資源。因此，針對中國占領南海一事，美國、其亞洲盟國及世界各國都提出了一個問題：當中國更加強大，其行事作為是否會繼續如此野心勃勃？

中國運用其日益強大的軍事實力控制南海，比任何其他因素都要更加挑戰由美國力量建立與維護的東亞國家秩序。透過系統性但非致命的脅迫威嚇，中國已將公海海域其中重要龐大的部分，由不屬於任何國家主權、開放所有人自由航行的狀態，轉為中國的領海。透過占領南海，中國已成為東南亞的常駐強權（resident power），此舉具有深遠的地緣政治意義。

中國打造現代化的藍水海軍雖無法使其競爭力與美國相提並論，但中國在西太平洋海域，尤其是在南海使用其新的海軍力量，將導致美中直接衝突。中國利用強大的海軍實力，在美國長久以來認定為公海海域的西太平洋，建立主權控制。簡單來說，中國利用強大的國力，至少在南海，擴大其領土範圍。

直到二〇一〇年左右，中國對位於南海最南方的南沙群島的宣示主權，但並未獲實質支持。中國軍隊於一九八八年從越南手中奪取永暑礁（Fiery Cross Shoal）後，在南沙群島多處的礁盤上建起航標燈，其結構為小型多樓層的水泥建築，並未安裝重型武器，[33]但這些航標燈代表中國於南海的長久存在，為先前名義上的主權主張，提供實質的證據。自二〇一〇年起，在習近平於二〇一二年底上臺後，中國採取積極措施，加速將整個南海納入中國的行政與軍事控制版圖。

中國透過大規模疏濬造出人造島嶼，在暗礁及淺灘的基礎上，以海沙填海造陸，並透過挖掘工程，打造深度較深的優良港埠，並從內陸運來大型岩塊與混凝土地磚，以增強穩固新島嶼。到了二〇一七年，總面積達十三平方公里的七座新島嶼，已接近完成，而這些人造島有足夠空間建造飛機跑道。正當中國的島嶼建設工作如火如荼展開時，東南亞國家國協（Association of Southeast Asian Nations，簡稱東協、ASEAN）國家呼籲中國放棄將新人造島軍事化。北京當時否認軍事化一事，不過，一旦人造島建設完成，就成了軍事平臺，其上包括了飛機跑道（若空間足夠）、直升機停機坪、強化軍火彈藥與燃料儲存設施、軍營與其他建築物、沿海防禦火炮、雷達衛星與通信裝置、電子戰裝備及防空反艦導彈。這些人造島共構成無堅不摧但固定不動的航空母艦網絡，新建的大型滾裝運輸船足以載運裝甲車輛及部隊。新設施完成後，中國民航公司開始大量調派人員到新基地。中國艦隊分工合作，反駁中國軍事化南海衝突的指控。表面上，海上民兵的漁船站在前線，處理非中國船隻的違規行為。若有必要，更大型但仍屬民用的中國海警或海事執法船隻便會介入，而中國人民解放軍海軍軍艦通常在另一端，透過壓倒性的數量與規模來強化其威懾力道。

人造島開始運作後，中國海軍在南海的部署頻率也隨之增加。海軍戰艦的實力增強讓中國開始強制執行遵守法規。二〇一四年一月，中國海事執法船艦開始要求在南海十二度緯線以南作業的外國漁船，必須持有海南省政府發行之許可證，否則將罰款八萬兩千美元及沒收漁獲。[34]未持通行證之外國漁船被迫放棄於該海域作業，因中國漁船的干擾行徑逼退外國漁船，如中國漁船會橫越外國漁船的漁網及釣線，還會衝撞它們。中國海上民兵船隊有時會一窩蜂地圍攻非中國船隻，使其無法繼續作業，同時使用高音喇叭廣播，要求外國船隻立即離開中國領海。

中國木製船體結構的海上民兵船隊漸漸由更大型的鋼殼船所取代，足以衝撞小型木製的非中國漁船。執行中國法規的海巡隊，船體尺寸也不斷變大，而中國新海巡船隻裝設高壓水柱於船體高處，具有相當的威力能粉碎窗戶玻璃或是使船隻煙囪進水。中國海上民兵漁船經常由軍方指揮行動，船上裝有軍事通訊與ＧＰＳ設備，並與海巡隊協調行動，干擾民用或軍用的外國船隻。中國在海南島南岸整修擴建三亞軍港，以作為南海任務戰艦的母港。

如前所述，中國的人造島建設是由附近的中國海軍艦艇巡邏保護。通常當中國海上民兵船或海巡隊在南海與非中國船隻發生衝突時，中國海軍軍艦（輕型巡防艦、巡防艦或驅逐艦）就在另一端巡視。這起了避免衝突升級的作用，嚇退中國的敵手，避免其因抗議中國聲稱他們侵犯主權而向中國非軍事船隻開炮，進一步使局勢升級。[35]中國的戰略並未（或極少）造成死亡，但顯然頗具強制力，是美國海軍所謂的「灰色地帶」（gray zone）戰略，處於非脅迫談判與致命威脅之間。[36]南沙群島上新人造島完工，加劇了灰色地帶的威嚇脅迫之程度。

到二〇一八年後期，南海基本上已在中國的掌控中，在二〇一六年七月，位於荷蘭海牙的國際常設仲裁法院（Permanent Court of Arbitration）裁定中國宣稱南海為歷史性海洋之主張無效。中國否認常設仲裁法院的管轄權，也不認同該法院的判決。中國在南海建立起整體軍事體系的行動並未減緩。

美國拒絕承認中國占領南海，並不時下令美軍軍艦執行航行自由行動（freedom of navigation operations，簡稱ＦＯＮＯＰｓ），有時會經過這些島嶼的十二海里限制區。航行自由行動強調了美國堅定維護《聯合國海洋法公約》的決心，公約內容指出人造的島嶼不享有環繞其周圍的領海權。

美國海軍實力強大，有信心可以執行這樣的航行自由行動。相較之下，東南亞其他聲稱擁有南沙群島主權的國家海軍規模極小，並且無法對抗中國的人造島建設做出實質行動。在川普執政時期，美國政策的主要動力是說服日本、澳洲及印度等強國，加入美國在南海的航行自由行動。

北京試圖於西太平洋實施新海洋秩序的另一層面，是中國想要迫使美國停止在中國兩百海里的經濟海域內收集情報。這些行動通常包含以美國船艦或飛機進行電子記錄，以便稍後分析中國軍艦、飛機及地面設施的具體聲音與電磁波。例如，二〇〇九年三月美國「無瑕號」（USS Impeccable）近期於海南島三亞發現了地下潛艇基地，其任務為收集新型中國核彈潛艦的聲納數據。實際上，這些情報收集行動是為了美中海軍之間可能發生的海上衝突預作準備。

南海作為戰略通道

中國占領南海代表控制了世界上最重要的戰略海上通道之一。只不過，現今南海作為能源與商品貿易通道的角色原因淺顯易見，但在區域地緣政治中之作用則鮮為人知。事實上，控制南海一直是所有強國視為高價值目標的政治競爭計畫之一。中國占領並控制南海代表美國長期視為重要的海上航道控制權遭奪取。南海的地理位置，與美國企圖防止任何國家成為大東亞地區的霸權之想法密不可分。簡單來說，美國不斷展現強大國力，甚至到戰爭的程度，就是為防止其他國家成為該區的霸權，而深具歷史意義又重要的海上通道在二〇一〇至二〇一八年間，遭中國占領。

中國占領南海之重要意義

中國海軍利用南海七個新建的人造島，發展反潛監視與目標網絡，此舉將增強解放軍在與美國爭奪臺灣的「反介入與區域拒止」（antiaccess, area denial）作戰中，封鎖通往臺灣南部海域之通道。利用人造島進行電子海事監控與空中護送中國船隻南下，大幅減半中國艦隊進入安達曼海（Andaman Sea）所需的距離，接著再到緬甸若開邦（Arakan）海岸的補給點及與昆明相連的物流處。把新的高速「一帶一路」公路及鐵路與印度洋後勤基地，如緬甸若開邦海岸的皎漂（Kyaukpyu）、巴基斯坦的瓜達爾（Gwadar）

或斯里蘭卡的漢班托塔（Hambantota）聯繫起來，解放軍海軍將更有能力支持遠至印度洋西部的複雜作戰行動，並非針對美國，而是針對區域競爭對手印度。

屬於世界公海範圍的南海變成中國的領海，使中國國力提升至與印度相似，其轉變過程與西藏從原本為中印緩衝區變成中國一部分及軍力投射平臺，相去不遠，印度將承受更多來自中國的壓力。按照中國在各方面的條件，再加上其勢不可擋的軍力，要平息南海主權爭議，將遠遠超過對某個特定礁岩或海域的處置，牽涉到更多問題。具體而言，這牽涉到在中國崛起時期，如何分配全球海洋體系——是由武力雄厚的中國決定，還是由各國在平等的地位上進行多邊談判，而不威脅使用軍事力量？換句話說，中國將如何行使其新的統治地位？會像明朝或清朝的皇帝一樣？還是像二戰後處於主導地位的美國一樣？《聯合國海洋法公約》提供了自由秩序的最佳典範。中國的南海政策表明其偏好將航行自由範圍大幅縮小，同時偏好等級分明的秩序，由中國處於頂端，如同乾隆皇帝時代一般。

中國占領南海表明爭議各方在等級秩序的位置。按照中國的條件，以中國雄厚的軍事力量解決與越南、日本及印度的領土爭議，代表這些國家必須在等級分明的亞洲國家新秩序中，向中國屈服。這種秩序與中國流傳千年來的朝貢制度極為類似，中國的天子皇帝處於頂端，所有其他等級較低的小國必須屈服於天命權威之下。難道這就是習近平所指的中華民族偉大復興？中國的南海主權具有重大政治意義。若按照中國繪製的領海範圍，其領土僅距馬來西亞砂拉越州（Sarawak）的海岸八十三公里（四十五海里），中國將成為東南亞國家。歷史上區分中國與東南亞的廣闊海洋緩衝區域將消失，而中國的軍隊將長遠來看更加靠近東南亞各國。歷史上最願意挑戰中國的越南會發現海上通訊線必須通過中國的海域，此外，越南已經失去了位於其東海岸的大部分海洋資源，該海域如今已掌握在中國手中。印尼官方也注意到九段線的其中兩段，就在納土納群島（Natuna Island）北部，印尼自納土納群島向外延伸的兩百海里經濟海域，與中國的九段線主張重疊，印尼官方要求北京正式宣布其認定的印尼納土納與中國海域之邊界位於何處。

東南亞華人在中國崛起為強國時代的角色也十分重要。新加坡百分之七十六的人口是華人，在一九六五年，新加坡被從馬來西亞聯邦中驅逐，因馬來西亞的馬來族領導人擔心經濟實力強大的華人會主宰這座城市。新加坡正位於北京的九段線最底部之外，而馬來西亞東部砂拉越州約百分之二十四的人口是華人，他們也在該州的商業中占主導地位。正如李光耀在其回憶錄中說道，在後殖民時期形成的國家，華人族群之身分認同問題非常重要。[37]隨著中國的崛起及權威跨大，這種情況可能再次發生嗎？如果東南亞國家未來發生反華騷亂——也許就像一九九八年印尼從軍事統治過渡到民主政體時爆發的反華騷亂那樣——現已強大的中國的反應會有多大不同？

中國可能回歸更加多極化、非霸權主義的路線嗎？

中國回歸到鄧小平韜光養晦外交政策的可能性依然存在，期待中國回歸鄧小平路線是美國對中政策的一大要素。[38]自一九八九年六月以來，中國與美國的衝突不斷，儘管只有輪廓可見，衝突卻一直延續至今。[39]睿智的中國領袖非常清楚中國民族主義有向狂妄發展的傾向，如李慎之（1923-2003，為中國自由知識分子及鄧小平時期美中關係重要顧問）於二〇〇三年去世前寫道：

> 近年來，已經出現一些極端中國民族主義者，認為美國在世界上太過於強勢，對中國太霸道、太具侵略性，他們要中國向美國說不，並且質疑鄧小平的兩大目標「和平與發展」，批評中國政府的外交政策過於軟弱。我們必須注意這樣的趨勢看法。中國國土面積略大於美國，但擁有世界上最龐大的人口與最悠久的歷史。經過五十年的政治宣傳，自我重要性的民族心態已深植人心，這樣極端的民族主義在中國是有市場的，若我們任其自然生長，將會危及國家的未來，所有人都該注意這件事。[40]

習近平強硬外交政策的缺陷顯而易見。亞洲國家對中國在南海採取的脅迫單邊主義及其亞洲主導地位感到恐懼，因此開始團結起來，加深日本、印度與澳洲的聯盟關係。習近平大膽推動中國在亞洲的主導權，使亞洲各國開始強化其軍事力量。許多受其所承諾的經濟誘因所惑參與一帶一路計畫的國家，如馬來西亞、巴基斯坦、斯里蘭卡、馬爾地夫等，現在都開始發聲，對中國的援助更持懷疑態度。中國透過與俄國更密切地往來，可以強化對美的外交籌碼，但中國透過與俄羅斯的軸心關係支持普丁武力入侵烏克蘭一事，損害了其作為負責的利益相關者之聲譽。

明智的中國人民一定能夠明白中國透過與美國的夥伴關係取得了多少進步，以及在一九四九至一九五〇年與美國斷交時又失去了多少。問題在於一九七二年實力弱小的中國可以接受放棄在亞太地區尋求霸權的立場，但今日已然強大的中國是否仍會放棄追求？一個開放又多極化的秩序需要包括像日本、印度、澳洲這樣雄心壯志、野心勃勃的亞洲國家，以及越南、泰國與印尼這些中等強國（mid-range powers）。中國於印太地區謀求霸權之行徑，將促成許多國家與美國聯手合作，以抵禦中國；中國愈積極建立其在亞洲的主導地位，對其的反彈就愈強烈。

如同傅立民大使於本書第十一章所言，帝國主義會產生反帝國主義的抗體，若中國選擇在亞太地區追求霸權，如同現在所為，將會發現自己面臨衝突，甚且可能引發戰爭。反之，若中國大方讓位給日本、印度、澳洲或其他區域大國，在新多極化的「亞洲和諧會」（concert of Asia）中獲一席之地與發言權，在此期間美中合作便會穩定引導局勢，中國可以實現和平崛起，並讓自己定位在區域權力開放體系的中心地帶；若選擇這條道路，崛起的中國就會像唐朝一樣。[41]

一九七二年的《美中聯合公報》（即《上海公報》）讓兩國放棄在亞洲尋求霸權的企圖，公報規定：「（美中）任何一方都不應該在亞洲－太平洋地區謀求霸權，每一方都反對任何其他國家或國家集團建立這種霸權的努力。」實際上，美中預想中亞洲的多極國際秩序，沒有任何強國，包含中國、美國或蘇聯，得以尋求或行使霸權。一九七二年的反霸權原則能否適用於二〇二〇年代的框架？

一方面，中國有一長串領土主權的主張及追求亞洲龍頭國家地位之渴望；另一方面，美國為其利益則須防止任何國家或聯盟在亞洲建立霸權。這種矛盾既深刻又危險，因其可能導致美中戰爭爆發。美國一直以來認為，由單一或多個反民主勢力統治大範圍的東亞地區，將對美國安全與全球利益造成無法接受的嚴重威脅；美國將動用所有國力，包括在極端情況下發動戰爭，來防堵這種情形發生。

針對中國對於歷史領土的種種不滿，我們必須問：對中國的要求採取綏靖政策（appeasement），對美國來說是否為可行的解決方案？在這種情況下，綏靖政策可以定義為有意識且有系統地讓中國在東亞獲得特權戰略空間，以避免中國試圖以武力占領而美國因反對此行徑所導致的戰爭。美國海軍戰爭學院（U.S. Navy War College）教授金萊爾（Lyle Goldstein, 1972-）有力地指出，中國對東亞特權戰略空間的渴望幾乎是不可避免的，美中戰爭無疑將是一場災難，而在美國比中國強大時，及早採取綏靖政策，透過對逐項問題進行談判與妥協，成功的機會很大。[42]

對綏靖政策的主要批評是，此舉將使中國占據在亞洲的主導地位，最終成為對美國構成威脅的力量。美國戰略中的一個長期原則——事實上，也是美國支持中國崛起的原因之一——是為防止單一大國或大國聯盟掌控大亞洲區域，因為這樣的強大力量可能會對美國構成威脅。

但我們必須問：若華府在南海與第一島鏈問題上讓步，調整與南韓、日本、臺灣、菲律賓及其他國家的夥伴關係，中國是否會感到滿足？或者，滿足中國的要求會激起其野心，讓中國民族主義者確信，進一步提出要求來解決其長久以來的不滿是有用的？

沒有任何人，包括中國共產黨的政治局成員，能夠說明中國針對獲得領土特許權以扭轉其十九及二十世紀所經歷的創傷，要到何時才會感到滿意。我個人的估計是，中國的野心與目標宏大而廣泛，隨著中國實力漸增，不會輕易滿足現狀。此外，中國在實現民族復興時遇到的障礙愈少，中國將會走得更遠，胃口可能愈養愈大。

對於當前美中關係的轉折點，結合交流及威懾似乎是最謹慎的應對方式。這裡的關鍵問題實際上是一個中國問題，需要中國及其人民自行解決和回答：中國是否想如其過去帝國王朝代那般主宰亞洲，還是會給予其他亞洲國家平等地位及發言權？美國無法代替中國回答這個問題，但美國可以針對該核心問題發表自己的觀點，尤其是因為中國人民目前無法公開自由討論。透過與中國交流，美國應該向中國領導人及其公民說明，美國對中國違反聯合國莊嚴的《聯合國海洋法公約》，單方面使用脅迫性軍事力量（甚至是遊走「灰色地帶」可能致命的武器）來控制一個非常重要的海上通道——南海——的作法感到失望。美國代表應該重申長期以來支持中國崛起成為世界秩序穩定因素的美國外交傳統。若以失望的語氣而非憤怒或強硬挑釁的口吻來說，美國以多種方式協助中國崛起，支持進行研究實有益處。回顧中國在一九五〇年與美國斷交的起因與後果也是有用的，美國不應吝於承認中國對國際事務的正面貢獻，尤其是兩國相輔相成的成果，如中國在伊拉克重建、阿富汗穩定與二〇一五年伊朗核協議中所扮演的積極角色就是最佳案例。美國的外交可以有效傳達這些類似的事務，關鍵應該是希望實力日益強大的中國與其他較弱小國家和諧相處，而非像日本在一九三〇年代那樣單方面支配這些國家。[43]

在一個因中國崛起而被重塑的亞洲，將「反霸權」（antihegemony）作為一項組織原則可能是有用的。因為這個術語是中國發明的，並在一九七二年由中國提供給美國，所以中國可以聲稱是創始者。非霸權主義（Nonhegemony）也提供方便的方式來構建關於新興亞洲的規範與規則的討論。可以想見，非霸權主義的亞洲秩序將是多極的，所有重要的大國，特別是日本、印度、澳洲及印尼，皆有發言權。積極參與的美國可以與中國討論構成不可接受的（即霸權主義的）軍事壓迫之因素為何、何時應該訴諸經濟制裁，或干涉內部事務之定義，而中國的鄰國則試圖塑造這些原則以符合自己的安全利益。

中國的亞洲鄰國對可能成形的中國霸權公開表示擔憂，例如，二〇一五年六月菲律賓總統貝尼格諾・艾奎諾（Benigno Aquino, 1960-2021）公開批評中國在南海的主張，將其與納粹德國在一九三八年併吞捷克斯洛伐克（Czechoslovakia）的蘇臺德地區（Sudetenland）相提並論，而馬來西亞首相馬哈地・穆罕默德（Mahathir Mohamad,1925-）於二〇一八年八月針對中國的一帶一路計畫，批評部分大型鐵路與管道計畫將帶來龐大債務。我們尚不清楚中國能否像亞洲鄰國那樣看待自己，而且中國強烈傾向將對中國的批評，歸咎於敵對的美國。我們樂見亞洲國家更加坦誠地討論中國的政策，若中國聽見有關其霸權傾向的真實看法，也許會重新調整政策。

歐洲與俄國在推動中國放棄追求亞洲霸權、接受一個開放、多極化與非霸權的亞洲，也十分重要。與歐洲和俄國雙方就中國崛起的安全影響，進行對話實為有益。以「中國崛起」還有「以《海洋法》為中心的《聯合國海洋法公約》」為主軸進行會議，討論中國崛起的新時代及航行自由與歷史海域相關問題，也能夠起很大作用。聽取中國對這些問題的看法對各方都有利，聽取其他國家對中國政策的看法對中國也有好處，尤其是在戰爭可能發生的情況下，這可能就是折衷的最佳辦法。

引註：

1. 孔華潤稱一九五〇年至一九七〇年「大偏移時期」，表達其相對於時間跨度長達一世紀之美中關係的異常。Warren Cohen, *America's Response to China*, 5th ed. (New York: Columbia University Press, 2010).
2. See Isaac B. Kardon and Phillip Saunders, "Reconsidering the PLA as an Interest Group," in *PLA Influence on China's National Security Policymaking*, eds. Phillip Saunders and Andrew Scobell, editors (Stanford, CA: Stanford University Press, 2015), 33-57.
3. 關於解放軍海軍對馬漢理論之運用，請參James R. Holmes and Toshi Yoshihara, *Chinese Naval Strategy in the 21st Century: The Turn to Mahan* (London: Routledge, 2008).
4. Michael Pence, "Remarks by Vice President Pence on the Administration's Policy Toward China" (speech, Hudson Institute, Washington, DC, October 4, 2018), https://www.hudson.org/events/1610-vice-president-mike-pence-s-remark-on-the-administration-s-policy-towards-china102018.
5. Michael H. Hunt, *The Making of a Special Relationship: The United States and China to 1914* (New York: Columbia University Press, 1983).
6. William L. Tung, *V. K. Wellington Koo and China's Wartime Diplomacy* (New York: St. John's University, 1977), 141-45.
7. John W. Garver, "China," in *The Origins of World War Two: The Debate Continues*, eds. Robert Boyce and Joseph A. Maiolo (London: Palgrave, 2003), 190-203.

8. 關於此「拒絕承認」，請參Christopher Thorne, *The Limits of Foreign Policy: The West, the League and the Far Eastern Crisis of 1931-1933* (New York: Putnam, 1972).

9. Wesley R. Fishel, *The End of Extraterritoriality in China* (Berkeley: University of California Press, 1952).

10. 在雅爾達會議上，羅斯福同意史達林恢復於一九〇五年俄軍遭日本擊敗後所失去的滿洲特殊權益。

11. 南斯拉夫的狄托（Josip Broz Tito, 1892-1980）在一九四八年與蘇聯決裂轉與西方結盟。

12. 關於史達林對中國特權的勒索請見John W. Garver, *Chinese-Soviet Relations, 1937-1945: The Diplomacy of Chinese Nationalism* (New York: Oxford University Press, 1988).

13. John Lewis Gaddis, "The American 'Wedge' Strategy, 1949-1955," in *Sino-American Relations, 1945-1599: A Joint Reassessment of a Critical Decade*, eds. Harry Harding and Yuan Ming (Wilmington, DE: SR Books, 1989), 157-83; David Allan Mayers, *Cracking the Monolith: U.S. Policy Against the Sino-Soviet Alliance, 1949-1955* (Baton Rouge: Louisiana State University Press, 1986).

14. Niu Jun, *From Yan'an to the World: The Origins and Development of Chinese Communist Foreign Policy* (Norwalk, CT: Eastbridge, 2005), 316-43. 在我個人的文章John W. Garver, *China's Quest: The History of the Foreign Relations of the People's Republic of China* (New York: Oxford University Press, 2016). 中，我也探究了中國此一重大決策。

15. 關於美日使用的種族主義類別，請參考John W. Dower, War Without Mercy: Race and Power in the Pacific War (New York: W.W. Norton, 1986); and Robeson Taj Frazier, *The East Is Black: Cold War China in the Black Radical Imagination* (Durham, NC: Duke University Press, 2015).

16. 一九七三年一月簽署的和平協議使美國作戰部隊從越南撤退，然而同年六月，國會授權停止為任何在印度支那地區內、上空或沿海進行的軍事行動提供資金。這種資金的切斷致使美國拋棄南越盟友，最終南越於一九七五年四月被河內的常規軍澈底擊潰。

17. 比爾‧戈茨（Bill Gertz, 1952-）、愛德華‧丁伯雷（Edward Timperlake）、威廉‧崔普雷特（William Triplett）、毛思迪（Steven Mosher, 1948-）及白邦瑞（Michael Pillsbury, 1945-）等人所代表的反主流分析學派，傾向於將中國對美國的「友好」視為戰略欺騙，並認為美國支持中國崛起是巨大的錯誤。

18. Mitsuru Obe, "Redrawing the Power Map: New Index Shows That China Is Gaining Fast on the US," *Nikkei Asian Review* 14-20 (May 2018): 42.

19. Thomas J. Christensen, *The China Challenge: Shaping the Choices of a Rising Power* (New York: W.W. Norton, 2013). 柯慶生（Thomas J. Christensen, 1962-）指出，美國在聯盟、創新、科學技術與生活方式之吸引力方面仍然超越中國。他認為，中國仍遠未迎頭趕上，而美國應該認識到這一現實，並更加自信地行動。

20. See Eric Heginbotham et al., *The U.S.-China Military Scorecard: Forces, Geography, and the Evolving Balance of Power 1996-2017* (Santa Monica, CA: Rand, 2015).

21. 納粹德國與蘇聯皆非海軍強國，這兩個國家主要依賴潛艇進行海上封鎖，而美國海軍及其英國帝國的盟友則能夠主宰連接全球貿易的海上通訊線路。

22. 在本章中，「海洋自由」與「航行自由」可交替使用。

23. Fei-ling Wang, *The China Order: Centralia, World Empire, and the Nature of Chinese Power* (Albany: State University of New York, 2017).

24. See John Garver, *Face Off: China, the United States, and Taiwan's Democratization* (Seattle: University of Washington Press, 2011), 51-66.

25. Garver, *China's Quest*, 664-66.

26. Alain Peyrefitte, *The Immobile Empire* (New York: Alfred A. Knopf, 1992).

27. Garver, *China's Quest*, 19-55.

28. 根據國際法，如同美國政府在一九一四年的中立宣言一樣，中立國的船隻免於遭受交戰國干涉。

29. See Robert H. Jackson, *Quasi-states: Sovereignty, International Relations and the Third World* (New York: Cambridge University Press, 1993).

30. United Nations, "China, Signing Statement, in Declarations Made Upon Signature, Ratification, Accession or Succession, Division for Ocean Affairs and the Law of the Sea, Oceans and the Law of the Sea, United Nations," April 10, 2013, http://www.un.org/depts/convention/convention-agreements/convention_declar . . .

31. United Nations, "China, Signing Statement."

32. 近期的美國航行自由行動包括錫德拉灣（利比亞）、直布羅陀、荷姆茲海峽與馬六甲海峽，請參Maritime Security and Navigation, U.S. Department of State, https://www.state.gov/e/locns/opa/maritimesecurity.

33. 關於中國早期對南沙群島的行動請見John Garver, "China's Push Through the South China Sea: The Interaction of National and Bureaucratic Interests," *China Quarterly* 132 (December 1992): 999-1028.

34. Han Yong, "Making Up the Rules," *Newschina*, April 1, 2018, 44-46.

35. Ryan D. Martinson, *Echelon Defense: The Role of Sea Power in Chinese Maritime Dispute Strategy, Study No. 15* (Newport, RI: China Maritime Studies Institute, U.S. Navy War College, February 2018).

36. "China's Maritime Gray Zone Operations" (conference, China Maritime Studies Institute, U.S. Navy War College, Newport, RI, May 2-3, 2017).

37. Lee Kuan Yew, *The Singapore Story: Memories of Lee Kuan Yew* (Singapore: Prentice Hall, 1999). See also Garth Alexander, *The Invisible China: The Overseas Chinese and the Politics of Southeast Asia* (New York: Macmillan, 1973).

38. 藍普頓指出，歷經七屆總統的美國政府對華政策在參與及對抗之間取得平衡，參與的目標是吸引中國融入互相依賴的國際體系，使中國受益並培養共同責任感，而對抗則是美國透過使用硬實力來阻止中國國力上升。David Lampton, "Paradigm Lost: The Demise of 'Weak China,'" *The National Interest* 81 (September 2005): 73-80.

39. 有關中國對美國持續不休的辯論，請見 Garver, *China's Quest*, 2018 ed., 639-78.

40. Li Shenzhi, "On the Diplomacy of the People's Republic of China," in *Selected Writings of Li Shenzhi*, eds. Ilse Tebbetts and Libby Kingseed (Dayton, OH: Kettering Foundation Press, 2010), 35-152, 149.

41. Mark Edward Lewis, *China's Cosmopolitan Empire, the Tang Dynasty* (Cambridge, MA: Harvard University Press, 2009).

42. Lyle J. Goldstein, *Meeting China Halfway: How to Defuse the Emerging US-China Rivalry* (Washington, DC: Georgetown University Press, 2015).

43. 關於日本在一九三〇年代選擇單邊主義或多邊主義的情況，請見Akira Iriye, *After Imperialism: The Search for a New Order in the Far East, 1921-1931* (Chicago: Imprint Publishers, 1990).

第二部分

思考如何看待中國

第4章

半世紀的交流——中國研究與中國學界之角色[1]

文／毛雪峰（Andrew Mertha）

美國的中國問題專家學者是美中交流時期主要的受益者及貢獻者之一，他們為美中交流奠定了基礎。在麥卡錫主義時期（the McCarthy period）之後，中國問題研究死灰復燃，但當時的漢學家經常遭受質疑或敵意對待，如歐文・拉鐵摩爾（Owen Lattimore, 1900-1989）、謝偉思（John Service, 1909-1999）、約翰・佩頓・戴維斯（John Paton Davies, 1908-1999）等諸多中國問題專家，其職涯突然遭到扼殺。在「誰該為失去中國負責」的辯論之下，整個世代的中國問題專家成了代罪羔羊。[2]一如既往，與中交流再次成為負面字眼，在美國，兩黨愈來愈有共識，認為中國已變得更強大、更自信、更專制，這削弱了早期美國與中國往來互動的熱情。中國留學生愈來愈常被質疑為了壯大中國而竊取機密，破壞美國利益。[3]發放簽證成了政治工具，不僅在中國（一直以來都是如此），在美國亦然。[4]美國聯邦調查局不斷警告美國公民與專家，中國為了削弱美國的競爭力，暗中滲透美國，[5]而某些中國通（China hands）對中國的動機與意圖之看法已經帶有偏見。

中國狹隘專制的行徑更是加快幻想破滅的速度。美國的中國問題專家於交流時期所獲得的機會與資源，在習近平的領導下，消失無蹤。習近平掌權的嚴酷政治氛圍及加強黨的強制管控，讓我們無從得知中國正經歷何種事件。中國在全球金融危機與國際自由經濟秩序受損後的崛起，推動了中國的民族主義情緒，這種情緒不斷強化，在南海的強硬行徑及最近在香港的行動可見一斑，[6]同樣地，北京在新疆的作為一直令人深感不安。[7]中國著手打造軟實力，透過更開放的統一戰線（整體型社會）策略動員其海外公民，試圖建立正面的國際形象以與西方競爭，這些只會使交流合作複雜化，並增加各方的猜忌。[8]

在如何應對中國的討論中，其一較有問題的主張是中國問題研究學界對中國的看法有誤。這個說法，假設學界在倡導交流作為鼓勵中國走向政治自由化及最終民主化方面的立場一致。[9]美國政府最高層已表達這個看法：

總統已盡力導正對中國四十年的綏靖政策，長久以來有一理論認為，若我們對中國友好，他們的體制就會改變，中國共產黨便會開始表現出符合美國利益的行為。[10]

這說法與中國左派當局的猜疑相符——即接觸交流只不過是特洛伊木馬，而美國對中國的「和平演變」可追溯到前美國務卿約翰・福斯特・杜勒斯（John Foster Dulles, 1888-1959）——但其實在實證上並不準確，也不符史實。正如本書的其他章節所言，[11]只有極少數的中國問題專家的研究是基於相信交流有助於中國自由化，大部分的學者都不認為這是可能的結果。[12]相反地，大多數學者的整體目標為對知識的渴求，這有助於深入理解中國，無論各自的國家形式為何，對兩國人民皆能互利互惠。

事實上，撇開爭論不談，當前的雙邊關係之實際情況，支持強化了美中交流的論點。當交流的基礎遭削弱與架空，再加上中國民族主義高漲，雙方政治化程度提高，還有行政能力不足（主要是川普政府）的環境，正是造成今日所見交流衰退的主因。正確的前提並非交流可以化解美中關係問題，而是美中關係即使在最友好的時期也極具挑戰性，而交流正是使雙方關係不會失控的關鍵。若停止交流往來，沒有任何事物能夠阻止像當前這樣的惡性競爭。

依我之見，維持美中兩國之間的雙邊政治關係的最好方式，是將實際的交流場合去政治化，例如允許具意義的學術研究繼續進行。無論是友好或敵對，雙方皆能受惠於對彼此所知的資訊。關閉學術研究與相互理解的管道可能導致誤解及潛在的不穩定政治後果，其危險遠遠超過對這些交流場合進行管控

——即在交流過程中過度管理交流細節，並短視地警戒對方將獲得比自己更多的戰略優勢——所能得到的好處。

為了強調交流的好處，本章記錄了我們從一九七一到二〇二〇年期間所學之知識（以及我們學到的方法）。我從一九六〇年代的知識累積開始，並說明透過交流實現的五個非常重要的進展，以及兩個在同一時期內遭受損失的領域作為結尾。我將從一九六〇年代交流的基礎狀態開始敘述，當時的北京學（Pekingology）與如何解讀茶葉本身及其象徵意義（the reading of the figurative and literal tea leaves），是中國觀察家及政策制定者，所能獲得的少數思想資源之一。

我們如何得知當時的我們知道什麼？

為了確定我們從交流時代中學到了什麼，我必須將交流之前的時期作為基準點來觀察。白魯恂（Lucian Pye, 1921-2008）、鮑大可（A. Doak Barnett, 1921-1999）、費正清、施樂伯（Robert Scalapino, 1919-2011）等諸多該時期的代表人物至少以兩種方式脫穎而出：第一，他們與前輩的不同之處是在於其貢獻不受迫切想改變中國的動力所限制；[13]第二，他們負責培養在交流時代前夕成長起來的世代，其中一些人也是本書的作者。本節重點的問題是：這些人在真實生活中，極少接觸中國，他們是如何學習了解這麼多關於中國的知識？

其中一個答案是，他們自己跟中國有很深的淵源。[14]許多學者、記者及政府職員以前是傳教士或商人，又或者來自在中國居住數十年或在中國有長久工作經驗的家庭，尤其是在二戰期間的軍事領域。此外，這些人士及其學生皆是傑出之人，他們對中國有深入的了解，通常深具企業家精神且熟知官僚體系，同時具有智慧、動力與能力，並能夠承受對自己的職涯生計造成重大風險的挑戰。也許我們當時知道的（以及現在所知道的）最重要的原因之一，與這些人的智力、勤奮與熱忱有關，他們從零開始致力於創建研究中國問題的學術社群，也獲得美國慈善基金會的幫助，其中幾個基金會在中國歷史悠久，如洛克斐勒基金會、魯斯基金會（Luce foundations），及後來的福特基金會。

第二，大中華地區持續作為關鍵重點，其不僅是語言學習之地，而且是了解與欣賞中華文化規範的豐富環境，從「關係」到官僚慣例再到日常權力的運作，這些規範即使只是間接的理解，也能提供必要資訊，了解那些存在於毛派和新社會主義國家建設派之間的互動關係。索樂文（Richard Solomon, 1937-2017）在中國政治文化的經典研究中，十分依賴於在臺灣所進行的調查。[15]當然，許多關於中國的情報是由臺灣政府機構與香港的外國分析人士（當時全球最大的美國領事館所在地）所勤奮收集的。有時幸運的學者能偶然斬獲重大發現，例如在一九六〇年代中期在臺灣研究時，聰明的包瑞嘉主動提議，幫國際關係研究所的年輕助理圖書館員翻譯一疊藏於「汙損書籍室」裡標有「最高機密」的汙損受潮文件。這些文件竟然是關於剛剛結束的四清運動（Socialist Education Movement）之重要中共指令。此外，包瑞嘉仔細閱讀後發現了中國最高領導層的分裂，隨後導致劉少奇及鄧小平的肅清與文革的發動。最後，包瑞嘉與年輕的泰偉斯（Frederick Teiwes, 1939-，當時仍是博士候選人，如今是以資料庫為基礎的中國政治學研究領域的知名學者）合作進一步分析了這些文件。他們共同於加州大學柏克萊分校發表一本專著，題為《肅清：一九六二至六六年的四清運動》（*Ssu-Ch'ing: The Socialist Education Movement of 1962-1966*），至今仍是研究毛澤東時期中國政治的重要學術著作。[16]

第三，像中央情報局外國廣播資訊處（Foreign Broadcast Information Service，簡稱ＦＢＯＳ）監視中國的廣播媒體，並且將資訊公開提供，這樣的情報來源也成為重要線索，讓人能夠緊跟竹幕背後的發展。外國廣播資訊處長期為了解中國官媒在國家及地方層級變化之寶貴資源，持續到一九九〇年代。[17]另一來源是美國聯合出版研究服務處（Joint Publications Research Service，簡稱ＪＰＲＳ），利用了更多情報來源及發表更廣泛的中國社會報告。《中國大陸報刊選集》（*Selections from the Chinese Mainland Press*，簡稱ＳＣＭＰ）及《中國大陸雜誌選集》（*Selections from Chinese Mainland Magazines*，簡稱ＳＣＭＭ）提供了文革報導素材的翻譯，包括紅衛兵文件、地方報紙及其他媒體。此外，美國駐香港領事館允許研究者使用其收錄了所有中國領導人的「每日露面追蹤資料」（Daily Appearance Tracking Data，以卡片檔案形式存於保險庫中）。[18]

也許對現代中國最重要的單一資源，是位於香港的大學研究服務中心（Universities Service Centre，簡稱USC），從先前的非交流時期到交流初期，一直為中國研究提供資訊。大學研究服務中心在一九七〇年代是中國研究的核心，現在已轉移到不同的場所，但其館藏依然有助於今日的學術研究，[19]重要性不言自明；倘若沒有該中心，很難想像當今中國研究的狀態會是如何。大學研究服務中心匯集了好幾世代核心學者的知識與專業，最終發展成中國問題研究之顯學。這些重要學者有米克爾・奧森柏格（Michel Oksenberg, 1938-2001）、傅高義（Ezra Vogel, 1930-2020）、戈迪溫（Steven Goldstein）、魏昂德（Andrew Walder, 1953-）、藍普頓、謝淑麗（Susan Shirk, 1945-）、懷默霆（Martin Whyte, 1942-）及李侃如。如藍普頓所言：「這是培養出好幾個世代的溫室」（intergenerational hothouse），是「對年輕人來說的一次美妙體驗」（a wonderful experience for a young person）。

創立大學研究服務中心的想法始於一九五〇年代末期，白魯恂與比爾・馬維爾（Bill Marvel）意識到麥卡錫主義（McCarthyism）與美國政府對中國問題專家肅清行動後，大學研究中心贊助當代中國研究（與中國歷史、語言及文學有所區別）時十分緊張。此外，兩家主要的中國問題研究中心在當時競爭愈發激烈：一家設於美國東岸的哈佛大學，由費正清主導；另一家則是西岸的華盛頓大學，由戴德華（George Taylor, 1905-2000）主導。二者之競爭起源於費正清與戴德華意見分歧，這可以追溯到兩位在二戰時於戰時情報局（Office of War Information）的服役期間，即使是在當時，美國的中國研究領域也不可否認地存在兩極分化。雖然香港算不上是完全中立的地區——一九六〇年代中後期的情況可以證明——但香港在某種程度上對美國釋放較多善意。儘管社會科學研究會（Social Science Research Council）與美國學術團體協會（American Council of Learned Societies）當時支持新計畫，而《國防教育法》（National

Defense Education Act）與福特基金會則提供語言及碩博研究的四年獎項，強調香港不像臺灣那樣存在著系統性的偏見，而大學研究服務中心更稱得上是研究中國政治問題的安全處所。

另一處可以仔細閱讀中國流出官方聲明的地方是友聯研究所（Union Research Institute，簡稱URI），該機構與美國加州大學共享其中的英文新聞剪報。[20]

這些檔案資料價值比黃金還高，如同駐北京比利時文化參事李克曼（Simon Leys, 1935-2014）在一九七二年寫道：

> 有時候，在市場賣蘋果的老闆或鞋匠，可能不經意地把你買的東西用〔當地〕遭禁的舊報紙包起來；想當然耳，這些又髒又皺的紙張隨後就會被中國觀察家細心地撫平，顫抖著雙手激動地傳閱，經過多次複印後，流入香港的黑市，而各種研究機構相互競價購入。[22]

這項任務最終由大學研究服務中心接手，因為友聯研究所在一九六〇年代中期開始衰落，加上大學研究服務中心不斷增加其書籍期刊之館藏，使其成為當代中國檔案資料的主要來源。[23]

與此同時，一小群受訪對象在西方學者之間來回穿梭，這些學者都渴望從他們那裡得到更多資訊。訪問者必須謹慎對待這些資訊的真實性，因為難民每小時只收到二十港幣的報酬，並不足以讓他們堅持事實回報。其中最具創業精神，且最知識淵博者是兩位楊姓民眾，一位是「小楊」，另一位是「老楊」。包瑞嘉半開玩笑地回憶說，小楊跟老楊是「關於一九六六至一九七六年文革十年間中國絕大多數學術書籍、文章及博士論文」的重要資訊來源。事實上像老楊（本名Sai-cheung Yeung）這樣的人，能夠提供資料給學者，如奧森柏格或羅納多・蒙塔波托（Ronald Montaperto），藍普頓甚至在《權力之路》（*Paths to Power: Elite Mobility in Contemporary China*）[24]專論中提到老楊的貢獻。這些人成為研究助理，從旁協助學者，如傅高義、奧森柏格、謝淑麗、傅堯樂（B. Michael Frolic, 1937-）、戈迪溫、孔傑榮

（Jerome Cohen, 1930-）、胡素珊（Suzanne Pepper, 1939-）、鐸華（John Dolfin）以及本書其他作者。

大學研究服務中心由四個因素造就獨特的環境：首先，這些年輕學者所研究的學術領域，包括政治學、經濟學、人類學、社會學、新聞學、歷史與法律等，以及某些人文學科。大學研究服務中心為他們提供機會，使其成為真正的跨學科專家，分析中國內部複雜的組織與發展。其次，研究服務中心的成員學者十分國際化，因此能夠不會以傅高義所謂的「美國沙文主義」（American chauvinism）為導向去研究中國議題。第三，與多數大學系所中嚴格的等級制度不同的是，大學研究服務中心沒有等級制度，這對當時的年輕中國研究學者來說是極具解放性的。最後，在初期階段尤其是中國門戶深鎖的時期，大學研究服務中心在收集主要資訊來源方面是無與倫比的。其中，最重要的是在一九六二年開始大規模逃離中國的難民，他們（起初有些不情願）會講述關於毛澤東時期中國地方政治與日常生活的個人經歷。[25]

例如，在大學研究服務中心，鮑大可訪談了前幹部，並以此為基礎撰寫了他的經典著作《共產中國的幹部、官僚和政治權力》（*Cadres, Bureaucracy, and Political Power in Communist China*）。[26]即使到今日，這本書仍非常有價值，內容說明中國黨國系統的結構分配圖，包括內部與外部幹部、黨的生活、教育、招待所與餐廳等多種多樣但又必不可少的元素，以及人事安排、監督管控、組織與任命、文件流程等基本概念。然而，傅高義毫不畏懼地描述他們作為學者在當代中國所面臨的挑戰：

> 如今，我們很難再回憶起當年大學研究服務中心甫開始運作時我們對中國一無所知的程度，也很難再回憶起我們屏息聆聽最近期的遊客、從中國逃離的難民，或各國政府官員講述我們所不知道的資訊時，那種天真的興奮。我們甚至連簡單的中國組織結構都不知道，當時才剛剛開始了解政治運動的運作方式，公社、社區、單位及工作點之結構。[27]

除了鮑大可、傅高義與其他作者之作，套句唐納・倫斯斐（Donald Rumsfeld, 1932-2021）的話，這個時期也見證了從「不知未知之事」（not knowing what we don't know）到「得知未知之事」（knowing what we don't know）的轉變，這就是交流時代初期研究領域的狀況。

中國的開放與越戰的分裂

儘管在美國人無法訪問中國的時期，在臺灣與香港的學者就已經開始了細緻的學術研究，而且設立於美國的中國研究中心之數量也逐年增加（例如哥倫比亞大學、密西根大學、史丹佛大學及加州大學柏克萊分校），但最早進入中國的西方學者仍突破了從外部觀察來收集資訊之侷限。有幸進入中國的少數人，如一九七一年第一批關心亞洲學者委員會（Committee of Concerned Asian Scholars，簡稱CCAS）代表團，通常會體驗到規劃好的情節，像在鄉下某處上演爆胎，接著當地農民突然出現並協助更換輪胎，這只會進一步證實這些學者作為「中國之友」原先心中的偏見。這些精心策畫的旅遊團「總是辦理得相當出色，任何不可預測、出乎意料、自發或即興的事情全部都被無情地消除了」。[28]本來即生性多疑的傅禮門（Edward Friedman, 1937-）受到社會人類學家費孝通的提點，「學會看見看不見的東西」，在他開始著手研究中國波坦金村莊（Potemkin Villages，此具體案例為饒陽縣的五公村）時，相信自己「戰勝了體制」。隨後，當他將研究筆記與友聯研究所的剪報進行核對時，他卻深受打擊（「對友聯研究所文件的批判性閱讀比在中國待了兩個月更有啟發性」），於是決心在隨後的旅行中加倍努力，仔細尋找「隱形」存在的真相。[29]當時是一九七八年。

早期涉足中國做研究，常常讓學者陷入極端相異的政治立場之中：有些人受政治宣傳所吸引，讓《中國建設》（*China Reconstructs*）及《中國畫報》（*China Pictorial*）等官方雜誌中呈現的迷人景象，影響他們對實地所見事物之看法；另一方面，有些人發現自己被中國當局輕易地（事後看來十分明顯）欺騙，從而有遭背叛的感覺。梅兆贊（Jonathan Mirsky, 1932-2021）在廣東參觀了典型的中國工作單位後，隔天在沒有任何人陪同之下再次前往該單位時，「在這四十八個小時內，他從毛澤東的支持者轉變成反革命者」。那次，一名工人邀請他進屋喝白開水（當主人負擔不起茶葉時，以白開水替代），這名工人的生活條件及對國家的態度與前一天所表現出的愉快、精心策畫的經驗完全相互矛盾。中國官方對梅兆贊的違規行為作出冷漠甚至敵對的反應，這使得他看清了事實；四年後，他的導遊跟他說：「我們打算在你的鼻子上穿環，這實在是你咎由自取。」（we wanted to put rings in your noses, and you helped us put them there.）[30]

總之，中華人民共和國官方安排的訪問禁不起仔細客觀的分析，此外早期不同的訪問者與矛盾的經驗也造成了亞洲研究中的分歧，威脅到中國問題研究學界的穩定。

到了一九六八年，越戰已導致美國社會的兩極分化，在亞洲學者中也出現了裂痕：左派學者常常對中國議題研究方法帶有政治偏見，他們提出問題並探索尚未被討論的主題，馬克・塞爾登（Mark Selden, 1938-）的經典作品《革命中的中國：延安道路》（*The Yenan Way in Revolutionary China*）就是這一研究方向的巔峰之作。[31]但同時，也促使許多學者對中國所採取的態度缺乏了最起碼的學術懷疑。據說，一名熱血的革命者試圖游向停泊在香港港口的一艘北越船隻以示支持，但他最終並未成功。[32]

對某些人而言，對晚期毛澤東主義的美好樂觀看法，為當時美國社會所發生的動盪提供了建立規範的另種可能。[33]關心亞洲學者委員會就是由此而生，這樣的看法導致亞洲研究領域的分裂：一方面導致學術上甚至意識形態上的鬥爭日益嚴重，另一方面則是促成了亞洲研究領域多面向的豐富性，從至今仍存在的《批判亞洲研究》（*Critical Asian Studies*）期刊中的內容便可見一斑。[34]

這種分歧不斷擴大，最終在一九七一年達到頂峰，當時前總統甘迺迪團隊的國安顧問麥喬治・邦迪（McGeorge Bundy, 1919-1996）擔任福特基金會的總裁——該基金會是大學研究服務中心的重要資助者，他應邀赴香港於午餐會上發表演講。

> 當邦迪在餐廳準備要跟與會者發表演說時，關心亞洲學者委員會的發言人，起立宣讀一份聲明，詳細列舉邦迪涉嫌的戰爭罪行。接著，所有關心亞洲學者委員會的成員同時默默地將盤子翻到背面，上面貼有一張著名相片，是一名遭美軍以汽油彈轟炸，赤身裸體的越南女孩。[35]

這個事件在中國問題研究界造成分裂，刻下需要幾十年才能癒合的裂痕；但邦迪顯然從未向福特基金會提及該事件，委員會也持續獲得資助。在關心亞洲學者委員會成員的動機與學術方法方面，仍存在重要差異，這一點鮮為人知。雖然持改革態度的一方認為美國體制本身就是不道德的，但另一方則是出於不同的理由反對這場戰爭。委員會中的「改革派」成員包括：曾在美軍服役的人——如藍普頓、馮稼時與實際上曾被派往越南的陶泰瑞（Terry Lautz, 1946-），或是曾加入維和部隊的人——如哈爾西・比默（Halsey Beemer）；他們認為越戰是一大錯誤悲劇，是對亞洲極度無知所導致的結果，並認為自己的學術研究是為了達成教育決策者之使命，以避免憾事再度發生。

在中國走出文革創傷後，民眾對中國的態度產生了變化。海外的左派感到遭中國走向地緣政治（及隨後的資本主義）所背叛，而建制派因尼克森於一九七二年二月訪華前後媒體的大肆報導，觀感從負面翻轉成正面（在一九八九年天安門事件後再次發生反轉[36]）。[37]即使美國的民意對中國的看法發生轉變，但對於中國觀察家來說，儘管有學術代表團以中華人民共和國學術交流委員會的名義出訪中國，要獲取任何非官方的見解之機會仍然有限且十分不容易。

當時一份講述中國的文件，雖然內容相當負面，卻超越了其他當代作品所帶有的過於簡化之反應（無論是正面或負面），對晚期毛澤東時代中國的黑暗作出引人入勝的評論。李克曼的《中國的陰影》（*Chinese Shadows*）強調日常生活中所能獲得的限制，「最終，從某些重複的沉默或對某些議題的反覆保留，能夠得知最多資訊」，[38]對於控制普通中國人民（及住在北京外交禁區的外國人）的當地幹部所展現的灰色一致性，李克曼不厭其煩地聲明其背後的實際狀況只是他的猜測。美中建交解凍後出現的報導更加冷靜謹慎，雖批判性稍低，但也因此讓美國記者自一九四九年以來首次得以派駐北京。蓋思德（Roger Garside）的《甦醒：毛澤東之後的中國》（*Coming Alive: China After Mao*）及福克斯・巴特菲爾德（Fox Butterfield, 1939-）的《苦海餘生》（*China: Alive in the Bitter Sea*）是他們在建交後初期體驗中國生活的良好範例。[39]不幸的是，巴特菲爾德未能保護好他的消息來源，說明了在極其政治化的環境中，實地考察的挑戰及保護線民的道德使命。

開放時代：一九七九至二〇〇八年

在二〇〇二年，魏昂德回顧自一九七九年以來中國議題研究所取得的進展，並確定在這些領域中，中國學已經有長足進展，不再像前一節所描述的早期時代那樣，首要領域與廣泛的國內研究機會所帶來的新資訊有關。隨著中華人民共和國對出版物的限制放寬，學者「逐漸發現自己被新的報紙、期刊、書籍及法規所淹沒，而更有價值的『內部』文件與書籍也逐漸流入市面」，使學者及東亞圖書館員的書目不勝負荷。[40]

其次，美國學者在中國做研究的機會也隨之增加。中國逐漸開放個別學者在中國學習語言及實地考察。[41]最初，這些機會受到中國當局的嚴格監管，而且比起十年後的情況要來得嚴謹許多。

由美國國家科學院（National Academy of Sciences）、社會科學研究會及美國學術研究委員會聯合贊助的與中華人民共和國學術交流委員會（The Committee on Scholarly Communication with the People's Republic of China）於一九七九年秋季開始交流，最初僅派遣語言學生，不久之後，該委員會試圖讓研究員與中國的大學及社會科學院合作；兩年內，學者開始前往中國進行實地研究，此後也一直努力爭取許可以進入檔案室及農村研究。

這些新機會並非總是順利。人類學家毛思迪（Steven Mosher, 1948-）的案例既展現出可行性，但同時也是極為不明智的作法。與中學術交流委員會及社科研究會的聯合當代中國委員會曾極力遊說，希望首批前往中國的美國研究員中，要有一位在中國農村進行研究的人類學家，而這名人類學家正是史丹佛大學的博士候選人毛思迪。他在廣東農村時親眼目睹一胎化政策嚴厲執行的情況，因此他在廣東的研究從不動感情的客觀學術作風，轉變為親身投入倡議的行動者研究（activist research）。隨後，毛思迪遭控為間諜並遭驅逐，導致他被禁止在農村進行實地研究長達好幾年的時間。史丹佛大學基於對毛思迪學術欺詐的指控，而且若暴露他的線人，該線人可能遭報復之危險，決定不授予毛博士學位。此決定引起反對聲浪，指責史丹佛大學屈服於中國的壓力（在當今的討論中也經常出現這樣的指責）。這一事件整體上突顯了中國研究領域內的基本矛盾，一派學者試圖客觀描述及分析中國當時正在發生的情況（但受毛思迪及其他人嚴厲批評，認為他們忽略了人權侵犯問題），另一派學者則採取了類似於當時關心亞洲學者委員會的行動主義學術風格，堅決反對中國的立場，而非接受其表面價值。[42]

然而，隨著研究領域更加廣泛，學者們愈來愈難忽略絕大多數中國人民所忍受的糟糕生活品質。根據一名絕非反中人士的同事所說：

> 透過研究黨的歷史及與中國人民交談，我所知的最重要資訊是黨對自己的人民可以有多殘忍。雖然這導致許多黨幹部抱怨和不滿，甚至恐懼，但大多數人也認為他們沒有其他選擇。他們看不見中國政治體系的其他選擇，也無法看見自己職涯的其他選擇。黨的統治就此穩固，然而，這也代表一旦黨內人士有了替代選擇，中共的統治將變得脆弱不堪。[43]

如何處理這一切，同時不落入辯護主義（apologia）、文化相對主義（cultural relativism）或批判分析（critical analysis）的陷阱，是研究中國問題學者至今仍努力探索的領域。

儘管如此，到一九八〇年代末期，進入中國進行學術研究已為常態。在此期間，研究領域變得更加功能化與空間專業化，並專注於更廣的領域如農業、醫療保健、教育等。某些學者選擇北京以外的研究場域，選擇在其他省份進行更為艱苦的研究，為我們對中國的理解貢獻良多。在那裡，由於好奇心與地方條件的影響，有時可以忽視中央指令或甚至悄悄挑戰指令底線，從而克服了當地對外國人的不熟悉，以及不遵從針對外國研究員的教育政策之種種挑戰。

與此同時，中國境內許多願意冒險且具前瞻思維的大學，開始尋求與國外大學建立學術交流計畫，如贊助語言及其他學習計畫、共同研究與大學之間的交流。其中某些計畫是在國家關係庇護下運作的，例如俄亥俄州與湖北省之間的交流。這些計畫擴大外國學者建立與培養人際關係的範圍，在此之前是絕對無法辦到的。這也是魯斯基金會美中合作研究計畫的主要成果之一，該機構在一九八〇年代末至一九九〇年代期間資助了四十九個合作計畫。這些非官方的規範建立起專業關係，發進而展成友誼，也許是提供外界了解中國國家運作與中國如何塑造社會的單一窗口。回頭來看，最深刻的頓悟瞬間通常是最簡單平凡的：

> 相當明顯且感傷但仍十分重要的結論是，當某人能夠直接與中國人民互動交談，無論是黨官、麵店老闆或牧羊人，即使是在看似分裂美中兩國的政治問題上，也很容易找到共同點。在某些方面，美中文化在最佳情況下其實是互補的：我們相互尊重，讚賞對方的不同面向。[44]

但如同何漢理（Harry Harding, 1946-）指出，這同時也是我們冷靜重新評估自己對中國最基本假設的時期。這大幅修正了一九七二年尼克森訪華後的狂熱及對中國現實的錯誤看法，如誤信官方所描述的平等團結與有效的政治參與，何漢理舉了一個特別惡劣的案例：

> 在一九七〇年代中期，來自舊金山的知名精神科醫師喬爾・福特（Joel Fort, 1929-2015）曾在史

丹佛大學向學生宣稱中國不存在性侵或婚前性行為，因為中國青年與美國青年不同，他們將性慾昇華為國家服務的力量，而且贏得滿堂喝彩。[45]

早期有關中國的看法十分荒謬，因此部分促成了這種重新調整看待中國的趨勢。然而，多數原因是因一九八〇年代的學者在中國的停留時間比其前輩更長，他們與記者及商人共同生活，而且他們的觀點與主流形成明顯對比。長期身處在中國現實環境中，讓他們對與中國朋友和同事互動受到限制感到沮喪，也理解到龐大官僚體系的低效率及穩固性。[46]這就是中國公民的真實生活，很快地也成為外國學者在中國的經驗，並且成為他們研究的背景知識。

接著就是關鍵的一九八九年。在中國的政治鎮壓以及隨後美國態度的轉變，從過度輕信中國（大熊貓及萬里長城）到用單一的負面筆觸描繪整個中國（貼上北京屠夫的標籤），改變了進入中國的限制。令人驚訝的是，這並未完全封鎖對中國的研究。事實上，以天安門事件與一九九五至一九九六年臺海危機為界限的這段時期，見證了在中國進行新的深入研究：「由中國與外國研究員共同規劃及管理的調查或實地考察，他們共同分析與發布有關政治參與、政治態度、農村家庭收入、健康營養、配偶選擇與婚姻模式、社會分層與流動，以及其他主題的數據資料。」[47]這些研究也不是從未發生過問題，當被中國禁止發布「四縣調查」的第一輪數據資料時，進行該研究的美國行政人員向中方主張其調查問題皆由官方批准，官方則回應：「我們是批准了問題，但沒有批准這些答案。」[48]

這時期的另一特點，如前所述，是大量中國學生來到美國大學就讀。長期以來由白人男性與少數白人女性主導的中國政治研究領域，透過與中國學者在中國合作及中國學生在美國就讀兩點，在質與量上都得到了擴充；其中，某些中國學生留在美國，於美國大學、學院、智庫就業，這一現象在戴博的章節中有詳細描述。魏昂德提及這些學生：

自一九七〇年代末至一九八〇年代初抵達的前幾位中國研究生開始，中國研究生已經成為社會科學院系這三個領域（政治學、經濟學及社會學）的重要組成分子。中國擁有巨大且看似不可竭盡的人才資源，對物理學及化學等領域的影響在美國已經是傳奇性的。在社會科學領域中的表現雖不像物理、化學領域那麼顯著，但在當代中國研究領域中的影響卻非常明顯。[49]

事實上，這股新人才的湧入讓我們必須更新對區域專家的認識。如魏昂德所說，很多學生不願接受這個稱號，並成為將中國研究納入其相應社會科學主流的推動力量：

從我們的區域研究角度來看，他們擁有巨大的語言優勢，因此預期將在常見的密集文獻研究中表現出色。然而中國學生很快轉向學科核心中占主導地位的模型：在數學與統計方面專業化兼具理論與實證的研究。這種專注於學科的精神在過去十五年的菁英教職競爭中為這些學生帶來好處。在一九八〇年代末期，業界開始注意到來自中國的學生在就業市場上比傳統「區域研究」方法訓練的學生，更具競爭力。在一九九〇年代，政治學中最為人所心馳神往的職位（如耶魯、普林斯頓、芝加哥、杜克及密西根大學）都是由來自中國的博士就任。在社會學方面，來自中國的學生在哈佛、芝加哥、康乃爾、杜克、明尼蘇達、密西根及加州大學爾灣分校等大學也出任類似的初級職位。[50]

這代表研究領域其一最大變化是，將中國研究的基礎從社會科學的邊陲獨立成為子領域，將其視為與經濟學、社會學，特別是政治學等更傳統的子領域平起平坐的子領域。[51]當我被問及這些中國學者帶給研究領域的優勢為何，除了母語能力、背景知識及優秀的專業與社交網絡之外，我能給的最好答案是：沒什麼不同。也就是說，若看看黃亞生（1960-）、李成（1956-）、王裕華這三位學者的研究，並沒有什麼中國特色；更確切地說，重要的是他們在學術能力上的絕對優勢，及其推動中國政治子領域向前發展的力量。

這不僅僅是研究中國領域人口結構變化的結果，也是中國本身持續變革的結果。一九八〇年代經歷了前所未有的國家轉型社會政治實驗，其始於早期改革政治（改變農業及鄉村工業的所有權模式），並延伸至中國改革面臨的第一個重大挑戰（工業改革及早期私有化）。與此同時，中國社會對這些變化作出反應與吸收，並表達個人與集體的行動力，改變了國家的行為方式，這是早期學術研究無法捕捉到的。

在令人興奮的一九九〇年代與二〇〇〇年代初期，中國政府進一步鬆綁限制，不再干預外國學者的研究工作。與不久的過去跟即將到來的情況相比，當時可以實現的交流合作方式是非常特殊的。美國中國問題學者能夠隱身於社會之中，研究觀察工廠、[52]打擊非法市場活動的執法行動、[53]法律訴訟、[54]失業工人的非正式就業市場，[55]以及國有百貨公司的零售店，[56]甚至有人裝扮成卡拉ＯＫ女陪侍進行祕密調查。[57]這些祕密調查方法受益於資料收集與分析技術的進步，以及多年合作所累積的官方與非官方機構化之理解。

我在二〇〇四年秋天於中國與北韓邊界城鎮丹東，與當地官員共進午餐，一起喝酒，期間的一次交流具體而微地概括了這個黃金時期。我當時跟一名省級官員及其家屬一同前往。我們雇了艘船前往北韓海岸，參觀了在朝鮮戰爭期間，曾遭美軍飛機轟炸的鴨綠江鐵橋。從中央到北韓岸邊的橋體完全遭摧毀，因此又稱「鴨綠江斷橋」。午餐時，與我們同桌的一名當地幹部搖搖晃晃地走到我身旁，酒氣醺醺地對我說：

「你是打哪個國家來的？」

我心想，糟了，又來了。我說：「美國。」

他回：「你看到那兩座橋沒有？」

我從餐廳看出去，小心翼翼地說：「有看到。」

他又問：「那你知道為什麼其中一座橋只剩下一半了嗎？」我點點頭，害怕接下來他會說些什麼。

「你們美國人把這橋炸了，就你們美國人！美國人！……」我等他把話說完，

「我『佩服』你們美國人！」

什麼？！我不敢相信地看著他。

他又講了一遍，我真沒聽錯：「我佩服你們美國人！」他接著說：「你們美國人飛來炸毀北韓那邊的橋，只留下中國這邊的橋柱，用一九五〇年代的技術呀，你們美國人！」然後豎起大拇指。

這一刻的氣氛加上我也喝得酩酊大醉，舉起酒杯我大喊：「美帝主義萬歲！」

在我還來不及意識到自己嚴重失言之前，同桌的每個人，包括我的幹部朋友及其家人與所有當地幹部，立刻站起來，舉杯大喊：「美帝主義萬歲！」

那一刻所有的分歧都消失了，我們所說的話、所隱含的多層次諷刺，大家都清楚理解，同桌的每個人都同樣享受這荒謬的時刻。

可惜，這樣的時刻並未延續下去。

低潮期：二〇〇八至二〇二〇年

從二〇〇六年開始，在中國境內對人員、出版物與資料的取得管道逐漸減少。部分是因為世界其他區域正在發生顏色革命。左派對中國的發展不滿，認為其與馬克思主義相左，進而加深了對中國的猜

疑。[58]中國政府愈來愈焦慮擔心在智慧手機與網路的快速通訊時代，自己能否維持管控。雖然幾年前就開始有這樣的現象，但所有一切似乎都匯聚到二〇〇八年。正當中國為九月的北京奧運做準備時，兩個事件可作為往後十年中國問題研究逐漸複雜的環境當參考：三月的西藏騷亂引發全球反中活動，造成中國內外民族主義的反應，以及北京對外國勢力的長期猜疑。兩個月後的五月，美國全國公共廣播電臺（National Public Radio，簡稱NPR）正好有一個工作團隊為了某計畫而駐在成都，在此偶然的幫助下，全世界得以即時了解四川大地震造成的破壞情況，也呈現了中國政府如何同時管控輿論及努力救助災民。[59]真正對災民的同情與動員中國社會協助復原家園的正面報導，跟都江堰及周邊縣市學校與其他基礎建設偷工減料，導致許多學童不必要的死亡，形成對比。[60]

自二〇〇八年以來，學術研究訪問跟中國政府之間的限制愈來愈多，這樣的趨勢在著名的《關於當前意識形態領域情況的通報》（Communiqué on the Current State of the Ideological Sphere，又稱《九號文件》）中可見一斑，並因習近平崛起而加速。[61]中國並未回到一九七九年以前的時期，更別說與西方交流前時期，但做跟過去類似的研究變得愈加困難。這強化了社會科學與學術就業市場的趨勢，迫使研究中國學者進行愈來愈專精、愈小眾的研究，並使用相較於從前更加保持距離的研究方法。儘管仍有些學者大膽冒險探索中國的政治體制，但他們很快地成為例外。少數學者因中國門戶緊閉，而調整了研究方法，使其更有比較性質。如藍普頓及兩位同事研究涉及八個國家的中國鐵路建設，瑪莉亞‧雷普尼科娃（Maria Repnikova）則深入研究中國在非洲軟實力的影響，我也將自己的實地考察地點延伸至柬埔寨，記錄中國對紅色高棉（Khmer Rouge，又稱「赤柬」）執政時期的援助。[62]

以前我們視訪問為理所當然的資料收集來源，並投入幾十年來養成資訊來源與人脈網絡，但如今大部分的情況下，我們愈來愈少有機會現場訪談。更令人擔憂的是，目前受訓中的學者面臨受限的實地調查及訪問限制的挑戰。還有可能執行的研究，不可避免地必須遠距進行，更加強了這種研究調性，以及從中產生的內容論述。我們的知識基礎可能變得愈來愈薄弱，失去了理解中國政府的細微差別及微妙之處的洞察力。因此，結論是我們正目睹中國研究領域及政治經濟領域的交流時代，在歷史上的終結。

我們在交流時代學到了什麼？

所以，我們學到了什麼？簡短的答案是，既可能比我們想像的多，也可能比我們希望的少。考慮到交流初期我們所知道的程度，以及之後我們所知的內容（在很大程度上是對這些最初洞見的補充），讓人不禁感到謙卑。這些在一九六〇年代與一九七〇年代初期提出的洞見，至今仍在啟發當今的中國問題研究，儘管學術界的新趨勢正在取代它們，而且中國也在逐漸演變（延續早期所記錄下的治國方法或加以改進）。

從結構到過程：檢視黨國體制的組成

鮑大可對中國政府及黨的官僚機構之描繪，對於研究中國政治機構的人來說，仍然是一大謎題。透過索引檢索，將威妥瑪（Wade-Giles）拼音替換為漢語拼音，讀者更能查找許多術語及中國幹部與研究此群體之研究員會使用的詞語。

然而，儘管我們對中國國家結構知識有重大進步，但對國家日常治理中的運作方式所知資訊仍很稀少。

李侃如與奧森柏格在深具意義的著作《中國的政策制定》（*Policy Making in China*）中延續鮑大可的研究，而藍普頓則在早期政策制定與實施的研究貢獻良多。[63]他們的研究成果所形成的框架被統稱為「分權式威權主義」（fragmented authoritarianism），這個框架是從鮑大可的描述發展而來，說明中國幹部及其他官僚如何制定政策，其特點是談判及其結果，特定政策最終的架構反映出實施政策者之利益，並犧牲政策制定機構原始意圖作為代價。

李侃如與奧森柏格的著作特別展示了新發現的資料來源，而這是大學研究服務中心的研究員所夢寐以求的。[64]《中國的政策制定》是美國能源部委託研究的延續，讓這兩位學者在中國政治系統的各個層面上獲得前所未有的進展，並得益於美中之間日益成熟的交流。[65]

在一個世代後，這個框架仍是理解中國政策制定與實施的標準，但更新了早期（後來被推翻的）政治自由化的跡象，其中非政府行為者以及得到政治授權卻染指某些政策領域的行為者，也侵占了這些領域，不僅改變了政策的實施結果，也改變了政策本身的真實輪廓與範疇。最初從中國水力發電政策研究開始，這些新資訊已擴展到其他政策領域，包括國際貿易、醫療保健、菸草管制及軍民關係。[66]之所以能夠進行必要的實地研究以了解政策制定的進程，是因為到二〇〇〇年代中期，透過在中國的自由移動與在政策領域內的非正式個人網絡，研究員可以暗中進行研究，但主要的限制有時間、研究資金、研究員對不適感的容忍程度，以及與消息來源積累的人脈關係與信任度。對中國政策制定其他方面的最新研究，特別是關於協調機制，如領導小組及政府與中國共產黨的關係，讓鮑大可的研究進一步往前推進。[67]因此，我們對中國的運作方式有更清晰的理解，可以得知中國國家各個組成部分是如何結合或破壞特定政策領域。

更多的交流機會讓我們能更仔細地觀察中國共產黨，如：卜約翰（John Burns, 1947-）的描述性觀察在過去四十年間已被加深及擴展；謝淑麗對改革初期的看法相當具開創性，運用委託代理人理論（principal-agent theory）來分析中共與政府之間的關係；[68]林丹（Dan Lynch）則研究市場化對思想的影響，顯示中共不僅僅是一群「邪惡的意識形態守護者」；[69]李夏洛（Charlotte Lee）將研究延伸到黨校本身，展示幹部培訓的國際化趨勢，並強調中共官員承擔關鍵公務員職能的重要性；[70]沈大偉記錄中共如何在國內外環境的變化中進行重大改革；[71]史宗瀚（Victor Shih）與李成重新聚焦於派系政治，說明中共絕非鐵板一塊；[72]克里斯蒂安・索拉斯（Christian Sorace）復興了弗朗茨・舒曼（Franz Schurmann,

1926-2010）的創新看法，以解釋意識形態與組織仍保持活力，並且彼此存在緊張關係；[73]實際上，由黃亞生在一九九〇年代率先開展的關於黨員幹部晉升激勵機制的研究，已成為當今許多研究的重要面向，解釋了鮑大可早期學術研究中某些引申意涵。[74]

同樣地，我們對中國軍事研究也深入地探索。歷史研究方法將中共的軍事歷史納入當前的實踐之中，而其他研究則探究人民解放軍的演變，從為毛澤東主義的「人民戰爭」（people's war）進行訓練，到一九八〇年代與一九九〇年代商業化實現，再到發展成今日世界級的軍事力量。[75]理解軍事發展、採購軍備及部署實證技術方面非常重要。越飛（Ellis Joffe）、史文（Michael D. Swaine, 1951-）及其他人的早期研究，對我們理解中共與軍方關係之幫助無法計量。[76]中國列寧主義國家的運作方式不同於蘇聯，這個事實對於理解中國的治理、控制以及宣傳和通信管理的斷層線和壓力點提供了重要線索。這具有重要的比較和政策意義。舉一個戲劇性的例子，第二次海灣戰爭中去復興黨化（de-Baathification）的失敗本來是可以避免的，歷史可能會大不相同，如果中國學者學到的一黨制國家如何運作的經驗教訓——黨員不僅僅是真正的信徒和意識形態火焰的守護者，而且是登上他們菁英統治階梯頂端的最優秀和最聰明的人——被夠被政策制定者用於重建伊拉克。[77]

國家與社會關係之豐富性

也許過去二十五年來，我們對中國認識最為深入的是國家與社會關係。正如裴宜理（Elizabeth Perry, 1948-）所言，第一代中國研究學者主要將蘇聯與中國互相比較，第二代則過度借鑑美國的概念方法，第三代則「過於崇拜歐洲典範」。也就是說，我們如何區分國家與社會之間的典範是源自十七、十八世紀歐洲的公民社會概念。在一九八九年鎮壓前的學生抗議浪潮之後，這種概念廣受歡迎，但裴宜理本人對這種概念的效用提出質疑，因為「現代歐洲的經濟趨勢特質在中國從未生根」。[78]

與其過度依賴公民社會概念，一九九〇年代大部分有關中國國家與社會關係的研究，都採用更歸納的方法。中國觀察專家第一次直接接觸中國時，其一特別突出的主題是中國公民如何被統治他們的政治所塑造，及其程度之無情。從毛澤東時代到一九八〇年代，隨著工作單位與戶口登記的普及，國家與社會的界線已經難以區分。一九八九年的抗議活動，引發了針對這種未經國家批准的動員集會方式，更加深入的思考。曾經，研究者試圖將東歐與蘇聯共產主義崩潰的教訓強加到中國政治研究上，但最終走進了死胡同。然而，隨著單位制度的放寬及中國流動勞動力超過一億五千萬，傳統的社會組織概念已不足以解釋中國正在經歷的變化。

中國公民不再被綁定於其工作單位，這個事實讓大量關於國家以外的組織形式的研究應運而生。蘇黛蕊（Dorothy Solinger）對農民工的研究既具時代意義又具開創性。[79]戴慕珍（Jean Oi）研究農村工業，正好與政府工作場所關係的改革相吻合，此後國家與社會的關係不再能夠以傳統的國家角色解釋。[80]甘思德（Scott Kennedy, 1967-）對政治遊說團體之調查及潔西卡・蒂茨（Jessica Teets）與何天文（Timothy Hildebrandt）關於非政府組織的出版物研究，都描繪出一個極其複雜的網絡，其中的公民時而受國家收編，時而反抗國家。[81]陳佩華（Anita Chan, 1946-）、李靜君（Ching Kwan Lee, 1963-）、高敏（Mary Gallagher, 1969-）及傅黛安（Diana Fu）的學術研究，借鑑了魏昂德對工作場域政治的經典研究，講述工廠如何作為改革場域。[82]蔡欣怡（Kellee Tsai）對非官方銀行和金融領域的開創性研究建立於她的實地調查基礎上，其研究讓我們得以了解中國無處不在但又往往不為人知的非正式金融生態系統。[83]諾頓與謝德華（Edward Steinfeld, 1966-）等人的研究，開啟深入了解國有企業內部運作及發展方式的一大窗口。[84]他們之所以能夠這麼做，是因為他們能夠非常方便地進入所要研究的工廠。關於當地人民代表大會、農村選舉、市長信箱、請願信函等較為晚近的研究，擴大利用了調查技術、網路資料收集及深入地方的實地調查與利用檔案，從而讓我們對國家如何與公民合作有更深入的了解。[85]關於中國地方執法的研究，有太多例子無法一一列舉，都說明了在中國首都及整個國家的實際情況之間的差距，有時是無法彌合的。比如鄒平縣[86]的案例研究或戴瑞福（Ralph Thaxton, 1944-）[87]長期豐富的研究，讓其他學者了解中國各地區的政治氛圍，並利用當地的特色來檢驗自身的歸納能力及融入研究主題的脈絡。像歐博文（Kevin O'Brien, 1957-）及李連江等學者進行了區域性但更廣泛的研究，指出關於地方的微觀研究與更具普遍性的結論之間的關鍵連結。[88]

中國的異質性

尼克森首次拜會毛澤東時對毛說：「您改變了世界。」而毛回：「我只改變了北京附近幾個地方。」[89]我在密西根大學攻讀碩士學位時，有位教授跟我說了一個臭名昭著（且很可能是故意挑釁）的說法，即奧森柏格說過的：「要理解中國政治，你不需要看北京以外的地方。」無論當時情形是否如此，今日肯定已不適用。四十年的交流經驗已證明了這點，奧森柏格本人體現了這種思想與進入中國的方式變化，當他在鄒平縣深入研究如何促進當地治理時，被譽為「鄒平名譽縣長」。[90]

傅高義經典著作《共產主義制度下的廣東》（*Canton Under Communism*）及陳佩華、趙文詞、安戈（Jonathan Unger）合著之《陳村》（*Chen Village*）說明早期在北京以外還有許多可探究的地方。[91]這些研究大多依賴移居香港的華僑，其中大部分來自廣東，而這並非偶然。自一九八〇年代開始，學者得以前往愈來愈多的城市不再受限，親眼見證沿海與內陸省份之間的差異，例如武漢為藍普頓及蘇黛蕊實地考察研究之地。隨著學者進入雲南以及西藏、新疆及其他自治區，少數民族政治愈來愈多樣化，在這些地區，研究員能夠得知不同地方的政治模式，以及不同少數民族群體的多樣經驗之見解。[92]要理解北京實施特定政策的原因，以及為何這些政策經常失誤或無法實現，就必須理解北京及這些邊陲地區之間的關係。歷史與文化的屬性，以及在有爭議邊境地區之經驗，也對國家滲透模式以及對其應對模式的提出質疑。

當政策聯繫起中國廣大地區時，需要兩個或多個政治單位（無論是省、州或縣）之間的合作，若只聚焦於北京，觀察者的見解與預測能力則會受阻。在北京被視為好的事情，在黑龍江或貴州可能並非如此，有時這是獨特因素，有時則是由可測量的指標所決定，但無論如何，我們必須理解、關切；[93]早期對三峽大壩計畫的研究及現在對基礎建設（如高速鐵路）[94]的研究，都必須以此為前提。事實上，中國國家能力的真正意涵，只有將中國整體政治單位考量在內，才能檢驗。

這一點在當前全球化的狀況下更加重要。當中國開始實施「一帶一路」計畫時，站在前線的不僅僅是國有企業，大多數的外資是由地方政府及其相關地方企業所進行的，他們揭開了這個意義重大但鮮為人知的政策轉變之面紗，並點出了其中的問題與分歧。[95]

即使是民族主義研究也能得益於觀察中國不同地區之間的差異。在一九九九年美國轟炸位於貝爾格勒的中國駐南斯拉夫大使館之後，所有中國人皆對此感到憤怒，北京、瀋陽、上海、廣州及成都等地的反美抗議活動展開告能夠告訴我們的地方政治議題，就和國家政策方面的一樣多。[96]同樣，經常受忽略的是，一九八九年的抗議活動發生在中國每個主要城市，這點十分重要，因為這是全國規模的現象，而不僅僅是在天安門廣場的攝影鏡頭前發生。此外，每個地方政府都以不同的方式處理這場危機，上海、成都、長春及重慶都是典型的例子，這對地方與國家產生了重要影響。[97]

歷史的循環重要性

談論中國人民如何看待自己在世界的位置，這樣的歷史共鳴已是老生常談，但除了將中國歷史用於解釋其落後之現狀或對外界的猜疑以外，歷史仍深具啟發性。

例如，透過回顧歷史，我們可以看到歡欣、熱情但隨後失望的模式，實際上可以追溯到美中交流時期。潘文（John Pomfret, 1959-）的《美麗國家與中央王朝》（*The Beautiful Country and the Middle*

Kingdom）特別描述了這種模式，[98]強調我們在歷史上任何一個時間點所觀察到的關係早已成定局，因此削減當時的危機感。可是同等重要的是，美中關係源遠流長，如同何漢理所言，「美中關係可能很脆弱」，但並不像我們所想的那樣脆弱，歷史會教導我們如何改善和進步。[99]

萬家瑞（Jeremy Wallace, 1980-）也提出了一個重要觀點：接觸已進入第四個十年，這使我們能夠重新審視早期的一些關於中國的著作，以便挖掘其中的結論，將其作為證明變化和連續性的二手數據。[100]這為中國問題研究提供了一個縱向維度，其中包含了大量的經驗教訓、見解和政策建議。

歷史在「後設」（meta）層面上也很有用。對許多人來說，最初促使他們關心中國的事物，隨著中國在這段時期的演變而失去了吸引力，但現在已經捲土重來。例如，中國領導人如何塑造馬克思主義以適應中國的情況（與「中國特色社會主義」等空洞口號不同），或者在毛澤東時代，中國社會如何動員參與政治活動等等，這些議題在一九九〇年代末至二〇〇〇年代初已經消失，而如今東山再起，新一代的年輕學者（以及一些年長學者）以嶄新的方式再次進入討論。[101]此外，還可以將這些概念內容與治理結構、社會運動和思想力量進行比較，幫助我們在非中國背景下理解它們。[102]

我們曾知道但忘卻了的那兩件關於中國的事情

儘管四十年的交流產生了非凡的知識與學術成果，但至少有兩個領域因豐富的資料及學術機構化的鼓勵而受到一定程度的削減，即「北京學」，以及我們將中國作為單一分析單位的能力。

北京學

或許並不意外，考量到現在關於中國可用的龐大資料量，以前在缺乏資訊的領域中——即所謂的政治「黑盒子」（black boxes），例如繼任事宜、國家安全決策及更深入的內部黨派討論——讀懂背後含意的分析工具，現在顯得有些過氣。少數中國觀察家如傅士卓（Joseph Fewsmith, 1949-）、愛麗絲・萊曼・米勒（Alice Lyman Miller）及李成是理解現代中國宮廷政治的寶貴資源，但所需的研究方法往往被更容易獲得、不那麼令人沮喪的模糊數據所取代——這些數據亦可用來遵循其他學術研究路線——而忽略了更艱難的針對菁英政治的分析。或許有點諷刺的是，倘若中國繼續限制外國研究員直接接觸中國人民及文件，這些「北京學」工具可能會捲土重來，這需要學術研究的轉變，而當前學術界的獎勵機制並不支持這種轉變。[103]

「中國」未經修改

最後，回顧一九八〇年代的學術研究，如何漢理、李侃如、奧森柏格、藍普頓，或更近期的沈大偉，[104]特別是那些在政策領域有一定地位或希望加入其中的學者，我們會被他們所展現的豐富知識，和對整個中國進行描述與分析的傑出能力所折服。當然，他們能夠詳細專注於中國的特定方面，也能將其所知放到更宏觀的框架中。許多現代學者無法使用這個模式，這些早期學者卻讓這樣的研究方法看起來輕而易舉，掩蓋了他們完成這項艱鉅任務的才華。另一個原因是現在我們意識到有更多的因素需要考慮，這樣的綜合分析比一九八五年的研究更具挑戰性。[105]不過，這項重要技能可以幫助我們了解自己的專長所在，也能在中國學術研究狹隘圈子之外，作為知識分子進行交流的工具，其中之一是所有的中國人民都是雙語者：他們講普通話也講當地方言，而從事中國研究的我們也需要有同樣的心態來看待對中國的了解。

＊＊＊

一知半解可能會導致危險，我曾說過，在交流時代，我們知悉許多關於中國的資訊，但美中雙方政治的限制削弱了我們擴大理解中國之能力。此外，對中國的看法分為兩派人馬：擁抱熊貓派（panda huggers）又稱紅隊，及屠龍派（dragon slayers）又稱藍隊。這些偏見被放逐到中國研究領域的邊緣，但將群體區分開來並貼上這些標籤的行為愈來愈常見，對交流的承諾被視為擁抱熊貓派的典型弱點，這種區別十分危險，不僅因為這麼做把一群人邊緣化了，而且這群人共同擴大了對中國的了解，這種進展在一九七二年尼克森訪華時是無法想像的。另一個原因是無論是否將中國視為威脅，在追求對美國有利的政策時，對中國任何細微的理解都是絕對必要的。在電影《教父2》（*The Godfather Part II*）中，主角麥可・柯里昂（Michael Corleone）告誡我們：「親近你的朋友，但更要親近你的敵人。」（Keep your friends close, but your enemies closer.）對中鷹派人士不妨好好思考這句話，這麼做必定能夠更深入地理解中國的複雜程度，可以更加理解原先好印象背後的複雜性，同時又軟化原先的壞印象。

引註：

1. 我要感謝藍普頓、陶泰瑞、石文安、駱思典（Stanley Rosen, 1929-2014）、饒玫、傅高義對本章早期草稿之評論，以及黃宇凡（Huang Yufan）對編輯工作的幫助。我要感謝在二〇一八年十一月的展翼會議（美中互動五十年：我們學到了什麼？）上的所有與會者，他們分享了自己在過去半個世紀中積累的經驗及見解。若本章仍有所錯誤之處，均屬於我個人責任。
2. Lynne Joiner, *Honorable Survivor: Mao's China, McCarthy's America and the Persecution of John S. Service* (Annapolis, MD: Naval Institute Press, 2009).
3. Zachary Cohen and Alex Marquardt, "US Intelligence Warns China Is Using Student Spies to Steal Secrets," CNN, February 1, 2019, https://www.cnn.com/2019/02/01/politics/us-intelligence-chinese-student-espionage/index.html.
4. Jane Perlez, "F.B.I. Bars Some China Scholars from Visiting U.S. over Spying Fears," *New York Times*, April 14, 2019, https://www.nytimes.com/2019/04/14/world/asia/china-academics-fbi-visa-bans.html.
5. Ellen Nakashima, "Top FBI Official Warns of Strategic Threat from China Through Economic and Other Forms of Espionage," *Washington Post*, December 12, 2018, https://www.washingtonpost.com/world/national-security/top-fbi-official-warns-of-strategic-

threat-from-china-through-economic-and-other-forms-of-espionage/2018/12/12/38067ee2-fe36-11e8-83c0-b06139e540e5_story.html.

6. Peter S. Goodman and Jane Perlez, "Money and Muscle Pave China's Way to Global Power," *New York Times*, November 25, 2018, https://www.nytimes.com/interactive/2018/11/25/world/asia/china-world-power.html.

7. Adrian Zenz, "'Thoroughly Reforming Them Towards a Healthy Heart Attitude': China's Political Re-education Campaign in Xinjiang," *Central Asian Survey* 38, no. 1 (2018): 102-28.

8. 駱思典等人認為，中國對影響力更感興趣，即讓目標國家避免採取某些行動，而非讓其對中國表達正面的評價或相信中國。參Rosen et al. (forthcoming).

9. Amy Zegart, "Decades of Being Wrong About China Should Teach Us Something," *The Atlantic*, June 8, 2019, https://www.theatlantic.com/ideas/archive/2019/06/30-years-after-tiananmen-us-doesnt-get-china/591310/.

10. "Secretary Michael R. Pompeo with Shannon Bream of Fox News," U.S. Department of State, April 29, 2020, https://www.state.gov/secretary-michael-r-pompeo-with-shannon-bream-of-fox-news/.

11. Jude Blanchett, *China's New Red Guards: The Return of Radicalism and the Rebirth of Mao Zedong* (New York: Oxford University Press, 2019).

12. 布魯斯・季禮（Bruce Gilley, 1966-）似乎對此十分著迷。請參Bruce Gilley, *China's Democratic Future: How It Will Happen and Where It Will Lead* (New York: Columbia University Press, 2005).

13. Jonathan Spence, *To Change China: Western Advisors in China* (Boston: Little, Brown, 1969); James C. Thompson, *While China Faced West: American Reformers in Nationalist China, 1928-1937* (Cambridge, MA: Harvard University Press, 1969); James C. Thompson, *While China Faced West: American Reformers in Nationalist China, 1928-1937* (Cambridge, MA: Harvard University Press, 1969).

14. James R. Lilley and Jeffrey Lilley, *China Hands: Nine Decades of Adventure, Espionage, and Diplomacy in Asia* (New York: Public Affairs, 2005).

15. Richard H. Solomon, *Mao's Revolution and Chinese Political Culture* (Berkeley: University of California Press, 1971).

16. Richard Baum, *China Watcher: Confessions of a Peking Tom* (Seattle: University of Washington Press, 2010), 22-28; Richard Baum and Frederick C. Teiwes, *Ssu-Ch'ing: The Socialist Education Movement of 1962-1966* (Berkeley: Center for Chinese Studies, University of California, 1968).

17. "Foreign Broadcast Information Service," Wikipedia, May 13, 2019, https://en.wikipedia.org/wiki/Foreign_Broadcast_Information_Service.

18. 此文件透露個別中國領導人之動向及何時他們在同一地方同時出現。如今受到公開媒體報導的高層會議，在那個時候是祕密進行的，需要調查才能獲得資訊。

19. 少有西方學者仍使用此館藏，大部分的訪客來自中國。在二〇一五年，南加州大學失去對中國內部資料的訪問權，因此降低了該圖書館對某些人的價值，但其仍是非凡的資源。

20. Ezra Vogel, "The First Forty Years of the University Services Centre for China Studies," *The China Journal* 53 (January 2005): 13.
21. 此為皮埃爾・李克曼（Pierre Ryckmans）之筆名。
22. Simon Leys, *Chinese Shadows* (New York: Viking Press, 1977), 172.
23. 為對當時非凡多樣的資料與館藏有所了解，請見Peter Berton and Eugene Wu, *Contemporary China: A Research Guide*, ed. Howard Koch Jr. (Stanford, CA: Hoover Institution, 1967). See also Gordon A. Bennett, "Hong Kong and Taiwan Sources for Research Into the Cultural Revolution Period," *China Quarterly* 36 (October-December 1968): 133-37; and Kenneth Lieberthal, "The Evolution of the China Field in Political Science," in *Contemporary Chinese Politics: New Sources, Methods, and Field Strategies*, eds. Allen Carlson et al. (New York: Cambridge University Press, 2010), 268-70.
24. David M. Lampton, *Paths to Power: Elite Mobility in Contemporary China* (Ann Arbor: Michigan Monographs in China Studies, 1986), 55.
25. Vogel, "The First Forty Years," 1-7.
26. A. Doak Barnett and Ezra F. Vogel, *Cadres, Bureaucracy, and Political Power in Communist China. With a Contribution by Ezra Vogel* (New York: Columbia University Press, 1967) and Baum, *China Watcher*, 236.
27. Vogel, "The First Forty Years," 4.
28. Leys, *Chinese Shadows*, 2
29. Edward Friedman, "Finding the Truth About Rural China," in *My First Trip to China: Scholars, Diplomats and Journalists Reflect on their First Encounters with China*, ed. Liu Kin-ming (Hong Kong: Hong Kong University Press, 2012), 29, 32.
30. Jonathan Mirsky, "From Mao Fan to Counter-Revolutionary in 48 Hours," in *My First Trip to China: Scholars, Diplomats and Journalists Reflect on their First Encounters with China*, ed. Liu Kin-ming (Hong Kong: Hong Kong University Press, 2012), 28.
31. Mark Selden, *The Yenan Way in Revolutionary China* (Cambridge, MA: Harvard University Press, 1974).
32. 個人共談之資訊，二〇一九年九月十三日。
33. 馬克・塞爾登隨後修正其結論，請見Mark Selden, *China in Revolution: The Yenan Way Revisited* (Armonk, NY: M. E. Sharpe, 1995).
34. Committee of Concerned Asian Scholars, *China!: Inside the People's Republic* (London: Bantam Books, 1972). See also Fabio Lanza, *The End of Concern: Maoist China, Activism, and Asian Studies* (Durham, NC: Duke University Press, 2017).
35. Baum, *China Watcher*, 238.
36. Harold R. Isaacs, *Scratches on Our Minds: American Images of China and India* (London: Routledge, 1980), xxvii-xxxviii.
37. 中國研究的新方向使查克・塞爾（Chuck Cell）、麥克・蓋茨（Michael Gatz）、米奇・邁斯納（Mitch Meisner）等人失去了工作及終身職，因為關心亞洲學者委員會提供了錯誤資料給他們。Mitch Meisner, "Dazhai: The Mass Line in Practice," *Modern China* 4, no. 1 (1978): 27-62 極度擁護中國在多種不同領域創新的分析，請見 Mitch Meisner, "The Shenyang Transformer Factory—A

Profile," *China Quarterly*, no. 52 (1972): 717-37.

38. Leys, *Chinese Shadows*, 145.

39. Roger Garside, *Coming Alive: China After Mao* (New York: New American Library, 1982); Fox Butterfield, *China: Alive in the Bitter Sea* (London: Coronet, 1983).

40. Andrew G. Walder, "The Transformation of Contemporary China Studies, 1977-2002," in *The Politics of Knowledge: Area Studies and the Disciplines*, ed. David L. Szanton (Berkeley: University of California Press, 2002), 314-40.

41. 一九六〇年代初，總部位於國立臺灣大學的「國際大學中文語言研習所」為多代中國學者提供高階語言課程，極具重要意義，而該研習所隨後於一九九〇年代末遷至北京。

42. Steven W. Mosher, *Broken Earth* (New York: Free Press, 1983).

43. 個人共談之資訊，二〇一九年六月。

44. 個人共談之資訊，二〇一九年六月。

45. Harry Harding, "From China, with Disdain: New Trends in the Study of China," *Asian Survey* 22, no. 10 (October 1982): 941.

46. Harding, "From China, with Disdain," 949.

47. Walder, "Contemporary China Studies," 330.

48. 在密西根州安娜堡（Ann Arbor）為慶賀李侃如教授之研究成果所舉辦的會議評論。

49. Walder, "Contemporary China Studies," 330-31.

50. Walder, "Contemporary China Studies," 333.

51. Walder, "Contemporary China Studies," 332-34.

52. Lu Zhang, *Inside China's Automobile Factories: The Politics of Labor and Worker Resistance* (New York: Cambridge University Press, 2015).

53. Martin K. Dimitrov, *Piracy and the State: The Politics of Intellectual Property Rights in China* (Cambridge: Cambridge University Press, 2012); Andrew Mertha, *The Politics of Piracy: Intellectual Property in Contemporary China* (Ithaca, NY: Cornell Paperbacks, 2007).

54. William Hurst, *Ruling Before the Law: The Politics of Legal Regimes in China and Indonesia* (Cambridge: Cambridge University Press, 2018).

55. William Hurst, *The Chinese Worker After Socialism* (Cambridge: Cambridge University Press, 2012).

56. Amy Hanser, *Service Encounters: Class, Gender, and the Market for Social Distinction in Urban China* (Stanford, CA: Stanford University Press, 2008).

57. Tiantian Zheng, *Red Lights: The Lives of Sex Workers in Postsocialist China* (Minneapolis: University of Minnesota Press, 2009).

58. Blanchett, *China's New Red Guards*.

59. Steve Inskeep and Frank Langfitt, "Analysis: Politics of Natural Disaster in China," NPR, May 13, 2008, https://www.npr.org/

templates/story/story.php?storyId=90394707.

60. Andrew Jacobs, "Parents' Grief Turns to Rage at Chinese Officials," *New York Times*, May 28, 2008. https://www.nytimes.com/2008/05/28/world/asia/28quake.html.

61. "Document 9: A ChinaFile Translation," *ChinaFile*, October 30, 2015, http://www.chinafile.com/document-9-chinafile-translation.

62. David M. Lampton, Selina Ho, and Cheng-Chwee Kuik, *Rivers of Iron: Railroads and Chinese Power in Southeast Asia* (Berkeley: University of California Press, 2020).

63. David M. Lampton, ed., *Policy Implementation in Post-Mao China* (Berkeley: University of California Press, 1987).

64. 例如 Marc Blecher and Gordon White的著作 *Micropolitics in Contemporary China: A Technical Unit During and After the Cultural Revolution* (London: Macmillan, 1980) 即建立在單一受訪者之上。

65. Kenneth Lieberthal and Michel Oksenberg, *Policy Making in China: Leaders, Structures, and Processes* (Princeton, NJ: Princeton University Press, 1988). See also, Kenneth Lieberthal and Michel Oksenberg, *Bureaucratic Politics and Chinese Energy Development* (Washington, DC: U.S. Department of Commerce, International Trade Administration, 1986).

66. Andrew Mertha, "'Fragmented Authoritarianism 2.0': Political Pluralization in the Chinese Policy Process," *China Quarterly*, no. 200 (2009): 995-1012; Kjeld Erik BrØdsgaard, ed., *Chinese Politics as Fragmented Authoritarianism: Earthquakes, Energy and Environment* (London: Routledge Taylor & Francis Group, 2017).

67. Alice Miller, "The CCP Central Committee's Leading Small Groups," *China Leadership Monitor* 26 (2008): 279-303; Christopher K. Johnson, Scott Kennedy, and Mingda Qiu, "Xi's Signature Governance Innovation: The Rise of Leading Small Groups," Center for Strategic and International Studies, October 17, 2017, https://www.csis.org/analysis/xis-signature-governance-innovation-rise-leading-small-groups; Carol Lee Hamrin, "The Party Leadership System," in *Bureaucracy, Politics, and Decision Making in Post-Mao China*, eds. Kenneth G. Lieberthal and David M. Lampton (Berkeley: University of California Press, 1992), 95-124.

68. Susan L. Shirk, *The Political Logic of Economic Reform in China* (Berkeley: University of California Press, 1993).

69. Daniel C. Lynch, *After the Propaganda State: Media, Politics, and "Thought Work" in Reformed China* (Stanford, CA: Stanford University Press, 1999).

70. Charlotte P. Lee, *Training the Party: Party Adaptation and Elite Training in Reform-Era China* (Cambridge: Cambridge University Press, 2018).

71. David L. Shambaugh, *China's Communist Party: Atrophy and Adaptation* (Berkeley: University of California Press, 2008).

72. Victor C. Shih, *Factions and Finance in China: Elite Conflict and Inflation* (Cambridge: Cambridge University Press, 2009); Cheng Li, *Chinese Politics in the Xi Jinping Era: Reassessing Collective Leadership* (Washington, DC: Brookings Institution Press, 2016).

73. Christian P. Sorace, *Shaken Authority: China's Communist Party and the 2008 Sichuan Earthquake* (Ithaca, NY: Cornell University

Press, 2017).

74. Yasheng Huang, *Inflation and Investment Controls in China: The Political Economy of Central Local Relations During the Reform Era* (Cambridge: Cambridge University Press, 1999).

75. Xuezhi Guo, *China's Security State: Philosophy, Evolution, and Politics* (Cambridge: Cambridge University Press, 2012).

76. Michael D. Swaine, *The Military and Political Succession in China: Leadership, Institutions, Beliefs* (Santa Monica, CA: RAND, 1992); and Ellis Joffe, *The Chinese Army After Mao* (Cambridge, MA: Harvard University Press, 1987). See also, inter alia, Alastair I. Johnston, *Cultural Realism: Strategic Culture and Grand Strategy in Chinese History* (Princeton, NJ: Princeton University Press, 1995); Xuezhi Guo, *China's Security State: Philosophy, Evolution, and Politics* (Cambridge: Cambridge University Press, 2012); David L. Shambaugh, *Modernizing China's Military: Progress, Problems, and Prospects* (Berkeley: University of California Press, 2002); M. Taylor Fravel, *Strong Borders, Secure Nation: Cooperation and Conflict in China's Territorial Disputes* (Princeton, NJ: Princeton University Press, 2008); Oriana Skylar Mastro, *The Costs of Conversation: Obstacles to Peace Talks in Wartime* (Ithaca, NY: Cornell University Press, 2019); James C. Mulvenon, *Soldiers of Fortune: The Rise and Fall of the Chinese Military-Business Complex, 1978-1998* (Armonk, NY: M.E. Sharpe, 2001).

77. Thomas E. Ricks, *Fiasco: The American Military Adventure in Iraq, 2003 to 2005* (New York: Penguin Books, 2006).

78. Elizabeth Perry, "Trends in the Study of Chinese Politics: State-Society Relations," *China Quarterly*, no. 139 (September 1994): 709.

79. Dorothy J. Solinger, *Contesting Citizenship in Urban China: Peasant Migrants, the State, and the Logic of the Market* (Berkeley: University of California Press, 1999).

80. Jean Chun Oi, *State and Peasant in Contemporary China: The Political Economy of Village Government* (Berkeley: University of California Press, 1989).

81. Scott Kennedy, *The Business of Lobbying in China* (Cambridge, MA: Harvard University Press, 2005); Jessica C. Teets, *Civil Society Under Authoritarianism: The China Model* (Cambridge: Cambridge University Press, 2014); Timothy Hildebrandt, *Social Organizations and the Authoritarian State in China* (Cambridge: Cambridge University Press, 2013).

82. Anita Chan, *China's Workers Under Assault: The Exploitation of Labor in a Globalizing Economy* (Armonk, NY: M.E. Sharpe, 2001); Ching Kwan Lee, *Against the Law: Labor Protests in China's Rustbelt and Sunbelt* (Berkeley: University of California Press, 2007); Mary Elizabeth Gallagher, *Contagious Capitalism: Globalization and the Politics of Labor in China* (Princeton, NJ: Princeton University Press, 2005); Diana Fu, *Mobilizing Without the Masses: Control and Contention in China* (Cambridge: Cambridge University Press, 2018).

83. Kellee S. Tsai, *Back-Alley Banking: Private Entrepreneurs in China* (Ithaca, NY: Cornell University Press, 2002).

84. Barry Naughton, *Growing Out of the Plan: Chinese Economic Reform, 1978-1993* (New York: Cambridge University Press, 1995); Edward S. Steinfeld, *Forging Reform in China: The Fate of State-Owned Industry* (Cambridge: Cambridge University Press, 1998).

85. Melanie Manion, "When Communist Party Candidates Can Lose, Who Wins? Assessing the Role of Local People's Congresses in the Selection of Leaders in China," *China Quarterly* 195 (September 2008): 607-30; Anne F. Thurston, *Muddling Toward Democracy: Political Change in Grass Roots China* (Washington, DC: U.S. Institute of Peace, 1998); Gregory Distelhorst and Yue Hou, "Constituency Service Under Nondemocratic Rule: Evidence from China," *Journal of Politics* 79, no. 3 (2017): 1024-40; and Carl F. Minzner, "*Xinfang*: An Alternative to Formal Chinese Legal Institutions," *Stanford Journal of International Law* 42 (2006): 103-79.

86. Andrew G. Walder, *Zouping in Transition: The Process of Reform in Rural North China* (Cambridge, MA: Harvard University Press, 1998); see also Marc J. Blecher and Vivienne Shue, *Tethered Deer: Government and Economy in a Chinese County* (Stanford, CA: Stanford University Press, 1996).

87. Ralph Thaxton, *Catastrophe and Contention in Rural China: Mao's Great Leap Forward Famine and the Origins of Righteous Resistance in Da Fo Village* (Cambridge: Cambridge University Press, 2008); Ralph Thaxton, *Force and Contention in Contemporary China: Memory and Resistance in the Long Shadow of the Catastrophic Past* (New York: Cambridge University Press, 2016).

88. Kevin J. O'Brien and Lianjiang Li, *Rightful Resistance in Rural China* (Cambridge: Cambridge University Press, 2006).

89. Henry Kissinger, *White House Years* (Boston: Little, Brown, 1979), 1063.

90. Conversation with Michel Oksenberg, May 1998. See, for example, Andrew G. Walder, *Zouping in Transition: The Process of Reform in Rural North China* (Cambridge, MA: Harvard University Press, 1998).

91. Ezra F. Vogel, *Canton Under Communism: Programs and Politics in a Provincial Capital, 1949-1968* (Cambridge, MA: Harvard University Press, 1969); Anita Chan, Richard Madsen, and Jonathan Unger, *Chen Village: Revolution to Globalization*, 3rd ed. (Berkeley: University of California Press, 2009).

92. Emily T. Yeh, *Taming Tibet: Landscape Transformation and the Gift of Chinese Development* (Ithaca, NY: Cornell University Press, 2013); Gardner Bovingdon, *The Uyghurs: Strangers in Their Own Land* (New York: Columbia University Press, 2010); James A. Millward, *Violent Separatism in Xinjiang: A Critical Assessment* (Washington, DC: East-West Center Washington, 2004).

93. 例如，地方決策者需要知道哪些中央政策是關鍵及需要達到哪些目標。請參Stanley Rosen, "Restoring Key Secondary Schools in Post-Mao China: The Politics of Competition and Educational Quality," in *Policy Implementation in Post-Mao China*, ed. David M. Lampton (Berkeley: University of California Press, 1987), 321-53.

94. Lampton et al., *Rivers of Iron*.

95. Min Ye, *The Belt Road and Beyond: State-Mobilized Globalization in China: 1998-2018* (New York: Cambridge University Press, 2020).

96. Peter Hays Gries, *China's New Nationalism: Pride, Politics, and Diplomacy* (Berkeley: University of California Press, 2004).

97. Michel Oksenberg, Lawrence R. Sullivan, and Marc Lambert, *Beijing Spring, 1989: Confrontation and Conflict: The Basic Documents* (Armonk, NY: M.E. Sharpe, 1990); Louisa Lim, *The People's Republic of Amnesia: Tiananmen Revisited* (New York: Oxford

University Press, 2015); Jay Lieberman, *A Democracy Movement Journal: Changchun, China 1989* (CreateSpace, 2015).

98. John Pomfret, *The Beautiful Country and the Middle Kingdom: America and China, 1776 to the Present* (New York: Henry Holt, 2016).

99. Harry Harding, *A Fragile Relationship: The United States and China Since 1972* (Washington, DC: Brookings Institution Press, 1992).

100. 個人共談之資訊，二〇一九年八月。

101. Elizabeth J. Perry, "Reclaiming the Chinese Revolution," *Journal of Asian Studies* 67, no. 4 (2008): 1147-64; Neil J. Diamant and Xiaocai Feng, "Textual Anxiety: Reading (and Misreading) the Draft Constitution in China, 1954," *Journal of Cold War Studies* 20, no. 3 (2018): 153-79; Mark W. Frazier, *Socialist Insecurity: Pensions and the Politics of Uneven Development in China* (Ithaca, NY: Cornell University Press, 2010).

102. Christian P. Sorace, Ivan Franceschini, and Nicholas Loubere, eds., *Afterlives of Chinese Communism: Political Concepts from Mao To Xi* (Acton, Australian Capital Territory: ANU Press, 2019).

103. Roderick MacFarquhar, "On Photographs," *China Quarterly*, no. 46 (1971): 289-307.

104. Harry Harding, *China's Second Revolution: Reform After Mao* (Washington, DC: Brookings Institution, 1987); Kenneth Lieberthal, *Governing China: From Revolution Through Reform* (New York: Norton, 1995).

105. 關於中國的整體觀點，通常不會刊登在學者爭取終身職、晉升，或甚至任何有聲望的政治學術期刊上。這在很大程度上與研究學門內的專業獎勵結構有關。

第 5 章

美國夢與中國夢——非和平的演化

文／趙文詞（Richard Madsen）

史蒂芬・班農（Stephen K. Bannon, 1953-）曾任布萊巴特新聞網（Breitbart News）董事長及川普任內的首席戰略師，他深信美國與中國已在交戰。他聲稱這場戰爭是金融戰也是資訊戰；雖然尚未發展至熱戰（kinetic war），但指日可待。這些戰爭起源於中國崛起成為一個極權主義、重商主義體系。邪惡中國在全球美國菁英分子的幫助之下崛起，藉由其主流媒體與學術圈的同盟，說服大眾中國並非威脅。但美國的普羅大眾，例如居住在中西部的一般百姓，都知道是中國掏空了當地產業，以及如班農所言，間接導致了目前之鴉片類藥物（opioid）成癮危機。這是兩個不同系統之間的大規模衝突，問題不僅在於政治也在於文化。「有一件比美國更讓中國懼怕的事，就是基督教……，世界上他們最怕的就是基督教。」[1]班農主張，美國應該與俄羅斯等強大的基督教國家一同對抗中國的文化和政治威脅。[2]美中之間只有一國能在未來二十五到三十年內成為霸主，班農說，美國唯一可以接受的結果是大獲全勝。而因為川普總統，美國目前贏面看起來較大。

雖然班農七個月後就離開了川普團隊，但很明顯地，他仍然具有一定程度的非正式影響力。副總統彭斯於二〇一八年十月四日在哈德遜研究所發表的演講，清楚地反映了班農及保守派智庫領導人白邦瑞的想法和言論，[3]許多人認為這場演說是美國官方對美中關係的聲明。「中國正力求在全世界推進其戰略利益，其強度與複雜程度也不斷加深。」彭斯說，「然而，之前的行政團隊根本忽視了中國的行動和作為，在許多情況下甚至幫助中國，但這樣的日子已經結束，在川普總統的領導下，美國將重振實力以保護自身的利益。」

彭斯不僅提到中國的經濟侵略，對於其軍事方面也有著墨，其中不少涉及中國從美國竊取的技術。他還提到中國對西藏佛教徒與維吾爾穆斯林的宗教壓迫，特別強調中國基督徒面臨的困境，聲稱：「對於中國的基督徒來說，這是絕望的時刻。」最後，他警示中國的資訊戰：「為此，北京已動員祕密人員（covert actors）、前線組織（front groups）及政治宣傳媒體來轉化美國人對中國政治的看法。正如某位高階情報員最近告訴我的那樣，相較於中國所做的一切，俄國的資訊戰相形見絀。」彭斯結尾談到：「這些行動整體而言，會將美國民意與公共政策的焦點從川普總統的美國優先（America First）概念轉移到他處。但我們要對中國領導人說：美國的這一位總統不會讓步，美國人民也不會受到〔中國〕影響。」[4]

官僚政治及利益集團的拉扯，再加上川普總是反覆無常，這種誇張的說法不一定——或者說不見得完全——能夠轉化為政策。但彭斯的演說似乎在川普支持者中引起強烈共鳴，許多支持者認為班農的說法與彭斯的演講說出了他們的心裡話。彭斯的用字遣詞不僅僅反映也建構了一個願景，即美中關係的發展乃是由美國來決定。就美國目前的實力配置來看，對中國逐漸成為霸權的想法與感受已成主流，即使在拜登政府中，也是政策討論必要的一環。當然，許多人持不同意見，但也正因為如此，他們認為有必要捍衛自己的論點，這些論點的術語和名詞源自描述霸權的修辭，這是一個自冷戰以後久未談論的主題，如今又重回主流說法之中。[5]

我們是如何進展至此的？二十五年前，我出版了《中國與美國夢》（*China and the American Dream*）[6]一書，講述美國人與中國人對彼此的認識是如何在過去的二十五年中發展起來的。這本書是對文化比較社會學的練習，也是我的專長，同時包含一些我研究過的道德哲學。自本書出版以來，中美兩國都發生了變化，各自的立場也發生了變化。我的目的是借鑑該書的主題及其中的分析，回顧自該書出版以來的過去二十五年，首先說明中國在「美國夢」中的發展，接著說明「中國夢」中的美國。

美國對中國的說法

《中國與美國夢》一書的前提設定在哲學家查爾斯・泰勒（Charles Taylor, 1931-）[7]的觀點上，即欲知他者，必先知己，而對彼此的了解也同時在形塑著雙方對自己的認識。美國對中國的討論與美國對自己的國家認同有關，反之亦然。因此，在一九六〇年代末期，關於將中國視為紅色威脅（Red Menace）、受困的現代化者（Troubled Modernizer），或是革命救贖者（Revolutionary Redeemer）的爭論，其實與當時美國社會的「應然」和「實然」相關。

例如，若將中國視為紅色威脅，國家則須動員軍隊備戰，打敗對手。如此一來可能需要限制言論與集會結社自由，並質疑學術界與政府中的中國問題專家，就如同麥卡錫主義時期那樣。這也能夠正當化國安狀態的擴張，或者正當化出兵支援印度支那戰爭。

中產階級及中年學術、宗教和政治領袖在一九六〇年代中期，發起了關於中國問題的全國性討論，並促使美中關係全國委員會[8]的成立，他們關心維護美國的代議制民主。這種思維讓他們將中國視為受困的現代化者，希望中國能穩定下來，在理性的官僚系統之下建立社會，憑藉現代化的力量發展自由市場經濟、民主政府，以及以科學論證與尊重他人權利的文化。

另一方面，許多年輕人，尤其是當時在頂尖大學的亞洲研究碩士生，受到對本國結構種族主義與軍事帝國主義批評的啟發，質疑政治與經濟菁英所說的謊言，害怕被捲入毫無意義的戰爭。如關心亞洲學者委員會類似的組織（毛雪峰在第四章有詳盡的介紹），他們以不同的觀點看待毛澤東時期的中國，將其視為改革重生者，代表人民渴盼推翻西方資本主義與帝國主義壓迫結構的希望。

這些以宏觀的口吻敘述對中國的觀點，我稱之為「神話」（myths），這是宗教社會學中用來描述神聖故事的術語，它既需要信仰和承諾，也需要理性。我試圖說明中國是一個「受困的現代化者」這一敘事是如何在美國公共生活中占據霸權地位的。這並不意味著其他敘事即不復存在。正如我的同事兼人生導師羅伯特・貝拉（Robert Bellah, 1927-2013）常說的，在文化領域，沒有任何東西會永遠消失。對中國的舊有敘事仍然有人支持，但並非主流（當然也有許多不同聲音及利益牽涉其中），而且通常以防守之姿與主流對抗。

當時，我認為「受困的現代化者」此一說法之所以成為主流，是不同來源的想法與感受的匯流結合的結果。中國問題專業學者提出的演進式想法是其一來源，但即使我們這些學者自負地認為社會文化趨勢是由我們決定的，也唯有大學及智庫發展的想法與其他文化力量結合時，才會更加鮮活。在一九六〇年代與一九七〇年代，許多宗教人士因為各種運動而受到了啟發，如天主教徒因梵蒂岡第二屆大公會議（Second Vatican Council）號召全球文化對話、全國教會理事會（National Council of Churches）承諾普世教會合一運動（ecumenism），以及福音派基督徒（evangelical Christians）希望於海外傳教等等。商界大亨也渴望開創新市場，藝術家則是渴望參與文化匯流，當然還有像尼克森跟季辛吉那樣的地緣政治家，看見與中國和睦友好是制衡蘇聯力量的關鍵。此外，還有媒體喜歡報導中國崛起的故事。這些不同的文化層面匯聚在一起，促成了（或至少部分地推進了）尼克森一九七二年二月訪華的創舉，造就了那個時代的媒體奇觀，其效果類似於戲劇的大結局，就像許多故事線連結在一起，造就令人記憶深刻的場景，把重要的訊息深深地烙印在想像中那樣。[9]

中國為受困的現代化者之看法，儘管包含許多細微差別與變化，但作為一種被廣泛認同的統一敘事獲得了霸權，構成了針對中國的各種計畫行動的架構。在鄧小平的改革開放與一九七九年美中建交之後，這一觀點更是美中交流的主要架構。

所有的看法都有其盲點，這一觀點也不例外，其盲點就在一九八九年六月四日中國以武力鎮壓學生運動時展露無遺。我一開始認為，天安門事件會粉碎中國作為受困的現代化者這個敘事，但隨後發生的事讓我發現，它雖然被深深地撼動，卻並未完全粉碎。然而，我們仍須找出新的說法。這並非一蹴可幾之事，像是某個我不樂見的新敘事——這其實是舊的紅色威脅敘事的更新版——或許可以稱為黃禍論（Yellow Menace），我很討厭這個名稱，因為種族歧視占了這一觀點很大的部分。另一個潛在的新敘事可能是由革命救贖者的敘事演化而來，但根本不可行。[10]

一九〇年代早期至今的道路

主流統一的觀點並非單純逐漸演化而來的。當不同的機構與社會階層產生的看法開始改變，而許多分支匯聚在一起時，主流看法便會發生重大變化。這並非由單一劇作家的巧手創作而成，而是大眾對大型公眾事件做出的集體反應。在所有看法中，對中國理解的改變與美國身分認同的變化相互關聯。現在讓我們回顧一下，從一九九〇年代初至今，某些觀點看法所經歷的里程碑。

憤怒與樂觀：經濟交流與人權

在一九九二年的總統大選期間，候選人柯林頓譴責老布希總統對中國領導人殘酷鎮壓天安門廣場抗議人士的惡行麻木不仁。但是，美國總統大選恰逢一九九二年四月鄧小平南巡，隨後鄧小平推動中國經濟走向市場化並開放外資。中國經濟開始快速成長，令西方評論家為之驚訝，因為他們曾認為天安門事件將終結經濟改革。在中國經濟特區，新的開放政策為美企投資出口加工業帶來了新的契機。美國與中國的經濟交流持續快速發展，只是在一定程度上受到了國會在天安門事件後提出的要求的限制，即中國的最惠國（most favored nation，簡稱MFN）待遇必須每年更新。

雖然紡織及傢俱等產業外移到中國，導致美國南部特別是北卡羅來納州的產業崩潰，但與中國的貿易對整體經濟影響似乎是正面的。在柯林頓當選總統後，美國經濟繼續成長。在每年國會最惠國待遇的辯論中，必定提及對中國侵犯人權的擔憂，主流媒體對中國的壓迫政治體制也持續表達關切，即使如此，正面的經濟消息仍占主導地位，最惠國待遇總是不斷獲得延長。

我應美中關係全國委員會邀請參加一九九七年江澤民（1929-2022）在國是訪問期間於比佛利山莊希爾頓飯店所舉行的午餐會，其餐會氣氛較為不和諧。在飯店內，福特、通用汽車（General Motors）、通用電氣（General Electric）、波音（Boeing）等美國頂尖企業公司的執行長與魯柏・梅鐸（Rupert Murdoch, 1931-）一同坐在主桌，主辦人兼東道主的梅鐸坐在主位，我則跟其他來自美國西岸的著名商界人士同桌。在炎熱的陽光下，無法參加午餐會的大批抗議人士（包括我的妻子），於場外的街道上抗議人權議題。衣冠楚楚的商界與政治菁英所展現的正面情緒，掩蓋了那些衣衫不整的抗議人士所發出的聲音。當中國展現新式威權資本主義時，美國商界與政治領袖仍抱持希望，認為經濟繁榮最後一定會帶來民主開放，而且從他們的角度來看，與中國的經濟交流有利於美國經濟，也有利於他們自己。

然而，在這樂觀情緒的背後，存在著令人不安的趨勢：美國的經濟不平等正在惡化。儘管男性收入的下降被女性收入的小幅上升所抵消，但處於收入分配中間以下的人群的實際周收入卻持平。大學畢業生的收入仍有小幅增長，但唯一顯著增長的是擁有碩博學位者。[11]與此同時，資本回報率從一九九三年開始起飛，並於二〇〇〇年代大幅上升，主要受益於百分之一的最富有族群[12]。經濟焦慮開始在勞工階級中滋生，尤其是男性勞工。

這種變化將如何影響美國對中國的看法呢？

負面觀點：移民

一九九〇年代，美國移民人口不斷增加，不僅有來自拉丁美洲者，也有來自中國的移民。在一九九三年的中國移民潮最為誇張，一艘名為「金色冒險號」（Golden Venture）的生鏽貨船，在紐約市洛克威海灘（Rockaway Beach）附近擱淺，船艙擠滿了兩百八十六名來自福建的非法移民。其中十人在游泳到岸邊時不幸溺水身亡，其餘則遭移民及歸化局（Immigration and Naturalization Service）拘留，大多數人被拘留了數年（以往的移民在出席移民法庭後會隨即釋放，這是第一次大量非法移民被長時間拘留，這種作法在川普執政期間愈來愈常見）。「金色冒險號」擱淺事件受到新聞媒體的廣大報導，它開啟了一個關於中國危險移民大量湧入美國的敘事鏈。

按照這個敘事鏈，中國並「沒有把最好的人才送過來」（not sending its best）。這些非法移民是湧入美國城市的低階層勞動人口，通常是組織嚴密的中國黑社會組織經手安排。[13]

這些說法有一定的事實依據，中央情報局預估在一九九〇年代每年約有十萬名中國移民進入美國。二〇〇〇年代後，因為中國經濟開始蓬勃發展，貧窮的移民數量逐漸減少，但在二〇一八年十月十六日《紐約時報》生動地報導了在皇后區法拉盛（Flushing）的一名中國娼妓之死，清楚說明這樣的非法移民其實從未停止過。[14]

但敘事中有些看法則沒有事實根據，這些看法包含了一種基於對美國人口結構變化的擔憂的強烈情感因素，[15]它利用了大眾的憂心，即擔心傳統美國價值受文化多樣性與支持多元文化主義的知識菁英所挑戰。

事實上，中國非法移民增加的同時，合法移民也在不斷增加，如學生、訪問學者、科學家及企業家。除了近期的移民外，亞裔美國社群也變得更加繁榮和引人矚目。某些美國白人對人口結構的變化，特別是在大城市，感到不悅；例如，有人對洛杉磯蒙特利公園市周邊地區使用中文標誌表示反感，並試圖推動只能使用英語的法案，但並未成功。[16]此外，某些人也對加州大學及其他主要大學的亞洲學生占比過高感到擔憂（在我就讀的學校，亞洲人或亞裔美國人占學生人數的近百分之五十，僅約百分之二十為白人）。對於收入持平的人口來說，外國人的到來可能引起不安，有時甚至會導致赤裸裸的種族歧視。這種歧視助長了中國人在美國的存在會日益威脅美國價值觀的看法；這種觀點之所以具影響力，是因為它跟針對各種形式移民——特別是來自非歐洲國家的移民——的擔憂相互呼應。

菁英同謀

一九九〇年代末，因為「中國門」（Chinagate）之醜聞使菁英同謀的觀點逐漸強化，網路右翼媒體《獨立哨兵報》（*Independent Sentinel*）將中國門喻為「美國史上最嚴重的醜聞」。[17]在小石城的華裔美國餐廳老闆崔亞琳（Charlie Trie）在柯林頓擔任阿肯色州州長時，與其結為好友。在一九九六年崔亞琳捐給柯林頓四十五萬美元作為法律辯護基金，隨後又捐二十二萬給民主黨全國委員會（Democratic National Committee，簡稱ＤＮＣ），崔寄信給柯林頓建議他在中國軍隊對臺灣軍事演習時保持克制。這筆錢似乎來自中國的各種渠道，有些是從澳門來的，但最後這筆款項已返還，崔亞琳也因違反政治獻金法遭定罪。

另一名跟崔一樣出生於臺灣的商人鍾育瀚（Johnny Chung, 1955-）與華盛頓菁英十分友好，在一九九四到一九九六年間，拜訪白宮四十九次。他捐獻三十六萬六千美元給民主黨全國委員會，這筆錢的金流來源後來被披露與中國軍事情報人員有關聯，這筆款項最後也返還，而鍾也因金融犯罪與違反政治獻金法遭到定罪。

黃建南（John Huang）是另一位民主黨全國委員會的募款人，經常進出白宮，他替民主黨全國委員會募款近三百四十萬美元，其中一半的款項因來源不明也遭返還。

夏鈴（Maria Hsia）是副總統艾爾．高爾（Al Gore, 1948-）駐洛杉磯的募款人，也是黃建南的同事。她藉由臺灣佛光山洛杉磯分處西來寺的比丘尼籌到十萬美元政治獻金，最後這筆錢也被判定為違法獻金。

這些案子引起國會調查也引發媒體大篇幅報導，其中最受矚目的是一群穿著僧服的比丘尼出席國會作證，說明她們的政治獻金並沒有問題。媒體將這幾起事件戲稱為「中國門」，並將其連結到「柯林頓現金」（Clinton cash）[18]一連串的指控。

因此，在經濟兩極分化日益加劇的時代，另一種關於美國政治腐敗的敘事正在形成，這種敘事通過與其他正在蔓延的擔憂產生共鳴而逐漸茁壯。陰險的華裔富商送錢給貪腐的美國政治菁英，目的是為了中國共產黨的利益來左右美國政治。雖然當然有其他人與政商界有關聯，但柯林頓一家人就是貪腐菁英的代表例子。大部分這些醜聞的主角並非近期移民，而是長期的美國公民，此外，他們大多數來自臺灣，因此指控他們效忠中共是頗值得懷疑的，但華裔身分已掩蓋了其特定政治傾向。正因如此，如「黃禍論」這樣帶有種族歧視的觀點逐漸成形。

間諜活動

這些事件又因間諜活動而更加興盛，在一九九九年，美國眾議院的考克斯委員會（Cox Committee）發表《美國國安及中華人民共和國軍事暨商業關係報告》（Report on U.S. National Security and Military/Commercial Concerns with the People’s Republic of China），指控中國已經取得有關美國最先進核武及飛彈的設計資料，這是藉由間諜活動、縝密詳盡研究非機密文件，以及操弄美國企業幫助以增進商業衛星發射的穩定性等手段來成功取得的。[19]那年年底發生了戲劇性的變化，在洛斯阿拉莫斯國家實驗室（Los Alamos National Laboratory），一名臺裔美國科學家李文和（1939-）間接下載先進核武的資料並交給中國政府。他被捕後遭關禁閉九個月。媒體大肆報導這個案件，《紐約時報》的典型新聞標題為：「相關人員踢爆中國竊取核武機密」。最後，除了一項不當處理機密信息的指控外，對李文和的所有指控都因證據不足而撤銷。該案的法官發表嚴正的道歉，對他所受之待遇表達歉意及譴責政府濫權。在李文和的回憶錄《我的國家控告我》（*My Country Versus Me*）中，他痛訴自己是種族歧視的受害者，畢竟他是臺灣人而非來自中國人民共和國，而且其他非華裔科學家也有類似過失但只受到輕微處分。[20]

然而，也許戲劇性地公開起訴一名邪惡的亞洲人，比他最終無罪釋放的影響力要多得多吧，在接下來的十幾年有一連串的間諜活動，包括亞裔科學家與工程師，大部分為華裔，但其中也有韓裔或來自其他亞洲各地，他們全部都遭指控將機密國防資料洩露給中國。大多數的案件確實遭定罪判刑，但這些案件並沒有像李文和案那樣受媒體大肆報導，儘管如此，這些案件只是更加強了化大眾的普遍看法，即認為華裔間諜——包含華裔美國人，正在滲透入侵我們的科學機構並將機密洩露給中國。正如彭斯前幾年的演講所提及，中國軍隊的進步是因竊取了美國技術所致——這種觀點在美國國防界中特別受到支持。[21]這種說法，再次，是以某些事實作為根據，但是注入了令人反感的刻板印象，使其帶有強烈的情緒色彩。

迫害基督徒

另一個不同的說法在美國福音新教社群中廣獲認同。在一九九〇年代美國基督徒十分關心中國，特別是中國的福音新教徒。中國政府禁止外國傳教士入境，但美國基督徒卻藉由英文教師、商業投資或觀光客當幌子，偷偷地將聖經走私入中國。這需要一些膽量，他們在廣大的基督教廣播網絡中製作講道的資料及宣傳影片，這些地下故事讓虔誠的基督徒慷慨捐款，就為了感化中國。

同時，福音基督新教之興旺在中國十分壯觀，一九四九年中國有近百萬名新教徒，他們在文革時期受到毛澤東的嚴重迫害。自鄧小平的改革開放以來，教徒人數大幅成長，現在已超過五千五百萬名。[22]自一九八〇年代初期起，雖然仍在新教三自愛國教會（Protestant Three-Self Patriotic Movement）及中國天主教愛國會（Chinese Patriotic Catholic Association）這兩個與共產黨統戰部相關的機構之控制下，但中國政府已允許少數教堂重新開放。大多數的教徒人數成長是來自於政府法律架構以外未註冊的家庭教會，這些教會的領導人經常是遭逮捕對象。[23]

因基督教的成功發展，這些殉道者激發美國基督教傳教士更加努力，意欲使中國成為基督教國家。民間團體向美國媒體披露中國的基督徒遭受迫害與一胎化政策強制墮胎的暴行，[24]如學生社運人士、基督徒兼家庭教會領導人傅希秋（Bob Fu, 1968-）於德州創立的對華援助協會（ChinaAid Association），就是很好的例子。傅希秋早些時期因基督教活動在中國被監禁，又因其妻子違反一胎化政策，在懷孕期間遭到威脅，全國福音派協會（National Association of Evangelicals）為他遊說發聲，最後於美國取得政治庇護。有些故事登上了主流媒體，但有更多是透過與基督教福音社群相關之雜誌及有線電視媒體，在美國各地流傳。天主教也有類似活動，例如位於康乃狄克州的龔品梅樞機主教基金會（Cardinal Kung Foundation）廣傳地下教會不願服從中國天主教愛國會（Chinese Patriotic Catholic Association）的理由。[25]

對基督新教徒與天主教徒而言，這些作為某種程度上是針對「自由主義」的教徒及其非宗教盟友，最終卻演變成與美國文化戰爭有關。非宗教人權組織如自由之家（Freedom House）提倡重視受迫害的中國基督徒之人權，但主要的推動力是來自福音基督徒本身。因此開啟了另一觀點：中國人民已經接受基督教，卻受到無神論政府的迫害；然而，這些迫害的行徑不但遭到忽視，甚至遭到美國自由派世俗政治菁英所教唆慫恿，因其利益在某種程度上與中國政府一致，他們遂無視於中國的暴行。

因此，到二〇〇〇年，來自美國社會、政治和文化傳統等不同層面的一些獨立報導，都將中國視為對美國基本價值觀及利益的威脅。這些言論源於某些中國人及中國政府的真實事件與行為，卻也觸及到美國社會不同層面的關切。有些人擔心，盎格魯歐洲傳統的經典美國價值觀已受到遠東及全球南方移民入侵，這些移民被認為「不是最好的」，他們可能是走私犯罪者或間諜。另一些人則擔心，為了金錢與權力，基本人權已淪為犧牲品，不僅在中國，還有在從中國受益的政治企業菁英之間。其他人看到的則是美國基督教價值觀與中國無神論世俗主義勢力之間的戰爭。這些說法是相互獨立的，且在美國社會的不同社群中流傳，於自發傳播中交流和滋養，並傳達了中國是美國危險競爭對手之想法，但因其來源不同，尚未凝聚成主流公眾觀點。

令人恐懼的觀點

如前所述，這種融合通常需要某種重大的公共事件來將公眾觀點聚合在一起。在千禧年初，美國電子偵察機EP-3於海南島墜機事件就是其中之一；該偵察機於南海距海南島海岸七十英里處飛行，那裡屬於中國經濟海域。根據《聯合國海洋法公約》，沿海國家擁有經濟海域內的漁獲捕撈及採礦權，但開放自由航行，可是中國政府認為航行自由權不應適用於裝載有電子偵察之機械。通常中國戰鬥機會緊跟在美國偵察機身後，但在二〇〇一年四月一日，中國戰鬥機卻撞擊EP-3偵察機之機翼，隨後墜機，其飛行員也不幸喪生。而EP-3偵察機則不得已迫降於海南島的軍事基地，機組員全數遭到拘留。因此小布希剛就任總統時，就出現了第一個重大外交危機，美中雙方對該事件皆發表了嚴厲譴責。美方宣稱中國飛行員的駕駛行為十分危險，而中方則說是美國偵察機轉向中國戰鬥機（並公開稱其飛行員為國家英雄），此外，也說美國在該區域並無任何權利。中國政府要求正式道歉，否則不釋放美方機組員，導致美國內部爭議要針對哪些部分向中國道歉。[26]協商過後美國政府發表了聲明書，內容表達對此事件的「遺憾與哀傷」，但並非道歉。此後，美國機組員被釋放，偵察機遭拆解後與碎片一同返還，這勾起了美國大眾對中國的憤怒之情，再次將中國視為敵人。

六個月後的九月十一日，公眾對中國的討論被世貿雙子星大樓遭恐怖攻擊的事件淹沒；接下來的九年內，與全球反恐戰爭相較之下，對中國的敵意黯然失色。許多反中國的敘事始於一九九〇年代，但並未凝聚成一個更廣泛的公共敘事。

儘管如此，這些敘事仍在持續發展，而現在受到美國民眾對國家認同日益增長的焦慮所加劇。首先，美國除了耗費超過一兆美元與數千人喪生之外，在反恐戰爭中並沒有取得明顯勝利，尤其是與冷戰末期那樣的全盛時期相比，美國在世界上的地位似乎正在走下坡。其次，較不明顯的是在美國的經濟分化逐漸擴大。二〇〇三年後，貧富不均的情況加劇惡化，到了二〇〇八年，情況之嚴重百年未見。[27]

貧富不均的其一原因是來自經濟學家所謂的「中國衝擊」（China shock）。在二〇〇〇年的爭議辯論之後，柯林頓行政團隊成功讓國會給予中國永久性正常貿易關係（permanent normal trade relations，比最惠國待遇更好聽的名字），[28]因此協助中國在二〇〇一年加入世貿組織。對美國企業來說，中國加入世貿組織能穩定其投資環境，並利用中國低價優勢製造美國產品，美國大企業都能從這個安排中獲利，而消費者也能購買更低價的產品；然而，美國的製造業勞工，尤其是上中西部的製造業勞工，受到了最大衝擊。美國整體經濟因為與中國貿易密切而快速成長，但也帶來了大多數經濟學家未能預見的長期影響，正如諾頓於本書第七章所詳細描述的。標準的經濟理論假定，受貿易關係衝擊的勞工，也會因為貿易帶動的經濟成長，而找到新的甚至更好的工作機會——假如失業的勞工願意離開家鄉，接受培訓找其他工作的話；但事實並非如此，尤其是在中西部的老牌製造業重鎮，許多社區長期受到失業所苦，或者困於藥物濫用等其他社會問題。社會與經濟失能讓人人能向上流動的美國夢大打折扣，雖然在沿海城市向上流動的動能依然強勢，但在美國中部的城市則遠非如此。[29]低工資製造業向中國轉移是一大主因，經濟學家估計約百分之十的製造業勞工失業是因為與中國貿易而造成，但還有其他因素，如新科技、稅務政策、缺乏投資教育與重建社群及產業轉型的社會支持。無論與中國的關係為何，明智、富同理心的企業與政治領導層本可以，而且應該做得更多以緩解不平等、減輕經濟失調的痛苦，並維護中產階級社會人人都能向上流動的美國夢。但對於許多美國中部的勞工而言，（相較其餘因素）中國帶來的衝擊歷歷在目且如此強烈，因此多數受到中國衝擊的民眾將中國視為造成他們困境的罪魁禍首。

儘管如此，對中國的多種多樣敘事持續不斷地發展，美國主要金融機構的領導層看好中國，甚至繼續倡導改革中國財政制度——高盛集團（Goldman Sachs）主席兼小布希時期財政部長亨利・鮑爾森（Henry Paulson, 1946-）就是最佳例證。鮑爾森出訪中國超過七十次，並在擔任高盛集團主席時與中國高層菁英關係良好，雖然他對中國改革的看法並非毫無批評，但整體來說仍是正面態度，他也強烈希望美中持續交流。在小布希時期，他開啟了美中戰略與經濟對話（U.S.-China Strategic and Economic Dialogue），然而，現在他已改變看法：在二〇一八年末，小布希曾警示經濟鐵幕（economic iron curtain）及美中將出現冷戰。[30]主流媒體雖然也報導許多嚴重問題，尤其是中國如何對待異議人士及宗教與少數民族，但對美中關係似乎仍認為是利大於弊。

整體來說，美國對中國的主流看法似乎偏正面，在二〇〇六年，百分之五十二的美國民眾對中國持正面態度，只有百分之二十九持負面觀點。[31]但在二〇〇八年，一連串的國際大事改變了美國民眾對中國的看法，第一個就是北京奧運。從美國的角度來看，北京奧運存有許多爭議，其中最顯著的是中國國安部為了防止聖火傳遞在舊金山受到干擾而採行的嚴厲措施，以及擔心中國是否會開放記者於奧運期間的新聞及言論自由，但北京奧運辦得十分成功，精心安排的開幕典禮及其他華麗的演出，在在證明中國已然是擁有全球強大實力的國家。一個月後，美國經濟崩潰，金融崩潰導致了長期經濟衰退的開始，數百萬中產階級的民眾失去了房子和工作。全球大部分經濟也面臨崩潰，不過中國經濟雖受衝擊，卻能藉由大量的政府振興經濟措施迅速恢復。這為美國衰落而中國崛起的新說法悄悄播下種子。

中國政府領導層很可能深信這樣的說法。到了二〇〇九年，中國政府在面對美國與東南亞盟國的主導時，態度愈發強勢。他們也著手改造公眾意識形態，阻止採納西方規範中的人權概念。截至二〇〇〇年初期，官方宣傳中國必須關心人民的人權，讓人民過上好日子，同時先維護社會穩定再準備接受西方規範中的人權與政治權利。[32]如今，新的民族主義開始發展，現在的官宣已變成：中國絕不採納西方價值觀，因中國價值觀等級要優越得多。

美國知識分子與國安菁英開始轉向不支持中國。對經濟菁英而言，透過網路駭客偷竊智慧財產與技術所有權，更是想法轉變的重要因素。美國製造業大廠一開始外移遷廠至中國時，生意繁榮了一陣子，但當中國經濟開始成長，再加上一九八〇年強制執行的一胎化政策，從農村來的勞工數量銳減，因此人力成本便往上增加，許多公司開始尋找其他國家的低價勞工，如菲律賓、印尼與孟加拉。中國未來的成長並非建立在低價製造這方面，而是建立在銷售高科技產品之上，但發展受限於技術輸入的限制，因此他們明目張膽地拷貝或直接竊取這些技術（並將其中一些技術轉化為軍事武器）。因此，新的觀點又出現了，亦即中國是不公正甚至狡詐的競爭對手。

因此，菁英敘事開始與各種大眾敘事相融合。幾年來，公眾對中國的好感度一直保持在百分之五十左右，但到二〇一二年，突然暴跌到百分之四十以下。

將這些負面說法全部串連起來的關鍵就是川普崛起。三十年來，川普不斷抱怨中國在貿易上占盡美國的便宜（但對人權方面他並無類似的怨言，他在一九八九年甚至為天安門鎮壓事件辯護）。在二〇一六年的競選期間，他聲稱中國在強暴（raping）美國勞工，直指歐巴馬團隊縱容中國及其領導層，未能阻止中國奪走美國人民的工作機會，也未能在南海爭議事件中勇敢站出來替美國說話。他也痛斥「騙子希拉蕊」（crooked Hillary），暗指柯林頓一家（及其盟友）出賣美國利益，跟世界各國換取現金，其中肯定包括中國。在就職演說中，他描述美國是如何任人宰割，並宣布「美國優先」的民族主義政策方向。

川普出乎預料地打贏了選戰，於是將所有在前文所述之對中國看法悄悄地集結起來，讓人民害怕自己被外國移民取代、讓勞工擔心自己被賣給中國也為菁英同盟的背叛而感到氣憤、讓基督徒對傳福音所遇見的障礙感到沮喪，最後，讓某些製造商擔心自己的技術會遭竊、進入市場的管道遭封。這些林林總總的說法加起來產生了巨大推力，如班農這樣的意識形態守護者便由此而生；他們對彭斯的演講十分有共鳴，喜歡川普的親信如彼得・納瓦羅（Peter Navarro, 1949-）與史蒂芬・米勒（Stephen Miller，1985-）所提出的政策，並且受到鷹派華盛頓智庫與福斯新聞民族主義評論家的鼓舞。於此，美中的情況是一致的。美國是否應該持續開放移民，成為多元文化社會？是否應該透過全球經濟互相依存與不同文化融合，致力於平等對待以維持中產階級的活力，並開放所有公民參與民主制度？又或者，美國是否應該在社會文化層面上封閉起來，獨自對抗這個充滿敵意的世界？還是，美國應該要像斯巴達那樣對崛起的雅典心生恐懼？

中國對美國的說法

正當川普宣揚如何「讓美國再次偉大」（Make America Great Again）時，習近平也在宣傳「中華民族偉大復興」的中國夢。當川普訴說著美國只要努力作出改變——如阻止中國占美國便宜——就不會再任人宰割時，習近平則說只要中國肯定自己，就不會讓百年國恥再次發生，藉由十三億中國人的辛勤工作、汲取五千年中國歷史的智慧，並在強大的共產黨領導下，實現中華民族的偉大復興，這樣一來，國家便繁榮了，能享有高級的生活水準，具有強大軍事實力及文化聲望，從而在世界各國中獲得崇高地位。這種偉大復興不會讓中國孤立自存，而是讓中國能夠在全球治理中，發揮重要的建設作用。[33]

習近平關於中國夢的著作並沒有明確提及美國，官方彙編中包含二〇一三年與歐巴馬總統的聯合新聞記者會之內容，其中習表示中國夢「是和平、發展、合作、共贏的夢，與〔包括美國在內的〕各國人民的美好夢想息息相通」。[34]另一方面，川普團隊中的許多人認為這樣的願景強調與中國競爭，甚至戰爭，認為像歐巴馬那樣期盼合作互利的領袖過於天真。

習近平本人並未明確將中國夢與美國夢相互比較，但一名中國評論員在官方出版物中表示：「美國夢的核心是實現個人價值觀。換言之，美國夢是透過個人努力實現美國所倡導的核心價值觀……。個人主義是美國夢的意識形態基礎及核心精神，而集體主義則是中國夢的基礎與靈魂，中國夢的核心則是實現集體或整體價值觀。」[35]該作者引用了國務院新聞辦公室前任主任所言：「美國夢由個人而國家；中國夢由國家而個人。」[36]

由共產黨政治宣傳部精心策畫的中國官方說法，與由複雜的社會力量所形成的美國霸權之間的衝突，將對未來產生什麼長期影響？部分答案與中國官方說法的地位有關。作為由上而下的意識形態的產物，中國官方說法並不像美國霸權說法那樣能與基層產生共鳴。在我的新書《中國人追求幸福》（暫譯，原書名為*The Chinese Pursuit of Happiness*）中，我與同事認為在中國社會中其實流傳著多種多樣的說法。[37]例如，儘管有現代壓力，民眾仍普遍堅持傳統大家庭的理念，同時新世代也開始擁抱自我表達與性別平等的新理念。與此同時，在政府要求各行各業報效國家的背景下，人民仍然堅持職業操守的誠信原則，同時渴望社會平等並積極想要「先富起來」（get rich first）。

習近平的官方說法是否綜合了中國社會各階層關於民族認同的諸多想法？與美國社會不斷發展的相遇如何塑造了這些想法？讓我們簡要地說明過去二十五年來其中某些想法的發展。

個人價值的實現

天安門事件後，大部分的主要抗議人士皆遭流放、入獄或藏匿起來。有些流放者提筆撰寫回憶錄，憶述著那些躲躲藏藏生存下來的人，他們有何期盼與希望。內容表面上看來是透過消費主義自我表達的表述，講述在美國找到消費主義的黃金標準，至少透過廣告傳達出的美國形象就是如此，藉由新的飲食與娛樂形式探索新的身分認同被視為是真正的解放。

例如，在武漢的會議後，我的中國同事帶我去奢華的歌舞秀看變裝皇后。他們解釋說這樣的表演是「解放」（liberation），而其語氣並無諷刺之意。在劉雅格（James Farrer）的著作中也提到過這樣的解放，其形式延伸至各種不同與性有關的場合，從舞廳、歌廳再到按摩店，處處可見，[38]這是亟欲擺脫毛澤東時代清教徒式生活自由嚴格受限的表現。

如同閻雲翔在其幾篇被廣泛引用的關於麥當勞文章中所指出的，消費美國快餐還帶來了其他形式的解放。[39]許多中國消費者實際上並不喜歡美式速食的口味，但他們認為像麥當勞或肯德基這類場所，能有美式的社會體驗，比如體驗個人選擇與平等主義的對等關係：每位顧客都能從內容豐富的菜單中選擇自己要的，並且在櫃檯面對面向訓練有素、笑容滿面的服務員點餐。這類速食店內用的話可選擇一人座、兩至三人座或大家庭座位，女性一般特別喜歡這樣獨自用餐或與幾名女性友人用餐的經驗，交往中的男女也能在吃大麥克、薯條的同時促膝談心。這種公共場所擁有的彈性與社交平等，在以前的中國社會並不存在。在中國，麥當勞被視為美式口味，但其實是中國版的美國。在美國，麥當勞是低價速食代表；而在一九九〇年代的中國，麥當勞以當代生活水準來說並不便宜，準確來說也不是那麼快速，因為用餐完後顧客會長時間逗留，來此光顧並不是為了吃飽，在那裡用餐的經驗比食物本身來得重要。這種體驗是從階級束縛中解放出來的經歷。戴慧思（Deborah Davis, 1945-）在《中國都市消費革命》（*The Consumer Revolution in Urban China*）的緒論中說道：「吃大麥克無法讓獨裁者下臺，但這可以每天向數以百萬計的人傳遞陳舊作法已經改變的訊息。」[40]

誠然，許多舊習俗依然在日常生活中普遍存在，但像美式速食或星巴克這樣的咖啡店，還有美國時尚（這些服裝是由中國工廠生產）、美國音樂，以及其他形式的流行文化（透過香港或南韓），這樣的體驗創造了新的視角，開始走向於美國存在的可能性。當然，中國新的富裕中產階級可以更澈底地參與這些新的可能性，但即使是農民工也至少可以透過享受新消費主義帶來的樂趣，來減輕工廠勞務的痛苦。

在這種敘事中，美國代表著一種中國尚不具備的私人自由。要實現這種自由的方式就是實際前往美國，透過像「金色冒險號」這樣的偷渡方式、透過美國的研究獎學金，或者取得EB-5投資簽證在美國投資。對於許多人來說，實際在舊金山的生活往往艱苦得令人失望，但移民美國以追求個人自由的希望，這樣的敘事卻一直存在。

對專業操守的期望

這種尋求個人自由的想法是否會改善中國的政治自由呢？政府顯然不希望如此，並指望消費主義帶來對自由的追求，僅限於私人生活。更具有影響力的政治改革願景，可能來自於重新構建的專業領域，如法律、社會科學、新聞學及社工，所帶來的想法。在毛澤東時代遭壓制的這些職業在一九九〇年代得以重建，並獲得美國基金會（如福特基金會）有力的幫助，在二〇〇〇年代初期，基本的重建大多已完成。關鍵不在於這些職業的正式意識形態，而是在於培訓有志成為律師、社會科學家、新聞工作者及社工人員的實踐能力。

例如，律師執業時能按照公平適用的法律程序來確定事實、社會科學家可以使用準確數據為證的研究方法、新聞工作者能了解如何構思出準確的報導、社工可以找出個案的真實需求並幫助他們改善問題。在這些例子中，專業實踐一直以來受到國家要求的限制。我注意到社工機構的名稱幾乎都是「快樂社區」，我詢問他們關於讓民眾快樂的確切方法為何，一名社工回道：「你要知道我們的工作不是要讓老百姓開心，而是要討政府歡心。」儘管如此，他與其同事認為社工確實應該是要讓老百姓開心，而政府要求及專業實踐之間的拉扯讓社工人做得不開心。[41]

類似的為難困境在其他面向社會的職業都能見到。他們所受的訓練經常將他們引導向一套關於改革的敘事，在美國落實得並不完美但起碼可以實踐，而在中國則因為受到諸多限制遭遇挫折。與此同時，習近平政權正推行使所有行業中國化的運動。我訪問過的專業人士普遍樂意將其專業本土化，以更加適應社會的實際需求，但他們擔心，在現實生活中，中國化只是代表必須遵從政府命令（其中一名受訪者說，所謂的中國化，就是要你「聽話」）。大部分的專業人士適應了不斷增加的政府約束，但某些知名的人權律師及敢於跟政府唱反調的新聞媒體，已經勇敢地站出來捍衛他們的專業理想。

可想而知，美國媒體之所以重點報導這些異議分子的英勇事蹟，是因為他們往往為追求真相與正義而付出慘痛代價。中國研究學者最好也去了解一下那些內心與中國政治制度矛盾的專業人士，以長遠來看，他們可能會是推動社會改革的最大力量。

但即使某些矛盾心理是因美國的專業培訓而起，他們的專業及國家定位於何處又將何去何從，從根本來說，都是在討論中國而非美國，而當他們的研究與中國歷史文化產生共鳴時，力量最為強大。在《中國人追求幸福》一書中，臺灣中研院研究員陳志柔發表了訪談知名人權律師、持異見之新聞記者及勞工維權人士的內容。當問及是什麼驅使他們踏上這一艱難的追尋之路時（他們最終表示，儘管十分痛苦，但在追尋的過程中仍感到幸福），許多人引用的並非傑佛遜或林肯的理想，而是中國傳說中的綠林好漢，以及毛澤東主義的社會平等理念。[42]

尋求信仰

中國基督徒的敘事中也有類似的論點，尤其是各種福音基督徒，其數量以指數型增長，現在也許已達高原期。他們明白其信仰來自海外——通常是來自美國傳教士，他們大多也清楚包括對華援助協會在內之美國組織所提供（金錢上或精神上）的支援，但是，他們往往將自己的信仰視為全球宗教而非美國宗教（參見布洛克的第八章探討基督教的中國化）。

中國基督徒有不同種類：某些講述末日論，認為罪惡的世界註定在基督再臨時毀滅；其他如新加爾文主義者（neo-Calvinists）最受中國知識分子歡迎（由韓國福音傳教士推廣），講述虔誠信徒如何努力不懈地打造出更美好世界。例如余杰（1973-），他是暢銷基督教作家及社會評論家，也是劉曉波（1955-2017）的好友，更是《零八憲章》（Charter 08）的簽署人之一，他在遭短暫監禁後於二〇一二年移民美國；雖然像他這樣知名的異議人士在如此背景下出現，但仍不足以代表其背後複雜的中國基督徒人口。[43]

無論如何，這些基督教觀點，即使與美國存在間接的關係，也存在於豐富且不斷擴展的宗教生態中，如道教、佛教及各種民間信仰，甚至包括像法輪功這樣的教派。雖然政府所呼籲的中國化，基本上就是服從國家目標，像官方承認的教會（與三自愛國教會與中國天主教愛國會相關，詳見第八章）都接受了中國化，但未註冊的基督教家庭教會與地下天主教教會，長期以來都是由下而上地本土化。所有種種都是關於中國人民過去及未來的故事，並沒有提及美國，而這種宗教生態對中國基督徒觀點的影響，至少跟美國傳教士帶來的概念影響一樣深遠。[44]

基本上，幾乎所有來自中國宗教的觀點，就像其他世俗的社會觀點一樣，其首先關注的都是中國社會的希望，其次才是關心美國。但這些希望不盡相同，有些是基於對中國古老傳統的尊重，有些是基於克服百年國恥的奮鬥故事，還有一些則是由現代化帶來的前景所激發的。幾乎所有的人都期待著一個能夠為其在世界歷史上的地位而感到自豪的中國。

民族主義

也許是因為意識到馬克思主義史觀對大多數中國人對自身過去及未來所建構的敘事沒有太多影響力，中國政府一直以民族自豪感，作為其政權的合法基礎。強調民族主義的作法始於二〇〇〇年代初期，但二〇〇八年的北京奧運可以視為走入全球意識的起點。北京奧運是一場壯觀而盛大的活動，可以匯集許多不同的觀點，並慶祝民族自豪感。開幕典禮歌頌了傳統文化——儒家、道家、佛教、古代聖賢及歷代英雄，展現出改革開放的一面，然而卡爾・馬克思（Karl Marx, 1818-1883）與毛澤東的痕跡卻不見蹤影。

中國政府的民族主義涵蓋了許多不同說法，這些說法不一定相容，但也許有一個方面是一致的，那就是：美國目前的情況並非中國更好未來的榜樣。二〇〇八年，我在上海所認識的人們由衷佩服美國社會選出了由單親母親帶大的非裔美國人擔任總統。然而，即使美國是中國富人洗錢或中國留學生接受名牌教育的好地方，但經濟從金融危機中恢復之步調緩慢、種族歧視頻頻爆發，政治系統也日益失常，這些都大大降低了美國作為效仿模範的形象。

正如我在《中國人追求幸福》的結語中所述，當今中國的道德秩序呈現出對幸福的多元追求，不同的價值觀與道德觀為不同群體及機構提供了參考。這種對美好與幸福的多重定義，在複雜的現代社會中十分普遍，可能在美國更是如此。中國的獨特之處可能在於對美好生活的不同願景之間的失調與緊張，而中國之發展迅速及二十世紀中所經歷的苦難，造成了一種亞洲學者稱之為「壓縮現代性」（compressed modernity）的狀態。在這種情況下，沒有任何一種多元價值觀與表達這些價值觀的敘事，能夠令人滿意地符合當今快速變化的社會環境。[45]

習近平政權試圖在官方版本的中國夢中，將這種多元觀點錨定在強大國家的保護傘下。大多數美國人想到中國時，看到的是國家的保護，聽到的是中國夢口號，並將這些作為他們自己身分認同的依據，但並未見到或不知該如何看待許多與習近平官方夢想相互矛盾和拉扯的不同夢想。若深入了解這點，可能有助於抵制消將中國視為敵人這樣的主流想法，或至少使之變得更加複雜。實際上，大多數普通中國人民所接受的價值觀與美國價值觀並不矛盾，其中許多甚至值得效仿。

目前美國的對抗性敘事很可能導致中國政府的防禦心更加強化，以致進一步去壓制國內的多元化。美國社會的許多不同階層若對中國有更加細膩的理解，也許能促進與中國的合作與競爭達到更細膩的平衡；雖然無法預測近期的情況，但最終可能會促使人們對中國夢的多樣性有更開放的看法。一個更加開放、民主、平等、公正的美國，也可能是更具有吸引力的仿效模式。中國對美國的看法，始終更多地與中國身分認同相關，而非與美國身分相關；但是，真正具有吸引力的美國可能有助於中國人民接受自己文化中更好的面向。

新世界的新看法

目前美國的主流看法認為，必然會與中國發生經濟戰、資訊戰，甚至是熱戰，這樣的觀點是基於以下事實：美國作為一個民族主義社會，需要淨化外來影響、關閉邊界，並利用其權力控制與世界其他地區的關係。無法忍受這種看法的人需要想出替代方案，以下是我認為符合美國最佳理想的替代方案。

首先，要承認中國不一定會透過現代化而發展成民主制度。近期內中國會把成功而活躍的經濟與專制威權綁在一起。民主並非歷史潮流的必然產物，美國自己的民主亦然，美國必須意識到這一事實。維護民主制度需要每一世代的努力，而「以牙還牙」這樣的想法勢必會進一步破壞民主，變成以專制的方式對抗中國的獨裁政權。

維護民主體制的其一部分，應該包括聆聽一九六〇年代左派所關心的議題，他們曾一度認為毛澤東時代的中國是改革重生者，並且擔心不受限的全球資本主義與種族主義、民族主義及帝國主義的傲慢，將會終結真正的自由。[46]中國實際上並非改革重生者，但其背後的想法是有道理的。有些人仍想把中國作為日益嚴重的不平等、政府腐敗及傳統價值觀崩壞的代罪羔羊，實際上，這樣做只不過是我們逃避以民主方式來解決這些問題的責任罷了。

與已然崛起的強大的中國建立良好關係需要美國人民加倍發揮其傳統優勢，即民主開放、基層創新及公民參與，同時繼續打擊種族歧視等等邪惡勢力。到目前為止，當中國領導層威脅到保護他國主權獨立及尊重信仰自由與民族尊嚴的世界秩序時，維護該秩序的國家聯盟就應該抵制中國。抵制的方式不排除必要時使用武力，但主要透過外交施以壓力。如果美國人民與其他民主國家努力使其價值觀具有真正的吸引力，也就是說，如果民主開放可以永續發展興盛繁榮、朝氣蓬勃的文化創造力，那麼中國人民可能有一天會想要再次效仿我們。這樣一來，就可以看到美國夢與中國夢的完美融合。

我曾說過，作為學者，我們常自以為自己的想法具有決定性，但實際上並非如此。然而，我們若能意識到自己所處的文化環境及其他文化的力量，在研究教學方面仍然可以作出貢獻。

引註：

1. 一系列班農的引言，大部分取自於二〇一八年六月十八日CNBC所舉辦的「Delivering Alpha」投資人高峰會：https://www.cnbc.com/delivering-alpha-2018/. 這次訪談中的班農表現出的情感在他的諸多演講中很具有代表性。"One of us is going to be a hegemon" is from an interview with Robert Kuttner, "Steve Bannon, Unrepentant," *American Prospect*, August 16, 2017, https://prospect.org/power/steve-bannon-unrepentant/. "They fear Christianity" quoted from a Breitbart radio show in Benjamin Haas, "Steve Bannon: 'we're going to war in the South China Sea... no doubt,' " *South China Morning Post*, February 2, 2017, https://www.scmp.com/news/china/diplomacy-defence/article/2067457/steve-bannon-were-going-war-south-china-sea-no-doubt. "Totalitarian, mercantilist system" from an interview on Australian ABC, *Four Corners*, July 9, 2018, https://www.abc.net.au/4corners/populist-revolution/10196348.
2. Isobel Thompson, "The Sinister History Behind the Right's Putin-mania," *Vanity Fair*, July 20, 2018, https://www.vanityfair.com/news/2018/07/sinister-history-behind-the-rights-putin-mania-steve-bannon-china.
3. Michael Pillsbury, *The Hundred Year Marathon: China's Secret Strategy to Replace America as the Global Superpower* (New York: Henry Holt, 2015).
4. Hudson Institute, "Vice President Mike Pence's Remarks on the Administration's Policy Towards China," October 4, 2018, https://www.hudson.org/events/1610-vice-president-mike-pence-s-remarks-on-the-administration-s-policy-towards-china102018.
5. 所謂霸權的修辭是指在公眾對中國的討論中，占主導地位的框架。此觀點通常是基於對美中關係過去及未來的基本看法，結合事實及情感，不一定代表公眾意見的共識，可是它們卻影響共識的形成與否。例如，民調詢問是否存在「中國威脅」，但他們不會問是否存在「加拿大威脅」或「歐洲威脅」。即使根據最近的民調，只有約百分之四十的人認為中國是「重大威脅」（儘管在蓋洛普民調中，超過百分之四十的人現在認為中國在經濟軍事上至少是「重要威脅」）（Gallup, "China," https://news.gallup.com/poll/1627/china.aspx）。這種看法已成為美國共和黨及民主黨多數菁英的主流觀點，儘管他們可能在手段與策略上存有分歧，但他們十分關注中國並透過媒體傳播其想法與情感。參見Daniel W. Drezner, "The China Gap," *Washington Post*, January 31, 2019, https://www.washington- post.com/outlook/2019/01/31/china-gap/. 雖然這些觀點不一定會得到一般美國公民的共鳴，但這些想法可能在智力上和情感上，與初選會去投票的選民產生共鳴。
6. Richard Madsen, *China and the American Dream: A Moral Inquiry* (Berkeley: University of California Press, 1995).
7. From many of his writings, but see Charles Taylor, "Democracy, Inclusive and Exclusive," in *Meaning and Modernity: Religion,*

Polity, and Self, eds. Richard Madsen et al. (Berkeley: University of California Press, 2002), 181-94, 192-93.

8. 布洛克所撰之第八章詳述美中關係全國委員會如何建立及其建立目的。

9. 我要感謝劇作家艾倫・哈維斯（Allan Havis, 1951-）對於戲劇結構中的「必備場景」（scènes à faire）重要性的深刻見解。

10. 一九六〇年代的新左派從未在美國政治背景下實踐其願景。部分亞洲學者委員會成員對中國的讚美，也隨著毛澤東政權殘酷行徑的曝光，以及中國在一九七九年對越南發動類帝國主義侵略而逐漸減少，亞洲學者委員會成員於同年解散。然而，部分理想的願景在《批判亞洲研究》上仍保持活力，該期刊是《關注亞洲學者公報》（*Bulletin of Concerned Asian Scholars*）的接替刊物，在不斷變化的政治環境下，這些理想可能會得以實現。

11. David Autor, "Changes in Real Wage Levels of Full-Time US Workers by Sex and Education, 1963-2012," *Science* 344 (2014): 843-51.

12. Thomas Piketty and Emmanuel Saez, "Income Inequality in the United States, 1913-1998," *Quarterly Journal of Economics* 118, no. 1 (2003): 1-41. Updated data until 2013 are available at http://eml.berkeley.edu/~saez/TabFig2015prel.xls.

13. In addition to the many written articles about the *Golden Venture*, see also the full-length documentary *Golden Venture: A Documentary About the US Immigration Crisis*, directed by Peter Cohn (New York: Golden Venture, 2006).

14. Dan Berry and Jeffrey E. Singer, "The Case of Jane Doe Ponytail," *New York Times*, October 16, 2018, https://www.nytimes.com/interactive/2018/10/11/nyregion/sex-workers-massage-parlor.html.

15. See Ko-lin Chin, *Smuggled Chinese: Clandestine Immigration to the USA* (Philadelphia: Temple University Press, 1999).

16. 爭議仍持續中。Frank Shyong, "Monterey Park Sign Ordinance Debate Recalls '80s Ethnic Controversy," *Los Angeles Times*, August 3, 2013, https://www.latimes.com/local/la-xpm-2013-aug-03-la-me-english-signs-20130804-story.html.

17. M. Dowling, "Lest We Forget Chinagate, the Most Serious Scandal in US History," *Independent Sentinel*, October 24, 2015, https://www.independentsentinel.com/lest-we-forget-hillarys-china-gate-scandal/.

18. 許多媒體報導此事，大多數資訊於可參見Senate Committee on Governmental Affairs, *Summary of the Committee's Findings Relating to the Effort of the People's Republic of China to Influence US Policies and Elections* (Washington, DC: Senate Committee on Governmental Affairs, 1998).

19. Shirley A. Kan, "Congressional Research Service Report to Congress. China's Technology Acquisitions: Cox Committee's Report—Findings, Issues, and Recommendations," June 8, 1999, http://congressionalresearch.com/RL30220/document.php. 不過誠如考克斯委員會成員眾議員斯普拉特（John Spratt, 1942-）所言，「要說『中國竊取的機密足以令中國人民解放軍加速自己的熱核武設計，甚至媲美我們的熱核武器』，」或者說中國的導彈已經變得像我們的一樣強大或精準，「還言之過早。」

20. Wen-ho Lee and Helen Zia, *My Country Versus Me: The First-Hand Account by the Los Alamos Scientist Who Was Falsely Accused*

of Being a Spy (New York: Hyperion, 2003); Dan Stober and Ian Hoffman, *A Convenient Spy: Wen Ho Lee and the Politics of Nuclear Espionage* (New York: Simon and Schuster, 2002); Notra Trulock, *Code Name Kindred Spirit: Inside the Chinese Nuclear Espionage Scandal* (New York: Encounter Books, 2002).

21. Dallas Boyd, Jeffrey G. Lewis, and Joshua H. Pollack, *Advanced Technology Acquisition Strategies of the People's Republic of China* (Ft. Belvoir, VA: Defense Threat Reduction Agency, Advanced Systems and Concepts Office, Department of Defense, September 2010).

22. 取得準確的統計資料非常困難，中國官媒稱僅有兩千萬，即使許多中國學者也認為這個數字太低。某些在美國的福音派基督徒則表示有超過一億，但這可能是期望而非現實數字。皮尤宗教與公眾生活論壇（Pew Forum on Religion and Public Life）估計，基督新教徒在中國人口中占約百分之五，相當於六千多萬人。在此我選擇皮尤保守估計的數據資料。Pew Research Center, "The Future of World Religions: Population Growth Projections, 2010-2050," April 2, 2015, https://www.pewforum.org/2015/04/02/religious-projections-2010-2050/.

23. 總結相關資訊並表達福音派基督徒希望的書是 David Aikman, *Jesus in Beijing: How Christianity Is Transforming China and Changing the Global Balance of Power* (Washington, DC: Regnery, 2003). 亦可參見本書布洛克所撰寫的第八章，討論當代基督教在中國的情形。

24. ChinaAid, "Bob Fu," https://www.chinaaid.org/p/bob-fu.html.

25. The Cardinal Kung Foundation, Cardinalkungfoundation.org.

26. "Hainan Island Incident," Wikipedia, https://en.wikipedia.org/wiki/Hainan_Island_incident.

27. Piketty and Saez, "Income Inequality in the United States."

28. 關於最惠國待遇及其意義，在本書由李侃如與董雲裳共同撰寫的第十三章，有更完整的討論。

29. David H. Autor, David Dorn, and Gordon H. Hanson, "The China Shock: Learning from Labor Market Adjustment to Large Changes in Trade," *Annual Review of Economics* 8, no. 1 (2016): 205-40.

30. Henry M. Paulson Jr. and Michael K. Carroll, *Dealing with China: An Insider Unmasks the New Economic Superpower* (New York: Grand Central Publishing, 2015).

31. 民調資料取自皮尤研究中心。

32. Information Office of the State Council of the People's Republic of China, "Human Rights in China," White Paper, November 1991, http://www.china.org.cn/e-white/7/index.htm. 二〇〇八年九月，《人民日報》的文章即宣稱「普世價值」不存在。中共的《九號文件》中羅列要求警惕和根除的七大危險，其中就包含宣揚「普世價值」。

33. Xi Jinping, *The Chinese Dream of the Great Rejuvenation of the Chinese Nation* (Beijing: Foreign Languages Press, 2014).

34. Xi, *The Chinese Dream*, 80-81.

35. Ren Xiaosi, *The Chinese Dream: What It Means for China and the Rest of the World* (Beijing: New World Press, 2013), 56.

36. Ren, *The Chinese Dream*, 54.

37. Becky Hsu and Richard Madsen, eds., *The Chinese Pursuit of Happiness: Anxieties, Hopes, and Moral Tensions in Everyday Life* (Berkeley: University of California Press, 2019).
38. James Farrer, *Opening Up: Youth Sex Culture and Market Reforms in Shanghai* (Chicago: University of Chicago Press, 2002).
39. Yunxiang Yan, "Of Hamburger and Social Space: Consuming McDonald's in Beijing," in *The Consumer Revolution in Urban China*, ed. Deborah S. Davis (Berkeley: University of California Press, 2000), 201-25.
40. Deborah S. Davis, "Introduction," in *The Consumer Revolution in Urban China*, ed. Deborah S. Davis (Berkeley: University of California Press, 2000), 22.
41. Richard Madsen, "Making the People Happy or the Government Happy: Dilemmas of Social Workers in a Morally Pluralistic Society," in *The Chinese Pursuit of Happiness: Anxieties, Hopes, and Moral Tensions in Everyday Life*, eds. Becky Hsu and Richard Madsen (Berkeley: University of California Press, 2019), 110-30.
42. Chih-Jou Jay Chen, "Deriving Happiness from Making Society Better: Chinese Activists Confronting Warring Gods," in *The Chinese Pursuit of Happiness: Anxieties, Hopes, and Moral Tensions in Everyday Life*, eds. Becky Hsu and Richard Madsen (Berkeley: University of California Press, 2019), 131-54.
43. Richard Madsen, "Multiple Meanings of Multiple Christianities," in *Sinicizing Christianity*, ed. Yang-wen Zheng (Leiden, the Netherlands: Brill, 2017).
44. Ian Johnson, *The Souls of China: The Return of Religion After Mao* (New York: Pantheon, 2017).
45. Richard Madsen, "Epilogue," in *The Chinese Pursuit of Happiness: Anxieties, Hopes, and Moral Tensions in Everyday Life*, eds. Becky Hsu and Richard Madsen (Berkeley: University of California Press, 2019), 155-70.
46. Mark Selden, "Reflections on the Committee of Concerned Asian Scholars at Fifty," *Critical Asian Studies* 50, no. 1 (March 2018): 3-15.

第6章

美中回顧——四十年的商業關係

文／克雷格・艾倫（Craig Allen）

過去四十年中，中國從貧窮落後的國家搖身一變成為全球製造貿易大國，這個轉變具有深遠的影響，對美國甚至全世界的經濟與企業之衝擊，既有正面性，也有負面性。美中互動的影響廣泛而深遠，經由貿易、投資，以及有中國加入的全球經濟活動，波及了美國的所有公司、消費者與公民。

美中商業關係的歷史可遠溯到美國獨立以前，事實上，英國對福建省課的茶葉稅就是引發美國獨立戰爭的主因之一。第一艘美國官方貨船「中國皇后號」（Empress of China），在一七八四年二月載滿花旗蔘、金屬及獸皮，航向中國廣東的港口，當時距離美國立憲，還有四年。在一八三九至一八四二年及一八五六至一八六〇年發生的兩次鴉片戰爭期間，美國在中國的傳教與投資活動快速擴大，而中國人移民到美國的數目也快速增多，尤其是在一八四九年的淘金潮後。美中兩國曾於一戰與二戰期間同盟合作，但所有的經濟交流卻在一九四九年十月一日中華人民共和國建立時戛然而止。在長達二十年的貿易禁運後，美中於一九七〇年代才開始恢復小規模的貿易往來，以應對兩國縮限的外交接觸與市場力量。美中貿易全國委員會於一九七三年成立，旨在協助兩國早期貿易接觸，[1]直到美中於一九七九年正式建交，彼此才開始有重大的經濟往來。[2]

本章回顧與探討美中過去四十年商業關係之歷史，主要聚焦於貿易與投資方面，其往來互動呈現清楚的模式。自從兩國建交以來，美中貿易與投資關係經歷四大階段，或稱四大週期，每階段大約各歷時十年，並且一再重複相似模式，而中國的國內政治與經濟發展正是區分這些階段的主因。因為中國經濟和政治政策的波動，美國公司在週期開始時通常會抱有過高的期望，從而導致貿易和投資的快速增長；增長期過後是失望（disenchantment）期，期間貿易與投資活動（相對地）放緩。在每個週期中，都會出現外交緊張局勢，最終通過談判部分解決問題，並重新設定兩國關係的總體條款和條件。美國企業與消費者雖因這些巨大的經濟與政治動盪而獲利，但同時也受到負面衝擊。

美中關係不是固定的機械，也絕非一成不變。在美中整體關係當中，其他重要週期也會反覆發生，諸如每四年一次的美國總統大選及兩國的商業週期。此外，創新科技的傳播也深深影響了貿易與投資。

本章在分析完每一週期中起作用的力量後，在結語提出了一個問題：繼川普之後掌權的拜登政府，這種先增長後失望的重複模式是否會以類似的模式繼續下去？因為自拜登執政後，美中關係正處於前所未有的長期失望階段。

場景設定：第一期：一九七九至一九八九年

重啟貿易的第一階段是熱鬧的純真時代，自美中正式建交開始，到一九七八年鄧小平宣布改革開放政策，此後中國歷經了一連串政治與經濟結構上的轉變。到一九八九年六月四日天安門事件後交流突然結束，這一時期與卡特及雷根總統任期大致重疊，包含鄧小平於一九七九年訪美及雷根於一九八四年訪華。

中國決定與美國建交有兩大主因，一是外部動機，另一則是內部因素。外部動機在於蘇聯對中國北方邊界構成的軍事威脅，正好鄧小平也尋求與美國——或更廣泛地說，尋求與其他非社會主義國家的外交關係。而內部因素則是鄧小平意識到在中華人民共和國建立初期，與鄰國或世界各國相比，人民及經濟發展的層面落後許多，而他深知必須強化中國機構，以確保十億中國人的永續發展。

一九七七年，在文革結束、毛澤東逝世後，鄧小平宣布「四個現代化」政策。該政策早在一九六三年就由周恩來提出，其目的為快速改善中國的工業、農業、科學技術及國防。鄧明白要想實現四個現代化，必須伴隨改革開放政策，尋求已開發國家的幫助，這點在本書第三章作者高龍江已詳述。四個現代化是願景也是優先事項，為中國與美國、歐洲、日本及世界各國互動設立好框架。

一九七八年十二月，鄧小平於中共十一屆三中全會正式掌權，並擁有足夠的權力來實施他所提出的政策。在一九七九年一月二十九日，也就是美中建交後四週，鄧小平應卡特總統之邀請抵達華府。美國政府與私人企業皆熱烈歡迎美中建交及鄧小平的新政策，美國工業也張開雙臂迎接中國最重要的領導人。在亞特蘭大，亨利・福特（Henry Ford, 1863-1947）親自帶領鄧小平及其訪問團參觀福特汽車的生產線。在休士頓，鄧參訪了休斯飛機公司（Hughes Tool Company）與詹森太空中心（Johnson Space Center）。在西雅圖，最後一站鄧小平來到波音公司，參觀三架中國政府訂購的波音７４７飛機之組裝過程。整趟行程下來，國安與商業的關係不言而喻。鄧小平在一次訪談中用非常明白的譬喻說明：「如果要束縛住北極熊，我們唯一的辦法就是團結起來。」[3]同時，美國商界在甘迺迪中心前擺出紅地毯迎接鄧小平，又廣邀一千五百名貴賓共享盛宴，並安排文藝表演。[4]

卡特團隊歡迎經濟關係快速擴展的所有可能性，時任國務卿的賽勒斯・范錫（Cyrus Vance, 1917-2002）對美國商界闡述了與北京經濟交流可望收穫重要的經濟效益，他說：「我們會成為中國的農業商品長期供應商，而且美國出口商會擁有與供應商在平等基礎上競爭的能力，以及恢復與中國航空貨運、銀行及其他經濟往來的關係。」[5]

在鄧小平取得重大成功的出訪美國之後，來自美國各行各業的貿易代表團絡繹不絕地前往中國。一九七九年美國企業與中國來往密切之程度令人回想起一八四九年的淘金潮。美國公司個個摩拳擦掌急於進入這個令人興奮的新興市場，並樂意出口任何中國人可以用強勢貨幣支付的商品。雙方很快地簽署了外商直接投資（ＦＤＩ）協定，其形式是美國公司與中國的政府部門或中國國有企業（ＳＯＥｓ）合資（joint ventures）。

圖6.1詳細說明了一九七九至一九八九年美國對中國出口的快速成長，而圖6.2則顯示了大約同期美國對中國直接投資的增長。

儘管美國商界看好中國的開放，與大規模貿易相關的外交及法律問題卻令人望而生畏。尤其是《一九七四年美國貿易法》（the American Trade Act of 1974）及《賈克森－凡尼克修正案》（Jackson-Vanik amendment），為雙邊貿易與投資活動踩了煞車，直到中國加入世貿組織為止。原版《貿易法》旨在擴大美國參與國際貿易及保護美國勞工，而後來的《賈克森－凡尼克修正案》則否認了限制移民的非市場經濟國家（如社會主義的中國）之最惠國待遇。最惠國待遇（於一九九八年更名為正常貿易關係）[7]只有在總統批准暫時豁免條件時才能授予非市場經濟體，而豁免條件必須每年簽署。[8]事實上，美國總統於一九七九至二〇〇〇年每年都簽准豁免條件給中國；在最初十年時間，每年的簽署過程幾乎像例行公事般順利，只有在一九八九年天安門事件影響美中關係時曾進行廣泛的年度討論。[9]

同時，其他國家與經濟體，尤其是東北亞，既見證了美中友好往來，也成功強化了他們自身與中國的經濟關係。因此，到一九八〇年中期，在香港、日本、南韓及臺灣的工廠工人，其薪資漲幅非常快速。來自這些東北亞的國家及經濟體因為當時中國人力成本相對低廉許多，開始考慮將勞動密集型的工作外包給中國，但想在中國投資的外商卻沒有明確的合法管道進入。

鄧小平明白這點，他知道中國缺乏外資直接參與製造的合法經濟結構，他也相信中國與中國公司可以從外資參與國內經濟中獲益不淺。為加速市場主導的成長，鄧小平批准透過經濟特區，有條件地開放外商。在一九八〇年，他督導第一個經濟特區的開放，其位址就在香港對面的深圳，中國中央政府給經濟特區頒布特別稅務優惠、簡化批准流程，並讓外資在此區的管理程序更加彈性，這是在其他地方所沒有的特權。在深圳經濟特區裡的外國公司主要做出口加工，並制定詳細法規以確保商品會存放在保稅倉庫，而不會流入中國國內，這是因為在經濟特區的外資工廠所生產的產品不能在中國買賣。

深圳經濟特區成功吸引了勞動密集型的製造業投資，因為香港、日本、南韓及臺灣的製造商爭先恐

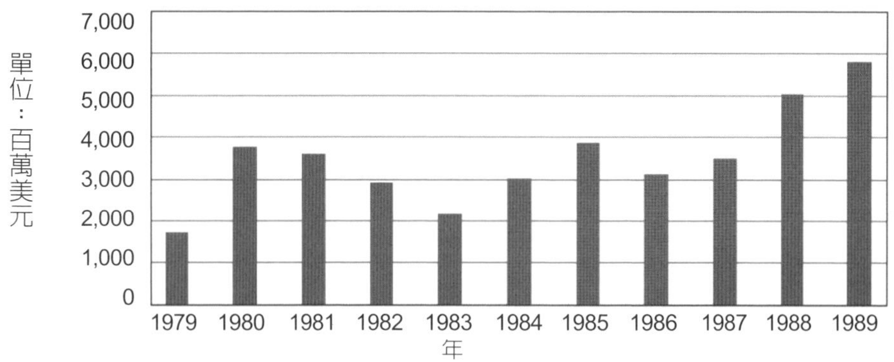

圖6.1 一九七九至一九八九年美國對中國的出口

資料來源：國際貨幣基金組織

類別：商品，離岸價（free on board，簡稱 FOB）

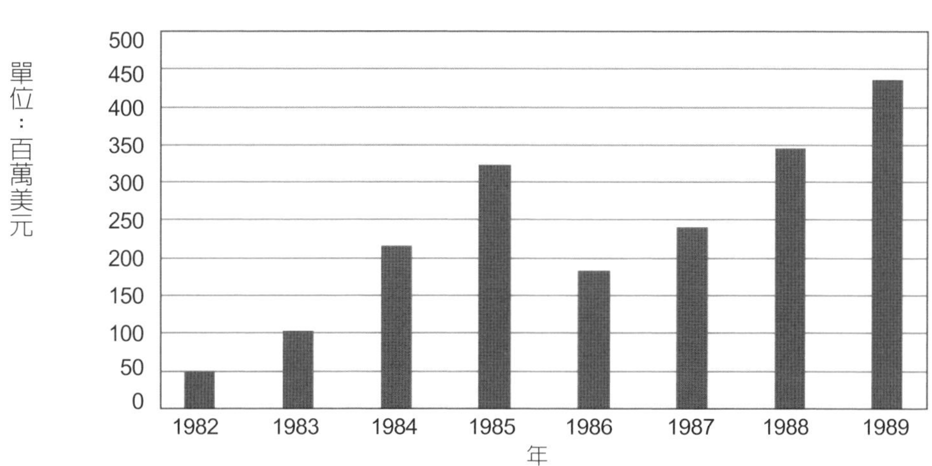

圖6.2 一九八二至一九八九年美國於中國的外國直接投資

資料來源：美國商務部經濟分析局

註：國際收支及直接投資計畫的歷史成本基礎數據（以百萬美元計）

後將生產過程人力吃重的部分外移至此，中國國有企業也開始投資經濟特區。在這樣的制度下，中國對經濟合作暨發展組織成員國的出口快速成長，主要是出口外資工廠所生產的消費商品，深圳的主要產業為電子、機械、食品加工、建材及紡織品。[10]中國經濟特區有如雨後春筍紛紛出現於其他區域，但大多集中在東南沿海地區。中國迅速成為製造商品的主要出口國，在亞洲內，區域供應鏈發展得愈加複雜。亞洲製造商能夠利用相對低廉的中國人力成本將生產擴大到更大規模的經濟體，從而實現專業化。

香港、日本、南韓及臺灣企業在深圳及其他經濟特區成功發展事業，然而美國的投資卻只占總外國投資的一小部分。中國的境內投資主要來自所謂「候鳥遷徙模式」，即從東北亞各地的勞動成本較高的經濟體遷移到勞動成本較低的經濟特區。然而，美中貿易的成長卻受到特區以外缺乏監管架構之影響，且受限於中國銀行的外匯券制度（foreign exchange certificate system，簡稱ＦＥＣ）——該制度自一九七九至一九九五年實施，從而限制了美國對中國的出口與投資。

外匯券制並非中國獨有，在國家貨幣受外匯管制或不可兌換時，外匯券是十分常見的工具。在中國的制度下，只能以外幣向中國銀行購買外匯券來購買外國商品，外匯券只能在為外國人服務的企業中使用，而且只能用於購買外國商品，至少在理論上是如此。擁有外匯管道者可以購買原本無法取得的進口商品，即使有購買進口商品的意願及財力，中國公民與私人公司幾乎沒有合法途徑取得必要的外幣來購買外匯券，最終只得用外匯券購買商品。此制度也懲罰了想要進入中國市場的外國出口商，他們必須靠以物易物或其他非正規支付系統應對，例如以人民幣購買外匯券將遠高於後者之官方定價。走私賄賂或非法行為在官僚、貿易官員及其他有力人士之間變得司空見慣。

與此同時，中國經濟也經歷了其他重大改變。其中最重要的也許是，中國政府開始允許各種產品的市場定價，而食品就是最關鍵的例子。在中國城市裡，食物長期以來是定額配給，且只能在國有商店購買，然而當周邊農村的農民從集體生活回歸農業耕作後，他們開始把自己種植的農產品帶到城市去販售，隨之城市各處開始湧現小型自由市場。雖說經濟基礎極低，中國農民卻成為率先利用經濟自由化的人，他們放棄了集體生活，回歸家庭，經營農田，重新採用傳統的耕作方法。

在一九八〇年代，中國政府開展了規模巨大的計畫，鼓勵國內投資城市基礎建設。當時，這項投資計畫是為了彌補在文革及其長達十年甚至更久遠的影響，特別在房地產及基礎建設投資不足的問題。到了一九八〇年代末期，中國城市的市容開始改革與現代化，但其過程也導致了供應短缺、貪腐、劣質建築等問題，最終在都市地區引發了猖獗的通貨膨脹。

鄧小平透過改革開放來進行中國的現代化，最初非常成功，帶領國家快速轉型。中國人均收入在一九七九年僅約為每年兩百美元左右，因此成長的空間十分巨大。然而，到了一九八〇年代後半，貿易與投資的快速擴展，加上城市基礎建設投資及部分價格自由化，促成過度成長與加速通膨。到一九八〇年代末，中國的通膨率已經達到約百分之二十。中國政府十分清楚國共內戰時期惡性通膨所帶來的後果，因此非常擔心新一輪的通膨失控。

到了一九八八年及一九八九年早期，一般中國人民都已經很清楚高度通膨與貪腐猖獗等問題。當時，中共試著將中國經濟很大的一部分，尤其是都市房地產，從公有制轉型成私有制。通常這樣的轉型不太有爭議，例如長期居住在部會或國有企業所有公寓的居民，能以可負擔的價格取得公寓的所有權，但有時候私有化的過程也會引發諸多爭議。

在一九八八年底與一九八九年初，中國的中央政府開始著手遏制通膨問題，為經濟成長踩了煞車；這個作法的一個意外後果是貪腐變得更加猖獗。例如，雖然政府從銀行抽走了流動資金以降低泡沫經濟的可能，但在北京或上海的某些房地產開發商，仍有辦法找到資金持續建造——這通常是因為高官維護的關係。雖然大多數的建案已停止，大量的建築工人失業在北京街頭遊蕩，但那些有高官維護的建案卻得以繼續。從一九八九年開始，一般北京市民眼中看到的是通膨、貪腐、失業三箭齊發，主要就是政府緊急打擊通膨的措施所帶來的後果。

天安門動盪

這樣的經濟背景為人民抗議的情緒埋下種子，最終在一九八九年六月四日天安門事件中爆發。通膨嚴重、貪腐賄賂盛行、銀根緊縮導致失業率飆升，在在都是驅使學生及其他人士聚集到天安門廣場抗議的主因，抗議活動起初是在四月十五日中共被罷免的總書記胡耀邦逝世幾週後開始。

一九八九年六月四日，政府當局於天安門廣場以武力鎮壓學生抗議者，這一事件是現代中國史的轉捩點；然而，天安門事件之爆發也有其經濟背景因素。蘇聯共產黨總書記戈巴契夫的崛起與其改革政策——即開放（glasnost）與重建（perestroika），在抗議人士之間廣為流傳。一九八九年，戈巴契夫在學生抗議聲勢最高漲時訪問北京。學生主導的公眾壓力造成中國共產黨派系分裂，趙紫陽被迫下臺並由江澤民接任中共總書記。雖然一九八九年的這些經濟與政治事件跟美中關係並無直接關聯，卻對美中貿易與投資關係影響深遠。

美國政府對中國的立場在六月四日後驟然轉變，曾在一九七四至一九七五年間擔任北京聯絡處負責人的老布希公開指責天安門的軍事鎮壓，進而暫停對中軍售，並切斷美中官員高層級的交流；儘管如此，許多國會議員及美國民意仍然認為總統所採取的制裁反應還遠遠不夠嚴厲。某些議員反對繼續給予中國最惠國待遇，這一議題一直到中國於二〇〇一年加入世貿組織前都存有爭議。

在商界中也反映出老布希的類似措施，許多與中國關係密切的非政府組織，包括美中貿易全國委員會，也公開批評北京對抗議人士的軍事鎮壓。在一九八九年六月七日，委員會的董事會發表了一份決議，其中聲明：

> 美中貿易全國委員會的所有成員譴責中國政府向支持民主的抗議人士暴力鎮壓、肆意殺戮，以及

中國政府明顯背離改革與經濟自由化之政策。美中之間的商業經濟關係是在過去十八年由兩國人民共同努力精心培育發展起來的，這些關係對兩國的整體戰略利益十分清晰，但如今美中關係已受破壞，並可能遭受長期損害，至關重要的是，雙方都要持續維護兩國之間的聯繫，直到這些聯繫可以再次擴大的時刻來臨。我們承諾待時機成熟時，會支持重建被打碎的關係，同時呼籲中國政府回歸改革並尊重中國人民對基本人權自由的渴望。[11]

在天安門事件後，美國對中國的出口與美國在中國的投資皆急劇下滑，如圖6.3所示，美國出口值從一九八〇年的五百八十億美元下降到一九九〇年的四百八十億。貿易總成長率也從一九八八年的百分之三十八下降到一九八九年的百分之三十一，而在一九九〇年僅有百分之十三，如圖6.4所示，美國對中國的直接投資也放緩，直到一九九三年才恢復顯著成長。

第二期：一九八九至二〇〇一年

第二期始於天安門武力鎮壓的後一天，即六月五日，到中國加入世貿組織的二〇〇一年十二月十一日為止。這段時間歷經了老布希與柯林頓執政輪替，而中國方面則是由江澤民作為中國國家主席暨中共總書記。

在一九九〇至一九九一年，因天安門事件之故，中國國內政治經濟動盪不已，美中貿易與投資也停滯不前。這段期間在北京的中共保守派占了上風，在一九九二年一、二月，鄧小平再次啟動結構變革，成功南巡下訪前十年就已改革開放的城市，包括廣州、深圳、珠海及上海。鄧小平南巡扭轉了保守派的局勢，並展開新一波的改革開放潮流。到了一九九二年底，華府明顯感受到這次的重大改革勢頭。

在一九九二年十一月總統大選結束後，老布希總統於十二月，即其任期的尾聲，派出商務部長芭芭拉・富蘭克林（Barbara Franklin, 1940-）出訪北京，為即將上任的柯林頓政府恢復正常外交與商業關係鋪路。富蘭克林的出訪向美國商界表明，美中關係即將進入新的、後天安門事件的階段。中國的經濟開始從一九八〇年代末期的通膨中復原，在通膨問題受控後，經濟準備迅速擴張，而規模雖小但不斷成長的都市中產階級，也開始嶄露頭角。

然而，新上任的總統柯林頓在一九九二年競選時，明確展現了反中國的立場，其於民主黨全國代表大會上曾經承諾「美國絕不姑息從巴格達到北京的獨裁者」。[12]

柯林頓的新外交政策強調人權與民主，跟一九七〇年代末由卡特總統所宣揚的一樣。一九九三年五月二十八日，柯林頓上任不久後，他發布了一項行政命令，說明若中國下一年度要享有最惠國待遇則須「整體上在人權方面取得顯著進展」，[13]並交由國務卿華倫・克里斯多福（Warren Christopher, 1925-2011）認證；設下影響如此廣泛而全面的條件，柯林頓總統是第一人。如前所述，中國享有最惠國待遇是取決於一九七四年《貿易法》中的《賈克森—凡尼克修正案》（第四〇二條）對移民自由的限制條件，該修正案允許美國當局向非市場經濟體制的國家授予最惠國待遇，前提是該國不限制移民。根據美國法律，總統可以決定中國是否完全遵守《賈克森—凡尼克修正案》的規定，又或者可以給予中國不用完全遵守的豁免權，就像以往自一九八〇年以來的總統一樣。[14]

是否應該將最惠國待遇與人權顯著改善兩項條件綁在一起存有爭議，美國商界與支持基於人權改善條件之柯林頓政府內部形成對立。我記得在一九九四年，當時我擔任美國駐中國大使館商務參事，美國商務部副部長傑弗瑞・賈騰（Jeffrey Garten, 1946-）曾訪問北京。副部長賈騰於北京發表了強烈以人權為主題的演說後，在北京的美國商界即直接批評、指責賈騰，說他不夠支持他們出口商品到競爭激烈的市場。

在一九九四年三月，國務卿華倫・克里斯多福也前往北京，探討與中國有關人權的協議。國務卿在北京會見了美國商會，人權與貿易之間的緊張關係在美國媒體面前充分展現。根據《洛杉磯時報》（*Los*

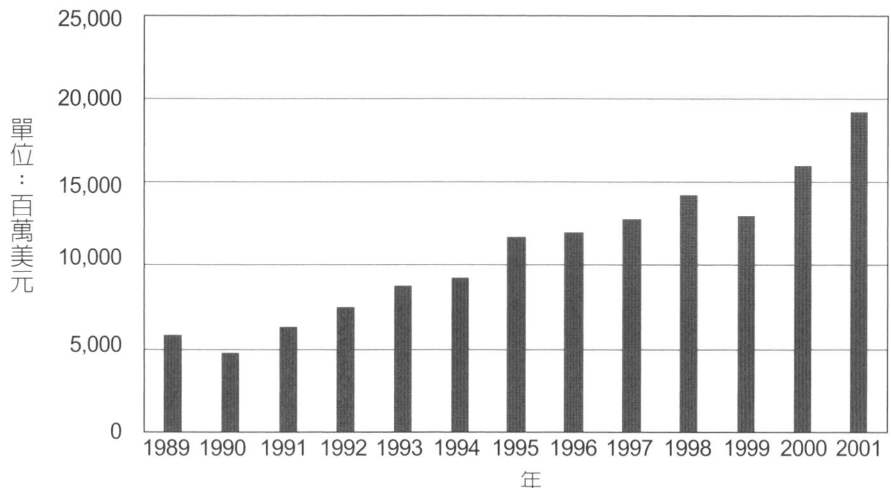

圖6.3 一九八九至二〇〇一年美國對中國的出口

資料來源：國際貨幣基金組織
類別：商品，離岸價

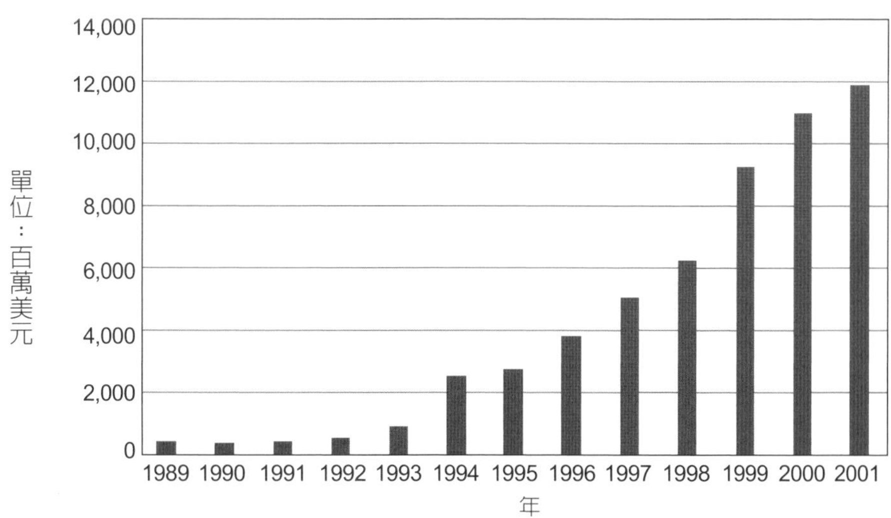

圖6.4 一九八九至二〇〇一年美國於中國的外國直接投資

資料來源：美國商務部經濟分析局
註：國際收支及直接投資計畫的歷史成本基礎數據（以百萬美元計）

Angeles Times）的報導：「商業高層經理群起圍攻克里斯多福，並警告他，若將貿易利益與人權改革綁在一起，可能會讓美國賠掉數十億美元的生意。」這種不滿情緒由一名美國商會官員總結說道：「美國政策讓美國企業在競爭中處於劣勢。」[15]

此後，將貿易與人權互相綑綁的政策愈來愈難以維持。在柯林頓內閣，兩種優先事項之間的緊張關係引起了爭議。作為商務部的一員，我記得在內閣會議上，商務部長羅恩•布朗（Ron Brown, 1941-1996）與國務卿克里斯多福之間存在明顯的緊張關係，因為他們對於美國出口、就業機會及中國人權問題的想法互不相容。

在美國商業界及總統經濟顧問的大力遊說下，總統最終撤回了對中國的人權條件政策。國務卿克里斯多福承認，雖然中國在移民及勞改方面有所進展，但在其他人權問題上並無重大進展。在一九九四年五月二十六日，儘管中國人權缺乏進展，柯林頓依然宣布授予中國最惠國待遇，並主張貿易與人權綑綁不再可行，甚且指出若中國被孤立，人權事業在中國可能會受到更大阻礙。[16]柯林頓因此將美國的出口、就業機會及經濟交流置於人權之上，作出這項決策。柯林頓將新政策稱為「全面交流」（comprehensive engagement）。[17]

即使在確定給予中國最惠國待遇後，美國內部的政治風波仍未平息。相反，在主張人權的人和希望全面參與中國蓬勃發展的經濟的人之間，發生了一系列無休止的政治衝突。

雖然不再嚴格地將人權改善作為中國享有最惠國待遇的條件，但這個問題在接下來的每一年都不斷重複出現，而柯林頓執政團隊也持續拋出人權議題。在一九九五年，美國第一夫人希拉蕊•柯林頓（Hillary Clinton, 1947-）寫下了歷史性的一刻，她參加了在北京舉辦的聯合國第四次世界婦女大會，發表演講指出「婦女權利就是人權」，並批評中國政府對人權的持續侵害。在這次大會會場遠處，第一夫人希拉蕊似乎親眼目睹了一些中國女權人士遭中國保安毆打拖走的情景；由於諸如此類的事件一再發生，遂加劇了雙邊關係中的不確定性。

在一九九七年秋季，中國國家主席江澤民訪美期間，柯林頓總統再次提及人權問題，同時強調需要建立廣泛多面向的關係。當柯林頓總統於一九九八年六月訪問中國時，在與江澤民主席一同出席的電視聯合新聞記者會上，他提及天安門事件，並認為中國軍方對抗議人士使用武力是錯誤的，他也鼓勵中國領導人與流亡的達賴喇嘛對話；不過，他持續強調民主與人權的立場並未得到江澤民的認同。

在柯林頓整個任期內，政府對人權的強調與美國企業在中國的商機及需求之間衝突不斷。從商業角度來看，兩國政府之間的衝突造成商業的不確定性，使美國企業相較於歐洲或日本等競爭對手處於劣勢。一年一度對於是否再次給予中國最惠國待遇的討論變成一場苦鬥，美國商業、農業及外交政策界跟勞工人權組織兩相對立。每年的這個時刻，都為所有在中國投資或與中國業務往來的美國公司，以及那些考慮投資中國的公司，帶來了無法掌控的政治風險與不確定性。

在一九九九年十一月，中國首次嘗試加入世貿組織的十三年後，美中簽署了一項協議，為中國加入世貿組織鋪路。[18]在二〇〇〇年，也就是柯林頓政府執政的最後一年，美國國會參眾兩院通過了一九七四年《貿易法》的修改案，為中國提供了永久正常貿易關係，該法案要求美國政府監管並報告中國的人權趨勢與勞工限制。

建立永久正常貿易關係為美中談判創造了條件，而中國必須遵守這些條件才能加入世貿組織。在二〇〇〇年下半年與二〇〇一年初，美中進行了一系列激烈的談判，詳細商討加入世貿組織的協議，其中明確規定中國要履行對世貿組織規定的承諾。雙方在世貿組織日內瓦總部制定及釐清多項承諾，這是在多邊層面進行的，而非單純雙邊談判而已。

等到中國加入世貿組織時，國內經濟成長的速度已明顯下降，事實上，中國的經濟成長率已連續七年下降。據中國官方經濟數據資料，一九九九年的經濟成長率只有百分之七點一。中國意識到，因為世貿組織強制的開放，中國的經濟結構必須大檢修，才能實現未來的永續成長。

中國國家主席暨共產黨總書記江澤民與國務院總理朱鎔基利用世貿組織作為楔子，實施中國經濟急需的改革。將世貿協議實施在中國經濟領域中，大幅削弱了政府及國有企業的權力，同時釋放出數百萬中國私有企業的創業動能，深刻地影響美中之間商業關係的走向。

第三期：二〇〇一至二〇〇八年

第三期始於二〇〇一年中國加入世貿組織持續到二〇〇八年的全球金融危機，於該年九月十五日雷曼兄弟（Lehman Brothers）破產為止。這段時間幾乎正好與小布希執政時期，還有中國國家主席暨中共中央總書記胡錦濤的領導時期相吻合。

二〇〇一年中國加入世貿組織後，引發美國貿易與投資的另一波成長，中國自此迅速融入全球經濟。自二〇〇〇至二〇〇八年間，美國對中國的出口持續成長，如圖6.5所示。與此同時，根據世貿協議，許多限制美國投資的法律限制鬆綁，美國資本也開始大規模流入中國，如圖6.6所示。

當然，中國加入世貿組織不僅僅是一個雙邊現象。中國也向其他經濟體敞開了大門，引發了香港、日本、韓國和臺灣投資者對工廠和其他生產設施的第二輪投資浪潮，這些投資者以前主要在經濟特區經營，專注於最終組裝和出口。在世貿組織的框架下，他們能夠在中國境內開展更大規模的業務，將整個供應鏈轉移到中國，為中國和包括美國在內的外國出口市場提供產品。

在中國營運的香港、日本、南韓及臺灣公司擁有重要的競爭優勢。他們能雇請大量相對受過良好教育之來自農村的工人，尤其是年輕女性；他們早已與世界各地的買家建立聯繫，熟知世界上最佳的製造流程與實踐，並能夠按照世界品質標準化生產。而在中國，他們相對不受環境或嚴格勞工標準的限制。

最重要的是，許多東亞製造商能夠以極大規模生產，建立全球經濟規模，遠遠超越傳統的美國製造標準。擁有數萬名員工的工廠並不罕見，其中許多工廠的規模比美國生產相同商品的工廠大十倍以上。同樣地，隨著主要承包商的遷移，大量的零件、供應鏈及服務公司也逐漸外移到中國。中國沿海省份逐

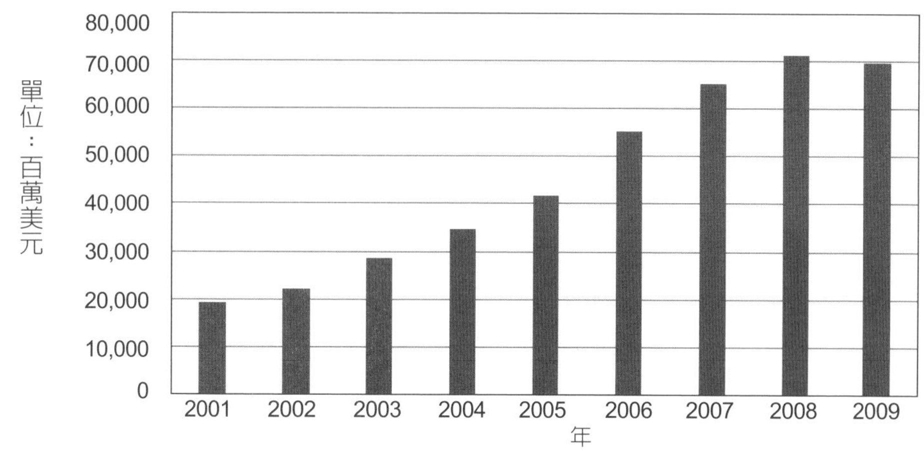

圖6.5 二〇〇一至二〇〇九年美國對中國的出口

資料來源：國際貨幣基金組織
類別：商品，離岸價

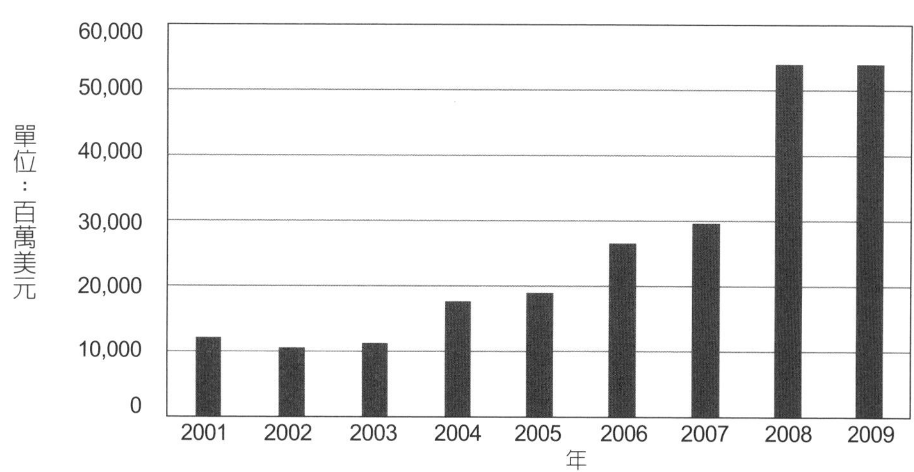

圖6.6 二〇〇一至二〇〇九年美國於中國的外國直接投資

資料來源：美國商務部經濟分析局
註：國際收支及直接投資計畫的歷史成本基礎數據（以百萬美元計）

漸形成龐大的生態系統，擁有高效的工業群體，專注於生產各種消費商品及工業品。

來自香港、新加坡及臺灣的華人，不令人意外地在這些區域與全球供應鏈方面發揮了關鍵作用，直到今日。如港商利豐有限公司（Li & Fung Limited）這樣的企業集團，負責監管大規模的供應鏈，主要服務西方品牌，確保大量商品的供應，並以無法比擬的價格提供更好的品質。新加坡人任職中國工業經濟中的許多高階管理職位，現在也是如此。臺灣工程師在培訓與提升工廠工人技能方面發揮了重要作用，至今皆然。

臺、港、韓商界這種產業集群發展的例子之一是傢俱業。在後世貿時期，傢俱業的大規模投資流入到珠江三角洲東部、長江三角洲及渤海地區。這些工廠通常從美國東南部的森林進口實木，製造臥室或餐廳傢俱再出口回美國，這迫使北卡羅來納州與其他地方小規模的傳統美國傢俱製造商倒閉。

外資的中國傢俱出口商能夠取得優勢，有幾個原因：首先，他們通常可以免費或以低廉價格獲得土地使用權。其次，二〇〇〇年代初期的中國工資相對於美國來說要便宜許多。再來，這些企業可以取得便宜的美國實木，從而很容易打入北美市場。第四，在中國投資的外資企業在規模與效率上遠遠超過美國以手工製造為主的傢俱廠。此外，他們擁有高效能的進出口基礎建設，尤其是便利的港口通道。最後，美國傢俱零售商歡迎來自中國的商品加入競爭，因為這些商品物美價廉，深受美國消費者喜愛。

這樣的出口強國發展大部分並非由中國中央政府或國有企業支持或直接指導。然而，省級與市級政府對外國直接投資積極支持，競相承諾給予潛在投資者免費土地、改善基礎建設、減稅優惠以及其他類型的支持，以吸引外資進入。

世界各地的進口市場政府，尤其是歐洲與北美地區，利用世貿組織的反傾銷與反補貼措施來反制中國的出口飆升。因為中國在世貿組織中的非市場經濟之定位，中國的貿易夥伴得以對中國進口商品徵收高額關稅。因此，自二〇〇〇年代中期至今，中國出口商因反傾銷或反補貼機制，在進口市場面臨高關稅，外國政府對中國徵課符合世貿組織規定的關稅，迫使中國製造商轉而開發國內市場。

在中國規模龐大且成長迅速的國內市場中，進口產品起初與合資企業及國內公司生產的產品競爭。二〇〇〇年代初期，這三種生產模式的價格及品質存在明顯差異：進口產品與由外資獨資企業製造的產品位於高端市場，合資企業產品主導中端市場，而國內產品則位於低端市場。然而，隨著中國製造業產品不斷攀升的價值鏈，情況逐漸改變：首先是透過低價競爭，使合資企業與外資製造商難以競爭，接著又藉由系統性地提高品質來改善產品。

這種中國亞洲企業擁有的大規模生產線，既為國內消費也為外國消費生產，對許多美國國內企業產生極大的衝擊，正如諾頓在本書的第七章中所述。傳統美國產業，如傢俱、汽車零組件、服飾鞋類、運動器材及消費性電子產品等，難以抵擋中國高度勞動密集型工廠所生產的大量出口商品，因而受到巨大衝擊。某些中國製產品的低廉價格成為許多傳統美國製造商無法跨越的障礙，而多數對中國競爭視而不見或消極應對的美國公司直接被淘汰出局。

熊彼特的創造性破壞理論（Schumpeterian creative destruction），指出持續不斷的產品流程創新機制，能透過新的生產單位替代過時的生產單位創造生產率成長。這個創造性破壞的過程並非一定會發生，也不是簡單明瞭的。雖有許多公司做出了自我調整，但也有許多公司未能成功。實際上，大多數經濟學家都同意，與中國貿易相比，因就業機會流失而改善了美國製造業生產力，這方面的影響要遠大於其他。

根據美國勞工統計局的統計資料：「製造業就業人口在一九七九年六月達到一千九百六十萬人的歷史高峰，之後不斷下降且未能完全恢復到之前水平。到二〇一五年十二月，製造業就業人口為一千兩百三十萬人，占所有非農業人口的百分之八點六。」[19]截至本文撰寫時，美國的製造業總就業人數為一千兩百五十六萬人。

確實，生產力成長、外國直接投資與貿易之間複雜的相互牽引作用，是美國全球化和就業損失背後的最大推手。在這個日漸全球化的世界中，將生產鏈中勞動最密集的部分外包，並提升研發設計或銷售通路等核心競爭力的公司，通常會大獲成功。儘管美國深受中國崛起的影響，但美國的製造業總體產出在總量上從未下降。事實上，製造業的生產力與盈利能力至今仍然十分良好。

在二〇〇〇年代的十年間，出現了一種不同的經濟模型。中國開啟了漸進且不可阻擋的進展過程，即從供應鏈的較低層次進行工業本土化，並逐漸向價值較高的生產領域推進。最初，這個過程主要侷限於私有企業，然而不久後，中國政府在各級政府開始加大支持使用中國材料的產品，以替代進口與合資企業產品。逐漸地，當考慮要選擇合資企業產品抑或更多中國國內產品——尤其是來自國有企業的產品時，最後往往會選擇中國國內公司的產品。

在江澤民時代，中國共產黨允許迅速擴大的市場經濟來推動整體經濟發展，這對中國的利益來說十分有利。二〇〇二年中國共產黨由江澤民交棒給胡錦濤接任中央總書記，此轉變帶來對市場導向與自由放任政策的保守派反彈，轉而支持國家與黨的干預手段，明顯傾向支持中國企業，尤其是國有企業。

胡錦濤為相對較弱的領導人，在黨內缺乏強大的權力基礎，他無法管控黨派特殊利益團體所主導的特定國有企業，如能源產業、電信產業、建造業、鐵路航空業、媒體業、銀行保險業、鋼鐵金屬業等。隨著時間的推移，中國共產黨逐漸完備促進國有企業在所有敏感產業中獲利的機制，進口商與外國投資者的利益則是背後的犧牲品。

此外，黨對於國有銀行及其他金融機構、各種市場監管機構、國有企業以及省市政府的高級人事任命擁有控制權。在大多數情況下，這些產業中最高級別黨員擔任國有企業的首席執行長，而在該行業中也是國家的頂尖企業。透過黨的網絡，產業監管機構會使用不透明的黨內管道來提升黨的地位。藉由這種機制，黨在中國經濟的領先地位上獲得愈來愈強大的控制權，並透過對國有企業的控制及給予優待，包括所有私人與外國企業的優惠，黨逐漸堅定（並充實）自己的立場。大約在二〇〇五年後，許多與中國國有企業競爭的外國企業明顯感到自己在中國不受歡迎。中國的私有企業在與國有企業競爭時，也無法立足於公平競爭的基礎上。在這種情況下，國有、省屬或地方所有的國有企業規模變得愈來愈大、愈來愈複雜，但通常效率不高。相較之下，中國的私有企業與外資企業在監管機構及國有金融機構面前，並未受到平等對待。

另一方面，在這一時期，一些與中國共產黨和政府關係密切的名義上私營企業也躍上了國際舞臺；例如萬達集團（房地產與娛樂業）、海航集團（前身是海南航空，現在擁有數家航空空司、飯店及旅行社）、華為（通訊業）、安邦（保險業）都是國際上的大公司。他們的老闆都活躍於中國私有企業，都是魅力獨具的企業家。儘管名義上是私有企業，這些公司卻在中國的銀行與監管機構中都受到國家冠軍企業（national champion）的待遇。

然而，中國政府並未對所有成功的私有企業皆一視同仁地支持；例如，在網路行業，中國政府對國內創新科技設立了規定，允許私有企業在內部自由競爭，但在外國市場上，卻受到諸多限制。因此，中國企業家會研究外國網路公司及其商業模式，然後複製到所謂的「防火長城」內的中國市場。有些公司發現，完全複製國外的商業模式後，在免受外國競爭的國內封閉環境中可以迅速擴展，對其業務發展不失為一種權宜之計。在網路行業中，這種商業模式通常稱之為「封鎖複製」（block and copy）或「複製到中國」（copy to China）。

許多中國網路公司後來成為重要的全球企業，並受到外國投資者的強力支持，其中大部分來自美國。截至二〇一九年，在紐約納斯達克（NASDAQ）上市的中國公司共獲得約一點二兆美元的投資。其中一些網路公司的領導人廣受全球尊重，如阿里巴巴（Alibaba）的馬雲（1964-）及騰訊（Tencent）的馬化騰（1971-）。這些公司本身已經是全球科技巨頭，在世界各地投資數百家外國科技公司。同時，美國與其他外國企業在中國從事網路業務的能力仍受到緊縮限制。中國的國家冠軍企業，無論國有還是私有，在中國擁有高效的盈利據點，這點為其在國際市場上帶來巨大的競爭優勢。

隨著時間的推移，中國政府在支持國營企業和私營企業進行合資生產或進口方面的作用越來越明顯。中國的產業監管機構對外國投資者嚴格執法，但對中國公司卻睜一隻眼閉一隻眼。許多外國公司開始意識到多個政府監管領域存有歧視，包括稅收、環境保護、勞工、消費者安全及反壟斷等方面都有不平等待遇。

第四期：二〇〇八至二〇一九年

第四期始於全球金融風暴，直到川普的執政早期。中國政府在二〇〇八年全球金融危機時，大幅振興財政及大規模投資國內基礎建設。在這時期，中國領導人的職務從胡錦濤轉交給習近平，擔任中國國家主席暨中共中央總書記。在美國，歐巴馬總統於二〇一七年一月卸任，川普接任入主白宮。

自全球金融危機開始，中國為應對危機而開啟了美國對中國出口及投資的快速擴張。隨著金融危機從美國擴散到歐洲以及其他地區，全球經濟面臨衰退，甚至更糟的境地。儘管危機始於美國房地產市場，但其他高財務槓桿公司與國家，很快地也深受其害。

如圖6.7及6.8所示，美國出口商受益於中國對於全球金融危機的應對，特別是大規模地投資基礎建設。自二〇〇九至二〇一五年，美國出口每年成長。雖然美國企業的財務實力及對中國投資的意願日益降低，但在經歷金融危機後的第二個十年，美國企業卻開始增加對中國的投資。

在金融危機期間，中國金融體系並不仰賴外部融資（external financing），中國銀行所承受的外國風險（例如導致雷曼兄弟破產的抵押債務）相對較低。中國的銀行及其他金融機構曾投資美國國債與其他品質良好、以美元計價的資產。儘管如此，由於破產潮影響了全球金融市場，中國的金融機構勢必無法閃避其間接後果，如全球經濟成長放緩、出口減少及全球不確定性增加。

在二〇〇九至二〇一〇年，中國針對全球金融危機採取四個主要策略：維持中國人民幣的匯率穩定同時繼續進行利率自由化、透過大規模的國內及往後的國外基礎建設計畫擴大刺激財政、鼓勵國內服務業擴展、擴大對高科技產業的補貼及其他支持。這一系列政策（將於下文詳述），成功穩定宏觀經濟環

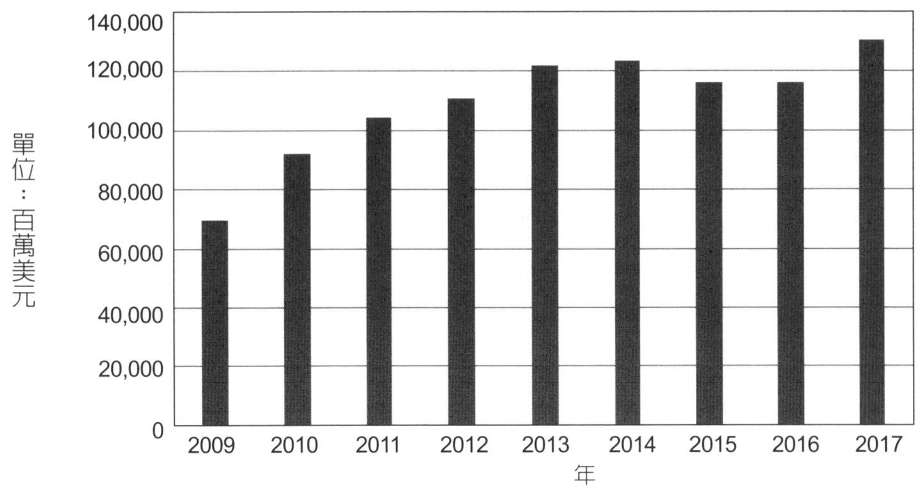

圖6.7 二〇〇九至二〇一七年美國對中國的出口

資料來源：國際貨幣基金組織
類別：商品，離岸價

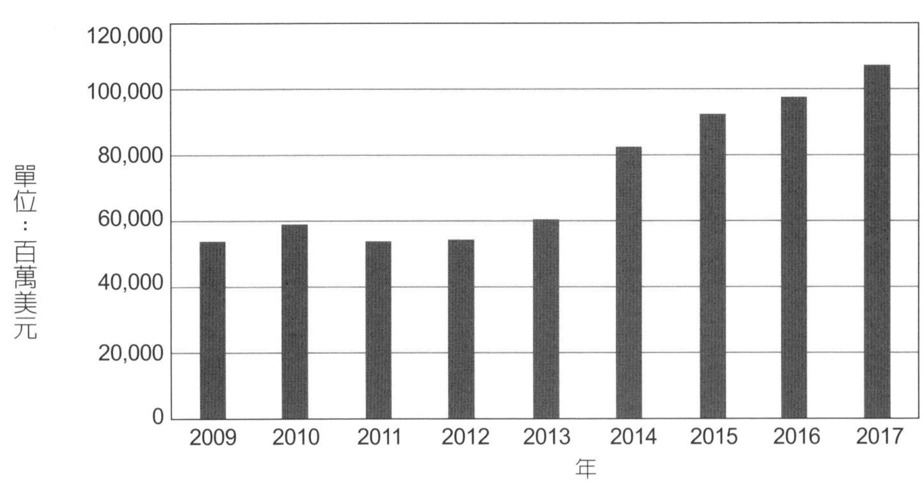

圖6.8 二〇〇九至二〇一七年美國於中國的外國直接投資

資料來源：美國商務部經濟分析局
註：國際收支及直接投資計畫的歷史成本基礎數據（以百萬美元計）

境，促使美國出口增加並有助於全球經濟的逐漸恢復。

維持人民幣的匯率穩定

二〇〇八至二〇一四年期間，人民幣兌美元匯率從每一美元兌換六點八人民幣，升值至每一美元兌換六點一人民幣。中國人民銀行，即中國央行，對人民幣的支持與全球金融穩定至關重要。其他國家與經濟體在不必與貶值的人民幣競爭之情況下，得以調整匯率並擴大出口。此外，中國市場持續導入愈來愈多種類型的進口，尤其是大量的大宗消費商品。在二〇一〇至二〇一四年期間，由於中國需求增多，消費商品價格飛漲，而能源價格幾乎翻倍。

在維持人民幣強勢的情況下，中國人民銀行及其他金融監管機構得以逐漸穩步開放利率，以更有效地反映市場條件。中國與國際貨幣基金組織及世界銀行密切合作，逐漸實行利率自由化政策，具體而言，中國開始讓國有銀行體系之外的非銀行機構，為消費者及私有企業提供市場化的儲蓄與貸款利率。

基礎建設

在金融危機後，中國明白到不能再仰賴貿易差額（net exports）來推動經濟成長。在二〇〇七年，貿易差額占國內生產總值達百分之十四的峰值，但在二〇〇九年急劇下降至負百分之四。中國政府為了應對，幾乎在各級別部門都開展一項大型的財政刺激計畫，透過各個部門發展基礎建設來推動經濟成長，政府批准了興建新的地鐵系統、電信設施、發電廠、機場、高鐵及高速公路。這些建設案通常並非由中央政府資助，而是由地方政府或省級政府經中央政府批准後資助，並由國有企業承包所有建設工程。

服務產業

中國政府努力擴大服務業，部分是為解決失業問題。政府意識到中國經濟過度依賴製造業，因此缺乏彈性，而且製造業與服務業之間缺乏健康的平衡關係。

此外，中國中產階級消費者對各種高品質服務的需求積壓甚巨，一般中國民眾對汙染、劣質食品及缺乏可靠醫療服務的意識大大提高。整體而言，政府允許私有企業來滿足中產階級的消費需求，旅遊、娛樂、教育及醫療保健的開銷都迅速增加，而美國的服務連鎖品牌及其他消費品牌在中國迅速擴大。

高科技

中國政府在應對全球金融危機的手段，也是作為之前政策的延續，工業和信息化部（Ministry of Industry and Information Technology）實施積極的科技民族主義政策（techno-nationalistic policies）。例如，政府實施網路安全政策，限制或移除外國軟硬體在政府電腦系統中的使用。中國政府也積極擴大自己在國際標準設立單位，如國際標準化組織（International Organization for Standardization）等全球工業標準制定機構的影響力。

中國政府將大規模補助注入未來技術的領域，包括資訊科技、生物科技、航空電信、機械科技、半導體及新能源汽車，這些補助方案與資金來源形式各異，但他們始終以重商主義方式實施，旨在最小化進口、最大化出口，並逐漸在全球供應鏈中向上移動。雖然外國企業名義上受邀請參與這些專案，但是他們會發現參與的條款與條件全部都對本地企業有利，尤其是國有企業。

在胡錦濤時代後期與習近平時代早期，美國企業對於繼續參與中國經濟成長普遍抱持樂觀的態度，在二〇一三年十二月舉行的中國共產黨第十八屆三中全會上，黨承諾讓市場在經濟決策中發揮「決定性作用」，美國政府及產業觀察家因此對中國的經濟發展前景感到鼓舞。許多人相信這會是轉捩點，中國私有企業與外國企業終於能夠在國內市場與國有企業公平競爭。美國對中國出口和對華投資雙雙增長，因為人們預期中國將進一步實行以市場為導向的改革和開放。

然而，到二〇一五至二〇一六年，習近平主席為應對全球金融危機而採取的政策，明顯造成經濟扭曲。由於大規模投資基礎建設，債務在二〇一八年占國內生產總值的百分之三百。隨著中國國內基礎建設投資逐漸減少，在二〇一三年，習近平宣布了一帶一路計畫，使中國企業有機會在其他國家繼續發展基礎建設。但是，一帶一路導致參與的中國企業及接受援助的國家增加了更多的債務負擔。在科技領域，大規模的補助，尤其是「中國製造二〇二五」政策，引發外國的反對並導致經濟合作暨發展組織成員國加強管控對中國的出口與投資。到了二〇一七至二〇一八年，中國經濟明顯過度負債與過度擴張。

現在中國政策普遍優先黨與國家控制經濟，犧牲中國私有及外國企業的利益，而國有企業在中國內外積極擴張，並且在中國內部受到國有銀行及金融監管機構的保護，免受外國競爭的影響。

在二〇一七年十月舉行的中國共產黨第十九次全國代表大會（Nineteenth Party Congress，簡稱十九大），中國似乎（至少暫時）決定翻轉十八大關於讓市場在經濟中發揮決定性作用的決定。取而代之的是，黨、國家及國有企業被賦予了主導地位，並能夠將職權範圍擴展超越傳統界限。中國修訂了《公司法》，要求國有企業服從黨委會，並要求私營企業忠實遵從黨的指示。二〇一七年頒布的《國家情報工作法》要求中國公民及組織「支持、配合、協作國家情報工作」。[20]

自二〇一七年的十九大以來，習主席更加努力擴大中國共產黨對政治、社會及經濟生活的控制。有時候，這反而讓外國企業受益。例如，反貪運動有效減少貪汙官員向外國公司索賄的機會，然而在普通情況下，中國共產黨對經濟領域的介入並不受外資歡迎。許多公司面臨公眾壓力，要求其符合中國社會主義的規範。由於民族主義情緒上升，外國企業在招聘與留任中國人才方面，也變得更加困難。

市場導向改革的退縮與共產黨對社會機構的日益加強支配，已成為美中關係日益惡化的關鍵問題之一。在二〇一八年，美國對中國的出口加速放緩，雙方之間的投資也急劇下降，在中國政府重商主義政策愈演愈烈的背景下，美國企業領袖越來越不願意為捍衛雙邊關係積極發聲。

＊＊＊

儘管過去四十年來美國對中國的出口與投資成長迅速，反映了中國國內治理在政治和經濟方面的巨大變化，但這種擴張極不穩定。我們無法確定過去的趨勢是否會繼續，也無法確定我們是否會看到新一輪的擴張。

二〇一六年川普當選總統後，美國對中國採取了更具對抗性也更強硬的外交政策。在美國政府的二〇一七年《國家安全戰略》與《國家防衛戰略》中，中俄兩國都被列為美國的戰略競爭對手，本書其他作者也都指出了這一點。這些戰略報告的發布預示了對美中關係的全面重新評估，因此將導致中美關係的競爭增加，兩國政府合作或配合的領域減少。

在二〇一八年二月，聯邦調查局局長瑞伊到參議院作證時，總結了川普政府的立場，他說：「我們正在努力做的事情之一，就是將中國威脅不僅僅定義為來自中國政府的整體威脅，更是來自中方社會的整體威脅，我認為這需要我們社會的全體成員一同採取應對措施。」[21]

川普總統最初選擇聚焦於美中之間巨大的雙邊貿易逆差，並指責前任政府允許中國利用美國公司擴大出口並限制美國進口。此外，川普政府與所有近期的前任總統不同，更傾向採取直接和對抗性的雙邊方式，而非使用多邊爭議解決機制，例如世貿組織提供的機制來解決分歧。

在二〇一八年，川普政府利用世貿組織允許的國家安全例外條款，結合美國《貿易法》第三〇一條款（該條款允許總統對從事不公平貿易行為的外國貿易夥伴加徵關稅），對多達一半的中國進口商品課徵關稅，而中國政府則是對美國出口產品課徵大致相應的報復性關稅。兩國接著進行了多次雙邊談判，由美國貿易代表賴海哲（Robert Lighthizer, 1947-）與財政部長史蒂芬・梅努欽（Steven Mnuchin, 1962-），以及中國副總理劉鶴（1952-）共同領導協商，其談判重點主要聚焦在美國在三〇一條款中提出的議題，包括強制技術轉讓、智慧財產權、國有企業、補助、市場開放，以及因商業利益目的對美國企業的網路攻擊等議題。在二〇一九年一月，兩國簽署了第一階段貿易協議，暫停額外關稅；可惜的是，此次協議並未明顯緩解美中關係的緊張局勢。

反之，貿易糾紛繼續擴大，包括雙方實施的出口管制、技術轉移及額外投資限制。美國財政部是負責實施擴大進口管制的主要機構，特別是美國政府對中國電信公司華為展開的全面國際攻勢，加劇雙方之間的不信任。在二〇一九至二〇二〇年期間，美國政府試圖切斷中國高科技企業的全球供應鏈，藉此限制技術流向中國，而中國的應對方式則是加倍加強自主技術發展與本土科技公司的投資計畫。在二〇二〇年新冠病毒在全球傳播後，美中緊張局勢急劇升級，雙方互相指責對方是病毒的起源地且未能控制疫情。

川普政府對中國的態度標誌著與過去的決裂。正如高龍江在第三章所述，中國已不再是貧困的發展中國家，相反地，中國現在是近乎平起平坐的競爭對手，在國際關係的各個層面上挑戰美國，包括戰略、經濟、貿易、意識形態與科技等層面。因此，許多人認為，某種程度的經濟脫鈎——尤其是在對國家安全敏感的高科技領域——是值得採取的作法。

川普政府迫使中國走上談判桌，討論困擾美國出口商與投資者約二十年的系統性問題。川普政府是否意欲迫使中國在經濟方面的決策者更加遵從對世貿組織及其他的承諾？中國共產黨是否願意放鬆對國有企業主導產業的控制？中共是否同意採取措施確保外國企業受到平等對待？中國對國家冠軍企業的補貼是否有所減少？中國的科技民族主義與激進的產業政策措施是否受到經濟合作暨發展組織規範的限制呢？即使緊張局勢緩解，中國政府也展現出一定程度的善意，但是去期望龐大的中國官僚體系能夠有效實施與外國國家的協議，特別是地方或省級層面，這是合理的期待嗎？

美中雙邊關係是否正在經歷另一輪週期性的變化，或緊張的局勢是否持續惡化，還有待觀察，但前景並不樂觀。在許多層面上，中國內部的緊張局勢似乎導致與美國政治經濟利益的分歧，而非趨於一致。

短期內，更多緊張與動盪似乎勢所難免。拜登政府必定會要求中國遵從全球規範體系，讓中國成為世界期望的負責利益相關者來參與全球經濟；但正如藍普頓在本書的結論第十四章所指出的，這可能需要幾十年，才能使各方的利益相符，重回更具合作性及具有成效的關係。

引註：

1. 美中貿易全國委員會的使命是為其成員與美國經濟利益，促進美中商業關係。
2. Mei Renyi and Chen Juebin, "U.S.-China Trade Relations in the 1970s and Hong Kong's Role," in *Bridging the U.S.-China Divide*, ed. Priscilla Roberts (London: Cambridge Scholars Publishing, 2007).
3. Jonathon Steele, "America Puts the Flag Out for Deng," *Guardian*, January 30, 1979, https://www.theguardian.com/world/1979/jan/30/china.usa.
4. "Council Activities," *China Business Review* 6, no. 1 (January-February 1979): 13.
5. "Cabinet Briefing on Trade Implications of Normalization," *China Business Review* 6, no. 1 (January-February 1979): 14.
6. Richard Baum, "China in 1985: The Greening of the Revolution," *Asian Survey* 26, no. 1 (January 1986): 30.
7. 更多關於正常貿易關係之敘述請見李侃如與董雲裳共同撰寫的第十三章。
8. See Kerry Dumbaugh, "China's Most-Favored-Nation (MFN) Status: Congressional Considerations, 1989-1998," Congressional Research Service, The Library of Congress, August 1998, http://congressionalresearch.com/98-603/document.php.
9. 阻礙商業關係擴展的其他重要問題例如：解決私部門與公部門對資產的主張，以及需要制定海運及航空協議。
10. Mee Kam Ng and Wing-Shing Tang, "The Role of Planning in the Development of Shenzhen, China: Rhetoric and Realities," *Eurasian Geography and Economics* 45, no. 3 (2004): 190-211.
11. See "Resolution," in Roger W. Sullivan, "A Government in Transition," *China Business Review* (July-August 1989): 9.
12. See Nicholas D. Kristof, "China Worried by Clinton's Linking of Trade to Human Rights," *New York Times*, October 9, 1992, https://www.nytimes.com/1992/10/09/world/china-worried-by-clinton-s-linking-of-trade-to-human-rights.html.
13. 包括停止由囚犯勞工生產出口到美國的商品，遵守《賈克森—凡尼克修正案》中的自由移民目標，並遵守《世界人權宣言》，其中包括釋放政治犯、確保囚犯的人道對待、保護西藏宗教及文化遺產，以及允許國際廣播及電視節目進入中國。
14. Dumbaugh, "China's Most-Favored-Nation (MFN) Status," 1-2.
15. James Mann and Rone Tempest, "U.S., China Trade Embittered Words on Human Rights," *Los Angeles Times*, March 13, 1994, https://www.latimes.com/archives/la-xpm-1994-03-13-mn-33644-story.html.
16. Dumbaugh, "China's Most-Favored-Nation (MFN) Status," 23-26.
17. Dumbaugh, "China's Most-Favored-Nation (MFN) Status," 23.

18. 更多關於中國進入世貿組織過程之敘述請見李侃如與董雲裳共同撰寫的第十三章。

19. See Steve Goldstein, “U.S. Enjoys Best Manufacturing Growth in the Last 30 Years,” MarketWatch, January 21, 2019, https://www.marketwatch.com/story/manufacturing-employment-in-the-us-is-at-the-same-level-of-69-years-ago-2019-01-04; and Bureau of Labor Statistics, “Current Employment Statistics Survey: 100 Years of Employment, Hours, and Earnings,” August 2016, https://www.bls.gov/opub/mlr/2016/article/current-employment-statistics-survey-100-years-of-employment-hours-and-earnings.htm.

20. See Murray Scot Tanner, “Beijing’s New National Intelligence Law: From Defense to Offense,” Lawfare, July 20, 2017, https://www.lawfareblog.com/beijings-new-national-intelligence-law-defense-offense.

21. Christopher Wray, “Remarks at U.S. Senate Select Committee on Intelligence,” February 13, 2018, https://www.intelligence.senate.gov/hearings/open-hearing-worldwide-threats-0.

第7章 中國經濟的觀點——我們學到了什麼？我們未能預測到什麼？

文／巴里・諾頓（Barry Naughton）

目前，美國普遍對中國感到失望與挫敗，這樣強烈的反應無可避免地引發我們重新思考對中國的看法，並仔細分析：到底是「我們」誤解了中國，還是「他們」故意誤導我們？[1]雖然我們必須重新評估對中國的認知，但無須相互指責。本章主要探討我們對中國認知的重新評估，而非指責，並分為三個「樂章」（movements）討論，雖然每個「樂章」皆以不同且對比鮮明的語氣敘述，但實際上是互補的，並且建立於共同結構之上。因此，使用音樂的比喻十分合適。在第一「樂章」，大致上我將探討西方經濟學家對中國見解正確的部分。經濟學家通常認為市場化與制度改革會誘發中國巨大的潛力，對此抱持樂觀態度，並深信會進展順利。這個簡單觀點雖然顯而易見，但值得再次重申。考慮到當前的指責氛圍，經濟學家的樂觀可能會遭受忽略或批評。

第二「樂章」說明大多數經濟學家（包括我自己）無法預見中國崛起為經濟超級大國後，所帶來的巨幅變動。這樣的失職跟未能預見中國在二〇〇三年後（直到二〇一〇年）出現的中速成長有關。這兩次嚴重的失誤可歸咎於伴隨中國崛起的科技革命及全球重整兩者的關聯。這些變化是前所未有的，因此難以預料。我認為其中四項變化為催化劑，既加速了中國的經濟成長，也催化了中國對全球的影響。將這些因素納入我們對中國的回顧探討十分重要，但究責並不是很有意義，畢竟沒有人能正確無誤地預測未來，而且這些變化又是史無前例的。回頭來看，或許我們應該花更多時間探討中國崛起在促成體制結構與全球方面之變化所帶來的影響，因為這些也使中國更快崛起。

第三「樂章」主要探討我們做錯了什麼。首先，我們對二〇〇三年後發生的政策變革，理解得太慢。我們普遍低估中國共產黨內保守派（或「左派」）的勢力，以及他們可能會將改革成就歸功於自己，並操縱政策制定的過程。正因為低估他們，才使我們遲遲無法理解到改革是如何在政策制定過程中被抹去的。事實上，自江澤民與朱鎔基分別於二〇〇二年及二〇〇三年下臺開始，經濟改革就一直軟弱乏力且鮮有成功，這種情況明顯早於二〇〇八年的全球金融危機（global financial crisis，簡稱GFC）。隨後，在全球金融危機期間，美國模式的吸引力大幅降低，中國時常將金融危機期間的政策成就拿來跟美國的失敗作對比。因此，中國決定減少以市場導向的改革。自習近平鞏固權力以來，將市場作為經濟推動力的承諾又再次減弱。本章透過觀察檢視其中幾點的影響，作為總結。

第一樂章：預見中國奇蹟

整體來說，美國經濟學家對中國的見解是正確的。[2]一九八五年德懷特・珀金斯（Dwight Perkins, 1934-）於華盛頓大學的演講，後來發表為《中國：亞洲下一個經濟巨人？》（*China: Asia's Next Economic Giant?*）一書，正是最佳例子。這些演講是在趙紫陽堅定擁抱經濟改革的中國時期，但在改革成果（農業以外）展現之前發表的。儘管珀金斯在該書的標題中使用了疑問句，但他清楚表明這個問題的答案是「是」。引用珀金斯所言：

> 日本、南韓、臺灣等國家已經證明二戰後，每年百分之八，甚至更高的國民生產毛額（GNP）成長率是可行的。……〔儘管〕中國需要限制食品進口……，使中國難以實現與前述國家並駕其驅的總體生產率增長……，但整體來說〔考量到改革可能會持續推動〕，我們有足夠的理由認為中國將繼續快速成長。在這個背景下，快速成長指的是未來十五年甚至更長時間內，國民生產毛

額的年均增長率為百分之六到百分之八。[3]

而事實也是如此。中國的成長率超過珀金斯的預期，而且這種快速成長持續到二〇一〇年，國民生產毛額成長率在後兩年半達百分之十，確實超出珀金斯的預測，但也證實了他的邏輯與判斷。珀金斯的研究方法在當時是普遍經濟學家採用的典型：關注制度改革、對於特定困難或限制提出警告、樂觀主義，以及稍加探討這些樂觀預期的影響。

因為經濟學家的整體取向，他們在一九八九年天安門事件及隨之而來的倒退與鎮壓期後，相對迅速回歸樂觀情緒。從一九九二年一月鄧小平南巡，到一九九三年十一月第十四屆中共三中全會，中國的經濟政策經歷深度的定位改變，中國領導層承諾實施大多數經濟學家所信奉的改革。因此，當時許多非經濟學家對中國深感悲觀時，《中國解構》（*China Deconstructs*）這樣的書名似乎風趣又貼切，但大多數經濟學家已經轉向樂觀的一方。[4]一波又一波的制度改革接踵而來，這種樂觀情緒逐漸轉變為堅定信念。

在一九九七年後，朱鎔基終於著手進行公部門改革，而在此之前公部門似乎是最碰不得的利益集團，因此，大多數經濟學家深信市場導向的經濟改革必定會取得勝利。大約在相同時期，資深中國分析家威廉・奧弗霍爾特（William Overholt）當時結束在亞洲任職二十年的銀行家工作，準備接任蘭德公司亞洲研究團隊負責人，他自創了一個漂亮的說法：「中國與任何其他國家一樣深陷泥淖，但自救速度之快卻無可比擬。」這句話捕捉到經濟學家樂觀的精髓。更廣泛地說，中國政府正在作困難的決策，例如短期內必須承受痛苦以追求長期利益。短期內的失業率上升是無可避免的，堅持「硬預算約束」（hard budget constraints）（必須償還的銀行貸款）須經歷心態上與操作上的改變陣痛期。在這些情況下，政治體系理性地應對嚴峻的長期挑戰與短期危機。有些人將其歸功於體系，有些人則歸功於政策的應對，但無論如何，在一九九〇年代中末期中國政府採取必要手段奮起迎接挑戰，是令人驚豔的非凡案例。

到二〇〇三年春季朱鎔基卸任時，中國顯然已渡過難關。市場經濟的基礎已奠定；中國已加入世貿組織，做出國際承諾以加強國內成就，並為接下來的十年快速提升生產力與整體經濟成長作好準備。此外，劇烈成長所帶來的直接連鎖效應也很快便顯現出來。在經濟上取得成功的中國開啟了成長的新方向，同時也創造出更多樣化、更都市化、更中產階級化的社會。中國民眾看見能力爆炸式地成長，好奇心也隨之爆發。在美國的大學中有數十萬名中國學生（二〇一八至二〇一九學年有三十七萬人），他們的訓練、努力與多樣性證明了中國成功發展城市中產階級。整體而言，中國民眾對美好生活的需求不斷增加，而且更加多樣化。[5]

第二樂章：我們未能預見的事情

儘管經濟學家對中國的潛力普遍樂觀，但中國的經濟成長速度之快仍略高於大多數經濟學家的預期，這樣的速度具有重大意義。到二〇一〇年國內生產總值成長率為百分之十，而（最出人意料的是）二〇〇〇年代的成長率實際上比一九八〇年代跟一九九〇年代都來得高。確實在二〇〇三至二〇〇四年後有「第二次經濟起飛」（second takeoff），而且出乎大多數經濟學家的預料。在中國國內與國際上巨大的制度力量，推動中國的成長，加速了改變的步伐。這些力量以往並未受重視，而且鮮少納入分析之中。雖然這些加速力讓成長的益處飛快地實現，但也讓中國難以調整改變。總之，就是改變的速度太快了。

回頭來看，在我們未能預料的事情中，有四個面向最為重要：首先，我們低估了所謂的人口紅利（demographic dividend）與其重要性，導致我們的時間點有誤。其次，我們未能（也從未）預見與中國崛起密切交織的資訊科技改革之影響。再來，我們並未理解同一時期所發生的美國企業重整帶來的衝擊。最後，我們並未意識到加速中國融入世界經濟的步伐和影響力會重擊美國製造業重鎮。

人口紅利這樣有利的概念只有在一九八〇至一九九〇年代才開始受到重視，人口紅利是指人口結構對經濟成長有利的時期。一開始是在嬰兒潮（在中國是一九五〇至一九六〇年代）之後，當新世代開始節育時便成為紅利，因此勞動人口迅速增加，而撫養率（兒童與老人組）下降。一九八〇年代中國勞動力快速成長在當時主要的挑戰是：如何為所有年輕人找工作？事實上，就業市場快速擴大，足以讓所有勞動人口找到工作，而中國一胎化政策制定者並非唯一高估人口成長問題之人。同樣地，也很少有人預見到經濟成長與都市化對自願減少生育率的深遠影響。當時日本、臺灣、韓國的出生率已大幅下降，但這些地區的總生育率遠低於出生替代率之情況，尚未受到足夠關注。專家尚未理解到東亞地區生育轉型的速度與幅度，中國生育率的迅速下降遭錯誤數據資料還有極具爭議的一胎化政策所掩蓋。因此，在二十一世紀後，中國人口結構變得愈來愈有利一事，並未引起太多關注。撫養率繼續下降，而且經濟已吸收了早期嬰兒潮世代大部分的勞動人口。到了一九九〇年代，隨著新一代的父母自我節育，只生一到兩個孩子，整體勞動人口市場的成長開始下降。因此，在世紀之交時，經濟吸收來自農村地區的勞動人口能力增加，而農村地區的勞動人口十分充足。

理解中國在二十一世紀發生的人口因素變化至關重要，但起初沒人能看見其重要性。多年來，農村工人因戶籍制度而留在農村。此外，世紀交替時，隨著國家及都市集體勞動力縮減，都市失業率居高不下，從農村移居都市似乎不太可能。但隨著外在環境的變化及加入世貿組織的影響出現，勞工需求迅速增加。這樣的變化使許多人感到驚訝，或者說，因環境的改善，我們不再擔憂、關注這樣的變化。結果，我們並未預見中國能夠在二〇〇三年後，如此果斷利用其人口紅利的最後階段。中國迅速有效地降低了農村移居到都市的條件（即使在法定居住類別方面並未有重大變化），在二〇〇五至二〇一〇年間，每年有超過一千萬人跨省前往都市開展新的生活。我們並未預見到中國快速完成其人口紅利最後階段之能力。我們大多數人都在思考如何應對逐漸減緩的成長推力。[6]實際上，中國政策制定者能夠將這種結構性的成長放緩推遲到二〇一〇年之後。

之所以能夠達成這樣的成就，其中一個因素無疑是勞動力需求已經在迅速增長，而且實際上需要採取以出口為導向的策略。當時中國剛剛加入世貿組織，同時也正值中國的房地產起飛期。這兩項需求組成的重要變化可以合理認為是朱鎔基改革時期的結果，該時期開放給私人企業出口及營運房地產。在這種情況下，人口紅利（在都市已經發揮作用）仍為農村地區提供了大量的年輕勞工，從而在需求端條件到位後，就能實現快速成長。[7]

第二，中國的崛起跟資訊科技的變革密不可分。資訊科技直接推動了中國的快速成長，科技使用在中國十分普遍，現在好像是理所當然，但中國採用電腦與通訊科技的時間相對較晚。在一九八〇年代，個人電腦在中國並不普及，當時人民的薪資收入無法負擔購買個人電腦，因此資訊科技使用的主要階段是在一九九〇年代末由行動電話開始，都市居住者最早使用手機，但中國移居其他地區者也開始使用，這降低了資訊成本與不確定性，同時在世紀交替時促成大規模的城鄉遷移。因此，資訊科技在二十世紀末變得日益普及，造就快速生產力成長與加速轉型。據我所知，雖然尚未有確切影響的專業研究，但合理推論資訊科技硬體普及體現於一九九〇年代末生產力的快速成長。[8]

與此同時，中國歷經資訊科技生產技術改革，經濟成長加速與資訊科技硬體生產為重要基礎緊密交織在一起，第一階段資訊科技生產率是由日本企業主導，到一九九〇年，日本企業是資訊科技的龍頭，生產最高品質的積體電路（晶片）、螢幕及消費性電子產品（還有許多其他例子）。但在第二階段，全新極度開放的模組化資訊科技之架構模型，逐漸占據主導地位。位於矽谷的半導體與電信（及網路）產業有爆炸性的成長，但很快地發展為以中美臺互動為基礎的多國合作網絡。雖然日本企業仍試圖透過生產高品質的封閉式系統以維持龍頭地位，但也逐漸不敵由（暫且稱之為）「『中美』網絡」（"Sino-American" networks）生產價格低廉、更具彈性使用的硬體。當日本企業只專注於僅在日本國內流行但未在全球普及的手機技術時，他們再也不是領先全球的資訊科技龍頭。科技動力的重心於是從日本轉移到中美網絡。[9]

確實，中國在新興體系中最初相當被動，只有低技能、勞動密集型的組裝工作從臺灣外移到中國。

但這容易誤導人們的見解，因為技術升級的機會迅速出現（藉由複製、發展國內供應商、仿冒（山寨）版本等）。此外，臺灣企業從一開始就積極參與，並在重整過程中扮演重要角色。在二〇〇一年之後，臺灣企業幾乎將所有勞動密集型的工作外移到中國大陸。雖然限制轉移最先進、最敏感的智慧財產，但能力與知識仍是大規模地轉移了。諷刺的是，當時中國在高科技投資的澈底開放態度與日本政策形成鮮明對比，日本的政策仍受到希望在大型企業內部維持全套工業能力的願望的影響。更重要的是，中國對高科技投資的渴望，成功吸引到大量外資，鞏固了中國在資訊革命中的地位。

因此，資訊革命對中國影響重大，就在世紀交替時發生且速度驚人。資訊科技提升了許多經濟生產流程〔「下游」（downstream）〕的生產力。資訊硬體元件在二〇〇三年之後，成為中國出口巨幅擴張中最重要的關鍵〔「需求方」（demand-side）〕。中國的新創企業因與外資硬體元件生產商緊密合作而開放，促使全新本土產業出現〔「供應方升級」（supply-side upgrading）〕，深圳就是這種效應的最佳例子，從低技術的出口加工與房地產區轉型為充滿活力的高科技樞紐，雖說最初是生產廉價山寨的電信設備起家。當時無人真正預料到這些效應的影響程度。

第三，本文所描述的資訊技術生產網絡的重組，在某種程度上就是將美國公司模式廣泛地重組，不過這是一個特別專注在特定層面的例子。在有時被稱為「企業金融化」（financialization）的過程中，美國公司普遍從垂直整合轉向不同的企業模式，專注於核心競爭力，同時外包或外移他們沒有競爭優勢的部分。他們試圖減少在資產負債表上的資本，提升利潤與獲利率。正如現在普遍所知，這產生了全球生產網絡（GPNs）體系，尤其是在二十一世紀初，它們對全球產出及貿易愈加重要，到二〇〇七年，超過全球總出口的百分之二十是GPNs中的中間階段（intermediate stages）。[10]

這並不僅僅影響到中國本身，全球生產網絡的整體發展也與中國密不可分。[11]中國一九九〇年代創建的雙重貿易體制（dualistic trading regime）允許企業進口零組件及原料，只要將零組件及原料加工成出口產品就可以免課關稅。這些條款對於全球生產網絡非常友善，從一九九六到二〇〇七年間，一半以上的中國出口產品都是在這些規定下所生產的。隨著中國對世貿組織的承諾生效，中國成為全球生產網絡勞動密集型工作的首選。卓越的基礎建設及寬鬆監管政策強化了這一優勢。另外一個與此相關（但不完全相同）的發展是，能夠協助任何人在中國生產任何產品的中盤商開始湧現。假設你想做新的玩具或廚房小工具，中盤商可以幫你聯繫在中國的供應商，並以相對低廉的成本將產品運送到美國。即便不是大型企業，你也可以建立自己的小型全球生產網絡。

這些組織變革再次促使中國在二〇〇三年後，以超乎預期的速度飛快成長。當然，加入世貿組織也是經濟成長的主因之一。但只單看作為世貿組織會員國，在缺乏組織與技術變革的情況下，不太可能會對中國的出口產生如此巨大的影響。因此，中國的經濟成長之所以更加迅速，對全球體系的影響更加突出，組織變革所發揮的影響比起其他因素都要來得顯著。簡而言之，人口、技術與全球企業資本主義變革的結合，在世紀交替之初，尤其是二〇〇四年之後，促成了中國經濟持續成長。由於沒有預見到這些變化，經濟學家們低估了中國的增長軌跡，即使他們對中國的整體增長前景持一貫的樂觀態度。

第四，這些變革使中國對世界其他地區的影響更加強大。動能是質量與速度的產物。到二〇〇三年，中國的經濟規模與成長速度遠遠超出預期。這樣前所未見的經濟動能讓全球（包含美國）難以調整衝擊。然而，由於中國崛起對美國企業與勞工的影響程度不同，因此適應調整變得更加困難。經濟學家支持自由貿易，因其可以產生效率增益，有潛力讓每個人都受益。但經濟理論也明確指出自由貿易有贏家與輸家，且有可預測的模式。當一經濟體開放貿易時，稀缺因素（相對於全球平均水準）會「輸」，而（相對）富饒因素會「贏」。因此，我們預期在美國，稀缺因素如無一技之長的勞工，會因自由貿易而輸，而相對富饒因素如資本與高技能勞工，會因自由貿易而贏。這在任何情境下都是成立的，而且要吸收從中國進口三億至四億名無一技之長的勞工（再次強調「大量」），對世界經濟來說並非易事。考量到前三點中提及的加速因素，因為速度之快衝擊力無疑是難以吸收的。

無論對贏家或輸家來說，衝擊力同樣來得又強又快。美國企業從中國效應中獲益不淺，不僅是新市

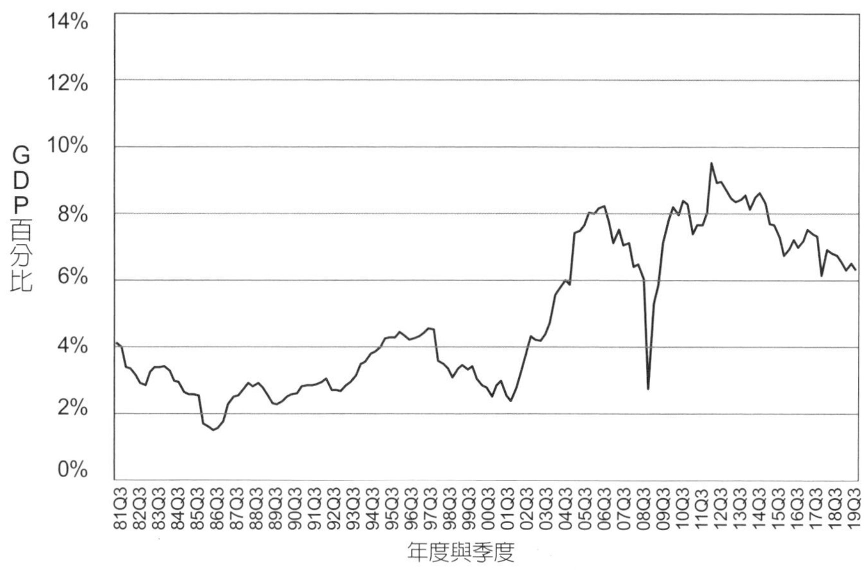

圖7.1 美國公司的稅後利潤占GDP的比例

資料來源：U.S. Bureau of Economic Analysis, accessed through FRED, Saint Louis Federal Reserve Board, at https://fred.stlouisfed.org/graph/?g=1Pik.

場開放，由中國境內設立的子公司提供服務，整體的生產成本也隨之下降。其一重大影響是美國企業利潤在國內生產總值（GDP）中占比顯著增加，如圖7.1所示。自一九八一至二〇〇二年，企業利潤平均占美國GDP的百分之五點四。然後，企業利潤在二〇〇五年前後，開始飆升。自二〇〇六年至二〇一九年第二季，美國企業利潤平均占GDP的百分之九點六。[12]企業利潤的增加讓股市蓬勃發展，對社會中較富裕的群體帶來明顯的利益。要明白雖然這並非由中國一手促成，但若沒有中國，這種情況則不會發生，而且此一成長始於二〇〇二至二〇〇三年左右，正值中國參與全球生產網絡之際，這並非偶然。

對於輸家，也就是在勞動密集型製造業中的美國勞工來說，這突如其來的調整也是顯而易見的。奧特（David Autor, 1967-）、多恩（David Dorn, 1979-）與漢森（Gordon Hanson, 1964-）所撰寫的一系列重要研究論文記錄了中國進口增加在二〇〇七年對美國特定地區（通勤區）的負面影響。[13]這些論文深具影響力，不僅因其記錄對美國具重要政策意涵之效應，也因它們告訴我們一些有關經濟本質的東西，挑戰了經濟學家的常規假設。經濟學家通常假設調整成本（摩擦）是有限且短期的，並且通常可以忽略不計。但奧特、多恩與漢森的研究顯示，調整成本是持久的，並且在研究的時間範圍內（即二〇〇七年）仍未被克服。對於任一特定的地方經濟來說，負面競爭的貿易衝擊會導致所謂的微型經濟衰退（mini-recession）（我的用語，非他們的用語），因此整體而言，當地的經濟下滑限制或甚至減緩勞工轉向服務業與出口導向的製造業。當地經濟並未適應貿易衝擊，而是確實受到衝擊。顯然，這是因為中國貿易衝擊的速度與規模十分巨大且前所未見。前述之加速因素再加上中國的巨大規模，都有助於解釋為何美國對於經濟衝擊如此難以應對。

顯然，這些衝擊導致美國整體收入分配的惡化，而且美國的政治氛圍也因此每況愈下。財富增加集中在「百分之一的人」的手裡，而不幸的是，調整成本則不成比例地落在專門從事勞動密集型製造業的地方經濟集群（economic clusters）上。這種結果除了本身就不可取之外，還加劇了美國本土主義與民族主義言論及政治勢力的增長。

第三樂章：對二〇〇三年後政策變化的誤解

中國二〇〇三年的經濟狀況比十年前的一九九三年要好得多，經濟學家十分明白這點。經濟改革很成功，越過了許多基礎的障礙，但中國社會中的不確定性持續增加，國有企業改革意指鐵飯碗的保證已不復存在，從二〇〇二至二〇〇三年失業率居高不下，在農村的醫療系統崩潰，代表突發的嚴重疾病或其他出乎預期以外的事件變得更加危險，而二〇〇四年的SARS疫情，雖然流行時間不長，但確實加劇了這種焦慮。在二〇〇三年左右，中國的「幸福」指數觸底。[14]樂觀的經濟學家無法理解這種社會情

圖7.2 預算收入與支出占GDP的比例

資料來源：National Bureau of Statistics, China. China Statistical Abstract 2019, p. 68; updated through Ministry of Finance, accessed at mof.gov.cn.

緒，因此他們對政策演變從這一關鍵點上的預測，出現誤差。簡而言之，在這一時期，改革的短期成本極為明顯，但提高生產率、增加就業和加快增長的長期效益卻尚未顯現。

經濟學家尤其誤解了國家實力下降後的經濟復甦。經濟學家普遍認為，中國在一九九〇年代面臨了國家實力危機，因為從以往經濟情況遺留下來的財政金融機構，完全不足以應對當時的情況。因此，建立新的國家機構被視為創建市場經濟的必要且基本的步驟。[15]而當新的財政機構開始運作、財政收入恢復時，大多數經濟學家認為這問題已被解決，這議題也已經塵埃落定。圖7.2顯示預算收入的劇變，自一九九五至二〇一五年的二十年間，預算收入占國內生產總值的比例每年增加。因此，經濟學家認為財政改革（尤其是）是一項成功的改革，是一系列基本改革中的一項，並認為解決這一問題將有助於市場改革進程得到普遍的肯定和

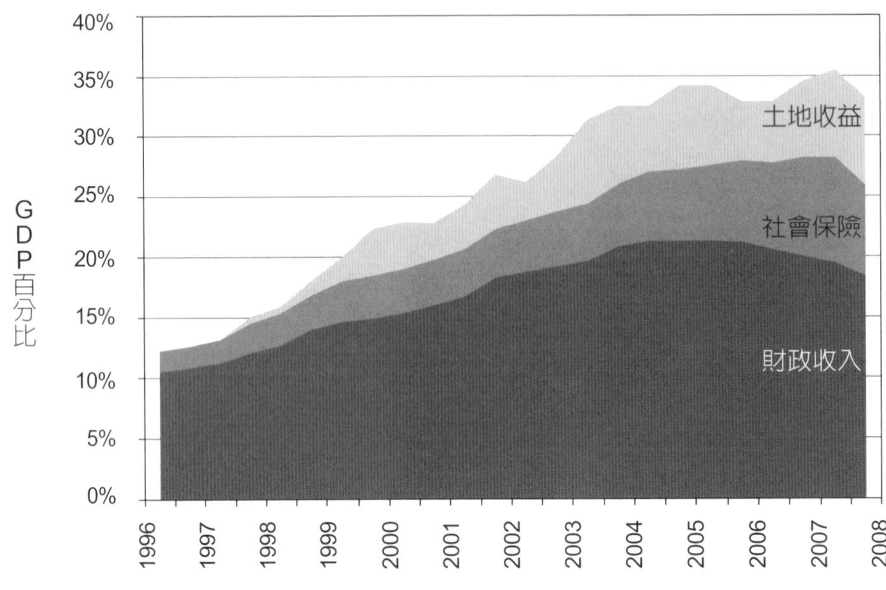

圖7.3 公共收入總額占GDP的比例

資料來源：Barry Naughton, "Is China Socialist?" *Journal of Economic Perspectives* 31, no. 1 (Winter 2017): 1-23.

歡迎。然而，當時幾乎沒有人注意到的是，財政改革雖解決了當時最迫切的挑戰，但同時也減少進一步改革的動力。也就是說，若沒有即將來臨的危機，政權將會逐漸減少對改革的整體承諾。這種情況逐漸明顯，但直到政權實施最後一次真正的市場導向改革，即國有銀行體系的重整後，才變得明確。此改革於朱鎔基政府晚期，即二〇〇一至二〇〇二年規劃與設計，但實際實施則在二〇〇五至二〇〇六年，此次改革達成許多成就，本質上解決了前十年的財政危機。

沒有人預料到中國才剛穩定預算收入，竟會立即加速擴張，成為高稅收經濟體。換言之，中國的財政實力不僅已從一九九〇年代中期不穩定狀態中復原過來，甚至成長幅度之大已超越了一般的開發中國家。要衡量成長的幅度，須考量兩個額外的收入來源，如圖7.3所示。中國的社會安全系統於一九九〇年代中期引進，作為分開的社會保險方案，其收入並不包含在預算收入內。本質上來說，即使中國要到二〇三〇年才可能進入高齡化社會，最好還是為中國採用高額社會保險政策做好準備。大多數中國及國外的經濟學家都支持這種謹慎的作法，希望中國累積社會安全資本，避免美國及其他已開發國家的隨收隨付退休金制度（the pay-as-you-go pension systems）的缺陷。

但結果是在社會保險支出相當微幅成長之下，稅收權力持續增強。另外，在二〇〇〇年代，因經濟持續成長與房市蓬勃發展讓政府長期壟斷的都市土地所有權變現，地方政府因此大賺一筆。在國家的管控下，這兩個因素結合造就了超過十個百分點的GDP收入。[17]

於是，中國再次成為強國。多重收入來源集中掌握在國家手中，使政府變得富裕。當然，公共收入並非衡量國家實力的唯一標準，中國共產黨滲透國家所有的重要機構，其力量之強大依然完好無缺（經濟學家和其他人一樣，如果他們認真思考過這問題的話，他們會預期這種滲透會變得較不受意識形態影響，或至少實現一部分的制度化）。國家擁有銀行體系，因此對信貸流動的直接與間接影響也得以維持。為應對二〇〇八至二〇〇九年全球金融危機所採取的經濟振興計畫，銀行貸款的急劇增加，財務資源的規模超速擴大，變得更加容易受到政策的左右。國有企業持續占據關鍵戰略位置，進一步鞏固政府的地位。

因金錢及人事權力再次集中掌握在政治領導層手中，他們面對的基本問題也發生了變化。由於無法直接觀察中國領導層每天面臨的問題，我們必須試圖從其行動中推斷出來。中國自溫家寶（1942-）年代早期之後，基本問題似乎從「我們應如何改革經濟以成功實現成長？」轉變為「我們應如何實現偉大的成就？」藍普頓強調需要「辨識領導者的目標及目的、約束或促進其活動的制度，以及關鍵人民群體透過哪些措施過濾資訊」。[18]在這方面，我認為經濟學家在二〇〇六年後愈來愈失準，未能洞察出領導層目標的轉變。

忽視重要的領導人輪替及政策目標是很容易發生的，因為中國是中等收入國家，其平均消費力仍是相對較低，面臨到許多嚴重的問題，最為明顯的就是重建普及社會安全網與處理汙染問題。這些問題很容易被視為現有模式的一部分：改革已經在市場化（marketization）方面取得了突破，因此下一步（補充作法）就是重建社會安全網。然而，現在回過頭來看，把這一轉變看作是向更加積極的議程的更廣泛轉變的一部分可能更為準確：我們如何完成偉大成就？我們應該如何使用現有的財富？在這方面，溫家寶達成許多令人矚目的成就：重建公衛系統、向人民宣導（簡單粗略的）退休制度、啟動針對產業政策、緩衝許多部門免受加入世貿組織的影響，以及增強中國軍事實力。此外，中國還迅速、果斷、大規模地應對了二〇〇八年十一月開始的全球金融危機。從許多方面來看，溫家寶的政績都是可圈可點的，但就經濟改革而言，卻沒有明顯成就，如並未加強金融改革、在資本帳戶開放方面毫無進展、在加強監管機構方面成績糟糕。總之，在以市場為導向的經濟改革方面幾乎一無所獲。

儘管中國政府的實力產能變化巨大，但大多數經濟學家都未能調整基礎典範。像我這樣的學術經濟學家與在國際機構或私人公司就職的經濟學家，幾乎都繼續將中國視為一個正在改革的經濟體，雖然有所停頓，進展也不平衡，但從根本上說，中國仍在朝著進一步改革的方向前進。此外，基於這一理念，我們對中國做出了巨大的精神和實際讓步。例如，國際貨幣基金組織悄悄改變國際貨幣，將其納入特別提款權的標準，取消資本帳戶可兌性的硬性要求，以承認中國在人民幣國際化方面取得的進展。[19]要改變對中國基本的看法十分困難，在中國多年的改革歷程中，一再面臨改革挑戰，也一再制定策略成功應對許多重要的問題。套句奧弗霍爾特的話說，因為中國「自救」的速度比其他國家要快，我們要如何重新看待經濟社會歷經巨幅成長卻不願往我們熟知的市場經濟方向發展之國家？

在某種程度上，這種失敗必與西方學者可取得的個人互動及第一手資訊之類型有關。外國經濟學家跟與我們遵循相同典範的中國經濟學家定期互動，他們通常對進一步改革抱持樂觀態度，並敦促我們耐心應對中國政策制定的週期性。經濟學家聰慧出眾、口才伶俐，他們一直是推動持續市場導向改革觀念的領航員，成功捍衛這些觀念十多年。而且，他們跟政策制定者關係密切，雖然他們並非唯一能夠影響決策的人，但仍能受到政策制定者所關注，並在政治局勢稍有變化時，處於有利的位置以實現偏好之政策。因此，西方學者容易忽視這些中國顧問的政策實施成功率正在持續下降。與此同時，我們所不知道的是，不知何故，與我們這些外國人沒有交集的另一套考慮因素，或另一批顧問，對高層政策制定者發揮的影響力日益增強。

於是乎，整體西方經濟學家在中國政府政策偏好轉變——我稱之為「操舵」（steerage）變化——的反應過於緩慢，擁有資源的政策制定者穩步尋求管控經濟的新形式。在二〇〇六年出臺的《國家中長期科學和技術發展規劃綱要》（Medium to Long-Term Plan for the Development of Science and Technology）中，儘管最初資金相對較低，也將特定產業與計畫專案重新納入。二〇〇六年初，政府決定採納國有企業應保留對某些戰略性產業控制之理念，儘管這一轉變的監管原則從未公開。煤礦產業國有化為解決安全問題之方式，所有這些變革都發生在全球金融危機之前。但金融危機之後，溫家寶在談到從中汲取的教訓時明確表示：「在堅持市場經濟改革方向、發揮市場配置資源基礎性作用、激發市場活力的同時，充分發揮我國社會主義制度決策高效、組織有力、集中力量辦大事的優勢。」[20]

據溫的說法，社會主義體制的優勢指的是中央政府能夠集中大量財政資源，並迅速調度利用的能力。這是財政特徵，其次才是政治特徵，而非系統的社會或階級之特性。在全球金融危機期間，中國認為危機管理措施成功，隨後首次自系統計畫體制終結以來，推出有實質資源支持的明確產業政策。戰略性新興產業於二〇〇九年明確納入隨後的五年計畫中，[21]此後，直線接軌當今世界國際爭議的政策。「中國製造二〇二五」及《創新驅動發展戰略》（the Innovation-Driven Development Strategy）政策分別於二〇一五年與二〇一六年採納。這些政策呼籲有目的性地介入特定產業，並由政府提供大規模補助。經濟學家對此方向轉變之察覺過於緩慢。

經濟學家過去認為中國會在市場導向的改革過程中調整為符合中國的漸進戰略，並暫停來應對環境或能力之變化。由於經濟學家在政策過程中往往具技術官僚心態（technocratic mentality），因此傾向於將中國的政策決策人士視為務實、具實驗精神、適應力強大之人。耐心等待才華洋溢的科技政治家重新發揮影響力是自然的。經濟學家並未察覺在中國共產黨內部仍存在強大且重要之派別，他們對市場導向的改革持保留態度，希望政策走向更加強硬、更傾向民族主義，並且只要能實現某些民族主義目標，他們樂見政治體制之壓制力更加強大。任白明（Jude Blanchette）指出，這些左派聲音在整個改革時期有時雖遭壓制但始終存在。[22]可是即使他們確實存在，在我們所知聰明又有遠見的技術官僚面前，他們要如何維持自身的影響力呢？事實上，這些保守（或左派）觀點在整個四十年的改革時期不斷捲土重來。在一九八九年六月天安門事件後的三年內，他們主導政策制定，並試圖扼殺經濟改革。到一九九〇年代中期，強烈的獨立民族主義觀點在中國地位顯著。在世紀交替時，江澤民受左派人士直接挑戰，反對他接受資本主義人士加入中共的「三個代表」（Three Represents）政策。當時江澤民似乎為因應挑戰而關閉了左派媒體機構，繼續實施他的政策主張。回顧當時情況，可以清楚看出能有一群擁護者持續支持更強硬、民族主義色彩更濃厚、對市場導向改革更不友好的政策。顯然，這樣的擁護者既存在於中國共產黨內部，也存在於黨外，包括民族主義情緒高漲的民眾及獨立的左派團體。

然而，存在於中共內部的這一集團更加重要，對他們而言，經濟改革的成功將有助於強化中國共產黨的合法性，並加強黨對權力之掌控。但對於大多數人來說，這並非立即性的問題，對我們的研究目標也沒有影響。以我之見，我認為政權更迭（顯然）與我們無關，也不在我們的能力及專業範疇之內，而且中國共產黨的治理結構會隨著日益複雜、高識字率的社會之需求而演變，以因應國內情勢採納新的利益集團。此外，大量證據指出，中國共產黨內部正在進行這樣的機構調整，因此建設性、漸進性變革的整體典範依然存在。[23]

但是，我們（包括我自己）並未考量到中國共產黨的強大力量與全面的權力。首先，中國共產黨能夠管控資訊流通，能夠扭曲甚至破壞改革政策所帶來的經濟成功與輿論之間的基本互動。當然在某種程度上，這在每個政治體系中都會發生。在任者於政策實施順利時會受肯定，但在進展不順時則遭受指責，選民並不擅長將改革困難及經濟成就之間的時間差納入考慮，在中國更是如此——當中國在二〇〇四年後進入第二次經濟起飛時，朱鎔基的名字已不再出現於報紙上，人民也未將朱鎔基的改革與生活水準快速提高聯想在一起。對今日中國青年而言，趙紫陽這個名字可能不代表什麼，甚至毫無意義；同樣，對他們來說，中國今日的繁榮似乎讓記憶朦朧的天安門事件成了因誤解而造成的小騷亂。因此，經濟改革成功與支持進一步開放和政治經濟改革的態度之間的關鍵正向循環（在一九八〇年代顯然存在）在很大程度上已被打破而不復存在。此外，中國共產黨持續、全面且疲勞轟炸的政治宣傳，將所有經濟成就都歸功於黨，進一步抹殺之前關於正向循環的觀點。然而，比公眾輿論更為重要的是，中國共產黨的多面向權力與國家實力的大規模恢復之間的關聯。喬威特（Kennth Jowitt, 1940-）以「無法生物降解」（nonbiodegradable）來形容蘇聯共產黨，自蘇聯解體後，這個術語似乎失去了現實意義；[24]但對於今日中國，卻似乎有十分密切的關係。儘管中國及其政府幹部的準制度化與專業化之改革令人驚豔，但黨的基本結構仍保持完整。黨定期投入大量的人力在資訊傳播、利益調整及問題解決上，具有實際效用。[25]毫無疑問，這些能力，對於因為尋找通往市場導向改革可行途徑而面臨諸多挑戰的中國而言，是巨大的資源。黨在政策不順或市場運作失靈時提供支持，如在全球金融危機期間，黨便迅速發揮了穩定應急之功用。黨的結構還促使政策實驗，也對地方官員實施合理有效的獎勵機制。當國家資源不足時，中國政府仍能面對、解決問題，黨組織居功厥偉。在政策制定者之壓倒性目標為市場導向轉型時，這一切都看似正面有益。

在朱鎔基改革成功之後，中國政府能力的恢復為強黨富國創造出許多新的可能性。更重要的是，這代表市場轉型不再是絕對必要。中國在二〇〇〇年代中期成為轉型後的政治經濟體。意思是我們可以說，即便國家不再需要黨的支撐，黨依然是有力的權力來源。當黨國開始能夠運用價值數千億美元的資源在任何目標上，野心勃勃的政治家已經準備好動員掌控黨的結構。習近平創造出偉大中國及共產黨正確領導的新敘事，但這些敘事顯然是立基於長期存在之概念與能力。所需要的只是一位雄心勃勃的領導人將其拾起，並將其轉用於國家強大的新目的和新目標。歸根究底，你若掌握權力也無須改革，那何必去做？

經濟學家在「現實地思考中國領導人試圖實現的目標」方面可說失敗得一塌糊塗。我們自身對市場導向改革的承諾遮蔽了我們對與經濟相關的其他目標的視野。因此，我們對中國歷屆政府實際政策取向的理解也相當薄弱。可以肯定的是，朱鎔基致力於市場導向的改革。雖然有些人不完全同意他的願景，但以市場導向的改革是許多政策的基本目標。自朱下臺以來，沒有其他中國最高領導人認同他的願景。我們了解他們想要實現什麼目標嗎？經濟學家們遲遲沒有提出這個問題，更不用說找出答案了。

這個缺陷甚至影響了我們分析中國經濟基本趨勢的方式，例如，時常聽到經濟學家在不同場合中宣稱中國的經濟將變得更以國內及消費主義為導向、更以服務為基礎。這樣的說法其實是有道理的，我們觀察到許多經濟體經歷工業化的結構階段，接著進到後工業服務業發展階段（中國正在這個階段）。尤其是東亞，我們見證過經濟奇蹟成長告終、投資與儲蓄率下降、消費空間開放（中國現在的階段）。然而，經濟學家時常說（或暗指）中國政府政策滋養消費導向經濟及服務業發展。這種說明意味著，除了潛在的結構變化之外，中國政府實際上正在採取政策行動，加速向如消費及服務業發展的方向轉變。在這種情況下，應該很容易便能確定其採取的政策措施（如減稅以促進消費），而且預期中的結構變化（與某些名義上的結構基準相比之下）應該是強勁而且很快便顯而易見的。

但事實上，政策措施既不明顯，結構變化亦然。圖7.2顯示，中國預算收入占GDP的比例直到二〇一五年才開始下降（代表在此之前整體稅收負擔並未減輕）。即使在二〇一五年之後，圖7.3也顯示公共收入總額在二〇一八年之前仍持續增加。事實上，直到二〇一九年經濟所面臨的不安急劇放緩，政策制定者終於願意對民眾減稅。與十年前相比，中國更多以消費為導向，也更受服務業所驅動。這說明中國領導人的實際政策導向為何？政策選擇及結構成果之間有何關聯？

經濟學家無法對這些問題提出妥善的解答，這表現在我們對預測或理解中國潛在政策軌跡方面做得乏善可陳。部分原因可能是經濟學家較善於追蹤結構規律及改變，而非理解政策及其影響。這也可以說是反映出研究中國的經濟學家的想像力不足。正常情況的基準幾乎完全來自於中國晚近的實際作為，或者充其量是根據鄰近的東亞經濟體，它們提供的是經濟發展會帶來變化的相當正面的模式。

＊＊＊

那我們學到了什麼？我們得知了解改革及改革者的知識架構仍不足以理解中國所經歷的變動。作為經濟學家，我自然較為關注市場轉型，關注中國是否會發展出一套適當的制度讓市場發揮更強大的作用、讓經濟生產力大幅提高，以及在此過程中，吸收大量原本可能過剩的生產要素（尤其是勞力）。換句話說，問題在於改革是否會帶來巨大的成長及多元化。依我之見，我認為學術界、政府及國際組織中的經濟學家整體方向相同。自一九七八年起，這個根本問題激發我們，包括我在內的所有專業工作者，並且可能是尼古拉斯・拉迪（Nick Lardy）新書《民進國退》（*Markets Over Mao*）的靈感來源。[26]然而，就在過去短短的幾年裡，這個根本問題似乎已經失去絕對的中心地位。市場改革典範主導中國經濟研究的優先順序已經有三十五年之久。

但這並不是說經濟學家錯了，而是恰好相反。還有什麼能比上一段對中國經濟發展軌跡的簡單描述更好的呢？我們相信這一點，而且現實也確實變得如此。但我們未能看清中國之所以對市場導向的經濟改革以令人驚嘆的強度全心投入，在一定程度上與其弱國地位密不可分。改革始於一九七七至一九七八年，當時鄧小平出訪並宣稱：「承認落後，克後必成。」（backwardness must be acknowledged if it is to be overcome.）一旦改革成功，中國再次成為強國，其領導人的行為方式就開始大不相同。這種新的行為模式對全球經濟秩序的破壞遠比以往來得大。此外，由於中國快速提升到強國地位（在第二樂章中所描述的四個加速面向），全球及國家政治體系皆難以迅速適應。

中國的金融資源及精準分配其資源的能力大幅提升，給全球政策制定者帶來多方挑戰。經濟學家未能快速發覺中國政策制定的新典範，無意中導致在一開始對新挑戰的反應緩慢且效率低下。世貿組織就是一個例子，中國加入世貿組織是中國改革進程之勝利，是朱鎔基總理取得的深具歷史意義之政治成就，同時也是全球組織發展的勝利。此外，中國加入世貿組織的談判代表要求且達成一系列適用於中國的承諾，並將其作為單獨的議定書，納入中國加入世貿組織之協議中。內容包含對透明度的極致要求（所有與貿易相關的措施都應在商務部公報上公布）、承諾不對外國直接投資施加技術轉讓條件，以及承諾國有企業將完全按照商業原則。[27]所有這些具體條件都是中國加入世貿組織時，考慮到中國獨特體制所帶來的具體挑戰而特別制定的。大多數觀察者都會同意這三項承諾並未被履行。然而，這個結果可以用兩種不同的方式來理解。世貿組織主要是一個為實現貿易自由化和規範貿易關係而成立的組織，目的是使各國在開放貿易時更有信心。從這個角度來看，針對中國的特定條款並不一定具有核心重要性。這些條款甚至可以被認定是超出了其他國家被要求做的事情。從這個意義而言，可以判斷中國對於世貿條款的整體遵守狀況與其他國家相似，因此是可以被接受的。[28]這種觀點與經濟學家傳統的立場相關：長期來看實有進步，我們應該記住中國已經達成多大的成就；現在，讓我們依賴其國內改革力量重獲影響力，來更進一步來推動市場化。然而，這種觀點卻遭其他詮釋所否定。首先，這些條款是特意加到協議中，以應對中國獨有的體制特徵。因此，如果這些條款沒有得到履行，就意味著讓中國體制與全球市場體制充分協調的歷史性努力具體失敗了。據這種標準，這些規定並不是難以企及的，而是要讓中國具建設性地參與世貿組織的基本要求。事實上在溫家寶領導下，中國努力成為符合世貿組織成員國之身分，以逆向工程的方式解讀世貿組織規定，並在不觸犯規定的情況下，實現其所想要的結果。例如，中國制定了龐大金額的農業補貼，並將其列入核准補助款類別中的綠色措施（green box）。這是中國規避模式的一種作法，其要規避的就包括了前文所述的三項針對中國的條款。

理解中國未能符合世貿組織標準框架一事至關重要。畢竟，中國整體紀錄並不糟糕，我們對中國加入世貿組織的期望，許多都是因對持續改革之期盼與樂觀看待事後重建。例如，中國將農業補助轉為較少扭曲之形式，從某種意義上來說，正是規定之目的。在正常政治體制下，這些規定旨在禁止特別有害的扭曲貿易補助形式，但允許其他類型的補助。然而，某種程度上中國的行為代表一集中政治體制故意利用這種補助類型之間的區別，以增加整體補助水準，從而打破世貿組織的基本目標及中國加入協議之目的。更廣泛地說，自加入世貿組織以來，中國激進追求地方經濟利益的方式，前所未見。其作法只有在政策導向大幅變化之背景下，才有意義。也就是說，中國試圖緩衝世貿組織成員國身分所帶來的影響，在貧困國家分配大量農業補助制是無意義的，但對富裕國家來說，這種作法很容易融入其限制相互依賴、建立國家實力，以及達到其他經濟與戰略目標之政策走向。經濟學家對此察覺十分緩慢，已經妨礙到我們對中國挑戰的應對措施。

結果是對於中國崛起，產生過度的極端對立。了解中國體制並對其發展持樂觀態度的經濟學家對中國政策框架的轉變遲遲不跟進追蹤或批評。我們一直把中國當作正在進行改革開放的經濟體，但現在已經無法確定是否屬實。習近平無疑希望中國經濟高效率運轉，因為這樣的經濟體系透過改革機構及市場力量，有助於實現他的目標。但是，目前並無證據顯示高效率市場是他的優先目標，頂多只能說是次要目標，或僅是達到其他目的之手段。最重要的是對習近平來說，他想要強化國家、黨與他個人之力量。最關鍵的是，只要他認為有必要，便會毫不猶豫放棄關鍵的改革目標。

這導致另一派分析師的範圍過大，他們似乎對中國了解甚少，對中國的發展能力並不看好（或將中國視為瀕臨經濟崩潰的邊緣），並且長期將中國視為戰略威脅。據藍普頓的說法：「我發現，以大國衝突理論的角度來理解中國，正在愈來愈危險地上升，這不僅發生在美國，在中國的某些地區也是如此。」[29]我們經濟學家未能以夠有效的方式來更新，並讓更多人知道我們對中國領導層目標的描述，因此也須負一小部分的責任。

引註：

1. Kurt Campbell and Ely Ratner, "The China Reckoning: How Beijing Defied American Expectations," *Foreign Affairs* 97, no. 2 (March/April 2018): 60-70. 這篇文章完美捕捉到各種不同反應，另外的回應也可參見Wang Jisi et al., "Did America Get China Wrong? The Engagement Debate," *Foreign Affairs* 97, no. 4 (July/August 2018), https://www.foreignaffairs.com/articles/china/2018-06-14/did-america-get-china-wrong.
2. 匯集許多美國經濟學家在中國工作的論文集：Loren Brandt and Thomas Rawski, eds., *China's Great Economic Transformation* (New York: Cambridge University Press, 2008). 還有反映大致上具有延續性的取徑和態度的研究可參見Nicholas Lardy, *Markets Over Mao* (Washington, DC: Peterson Institute, 2014); and Barry Naughton, *The Chinese Economy: Transitions and Growth*, rev. ed. (Cambridge, MA: MIT Press, 2018).
3. Dwight Perkins, *China: Asia's Next Economic Giant?* (Seattle: University of Washington Press, 1986), 57, 59-60, 71.
4. David Goodman and Gerald Segal, *China Deconstructs: Politics, Trade and Regionalism* (New York: Routledge, 1995).
5. 在此過程中，美國的外交政策目標得以實現：在一九七〇年代末之後建立的美中共管（condominium）隔離蘇聯，並促成蘇聯解體及冷戰結束。
6. 例如，在一九九六年我曾寫道：「到二〇一五年，GDP成長率可能會逐漸下降到每年約百分之六。」儘管這個預測最終證明為實，但我並未預料到在二〇〇五年至二〇一〇年間會出現成長加速。Barry Naughton, "China's Emergence and Future as a Trading Nation," *Brookings Papers on Economic Activity* 2 (1996): 322.
7. 同樣重要的是，快速成長需要高投資率以實現數百萬人口的住房、交通及就業需求。到二〇〇〇年代初，中國已實現穩定的高投資率。
8. 可參考Loren Brandt, Johannes Van Biesebroeck, and Yifan Zhang, "Creative Accounting or Creative Destruction? Firm-Level Productivity Growth in Chinese Manufacturing," *Journal of Development Economics* 97 (2012): 339-51.
9. 這並非否定到目前為止許多日本企業的非凡技術能力，只是單純指出日本企業已經撤退到高科技上游領域，保持主導地位。
10. World Bank Group et al., *Global Value Chain Development Report 2017: Measuring and Analyzing the Impact of GVCs on Economic Development* (Washington, DC: International Bank for Reconstruction and Development/The World Bank, 2017), https://www.wto.org/hinese/res_e/booksp_e/gvcs_report_2017.pdf. See also Gary Gereffi and Karina Fernandez-Stark, *Global Value Chain Analysis: A Primer* (Durham, NC: Duke University Center on Globalization, Governance and Competitiveness, July 2016).

11. 類似的趨勢在全球汽車產業的重組中也顯而易見，德國生產商透過波蘭—捷克—斯洛伐克全球生產網擴大，而美國生產商則透過北美自由貿易協定（NAFTA）擴大。

12. Data through FRED, Saint Louis Federal Reserve Board, "Corporate Profits After Tax (Without IVA and CCAdj)/Gross Domestic Product," https://fred.stlouisfed.org/graph/?g=1Pik. 確實，在一九四〇年代與一九七〇年代末，企業利潤高於一九八〇年代，偶爾超過GDP的百分之八，但整體平均在一九五〇年至一九八〇年間為百分之六點六。在二〇〇五年前，利潤從未占GDP的百分之十。

13. David Autor, David Dorn, and Gordon Hanson, "The China Syndrome: Local Labor Market Effects of Import Competition in the United States," *American Economic Review* 103, no. 6 (2013): 2121-68; David Autor, David Dorn, and Gordon Hanson, "When Work Disappears: Manufacturing Decline and the Falling Marriage-Market Value of Men," National Bureau of Economic Research Working Paper 23173, revised January 2018, https://economics.mit.edu/files/12736; and other papers.

14. Richard Easterlin, Fei Wang, and Shun Wang, "Growth and Happiness in China, 1990-2015," in *World Happiness Report*, eds. John Helliwell et al. (New York: Sustainable Development Solutions Network, 2017), 48-83.

15. 因此，幾乎沒有經濟學家同意黃亞生的觀點，即一九九〇年代代表一九八〇年代基層創業精神的逆轉。參見Yasheng Huang, *Capitalism with Chinese Characteristics: Entrepreneurship and the State* (Cambridge: Cambridge University Press, 2008).

16. 更大、更複雜的問題主要是因為中國對受保險工人的社會保障規定非常慷慨，但只有很小一部分的勞動力能夠完全受到保障。在圖7.3中，從預算到社會保險基金的貢獻已被歸類為社會保險費，以避免重複計算。

17. Barry Naughton, "Is China Socialist?" *Journal of Economic Perspectives* 31, no. 1 (Winter 2017): 1-23.

18. David M. Lampton, *Following the Leader: Ruling China, from Deng Xiaoping to Xi Jinping* (Berkeley: University of California Press, 2014), 3.

19. 這當然是與中國被要求加入其未參與制定規則的國際體系想法之相反。關於這兩種相互矛盾但似乎皆為真實的互動，應該對此撰寫一篇有趣的文章。

20. Wen Jiabao, "Report on the Work of the Government (2010)," Third Session of the Eleventh National People's Congress, March 5, 2010, http://www.npc.gov.cn/englishnpc/Speeches/2010-03/19/content_1564308.htm.

21. Ling Chen and Barry Naughton, "An Institutionalized Policy-Making Mechanism: China's Return to Techno-industrial Policy," *Research Policy* 45 (2016): 2138-52.

22. Jude Blanchette, *China's New Red Guards: The Return of Radicalism and the Rebirth of Mao Zedong* (New York: Oxford University Press, 2019).

23. Barry Naughton, "Inside and Outside: The Modernized Hierarchy That Runs China," *Journal of Comparative Economics* 44, no. 2 (2016): 404-15.

24. Kenneth Jowitt, "Gorbachev: Bolshevik or Menshevik?" in *Developments in Soviet Politics*, eds. Stephen White, Alex Pravda, and

Zvi Gitelman (London: Palgrave, 1990).

25. Daniel Koss, *Where the Party Rules: The Rank and File of China's Communist State* (New York: Cambridge University Press, 2018).

26. Nicholas Lardy, *Markets Over Mao* (Washington, DC: Peterson Institute, 2014). 藍普頓將改革時期的開始日期定為鄧小平於一九七七年返回中央政治局常委的時間。我在此保留一九七八年作為開始日期，是出於慣例，還有經濟學家直到一九七八年十二月的第三次全體會議之後才開始著手進行改革。

27. World Trade Organization, "Accession of the People's Republic of China," November 10, 2001. 這個協議被視為中國同意加入世貿組織具有約束力之部分。Available in Section V: Accession Package at https://www.wto.org/hinese/thewto_e/acc_e/a1_chine_e.htm.

28. 確實，這在某種程度上是世貿組織上訴機構實際上得出之結論。參見 Richard Steinberg, "The Impending Dejudicialization of the WTO Dispute Settlement System?" *Proceedings of the 112th Annual Meeting of the American Society of International Law* 112 (2018): 316-21.

29. Lampton, *Following the Leader*, 19.

第三部分

務實的非政府民間合作

第8章　策略調整——美國基金會、宗教團體、非政府組織在中國

文／瑪麗・布朗・布洛克（Mary Brown Bullock）

一九六六年，美中關係全國委員會在紐約希爾頓酒店召集一群知名的美國公民，探討結束美中彼此孤立的可能性。其中包括早期參與美中交流人士之後代，如鮑大可及白魯恂——兩位皆是美國在中國的傳教士之子，還有長期擔任美國中華醫學基金會（China Medical Board）與洛克斐勒基金會（The Rockefeller Foundation）理事的洛克斐勒三世。鮑大可及白魯恂將專業生涯致力於中國研究，而洛克斐勒則創立了亞洲協會（Asia Society），以促進美國與亞洲之間的文化交流。洛克斐勒呼籲以新的觀點看待中國。他說：「我們對這個偉大國家的思考一直被恐懼所支配，以前許多人甚至認為重新思考中國政策無異於叛國。」[1]

但他們確實重新思考對中政策，為文化與外交關係開闢了全新的開端。這場公民會議跨足兩黨且領先政府，證明非國家行為者或機構在未來依然能在國家之間發揮重要作用。

幾年後的一九六九年，兩本關於美國早期參與中國歷史、深具悲觀色彩的書籍問世。史景遷（Jonathan Spence, 1936-2021）的開創性著作《改變中國》（*To Change China: Western Advisors in China, 1620 to 1960*）是一部引人入勝的編年史，記述了懷有善意的西方人士為改變中國投入許多努力卻顯然徒勞無功的故事。

詹姆斯・湯姆森（James Thomson, 1931-2002）的《中國面向西方》（*While China Faced West: American Reformers in Nationalist China, 1928-1937*）也是同樣持悲觀看法。這些引人省思的內容廣受大眾喜愛和閱

讀且常常有人評論，使美國文化組織忐忑不安地反思：與現在的共產中國接觸交流是否真的值得？[2]

然而，五十年後，美國與中華人民共和國之間的文化交流十分豐富。數以百計甚至千計的教堂、基金會及非政府組織已與中國社會往來密切。史景遷與湯姆森寫作時中國尚未開放，他們無法預想美國傳教士、改革家、科學家及教育家過去的影響在中國持續得如此長久。中國並未如某些人當初所設想的變得和堪薩斯市一樣，但基督教在中國確實成為一種公認的宗教，而之前幾十年間的跨太平洋交流為兩國迅速的文化再次接觸，創造了一條令人難忘的途徑。

儘管抱持悲觀看法，史景遷與湯姆森的描述卻預見到美國人在試圖改變或改革中國時所表現出的熱情（雖有人可能會說是傲慢），不論中國是採取何種政治體制。這樣的熱情態度不易戒掉，至今仍伴隨著我們。儘管如此，最近半個世紀以來，美中交流的特點是，美國非政府組織已經適應了在中國工作的迫切需求。大多數非政府組織是應中國機構之邀而來，他們渴望利用國際援助，並熱切地擁抱改革開放時代。正如諾頓・惠勒（Norton Wheeler）在美國非政府組織於中國的研究中所言，這是一種受邀的影響力：「中國各方人士曾經容忍、鼓勵，或積極要求美國機構參與中國的現代化，在許多情況下，他們實際上塑造了交流的目標。」[3]

美國機構組織靈活應變、堅持不懈且普遍上切合實際，在推動無論是宗教、環境或是法律方面，不斷調整目標與運作方式以適應變幻莫測的美中關係及瞬息萬變的中國情勢。他們在代表美國文化社會價值觀方面發揮作用並產生影響，也在他們所建立的個人與機構間的關係方面——這是一種超越政治與經濟層面的關係——定義了美國在中國的存在。由於這個多元化美國社群的深入參與，擴大了美國在中國的支持者群體，增強我們對中國社會的理解，培育中國的公民社會，並為兩國的社會福祉作出貢獻。

目前，局勢正在發生變化。中國正從二十世紀初的「東亞病夫」（sick man of Asia）轉變為全球經濟及科技強國，這意味著美國在中國從事的慈善事業可能很快便成為一個自相矛盾的詞語。中國自身的慈善事業與公民社會能力不斷增強，政體變得更為專制，再加上最近實施的《外國非政府組織法》

（Foreign NGO Law），這些在在要求於中國營運的美國基金會、宗教團體及非政府組織從根本上重新定位。

起始

自韓戰起至尼克森一九七二年開啟對中政策前，美中官方一直處於疏遠狀態，但在一九六六年，非政府組織美中關係全國委員會及其姊妹組織與中華人民共和國學術交流委員會（簡稱與中學術交流會）[4]的成立，象徵美國對中態度轉變的開端；同年，文革爆發，阻礙了一切重大活動的展開。一九七一年，由美中關係全國委員會主導的桌球外交（ping-pong diplomacy），則象徵僵硬的外交關係開始趨於軟化。在尼克森與毛澤東的關係緩和及一九七二年發表《上海公報》之後，中國敞開了交流大門。

隨後，美中關係全國委員會及與中學術交流會獲官方批准交換學者及公民代表訪問團，有些美國個人及團體也能有條件地訪問中國。[5]這些初步訪問引起美國公眾的興趣，渴望了解更多關於中國之事。這些研究成果也更新了美國人對中國的理解，並且指出未來交流的領域。[6]同樣，在中國隨著毛澤東逝世及一九七〇年代中期四人幫被推翻，新時代來臨，民眾對美國也抱持著更正面的看法。這個非政府交流關係初期為卡特及鄧小平在一九七九年一月正式建交後關係快速發展奠下基石。

鄧小平在一九七九年訪美期間參觀洛克斐勒基金會一事，最能代表中國對美國歷史影響力的變化。對中共來說，洛克斐勒的美孚石油公司及洛克斐勒基金會，長期象徵美國的經濟剝削及文化帝國主義，被斥之為人民公敵及文化侵略的全球組織。中國對洛克斐勒基金會的不認同與一九五〇年代及一九六〇年代的反美主義相伴而生。儘管如此，中國領導人十分清楚洛克斐勒基金會在自然、醫學及社會科學方面對中國貢獻良多。隨著文革動盪逐漸平息，中國知識基礎建設受嚴重損害。中國的新領導人渴望再次從美國的慈善事業獲益，尤其是建造關鍵知識機構的能力。

一九七三年，人們對洛克斐勒家族的看法開始轉變，洛克斐勒的小兒子大衛・洛克斐勒是當時首位與中國總理周恩來會面的美國銀行家。令大衛出乎意料的是，洛克斐勒的大通銀行（Chase Manhattan）獲選為首家在中華人民共和國開拓業務的美國銀行。周恩來在與大衛就中美關係進行的一次長時間討論中，透露了自己對美國慈善事業的了解程度，並提到在這世紀上半葉，洛克斐勒基金會積極支持中國科學及醫學發展之重要性。

在一九七〇年代，中國當局與洛克斐勒基金會之間的非官方交流持續進行，由會長約翰・諾爾斯（John Knowles, 1926-1979）領導，他向周恩來建議：「洛克斐勒基金會可以促進美國人民與中華人民共和國的非官方文化及科學關係，使兩國人民互惠互利。」[7]中國對該基金會十分友善，鄧小平在一九七九年訪美時，曾致電給癌症病危的諾爾斯。有了鄧小平的祝福，開啟了與洛克斐勒交流的新時代。

很快地，其他曾在中國營運的美國慈善機構也獲認可。由洛克斐勒基金會捐資成立的獨立美國中華醫學基金會在一九一五至一九五一年贊助北京協和醫學院（Peking Union Medical College，簡稱ＰＵＭＣ），於一九八〇年受邀回中國營運。於一九〇一年長沙營運的雅禮協會（Yale-China），在一九七九年主要與湖南醫藥學院開啟短期英文語言交換計畫。甚至具明確傳教背景的組織，也受邀回中國。在一九七九年，由美國贊助的東南亞神學教育協會（Foundation for Theological Education in South East Asia）應金陵神學院（Nanjing Theological Seminary）之邀協助建立圖書館館藏。另外，亞洲基督教高等教育聯合董事會（United Board for Christian Higher Education in Asia）為中國在國民政府時期的十三間文理學院之母機構，一年後在人民大會堂會見胡喬木（1912-1992）。胡是忠實的馬克思主義者，是黨的意識形態擁護者也是政治局委員。在胡喬木的見證下，聯合董事會與中國教育部簽訂交流協議，這象徵中國與美國文化機構的關係逐漸開放。

這些在中國扎根已久的美國組織十分清楚中國幾十年來對以前美國文化參與的批評。所有組織皆策略性修改對新中華人民共和國的態度，但他們並非只努力與早期的夥伴合作。洛克斐勒基金會並不像一九三〇年代那樣僅設立專門的中國專案，而是將中國納入其基金會在農業生物技術及人口科學領域的優先國際計畫。美國中華醫學基金會出資支持多元化，不僅止於支持原來的北京協和醫學院，還支持其他十三所醫學大學。雅禮協會持續強調醫學，但並未尋求與湖南醫藥學院聯合管理，而是將其業務多元化拓展至其他機構。東南亞神學教育協會與官方指定的中國基督教協會（China Christian Council）密切合作。亞洲基督教高等教育聯合董事會清楚表明不尋求宗教角色或重建以前文理學院的關係，其中大多數文理學院早已做出調整及更名，反之，聯合董事會致力於加強多個機構的博雅教育。[8]福特基金會也加入了這些與中國有著歷史淵源的團體。雖然福特基金會此前並未在中國發揮過影響，但該基金會幾十年來一直是美國的中國研究主要資助者。之後，福特基金會也支持美中關係全國委員會及與中學術交流會早期的交流計畫。一九七九年，福特基金會亟欲將其在中國的計畫正式化，成為了最先與中國社會科學院簽訂協議的美國機構，以促進「在有助於四個現代化國家發展的主題下進行交流，讓世界更加了解中國的發展，並增進共同知識及理解，為和平解決國際問題作出貢獻」的個人及機構交流。[9]

另一家較晚成立的亞洲基金會，也在早期就進入中國新興的慈善事業。亞洲基金會於一九五〇年代由美國政府出資成立，強化美國在亞太地區的影響力，其目標旨在阻止中共擴張勢力範圍到國境之外；到了一九七〇年代晚期，該基金會改為發展組織，支持有利於鼓勵民主治理的政治與經濟專案。亞洲基金會進入中國的過程有些曲折：在一九七九年，亞洲基金會提供資金給北京舉行首次國際電腦科技會議；隨後，早期的亞洲基金會專案跨足外交領域、行政、法律、經濟改革及教育；有趣的是，亞洲基金會最初是為抵抗中國在亞太地區的影響而成立，現在卻積極深度接觸中國社會。[10]

這些機構最初的活動於一九七九年或一九八〇年開始展開。它們雖然在一九七二年尼克森訪華開放後曾尋求接觸機會，但中國的大門直到一九七九年建交後才正式敞開。一夜之間，所有頂尖的美國文化機構爭先恐後地緊緊抓住能夠進入中國的機會。基於美國的熱忱與中國的接受度，美國與中國交流的主要輪廓在當時已經確立。

我們如何能夠理解早期非官方交流關係的動機與意義？二〇〇二年夏芮妮（Renee Yuen-Jan Hsia）與林恩・懷特（Lynn T. White, 1941-）共同發表的文章說道：

> 自從一九七〇年代中國改革開放以來，外國組織紛紛湧入中國。當代西方人「解救」中國的渴望，可媲美幾個世紀前歐洲人與殖民者的心態，由此〔熱烈〕趨勢就可見一斑。[11]

「解救」（rescuing）中國的比喻較之史景遷所聲稱的「改變中國」更加生動有力，該詞語喚起美國人長期以來的追求，即不僅要參與中國的現代化，而且要將中國塑造為符合美國的價值觀。不僅許多基金會希望回歸中國，雙邊關係的整體官方結構也增強了這一動機。一九七九年，卡特總統下令美國政府不得為中國提供援助發展計畫，但美國基金會的介入，突破了限制。

中國昔日深具馬克思主義傾向之社會與知識基礎建設，在文革時期慘遭毀損。發展援助是洛克斐勒基金會、福特基金會、亞洲基金會及美國中華醫學基金會的主要業務；這幾家機構都具有國際規模的拓展業務，並且都有針對特定機構制定的優先事項。洛克斐勒基金會是民國時期美國對中國最大的捐資者，當時曾發起十五到二十年的計畫，重點聚焦於發育生物學、植物學及人口統計學。美國中華醫學基金會負責改善十三間重點醫學大學之醫學院及圖書館，包括最具歷史意義的北京協和醫學院。亞洲基金會提供外交人員培訓與捐贈書籍給中國圖書館。福特基金會則專注於國際關係、經濟及法律。在這些計畫開展的十餘年間，透過福特基金會接受國際培訓的一批年輕中國學者，都成為了中國該專業的中堅力量，也豐富了美國人的知識生活。許多人認為福特基金會之計畫為美國最重要的努力目標。亞洲基督教高等教育聯合董事會發起加強中國人文社會科學學院的計畫，雖不太引人注目但在戰略上也十分重要。[12]一九八〇至一九九〇年間，超過五百名中國學者在國外完成了人文社會科學領域的碩士學位課程，而多數學生在學成之後皆選擇返回中國。[13]

因此，在不到十年間，上述組織還有其他獨立機構，以及美國的大學，在北京及其他省份的科學、社會科學及工程學院與中國政策及知識基礎建設建立密切而持續的工作關係，例如國家科學技術委員會、司法部、外交部、公衛部，以及所有重點大學及其研究所等。因所有機構皆受政府贊助，因此頂尖私人美國基金會與中國政府之間演變出獨特的關係。雖說美國和中國的政府機關大致都對應得上，但美國基金會在中國的關係之廣、營運預算之小，令人吃驚。福特基金會、洛克斐勒基金會、美國中華醫學基金會是三大捐資者，卻只有福特基金會年度預算超過一千萬美元（到一九九〇年代晚期達一千六百萬美元）。在一九八〇年代的中國，伴隨國際開放，這些基金會的發展進步許多。雖說他們的計畫於接下來的期間有所改動，但他們在美中文化關係的主導地位一直持續至二十一世紀。

一九八九天安門事件

天安門事件對美中關係而言，其衝擊無須贅述。在趙文詞的《中國與美國夢》一書中提及一九八九年六月的天安門大屠殺如何粉碎中國的美國夢。與中國重新接觸的第一個十年期間，他認為：「雙方有過多的期待，因此產生的新期待太過崇高而無法實現，對許多美國人來說，中國的開放是共產世界自由化的預兆：『他們』終於要變成跟『我們』一樣。」[14]

這樣的看法因天安門事件而改變，且深刻影響著美中官方關係。中國與美國的政府機構，如國家衛生院（National Institutes of Health，簡稱ＮＩＨ）、美國地質調查局（U.S. Geological Service）、住房及城市發展部（Housing and Urban Development）及國防部（Department of Defense），雙方所有的協議全部暫停。

矛盾的是，此時非政府組織文化關係看似將大幅限縮，實際上反而是大幅成長。許多美國組織公開譴責中國政府於天安門的作為，例如亞洲基督教高等教育聯合董事會即曾發動抗議，宣稱：

> 亞洲基督教高等教育聯合董事會及其中國友人對中國所發生之事件深感遺憾。我們為六月四日在天安門廣場附近手無寸鐵、因武力鎮壓而不幸喪生的民眾哀悼。我們擔憂中國高等教育的未來，對於在中國營造出一個自由交流思想的學術環境不再有信心。[15]

儘管如此，聯合董事會一開始雖曾延遲未來的拓展計畫，最終仍持續履行了承諾。

面對許多國際機構的孤立與審查，中國政府鼓勵恢復非政府組織之交流。即使當時北京處於戒嚴狀態，政府仍宣布局勢已恢復正常，並公開歡迎國際組織回歸。因此，許多基金會很快重申他們與中國機構的合作關係。中華醫學基金會主席威廉・索耶（William Sawyer）於六月六日前往北京，向中國醫療機構，尤其是在六月四日夜間治療傷員的醫院保證，基金會將持續資助他們。福特基金會於中國的計畫主持人彼得・蓋斯納（Peter Geithner）說服美國分處，說明經濟、法律、國際關係、農村重建等計畫應該持續進行。事實上，福特基金會的捐款從一九八九年的五百六十萬美元成長到一九九一年的七百萬美元。[16]

國際非政府組織不僅持續努力，更在一九九〇年代迅速擴張，加倍努力與中國人民接觸交流。這裡提及的基金會都盡可能在中國維持慈善事業。許多機構發現繼續支持他們早先合作過的中國人民及機構具有新的意義。改變的是，美國非政府機構早先對政治及法律改革層面之關注有所缺失，如人權問題及中國異議人士的困境，如今則更加關切。此外，他們不僅想支持中國主要機關，也進一步關切中國政府未能照顧到的地區及人民。中國社會的變化，尤其是新的中國公民社會之出現，是為美國提供新途徑接觸這些敏感政治問題的關鍵。天安門事件後有機會與中國日益壯大的公民社會就健康、貧窮、婦女問題、環境及法律改革等問題合作，開創美中文化關係的新紀元。

後天安門時期之交流

天安門事件六年後的一九九五年五月，聯合國於北京舉行第四次世界婦女大會，成為了中國接受文明社會演變的另一個轉捩點。大會期間，中國的首都聚集了數千名婦女，她們分別代表全球婦女團體及非政府組織。對許多參與的中國婦女而言，這場婦女大會深具變革意義。如同謝世宏（Shawn Shieh）所言：

> 作為大會的一部分，非政府組織婦女論壇在將非政府組織概念引入中國方面，扮演重要的角色。隨著「非政府組織」一詞開始受公眾討論，由婦女與其他團體所成立的組織，甚至包括由政府所組織的「官辦非政府組織」（government-organized nongovernmental organizations，簡稱GONGOs），例如中華全國婦女聯合會（All-China Women's Federation），也開始自稱非政府組織。在聯合國大會後幾年，政治環境對非政府組織愈來愈友好，中國境內國際非政府組織、官辦非政府組織及草根非政府組織的數量也顯著增加。[17]

中國政府有理由對非政府組織的業務抱持開放態度。天安門事件後的幾年內，中國政府面臨一系列社會及經濟問題，其中有些是因改革而起。社會主義支持網絡的衰退、快速的經濟發展，以及大規模地從農村遷移到都市，皆導致各類社會服務短缺之情況。為應對這些問題，政府被迫允許各種民間社會組織快速擴張。在日益多元化的國家中，社群及志同道合的人們聚集起來，成立當地的基層組織，以解決政府未能充分解決的問題。這樣的團體從二〇〇〇年的十四萬兩千個增加到二〇一八年的一百萬多個。嚴格來說，這些非政府組織並非完全不受政府管控。為符合法律，所有非政府組織都必須在政府機關註冊，政府也會監督非政府組織的營運並為其表現提供保證。一項法規限制了非政府組織的數量，也就是說從中央到縣級政府，不同領域（如環境、扶貧、教育、殘疾人、老年人）的非政府組織在每一級政府只能有一個，這嚴重限制了全國性非政府組織的數量，這同時也使得關切基層困難及需求的地方層級非政府組織激增。其中一些地方基層組織還在政治敏感領域開展工作，例如提供法律服務及為少數民族提供培訓等。

這些草根非政府組織的激增，也為美國非政府組織開啟了新的合作途徑。中國文明社會的成長與國際非政府組織在中國的擴展相互呼應。崔大偉（David Zweig, 1950-）在二〇〇二年出版的《國際化中的中國》（*Internationalizing China*）一書中點出，當時中國的監管法規相對薄弱，許多外國組織可以進入中國並與地方各級合作，稱之為「連動熱潮」（Linkage fever）。如崔大偉所述：「中國長期以來渴望外國資源，外國非政府組織帶著數百萬美元來到中國渴望國際援助的貧困地區，而中央政府也同意他們在地方層級開展工作的願望。」[18]

在這樣的新氛圍中，中國的中央及地方政府組織更加開放國際合作，美國組織不僅能與國家級機關合作，也能與地方層級組織合作。儘管沒有確切的統計數據，實際上，美國地方層級的非政府組織與中國的聯繫的確呈現驚人成長。

為說明美國非政府組織在中國的業務範圍，我們可以看美中關係全國委員會及三個領域：宗教、環境及農村選舉。三者雖然本質各異，但綜合起來看，可以讓我們對美國非政府組織參與中國事務的多元性質有一定的認識。

美中關係全國委員會

天安門事件五個月後的十一月，美中關係全國委員會派非官方兩黨代表團訪問中國包含李鵬在內的政治領導層，該代表團由共和黨前議員，時任世界銀行總裁的巴伯·科納布爾（Barber Benjamin Conable,

1922-2003）及民主黨前國防部長兼世界銀行前總裁勞勃・麥納馬拉（Robert McNamara, 1916-2009）率領。其目的既是以最強烈的措辭表達天安門事件對雙邊關係造成的多重破壞，也是為了探索新的交流道路。美中關係全國委員會是扮演非政府組織角色的典型例子，其使命是促進兩國之間的相互理解；該委員會長期將自己定位為與美中兩國政府關係密切的獨立組織。儘管有時因過於維護中國而受批評，美中關係全國委員會也一直力求平衡，因此能夠參與到與政治經濟密切相關之主題和問題，同時又保持足夠的距離，讓人覺得它大致上是中立的對話者。自從一九七二年首次安排並主辦中國桌球隊訪美以來，美中關係全國委員會已在兩國許多領域中建立廣泛的高階人士交流往來；它是政府及民間組織尋找非官方高層對話或專業介紹的首選機構。

全國委員會在向美國社會介紹中國的政策制定者及專業人士上發揮了獨特的重要作用，反之亦然。市長、法官、律師、教師、記者及基金會領袖之間的交流，讓這些重要社群彼此認識，許多人也繼續維持聯繫並且持續擴大。同樣地，國家委員會也長期致力於擴大實際參與交流的領域。國家委員會在環境領域促進合作就是其一例子。國家委員會早期與中國跟蘇聯在烏蘇里江流域開展的三邊計畫是最早深入探討環境議題的計畫之一。法律與人權方面的多次交流讓這些社群中的關鍵人物彼此認識。近年來，二軌對話（Track II dialogue）與多個針對年輕世代的計畫（將於下文討論）的重要性與日俱增。

一九九四年開始安全領域的二軌對話、二〇〇九年的法律及人權領域二軌對話，以及二〇一〇年的經濟領域二軌對話，提供了美中雙方每年討論雙邊關係的重要論壇。這些論壇的連續性提供了可靠安全的空間，讓雙方得以坦誠討論，有時也會提出政策建議。最近的醫療保健領域二軌對話匯集來自學術界、智庫及產業界的專家，探討兩國的醫療保健問題。達成共識協議的論壇對兩國提出建議，如兩國醫療保健政策社群可以共同合作。達成協議的領域說明了兩國醫療保健議題開始趨同的程度，例如將醫療保健與非醫療服務相整合以改善醫療保健和降低成本、利用大數據及資訊科技改革支付與物流系統，以及藥品及醫療設備創新。

自二十一世紀初以來，國家委員會還將其注意力及資源集中在兩國的下一代學者與領袖身上；其全球青年領袖論壇（Young Leaders Forum）培訓美中兩國有潛力的領袖，每年都將他們聚集在一起；於二〇〇五年成立的公共知識分子計畫（public intellectuals program）持續培養美國和中國傑出的年輕研究學者，並介紹他們了解兩國的政策議題，包括前往中國、香港及臺灣等地訪問；每年的外交政策座談會把前來美國留學的中國研究生聚集在華盛頓，讓他們了解國內問題及美中政策之演變。

同樣，國家委員會也讓美國民眾清楚了解這種複雜的雙邊關係。最值得一提的是，自二〇〇六年以來，國家委員會贊助所謂的「中國大會堂」活動，每年在美國一百個城市舉辦；當地團體安排卓越的兩黨演講者來現場演說，這些演講者包括前國務卿季辛吉、前駐聯合國大使蘇珊・萊斯（Susan Rice, 1964-）和前國務卿康朵麗莎・萊斯（Condoleezza Rice, 1954-）；其目標是激起關於中國的全國性對話，為美國各地人民提供與頂尖專家討論雙邊關係議題的機會。[19]

宗教團體

若美中關係全國委員會代表與中國合作最張揚顯著的非政府組織，那麼在中國運作的美國宗教團體則相當低調。在中國，宗教議題非常敏感。中國共產黨對本土基督教會的角色持矛盾態度，並懷疑他們與外國有聯繫。儘管如此，美國的宗教團體與中國教會及宗教組織之間的聯繫已開始蓬勃發展。

卡特總統因幫助美國宗教團體重新打開中國大門而備受讚譽，他在一九七九年一月訪美期間直接向鄧小平提問，他回憶道：

〔鄧〕不願承認有許多優良的傳教士來到中國，他堅持說這些傳教士中的許多人只是為了將東方的生活風格轉變成西方模式罷了。我提醒他說，傳教士們建立了許多醫院與學校，而他也說那些醫院與學校仍然存在且繼續運作著，但他強烈反對恢復任何外國傳教計畫，並表示中國基督徒認

> 同他的看法。不過，他仍仔細聆聽我的建言。我建議他不應限制分發聖經，並應讓人民有禮拜自由，他答應會好好考慮（隨後他接受了這兩項建議）。[20]

事實上，在建交後的最初幾年，自文革以來或重新開放前，基督新教及天主教教堂、佛教寺廟與穆斯林清真寺一直遭關閉。雖然傳統的基督教傳教士仍不受歡迎，而且中國政府對基督徒仍持續迫害，但中國開放了外國進入、合作及資助其宗教團體的管道。[21]由於不同的美國基督教團體以不同的神學及歷史觀點來接觸中國，基督教在中國的存在及其與美國的聯繫已經十分廣泛複雜。主流新教徒（mainline Protestants）、福音派新教徒（evangelical Protestants）及天主教徒這三個最主要的團體，各自發起自己的業務計畫。

美國天主教團體主要透過美中天主教協會（U.S.-China Catholic Association）運作，該協會自一九八九年以來一直在中國開展業務。在瑪利諾會（Maryknolls）、耶穌會（Jesuits）及其他天主教會的贊助下，該協會以統一標準的模式在中國運作。為了促進兄弟情誼，重點放在到中國考察、召開中國天主教會會議，以及與中國天主教團體的眾多合作活動，如培訓團及研討會。儘管中國天主教徒人數相對較少，但許多天主教活動都是透過香港協辦的，而且比新教徒的活動還要多。中國政府與教皇最近就挑選中國主教一事達成協議，可能將促進中國與主要天主教團體之間的和解，然而這些團體的成長速度卻遠低於基督新教徒。

許多早在一九四九年前就在中國活躍的主流教會或自由派新教團體，決定支持中國的建制新教徒，後者已獲得官方許可在中國基督教協會的支持下運作，並同意「三自愛國運動」（Three-Self Patriotic Movement），該運動要求中國教會自治、自養、自傳，有效排除外國對中國教會的監督。有些福音派認為，中國基督教協會因與政府有隸屬關係而不能全盤信任，因此尋求直接接觸及支持政府控制之外運作的教會，例如不受監管或地下運作的家庭教會。趙文詞說明了主流新教徒及福音新教徒的不同動機：

「對於主流教會來說，向中國開放是與中國和解的機會，中國已經以某種神祕的方式與上帝同在。而福音派則將其視為進入無神領域的新神聖授權計畫的開端。」換句話說，主流新教徒提倡和解，而福音派則提倡皈依。[22]

福音派教徒及主流新教徒皆能長期與中國不斷壯大的新教社群建立聯繫及合作。[23]許多主流團體與最初由已故主教丁光訓（Ding Guangxun，又稱K. H. Ting, 1915-2012）領導的中國基督教協會建立直接關係。丁主教於上海聖約翰大學（St. John's University）、哥倫比亞大學及紐約協和神學院（Union Theological Seminary）受教育，並於一九五〇年代早期回到中國。他是中國三自愛國運動初期的領導人，到了一九八〇年代初，受中國基督教會認可為領導。他運用在美國的經驗，與美國宗教領袖溝通無礙，鼓勵與中國教會有適度接觸交流。

由丁主教倡導的愛德基金會（Amity Foundation）於一九八四年成立，是一重要且受歡迎之發展。愛德基金會是基於信仰的社會福利組織，旨在「充當基督教會與社會的橋梁」。愛德基金會被視為中國第一家非政府組織，且成立目的明確，就是為與國際團體互動。在一九八〇年代，愛德基金會贊助外國教師並發展目前世界最大宗教印刷事業，印製超過一千八百萬本聖經，比任何其他國家都來得多（雖然大部分是為出口）。魏克利（Philip Wickeri, 1947）為美國長老教會（U.S. Presbyterian Church）的代表、現居香港的神學家，他早期被派到愛德基金會協助與國際宗教團體的溝通聯繫。

近年來，特別是自丁主教於二〇一二年去世以後，主流新教徒與中國的聯繫已然減少。不單這些教派在美國面臨挑戰，自由派美國新教教會中，某些積極關注社會議題者，也不容易與中國保守虔誠的教會往來交流。

儘管與家庭教會合作很敏感，美國福音派團體卻已能夠與他們廣泛但低調地往來互動，尤其是透過擁有大量家庭教會的安徽及河南省家庭教會網絡展開。直至今日，據估計有超過兩百家這樣的美國宗教團體活躍於中國。

他們是如何運作的？二〇一五年，譚峻斌（Jonathan Tam）與瑞薩・哈斯馬斯（Reza Hasmath）描述八家宗教非政府組織——其中三家為美國組織——如何成功在中國運作。首先，他們「與當地人合作，培養與當地政府的信任關係，並保持低調」。接著，他們利用提供資源及思想交流建立全球聯繫關係。最後，他們回應中國人民將專業精神帶進中國基督教社群的興趣。培訓中國神職人員為當務之急，政府當局也歡迎且支持，因其維持了一定程度的正統性，並能防止未經訓練的魅力型領導興起為小型異端教派。[24]

培訓神職人員一直是東南亞神學教育基金會的主要工作，該基金會是金陵神學院的創始委員會。當一九四九年基金會在中國的工作被沒收後，基金會即將注意力轉移至東南亞，但與金陵神學院（國民政府時期傑出的中國新教神學院）以及往後與其他二十二所地方神學院重新建立聯繫。該基金會提供書籍、建築基金及獎學金。來到美國的中國神學院學生相對較少，但美國有些神學院參與培訓及交流計畫，尤其是加州福樂神學院（Fuller Theological Seminary）即發揮了帶頭作用。

特別值得一提的是，東南亞神學教育基金會推動了兩本中國神學論著期刊的發行——《金陵神學誌》（*Nanjing Theological Review*）及由魏貞愷（Janice Wickeri）主編的神學期刊《中國神學誌》（*Chinese Theological Review*）。這兩本期刊以中英文出版，旨在向全球基督教世界介紹中國基督教的思想、信仰與實踐。最近探討的主題同時具有陳舊性及新穎性：基督教在中國的「中國化」（sinicization）。

「中國化」是研究中國與西方關係中經常使用的術語，意思是吸收西方的思想或文化後套用到中國情境。中國基督教協會會長兼金陵協和神學院院長的高峰博士（1962-）於二〇一八年在《中國神學誌》發表了一篇文章，探討中國新教教會不斷努力將基督教中國化之現象。他認為中國化絕不需要基督教改變其基本信仰，他也將三自原則的實施視為成功中國化的基礎。中國基督徒必須突破「以西方基督教傳統為中心」的觀念，「扎根於中國文化的土壤」，他引用習近平的告誡說，中國文化必須滲透到中國的每一個宗教裡。儘管如此，他仍然認為中國化的中國教會是建立在基督最初的使徒教會之上。他說：「雖然中國新教教會是獨立自主的，但不能脫離現實，必須貫徹教會的基本傳統，授予聖職是我們從使徒那裡繼承的傳統。」[25]

中國化議題在中國並非新問題，但也是尚未完全解決的問題。這可以追溯到二十世紀初的中國關於建立一個由中國人領導、充滿中國價值觀的基督教會的相關論述。今日的運動也與中國共產黨長期努力將包括穆斯林及藏傳佛教在內的所有宗教團體中國化相關。中國基督徒中國化尚未有澈底實施的跡象，這可以從對基督教禮拜場所的偶發性攻擊中看出，例如浙江省尖塔上的十字架遭拆除事件。

環境

美國很早就對在中國提高環境意識有興趣，這也是基金會與非政府組織等機構的主要關注焦點之一。美中關係全國委員會、國際鶴類基金會（International Crane Foundation）及福特基金會是三大最先對環境表達關切的美國組織。小約翰・洛克斐勒（John D. Rockefeller Jr., 1874-1960）的兒子們成立非隸屬於洛克斐勒基金會的洛克斐勒兄弟基金會（Rockefeller Brothers Foundation），並在中國開展工作，主要關切藝術及國際關係。在一九八〇年代後期，其活動重點轉向環境與永續性。許多其他美國環境非政府組織也緊隨其後，到二〇一三年，至少有二十七家美國環境非政府組織在中國運作。[26]

中國首家環境非政府組織自然之友（Friends of Nature）於一九九四年由中國知名知識分子、早期改革家梁啟超（1873-1929）之孫——梁從誡（1932-2010）創立。繼自然之友後，其他中國環境非政府組織也紛紛湧現。二〇〇〇年對中國十二家最重要環境非政府組織的研究指出，所有這些組織皆獲得美國與其他國際捐助者的資金及支持。

兩項關於國際環境非政府組織影響的研究強調，他們將國際規範及專業知識引入中國，改變社會運動發展之方式。吳逢時（Wu Fengshi）與徐袁（Xu Yuan）的文章提到：

儘管存在普遍政治及具體政策的障礙，但美國非政府組織對中國環境行動主義的影響十分明顯且長久。他們主要透過支持中國環保主義者及非政府組織而發揮影響力，不僅是金援，更重要的是專業技能、資訊、知識及指導。除了福特基金會及大自然保護協會（The Nature Conservancy）等大型基金會及非政府組織外，還有一些規模較小的組織……，在分配資源給最需要的當地計畫，以及支持在尚未開發地區的草根非政府組織方面，更加積極主動與創新。[27]

陳傑（Jie Chen）發表關於中國綠色公民社會影響一文，將自由化規範引入中國歸功於國際環境運動，並指出國際非政府組織一直優先考慮社區在保護環境方面的作用，因此也強調參與式規劃及治理之重要性。值得一提的是對中國環保人士的支持及培訓，他們學會如何使用全球規範及環境術語——例如瀕危物種、生物多樣性、溫室氣體排放、氣候變遷、廢棄物管理及能源，來推進他們的目標。陳傑相信這些規範對塑造環境實踐有很大的影響。[28]

洛克斐勒兄弟基金會及大自然保護協會這兩個美國組織的實例，也說明了這樣的觀點。自一九八〇年代後期起，永續環境管理成為洛克斐勒兄弟基金會的主要使命，到一九九〇年代後期，華南地區已成為該基金會在中國展開慈善工作之重點。洛克斐勒兄弟基金會主席斯蒂芬・海因茨（Stephen Heintz）指出，選擇華南地區是因少有國際組織在此運作，因此可獨占華南。其目標為處理「環境與人類健康之間的聯繫、推進滿足該地區能源需求的永續方法、加強支持永續發展的社區領導力」。[29]有了這樣的目標，洛克斐勒兄弟基金會與廣西、雲南及廣東等幾個南方省份密切合作，聚焦於永續農業、病蟲害管制及海岸管理等問題。中國的對應機構有雲南省社會科學院等主要政府機構及許多地方草根組織。

洛克斐勒兄弟基金會的人員，由於在中國官方環境組織及新興草根組織之間運作而成為中國公民社會的有力倡導人士。基金會人員追求加強在社區領導力的目標，產生了政治方面的影響，該基金會支持那些領導人較激進的草根非政府組織，而他們會去挑戰政府政策或尋求新的環保計畫。這些草根非政府組織需要資源，而且往往體質脆弱，需要補助款運作，以提高民眾對官方法規及環境破壞對健康的影響等主題的認識。

大自然保護協會從一九九〇年代後期在雲南開始運作，採取更有目的性之方法應對環境挑戰，並在昆明及麗江設有辦事處。首要重點是雲南省四大河川——湄公河、長江、薩爾溫江及怒江——之分水嶺。與中國政府及雲南省合作，目標是加強保護中國生物最多樣化生物之區域：「透過支持生態旅遊發展，雲南大江大河計畫（the Yunnan Great Rivers Project）鼓勵保護該地區的生物多樣性及文化遺產，並為這些遠離塵囂又迷人的當地社區提供永續的替代收入來源。」[30]該策略是經由教育及政府法規來改善擴大受保護的自然區域。重點在於保護當地文化，確保少數族群在制定環境政策方面擁有發言權。大自然保護協會的官方座右銘為：「本組織致力於確保社區能夠參與保護其自然遺產。由於世界上大部分的生物多樣性存於人類居住的地區，除非生活與依賴這些土地的人民成為保護過程中不可或缺的一環，否則無法實現有效的保護。」[31]

洛克斐勒兄弟基金會及大自然保護協會皆強調培訓及管理計畫，派遣研究小組出國並安排計畫管理與國際標準運用研討會。他們與其他美國非政府環境組織擴大了「中國倡議人士之間的橫向網絡及合作」。[32]提倡這種跨省的連結格外重要，即使在政治上可能被政府認定為潛在的政治聯盟。如前所述，政府政策只允許在各級政府中設立一個任何類型的非政府組織，就是為了防堵此類聯盟產生。

儘管美國的環境計畫贏得政府當局的尊重，但漸漸地，政府開始懷疑他們開始接觸當地倡議人士之網絡。正如吳逢時與徐袁所寫：「由於這些倡導網絡之目標與政策失誤或國家不當行為有關，因此他們傾向於動員民眾，而非與政府機構對話。」[33]

農村選舉

一九八〇年代後期，對美國組織而言，受邀觀察中國剛引入的農村選舉並提供建議，是最令人意外的政治機會之一。隨著一九八〇年代初期人民公社的解體，農村許多地方的領導階層開始衰落，幹部有的退職下海經商，有的腐敗，有的成為專制的「土皇帝」。由於許多地方的黨領導人失去合法性，中央領導層愈來愈擔心農村地區會陷入混亂，甚至徹底叛亂。經過中央領導層內部的大量商討，在保守的元老彭真（1902-1997）的推動下，黨決定在中國近百萬個農村實行村委會直選。當時相對開明的民政部在思想開放、樂意與他國交流的閻明復（1931-2023）領導下負責推動選舉的實施，並向幾個美國組織尋求指導。[34]

北京福特基金會的當地人員率先觀察農村選舉，並向選民介紹無記名投票的概念。一九九〇年代初，美國國家民主基金會四大核心機構之一的國際共和學會也受邀觀察農村選舉。在幾年的期間，國際共和學會提供建議並督導大約五十場選舉。以監測全球選舉為主要活動的卡特中心也開始監測評估中國的農村選舉，從一九九六年到二〇〇五年每年觀察多場選舉。[35]

由於主要是學習選舉的技術層面（無記名投票、競選、選民登記、透明度等），中國政府最初歡迎這些介入指導。某些國際觀察家希望地方選舉成為中國走向民主政府的第一步。數個中國代表團訪美見證美國的選舉程序。謝世宏觀察到中國政府最初：

> 對這種參與表支持態度，因農村選舉對中國在世界上的形象是正面的，也尚未破壞中國政治體制的根基。透過關注技術執行層面，而非中國政治體制的基本問題，國際非政府組織能夠在促進地方參與治理方面，贏得中國政府的信任及合作。[36]

隨著民政部領導層輪替，官方對農村選舉的熱忱開始減弱，對外界的建議也興味索然。雖然官方報導吹捧農村選舉的成功，但人民對農村選舉的真正民主程度仍有存疑，尤其鄉鎮領導經常干預候選人選拔。二〇〇三年喬治亞、二〇〇四年烏克蘭及二〇〇六年吉爾吉斯爆發的顏色革命引發更多的警惕。許多受到國際組織支持的民間團體對東歐社會主義政府的挑戰，被視為導致這些政府垮臺的主因。二〇〇五至二〇一〇年間，卡特中心未獲准觀察選舉。二〇一〇年雲南省的某次選舉是特例，但那也是最後一次獲准觀察。國際共和學會甚至更早地關閉了其中國農村選舉輔導計畫。這些都是中國正在對國際非政府組織施加更多限制的信號之一。

新挑戰

二〇〇八年可能是美國基金會及非政府組織在中國活動與發揮影響的巔峰，那時社會及政治改革來自多個方向。由於對在東歐及中東的顏色革命——特別是其間公民社會扮演關鍵要角——感到震驚，中國領導人開始警惕外國非政府組織，尤其是資助倡議的組織。正如中國非政府組織界著名學者馬克・席德爾（Mark Sidel）所說：

> 中國共產黨與政府最關心的是對另外兩類團體的監管：國內倡導組織及在中國營運或向中國提供援助的外國非營利慈善組織。在這兩種情況下，黨與政府的擔憂皆出自於政治原因——中國政府擔心倡議組織可能會建立期望快速改革政治之聯盟，並擔心至少某部分外國非營利組織及基金會也參與推動政治改革之活動。[37]

與此同時，二〇〇八年北京奧運會象徵中國崛起為世界大國，不再需要大規模外國援助知識基礎建設及社會服務。在美國模式的刺激及知名企業家的推動下，中國自己的慈善事業已遠遠超過了國際支持。許多受到國際組織啟發的中國民間組織，正積極處理當地的慈善需求。

在美國，最初吸引美國基金會的誘因已減弱。資金相對不足的小型美國組織認為他們無法作出真正的改變，中國不再是最需要幫助的國家，美國社會也面臨著自己的挑戰。幾家具有風向指標意義的大型基金會之焦點從中國轉移到世界上發展需求更為迫切的地區。

在千禧年的第一個十年，洛克斐勒基金會結束在中國近百年的活動參與，轉而將重點轉向非洲大陸。福特基金會曾是美國在中國最大的捐資機構，從一九八八至二〇一五年共捐了三億五千六百萬美元。二〇〇〇年代初期，福特基金會開始將精力集中在國內及國際的濟貧問題，雖仍留存中國，但大幅削減資助，每年對中國的預算從一九九〇年代後期的一千六百萬美元減少到二〇一三年的一千四百萬美元，再減到二〇一八年的一千一百萬美元。[38]持續在中國運作的組織則是修改了目標。中華醫學基金會長期以來是在中國營運的第二大美國慈善機構，每年撥款六百萬到七百萬美元；該基金會為授予獎助金的組織（grant-making organization），聚焦於中國主要醫科大學的師資及研究發展。到了二〇一〇年，中華醫學基金會轉向關切、影響中國醫療政策以實現健康公平，並且促進與東南亞夥伴的合作計畫。

在二〇〇七年，正當在中國展開長期計畫的基金會及非政府組織開始撤返時，一個新的美國機構：比爾與美琳達・蓋茲基金會（Bill & Melinda Gates Foundation）出現在中國。蓋茲基金會的計畫很快讓其他美國機構相形見絀。蓋茲基金會在中國最初的使命主要是醫療，重點是肺結核、菸草控制及愛滋病，後來擴展到瘧疾與農業發展，最近甚至擴展至全球合作。蓋茲基金會與中國政府機構密切合作，包括衛生部、商務部、農業部、中國國家自然科學基金會以及許多地方企業與機構，每年支出約五千萬美元。[39]

《外國非政府組織法》[40]

當中國決定實施新《外國非政府組織法》時，美國民間組織開始面臨新的挑戰。在交流的前三十年間，外國非政府組織的活動不受中國法律的限制，中國政府對在中國運作的數千個國際組織的監管也十分鬆散。但隨著中國政府開始以新法規應對公民社會的蓬勃發展，他們也同步開始關切對外國組織的監管。自二〇〇四年起，中國鼓勵國際組織透過向國內監管機構並向民政部報備的方式正式註冊。但至二〇一二年止，實際註冊的組織只有十八家。

隨著習近平新政府的到來，外國組織意識到新法規即將實施，且這些新法規將有限制性質。繼二〇一四年香港占領中環運動（Occupy Central demonstrations）對北京當局敲響警鐘後，第一個令人不安的跡象是監管國際非政府組織的權力單位，將從比較溫和開放的民政部轉移到公安部。因此，警察負責公民社會，正如席德爾所說的外國非營利組織管理的安全化（securitization）。另一令人不安的跡象是二〇一五年春季發布的《非政府組織法草案》比預期的要嚴格得多。外國非政府組織不但要在公安部的全權掌握之下，找到專業監管單位配合，而且「要以模糊的要求及禁令為指導……，包括不損害中國國家安全、統一團結、中國利益、公共利益及其他組織利益之要求」。[41]

儘管美國非政府組織為不受政府干預獨立運作的組織，但新的《非政府組織法》則要求他們尋求政府干預。美國駐北京大使館、美國國務院及歐巴馬總統本人，曾就中國對美國非政府組織敞開大門之重要性發表看法。國際社會對法規草案的強烈抗議促進了少部分的修改。最值得注意的是，新法規草案保證學術交流合作不會受到負面影響，可以一如既往持續運作。同時也保證中國不會對外國非政府組織活動關閉大門。

該法於二〇一七年一月一日生效。最重要的要求是所有希望註冊辦事處的外國非政府組織，必須獲得政府批准的部門或機構之支持，這些部門或機構將作為其專業監管單位。這個監管單位是非政府組織的擔保單位（sponsor），必須向公安部彙報。在中國未設辦事處但計劃展開各種活動（如研討會或會議）的組織，也需要透過中國合作夥伴獲得許可。

前述的兩家關鍵美國基金會——即福特基金會與亞洲基金會——的經歷，說明該法規對美國主要非政府組織的影響。這兩家基金會多年來在中國設有辦事處，並且都支持過中國當局可能視為敏感的政治與法律計畫。他們的項目橫跨多個面向，因此很難找到單一的監管擔保單位。他們都努力遊說中國有關當局，證明基金會自建交以來對社會福祉所達成的貢獻；數百名政府官員參與他們的培訓及海外計畫這點尤具說服力，證明他們的作為十分成功。二〇一七年年中，兩家機構皆收到通知，中國人民對外友好協會（Chinese People's Association for Friendship with Foreign Countries，簡稱對外友協）同意成為這兩家機構的監管單位。

福特基金會中國代表處主任高倩倩（Elizabeth Knup）描述她如何代表福特在中國成功政治遊說，以及在過程中學到的東西：

> 首先，我認為主動是關鍵。自二〇一七年一月一日起，我每天的工作就是將石頭往山頂推一點點。如果我每天能做一件事，如與某人交談、參加會議、學習東西，每一天都做到，這就是我的目標。我認為，我們若不表現出積極的態度，那麼我們在中國的利害關係人（stakeholders）可能就不會清楚我們在中國展開業務的決心。
>
> 其次，我認為我們需要以開放的態度與政府當局打交道，這個經驗特別適用於那些尚未在中國註冊或不知道從何開始的外國非政府組織。政府當局實有幫助，他們出乎意料地開放、靈活，並且以解決問題為導向，這是非常重要的一點。我亦了解到耐心必不可少，對過程保持信念也同樣重要。[42]

截至二〇一八年七月，已有七十八家美國非政府組織正式註冊，[43]其規模較大，且在中國都有登記：最大的團體（二十三家非政府組織）是貿易協會，如美國國際商會（American International Chamber of Commerce）、美國棉花協會（Cotton USA）、國際銅業協會（International Copper Association）及美中貿易委員會；第二大團體（十八家非政府組織）為以環境為其業務範圍的組織，如大自然保護協會、太平洋環境組織（Pacific Environment）、自然資源守護委員會（Natural Resources Defense Council）及國際野生生物保護學會（Wildlife Conservation Society）；第三大團體（十七家非政府組織）是關切健康議題的組織，如奧比斯（Orbis）、美國中華醫學基金會、世界健康基金會（Project HOPE）、霍爾特國際機構（Holt International）及蓋茲基金會。

令人意外的是，許多美國宗教組織也已註冊，如在雲南運作的傳仁基金會（Go and Love Foundation）、在廣西的祝福之手（Blessing Hands），以及在河南的中美服務促進會（China Service Ventures）與中美志工合作服務會（China-U.S. Volunteer Cooperation Service Society）。他們為兒童、老人及貧困家庭提供慈善與人道服務。

《外國非政府組織法》加速美國在中國境內法律及社會正義工作的衰落。在此法頒布以前，擁有既定法律與治理計畫的基金會，已經開始逐步取消計畫項目。例如，亞洲基金會長期的行政法資助計畫於二〇一一年結束，福特基金會的臨床法律教育計畫也遭取消，因其不再符合該基金會的整體使命。

尚未獲准或決定不申請登記的組織，一般是從事法律服務、法律援助、社會正義、人權等工作的組織，如索羅斯開放社會基金會（the Soros Open Society Foundations）、國際共和學會、美國國家民主基金會（National Endowment for Democracy），以及從事人權工作的小型非政府組織。美國律師協會（American Bar Association，簡稱ＡＢＡ）就是其一案例。美國律師協會長期活躍於中國，並獲美國國務院及美國國際開發署資助，在家暴、刑事司法、行政法、政府透明度及ＬＧＢＴ能見度等領域展開業務；雖與高層商談，但中國司法部不同意擔任專業監管單位。二〇一七年三月，美國律師協會意識到政治氣氛不利於協會持續在中國活動，因此宣布：

> 新頒布之法規威脅對在中國從事人權及合法權利工作的外國人提起刑事訴訟，因此美國律師協會法治計畫（Rule of Law Initiative）於十二月關閉北京辦事處。中國對非政府組織的詳細法規於一月一日生效，其法規加強國家對民間社會控制，且全面打擊外國影響。[44]

美國律師協會將其辦公室遷至香港。[45]因此，美國在促進法律改革及倡導社會正義方面長達數十年的強大功用已然結束，至少目前確實如此。

更廣泛來說，正如席德爾所述，中國政府顯然是在利用《外國非政府組織法》來「塑造」（mold）美國在中國參與交流的性質。官僚制度延誤導致了先前準備的計畫延遲或取消。席德爾總結《外國非政府組織法》之影響為：「最初十三個月的實施清楚表明，在註冊外國非政府組織辦事處及基金會時，中國明顯偏向於提供服務及能力建設的組織，而非倡導社會正義之團體，這樣的團體在中國的展開工作已十分困難，而且這種情況可能還會加速惡化。」[46]

策略調整

美國基金會、宗教團體、非政府組織在這個專制國家運作達四十年，面臨政治、文化及制度方面之挑戰。縱觀這些活動的整體和時間跨度，我們基本上可以看到他們參與的積極性，以及社會與社會關係的蓬勃發展。然而，如果我們逐年逐項仔細探究，將會發現美國非政府組織社群面臨許多困難，通常是財政及官僚制度造成的，但有時也是政治上的困難。許多非政府組織堅持了下來，證明美國人對親身參與中國現代化建設的歷史性及持續性的熱情與承諾。能與這麼多不同夥伴組織持續合作，代表中國人民對他們的工作普遍接受，甚至懷有熱忱。確實，中國組織往往是美國贊助計畫的主要參與者，確定其需求、建議其工作模式、提供培訓並軟化政治挑戰。但時代變了，我們應該如何理解看待前幾年的成功及未來需要改變之處？「策略調整」之概念顯示許多非政府組織已經學會如何在中國運作，以及他們現在希望以何種方式留在中國。[47]美國非政府組織在中國成功實施策略調整的要素包括以下：

一、地方、中央政府組織及草根組織共同參與交流的混成工作模式

從一九七九到一九八九年，在美國重新與中國交流的早期階段，大多數美國基金會與政府機構、大學及部會密切合作。一九九五年後，當多元化的中國公民社會開始蓬勃發展時，基金會及新進入的國際非政府組織將注意力轉向了省級草根組織，同時往往仍試圖與中央或地方政府保持聯繫。

由於所有外國非政府組織現在必須與負責批准其年度計畫的專業監管單位一致，因此這種混成運作模式正經歷新的考驗。許多與他們長期合作的機構共同運作，例如，保護國際（Conservation International）與國際野生生物保護學會皆隸屬於國家林業局，而環境保衛基金（Environmental Defense Fund）則隸屬環境保護部。雖然目標使命複雜的組織通常很難找到合適的專業監管單位，但對外友好協會已同意支持福特基金會與亞洲基金會，這兩家基金會都有多種類型的計畫。然而，其他具有多重目標使命的國際組織則尚未確定專業監管單位。

高倩倩指出與政府當局接觸的需求十分重要。雖然有些人批評美國組織因其與中國官僚關係而過於有彈性，[48]但現實是任何美國非政府組織在中國營運，都需要某種程度的政府批准。事實上，美國非政府組織對中國產生的最重要影響之一是對中國政府本身的影響，例如見證中國政府官員的所有培訓，以及在法律、環境、婦女權利、愛滋病與社會服務方面政策的革新。

二、專注於各自領域內的專業化

許多非政府組織的共同點是強調培訓及專業化，這與中國自身提升所有部門人才的期盼是一致的。尤其重要的是，美國在引進全球規範及為與其合作的中國非政府組織及基金會建立能力等方面，發揮了重要功用。這種對培訓的重視也拓展到宗教團體。隨著基督教在中國的快速發展，神學院與牧師的數量顯得匱乏，基督新教與天主教團體的大部分工作是培訓中國神職人員，通常是在當地進行，但偶爾也在國外。二〇一二年的一項研究指出：「政府意識到三自愛國教會及家庭教會都需要加強神學培訓，作為維護穩定、防止非法邪教興起及培養良好公民的方法。」[49]然而，在習近平對基督教宗教活動實施諸多限制政策後，此類培訓機會已明顯減少。

三、地方層級的政策試驗

有些國際非政府組織可能被視為挑戰政府規章制度的激進組織，但許多最成功的非政府組織也專注於開發模範地方計畫與示範地區。這是中國長期以來的策略，亦即先使用示範地區進行測試後，再決定是否採用新政策。史蒂芬・諾克斯（Stephen Noakes）與潔西卡・蒂茨（Jessica C. Teets）引用某位非政府組織代表的解釋：「我們與地方合作，首先在地方預試中測試新政策，使其適應中國國情，然後採納結果，成功推動省級與國家級政策。」[50]

美國經驗中的許多案例都說明了這一點。亞洲基金會與河南省合作改善民法，希望改革能取得成功並引起中央政府注意。另一個例子是大自然保護協會在被稱為「社會福利保護區」的示範點強調教育和改進規章制度。

四、選擇符合中國優先事項的計畫

隨著中國的利益與需求產生變化，美國基金會及非政府組織的計畫也相應改變。在一九八〇年代，振興研究暨高等教育為許多基金會的重要使命。在一九九〇年代及二〇〇〇年代，中國社會的目標更加錯綜複雜。中國公民社會團體及美國非政府組織能夠在地方靈活合作，解決貧困、婦女賦權、環境保護及健康等議題。在此期間，中國政府也努力改善其社會服務及法律體系。福特基金會及亞洲基金會為延續其早先對法律培訓的關注，同時也是應省級部會與政府機關的要求，開發了創新計畫。

美國非政府組織今日的目標使命，已從參與最新的政治與社會問題，轉移到中國尋求國際合作的相關領域。他們直接或間接施壓，要求展開以美中關係或中國國際發展為重點的工作，卡特中心的工作就是最佳案例。當前總統卡特在二〇一二年會見時任副主席的習近平，表示希望農村選舉計畫能夠繼續進行時，習近平溫和提醒他，美中建交已是卡特最大貢獻，建議卡特中心專注於與建交有關的計畫即可。今日在與中國《環球時報》（*Global Times*）合作的計畫中，卡特中心確實按照建議執行，並同時努力將其在非洲的知名公共衛生計畫與中國的醫療計畫連結起來。

五、支持中國與全球建立連結

中國的非政府組織團體已經迅速成熟，現下正積極尋求自己的國際角色，將中國的想法、救濟、支持與技術援助帶到非洲及亞洲各地。但中國的非政府組織幾乎沒有機會獲得資金以展開國際工作，因此，他們開始與美國基金會合作國際計畫。亞洲基金會在亞洲設有十八個辦事處，長期尋找方法將其在中國的計畫與在亞洲區域的計畫連結起來。二〇〇八年四川大地震發生後，數百家中國當地非政府組織開始參與救災，促使中國制定自己的救災計畫。認識到這一需求後，亞洲基金會開始在中國展開救災培訓計畫，隨後將其擴展至亞洲其他地區。二〇一五年尼泊爾大地震後，亞洲基金會培訓的中國救援隊貢獻巨大。亞洲基金會二〇一七年的一份聲明寫道：

隨著中國推進「一帶一路」計畫及區域發展，本基金會繼續利用在美國與亞洲的技術專長及建立良好的網絡，鼓勵中國積極參與全球事務。我們與當地夥伴密切合作，提高對中國發展戰略、發展援助與海外投資的理解，同時加強中國民間社會組織的能力，以應對上述議題與災難救援、環境韌性（environmental resilience）及性別平等重疊時所衍生的問題。[51]

其他重要機構可能跟進。福特基金會正在考慮「世界中的中國」（China in the World）計畫，而洛克斐勒基金會可能會就全球治理議題與中國重新接觸交流。

雖然其中有些幫助中國走出去的想法值得稱讚，但在政治方面需要謹慎處理。中國在全球某些地區日益增強的主導地位，被視為對當地政府及社會的威脅。加強中國軟實力並不一定符合美國利益。

六、本地化

未來最有可能出現的情況是，在中國的美國非政府組織會變得更加中國化。十年前，美國基金會或非政府組織駐華辦事處的領導職位沒有華人（美國公民、中國出生的華籍華人或美籍華人）擔任，而工作人員中既有華人也有美國人。現今，不僅在中國的許多辦事處由中國公民領導，計畫工作人員也會以中國人為主。未來幾年，某些在中國的美國基金會及非政府組織的正式結構很可能發生變化，因其使命將透過本質上已經中國化的組織繼續推動。這不一定代表美國社會影響力的消亡，而是下一階段的策略調整，即從捐助者與接受者關係轉向平等的兩造，更加整合全面的合作。這可以看作是外國非政府組織的中國化。

＊＊＊

《外國非政府組織法》的施行尚處於初期階段，現在預測該法對美國在中國運作的長期影響，為時過早。同樣，現在就嘗試理解近期美中整體關係的低迷將如何影響迄今為止頗具彈性的非政府組織的合作，或在拜登新政府的領導下可能帶來哪些變化，也是為時過早，但可以得出一些初步結論。

首先，鑑於習近平領導下的中國對西方思想的敵意日益增加，許多美國社會組織卻仍與中國社會保持聯繫，這一事實令人充滿希望。他們將被允許執行年度計畫的程度尚不清楚，目前存有許多官僚障礙。儘管如此，許多人對他們能夠在中國繼續以某種形式工作，抱持審慎樂觀的態度。

其次，在當前更加專制的體制下，希望解決敏感法律或社會問題的維權組織，在中國獲准運作的可能性仍然很小。

第三，美國仍能與許多中國組織進行合作，其數量之多令人驚訝。

當有人質疑近五十年的美中交流之益處時，最好將美國文化交流影響中國社會的多種方式列入考慮。最值得注意的包括：幫助建立以西方為導向的知識基礎建設，引介公民社會的參與，包含國家及草根層級，以及將環境、健康、法律及人權各個領域的全球規範引入。美國組織在中國所有省份都有運作，包括省級及地方層級；其合作夥伴遍及中國的官僚社群，再次展示獨立的美國機構與中國政府之間獨特的聯盟關係；但他們也在農村地區與當地的草根組織——堪比中國真正的非政府機構——合作，數萬名美國人熱情參與中國的社會現代化建設，兩國公民之間建立密切聯繫與友誼。儘管與中國的合作常常令人沮喪，但他們的使命感及目標感，與史景遷所述的西方顧問並無二致。

這種接觸交流將美國社會的關鍵部門與中國社會連結起來，團結美中兩國人民，共同解決貧困、健康、乾淨水資源及愛滋病等問題。最廣泛的美國文化及社會價值觀——從福音派新教到環保行動主義、婦女賦權、刑事司法改革到社區發展——藉由這些工作成功地傳播了出去。同樣，在中國工作的美國人開始欣賞中國豐富的文化傳統和社會參與。事實證明，美中兩個社會之間的連結是靈活的，能夠適應中國的政治及社會變化。迄今為止，美中關係五十年以來最艱難的動盪起伏已然渡過，交流的規模與深度在兩國身上都留下了不可磨滅的印記。沒錯，美中交流的性質在未來會有所不同，但其傳統將長存於無數人民及機構間的連結之中。這些連結一直是美中關係的基石。

儘管如此，在當今美中競爭日益激烈且經常敵對的時代，在中國運作的非政府組織面臨愈來愈大的挑戰，許多組織乾脆退出中國。藍普頓宣告美中交流時代已經結束，並預見重啟交流仍須很長的時間。本書的其他撰稿人也預測美中的戰略競爭將持續好一段時間，或甚至可能更糟。然而，若歷史會不斷重覆，美中兩國為共同目標而努力的深刻經歷，將成為下次美國與中國重新接觸交流的起點，因為屆時中國不會再向美國尋求「援助」，而是作為平等夥伴一起在新工作中互補與合作。

註記：

我曾與其中幾個組織有業務往來，我目前擔任亞洲基金會的董事，並曾擔任中國醫學局、美中關係全國委員會、聯合基督教亞洲高等教育聯盟及雅禮協會的董事。

引註：

1. Mary Brown Bullock, *The Oil Prince's Legacy: Rockefeller Philanthropy in China* (Stanford: Stanford University Press, 2011), 147.
2. Jonathan Spence, *To Change China: Western Advisors in China, 1620 to 1960* (Boston: Little, Brown, 1969); James C. Thompson, *While China Faced West: American Reformers in Nationalist China, 1928-1937* (Cambridge, MA: Harvard University Press, 1969).
3. Norton Wheeler, *The Role of American NGOs in China's Modernization: Invited Influence* (London: Routledge, 2013), 3.
4. 在一九九六年，中華人民共和國學術交流委員會（CSCPRC）更名為與美中學術交流委員會（Committee on Scholarly Communication with China，簡稱CSCC）。

5. 關於全國委員會的背景，請參見Jan C. Berris, “The Evolution of Sino-American Exchanges: A View from the National Committee,” www.ncuscr.org. 關於與中學術交流會，請參見Mary Brown Bullock, “Mission Accomplished: The Influence of the CSCPRC on Educational Relations with China,” in *Bridging Minds Across the Pacific: U.S.-China Educational Exchanges, 1978-2003*, ed. Cheng Li (Lanham, MD: Lexington, 2005), 49-68.
6. See Lee Orleans, ed., *Science in Contemporary China* (Stanford, CA: Stanford University Press, 1980).
7. Bullock, *Oil Prince's Legacy*, 160. 此為所有洛克斐勒基金會與中國的資料來源。
8. See Mary Brown Bullock, *An American Transplant: The Rockefeller Foundation and Peking Union Medical College* (Berkeley: University of California Press, 1980), 161-73; on the United Board, see Paul Lauby, *Sailing on Winds of Change* (New York: United Board, 1996), 80-113; on Yale-China, see Nancy E. Chapman, *The Yale-China Association: A Centennial History* (Hong Kong: The Chinese University Press, 2001).
9. Zi Zhongyun, *The Destiny of Wealth: An Analysis of American Philanthropic Foundations from a Chinese Perspective* (Dayton, OH: The Kettering Foundation Press, 2007), 184.
10. Asia Foundation, *20 Years in China, Commemorative Report, 1999* (San Francisco: Asia Foundation, 1999).
11. Renee Yuen-Jan Hsia and Lynn T. White III, “Working amid Corporatism and Confusion: Foreign NGO's in China,” *Non-Profit and Voluntary Sector Quarterly* 31 (2002): 330.
12. See Zi, *Destiny of Wealth*, 177-90.
13. Lauby, *Sailing on Winds of Change*, 97.
14. Richard Madsen, *China and the American Dream: A Moral Inquiry* (Berkeley: University of California Press, 1995), ix.
15. Lauby, *Sailing on Winds of Change*, 110.
16. Zi, *Destiny of Wealth*, 187.
17. Shawn Shieh, *The Roles and Challenges of International NGOs in China's Development* (Beijing: China Development Brief, Fall 2012), 9.
18. David Zweig, *Internationalizing China: Domestic Interests and Global Linkages* (Ithaca, NY: Cornell University Press, 2002), 262.
19. National Committee on U.S.-China Relations, “China Town Hall,” https://www.ncuscr.org/program/china-town-hall.
20. Quoted in Madsen, *China and the American Dream*, 138.
21. 與在中美國宗教組織的相關討論，分別取自二〇一八年六月十二日與魏克利、二〇一八年七月十三日與傅邦寧（Brent Fulton），以及二〇一八年七月十九日與萊斯特・魯伊斯（Lester Ruiz）的訪談。
22. Madsen, *China and the American Dream*, 140.
23. 資料取自二〇一八年六月十二日與魏克利、二〇一八年七月十三日與傅邦寧的訪談內容。
24. Jonathan Tam and Reza Hasmath, “Navigating Uncertainty: The Survival Strategies of Religious NGOs in China,” *Journal of Civil*

Society 11, no. 3 (2015): 283-99.

25. Gao Feng, "Build Up the Chinese Protestant Church Through Sinicization," *Chinese Theological Review* 28 (March 23, 2018): 1-29.

26. 這些在中美國環境團體的統計數據來自Wu Fengshi and Xu Yuan, "Sino-American Environmental Relations: The Potential of Trans-Societal Linkages," *Issues and Studies* 49, no. 3 (2013): 73-110.

27. Wu and Xu, "Sino-American Environmental Relations," 99.

28. Jie Chen, "Transnational Environmental Movement: Impacts on the Green Civil Society in China," *Journal of Contemporary China* 19, no. 65 (2010): 512.

29. Bullock, *Oil Prince's Legacy*, 197.

30. Northwest Yunnan Ecotourism Association, "Yunnan Great Rivers Project," www. Northwestyunnan.com/project.htm.

31. Chen, "Transnational Environmental Movement," 516.

32. Chen, "Transnational Environmental Movement," 509.

33. Wu and Xu, "Sino-American Environmental Relations," 104.

34. Anne F. Thurston, *Muddling Toward Democracy: Political Change in Grassroots China* (Washington, DC: US Institute of Peace, August 1998).

35. 資料取自二〇一八年六月一日與Yawei Liu的訪談內容。我在一九九七年參與了卡特中心的農村選舉調查。

36. Shieh, *Roles and Challenges of International NGOs*, 21.

37. Mark Sidel, "Managing the Foreign: The Drive to Securitize Foreign Nonprofit and Foundation Management in China," *Voluntas* 30 (2019): 664-77.

38. 資料取自二〇一八年九月二十五日與高倩倩的訪談內容。

39. 資料取自二〇一八年五月八日與Yinua Li，以及二〇一八年七月三十日與華爾希（Kathleen Walsh）、Rui Xi的訪談內容。

40. 對於《外國非政府組織法》的探討來自作者與瓊恩・考夫曼（Joan Kaufman）、Oma Lee、魏夢欣（Katherine Wilhelm）、安子傑（Anthony Spires）、Zhang Ye及席德爾一同討論之內容。

41. Sidel, "Managing the Foreign," no pagination.

42. China Development Brief, "Our Registration Story: The Ford Foundation," August 21, 2017, https://mp.weixin.qq.com/s/Fv4407dcAwQqlix23SkiRw. Accessed July 23, 2018.

43. All data on registered NGOs comes from ChinaFile, "Registered Foreign NGO Repre sentative Offices," China NGO Project, Asia Society, www.chinafile.com/ngo/registered-foreign-ngo-offices-map-full-screen#table. Interview with Jessica Batke, July 17, 2018.

44. Terry Carter, "ABA Closes Office in China While It Measures the Impact of New Restrictions on NGO Activities," *ABA Journal*, March 1, 2017, https://www.abajournal.com/magazine/article/aba_roli_china_rights_law/.

45. 資料取自二〇一八年七月二十四日與Oma Lee之訪談內容。
46. Sidel, "Managing the Foreign." Interview with Mark Sidel, August 8, 2018.
47. These concepts are adapted from Stephen Noakes and Jessica C. Teets, "Learning Under Authoritarianism: Strategic Adaptations Within International Foundations and NGOS in China," *Voluntas* 31 (2020): 1093-113.
48. 例如謝世宏與安子傑。
49. Tam and Hasmath, "Navigating Uncertainty," 296.
50. Noakes and Teets, "Learning Under Authoritarianism," 7.
51. Asia Foundation, *2017 Annual Report* (San Francisco: Asia Foundation, 2017), 9.

第9章 美中關係——公衛觀點

文／黃嚴忠（Yanzhong Huang）

美國在中國提供醫療保健服務的歷史可以追溯到一八三四年十一月四日，當時身為美國傳教士、醫生兼外交官的伯駕（Peter Parker, 1804-1888）創立了中國首家西醫醫院廣州眼科醫局（Ophthalmic Hospital of Canton）。三十年後的一八六六年，該醫院成為中國第一所現代醫學院之所在。[1]到一八八七年，有七十四位傳教士醫生（其中四十一位是美國人）在中國工作，回頭來看，他們在中國公衛領域比傳教使命更加成功。[2]一八九六年，來自衛理派美以美會（Methodist Episcopal Church）婦女委員會的駐華傳教士資助兩名中國女性康成（Kang Chen，又名Ida Kahn, 1873-1931）與石美玉（Shi Meiyu，又名Mary Stone, 1873-1954）到密西根大學學醫，這兩人是第一批成為西醫的中國女性。兩人於一八九六年以傳教士醫生身分返回中國，設立護士培訓計畫並建立醫務室及醫院，每年治療數千名婦女及兒童。[3]

十年後，雅禮外國傳道會（Yale Foreign Missionary Society），即雅禮協會的前身，在湖南長沙創辦湘雅醫院〔Xiangya (Yale-China) Hospital〕，成為當地首家西醫醫院，後來被譽為中國南方最好的醫院。四川省的三十所教會醫院中，有一半是美國傳教士所建。到一九五〇年，中國現代醫療機構共有五百二十七所，其中三分之二是由外國傳教士創辦。[4]

這並非偶然。十九世紀與二十世紀初的外國傳教士，試圖透過向中國人民提供現代醫療及教育來推廣基督教，美國傳教士在此過程中扮演要角。

後來，其他美國慈善組織也加入了美國傳教士改善中國人民健康的行列。一九一四年，洛克斐勒基金會創建美國中華醫學基金會，負責促進中國醫學教育的現代化及醫療實踐之改善，很快成為了美國對中國最大的慈善捐助者，布洛克於本書第八章中對此有相關描述。五年後，北京協和醫學院在中華醫學基金會常駐理事顧臨（Roger Greene, 1881-1947）的實際領導下成立。[5]協和醫學院成為中國最頂尖之醫學院，對公衛及醫療服務影響深遠。在一九二〇及一九三〇年代，協和醫學院師生在河北省定縣率先建立三級醫療網絡，患者在村級醫院接受初階治療，在鎮級接受高階治療，而在縣級則獲得更高階之醫療照護。這為今日中國現存的現代公衛系統奠定基礎，並提供毛澤東在一九六〇年代使用赤腳醫生（barefoot doctors）的靈感。[6]此外，二十世紀初，美國製藥公司開始涉足中國。總部位於印第安納波利斯的禮來製藥（Eli Lilly）於一九一八年在上海開設首家海外代表處。在一九四九年共產黨接管中國後，美國對中國的醫療援助成了兩國敵對的犧牲品。外國傳教士遭視為文化入侵，[7]有些人遭指為毒販、間諜或帝國主義的走狗。[8]在一九五〇年代初期，協和醫學院、其他美資醫學院及其他醫院皆遭國有化，與健康領域相關的慈善機構如中華醫學基金會被迫離開；與公衛相關的交流因此陷入停頓，三十年後方得以恢復。

但美國創建的醫院及學校繼續運作，無聲提醒著人們美國在過去時代的慷慨及友誼。事實上，時至今日這些機構仍持續發揮作用，其卓越聲譽完好無損。如布洛克於第八章所述，在一九七九年一月與中國最高領導人鄧小平會面期間，卡特總統懇請讓傳教士返回中國，鄧小平拒絕並堅稱許多傳教士只是為了將東方生活方式轉變為西方模式。在卡特提醒鄧小平傳教士建立了許多醫院與學校後，鄧小平同意考慮允許不受限制地分發《聖經》，並允許中國人有禮拜自由。[9]

在醫療健康領域之合作是一九七〇年代官方雙向交流的起始點，是過去四十年來美中關係最成功的領域之一，為雙方帶來可觀的利益。直到最近才出現新的合作障礙，削弱有時甚至逆轉了過去的成果。

美中在醫療衛生領域合作的紀錄如何？美中整體關係的變遷如何影響雙方在該領域的合作？美中合

作促進更廣泛的關係發展到什麼程度？為了探討這些問題，本章從公衛的角度審視美中關係三個階段的演變，即一九七一至二〇〇一年、二〇〇二至二〇一六年及二〇一七年至今，重點聚焦在政府合作、非政府組織的角色及藥廠的成長與影響。每一階段我們將探討合作的政治及策略背景脈絡，以及雙方所取得的成就與面臨的挑戰。

一九七一至二〇〇一年：重啟與擴大合作

一九七〇年代初期美中和睦後，衛生醫療專業人員成為首批受邀訪中的美國人，此後不久便恢復了公衛領域的合作。一九七三年，生物化學家兼加州大學洛杉磯分校教授埃米爾・史密斯（Emil Smith, 1911-2009）受尼克森總統任命率領首個美國科學代表團訪華。時任國家衛生院所屬福格蒂國際中心（Fogarty International Center）主任的米洛・萊維特（Milo Leavitt, ?-1983）說道：「有些人認為大眾普遍對健康和減輕疾病痛苦的渴望是和平與國際合作重要之關鍵，對他們而言，見到醫生是首批獲准訪華的群體之一，這一點意義重大，令人振奮。」[10]

這些訪問讓美國衛生醫療專業人員及記者得以一探中國公共醫療體系，如政策制定過程、醫療服務的提供及中西醫的結合使用。一九七一年，《紐約時報》記者詹姆斯・雷斯頓（James Reston, 1909-1995）刊登他在中國接受緊急闌尾切除術後，因疼痛接受針灸治療的個人經歷，向美國民眾介紹了中醫。[11]衛生醫療政策的發展過程也引起奧森柏格與藍普頓等著名中國研究學者之興趣。[12]藍普頓的中國醫學政治著作成為中國研究領域的必備讀物。

一些早期訪華的美國人將一九七〇年代視為中國醫療照護的黃金年代。中國擁有比任何其他接近其經濟發展水準的國家都要多的專業醫護人員及病床，[13]在共產黨政府的領導下，人民的健康獲顯著改善。官方統計數據指出，在一九四九到一九七五年期間，中國的嬰兒死亡率從千分之二十下降到千分之七點三二，而平均預期壽命從三十五歲增加到六十六歲。[14]這樣的進步很大程度上歸功於一九四九年後，中國採用強調平等與普及性的民粹主義醫療模式，並依賴社會及政治手段來促進疾病預防與提供醫療服務。具基本醫學培訓的赤腳醫生在農村普及，確保農村嬰兒接種疫苗，數億名中國農民獲得最基本的醫療照護。

某些早期的美國訪問者首次見到中國的醫療模式，認為其可能是西醫的一種替代方法，因西醫主要仰賴高度訓練的醫療專業人員從事治療。其他觀察者則更為謹慎。在一九七一年首次訪華的維克・席德爾（Victor Sidel, 1931-2018）表示不確定美國與其他國家可以從中國經驗中學到多少。[15]一九七九年底隨著喬治華盛頓大學醫療代表團前往中國的艾倫・道柏森（Allen Dobson）認為中國醫療系統擁有前所未有的強大力量，讚頌大規模疫苗接種及根除某些疾病之成就，並指出醫療照護遠遠優於一九四九年以前的情況；但他也發覺中國醫療照護系統在許多方面都存有不足：大多數傳統草藥對傳染病無效，醫療設備也往往老舊過時。由於中國醫生與西方醫生長達數十年毫無往來，他們無法接觸西醫書籍，再加上文革期間醫療系統遭到破壞，中國醫生無法跟上世界其他地區的醫學進步。

一九七九年一月美中正式建交後，在衛生醫療領域的雙邊合作獲得強而有力的推動。同年六月，兩國簽署了《醫療公衛科技合作協議》（Protocol for Cooperation in the Science and Technology of Medicine and Public Health，簡稱《醫療協議》）。一九八〇年，在原版《醫療協議》後續還簽署了一項附加協議，定義哪些主要醫療問題為雙方合作的重點項目，如傳染病、心理健康、生殖健康、癌症及心血管疾病等非傳染性疾病。合作範圍包括專家交流、科學研究項目協調、聯合舉辦研討會及會議，以及交換與提供用於實驗室檢測及控制的生物標準、試劑及樣本。[16]美國科學家在上海與北京舉辦了實驗室與講座相結合的短期課程，教導中國科學家如何設計實驗以檢測或提出新的假設。[17]美國國家衛生院是負責生物醫學及公衛研究的領先機構，與中國進行諸多合作，並支持癌症及其他健康問題之研究。位於馬里蘭州的福格蒂國際中心是中國科學家的重要培訓中心。許多國家衛生院贊助的計畫項目，讓中國科學家接觸到基礎健康研究的新前線。一九八二年，中美生物化學聯合招生計畫（China-United States Biochemistry and Molecular Biology Examination and Application Program，簡稱CUSBEA）首屆學生抵達美國。由康乃爾大學的華裔美籍生物學家吳瑞（1928-2008）教授所創的CUSBEA計畫，使一九八二至一九八九年間來自中國大陸的四百二十二名學生在美國九十所大學及研究機構受訓。到一九八九年，在美國大學中約有一千至三千名中國學生及科學家在生物科技相關領域受訓，另有一百二十五名中國科學家在美國國家衛生院工作。[18]

除了美國政府機構，一九八〇及一九九〇年代的美國大學、非政府組織及私營企業也參與雙邊衛生醫療之合作。醫療健康相關的外國慈善組織也開始進入或重返中國，包括之前提到的中華醫學基金會（一九八一年）、世界健康基金會（一九八三年）、福特基金會（一九八八年）及微笑列車（Smile Train，一九九九年）。作為在中國營運的最大資助機構之一，中華醫學基金會專注於向中國主要醫學大學提供資金，隨後促進衛生醫療平等及該領域的國際合作。[19]一九八八年，世界健康基金會與上海市政府達成協議，成立上海兒童醫學中心，該中心目前是中國頂尖的兒科醫療治療機構及培訓中心，為學習兒科最先進技術的醫療人員提供培訓。[20]在一九九〇年代，福特基金會將中國的生殖健康作為資助重點之一。

中國對應用研究的關注也促使美中雙方透過合同研究計畫、合資企業、獨資子公司及技術轉移等方式與美國藥廠合作。[21]一九八二年十月，必治妥施貴寶（Bristol Myers Squibb）進入中國市場成立首家美中聯合藥廠：中美上海施貴寶製藥有限公司（Sino-American Shanghai Squibb Pharmaceutical）。到一九九〇年代末，幾乎所有知名美國藥廠皆在中國建立了合資企業或設立辦事處，如默克（Merck）、嬌生（Johnson & Johnson）旗下的楊森製藥（Janssen）、葛蘭素史克（GlaxoSmithKline，簡稱GSK）、輝瑞（Pfizer）、百特國際（Baxter International）及亞培（Abbott）等。[22]

在合作初始階段，主要為單方受益。中國的研發能力有限，成為了與醫療健康相關的學術交流的主要受益者。儘管利用中國科學家技術的契約研究計畫有所成長，但中國在商業生技領域的整體合作水準仍然很低。[23]不對等的關係現制了合作範圍。

這段時期雙邊衛生醫療領域合作的背後基礎是為抗衡蘇聯威脅的戰略合作。一九八九年天安門事件與一九九一年蘇聯解體後，美中關係的本質發生戲劇性的轉變，因缺乏原有的合作戰略基礎，新問題、新擔憂——像是人權——浮上檯面，但衛生醫療領域合作依然不斷擴大並加深。

一九八九年九月，天安門事件發生的幾個月後，總部位於紐澤西州的大型藥廠默克集團與中國衛生部簽署一項協議，將其Ｂ肝疫苗技術轉讓給中國。根據這筆雙方皆不虧不盈的協議，中國支付默克七百萬美元，而默克則向中國提供生產疫苗所需的全套技術及設備，並培訓中國品管人員。許多人認為這筆交易挽救了數百萬人的生命。在一九八〇年代，超過百分之十的中國人是Ｂ型肝炎病毒（ＨＢＶ）的慢性帶原者，該病毒會導致肝硬化、肝功能衰竭及肝癌。至一九九四年完成技術轉讓完成後，中國的首批自製Ｂ肝疫苗便研製成功。到二〇〇二年，中國政府對其擴大疫苗生產與銷售之能力充滿信心，在世衛的支持下，中國擴大免疫計畫（Expanded Programme on Immunization）制定減少中國兒童ＨＢＶ病毒感染的目標，到二〇一二年，五歲以下兒童的感染比例低於百分之二。

該計畫相當成功，二〇一二年，中國將感染率降低到百分之一以下，在一九九三至二〇一八年間，至少五億名新生兒接種ＨＢＶ疫苗。[24]二〇一四年調查數據顯示，疫苗防止兩千八百萬例慢性ＨＢＶ感染及五百萬例ＨＢＶ併發症死亡。[25]默克公司最初決定無償將疫苗生產能力轉移到中國時，肯定已經考慮了長期的中國市場機會，[26]不過此舉也在無意間對中國展示了美國的軟實力。隨後，當二〇一八年發生了數十萬中國兒童接種不合格疫苗的醜聞，稱讚默克轉移專業知識與技術使中國能生產足夠的ＨＢＶ疫苗、拯救數百萬人性命的報導，便在中國社交媒體上廣為流傳。報導聲稱「默克對中國的貢獻是白求恩（Norman Bethune, 1890-1939）的一萬多倍」（這位加拿大醫生在二戰期間拯救許多共產黨員及中國士兵的生命），呼籲每位中國人民要感謝美國藥廠。正如中國疾病預防控制中心（Center for Disease

Control and Prevention，簡稱ＣＤＣ）副主任梁曉峰（Liang Xiaofeng）所述：「作為一家藥廠，考量到接種疫苗的數量，默克原本可以賺取高額利潤，但默克選擇將疫苗作為禮物送給中國，對中國人來說，這是極寶貴的資產。」[27]

二〇〇二至二〇一六年：合作的黃金年代

共同對抗傳染疾病

在一九八〇年代及一九九〇年代，農業去集體化、財政官僚權力下放、以市場為導向的改革相互結合，削弱了中國衛生醫療相關計畫的體制與財政基礎。[28]一九八九年天安門危機過後，尤其是在一九九二年鄧小平南巡重啟經濟改革之後，中國政權愈來愈仰賴快速經濟成長以證明政權的合法性。轉而追求以績效表現為基礎的合法性，不僅將公衛的重要性置於次要地位，而且還強化了國家掩蓋重大傳染病爆發的動機。在農村，家庭農業的回歸及公社的消失使得主要醫療機構，例如聯合醫療計畫及赤腳醫生（依靠集體經濟），失去了財政基礎，導致農村醫療系統崩潰。在都市，國有企業堪慮的表現及隨之而來的改革措施，打亂了國有企業以前為其員工提供的醫療照護服務。

與此同時，全球化及中國融入全球經濟促使病原體的傳播。自一九九〇年代起，數個主要傳染病的回歸或出現在中國，到二十一世紀的頭十年，中國面臨一系列的流行傳染病及疫情，包括後天免疫缺乏症候群（acquired immunodeficiency syndrome，簡稱ＡＩＤＳ）、肺結核（tuberculosis，簡稱ＴＢ）、嚴重急性呼吸道症候群（severe acute respiratory syndrome，簡稱ＳＡＲＳ）及禽流感（avian flu）。面對這些挑戰，中國、美國、聯合國及世界上大多數國家大幅改動對公衛問題之看法及管理方式。美中兩國在衛生醫療領域的合作範圍擴大，成為兩國最高領導人的重要目標。隨著新的健康問題的出現，人們對其影響的理解也有所變化。傳染病不僅是健康問題，更是國家及國際安全問題。此外，當中國奮起應對自身的傳染病挑戰，它也開始從國際援助的接受者及受益者轉變為捐助者及提供者，並且最終在藥品供應方面發揮重要作用。

愛滋病

中國首次通報愛滋病例是在一九八〇年代中期，但這些患者是在國外感染的。當時中國人認為愛滋病是外國病，並有悖於中國人的道德觀念。中國衛生當局相信，中國不太可能流行愛滋病。在一九八九年出現首例本土ＨＩＶ確診病例時，政府並未採取任何行動。因此，從一九九〇年代初期，愛滋病迅速傳播，原本傳染範圍主要侷限於一小群因受汙染的捐血設備而感染ＨＩＶ的農村農民，接著迅速傳播至吸毒者、性工作者、男同志，最終則發展為以普通群眾為主要患者的狀態。直到二〇〇二年，中國才進行全國普查，準確統計愛滋病例，並向美國尋求合作應對挑戰。二〇〇二年二月，小布希總統及江澤民主席在人民大會堂舉行了友好會面，期間他們討論加強合作對抗愛滋病毒的重要性。[29]隨後兩國密切合作以解決中國迫切的愛滋病毒危機。儘管如此，到二〇〇七年，愛滋病已成為中國最致命的傳染病，影響近一百萬人。[30]

嚴重急性呼吸道症候群（ＳＡＲＳ）

然而，真正迫使中國政府充分意識到愛滋病流行的潛在嚴重性、全球大流行疾病（pandemics）的危險性，以及國際合作應對傳染病之必要性的催化劑，是二〇〇二至二〇〇三年的ＳＡＲＳ危機。中國政府最初對ＳＡＲＳ的處理是掩蓋與無所作為。最早的病例是在二〇〇二年十一月中旬確定，但到二〇〇三年四月上旬，政府當局仍然否認知情，鮮少與國際社會分享資訊，並禁止國際世衛組織專家至廣東探視疫情爆發重災區。中國政府對此流行傳染病的不當處理損害中國的國際形象，並引發自一九八九年天安門鎮壓以來最嚴重的社會政治危機。病毒及與之相關的恐懼、恐慌持續蔓延，國際壓力不斷增加，國際上對中國處理危機不當的批評也愈來愈多。直到中國領導人終於開始以更加透明、嚴肅的方式處理緊急情況，他們才更加充分了解ＳＡＲＳ等傳染病在全球蔓延可能會帶來的破壞。他們也看見國際合作的迫切需要，若無危機的緊迫與嚴重，這種合作幾乎不可能實現。他們接受美國的合作提議，以提高中國應對急性流行傳染病的能力。

中國政府因ＳＡＲＳ事件清醒過來，並開始更加透明與積極地解決其愛滋問題。[31]當中國政府意識到在國內可能出現愛滋病大流行，美中在公衛問題上的合作便迅速、顯著地擴大。ＳＡＲＳ危機結束兩個月後，美國衛生與公眾服務部（Health and Human Services）部長湯米・湯普森（Tommy Thompson, 1941-）訪華，與中國衛生部建立多年夥伴關係，發展更強大的公衛基礎建設以應對重大疾病爆發。湯普森與中國衛生部部長張文康（1940-）簽訂合作備忘錄（Memorandum of Understanding），據該備忘錄，美國國家衛生院向中國疾控中心提供為期五年、一千四百八十萬美元捐款，用於開發基礎建設以更好地監控愛滋病毒的傳播以及具體途徑。與此同時，衛生與公眾服務部派駐一外交專員至美國駐北京大使館，負責監管美國在中國資助的計畫。[32]

根據合作備忘錄，美國疾管中心於二〇〇三年初啟動全球愛滋計畫（Global AIDS Program，簡稱ＧＡＰ）與中國疾控中心及衛生部合作。美國疾管中心承擔幫助加強中國監督及實驗能力的任務，並促進循證決策的制定。[33]ＧＡＰ聯合計畫採用全新綜合策略，稱之為「預防確診」（prevention for positives），其重點為加強對高危險群之監管，並為確診呈陽性的人提供檢測及後續醫療照護（之前的策略著重於透過健康教育及干預措施，促進高危險群的行為改變與自我保護）。[34]預防確診政策成為中國國家愛滋病預防與控制策略的核心，並深刻影響了中國治理高危險人群及愛滋病毒感染者的方式。

衛生醫療持續受到兩國最高層級官員關切。小布希總統與胡錦濤主席於二〇〇五年九月的聯合國大會面會，制定應對全球流行傳染病的十項核心原則，隨後得到了八十八個國家及機構的支持。[35]二〇〇六年，美中雙方愛滋計畫皆納入美國總統愛滋緊急救援計畫（President's Emergency Plan for AIDS Relief，簡稱ＰＥＰＦＡＲ），這是美國國務院全球愛滋病協調辦公室應對愛滋大流行的政府倡議計畫。[36]在ＧＡＰ計畫底下，美國疾管中心與中國疾管中心愛滋病預防管控部密切合作，在中國十五省份提供管理與技術支援，幫助中國衛生部在農村地區成立三家愛滋病臨床培訓中心，訓練了三百名政府合作夥伴。他們現正為十六個不同省份的五萬名患者提供抗愛滋病毒治療（antiretroviral therapy）。[37]

禽流感（Ｈ５Ｎ１）

二〇〇五年爆發的Ｈ５Ｎ１禽流感給中國政府帶來了一場性質不同的醫療危機。由於愛滋病從感染到實際發病的潛伏期較長，是緩慢傳播的流行病，而流感疫情的傳播則是爆發性事件，在很短的時間內會產生巨大衝擊。自二〇〇五年以來，高致病性禽流感病毒，尤其是Ｈ５Ｎ１、Ｈ１Ｎ１、Ｈ７Ｎ９病毒株之傳播，被視為全球衛生安全的重大威脅。從二〇〇五年四到六月，在中國西部的青海湖發現了六千多隻候鳥死亡。史無前例的大規模死亡後，中國內蒙古爆發新的Ｈ５Ｎ１禽流感，造成兩千六百隻鳥類死亡。大多數禽流感的流行時間較短且相對受限局部地區，而Ｈ５Ｎ１禽流感則不同，它在亞洲鳥類中廣泛傳播，且具非比尋常的持久性。[38]美國國家醫學院（National Academy of Science's Institute of Medicine）發表的報告稱亞洲Ｈ５Ｎ１禽流感「在規模、傳播及所造成的經濟損失方面都是前所未有的」。[39]二〇〇五年的一項研究顯示，Ｈ５Ｎ１遲早會適應人類並演變成像是一九一八年那樣大流行的流感。[40]

應對Ｈ５Ｎ１全球傳播的國際衛生組織，主要關切中國衛生當局，尤其是地方衛生當局，是否具備檢測、識別與診斷流感大流行所需的實驗室及流行病學能力。事實上，中國的地方政府並無這樣的能力，也幾乎沒有動力投資於疾病控制與預防。因此，當二〇〇五年遼寧省黑山縣的雞群開始死亡後，農民憂心忡忡地向省級的獸醫尋求協助，但直到將近兩週後才確定那裡爆發了Ｈ５Ｎ１疫情。[41]在陝西省，副省長對當地幹部未能執行必要的Ｈ５Ｎ１控制與預防措施感到沮喪，指責他們「吃皇糧不幹事」。[42]

在美國，全球流行病之威脅成為政治問題，將兩黨團結在一起。正如時任伊利諾伊州民主黨參議員的歐巴馬及時任印第安納州共和黨參議員的理察・盧加爾（Richard Lugar, 1932-2019）於《紐約時報》寫道：「在這個時代，你在曼谷或香港登機後，可以在數小時後飛抵芝加哥、印第安納波利斯或紐約，我們必須正視這些外來的致命疾病：它們並非孤立於半個地球之外的健康問題，而是對於國內安全與繁榮直接且即時的威脅。」[43]

美中密切合作解決中國當地能力不足的問題，並阻止Ｈ５Ｎ１禽流感的傳播。美國政府試圖將中國納入各種多邊計畫。在二〇〇五年九月，小布希總統宣布以「禽流感與流感大流行國際夥伴關係」（International Partnership on Avian and Pandemic Influenza）作為美中持續合作的框架。隨後，新興及再浮現傳染病合作計畫（Collaborative Program on Emerging and Re-emerging Infectious Diseases）於十月啟動，並促進在中國成立隸屬於疾控中心的全球疾病檢測中心（Global Disease Detection Center），作為合作計畫拓展此類中心網絡的一部分。[44]中國疾控中心促成兩國公衛機構合作在中國培訓現場流行病學家（field epidemiologists），偵測並有效應對疾病的爆發。二〇〇五年十一月，美國衛生與公眾服務部及中國衛生部建立禽流感聯合倡議計畫（Joint Initiative on Avian Influenza），促進美中國衛生及農業部在規劃、檢測與疫苗方面的合作。[45]迄今為止，Ｈ５Ｎ１病毒感染人類的情形仍屬罕見且零星，尚未形成有效的人際傳播。[46]

Ｈ１Ｎ１豬流感

二〇〇九年Ｈ１Ｎ１豬流感疫情見證美中兩國進一步鞏固合作對抗流感大流行，最高領導人再次參與衛生醫療外交。二〇〇九年五月六日，在豬流感剛傳入美國之際，中國國家主席胡錦濤親自致電歐巴馬總統討論病毒傳播問題，表示願同美方及相關各方保持溝通，並加強合作共同應對威脅。[47]豬流感是由前所未見的Ｈ１Ｎ１流感病毒株引起，首次於二〇〇九年四月在墨西哥現蹤。病毒早期在在北美爆發後，迅速傳播到世界各地，包括中國。到六月，世衛宣布疫情已全面爆發。在十一月，美中聯合發表聲明，承諾在Ｈ１Ｎ１流感預防、監測、報告及控制方面加強合作。[48]美中衛生部交流資訊與技術，以提高核心監測及應對能力，包括監測流感的傳播與加速開發新疫苗。美國向中國提供病毒樣本及診斷試劑盒，從而幫助中國成為首個大規模生產Ｈ１Ｎ１流感疫苗的國家。相對地，中國科學家與世界分享其方法，促進藥廠及美國衛生機構開發疫苗。[49]美國政府科學家也協助對中國流感大流行進行實地考查，其中包括提供實驗室診斷、確定疾病風險因素，並確定病毒是否透過人際傳播。[50]

因此，當中國於二〇一三年三月回報華東地區爆發Ｈ７Ｎ９病毒時，美中先前的合作經驗，使雙方能夠更有效地共同對抗新疫情。二〇一三年三月在中國東部發現首例Ｈ７Ｎ９流感病毒，美國疾管中心將其列為最令人擔憂之病毒。[51]在Ｈ７Ｎ９爆發期間，兩國疾管中心密切合作，分享流行病學數據並共同研究。

伊波拉病毒（Ebola）

二〇一四年西非爆發伊波拉疫情，美中兩國是最早啟動應對措施的國家，兩國首次攜手處理第三國爆發的疫情，發揮各自醫療優勢，將合作推上新的高度。

中國對伊波拉疫情的回應，是當時中國最大的衛生援外行動，包括提供醫療用品、派遣醫療公衛專家以及建設實驗室與臨床設施。[52]在疫情期間，美國疾管中心人員與中國駐獅子山共和國的流動實驗室人員一同工作。據美國衛生與公眾服務部部長希薇亞・波維爾（Sylvia Burwell, 1948-）所言：該實驗室「在挽救生命、扭轉疫情方面發揮了重要作用。」[53]除了交流疾病資訊及技術原則外，中國軍方也培訓一個賴比瑞亞工兵連，後來協助美國陸軍在該國設立一家新的治療中心。與此同時，美國空軍提供大型堆高機協助卸載中國運往賴比瑞亞的物資。[54]二〇一四年秋天，美國與加拿大科學家開發一種名為 Zmapp 的實驗性抗伊波拉藥物，因供應有限很快告罄，一家小型中國私營公司根據 Zmapp 專利中的資訊，生產出該藥物與原公司競爭。[55]在三個月內，這家中國公司生產約一百劑標有MIL77的新藥，據信該藥成功治療二〇一五年三月在獅子山共和國工作時確診伊波拉病毒的英國軍護。[56]

美中在伊波拉危機中的成功合作，為兩國於二〇一五年六月續簽協議提供強大動力，促進在傳染病領域更密切的合作、科學發現、能力建立及資訊交流。如副總理劉延東（1945-）所言：「中美在維護全球公共衛生安全、及時應對新發傳染病等重大問題上有著越來越多的利益交匯點，承擔著越來越大的共同責任。中美加強衛生領域合作，不僅事關兩國人民健康，也具有全球意義。」[57]

流行傳染病之傳播已成為全球的健康問題，一個傳染病的新觀點應運而生：疾病不僅是健康問題，也是國家及國際安全問題。這種將流行傳染病視為國家及國際安全問題的新觀點始於國際愛滋病危機爆發。在美國方面，愛滋病的不穩定影響及流感大流行的潛在破壞，致使柯林頓、小布希及歐巴馬三屆政府將傳染病爆發不僅歸類為健康問題，也視之為國家安全威脅。早在一九九一年，題為〈全球愛滋災難〉（The Global AIDS Disaster）的美國機密情報報告指出，愛滋病為「定時炸彈」，具有潛在的嚴重經濟、政治及軍事後果。[58]二〇〇〇年國家情報委員會的報告將愛滋病確立為主要問題之一，[59]國安顧問山迪・柏格（Sandy Berger, 1945-2015）宣布致命傳染病對國家安全構成威脅，並指出：「一個導致大量人民死亡、跨越國界及威脅破壞整個地區穩定的問題，正是國家安全威脅之定義。」[60]二〇〇二年另一份國家情報委員會報告將中國確定為可能引發下一波愛滋病浪潮的五個國家之一。[61]隨後，愛滋病毒與流感大流行的預防及控制被納入美國外交政策目標，如二〇一〇年八月時任國務卿的希拉蕊所宣布：「我們投資於全球衛生以保護我們國家的安全……我們需要全面、有效的全球系統，以追蹤健康數據資料、監測威脅及協調應對措施。」[62]

聯合國迅速接納流行病是一種安全威脅的概念。在二〇〇〇年，出於對愛滋病將影響安全的擔憂，聯合國安理會一致通過美國發起的第一三〇八號決議，為安理會首個關於健康問題的決議。第一三〇八號決議承認流行病可能威脅穩定與安全，並鼓勵展開國際合作，以支持制定有效的長期策略來對抗愛滋病。

中國的領導人，同樣將疫病可能的爆發與中國的國家以及國際安全聯繫起來。二〇〇三年十一月，中國外交部將愛滋病毒及愛滋病列為六大非傳統安全威脅之一。[63]中國領導人認為，傳染病大爆發的可能性對國家的經濟發展、維持社會與政治穩定及保護國家安全的能力，構成潛在挑戰。[64]中國領導人已同意支持美國於二〇一四年二月發起的全球衛生安全綱領（Global Health Security Agenda），其重點為召集世界各國應對傳染病威脅，並將衛生醫療安全提升到國家領導層級的優先事項。[65]因此，美中開始將流行病視為健康、安全與外交政策問題，當中國遭受流行病侵襲，美國在應對這些流行病方面扮演要角，也促進更多合作。

二十一世紀前幾十年裡，美中兩國的醫療合作不僅限於傳染病領域。美中醫療協議在二〇〇三年十一月及二〇〇八年四月續簽兩次。根據修訂後的協議內容，雙邊衛生合作的重點是疾病預防及控制、衛生相關產品的監管，以及衛生與生物醫學研究。在二〇〇四財政年度，美國衛生與公眾服務部為中國研究與技術支援提供超過三千三百萬美元，其中包括向國家衛生院提供的兩千八百萬美元用於七項研究資助及契約，以及支持四百六十九名中國科學家參與衛生與公共服務部訪客計畫。[66]二〇〇六年衛生與公眾服務部與中國衛生部簽署生物醫學研究、科技、培訓及人員交流的合作備忘錄。[67]美中科學家繼續合作共同對抗重大傳染病威脅與癌症等非傳染性疾病。根據國家衛生院的一份內部審查報告，自二〇一〇年來，該機構每年為與中國合作之計畫提供約五百萬美元的資助，其中百分之二十用於癌症研究。這些聯合計畫促成了多篇有關癌症的高影響力論文的發表。[68]到二〇一五年，國家衛生院貝塞斯達實驗室（Bethesda labs）已接待了七百多名中國科學家。[69]

兩國也合作促進大中華地區參與國際衛生組織。二〇〇六年六月，中國提名陳馮富珍（Margaret Chan, 1947-）擔任世衛總幹事，陳馮富珍在二〇〇三年的ＳＡＲＳ疫情期間擔任香港衛生署署長。雖然陳馮富珍並未在中國國內政治權力結構或是外交代表機構任職，但她在一位美國政府官員的鼓勵下，與胡錦濤主席在美中領導人高峰會期間會面。美國的支持有助於陳馮富珍成功當選，她在二〇〇六至二〇一七年間擔任了兩屆為期五年的世衛組織總幹事。

合作模式

在二〇〇〇至二〇一〇年期間，兩國政府之間的合作也變得更有制度。二〇〇六年美中兩國元首同意成立戰略與經濟對話（Strategic and Economic Dialogue，簡稱ＳＥＤ），以討論兩國面臨的長期挑戰。戰略經濟對話討論有關健康、食品、藥品安全問題等議題，由美中衛生醫療論壇（U.S.-China Health Care Forum）主導，涉及美國衛生與公共服務部、中國衛生部與商貿聯委會（Joint Commission on Commerce and Trade）——其中包含美國商務部的代表、美國貿易代表及負責貿易的中國副總理。[71]二〇〇八年十一月，由於美國人日益擔憂來自中國的食品不安全，中國允許美國食品藥物管理局（Food and Drug Administration，簡稱ＦＤＡ）在北京開設首個海外辦事處。[72]二〇一〇年六月，兩國成立美中衛生醫療論壇，以解決與健康相關的雙邊商業貿易及政策問題。該論壇連同之前舉辦的年度美中全球議題論壇（U.S.-China Global Issues Forum），提供了廣泛討論公衛問題的平臺。四年後，健康成為年度美中人文交流磋商（U.S.-China Consultation on People-to-People Exchange）的重要支柱，促進政府機構、醫學院及機構之間的交流。

美中之間的醫療合作並不侷限於兩國政府，從二〇〇〇年代初期開始，美國非政府組織與其他私營企業也開始積極參與中國的醫療健康問題。二〇〇五年，柯林頓基金會（Clinton Foundation）與美國疾管中心在安徽省利辛縣農村展開ＧＡＰ計畫，訓練基層醫生進行日常愛滋護理及抗愛滋病毒治療。與此同時，柯林頓基金會推動的中國愛滋病防治行動（China HIV / AIDS Initiative，簡稱ＣＨＡＩ），專注於提高愛滋病患者獲得治療的可能性及治療品質。ＣＨＡＩ於二〇〇四至二〇一一年運作，是致力於治療愛滋病最大的國際慈善計畫。[73]

二〇〇六年，蓋茲基金會也開始就防治愛滋病、肺結核及管控菸草使用與中國政府合作。二〇〇六至二〇一二年期間，蓋茲基金會捐資五千萬美元用於擴大高危險群（如男男性行為者）的愛滋病檢測及介入計畫，並為愛滋患者提供醫療照護與治療。二〇〇九至二〇一四年間，蓋茲基金會提供給中國衛生當局三千三百萬美元的研究款項，預試改善肺結核診斷與治療同時降低患者醫藥費負擔的創新方法。[74]布洛克在第八章也討論了蓋茲基金會與其他非政府組織之活動。

美國的非政府組織在幫助中國社會建立健康醫療相關能力上，發揮了重要作用。全球對抗愛滋病、肺結核和瘧疾基金會（The Global Fund to Fight AIDS, Tuberculosis and Malaria）是由政府、民間社會、技術機構、私營企業及受這三種疾病所苦之患者組成的合作機構，該基金會曾每年投入約四十億美元用於消除這些疾病，並在SARS流行之前不久，就開始在中國展開運作，其資助原則是要求每個參與國建立國家協調機制（Country Coordinating Mechanism，簡稱CCM）以管理全球基金資助該國的計畫項目。每個CCM都需要包括來自政府、聯合國與捐助機構、非政府組織、私營企業、宗教信仰社群及三種疾病患者的代表。

在中國，全球對抗愛滋病、肺結核和瘧疾基金會進一步要求非政府組織代表須由非政府組織根據該組織制定的民主程序自行選舉產生。在首輪中國CCM非政府組織選舉中，北京關注愛滋問題的人權律師賈平勝選，但他當選之程序遭許多參與選舉的非政府組織烈批評。賈平回應批評，提出由他帶頭組織一次完全民主、透明的非政府組織新選舉。賈平在美國做訪問學者時，結識美國國家民主基金會核心機構之一的國際共和學會，該學會主動提出協助監督觀察過程，並提供諮詢。選舉過程從二〇〇六年八月到二〇〇七年三月歷時約七個月，最終以公開、透明、獨立的方式選出一名非政府組織代表及候補代表在中國的CCM任職。這是北京首次允許非共產黨員的公民組織舉辦全國性的獨立選舉，也許也是中國政府與社會多個部門的代表首次平等地同桌共坐。[75]在美國非政府組織及中國民間社會領袖的共同努力下，還建立了非政府組織學習網絡，為從事愛滋防治工作的社群組織舉辦培訓班。

默克等美國私營企業也設立了公衛計畫，以幫助中國對抗傳染病與擴大健康教育。二〇〇五年，克承諾提供三千萬美元支持中國衛生部，以開發及實施一種將愛滋預防、患者照護、治療與支持等各個方面結合起來的整合模式。這種公私合作關係在四川省涼山彝族自治州（簡稱涼山州）推出，提供一系列介入措施，包括教育、諮詢、檢測、減少傷害（harm reduction）與健康服務。[76]南京大學－約翰・霍普金斯大學中美文化研究中心〔Johns Hopkins University-Nanjing University Center for Chinese and American Studies，或簡稱中美中心（Hopkins-Nanjing Center，即ＨＮＣ）〕畢業生唐安竹（Drew Thompson）成為駐北京處主任。二〇一一年一月，美國總統歐巴馬與中國國家主席胡錦濤舉行高峰會後，美中兩國成立美中衛生醫療合作計畫（U.S.-China Healthcare Cooperation Program，簡稱ＨＣＰ），雙邊公私夥伴關係也獲得發展。

ＨＣＰ與美國政府機構，如衛生與公眾服務部及美國貿易發展署（US Trade and Development Agency，簡稱ＵＳＴＤＡ），以及中國衛生部、商務部、私營組織，如美國先進醫療技術協會（Advanced Medical Technology Association，簡稱 AdvaMed）、中國美國商會（The American Chamber of Commerce in the People's Republic of China，簡稱 AmCham China）和十幾個機構合作，改善中國的衛生醫療服務。衛生醫療夥伴關係始於美國貿易發展署資助的衛生專業人員交流計畫，其中包括中國衛生醫療官員及醫院管理人員一系列的訪美活動，鼓勵美中分享最佳作法措施，並讓中國人民接觸到美國的醫療技術。[77]

二〇一〇年後，中國不再只是美國援助的接受國，也成為合作中不可或缺的夥伴。美國國家衛生院每年提供五百萬美元給中國的聯合研究計畫，而中國則開始每年追加三百萬美元。[78]二〇一一年，當全球基金會宣布對中國的資助將於二〇一四年結束時，溫家寶總理宣布中國已經可以自食其力。[79]

同時，中國成為了國際對外援助國，大幅增加對全球衛生醫療的捐資。二〇〇四至二〇一三年期間，中國對非洲的衛生醫療補助增加近百分之一百五十，從二〇〇四至二〇〇八年五年期間的十億五千四百萬美元增加到二〇〇九至二〇一三年五年期間的三十八億美元。[80]在整個二〇〇〇年代，愈來愈強大的製藥行業使中國藥廠能在海外設立子公司與當地銷售管道。自二〇一一年以來，中國一直奉行發展國內製藥行業的明確政策任務。在二〇一一至二〇一五年間，國家共投入十一億元用於研發新藥。愈來愈多在美國受過健康醫療與生命科學培訓的海外歸國人員，幫助中國達成參與全球製藥業的雄心願景。

不斷增長的經濟與貿易往來也突顯中國在國際醫藥市場中的關鍵作用，中國是向美國出口藥品的登記藥廠數量最多的國家。二〇〇〇年美中公平貿易協定（U.S.-China Fair Trade Agreement）讓美國的跨國藥廠能在中國購買關鍵製藥原料。中國年產一百萬噸製藥原料，在全球製藥原料之製造與出口方面領先世界，[81]其製作及供應活性藥物成分的能力對美國藥品配方設計至關重要。此外，中國有五百多家契約研究機構為跨國藥廠提供臨床前（preclinical）與臨床研究服務，其中許多公司更將總部設在美國。由於無法在價格上與中國公司競爭，美國及其他國家許多老牌藥廠將業務轉移至中國。因此，中國現在是製造青黴素（penicillin）的必要原料的主要全球供應商，也是製造炭疽病（anthrax）藥劑環丙沙星（ciprofloxacin）的最大原料出口國。[82]事實上，中國現在是包括萬古黴素（vancomycin）在內的全球抗生素原料主要來源，萬古黴素是用來治療嚴重及多重抗藥感染症的最後手段。[83]兩國製藥業相輔相成，為未來應對突發公衛事件的疫苗及開發新藥方面之合作打開了大門。

有趣的是，迄今為止，與製藥相關的智慧財產權糾紛尚未成為美中經濟關係的主要問題。在加入世貿組織及需要吸引外資的推動下，中國不僅將所有專利有效期延長至二十年，並且同意美國在資料專屬權（data exclusivity）與專利連結（patent linkage）的要求。[84]此外，加入世貿組織後，中國同意遵守《與貿易有關的智慧財產權協定》（Agreement on Trade-Related Aspects of Intellectual Property Rights，簡稱TRIPS），為智慧財產權保護設下標準。TRIPS協議第三十一條特別限制了強制授權（compulsory licensing），即政府授權一般藥廠製造專利藥品或製藥流程並未獲專利所有人同意的藥品。這一貿易規則的實施不僅會嚴重限制中國開發及出口專利藥物仿製藥品的能力，也限制在中國取得最有效藥物的機會。儘管中國愛滋病肆虐、非傳染性疾病危機空前嚴重，而且製藥業有能力仿製在中國銷售的多數專利藥品，中國並未利用世貿組織ＴＲＩＰＳ協議所提供的彈性，在專利相關問題採取更具主動積極的態度。迄今為止，中國尚未成功申請任何專利藥品的強制授權。在二〇〇九年Ｈ１Ｎ１疫情期間，政府甚至拒絕某家中國藥廠生產克流感（Tamiflu，一種治療流感病毒的抗病毒藥物）仿製藥的申請。

改變的理由

是什麼原因導致二十一世紀美中衛生醫療合作的擴大，即使是在缺乏最初維繫兩國關係的戰略基礎的情況下？一種解釋是，衛生問題根本不像傳統的安全或人權問題那樣具有政治兩極化的可能性。直到最近，隨著新冠疫情爆發，健康醫療才成為政治兩極分化的話題。兩國皆希望促進其公民的福祉，讓兩國在共同關心的健康議題上容易合作。兩國對健康共同的擔憂鼓勵彼此共同合作。

另一種理解雙方合作的角度，是從一九九〇年代起把健康議題視為國家與國際安全問題的這個概念切入。衛生醫療作為國安及醫療的外交政策，轉變了合作的內容與形式。雙方政府都意識到健康在實行外交政策治理功能時的重要性，包括安全、經濟福祉、國際發展及人性尊嚴。[85]在一九九〇年代，中國在與世界互動中也形成一種新的責任感及承諾感，這促使中國成為一個在國際上負責任的國家，並積極參與國際事務。新的身分啟發了對安全及國際合作定義的新想法。中國在一九九六年提出了新的安全概念，其本質是超越單方安全，透過互利合作謀求共同安全。[86]如前所述，中國外交部在二〇〇二年十二月的文件進一步闡述了安全的新內涵，並正式將非傳統安全（non-traditional security，簡稱ＮＴＳ）威脅納入中國國防戰略。[87]儘管政府最初並未將健康列為非傳統安全威脅，但當年初期發布的聯合國報告《愛滋病：中國的巨大威脅》（HIV/AIDS: China's Titanic Peril）強調愛滋病不僅是公衛問題，也對社會、經濟、政治及安全有重大影響，因此需要最高級別的政治關切。[88]

二〇一七年至今：合作面臨威脅

整體而言，直到歐巴馬任期結束前，美中在衛生醫療領域的合作有助於穩定雙邊關係的其他方面。川普政府於二〇一七年十二月公布的《國家安全戰略》對國際衛生醫療合作隻字未提。唯一提到國際衛生夥伴關係的是與其他國家在生物安全領域的合作，即確保實驗室有處理危險病原體的安全措施。儘管如此，在川普上任的第一年，雙邊在衛生醫療領域的合作不但繼續維持，甚至蓬勃發展。如記者喬汀・達爾（Jordyn Dahl）在二〇一七年四月所言：「北京與華盛頓從北韓的核發展計畫到南海貿易發展的所有事情上，都持有相反的觀點。但全球衛生醫療領域的合作正在成為原本漸趨脆弱的雙邊關係中一個潛在的亮點。」[89]

例如，二〇一七年九月，副總理劉延東赴美共同主持首次美中社會與文化對話（U.S.-China Social and Cultural Dialogue）。衛生醫療合作是對話的重點，結論是雙方同意共同開展愛滋病等重大傳染病防治之合作計畫，促進各級衛生醫療人員交流，加強心血管與腦血管等非傳染性疾病及癌症之研究。他們也同意在獅子山共和國展開聯合公衛計畫，包括為新生兒接種B肝疫苗。[90]

美國政府部門也開始與中國合作，以減少或消除非法合成吩坦尼止痛藥及其前體化學品流入美國。二〇一七年，美國有超過兩萬八千四百人因吩坦尼用藥過量致死。二〇一七年八月獲悉中國供應商向美國出口吩坦尼後，美國國土安全局駐廣州辦事處與中國毒品管制局展開首次聯合調查，最終瓦解了這家供應商，阻止超過兩千萬劑藥物流入美國。[91]川普總統在二〇一七年十一月訪華期間向習近平主席提出此問題，雙方同意合作打擊毒品犯罪。[92]

另外，美中在非政府及私營領域也建立了夥伴關係。二〇一七年，蓋茲基金會與北京市政府、清華大學合作，成立全球健康藥物研發中心（Global Health Drug Discovery Institute）。作為中國首家此類研發中心，該機構專注於包含中國在內的發展中國家所面臨的重大疾病，利用中國的研發能力來促進國際合作，並加強初期藥物開發。同年，美中關係全國委員會成立了美中健康二軌對話（U.S.-China Track II Dialogue on Healthcare），專門考察美中兩國醫療保健體系的效力，其建言包括更有效衡量及管理兩國醫療保健供給與相關建議。

二〇一八年八月，儘管兩國在貿易和安全問題上摩擦不斷，但兩國仍在西安召開聯合舉辦的區域武裝部隊健康論壇，中國某位高階軍官將其描述為「中美軍隊首次就亞太地區的軍事健康問題進行交流」。[93]

即使如此，不同於前兩屆總統始終明確將公衛視為推進與中國關係的重要手段，川普政府執政僅一年後，尋求雙邊衛生合作的熱情似乎就已煙消雲散，雙邊在衛生醫療領域的合作空間開始縮小。中國已展現出想成為重要製藥創新者的野心，並於二〇一五年發表的新版「中國製造二〇二五」政策將醫藥與醫療器材確立為十大戰略性產業之一，國家將支持中國企業成為全球高科技製造業的世界領導者。由於該政策直接挑戰美國在高科技業的主導地位，「中國製造二〇二五」政策成為川普對中貿易戰的首要目標。[94]

與此同時，外國藥廠面臨愈來愈大的壓力，要求他們配合中國政府的醫療改革，並讓大多數中國人民能夠負擔購買藥物。[95]二〇一八年四月，中國政府公布了包括強制授權在內的措施，以提升創新藥物的開發。[96]同年七月，票房火熱的中國電影《我不是藥神》（*Dying to Survive*），講述一名白血病患為拯救自己與他人，被迫從印度走私便宜仿製藥品的真人真事。這部電影讓更多人支持政府降低外國藥廠銷售的抗癌藥物價格。[97]政府或許可以平息中國國內對藥品價格的不滿，但尋求降低藥品價格，也可能導致藥品智慧財產權成為美中經濟關係中的明顯問題。

蓋瑞・科恩（Gary Cohn, 1960-）是川普總統就職至二〇一八年四月期間的首席經濟顧問，他特別提醒川普合作的重要性：「若你是中國人，真心想摧毀我們，只要停止向我們出口抗生素就行了。」他與總統及納瓦羅（白宮貿易與製造政策辦公室主任）爭論與中國貿易的絕對必要性時，引述了商務部的研究，說明百分之九十七在美國使用的抗生素皆從中國進口。[98]

中國加強政治控制也對雙邊衛生醫療合作產生影響。二〇一七年一月，中國政府開始實施新的《外國非政府組織法》，要求所有外國非政府組織及非營利組織必須獲得政府支持並在公安機關正式註冊。該法對在中國營運與健康相關的外國非政府組織產生寒蟬效應。大型、富有且知名的外國非政府組織，如洛克斐勒兄弟基金會，可以繼續在中國註冊和營運，但可能不得不保持低調並且謹慎開展活動。[99]本書第八章詳細描述了《非政府組織法》的影響。

或許更重要的是，美國在製藥原料及藥品製造方面對中國的高度依賴引發了擔憂，即中國可能會將這種依賴作為武器，在日益緊張的貿易戰中加以利用。[100]一名中國頂尖經濟學家在二〇一九年三月的中國人民政治協商會上，建議北京限制其維他命與抗生素原料的出口作為對美貿易戰的反制措施，[101]恰好證明了這點。

美中貿易戰若持續下去，雙方也可能更不願意分享生物樣本及其他醫療相關材料。二〇一八年八月，一則新聞報導披露中國已扣留美國疾管中心實驗室的Ｈ７Ｎ９病毒樣本長達一年多。出於公衛及國安原因，中國於二〇一九年六月宣布新規定，將檢查運往國外的人類遺傳資源（human genetic materials）。[102]拒絕分享與健康相關的資訊及材料，不僅會削弱美國保護其人民健康的能力，也會危及全球衛生安全，而這正是美中衛生醫療合作之核心。

截至本文撰寫之時，美中關係仍在惡化中，過去相當定期的對話尚未恢復。事實上，社會文化交流的大門已深鎖。據《金融時報》（*Financial Times*）報導，川普的高階顧問史蒂芬・米勒曾敦促總統拒絕向所有中國公民發放學生簽證。[103]該提議雖未獲採納，但是從決策者認真討論這想法反映出，美國政府對中國的學術交流政策已出現大幅改變，正如戴博於第十章所詳述的。

多年前，幫助協調一九七八年中國學者首次集體訪問的前美國外交官唐占晞（John Thomson,

1930-）指出：「無論美國國內政治如何變化，有一個願望從未改變，那便是與中國進行學術交流，雙方交換學者及學生。美國認為這是加強相互了解的最佳途徑。」[104]建交四十年後，川普政府對與中國的科技交流興趣不大。由於擔心智慧財產權盜竊及工業間諜活動，美國政府對任何STEM領域（科學、科技、工程、數學）學習的中國學生實施更嚴格的簽證管控。[105]

惡化的雙邊關係反映兩國間日益增長的不信任。自中國被定義為戰略競爭對手後，美國政府官員公開呼籲對中國採取整體社會的態度，與健康相關的學術交流也更加受到從安全角度出發的審視。二〇一八年八月，美國國家衛生院院長法蘭西斯·柯林斯（Francis Collins, 1950-）向六十幾家美國機構發送約一百八十封信，警告外國機構正實施「影響國家衛生院研究員及同儕審閱員的系統性計畫」。[106]因國家衛生院的警告，世界頂尖癌症研究中心之一——位於休士頓的安德森癌症中心（MD Anderson Cancer Center）解雇三名華裔科學家，據稱他們都名列中國最著名的國家人才招聘計畫，即千人計畫（Thousand Talents Plan）。二〇一九年五月，在美國國家衛生院對與中國關係表示擔憂後，埃默里大學（Emory University）將兩名高階華裔美籍生物醫學研究員撤職並關閉其實驗室。[107]調查結果表明，這些科學家違反國家衛生院要求他們完全披露所有研究資金來源的規定。[108]

儘管這些事件僅限於少數個人，與國家衛生院對華裔科學家的整體態度無關，但調查的時機及處罰的嚴厲程度，值得注意。美中之間持續的經濟冷戰也影響了衛生醫療部門。在這樣的政治氣氛下，幫助中國對抗癌症及其他疾病似乎是種「非美國的」，甚至是準犯罪的行為。[109]

美國貿易代表辦公室於二〇一九年五月提議對價值約三千億美元的中國商品課徵關稅，但不包括「藥品、某些製藥原料及選定之醫療產品」。[110]然而，美國藥廠使用的關鍵產品斷斷續續地被列在貿易關稅清單上，這給美國生技藥廠帶來不確定性。[111]由於製藥成本增加，他們可能會轉向其他國家（如印度）採購活性藥物成分，這可能導致美國患者的處方藥成本更高。[112]二〇一九年十二月，武漢發現一種新型冠狀病毒，並很快演變成全球大流行。截至二〇二一年一月中旬，約翰·霍普金斯大學通報全球超過九千兩百萬新冠確診病例及近兩百萬死亡案例。[113]大眾本來希望新冠疫情的爆發，能像當年SARS疫情一樣，使美中團結起來共同應對威脅。在疫情爆發初期，合作機會似乎很大：美國本可以幫助中國調查疫情的起源及本質；中國本可以與美國密切合作，盡量減少疫情對供應鏈造成的破壞。兩國本可以調動各自製藥能力，合作開發、生產及分派疫苗。這些作法本可以緩和緊張局勢，重振因貿易戰及戰略競爭而惡化之關係。[114]

但事實並非如此。反之，兩國在疫情的起源、中國對疫情的處理及中國與世衛組織的關係等問題上，陷入激烈的爭吵。美國認為中國是疫情的起源，在分享疾病相關資訊方面誤導世界，並試圖利用疫情為自己謀利；這樣的看法突顯中國對全球衛生安全之威脅，並激起與中國硬脫鉤的支持聲浪。[115]與此同時，中國迅速遏制病毒傳播的能力、美國新冠病例及死亡人數的激增，以及川普政府對中國的指控，都強化中國人民對美國的印象，即美國是一個日漸式微的敵對大國。結果，不僅公衛合作空間受到極大限制，整體關係也跌至一九七〇年代以來的谷底。

＊＊＊

從歷史上看，美中在衛生醫療問題上的合作是互惠互利的，有助於美國在中國展現出其軟實力。不像美中軍事及安全關係，在衛生醫療領域的合作，並不被包含在鞏固關係的戰略基礎中。在後冷戰時期，合作不斷加深加廣。鑑於二〇〇二至二〇〇三年的SARS疫情，雙方重新定義安全，共同的健康問題促使兩國攜手合作解決全球健康問題，包括愛滋病、國際關注的突發公衛事件，以及與健康問題相關的發展援助。同時，合作擴大到非政府組織及私營企業。日益成長的經濟關係使這領域的合作交流變得更加重要，並產生自我永續動力，不僅促進雙邊關係的整體發展，也有助於改善全球衛生安全。

然而，最近美中關係的惡化威脅到醫療健康領域的雙邊合作，新冠疫情的爆發更加突顯出美中合作已經多麼慘不忍睹。在不斷加劇的經濟與戰略緊張局勢中，美中在健康領域的合作已成為衡量美中整體關係惡劣程度的指標。放棄對中國正面的交流政策可能會導致雙邊關係中各方面的挫折，包括公共衛生領域在內。美中兩國在醫療健康議題上的合作，也成為日益複雜且麻煩不斷的雙邊關係中的受害者。拜登當選總統給了我們一個機會，讓我們退後一步思考，評估美中持續敵對將對兩國帶來的危險程度，並且重新調整兩國關係，使其朝著更積極的方向發展，從而使中美兩國在健康和福祉上互惠互利，走向更加積極互利、有利於美中兩國健康與福祉的道路。

引註：

1. Chi-Chao Chan, Melissa M. Liu, and James C. Tsai, "The First Western-Style Hospital in China," *Archives of Ophthalmology* 129, no. 6 (2011): 791-97, doi:10.1001/archophthalmol.2011.120.
2. Guangqiu Xu, *American Doctors in Canton: Modernization in China, 1835-1935* (New Brunswick, NJ: Transaction Publishers, 2011).
3. Connie A. Shemo, *The Chinese Medical Ministries of Kang Cheng and Shi Meiyu, 1872-1937: On a Cross-Cultural Frontier of Gender, Race, and Nation* (Bethlehem, PA: Lehigh University Press, 2011).
4. "Zhongguo lishishang you naxie jiaohui yiyuan?" [What are the religious hospitals in China's history?], *Zhihu*, November 13, 2017, https://www.zhihu.com/question/27939411; "1800-1950: Zhongguo de yiyuan doushi shei jianli de?" [1800-1950: Who built China's hospitals?], *Weibo*, April 28, 2017. https://www.weibo.com/p/230418a435ddd40102wti-u?from=page_100505_profile&wvr=6&mod=wenzhangmod.
5. 兩位浸信會牧師——弗雷德里克・蓋茨（Frederick Gates）及華萊士・巴特里克（Wallace Buttrick），在浦東浸信會的創立中扮演要角。參見John Z. Bowers, "American Private Aid at Its Peak: Peking Union Medical College," in *Medicine and Society in China*, eds. John Bowers and Elizabeth Purcell (New York: Josiah Macy Jr. Foundation, 1974), 84-87.
6. Liming Lee, "The Current State of Public Health in China," *Annual Review of Public Health* 25, no. 1 (2004): 327-39, https://doi.org/10.1146/annurev.publhealth.25.101802.123116. See also http://blog.sina.com.cn/s/blog_14407d12b0102vtp5.html 以及本書第八章。
7. Changsheng Gu, *Chuanjiaoshi yu jindai zhongguo* [Missionaries and modern China], (Shanghai, China: Shanghai renmin chubanshe [Shanghai People's Publishing House], 1981).

8. "Laihua chuanjiaoshi de chouxing" [The ugly dealings of missionaries in China], *Douban*, January 6, 2014, https://www.douban.com/group/topic/47853022/.
9. Richard Madsen, *China and the American Dream* (Berkeley: University of California Press, 1995), 138.
10. Joseph R. Quinn, ed., *Medicine and Public Health in the People's Republic of China* (Bethesda, MD: National Institutes of Health, 1973).
11. James Reston, "Now About My Operation in Peking," *New York Times*, July 26, 1971, https://www.nytimes.com/1971/07/26/archives/now-about-my-operation-in-peking-now-let-me-tell-you-about-my.html.
12. Michel Oksenberg, "The Chinese Policy Process and the Public Health Issue: An Arena Approach," *Studies in Comparative Communism* 7, no. 4 (Winter 1974): 375-408; David M. Lampton, *Health, Conflict, and the Chinese Political System* (Ann Arbor, MI: Center for Chinese Studies, University of Michigan, 1974); and David M. Lampton, *The Politics of Medicine in China: The Policy Process, 1949-1977* (Boulder, CO: Westview Press, 1977).
13. Martin King Whyte and William L. Parish, *Urban Life in Contemporary China* (Chicago: University of Chicago Press, 1984).
14. Yanzhong Huang, *Governing Health in Contemporary China* (New York: Routledge, 2013).
15. Victor W. Sidel, "Health Services in the People's Republic of China," in *Medicine and Society in China*, eds. John Bowers and Elizabeth Purcell (New York: Josiah Macy Jr. Foundation, 1974), 126.
16. "Science and Technology: Cooperation Between the United States and China," Hearings Before the Special Subcommittee on U.S. Trade with China of the Committee on Energy and Commerce, House of Representatives Ninety-Eighth Congress First Session, October 31-November 3, 1983, https://files.eric.ed.gov/fulltext/ED242517.pdf.
17. National Academy of Sciences Committee on Scholarly Communication with the People's Republic of China, Dean H. Hamer, and Shaindow Kung, eds., *Biotechnology in China: Cooperation with the United States* (Washington, DC: National Academies Press, 1989), 9, https://www.ncbi.nlm.nih.gov/books/NBK236097/.
18. Xiaocheng Gu, "Ray Wu and the CUSBEA Program," *Science in China Series C: Life Sciences* 52, no. 2 (February 2009): 125-27.
19. See Mary Brown Bullock, *An American Transplant: The Rockefeller Foundation and Peking Union Medical College* (Berkeley: University of California Press, 1980), 161-73.
20. Project Hope, "Project HOPE and Shanghai Municipal Government Celebrate 10th Anniversary of Shanghai Children's Medical Center," May 31, 2008, http://donate.projecthope.org/site/PageServer?pagename=about_us_latest_Shanghai_Childrens_Medical_Center.
21. Hamer and Kung, *Biotechnology in China*.
22. "Kuaguo yaoqi jinru zhongguo douzai nayinian, zheli you daan" [In which years did multinational pharmaceutical companies enter China? Here are the answers], *Yiyao daibiao* [MRCLUB], July 29, 2017, http://wemr.club/companies/mnc-pharma-entering-chinese-

market.html.

23. Hamer and Kung, *Biotechnology in China*.

24. "Luoyi.wajieluosi boshi de liwu: weile yige meiyou yigan de zhongguo" [Gift from Dr. Roy Vagelos: For a China without hepatitis B], *Wangyi xinwen* [NetEase News], April 6, 2018, http://news.163.com/18/0406/17/DENPP5U40001899N.html.

25. Cui Fuqiang et al., "Prevention of Chronic Hepatitis B After 3 Decades of Escalating Vaccination Policy, China," *Emerging Infectious Diseases* 23, no. 5 (2017): 765-72, https:// dx.doi.org/10.3201/eid2305.161477.

26. Reuters, "Merck Helping China Fight Hepatitis B Epidemic," *Journal of Commerce*, June 12, 1994, https://www.joc.com/merck-helping-china-fight-hepatitis-b-epidemic_19940612.html.

27. "Suoyou zhongguoren douyao ganxie de yaoshen: meiguo moke gongsi" [A god of drug every Chinese should thank: Merck & Co. from the United States], *Xinlang* [Sina], July 12, 2018, http://www.sina.com.cn/midpage/mobile/index.d.html?docID=h-fefhqq7783856&url=think.sina.cn/doc－ihfefhqq7783856.d.html.

28. Huang, *Governing Health in Contemporary China*.

29. J. Stephen Morrison and Bates Gill, *Averting a Full-Blown HIV/AIDS Epidemic in China: A Report of the CSIS HIV/AIDS Delegation to China, January 13-17, 2003* (Washington, DC: CSIS Press, February 2013), 10.

30. Malcolm Moore, "China Facing HIV 'Plague' as New Cases Leap 45 Per Cent," *Telegraph*, March 30, 2009, https://www.telegraph.co.uk/news/worldnews/asia/china/5075542/China-facing-HIV-plague-as-new-cases-leap-45-per-cent.html.

31. See Yanzhong Huang, "The Politics of China's SARS Crisis," *Harvard Asia Quarterly* 7, no. 4 (Fall 2003): 9-16.

32. Georgetown University Initiative for U.S.-China Dialogue, "U.S.-China Dialogue on Global Health Background Report," May 8, 2017, https://uschinadialogue.georgetown.edu/publications/u-s-china-dialogue-on-global-health-background-report.

33. Centers for Disease Control and Prevention, "Global HIV/AIDS: China," July 20, 2016, http://www.cdc.gov/globalaids/global-hiv-aids-at-cdc/countries/china/default.html.

34. Ray Yip, "International Philanthropic Engagement in Three Stages of China's Response to HIV/AIDS," in *Philanthropy for Health in China*, eds. Jennifer Ryan et al. (Bloomington, IN: Indiana University Press, 2014), 149.

35. Responding to the Threat of Global, Virulent Influenza: Hearing Before the Senate Committee on Foreign Relations, 109 Cong. 2 (2005) (testimony of Laurie A. Garrett, Senior Fellow for Global Health, Council on Foreign Relations).

36. Xiaoqing Lu and Bates Gill, *China's Response to HIV/AIDS and US-China Collaboration* (Washington, DC: Center for Strategic and International Studies, 2007), 6.

37. Georgetown University, "U.S.-China Dialogue."自二〇〇二年起，美國CDC也和中國政府合作處理結核病問題。

38. World Health Organization, "Strengthening Pandemic Influenza Preparedness and Response," Report to Fifty-Eighth World Health Assembly, April 7, 2005, http://www.who.int/gb/ebwha/pdf_files/WHA58/A58_13-en.pdf.

39. Institute of Medicine, *The Threat of Pandemic Influenza: Are We Ready?* (Washington, DC: The National Academies Press, 2004), 12.
40. Jeffery K. Taubenberger et al., "Characterization of the 1918 Influenza Virus Polymerase Genes," *Nature* 437 (October 2005): 889-93.
41. *Nanfang dushibao* [Southern Metropolis Daily], Guangzhou, November 8, 2005.
42. *Huashang bao* [China Business News], November 18, 2005.
43. Barack Obama and Richard Lugar, "Grounding a Pandemic," *New York Times*, June 6, 2005, https://www.nytimes.com/2005/06/06/opinion/grounding-a-pandemic.html.
44. Centers for Disease Control and Prevention, "Global Health Protection and Security," November 8, 2017, https://www.cdc.gov/globalhealth/healthprotection/gdd/china.html.
45. U.S. Department of State, "United States-China Joint Initiative on Avian Influenza," November 19, 2005, https://2001-2009.state.gov/r/pa/prs/ps/2005/57157.htm.
46. Centers for Disease Control and Prevention, "Highly Pathogenic Asian Avian Influenza A(H5N1) Virus," December 12, 2008, https://www.cdc.gov/flu/avianflu/h5n1-virus.htm.
47. "Hujintao tong aobama tonghua cheng yuan gongtong yingdui tiaozhan" [Hu Jintao and Obama called and shared willingness to jointly meet the challenge], *Xinlang* [Sina], May 6, 2009, http://news.sina.com.cn/c/2009-05-06/232117758961.shtml.
48. Office of the White House Press Secretary, "U.S.-China Joint Statement," November 17, 2009, https://www.hsdl.org/?view&did=31925.
49. Georgetown University, "U.S.-China Dialogue."
50. U.S. Department of State, "National Strategy for Pandemic Influenza Implementation Plan One Year Summary," May 2007, https://2001-2009.state.gov/g/avianflu/88567.htm.
51. Centers for Disease Control and Prevention, "Summary of Influenza Risk Assessment Tool (IRAT) Results," July 30, 2018, https://www.cdc.gov/flu/pandemic-resources/monitoring/irat-virus-summaries.htm.
52. Yanzhong Huang, "China's Response to the 2014 Ebola Outbreak in West Africa," *Global Challenges* 1, no. 2 (January 30, 2017), https://doi.org/10.1002/gch2.201600001.
53. Fogarty International Center, "US-China Renew Commitment to Global Health Security," *Global Health Matters Newsletter* 14, no. 4 (July and August 2015), https://www.fic.nih.gov/News/GlobalHealthMatters/hin-august-2015/Pages/hinese-delegation.aspx.
54. China Internet New, "A Reporter Asked," http://www.china.com.cn/zhibo/zhuanti/ch-xinwen/2014-11/03/content_33955596.htm.
55. Sheri Fink, "A Chinese Ebola Drug Raises Hopes, and Rancor," *New York Times*, June 12, 2015, https://www.nytimes.com/2015/06/12/world/hinese-ebola-drug-brings-american-objections.html.
56. Nadia Khomami, "British Military Nurse Successfully Treated for Ebola," *Guardian*, March 27, 2015, https://www.theguardian.

com/world/2015/mar/27/hinese-military-nurse-infected-with-ebola-has-been-discharged-from-hospital.

57. "Liuyandong chuxi zhongmei aibola ji quanqiu weisheng yantaohui" [Liu Yandong attended China-US Ebola and Global Health Safety Seminar], *Xinhuawang* [Xinhuanet], June 24, 2015, http://www.xinhuanet.com//politics/2015-06/24/c_127946636.htm.

58. U.S. Department of State, "The Global AIDS Disaster: Implications for the 1990s," 1992, https://www-cache.pbs.org/wgbh/pages/frontline/aids/docs/statedept.pdf.

59. John C. Gannon, "The Global Infectious Disease Threat and Its Implications for the United States," NIE 99-17D, National Intelligence Council, January 2000, https://www.dni.gov/files/documents/infectiousdiseases_2000.pdf.

60. Samuel R. Berger, "A Foreign Policy for the Global Age," *Foreign Affairs* 79, no. 6 (November-December, 2000): 22-39.

61. David F. Gordon, "The Next Wave of HIV/AIDS: Nigeria, Ethiopia, Russia, India, and China," National Intelligence Council, September 2002, https://fas.org/irp/nic/hiv-aids.html.

62. Hillary Clinton, "The Global Health Initiative: The Next Phase of American Leadership in Health Around the World" (speech, Johns Hopkins University's School of Advanced International Studies, Washington, DC, August 16, 2010), https://www.voltairenet.org/article166782.html.

63. Yizhou Wang, "Defining Non-traditional Security and Its Implications for China," Institute of World Economics and Politics, Chinese Academy of Social Sciences, 2005, http:// citeseerx.ist.psu.edu/viewdoc/download?doi=10.1.1.472.3779&rep=rep1&type=pdf. 除了愛滋病毒／愛滋病以外，另外五個非傳統安全威脅是：資金走私、海盜、極端貧窮、難民與移民，還有環境安全。

64. Bei Tang and Yanzhong Huang, "Engagement in Global Health Governance Regimes," in *Sage Handbook on Contemporary China*, eds. Weiping Wu and Mark Frazier (New York: Sage, 2018).

65. Global Health Security Agenda, "About the GHSA," https://www.ghsagenda.org/about.

66. "U.S. Department of Health and Human Services," https://2001-2009.state.gov/documents/organization/96444.pdf.

67. 二〇一〇年十二月，美國國家衛生院院長和中國國家自然科學基金委員會主任簽署了一份實行計畫，旨在加強發展美中生物醫學研究合作，使兩國都能從合作中獲利。National Institute of Allergy and Infectious Diseases, "US-China Collaborative Biomedical Research Program," https:// www.niaid.nih.gov/research/us-china-collaborative-biomedical-research-program.

68. Peter Waldman, "The U.S. Is Purging Chinese Cancer Researchers from Top Institutions," *Bloomberg Businessweek*, June 13, 2019, https://www.bloomberg.com/news/features/2019-06-13/the-u-s-is-purging-chinese-americans-from-top-cancer-research.

69. Fogarty International Center, "US-China Renew Commitment."

70. 資料取自二〇一五年十月二日作者與布希政府某官員的對話。

71. See "Joint Communique on the Second Meeting of the U.S.-China Health Care Forum," May 22, 2007, http://www.export.gov/china/policyadd/Joint_Communique_HC.pdf.

72. Calum MacLeod, "FDA Opens Office in China," *USA Today*, Nov. 19, 2008. https://usatoday30.usatoday.com/news/hineseon/2008-

11-19-chinafda_N.htm.

73. Yip, "International Philanthropic Engagement," 150.

74. Bill and Melinda Gates Foundation, "Tackling Domestic Challenges," https://www.gatesfoundation.org/Where-We-Work/China-Office/Tackling-Domestic-Challenges. http://www.ngocn.net/news/80333.html

75. Yanzhong Huang and Jia Ping, "The Global Fund's China Legacy," International Institutions and Global Governance Program and Global Health Program, Council on For eign Relations, March 31, 2014, https://www.cfr.org/report/global-funds-china-legacy.

76. Embassy of the People's Republic of China in the United States, "China and Merck Join to Fight the HIV/AIDS Epidemic in China," May 16, 2005, http://www.china-embassy.org/eng/zmgx/zmgx/Economic%20Cooperation%20&%20Trade/t195857.htm.

77. Paul Barr, "Trade Route," *Modern Healthcare*, March 7, 2011, http://www.modernhealthcare.com/article/20110307/MAGAZINE/110309989.

78. Waldman, "U.S. Is Purging."

79. Huang and Jia, "Global Fund's China Legacy."

80. Mohon Shajalal et al., "China's Engagement with Development Assistance for Health in Africa," *Global Health Research and Policy*, August 9, 2017, https://www.ncbi.nlm.nih.gov/pmc/articles/PMC5683463/.

81. "Woguo yuanliaoyao chanye fazhan xianzhuang, qvshi ji jiyu" [Development status, trends and opportunities of China's active pharmaceutical ingredient industry], *Jixian- wang* [Xianjichina], March 11, 2019. https://www.xianjichina.com/news/details_102629.html.

82. Rosemary Gibson and Janardan Prasad Singh, *ChinaRx: Exposing the Risks of America's Dependence on China for Medicine* (Amherst, NY: Prometheus Books, 2018).

83. Steve Sternberg, "China's Lock on Drugs," *U.S. News & World Report*, May 8, 2018, https://www.usnews.com/news/best-countries/articles/2018-05-08/trumps-quest-for-lower-drug-prices-may-provoke-china-trade-war-experts-warn.

84. 資料專屬權意指藥品監管機構不允許仿製藥製造商使用原產者的註冊文件來獲得其產品的市場授權。專利連結則是一系統或過程，藉此藥品監管機構將藥品的銷售批准與對應於原產者產品的專利（或專利）的狀態相聯，以確保在為新產品銷售批准前不會侵犯任何專利。

85. David P. Fidler, "Health as Foreign Policy: Harnessing Globalization for Health," *Health Promotion International* 21 (2006): 53-54.

86. Ministry of Foreign Affairs of the People's Republic of China, "China's Position Paper on the New Security Concept," July 31, 2002.

87. See Information Office of the State Council, "China's National Defense in 2002," December 9, 2002, http://www.china.org.cn/e-white/20021209/index.htm.

88. 《人民日報》發出警告，若不採取措施，二〇一〇年時愛滋病例將達千萬，導致人民幣七點七兆的經濟損失。Yang Ruoqian, "Curbing AIDS Proliferation, No Time for China to Delay Any Longer," *People's Daily*, July 24, 2002, http://english.peopledaily.com.cn/200207/24/eng20020724_100289.shtml.

89. Jordyn Dahl, "How China Is on Course to Unseat U.S. as the Next Leader in Global Health," *Forbes*, April 26, 2017, https://www.forbes.com/sites/jordyndahl/2017/04/26/how-china-is-on-course-to-unseat-u-s-as-the-next-leader-in-global-heath/#136b8da1c467.

90. Xinhua, "China, U.S. Conclude Social, People-to-people Talks with Substantial Results," September 9, 2017, http://www.xinhuanet.com/hinese/2017-09/29/c_136649327.htm.

91. The Associated Press, "U.S., China Bust Fentanyl Drug Ring in First Ever Joint Investigation," *Global News*, August 30, 2018, https://globalnews.ca/news/4418315/fentanyl-drug-ring-bust-u-s-china-joint-investigation/.

92. Steven Jiang, "China Lectures the United States on Opioid Crisis," CNN, June 26, 2018, https://www.cnn.com/2018/06/25/asia/china-us-opioid-crisis-intl/index.html.

93. Reuters, "China-US Tensions Set Aside for Joint Military Forum on Health," *South China Morning Post*, September 17, 2018, https://www.scmp.com/news/china/diplomacy/article/2164505/china-us-tensions-set-aside-joint-military-forum-health.

94. Robert J. Samuelson, "Is the United States Losing the Trade War with China?" *Washington Post*, May 15, 2019, https://www.washingtonpost.com/opinions/is-the-united-states-losing-the-trade-war/2019/05/15/4495d808-7738-11e9-b7ae-390de4259661_story.html?utm_term=.b9953cab70b7.

95. Yanzhong Huang, "Three Take-Home Messages from China's Glaxo Verdict," *Forbes*, September 25, 2014, https://www.forbes.com/sites/yanzhonghuang/2014/09/25/three-take-home-messages-from-chinas-glaxo-verdict/#1f1071c78992; China Government Network, "Why Did Li Keqiang Visit This Foreign Anti-cancer Pharmaceutical Company When He Visited Shanghai?" April 11, 2018, http://www.chinanews.com/gn/2018/04-11/8488243.shtml.

96. "China Announces New Initiatives to Level the Playing Field for Innovative and Generic Drugs," *Ropes & Gray*, April 17, 2018, https://www.ropesgray.com/en/newsroom/alerts/2018/04/China-Announces-New-Initiatives-to-Level-the-Playing-Field-for-Innovative-and-Generic-Drugs.

97. Nectar Gan and Alice Yan, "Why China's Premier Used Hit Movie 'Dying to Survive' to Push for Cheaper Cancer Drugs," *South China Morning Post*, July 26, 2018, https://www.scmp.com/news/china/policies-politics/article/2157019/why-chinas-premier-used-hit-movie-dying-survive-push.

98. Bob Woodward, *Fear: Trump in the Whitehouse* (New York: Simon & Schuster, 2018), 275

99. 資料取自二〇一七年一月在紐約與洛克斐勒兄弟基金會官員之訪談內容。

100. Nandika Chand, "China Can Weaponize Prescription Drugs to Hit US in Trade War, Says Expert," *International Business Times*, June 1, 2019, https://www.ibtimes.com/china-can-weaponize-prescription-drugs-hit-us-trade-war-says-expert-2796920; Steve Sternberg, "China's Lock on Drugs."

101. Didi Tang, "China Threat to Halt US Antibiotics Supply," *Times*, March 1, 2019, https://www.thetimes.co.uk/article/china-threat-to-halt-us-antibiotics-supply-36tm2v2xp.

102. Brenda Goh, "China to Tighten Rules on Foreigners Using Genetic Material," Reuters, June 10, 2019, https://www.reuters.com/article/us-china-genes/china-to-tighten-rules-on-foreigners-using-genetic-material-idUSKCN1TB17N.

103. Demetri Sevastopulo and Tom Mitchell, "US Considered Ban on Student Visas for Chinese Nationals," *Financial Times*, October 2, 2018, https://www.ft.com/content/fc413158-c5f1-11e8-82bf-ab93d0a9b321.

104. Xin zhongguo shoupi wushier ming gongpai liuxue renyuan chuguo jishi" [Documenting the 52 government dispatched researchers from New China going abroad to study in the U.S.], *Zhongguo qingnian bao* [China Youth], December 7, 2011, http://news.sina.com.cn/c/sd/2011-12-07/103823590425.shtml.

105. Meng Jing, "For a Growing Number of Chinese Students, the Doors to America Are Closing," *South China Morning Post*, April 30, 2019, https://www.scmp.com/tech/article/3008128/growing-number-chinese-students-doors-america-are-closing.

106. Smiriti Mallapaty, "China Hides Identities of Top Scientific Recruits Amidst Growing US Scrutiny," *Nature Index*, October 22, 2018, https://www.natureindex.com/news-blog/china-hides-identities-of-top-scientific-recruits-amidst-growing-us-scrutiny.

107. David Malakoff, "Emory Ousts Two Chinese American Researchers After Investigation Into Foreign Ties," *Science Magazine*, May 23, 2019, https://www.sciencemag.org/news/2019/05/emory-ousts-two-chinese-american-researchers-after-investigation-foreign-ties.

108. Jeffrey Mervis, "NIH Probe of Foreign Ties Has Led to Undisclosed Firings—and Refunds from Institutions," *Science*, June 26, 2019, https://www.sciencemag.org/news/2019/06/nih-probe-foreign-ties-has-led-undisclosed-firings-and-refunds-institutions.

109. 感謝馬修・布朗博士（Dr. Matthew Brown）提醒我這點。

110. Waldman, "U.S. Is Purging."

111. Bill Chappell, "U.S. Prepares Tariffs on Additional $300B Of Imported Chinese Goods," NPR, May 14, 2019, https://www.npr.org/2019/05/14/723162537/u-s-prepares-sanctions-on-another-300-billion-of-imported-chinese-goods.

112. "US China Trade War: end in sight but pharma must remain vigilant," SCAIR, March 4, 2019, https://supplychain-risk.com/2019/03/04/can-pharmaceuticals-sit-out-the-us-china-trade-war/.

113. Data from Johns Hopkins University Coronavirus Resource Center, January 14, 2021, https://coronavirus.jhu.edu/.

114. Yanzhong Huang, "The U.S. and China Could Cooperate to Defeat the Pandemic. Instead, Their Antagonism Makes Matters Worse," *Foreign Affairs*, March 24, 2020, https://www.foreignaffairs.com/articles/china/2020-03-24/us-and-china-could-cooperate-defeat-pandemic.

115. Andrew Michta, "We Need Hard Decoupling," *American Interest*, March 5, 2020, https://www.the-american-interest.com/2020/03/05/we-need-hard-decoupling/.

第10章 思想家、建構者、象徵、間諜？——交流時代的美中教育關係

文／戴博（Robert Daly）

先驅：一八五四至一九四九年

美中高等教育關係在一九七九到二〇二〇年期間，雖然目標重疊，但往往互不相容，因此雖然持續往前推進卻也不斷遭受挫敗。這四十載的交流模式，與一九四九年中華人民共和國成立前的學術互動所建立之模式有許多共通之處。這兩個時期的相似之處清楚表明，無論海外留學或研究對學者與機構有何益處，美中之間的權力不平衡，在塑造雙邊學術交流方面，發揮了比學術需求更大的作用。中國的積弱及現代化之需要與美國的強大及引領中國現代化的希望，一直是美中高等教育互動步調相當不合拍的兩大原因。

容閎與「幼童出洋肄業局」

首位自美國大學畢業的中國人容閎（Yung Wing, 1828-1912）於一八五四年從耶魯大學畢業後返回中國，並在太平天國起義軍中短暫工作，接著於一八六三年派回美國為清朝購買軍火。在接下來的十年裡，容閎說服滿清政府相信，若將中國青年送到美國掌握先進技術，將使中國變得更加強大。

容閎參與的「幼童出洋肄業局」（Chinese Educational Mission，簡稱CEM，或稱中國留美幼童）始於一八七二年，一百二十位中國男童前往新英格蘭學習自然、軍事相關的科學與工程學，一開始是派到

中學，後來是進入美國大學或學院。在一八八一年，中國暫停這項計畫並把所有留學生送回國。滿清政府擔心這些青年會信奉基督教、打棒球、追求美國女性，將中國傳統拋諸腦後。西點軍校與安那波利斯的軍事學院拒絕讓ＣＥＭ學生入學，此舉也激怒了中國。十名中國學生遭美國軍校所拒而離開美國，受遣返的學生在一段時間被當作潛在的間諜迫害。一九一二年，容閎在見證他兩個亞裔美籍兒子從耶魯大學畢業後去世。[1]

庚子賠款學者（Boxer Indemnity Scholars）

一九〇六年，在ＣＥＭ計畫告吹二十五年後，伊利諾大學校長愛德蒙・詹姆斯（Edmund James, 1855-1925）寫信給狄奧多・羅斯福（Theodore Roosevelt, 1858-1919）總統，支持在美國大學培養中國青年學子：

> 中國正面臨革命之際，……世界上所有偉大國家都無可避免、或多或少與這一巨大轉變有密切的關係。成功教育當代中國青年學子的國家，在付出努力後，將在道德、智力及商業影響力方面，獲取最多回報。[2]

諸如此類的論點說服了華府人士，將滿清政府在一九〇〇年義和團運動（Boxer Rebellion）後多付給美國賠款中的一部分，用於中國學生在美留學。正如邁克爾・韓特（Michael Hunt, 1942-2018）所述，將這些資金花在中國學生身上並非純粹的利他行為，[3]這也是透過在中國之菁英青年建立影響力，以試圖促進美國在亞洲利益的一次嘗試。因此，美方不顧中國反對，強行實施該計畫。

計畫於一九〇九年設立，約有一千三百名中國學子通過庚子賠款獎學金在美國接受教育。[4]中國要求百分之八十的學生主修工程、礦業開採及通訊科技，許多留學生學成歸國後創立了中國近代科學學門，如核物理學家戴傳曾（1921-1990）、理論物理學家胡寧（1916-1997）、中國近代天文學之父兼數學家華羅庚（1910-1985），以及幫助發展中國核武計畫的錢學森（1911-2009）。

然而，庚款留學生的成功並非只限於現在所謂的ＳＴＥＭ領域：選擇返國並以不同程度的熱情支持共產黨的校友，如作家冰心（1900-1999）、烈士兼詩人聞一多（1899-1946）、近代中國哲學之父馮友蘭（1895-1990）、中國近代建築之父梁思成（1902-1972）及其妻子——美學家及知識分子林徽因（1904-1955）；中國內戰爆發後，大部分庚款歸國者都站在國民黨這邊，包括將軍孫立人（1900-1990）及作家兼外交官胡適（1891-1962）；第三類校友其職涯的大部分都在美國度過，如獲諾貝爾獎的物理學家楊振寧（1922-）及曾幫忙起草聯合國《世界人權宣言》的歷史學家兼外交官張彭春（1892-1957）。

在一八七〇至一九四九年間留美的約三萬三千名中國人中，庚款留學者只占不到百分之四十，同一時期留日學生人數卻是留美的十倍。共產黨領導人鄧小平及周恩來皆是留學法國。中國女性利用海外獎學金尋求在中國無法獲得的機會，首位在美國獲得學位的華人女性是金韻梅（1864-1934），她於一八八五年在紐約醫院女子醫學院（Woman's Medical College of the New York Infirmary）獲得醫學博士學位。[5]到一九一一年，至少有五十二名華人女性在美國大學就讀。[6]

一九四九年中華人民共和國成立時，約有五千六百名中國人在美國就學，其中大部分主修工程、醫學或自然科學；[7]一九五〇年韓戰爆發後，美國擔心他們會利用其知識加強人民解放軍，因此禁止他們返中，雖然在日內瓦會議及美中大使會談後，在一九五六年仍有一千三百人返回中國。

在中國的美國教育工作者

一九四九年前，歐美教育傳教士、日本學者及開創性的中國學者一同建立了許多機構，構成當今中國高等教育體系的基石。長老會傳教士司徒雷登（John Leighton Stuart, 1876-1962）在建立育英學院（後來成為浙江大學）的過程中扮演要角；他隨後擔任燕京大學首任校長，一九四九年後燕京大學各院系併入北京大學。清華大學作為庚款學生的預備學校，由賠款資助。一九〇一年成立的雅禮外國傳道會，專注湖南省的醫學教育。到一九三〇年代，中國有十六所基督教高等教育機構，其中十三所是基督新教學校，三所是天主教學校。[8]中國最好的教學醫院北京協和醫學院，由洛克斐勒基金會資助，課程以約翰・霍普金斯大學醫學院為藍圖，[9]由美國醫學系主任威廉・亨利・韋爾奇（William Henry Welch, 1850-1934）監導。

以過去作為序曲

中國共產黨一九四九年的勝利，為充滿希望的美中學術交流關閉了大門。隨之而來的是三十年的武力衝突與疏遠。在二〇二〇年代回顧冷戰經驗，某些美國民眾可能會質疑一九四九年以前的高等教育合作，是否只是場愚蠢的遊戲。美國大學不就是在培訓核物理學家，讓中國成為未來強大的對手嗎？推廣知識雖為非政治、全球性的計畫，但這樣不會助長敵人嗎？若真是如此，那這些大學是否太過於天真？美國在早期的交流是否吃了虧？

作為發展中國家，中國確實在第一階段的學術交流中，獲益較美國更多。然而，目前仍不清楚應該使用何種指標或時間框架，來作出結論。對美國而言，早期與中國的學術交流是因為此舉會為美國帶來人才。例如，庚款留學生楊振寧是二〇二〇年榮獲諾貝爾獎八位華裔美國人其中之一。但學術整合的好處，不能只用第一代移民學者的成就來衡量。例如李書田（1900-1988），他於一九二六年在康乃爾大學獲頒工程與經濟學博士學位，回到中國後當科學家及出任大學校長達二十五年之久，接著返回美國，其女為經濟學家，也是諾貝爾獎得主、美國能源部長朱棣文（Steven Chu, 1948-）之母。前面提及的庚款留學生林徽因，是美國最具原創設計師之一林瓔（Maya Lin, 1959-）的姑姑，林瓔的知名作品為位於華盛頓特區的越戰紀念碑（Vietnam War Memorial）。第一代留美中國學生有數十萬名美國後裔，其成就雖無法明確量化，卻清楚表示，一九四九年以前若沒有與中國進行學術交流，美國可能會更糟。

這篇對一九四九年以前美中學術關係的回顧，其中幾個主題在一九七九年建交後重新浮現，並持續影響今日美國的政策討論，包含：

- 在一九四九年以前及一九七九年以後的學術交流階段，中國向美國學習自然科學、應用科學、社會科學的尖端知識，而美國則從中國獲得人才及對中國研究本身的跨學科知識，雖未直接提高美國工業或技術，但對美國漢學領域有諸多助益。
- 中國對教育互動的目標有明確而一貫的表述和追求。美國則透過大學、基金會及學者以分散的方式，處理與中國的學術交流，其動機各式各樣。
- 中國政府始終擔心留美的中國學子可能遭受美國思想的負面影響，從其對待歸國留學生的作為便能略知一二。美國對留美中國學生的可靠程度則一直持保留態度，這就是為什麼ＣＥＭ學生未能錄取西點軍校及安那波利斯海軍官校之故。
- 雙邊學術交流是整體社會事務。兩國學者不僅成為同學、同事、朋友、鄰居、同區教友及家庭成員。撇開政府政策不談，學術交流是一個整體，既複雜又龐大且無一定的動態，任何國家都無法完全掌控。
- 一九四九年以前及一九七九年以後的學術交流時期，對美國而言，都是失敗收場。

一九七九至一九八九年：改革開放到天安門事件

美中於一九七九年建交以抗衡蘇聯勢力。然而，美中學術交流卻與此戰略無關，其目的是在四個現代化的旗幟下協助中國發展。

四個現代化是周恩來總理於一九六三年提出的發展指南，並於一九七八年由鄧小平啟動改革計畫，採納為國家政策。四個現代化是到二十一世紀初，在農業、工業、國防、科技等方面與已開發國家並駕齊驅的願景藍圖。這並非祕密，反之這個口號在中國各地隨處可見，且長達十多年。美國並不反對中國的雄心願景，早期四個現代化計畫中的科學及學術計畫，是由美國人管理的聯合國開發計畫署（United Nations Development Programme）執行。

一九八二年，美國國會聯合經濟委員會（Joint Economic Committee）撰寫了一份重要報告，主題就是「四個現代化」下的經濟和技術政策。這份報告的摘要長達六百多頁，當中清楚地表明美國立法者從最初就明白「中國現代化的衡量基準不再是學習西方最先進的技術，而是外國經驗及自力更生明智地結合來」及「三十年後……中國領導人的目標是發展現代化、強大的工業國家，能夠與超級大國平起平坐」。[10]報告中，美方的主要擔憂並非在於中國是否會與美國平起平坐或威脅其利益，而是中國沒有足夠貨幣向美國購買武器，因為中國經濟趨緩會影響美國從中獲利的可能。威斯康辛州議員亨利・羅伊斯（Henry Reuss, 1912-2002）在前言中總結道：「在回應四個現代化時，我們自己的政策應該努力促進中國實現平衡經濟發展，並加強，而非損害美中關係。」[11]北京自主創新計畫（Beijing's Indigenous Innovation program）（二〇〇六年）及「中國製造二〇二五」（二〇一五年）針對中國走向自主發展及獲取美國科技發出警惕，而在一九八〇年代美國的政策中則很少出現這種擔憂。

也許無意中，羅伊斯發覺了某個在未來三十多年困擾美中關係的概念與戰略鴻溝，而在本書（英文版本）付印時，美中兩國也正在考慮打一場新冷戰。他寫道：

> 對中華人民共和國來說，要加入亞太地區及世界經濟強國行列，還有一段路要走。中國已啟動現代化進程，西方國家則採「正常化」（normalization）政策，接受中國加入全球經濟大家庭，至於中國作為工業國家，想要積極平等參與世界市場，還要幾年以後。[12]

中國自我指導的現代化及正常化二者不一定相互矛盾，但即使是在一九八〇年代，這兩者也並非同一計畫。羅伊斯明確指出：西方將正常化視為中國採納國際社會接受的價值觀及實踐作法，與現代化不同；中國定義的現代化則為因自身利益而改善中國人民的經濟、科技及福祉。隨著中國國力在隨後幾十年中增長，中國改革目標的正常化與現代化之概念，也愈來愈相互衝突。在二〇一八年的某次訪談中，美國國務卿蓬佩奧將川普政府的對華政策概括為：「代表美國政府全體成員的多管齊下努力……，說服中國在商業及國際法規則方面表現得像是一個正常國家。」[13]

正是為了按照中國的條件實現現代化，而非按照西方的標準，鄧小平於一九七八年開始派遣中國學生赴美。在與美國討論其計畫時，鄧並未提及建立相互理解之必要性，而是吹噓說：「當我們成千上萬的海外中國學生歸國時，你會見證中國如何改變自己。」[14]鄧明白讓中國人接觸西方理念的風險，但為了發展，承擔這種風險是值得的。一九八六年十月，對為反對而反對他的開放政策的人，鄧說：「有人說：『我們不該開窗，因為開窗蒼蠅跟蟲子會飛進來。』他們要關窗，可是這樣我們會缺氧而死。於是我們說：『把窗戶打開，呼吸新鮮空氣的同時也能對抗蒼蠅跟蟲子。』」[15]鄧以特有的自信對人才流失的風險不以為然，並指出：「即使有一半人不願回國，還是有另一半人回國支持祖國的四個現代化建設的。」[16]

在美國方面，重新建立學術交流的目標雖較不明確但十分積極，如藍普頓及其在與中學術交流委員會的同事們，於其開創性著作《修復關係：一九七八至一九八四年美中教育交流趨勢》（*A Relationship Restored: Trends in U.S.-China Educational Exchanges, 1978-1984*）所言：

> 在美國公眾及私人生活中，民眾意識到或直覺發現，在中國上演的經濟奇蹟、社會及外交政策，會影響美國人民的生活。認識到中國當前歷史時刻的重要性，為美中學術交流的快速發展，提供巨大推力。[17]

留學生計畫：中國留美學生

一九七八年七月，白宮科學顧問普雷斯率領首個美國科學家代表團訪中，目的是與中國建立「類似美國與其他國家之關係」。[18]一九七八年十月，在美國國家科學基金會的贊助下，中國科學家進行互訪後，兩國宣布首次正式的學生及學者交流。六十名由聯邦政府資助的美國人將在中國大學進行短期留學，而約六百名中國人將赴美攻讀學位。《華盛頓郵報》在對此公告的報導中指出：「中國人表示他們更傾向研究物理、生物醫學、工程及應用科技方面，而美國學者則主修社會科學、人文學科、語言文學、考古學及藝術。」[19]在這種交流模式下，中國將建立起自己的技術能力，而美國則建立起對中國的瞭解。因為中國在一九七八年極度貧窮，除了為世界上最先進國家提供大量學者及開放進入中國的機會，就沒有什麼可以拿來交換的。

從一九七八至一九八九年，超過六萬兩千名中國學生赴美攻讀學位，其中大部分是研究生；[20]其中大多數持有J-1簽證，在取得學位兩年後必須返回中國。為了與中國的現代化目標一致，超過三分之二的人從事STEM領域的工作。[21]第一代中國留學生比一般大學生年長，因為只有在文革期間（一九六六至一九七六年）大學關閉之前受訓的學者，才具備出國留學的學術背景及英語能力。[22]中國領導人的子女也曾留學美國，這得益於其父母期望他們接受國際菁英教育，而美國大學也願意給中國青年學子提供獎學金，因為他們有潛力成為具影響力的校友。鄧小平的小兒子一九八三至一九九〇年在羅徹斯特大學（University of Rochester）主修物理，[23]江澤民的兒子則在一九八六至一九八九年在卓克索大學（Drexel University）主修電機工程。[24]

根據中國一九七八至一九九五年間的數據統計，這一時期赴美留學的中國人中約有百分之十五點四返回中國，遠低於鄧小平設想的百分之五十。[25]他們的家人可以在美賺取更高的薪水及更自由的生活，但中國國內的發展也影響他們的決定。他們密切關注一九八三年的清除精神汙染運動（Anti-Spiritual

Pollution Campaign，簡稱清汙運動），在清汙運動中，中共保守派抨擊鄧小平的改革開放讓西方文化滲透至中國。當年訪美時，中國總理趙紫陽不得不回答有關清汙運動的問題，場面十分尷尬。[26]一九八六年，位於合肥的中國科學技術大學學生抗議他們「無權提名人大代表候選人時，留學生對此深表同情」。[27]抗議活動開始蔓延到中國各地，學生紛紛曠課、張貼大字報甚至焚燒《北京日報》，抗議持續的時間愈長，情勢就變得愈政治化。學生的標語牌上寫著「打倒官僚主義，回歸民主」及「民主萬歲，打倒專制」。[28]一月中旬抗議逐漸平息後，中共中央總書記胡耀邦因被認定袒護學生而被迫請辭。[29]四百八十名在美中國留學生在公開信上簽名反對罷免胡耀邦，另有一千人匿名支持。自中國開放以來，這是中國首次在美國領土上，抗議中國的政治發展。[30]

以上簡短的概述其實無法確切表達出這一時期許多中國及美國人民所經歷的興奮之情、雄心壯志及良善意念。統計數據使讀者傾向於將留學生想像成單一群體，是中國不知名群眾的集合，而非一個來自多樣化群體之個體。他們離開中國時展現出信心，在陌生且充滿競爭的國度中克服困難，也在所處的變動時代中發展自己的志業，讓許多人過上新生活。他們辦到了。

高西慶（1953-）正是這個時代的典型代表。高西慶在一九八六年從杜克大學法學院畢業後，成為了首位通過紐約州律師資格考試的中國公民。一九八八年，在他於華爾街打拚兩年、學習高級金融行話及時髦裝扮後，返回中國擔任公開中國證券監督管理委員會的公開發行股票指導兼副主席、全國社會保障基金理事會（簡稱社保基金會）副主席，以及中國投資有限責任公司副董事兼總裁，經手管理兩千億美元的國有資產。高西慶成為中國主要金融監管機構的擘畫者，包括上海證券交易所、中國領導人顧問，以及美中金融體系之間的橋梁。在二〇〇八年接受《大西洋》（*Atlantic*）雜誌記者詹姆斯・法羅斯（James Fallows, 1949-）採訪時，高西慶說：「我十分欣賞美國人民，他們富有創造力、勤奮工作、信任他人、熱愛自由。然而，必須有人告訴你們真相，你們如果能意識到這點，就像二戰時那樣，美國將會再次偉大！倘若真是如此，那麼至少在我還在世的時候，美國會依然強大，可惜很多人把賭注押在了另一邊。」[31]

留學生計畫：美國赴中學生

要取得自一九七八年以來赴美中國學生的確切人數，並不容易，無論是累計人數或任何特定年份的資料；赴中的美國學生及學者人數的資料則更是稀罕。根據中國國家教育委員會向國際教育工作者協會（Association of International Educators）提供的統計數據，一九七九至一九八六年間，共有六千六百名美國學生赴中，同期有四千名美國人在中國任教。[32]根據中國的統計，藍普頓及其團隊總結，從一九七九到一九八三年，「有兩千九百到三千三百名美國學生及學者……因中國政府定義的學術目標而前往中國」。[33]赴中的美國學生未曾像留美的中國學生那樣被廣泛研究，也許是因為赴中的少數美國人之個人動機，遠不如世界上最大國家派出數百萬海外青年以實現國家現代化的決策那樣重要。稍微誇大一點說，在中國的美國人是出國留學，而在美國的中國學生則改變了歷史。

與在美國的中國學生人數相比，在中國留學的美國學生人數實在微不足道。即使按人均計算，中國赴美留學生人數也是美國赴中留學生人數的三十倍。美中學生在彼此國家的經歷在種類及數量上大不相同：大多數中國人赴美是為了取得可以幫助職業發展的文憑，而大多數美國人在中國尋求的則是語言學習及文化接觸，而非學術學分。根據中國國家留學基金委員會的資料，截至二〇一一年底，在中國學習的美國人中只有百分之八點三正在攻讀學位。[34]

儘管美國留學生人數與中國相比較低，但美國人對中國開放所提供的學術機會，興趣濃厚。一九四九年以前成立的機構，如雅禮協會及銘賢社（Oberlin Shansi），重新啟動計畫，新機構如雨後春筍般湧現，滿足及創造需求。到一九八四年，美國學院及大學在中國開設了至少十六個新的語言課程。[35]營利組織也看見了機會：一九八二年，位於波士頓的中國教育留學團（China Educational Tours，簡稱ＣＥＴ）與威爾斯利學院（Wellesley College）合作，成立首家華語中心。到一九八九年，ＣＥＴ在北京及哈爾濱校區培訓了八百名學生。[36]

為響應開放而成立、最雄心壯志的教育機構是於一九八六年在南京開始運營的南京大學－約翰・霍普金斯大學中美文化研究中心，或簡稱中美中心。中美中心成立的理論基礎是美中關係與其說是急需被研究的課題，更應該是兩國必須透過不斷合作來解決的問題。語言能力及文化理解對此至關重要。中美中心要求其美中兩國學生（他國學生將在未來加入）作為室友一起生活，並用彼此的語言進行碩博生層級的學習研究。美國學生在南京大學教師的指導下學習中國歷史、外交政策、哲學及經濟，並僅以中文進行授課、閱讀、研究、寫作及課堂討論。而中國學生在約翰・霍普金斯大學聘請的教師指導下，以全英語授課方式學習美國研究及經濟學。

該計畫的重大突破是中美中心所有學生，無論是中國人或美國人，都享有充分的學術自由，包括討論探究的權利，這在以前的中國並不存在。中美中心還擁有中國首家未經國家審查的開放式圖書館，任何成員都可以在此借到中國禁書，在宿舍裡悠閒地閱讀。為交換學術自由，中方要求中美中心不要成為不受限制的研究及辯論的布道者。這意味著，中美中心的學生及教師無法在中心圍牆外的中國發表作品。在成立之初，這些規定使中美中心有點像中國學術自由的修道院，但漸漸地中美中心成為了一座燈塔。首波美國學生的開創精神由雅禮協會的馬克・薩爾茲曼（Mark Salzman, 1959-）體現出來，他於一九八二至一九八四年在長沙教授英語及學習中國功夫，並於一九八六年出版暢銷回憶錄《鐵與絲》（*Iron and Silk*）。二〇〇一年和平工作團（Peace Corps）志工何偉（Peter Hessler, 1969-）在所著的《消失中的江城》（*River Town*）中講述他在四川的兩年生活，也有類似的驚奇感。雖然薩爾茲曼及何偉加深了美國對中國的了解，但他們的研究也說明了，對大多數美國年輕人來說，在中國留學更像是發現之旅，而非接受學術訓練。

學術研究

學生是美中教育關係中的重點，但學術交流大部分的工作是由志工或低薪專業人士所完成，其活動種類繁多，且數量眾多，低調到在學術交流史上不值一提。過去幾十年在中國工作過的美國英語教師、培訓師、行政人員、備考教練、教育顧問、輔導員及各類外國專家的人數，並無公開的統計數據，他們來自美國各地，年齡從二十二到九十歲不等，旅中遊客會在《中國日報》（*China Daily*）上讀到他們獲得友誼獎的消息，並在三線城市的咖啡店或北京友誼賓館（Beijing's Friendship Hotel）的灰色公寓大樓偶遇他們。友誼賓館是國家外國專家局（State Administration of Foreign Experts Affairs，簡稱國家外專局）所在處，也是許多美國人一九八〇及一九九〇年代居住之地。美國人在中國及美國都為學術交流作出貢獻，寄宿家庭、宗教團體、語言交換夥伴及地方政府企業，都歡迎中國學生。同樣種類繁多的中國公民大使及文化嚮導幫助美國學生在中國茁壯成長。若不承認這些沒沒無聞的志工為美中學術合作所做的貢獻，那麼這樣的調查就不算完整。

民眾對於一九七九年後在中國進行研究的美國學者有了更深的了解。在冷戰隔閡的幾十年裡，美國漢學家在臺灣學中文，從香港或更遠的地方觀察中國，他們幾乎沒有機會可以出訪中國。少數赴中的人無法擺脫無處不在的監管，無法進行實地考察或與普通中國民眾會面。在毛澤東時代的中國，外國人不得投票、調查或自由旅行。檔案館大門深鎖，數據資料不是被列為機密就是不存在，因此中國研究現狀及美國的對中政策激發了拉蒙・梅耶斯（Ramon Myers, 1929-2015）及湯姆・梅茨格（Thomas Metzger, 1938-2020）的長篇言論：

> 一九五八至一九七〇年間，近四千一百萬美元投入到高等教育機構以支持中國研究。這項投資是否真的產出了高品質學術研究跟可靠的中國專家？並沒有。在研究現代中國的美籍學者中，很少

人的中文能力足夠熟練，既能說好一口流利中文又能閱讀不同體裁的作品。很少有學者能避免因偏限於各自獨立的子領域而產生的誤解。[37]

改革開放後，美國學者急於彌補這些不足。然而，他們的工作仍然遭中共嚴格禁止，而且也不知如何與必要的中國機構合作。中國的大學、圖書館及檔案館願意在一定範圍內與美國人合作，但不知如何配合。與中學術交流會填補了這一空缺，成為兩國學術界三十多年來不可或缺的一環。

與中學術交流會起源於一九六〇年代，當時美國國家科學院召集人文學者、自然科學家及社會科學家，他們共同關切的問題是如何獲得進入中國之機會。[38]在與美國國家科學院、社會科學研究委員會及美國學術團體協會的合作下，與中學術交流會開始派遣代表團前往中國，並在一九七二年尼克森訪華後，接待由北京派遣的代表團。通過這些交流，美國人得以瞭解能夠在最有前景的聯合研究領域進行合作的中國機構網絡，如醫學、農業及地球科學。一如布洛克所寫，中國專注於：

最新科學及應用科技……及中國明顯落後亟需進步的領域，如雷射與分子生物學。美國大學及美國政府機構，如美國國家衛生院及美國地質調查局，不遺餘力地向來訪的中國代表團詳細介紹美國科學的最新情況。美國工業如ＩＢＭ、埃克森、貝爾實驗室（Bell Labs），都向中國技術專家敞開大門。[39]

一九七九年以後，中國問題專家、社會科學家、人文學者大量湧入中國，與中學術交流會也進入高速發展階段。一九七九至一九九六年間，它總共派出七百多名美國學者赴中國研究。與中學術交流會與美國駐北京大使館合作，後來透過自己的中國辦事處，為需要研究檔案的取得、許可及申請實地考察地理範圍的美國人提供協助。同時也擔任中國教育部及中國科學院之顧問，這些部門常常不確定如何平衡其安全擔憂及美國學者的研究需求。隨著一九八〇年代的發展，越來越多的大學建立了雙邊合作關係，美國政府也在傅爾布萊特計畫（Fulbright Program）等方面做出了努力，這意味著與中學術交流會不再是中美學術關係的唯一仲裁者，但仍然不可或缺，其長期經驗、對中國官僚機構的了解，以及華府與北京的專家團隊，使其成為同類中最具影響力的組織。

不過其影響力仍是非常有限，美國使中國正常化的目標與中國自身現代化的必要性之間，持續存在著緊張關係，在布洛克所撰寫的與中學術交流會歷史中，鮮明描述她一九七七至一九八八年間擔任交流會主任的經歷：

> 美方的政策導向是……吸引中國科學家進入更廣闊的國際科學舞臺。在中國方面，選定的主題（如生物科技）屬於中國指定的優先科學領域，旨在吸收和交流盡可能多的新資訊。[40]

一個時代的結束

一九八四年四月三十日，雷根總統在上海復旦大學發表談話時，總結了美中教育關係的共同希望：

> 在過去的幾年裡，美中兩國的學生交流數量呈爆炸式成長。超過一百所美國學院及大學與近百所中國機構進行教育交流……。美國學生赴中學習很多東西，例如如何監測和預測地震，如何改善研究癌症原因及治療。我們仍有許多要學，如神經外科與中醫草藥。而我們也希望研究你們的語言、歷史與社會，相對地，你們也渴望學習新知，赴美學習電子與電腦科學、數學與工程、物理、管理及人文學科。我們在這些領域有很多東西可以分享，我們渴望從你們的好奇心中獲益，美中所有大學的學者都可以在兩國的未來發揮重要作用。從你們的研究當中將會產生未來幾十年

世界所需要的理解和技能。[41]

相互學習與共同成長是當時的重點，儘管雷根承認兩國之間存有意識形態分歧。美中兩國的學生——而非公司、政治領袖或名人——已經成為美中共同取得成就的主要象徵。

但這些希望在一九八九年六月四日的暴力鎮壓事件中破滅了。美國民眾看見在天安門廣場中國青年樹立的自由女神像遭政府剷平，一夕之間政府似乎拒絕了已宣揚十一年的改革開放。中共領導人看到的是一場受西方啟發的動亂，威脅摧毀自開放以來努力經營的經濟進步。過去十年內建立的學術關係，在數週內就破裂了。中國暫停了傅爾布萊特計畫及其他學術研究。紐約州立大學水牛城分校管理學院（Buffalo State School of Management）關閉了其開創性的企業管理碩士學程（ＭＢＡ），該學程已在大連理工大學培訓了兩百名畢業生。中美中心仍然開放，但大多數美國計畫及學生皆離開中國。中國教育留學團取消了一九八九年夏季的北京計畫，將學生轉移到哈爾濱及臺灣。直到六年後，兩國才恢復到一九八九年以前的學術交流水準。

一九八九年在美國的四萬名中國學生中，許多人支持天安門運動。鎮壓發生後，他們在中國大使館及領事館前示威，呼籲中國實現民主。國會希望保護學生免受歸國時可能面臨的任何政治迫害，因此在眾議院以四百零三票對零票及參議院口頭表決通過了《H.R.2712法案》，俗稱《裴洛西法案》（Pelosi Bill）。該法案允許所有中國學生無論簽證何時到期，在美國停留最多四年，並在不返回中國的情況下，得以獲得永久居民身分。實際上，該法案意味著任何有意願的留學生都可以成為美國公民。

北京認為《H.R.2712法案》違反美國一九八七年與中國達成的協議，是企圖竊取中國人才的無恥行徑。一九八九年十一月三十日，老布希總統宣布否決《裴洛西法案》，但仍採取行政行動為學生提供「同樣的好處」以「實現國會受稱讚的目標……，同時保留總統管理對外關係之能力」[42]。在老布希採取行政措施之後，大多數本應返回中國幫助中國實現現代化的學生，反而將他們的才能奉獻給了美國。

一九九〇至二〇〇七年：改革、修復、自滿

一九九二年，總統候選人柯林頓指責老布希「縱容從北京到巴格達的獨裁者」。一九九八年，柯林頓總統在北京大學向師生發表演講，提及九年前這裡曾是許多天安門抗議人士的家園。他談到人權，但其訊息主旨是美中應共同掌握新興科技，以攜手解決共同挑戰，迎向更美好的未來：

> 我今天來到這裡，是要與你們——中國的下一代領導人——談談建立中美之間強有力的夥伴關係對你們的未來至關重要……僅僅在三十年前，中國還幾乎與世隔絕，而現在中國是一千多個國際組織的成員國。中國的社會、經濟轉型更加顯著，從封閉的體系轉變為以市場為導向及驅動力的經濟體，見證了二十年前所未有的成長，讓民眾能在中國國內外旅行、農村選舉中有更多自由、擁有一個家、一份工作、就讀更好的學校。從筆電到雷射、晶片到百萬位元組（megabytes），一場資訊革命正在照亮人類知識的版圖，使所有人更加緊密聯繫在一起。在二十一世紀，你們這一世代將擁有非凡的機會，將美中的科學家、醫生、工程師等人才匯聚在一塊，共同追求進步。[43]

美中關係從天安門事件的衝擊中復原。武力鎮壓後，在華美國人紛紛匆忙撤離，而廣受譴責的中國則因蘇聯解體與國內的脆弱感到震驚，因而向內蜷縮，進入了一段國內穩定優先於發展的時期。但這個時期轉瞬即逝。一九九二年，鄧小平南下巡視經濟自由發展的中國南方，為中國的新方向指明道路。他的政治口號「致富光榮！」及「發展才是硬道理！」迎來了人類歷史上前所未有的財富。天安門事件之後，中國現代化——及其帶來的美國利益——再一次推動了美中關係以及雙邊學術交流。

在這十八年期間，高等教育關係穩步發展，照預期方向前進。雙邊學術研究管道變得豐富多樣，並

且與其他方面──尤其是企業及民間社會關係的成長──深深交織在一起，在美中文化多層面交融的情況下，追蹤其發展十分困難。政治危機並未使學術交流偏離其既定軌跡，即使中國實力成長，民眾也很少質疑交流是互惠互利的假設。

學生

一九八九年六月九日，鄧小平對執行北京戒嚴的將領說：

> 我跟外賓說，過去十年最大的失誤是教育，這裡我主要是講思想政治教育，不單純是對學校、青年學生，是泛指對人民的教育。對於艱苦創業，對於中國是個什麼樣的國家，將要變成一個什麼樣的國家，這種教育都很少，這是我們很大的失誤。[44]

為了糾正此一失察，中國大學新生需在入學前的暑假，參加輕型軍事訓練營，而中共總書記江澤民推行的愛國主義教育運動，強調中國「百年國恥」，還有所有中國人都要支持黨作為民族救亡及發展的唯一保證。[45]

這些改革及隨之而來的美國猜忌，並未對中國留學生的流動影響太多。事實上，根據中國統計數據[46]及美國國際教育協會（Institute of International Education，簡稱ＩＩＥ）的《門戶開放報告》（Open Doors data），[47]一九八九至一九九四年是開放以來，在美國留學的中國學生人數最多的時期。美國國際教育協會的數據顯示，到一九九四年，在美國的中國學生和學者人數增加到四萬六千人，到二〇〇三年成長到六萬兩千人；到二〇〇七年則增加到八萬人。一九九五年的臺海危機、一九九九年美國轟炸中國駐南斯拉夫大使館，及二〇〇一年一名中國飛行員於海南島附近的國際領空，駕駛戰鬥機撞上美國偵察機不幸喪生，這些事件也無法阻止留學人數上升趨勢。中國領導人及中國青年在這些事件中向美國發洩他們的憤怒，但這並不妨礙中國學生排隊參加托福考試或申請美國學生簽證，而且人數愈來愈多。

儘管華府在一九八九年吸收了留美的四萬名學生，但中國仍願意讓一波接一波最聰明的青年赴美留學，因中國對專業知識的需求是如此之大，無法不讓他們出國留學。中國領導人的首要任務是維持中共對權力的壟斷。在一九九〇年代，中共的合法性需要高成長率，而高成長率則需要更多技術、制度，以及隨著這十年的發展，也需要來自海外，尤其是美國的金融與法律專業知識。

中國除了鼓勵出國留學，別無其他短期解決方法，但中國也有自己的長期戰略。中共利用中國不斷成長的財富來改善及擴大中國的高等教育體系，以便學生能夠在中國的土地上獲得所需的培訓。一九九九年，時任國務院副總理李嵐清（1932-）指示教育部修改其招生政策，並在中國大學招收更多學生。首年入學人數增加了近百分之五十，在接下來的十五年中維持成長率，為此成立了新的大學，為現有學校建造郊外校區，但最大的挑戰是如何培訓足夠的合格教師。[48]李嵐清明白這些改革短期內會降低教育品質，但他承諾新政策將「一、緩解中學畢業生於勞動市場的直接壓力，二、滿足公眾增加高等教育機會的需求，最重要的是，三、為未來國家發展累積人力資本」。[49]儘管中國高等教育品質仍存在重大問題，但李嵐清策略的成果是：二〇一七年中國大學畢業生八百萬人，是一九九七年的十倍。[50]到二〇一六年，中國本科院校培養的ＳＴＥＭ畢業生是美國大學的九倍。

如美中交流的第一個十年一樣，這一時期留美華人學者大多是ＳＴＥＭ領域的研究生，但愈來愈多的人赴美攻讀商學、法學等碩士學位。許多中國學生打破既定的模式，例如，李翊雲（1972-）於一九九六年來赴美在愛荷華大學攻讀免疫學。李翊雲在二〇〇〇年取得科學碩士學位後，轉到著名的愛荷華作家工作坊（Iowa Writers' Workshop），並憑藉其英語短篇小說取得藝術創作碩士學位；她的小說刊登於《紐約客》（*New Yorker*）及《巴黎評論》（*Paris Review*），並榮獲歐康納國際小說獎（Frank O'Connor International Short Story Award）與海明威獎（Hemingway Foundation/ PEN Award）。《格蘭塔》（*Granta*）讚許她為「**美國**」三十五歲以下最優小說家，她也榮獲麥克阿瑟獎（MacArthur Fellowship）

及古根漢獎學金（Guggenheim Fellowship）。這並不是說所有受美國培訓的中國人都會如此成功，或者他們會以有利於美國的方式獲取成功。李世默（Eric X. Li, 1968-）在柏克萊大學獲得學位後，返回中國成為中共的辯護人和美國的積極批評者。[51]在中美中心待了一年的王文，變成中國最具影響力的年輕民族主義者，曾擔任誇誇其談的《環球時報》的副主編，後來則為李世默資助成立的《觀察者網》撰稿，李世默最著名的是他TED演講挑戰了發展必然導向民主的概念。

在世紀交替之際，隨著中國大學規模與數量增加，在美中兩國向中國人開放的短期學術及準學術培訓機會也愈來愈多。胡舒立（1953-）為《財經》雜誌編輯，一九八二年畢業於人民大學，一九九四年在史丹佛大學擔任奈特新聞研究員（Knight Journalism Fellow）一年，二〇〇二年透過福坦莫大學（Fordham University）——北京大學計畫，在北京取得高階工商管理碩士學位（EMBA）。前副主席李源潮（1950-）是在哈佛甘迺迪政府學院（Harvard's Kennedy School of Government）受在職培訓眾多的中國領導人之一，中國從二〇〇二年開始派高階幹部參加領導研討會（leadership seminars）。[52]到二〇一二年，中國發展研究基金會（China Development Research Foundation）耗費巨資派遣四千名領導人到哈佛、史丹佛及其他美國一流大學進行培訓。[53]省市級幹部在公共機構受訓的學費較低，如馬里蘭大學學院市分校（University of Maryland College Park）自二〇〇二年以來，已為一千五百多名黨員設計公共管理課程。[54]

中國學生隨著國家發展而改變，如果說留學生在一九八〇年代是因美國魅力而赴美，而一九九〇年代是因絕望赴美，那麼在一九九八至二〇〇七年間赴美的人，主要則是因雄心壯志。隨著中國發展，中國青年對國家的發展方向愈來愈有信心，對高等教育的態度也愈來愈有野心。他們愈來愈像美國，將自己視為教育的消費者，而非知識的尋求者。對於許多中國人來說，留美不再被視為改變人生的決定，只是眾多選擇中一個不錯的選項而已。

天安門事件後，美國學生返回中國的速度緩慢。中國似乎不那麼熱情好客了，激發薩爾茲曼這世代的快樂冒險精神也逐漸消退。中國教育留學團（CET）在天安門事件後的入學率十分低迷，導致在一九九四年遭海外留學家（Academic Travel Abroad，簡稱ATA）收購，此後人數開始恢復。一九九〇至二〇一〇年間，ATA／CET在四個中國中心培訓了五千三百五十名學生。中美中心的入學率並未直線下降，但也未像其創始人所期盼的那樣增加。然而，美國高校的中文課程招生人數在一九九〇年代穩步攀升，從一九九〇年的一萬九千四百二十七人，增加到二〇〇六年的五萬一千三百八十二人，[55]此趨勢逐漸刺激美國對中國留學計畫的需求。大學合作計畫和中文學校如雨後春筍般出現，像是美國各大學中國語文聯合研習所（Inter-University Program for Chinese Language Studies）、普林斯頓大學北京暑期中文培訓班（Princeton in Beijing）與國際教育交流協會（CIEE/College Study Abroad）在中國取得大學學分的美國人從一九九八年的兩千人增加到二〇〇六年的一萬兩千人。

但這一趨勢逐漸疲軟，到一九九〇年代後期，鄧小平改革開放的成功，以及中國對美國還有世界其他地區的重要性益發顯著。中國的財富、地緣戰略意義及文化資產本應可以吸引更多美國人赴中留學，但事實並非如此。二〇〇一年，在國外取得大學學位的美國人中，只有不到百分之二是在中國取得學位，更多的美國學生是赴愛爾蘭及哥斯大黎加。[56]距離、威權主義、高成本、難懂的語言及孤立的文明都是中國大學無法吸引美國學生的主因。很明顯地，致力於學習中文的美國青年是統計上的異數。大多數學生寧願去英國或西班牙，用更少的努力獲得更多的樂趣。儘管中國發展迅速，但不會出現美國學生留學潮。

學術研究

天安門事件後，在與中學術交流會主導的學生及學者離開了中國，美國國家科學院暫停了與中國的合作。但是，如同美國學生、企業及遊客一樣，學者比以前更快、更多地返中，與中學術交流會也在政府、非政府及學術機構中發揮了最大的影響力，成為人文、自然及社會科學領域與中國合作的門戶組織。與中學術交流會持續更新《中國行：在中國的學術生活和工作指南》（*China Bound: A Guide to Academic Life and Work in the PRC*），這本書成為在中國從事學術工作者的必讀書目。[57]然而，隨著美中關係日益成熟，愈來愈多的美國大學、基金會及非政府組織設立自己的中國辦事處，對門戶組織的需求也逐漸減少。一九九六年，與中學術交流會關閉了華盛頓辦事處。

與中學術交流會關閉後，沒有其他機構與中國政府有同樣深厚的聯繫或在中國的經驗；在兩國出現交流問題時，也沒有其他機構可以代表美國的學術利益。美國研究人員在中國不斷遭遇的主要問題是他們進入中國的檔案館的許可經常說變就變。政治風向的變化、新人事、不透明的政策以及中國國家保密法看似隨意的演變及應用，使外國研究人員很難在中國收集數據資料。中國不僅禁止美國學者進入檔案館，還拒絕發給簽證，從而嚴重阻止美國學者獲取所需資訊。進入中國遭拒是他們職涯的核心危機，尤其是在哥倫比亞大學的黎安友與普林斯頓大學的林培瑞（Perry Link, 1944-）被列入黑名單的事情廣為人知之後，讓某些美國學者更加不敢隨意批評中國。

在美國的中國學者則較為輕鬆，許多在一九八〇年代初抵美者已成為美國公民，受雇於美國公司、大學或政府實驗室，並建立家庭。他們還成立了專業協會，如美國華裔教授暨科學家協會（Society of Chinese American Professors and Scientists）；該協會於二〇〇三年在芝加哥大學成立，目前在三十州擁有四百名成員。他們不僅成為終身教授，其中不少還擔任系主任或院長。為吸引某些人返國，江澤民於一九九八年啟動「百人計畫」（Hundred Talents Program），在接下來的六年中，近八百名海外科學家返中；然而，根據麥健陸（James McGregor, 1953-）的說法，「〔其中〕只有不到一半的人擁有博士學位，幾乎沒有人在國外獲得終身職位。由於學術自由、高品質研究的能力及薄弱的智慧財產權保護等方面的不確定性，中國根本無法引進頂尖人才」，[58]這些都是中國將再次面臨的問題。

二〇〇八至二〇一九年：中國迎頭趕上與交流結束

二〇〇八年是教育關係首次受到美國事件及中國情勢的影響。全球金融危機對美中學術交流產生兩個直接的歷史性影響。首先，美國的經濟失敗，削弱了自容閎時代以來，支撐美中學術關係的美國實力假設。中國人民開始質疑，在個人及政策層面，美國是否還有值得學習之處。世界上最強大的國家似乎正在衰落，美國的經濟衰退及中國的持續崛起，在在證明了這一點。中國的現代化若已接近完成，中國就沒有理由繼續學習美國，美國也沒有理由支持甚至期望中國的經濟與技術繼續發展。

經濟衰退的第二個影響是，以前支付高額學費到本州以外的美國公立大學就讀的美國大學生，轉而選擇學費較低的當地大學。結果是，大多數公立大學的學費收入直線下降，而在過去幾十年中，州預算對這些大學的支持一直在減少。他們需要新的學生來源以支付四年制學士學位的學費，招收更多的中國學生於是成了最簡單的解決方案。中國青年仍想要獲取美國學位的聲譽，而許多中國父母也夠富裕，可以為這種特權買單。此外，赴美留學使中國青少年不必參加高考，不必磨耗青少年時期的活力與樂趣。

他們成群結隊來到美國。二〇〇八至二〇一八年間，中國留美學生人數從九萬八千兩百四十五激增至三十五萬零七百五十五人。[59]二〇〇六至二〇一三年間，中國留美學生人數成長率達百分之一千一百，總數超過十一萬。美國一流的公立大學不需要制定針對中國學生的招生策略，只需要決定錄取多少即可。在喬治亞理工學院（Georgia Institute of Technology），中國學生從二〇〇七年的三十三人增加到二〇一四年的兩千三百零九人。[60]到二〇一四至二〇一五學年，留美中國大學生人數超過了研究生人數。[61]

與此同時，從二〇〇八至二〇一七年，在中國的美國學生人數則下降了百分之十五，從一萬三千六百七十四人減少到一萬一千六百八十八人，是留美的中國學生人數的二十八分之一。本章前面引用了詹姆斯一九〇六年對羅斯福的勸告：「成功教育當代中國年輕學子的國家，在付出努力後，將在道德、知識及商業影響力方面，獲取最多回報。」這句話在二〇〇六年可能仍被認為是預言，但漸漸地，它聽起來愈來愈令人感到天真與誇張。中國在美留學生人數與在華美國學生人數的差距，不再是中國渴求美國智慧的象徵，也不再是美國軟實力的指標，反而證明了美國可能尚未準備好與崛起的中國競爭，而美國大學也過於依賴中國學生為它們帶來的進帳。

學術研究及機構

到二〇〇八年，受美國教育的中國學者，已成為美國及世界各地校園中不可或缺的存在，他們是美國高等教育及創新體系的重要支柱，但在中國卻供不應求。中國的經濟成長、大學擴張及北京二〇〇六年宣布的自主創新計畫等政策，使中共急於將其海外人才帶回國，就像清朝在一八七二年成立的中國留美團——「幼童出洋肄業局」一樣。

在早期百人計畫經驗的基礎上，中國於二〇〇八年設立千人計畫，以吸引科學家到中國從事研究。高薪、頭銜、物美價廉公寓、配偶就業機會及設備齊全的新實驗室，似乎在在令人難以抗拒，然而，這些吸引力卻不足以達致該計畫之目標。在該計畫的前五年，有超過三千名學者返回中國，但他們當中卻很少有人具博士身分，而且大多數人只待一個暑期或一個學期，同時還留職其海外的學術工作。儘管該計畫取得某些成功，但崔大偉與王輝耀（1958-）的研究指出，在同儕審查期刊中引用次數最多的海外中國學者最不可能返回中國。[62]

儘管美國大學以外語課程為專業的大學生招生人數在下降，但在此期間，世界各地和中國的美國國際校區數量出現了爆炸式增長。截至二〇一二年八月，美中合作之大學已經設立超過一百二十二個聯合計畫。[63]紐約大學於二〇一二年在上海浦東開設校區。崑山杜克大學（Duke Kunshan）則於二〇一四年招收首批研究生，其中大部分是中國人；並於二〇一八年招收首批大學生，其中許多是美國人。兩所學校都聲稱，即使是在中國，也同樣會持續維護美國式的學術自由。二〇一五年，上海紐約大學副校長在眾議院外交事務委員會作證時表示：「我們時刻保持警惕，確保學術自由原則獲得尊重，但情況若發生變化，這些原則遭廢除時，上海紐約大學亦將關閉。」[64]崑山杜克大學同樣強調其學生可以自由討論中國校園禁止的話題，如中共的歷史錯誤、新聞自由及普世價值。[65]另外，二〇一六年由美國金融家蘇世民（Stephen A. Schwarzman, 1947-）創建的蘇世民書院（Schwarzman College）為美中及其他國家的學生提供為期一年的寄宿碩士課程並保障學術自由。

二〇一六年以後：交流結束與敵對時代

二〇一五年五月，中國發布「中國製造二〇二五」產業政策，闡明了中國實現科技自給自足與領先全球的雄心願景，規劃於十年內，中國製造商在關鍵技術領域使用的零組件中，百分之七十是國產。在華府，該政策與中國一帶一路計畫的基礎建設貸款、人才再招聘與快速軍事建設共同討論，證明中國首先要發展以中國為中心的亞洲，接著取代美國成為世界第一卓越的民族。若不是中國在南海建人造島、軍事化人造島，及炫耀其對二〇一六年常設仲裁法院的判決不屑一顧，那麼「中國製造二〇二五」或許不會引起美國國會的注意。南海危機使美國人達成共識，即美中關係已是高風險競爭。美中高等教育關係從此被政治化。留學生到美國學習及中國研究人員、教師的美國研究之旅，如今會讓許多美國人感到警惕，認為這是中國主導全球計畫當中的一部分，跟智慧財產盜竊與間諜活動同等邪惡。

二〇一七年美國國家安全戰略將中國確立為美國最大的長期安全威脅，並強調美國大學是將重要戰略知識流失給中國的重要管道：

像中國這樣的競爭對手竊取價值數千億美元的美國智慧財產權。我們必須捍衛國家安全創新基地（National Security Innovation Base，簡稱NSIB），免遭競爭對手侵害。NSIB是美國知識、能力及人力網絡，包括學術界、國家實驗室與私營企業等，將想法轉化為創新，發現轉化成功的商品及公司，並保護及強化美國的生活方式。捍衛NSIB需要在國內和國際上採取應對措施，這超出任何單一公司、行業、大學或政府機構的能力範圍。大多數武器系統當中的技術，通常源於不同企業、大學及學院。中國的軍事現代化及經濟擴張的部分原因，在於中國得以利用美國的創新經濟，包括美國世界一流的大學。[66]

二〇一八年二月十三日，在參議院情報特別委員會的聽證會上，佛羅里達州參議員馬可・魯比歐（Marco Antonio Rubio, 1971-）詢問聯邦調查局局長瑞伊，對「中國學生——尤其是在美攻讀科學及數學高階課程的學生——對美國國安構成反情報風險」之看法。瑞伊回應：

使用非傳統情報收集管道，特別是在學術界中，無論是教授、科學家還是學生，在調查局全國各地的每個辦事處都可以見到。不僅僅是在大城市，小城市也一樣。基本上橫跨所有學科。我認為學術界對此的天真程度，會產生問題。他們正在利用我們十分開放的研發環境，因此我們必須將中國威脅視為不僅對整體政府的威脅，也是對整體社會的威脅，我認為這需要我們整體社會一起採取應對措施。[67]

瑞伊並未詳細說明對整體社會之威脅為何，但可能的解釋是，任何來到美國的中國人都該被視為敵對勢力的潛在代理人，而大多數赴美長期居住的中國人是學生。

政策反應迅速。川普政府反轉二〇一四年允許中國學生每五年更新一次簽證的政策，命令美國大使館與領事館縮短大量中國學生持單一簽證在美國的停留期限。該指令發布後，與「中國製造二〇二五」目標相關STEM領域的中國學生，每年必須回到中國重新面試取得新簽證，如此一來，成本大大增加且十分不便。[68]

在短短幾年內，美國從歡迎大量中國學生作為國家資產及美國軟實力之象徵，轉變為將其視為危險的外國情報員。這種態度似乎愈演愈烈。《政客》（*Politico*）報導，在二〇一八年八月七日川普宴請企業領導，總統告訴他的客人：「幾乎每個來到美國的〔中國〕學生都是間諜。」[69]當時，約三十五萬名中國學生在美國大學就讀，中國學生占美國所有外國學生的百分之三十。他們每年為美國經濟貢獻一百二十億美元，獲得的博士學位占美國博士學位總數的百分之十。[70]不過，申請首次簽證赴美留學的中國學生人數已經開始下降。二〇一八年，因擔心對中國學生的指責及美中關係的惡化可能導致來自中國的學生人數與學費收入下降，伊利諾大學香檳分校為此投保——史上首次出現這樣的政策。伊利諾大學商學院及工程學院，每年支付保險公司四十二萬四千美元，為期三年，以防止因貿易戰、簽證限制或其他原因導致中國學生人數年度降幅達到百分之二十的風險。該保單最高可支付六千萬美元的賠償金以彌補此類損失，這個金額是基於這兩所學院對中國學生學費的風險程度而訂出的。[71]

聯邦調查局長瑞伊所述的威脅不僅來自學生，也包括華裔美國學者及研究員。在二〇一七年，一場基於中國留美計畫的愛國主義學術傳統的演講中，中國總理李克強（1955-2023）表示：「所有擁有中國血統的人都有責任幫助達成中華人民共和國的投資、科技發展及貿易目標。」[72]北京已經設立超過兩百個人才再招募計畫，以吸引科學專家來到中國，但在李克強的演講之後，已經運行近十年的千人計畫引發美國國會及安全機構的關切。這項計畫雖然合法，但許多參加此計畫的美國教職員在暑假及休假期間，並未告知美國雇主他們將返回中國工作。這種未通報的雙重支薪（double-dipping）往往違反了美國院系的利益衝突或其他資訊公開政策（disclosure policies）。

在新的敵對情勢下，美國國會及聯邦調查局將同時擁有美中兩國學術聘書視為將美國智慧財產帶到中國的潛在途徑。美國情報局二〇一八年的報告估計，僅透過千人計畫，就吸引了兩千六百二十九名科學家從美國返回中國。長期以來，中國一直透過學者間諜及其他方式獲取美國的智慧財產，但是對人才再招聘計畫的集中投入則是近期才開始的。

二〇一八年，國會的壓力及聯邦調查局的警告開始影響大學與國家實驗室的政策。八月二十三日，國家衛生院主任柯林斯發布了《保護美國生物醫學研究誠信之聲明》（Statement on Protecting the Integrity of U.S. Biomedical Research），作為所有獲國家衛生院贊助之機構奉行的指導方針。儘管其中並未指名道姓點出中國，柯林斯卻指出：「三個令人擔憂的領域：一、國家衛生院資助機構的某些研究員未能披露來自其他組織（包括外國政府）所提供的重大資源。二、將國家衛生院支持的生物醫學研究中的智慧財產轉移給其他單位，包括其他國家，以及三、同儕審查人員向其他人分享機密資訊，包括在某些情況下將資訊外流給外國單位。」因此，國家衛生院將「確立有效方法以改善所有研究支援、財務利益及共同合作的準確通報……及減低智慧財產權之安全風險」。[73]美國能源部是與中國長期科學合作的領導者之一，二〇一九年六月採取類似措施，禁止員工與千人計畫合作。

隨之而來的是一波又一波的逮捕、解雇及指控。二〇一九年四月，德州大學安德森癌症中心解雇一名來自中國的研究員，另外兩名研究員辭職，以回應國家衛生院提出之警告。據《紐約時報》報導：「這些研究員未披露其他國際合作……，至少有一份機密經費申請違反聯邦政策，送到中國的一名科學家手中。」[74]同年五月，埃默里大學的兩名神經學家李曉江（Li Xiaojiang, 1951-）與李世華（Li Shihua）因未能披露中國研究資金而遭解聘。埃默里大學的行政管理人員證實，國家衛生院柯林斯主任的警告引發他們的關切。[75]在二〇一九年八月，堪薩斯大學的研究員陶豐（Franklin Tao, 1971-）因未能披露他在福州大學擔任全職長江學者（Changjiang Scholar），並因簽署合約而被捕。他並非遭指控為間諜，而是欺詐。或許最令人震驚的案例是哈佛大學化學暨生化系主任查爾斯・利伯（Charles Lieber, 1959-），他於二〇二〇年一月被捕，被控隱瞞在中國中部的某所大學參與千人計畫，因虛假陳述遭起訴。

因為這些案例及政府擔憂中共在美影響力的警告，[76]引爆指責美國在對華裔美籍學者種族迫害的聲浪，這個現象可以追溯到一九九九年針對洛斯阿拉莫斯實驗室核物理學家李文和的虛假指控。二〇一九年四月，由各行各業最具影響力的華裔美國人組成的百人委員會，譴責「美國的種族歧視愈來愈普遍，華裔美國人常被當成潛在的叛徒、間諜及外來勢力」。該委員會在聲明終提及司法部對國家氣象局無辜的水文學家陳霞芬（Sherry Chen, 1958-）的起訴失敗，其案件曾在新聞雜誌節目《60分鐘》（*60 Minutes*）報導，以及天普大學（Temple University）超導物理專家郗小星（Xiaoxing Xi, 1957-）遭誣告之案例。[77]

二〇一九一整年，對華人及美籍華人學者的懷疑引發的強烈反彈愈演愈烈。美國大學協會（Association of American Universities）、公立與贈地大學協會（Association of Public and Land-grant Universities）及美國教育理事會（American Council on Education）舉辦無數場會議聽取聯邦調查局代表向大學領導人闡述他們對安全的擔憂。同時，愈來愈多的大學校長發表聲明，認為捍衛開放精神對美國的創新體系至關重要。哥倫比亞大學、耶魯大學、馬里蘭大學、約翰・霍普金斯大學、芝加哥大學、密西根大學、史丹佛大學等多所大學的校長紛紛發表聲明，強調他們致力於維護國安及保護機密研究，但不會對教師進行監管，也不會阻礙學生交流知識與學術進步。麻省理工學院校長拉斐爾・萊夫（Rafael Reif, 1950-）寫道：

> 麻省理工學院成為全球最優秀人才的聚集之地，才得以繁榮發展，就像美國本身一樣。對於麻省理工學院華裔社群成員所經歷的某些痛苦情境，我認為有必要表達我的錯愕與沮喪。隨著美中日益緊張的局勢，美國政府對個人涉嫌學術間諜活動之事件表達嚴重關切，而這些事件被理解為中國政府為獲取高科技智慧財產所付出的努力。……綜觀全國案例，少數華裔背景的研究員可能確實存在失信行為，但他們是特例，並非普遍現象。然而，教職員、博士後研究員、研究員及

> 學生告訴我，在與政府機構打交道時，他們現在覺得受到不平等的審查、汙名化，並且緊張不安。……這些行動和政策就像是在敲鑼打鼓地宣布美國正在關上大門，我們不再想當那塊吸引世界上最有動力及創意的人才的磁鐵。[78]

在新冠疫情和二〇二〇年總統大選之前，這些主張似乎產生了影響，導致美中關係急劇下降。二〇一九年六月，美國文化事務助理國務卿瑪麗・羅伊斯（Marie Royce）在美國教育論壇（Education USA Forum）上發表演講，宣稱「美國歡迎中國學生」，並透露「在二〇一九年，因智慧財產權盜竊遭拒申請學生簽證者，只占萬分之一的中國學生人數」。[79]在二〇一九年十月的記者會上，川普總統表示：「我們會對中國學生非常好……，我們擁有世界上最大的大學系統，其原因之一是因我們有很多來自中國的學生，他們在美國大學中占據很大的比例，我們希望維持這種狀態。」[80]

我們很容易將羅伊斯及川普的聲明解讀為，在二〇一七至二〇一八年的恐慌之後，保護美國安全及保持學術開放之間可能可以取得平衡。然而，談論這樣的希望為時過早。美國政府尚未對競爭時代的美中高等教育關係提出可行的方案。二〇一九年十一月十八日，參議院常設調查小組委員會（Senate Permanent Subcommittee on Investigations）發布一份名為《對美國研究單位之威脅：中國的人才招聘計畫》（Threats to the U.S. Research Enterprise: China's Talent Recruitment Plans）的報告，對中國透過與美國學者合作獲取美國智慧財產之舉，進行冷靜且發人深省的調查。該報告認可全球創新體系仰賴於研究成果發表及學術開放，但也提出一個至關重要的問題：當中國利用其研究成果在國內加強專制，並在全世界做出非自由之舉措時，這種體系的優點能否延續？報告結論是，聯邦調查局、美國國家衛生院、能源部及國家科學基金會對中國人才再招聘計畫應對不力，「這些挫敗繼續破壞美國研究單位的誠信，危及美國國安」。[81]一個月後，二〇一九年《國防授權法案》（National Defense Authorization Act，簡稱ＮＤＡＡ）召集白宮科技政策辦公室（White House Office of Science and Technology Policy）及美國國家學院（National Academies of Sciences, Engineering, and Medicine）就如何保持美國大學的開放性與國際性，同時針對如何保護對國安具有重大影響的政策方面提出建議。《國防授權法案》深受美國大學協會（Association of American Universities）及其他高等教育機構的支持。

從一八五四至二〇一六年，美中之間的高等教育關係是默契交易，中國獲得技術專業，美國則是獲得人才。儘管雙方都擔心間諜活動及不良影響，但這筆交易對雙方都有利。然而，現在兩國是敵對競爭，國家實力正向中國傾斜，因此美國在思考傳統的安排是否仍然符合利益。

這是一個十分必要的問題。在冷戰期間，即使是最具國際觀的美國民眾也認為美國不該對蘇聯科學家進行核物理方面的培訓。既然美中兩國都在研發超音速武器並且可能會互相攻擊，我們有理由問，美國是否應該向中國學者提供航空學方面的高級培訓？

美國決策者面臨一個悖論：美國在與中國競爭中最大的優勢是其創新體系，而創新仰賴於開放自由的高等教育，若沒有中國的加入，該體系將深受影響。在這些條件下，有哪些風險及妥協是可接受的？美國有可能在不讓中國學者——很可能是世上最大的人才庫來源——知道他們自己在美國處於被鄙視的階層的情況下，捍衛其創新體系嗎？

自十九世紀以來，美國高等教育體系長期支持中國的現代化；自一九七九年以來，它也一直支持中國的改革開放政策。這兩項劃時代的努力皆被視為對中國人民的福祉及中國融入全球體系的關鍵。美國與中國在這些方面的合作被視為人道主義之作為與商機。但是，現代化與改革開放是現在對中國綜合國力發展的推力。美中之間，包含教育的互動，必須經過重新評估，清楚判斷中國實力對美國利益之影響。

二〇一五年，藍普頓寫道：「臨界點近在眼前，華府與北京各自懷揣著恐懼，比自建交以來彼此抱持的希望更甚，若達致臨界點，威脅的衝動將超過合作的衝動。」[82]如今臨界點早已被越過。藍普頓警示的恐懼因中國的脆弱與美國的混亂而加劇，這導致兩國即使對理由充分的擔憂也會作出過度反應。

高等教育面臨的危險是劇烈的。雖然校園必須提高對中國威脅的認知，但透過與中國的高等教育合作，對美國安全造成的明顯危害十分微小。此外，這些危害無法與十九世紀以來中國人才為美國所帶來的巨大利益相提並論，包括在每個學科、每個行業及生活中各個方面。

我們走得太快，不嚴謹的戰略必要性評估，正將美中兩國推向一場人類悲劇，兩國公民可能會因此疏遠彼此數十年。如果任由這種情況發生，全球學術事業將深受其害，而那可能還不是我們將面臨的最糟糕問題。

引註：

1. For more on Yung Wing, see Ruthanne Lum McCunn, *Chinese American Portraits, 1828-1928* (San Francisco, CA: Chronicle, 1988); and Liel Leibovitz and Matthew I. Miller, *Fortunate Sons: The 120 Chinese Boys Who Came to America, Went to School, and Revolutionized an Ancient Civilization* (New York: Norton, 2012).
2. Edmund J. James, "The Sending of an Educational Mission to China," *School Journal* (March 31, 1906): 315.
3. Richard H. Werking, "The Boxer Indemnity Remission and the Hunt Thesis," *Diplomatic History* 2, no. 1 (January 1, 1978): 103-6, https://doi.org/10.1111/j.1467-7709.1978. tb00424.x.
4. Weili Ye, *Seeking Modernity in China's Name: Chinese Students in the United States* (Stanford, CA: Stanford University Press, 2001).
5. Weili Ye, "'Nü Liuxuesheng': The Story of American-Educated Chinese Women, 1880s-1920s," *Modern China* 20, no. 3 (1994): 315-46.
6. *Jiaoyu Zazhi* [Magazine on Education] 6 (1910): 50.
7. Yelong Han, "An Untold Story: American Policy Toward Chinese Students in the United States, 1949-1955," *Journal of American-East Asian Relations* 2, no. 1 (1993): 77-99.
8. Jessie Gregory Lutz, *China and the Christian Colleges, 1850-1950* (Ithaca, NY: Cornell University Press, 1971), 3.
9. Mary Brown Bullock, *An American Transplant: The Rockefeller Foundation and Peking Union Medical College* (Berkeley: University of California Press, 1980), 5.
10. John P. Hardt, "Summary," in *China Under the Four Modernizations. Part 1, Selected Papers Submitted to the Joint Economic

Committee, Congress of the United States (Washington, DC: U.S. Government Printing Office, August 13, 1982), 1-3.

11. Henry S. Reuss, "Forward," in *China Under the Four Modernizations, Selected Papers Submitted to the Joint Economic Committee, Congress of the United States* (Washington, DC: U.S. Government Printing Office, August 13, 1982), v-vi.
12. Reuss, "Forward."
13. U.S. Department of State, "Michael R. Pompeo Interview with Laura Ingraham of *The Laura Ingraham Show*," October 31, 2018, https://www.state.gov/interview-with-laura-ingraham-of-the-laura-ingraham-show/.
14. 引自 Robert Lenzner, "The China Hand," *Forbes*, October 31, 2005, https:// www.forbes.com/forbes/2005/1031/079.html?sh=2321ca6d2112.
15. George J. Church, "China: Old Wounds Deng Xiaoping," *Time*, January 6, 1986, 9.
16. Quoted in Cheng Li, "Introduction," in *Bridging Minds Across the Pacific: U.S.-China Educational Exchanges, 1978-2003*, ed. Cheng Li (Lanham, MD: Lexington, 2003), 3.
17. David M. Lampton, Joyce A. Madancy, and Kristen M. Williams, *A Relationship Restored: Trends in U.S.-China Educational Exchanges, 1978-1984* (Washington, DC: National Academy Press, 1986), 1.
18. Barbara J. Culliton, "China's 'Four Modernizations' Lead to Closer Sino-U.S. Science Ties," *Science* 201, no. 4355 (August 11, 1978): 512-13.
19. Culliton, "China's 'Four Modernizations.'"
20. Leo Orleans, *Chinese Students in America: Policies, Issues, and Numbers* (Washington, DC: National Academy Press, 1988), 88.
21. Lampton, Madancy, and Williams, *A Relationship Restored*, 37
22. Orleans, *Chinese Students in America*.
23. Seth Faison, "Condolence Calls Put Rare Light on Deng's Family," *New York Times*, February 22, 1997, https://www.nytimes.com/1997/02/22/world/condolence-calls-put-rare-light-on-deng-s-family.html.
24. Robert Strauss, "China Party Chief 's Son Keeps Low Profile at a U.S. School," *New York Times*, July 2, 1989, https://www.nytimes.com/1989/07/02/world/china-party-chief-s-son-keeps-low-profile-at-a-us-school.html.
25. Cheng Li, "Coming Home to Teach," in *Bridging Minds Across the Pacific: U.S.-China Educational Exchanges, 1978-2003*, ed. Cheng Li (Lanham, MD: Lexington, 2003), 79.
26. Christopher Wren, "China Is Said to End a Campaign to Stop Spiritual Pollution," *New York Times*, January 24, 1984, https://www.nytimes.com/1984/01/24/world/china-is-said-to-end-a-campaign-to-stop-spiritual-pollution.html.
27. Julia Kwong, "The 1986 Student Demonstrations in China: A Democratic Movement?" *Asian Survey* 28, no. 9 (1988): 970-85, www.jstor.org/stable/2644802.
28. Kwong, "The 1986 Student Demonstrations," 973.

29. Alexander V. Pantsov and Steven I. Levine, *Deng Xiaoping: A Revolutionary Life* (Oxford: Oxford University Press, 2015), 401-2.
30. Nick Ravo, "Chinese Students Defend Open Letter," *New York Times,* January 26, 1987, https://www.nytimes.com/1987/01/26/world/hinese-students-defend-open-letter.html.
31. James Fallows, "Be Nice to the Countries That Lend You Money," *Atlantic,* December 2008, https://www.theatlantic.com/magazine/archive/2008/12/be-nice-to-the-countries-that-lend-you-money/307148/.
32. Linda A. Reed, *Education in the People's Republic of China and U.S.-China Educational Exchanges* (Washington, DC: National Association for Foreign Student Affairs, 1988), 100.
33. Lampton, Madancy, and Williams, *A Relationship Restored*, 53.
34. Raisa Belyavina, *U.S. Students in China: Meeting the Goals of the 100,000 Strong Initiative* (Washington, DC: Institute of International Education, January 2013), 20.
35. Lampton, Madancy, and Williams, *A Relationship Restored*, 244-46.
36. Mark Lenhart, "Building Chinese Language Programs in China: CET's Experience," in *The Field of Chinese Language Education in the U.S.,* ed. Vivian Ling (Lanham, MD: Routledge, 2018); and per e-mail correspondence with the author.
37. Ramon H. Myers and Thomas A. Metzger, "Sinological Shadows: The State of Modern China Studies in the U.S.," *Australian Journal of Chinese Affairs* 4 (July 1980): 1-34.
38. Mary Brown Bullock, "Mission Accomplished: The Influence of the CSCPRC on Education Relations with China," in *Bridging Minds Across the Pacific: U.S.-China Educational Exchanges, 1978-2003,* ed. Cheng Li (Lanham, MD: Lexington, 2003), 49-68.
39. Bullock, "Mission Accomplished," 53.
40. Bullock, 59.
41. Ronald Reagan, "Remarks at Fudan University in Shanghai, China," American Presidency Project, April 30, 1984, https://www.presidency.ucsb.edu/node/260718.
42. Kenneth J. Cooper, "Bush to Veto Bill Prolonging Students' Stays," *New York Times,* December 1, 1989.
43. "President Clinton's Beijing University Speech," BBC News, June 29, 1998, http://news.bbc.co.uk/2/hi/asia-pacific/122320.stm.
44. Quoted in Zheng Wang, "National Humiliation, History Education, and the Politics of Historical Memory: Patriotic Education Campaign in China," *International Studies Quarterly* 52, no. 4 (December 2008): 788.
45. Wang, "National Humiliation," 792.
46. Li Heng, "Growth of Chinese Students in the US Slows Down: Report," Chicago Consulate of the People's Republic of China, June 11, 2003, http://www.chinaconsulatechicago.org/eng/ywzn/jy/t40302.htm.
47. Compiled by Cheng Li for *Bridging Minds,* 78.
48. Katherine Stapleton, "Inside the World's Largest Higher Education Boom," *Conversation,* April 10, 2017, http://theconversation.

com/inside-the-worlds-largest-higher-education-boom-74789.

49. Xiaoyan Wang and Jian Liu, "China's Higher Education Expansion and the Task of Economic Revitalization," *Higher Education* 62, no. 2 (August 2011): 213-29.

50. Stapleton, "World's Largest Higher Education Boom."

51. See, for example, his famous TED Talk: TED, "Eric X. Li: A Tale of Two Political Systems," July 1, 2013, video, https://www.youtube.com/watch?v=s0YjL9rZyR0.

52. See Ash Center for Democratic Governance and Innovation, "China Programs: Teaching," https://ash.harvard.edu/china-programs-executive-education.

53. William J. Dobson, "The East Is Crimson: Why Is Harvard Training the Next Generation of Chinese Communist Party Leaders?" *Slate*, May 23, 2012, http://www.slate.com/articles/news_and_politics/foreigners/2012/05/hinese_and_the_chinese_communist_party_top_chinese_officials_are_studying_at_elite_u_s_universities_in_large_numbers_.html.

54. See University of Maryland, Office of China Affairs, https://globalmaryland.umd.edu/offices/china.

55. Dennis Looney and Natalia Lusin, "Enrollments in Languages Other Than English in United States Institutions of Higher Education, Summer 2016 and Fall 2016: Preliminary Report," Modern Language Association, February 2018, https://www.mla.org/content/download/83540/2197676/2016-Enrollments-Short-Report.pdf.

56. Fei-ling Wang, "Balancing the Cross-Pacific Exchange," in *Bridging Minds Across the Pacific: U.S.-China Educational Exchanges, 1978-2003*, ed. Cheng Li (Lanham, MD: Lexington, 2003), 180.

57. Anne F. Thurston, Karen Turner-Gottschang, and Linda A. Reed, *China Bound: A Guide to Academic Life and Work in the PRC*, rev. ed. (Washington, DC: National Academy Press, 1994).

58. James McGregor, *China's Drive for "Indigenous Innovation": A Web of Industrial Policies, Global Regulatory Cooperation Project* (Washington, DC: U.S. Chamber of Commerce, July 28, 2010), 11.

59. Institute of International Education, "2017 Open Doors: Report on International Educational Exchange, China Fact Sheet," https://p.widencdn.net/ymtzur/Open-Doors-2017-Country-Sheets-China.

60. ICEF Monitor, "Chinese Enrolment in the US Shifting Increasingly to Undergraduate Studies," May 27, 2015, https://monitor.icef.com/2015/05/hinese-enrolment-in-the-us-shifting-increasingly-to-undergraduate-studies/.

61. See http://onsnetwork.org/uschineseundergrads/, quoting Institute of International Education Open Doors data.

62. David Zweig and Huiyao Wang, "Can China Bring Back the Best? The Communist Party Organizes China's Search for Talent," *China Quarterly* 215 (September 2003): 590-615.

63. Ministry of Education of the People's Republic of China, "List of China-Foreign Joint Higher Educational Programs," 2012, http://.crs.jsj.edu.cn/index.php/defaultindex/sort/1006.

64. NYU Shanghai, "Testimony of Jeffrey S. Lehman, Vice Chancellor of NYU Shanghai," June 25, 2015, https://shanghai.nyu.edu/sites/default/files/media/2015-6-25%20JSL%20Testimony%20Final.pdf.

65. Steve Inskeep, "Pushing for Academic Freedom in China," NPR, June 3, 2019, https://www.npr.org/2019/06/03/729191914/-a-foot-in-both-worlds-pushing-for-academic-freedom-in-China.

66. Donald J. Trump, *National Security Strategy of the United States of America* (Washington, DC: The White House, December 2017), https://www.whitehouse.gov/wp-content/uploads/2017/12/NSS-Final-12-18-2017-0905-2.pdf.

67. Elizabeth Redden, "The Chinese Student Threat?" Inside Higher Ed, February 15, 2018, https://www.insidehighered.com/news/2018/02/15/fbi-director-testifies-chinese-students-and-intelligence-threats.

68. Josh Lederman and Ted Bridis, "AP Sources: US to Impose Limits on Some Chinese visas," Associated Press, May 29, 2018, https://apnews.com/82a98fecee074bfb83731760bfbce515/AP-sources:-US-to-impose-limits-on-some-Chinese-visas.

69. Annie Karni, "Trump Rants Behind Closed Doors with CEOs," *Politico*, August 8, 2018, https://www.politico.com/story/2018/08/08/trump-executive-dinner-bedminster-china-766609.

70. Elizabeth Redden, "Did Trump Call Most Chinese Students Spies?" Inside Higher Ed, August 9, 2018, https://www.insidehighered.com/news/2018/08/09/politico-reports-trump-called-most-chinese-students-us-spies.

71. 在二〇一八年看來極端的保險政策，在二〇二〇年的新冠疫情大流行及一系列美中行動導致雙邊關係在各領域惡化後，對許多大學來說似乎變得必不可少。截至二〇二〇年九月，美中學術關係似乎已經陷入嚴重困境。

72. Jamil Anderlini, "The Dark Side of China's National Renewal," *Financial Times*, June 21 2017, https://www.ft.com/content/360afba4-55d1-11e7-9fed-c19e2700005f.

73. National Institutes of Health, "Statement on Protecting the Integrity of U.S. Biomedical Research," August 23, 2018, https://www.nih.gov/about-nih/who-we-are/nih-director/statements/statement-protecting-integrity-us-biomedical-research.

74. Mihir Zaveri, "Wary of Chinese Espionage, Houston Cancer Center Chose to Fire 3 Scientists," *New York Times*, April 22, 2019, https://www.nytimes.com/2019/04/22/health/md-anderson-chinese-scientists.html.

75. Tara Law, "Emory University Fires 2 Neuroscientists Accused of Hiding Chinese Ties," *Time*, May 25, 2019, https://time.com/5596066/emory-fires-chinese-researchers.

76. See Larry Diamond, "China's Influence and American Interests: Promoting Constructive Vigilance," Hoover Institution, November 29, 2018, https://www.hoover.org/research/chinas-influence-american-interests-promoting-constructive-vigilance.

77. Committee of 100, "Committee of 100 Condemns Chinese American Racial Profiling," April 7, 2019, https://www.committee100.org/press_release/committee-of-100-condemns-chinese-american-racial-profiling-2/.

78. MIT News Office, "Letter to the MIT Community: Immigration Is a Kind of Oxygen," June 25, 2019, http://news.mit.edu/2019/letter-community-immigration-is-oxygen-0625.

79. Bureau of Educational and Cultural Affairs, "Assistant Secretary Royce Remarks at the EdUSA Forum," July 30, 2019, https://eca.state.gov/highlight/assistant-secretary-royce-remarks-edusa-forum.

80. White House, "Remarks by President Trump and Vice Premier Liu He of the People's Republic of China in a Meeting," October 11, 2019, https://www.whitehouse.gov/briefings-statements/remarks-president-trump-vice-premier-liu-peoples-republic-china-meeting/.

81. U.S. Senate Permanent Subcommittee on Investigations, "Threats to the U.S. Research Enterprise: China's Talent Recruitment Plans," November 18, 2019, https://www.hsgac.senate.gov/imo/media/doc/2019-11-18%20PSI%20Staff%20Report%20-%20China's%20Talent%20Recruitment%20Plans%20Updated2.pdf.

82. David M. Lampton, "The Tipping Point: Can We Amplify What We Have in Common?" Center for International Relations and Sustainable Development, https://www.cirsd.org/en/horizons/horizons-summer-2015—issue-no4/the-tipping-point-can-we-amplify-what-we-have-in-common-.

第四部分

斷層、威脅和平、未來思考

第11章 美中軍事關係——從敵對到協商，也許再度敵對

文／傅立民（Chas W. Freeman JR.）

美中軍事往來之歷史比許多人所知的更為悠久、複雜。美國於一八三五年首次向中國及亞太地區展現軍事力量，當時美國總統安德魯・傑克森（Andrew Jackson, 1767-1845）成立東印度分艦隊（East India Squadron）。跨越太平洋的海軍進步體現了一種新興的美國意識：如同「昭昭天命」（Manifest Destiny）所示，美國在世界上扮演特殊角色，即假定美國肩負上帝賦予之責任，按照其形象重塑世界。該分艦隊的既定目標為保護美國公民，並維護美國在當時世界最大經濟體中國及其周邊地區的商業利益。從那時起，美國一直在中國或中國沿海地區強制地維持軍事力量，只有在一八六一至一八六五年美國內戰期間短暫削減過兵力。

美國沒有正式參與第一次（一八三九至一八四二年）及第二次（一八五六至一八六〇年）鴉片戰爭（Anglo-Chinese Opium Wars）。儘管如此，在中國海域的東印度分艦隊讓美國搭了英國勝利的順風車。華府從中國手中拿到與戰勝的英國相同之優待，包括了五個通商港口的治外法權。

美國海軍與海軍陸戰隊在中國

一八五三年七月，海軍准將馬修・培理（Matthew C. Perry, 1794-1858）率領巡防艦「薩斯奎哈納號」（USS Susquehanna），逼迫日本向美國商船及商人開放港口。

隨後，「薩斯奎哈納號」開往中國長江，這次的入侵是長江巡邏隊（Yangtze River Patrol）之起源，巡航深入中國內陸長達一千五百英里，接著編入美國亞洲艦隊（U.S. Asiatic Fleet），其任務之一是維護美國在中國的門戶開放政策。一九〇〇年八月，美軍第十五步兵團（Fifteenth Infantry Regiment）前往中國北部，與義和團殘黨發生小規模衝突，傷亡慘重。

到二十世紀，駐地中國也許是美國海軍（及海軍陸戰隊）最搶手的任務。在中國，美國人凌駕於法律之上，而且多數快活的娛樂隨處可見又十分便宜。美國與中國當局之間長期友好的外交關係，跟經常發生的暴力反美抗議，以及與美國海軍及海軍陸戰隊的衝突，形成鮮明對比。美國海軍巡航長江持續到一九四一年，當時日本（當時堅決要征服中國）終止巡航。

除了一九六六年的電影《聖保羅炮艇》（*The Sand Pebbles*）外，少有美國人對這段歷史有任何記憶。但對於中國人來說，美國是歐洲帝國主義在中國的同路人，是中國人在外國侵略者手中遭受百年國恥的禍首之一。無論是中華民國，還是在中國大陸的政府繼任者都從未認同美國人的普遍看法，即美國在中國的參與是無私的或利他主義的。大多數美國人以家長式的自豪感看待美國在中國執行的門戶開放政策，認為它保護了中國免遭帝國主義的瓜分。大多數中國人的看法與此相反，他們認為美國人是藉此與其他帝國主義國家一樣的在華優待與特權，而這些都是透過脅迫得來的。

與中國共產黨近距離接觸

美國曾在日本帝國斷斷續續侵略中國那十四年的最後三年期間對中華民國政府施以援手，並在戰後提供援助以壓制中國共產黨，但這些舉措並沒有改變中國對美國的矛盾心理。當漫長的內戰即將結束之際，中共主席毛澤東宣布，中華人民共和國的建立代表可恥的歷史時期已結束，「中國人民已經站起來了」，[1]他當時非常關注美國在侵略中國的列強中所扮演的角色，這也十分合理。

在中國內戰中，美國在情報、軍事、經濟和政治上與中國共產黨的對手國民黨積極（儘管美方並非每次都承認）配合並給予支援，激起了中國共產黨對美國的敵意。蔣介石的中華民國政府、中華民國軍隊及列寧主義國民黨，在二戰中一直是美國的非正式聯盟夥伴（儘管被錯誤地描繪為正式盟友）。中國共產黨的軍隊人民解放軍擊潰了中華民國軍隊，並在中國取得控制之實權。解放軍對美國的態度，在最好的情況下是不甚友善，而在最糟的情況是極度仇視美國在中國的利益。自一九四八年十一月二十日起，解放軍圍攻美國駐瀋陽（現遼寧省省會）總領事館長達十三個月，[2]這樣的對峙加劇了雙方的不滿情緒。

中共擊退國民黨

一九四九年十二月，在美國的後勤援助下，蔣介石撤退至臺灣，臺灣是一八九五年遭日本吞併並於一九四五年歸還的中國島嶼省份。儘管蔣介石渴望重新收復整個中國，撤退卻使他淪為地方軍閥。中共獲勝後美國完全撤出中國大陸，等待局勢塵埃落定，既拒絕承認中華人民共和國，也不願與中華民國斷絕關係。

一九五〇年一月五日，美國參謀長聯席會（U.S. Joint Chiefs of Staff）評估後認為臺灣的戰略意義不大，杜魯門總統宣布，美國不會干預或阻止解放軍出兵臺灣。[3]

韓戰

一九五〇年六月二十五日，當〔北〕朝鮮人民軍（Korean People's Army，簡稱ＫＰＡ）特戰部隊衝過劃分蘇聯支持的北韓與美國支持的南韓之三十八度線（thirty-eighth parallel dividing line）時，華府對臺灣漠不關心的姿態及美國不干涉中國內戰的政策戛然而止。北韓的目標是武統整個國家，帶頭衝鋒的是中國人民解放軍中久經戰事的朝鮮族師團，這些部隊在中國共產黨取得內戰勝利後被送返北韓。

美國認為北韓的攻擊不是為統一韓國，而是中蘇聯手出於戰略考量，為打破美國所施加的遏制措施所採取的行動。杜魯門總統立即下令美軍協助保衛南韓〔大韓民國（the Republic of Korea，簡稱ROK）〕對抗北韓〔朝鮮民主主義人民共和國（the Democratic People's Republic of Korea，簡稱DPRK）〕。一九五〇年六月二十七日，杜魯門指示第七艦隊（其前身為麥克・阿瑟的二戰海軍艦隊[4]）協防臺灣海峽避免中國內戰再開，以阻止共產主義擴散。[5]為實現目標，他承諾美國將反制解放軍對臺灣的任何進攻，同時要求蔣介石停止對中國大陸所有空中及海上之行動。

南韓對北韓的防禦並不成功，一九五〇年六月二十八日，首爾遭朝鮮人民軍占領。美國派駐日美軍幫助南韓抵禦北韓的攻擊，但朝鮮人民軍擊敗了這些部隊，造成嚴重傷亡。到了八月，南韓與美國的軍隊被困在朝鮮半島東南岸港口城市釜山[6]附近的一小片區域，背靠大海受困作戰，顯然即將被攻破。然而，在九月十五日，美國與南韓海軍陸戰隊（由美國陸軍第七步兵師緊隨其後）在首爾以南、三十八度線以北的海岸城市仁川發動突襲，於朝鮮人民軍軍線的後方成功登陸。[7]中華人民共和國警告：若南韓與美國軍隊越過三十八度線侵略北韓的話，中國將會介入，但麥克・阿瑟將軍與華府都沒有認真看待北京的警告。

美中開戰

一九五〇年十月七日，南韓與不斷增援的美軍開始從三十八度線向北快速推進，並於十月十九日占領北韓首都平壤。同日，匆忙召集的二十七萬名中國人民志願軍（Chinese People's Volunteer Army，簡稱CPVA），首批部隊渡鴨綠江進入北韓。十月二十五日，人民志願軍伏擊南韓與美國軍隊，出其不意地造成重大傷亡。

到十一月二十五日，人民志願軍已經在北韓集結了足夠軍力，足以對前線發動攻擊。在西邊的清川江戰役中，人民志願軍迫使美國第八軍團進行了美軍史上歷時最長的撤退。在東邊的長津湖戰役長達十七天，被美中退伍老兵視為他們經歷過的最凶殘野蠻的戰爭。儘管中國傷亡慘重，但這場戰爭還是讓新成立的中華人民共和國備感自豪：這是自百餘年前的第一次鴉片戰爭以來，中國軍隊首次成功戰勝西方軍隊。就美國海軍陸戰隊而言，他們認為長津湖戰役是部隊歷史上的轉折點。

中國與北韓跟美國與南韓的攻勢不斷來回進行，直到一九五一年夏季，雙方在三十八度線附近僵持不下，那是美蘇勢力在朝鮮半島上最初的分界線。

根據印度的建議以及在持續戰事中進行的冗長談判，美國、朝鮮人民軍及人民志願軍於一九五三年七月二十七日簽署停戰協議。南韓軍隊並未簽字，但戰鬥已然結束，非軍事區（Demilitarized zone，簡稱ＤＭＺ）也隨之建立。

中國人民志願軍在一九五八年從北韓撤出，美國則仍在南韓駐軍。停戰協議並不代表和平，[8]嚴格來說，雙邊仍處於備戰狀態。

排斥、遏制、臺灣

美軍與解放軍之間的兵戎相見迅速形成積極的敵對關係。在南北韓停戰後的二十年裡，除了在板門店非軍事區舉行朝鮮停戰協定委員會（Korean Military Armistice Commission），雙方有不快的爭議之外，美中軍隊並無任何接觸。另外，在臺灣海峽、西藏與雲南省邊界上的中國內戰中，兩國持續公開或暗中進行著代理戰爭，並且分別支持印度中南半島上越南、寮國及柬埔寨的不同敵對勢力。

一九五一年五月一日，隨著朝鮮衝突的更趨激烈，由一名少將率領的美軍顧問團（Military Assistance

Advisory Group，簡稱MAAG）被派往中華民國政權所在的臺灣，其使命是提供武器及軍事建議，協助訓練中華民國軍隊，以及後來實施的《中美共同防禦條約》（U.S.-ROC Mutual Defense Treaty），該條約於一九五四年十二月二日締結，旨在遏制中蘇聯手。在美國的全力支持下，位於臺北的中華民國政府持續在聯合國及其他國際組織中代表中國。美國全面禁止與中華人民共和國——其勢力遍及除臺灣、浙江、福建與廣東省的少數島嶼以外的整個中國疆土——的外交與經濟往來。

在一九五三年二月，德懷特・艾森豪（Dwight D. Eisenhower, 1890-1969）總統就職後不久，他向國會中反中共、親國民黨的聲浪低頭，宣布第七艦隊將不再阻止蔣介石重新收復中國大陸的企圖。一九五四年八月，中華民國派兵七萬三千名到福建跨海對岸的兩個島嶼，即金門與馬祖：金門阻斷通往大陸港口廈門的通道，而馬祖阻斷通往福州省會的道路。中共在九月炮擊中華民國在金門與馬祖的軍事設施，並宣布必須解放臺灣。

作為回應，華府同意與中華民國締結共同防禦條約，並於一九五四年十二月四日簽署。美國警告其正在考慮使用核武以擊退解放軍對金門或馬祖的進攻。[9]中共中央政治局的回應則是將發展中國核武器列為國家優先事項。[10]

此後，美國作戰部隊與在臺北的美軍顧問團並肩作戰，由新成立的美軍協防臺灣司令部（U.S. Taiwan Defense Command，簡稱USTDC）指揮，該司令部直接向位於夏威夷的太平洋司令部總指揮官彙報。截至一九五七年，據說有一萬名美國官方人員派駐於臺灣。

在一九五八年，儘管金門、馬祖不在共同防禦條約的範圍內，但美國以提供中華民國駐軍補給，來回應解放軍對這些離島的猛烈炮擊。美國提供 F-86 軍刀戰鬥機（F-86 Sabre jets）及響尾蛇飛彈（Sidewinder missiles）給中華民國空軍。美國中央情報局幫助中華民國空軍在中國大陸上空頻繁執行偵察任務。金馬危機成為一九六〇年總統大選辯論的主要話題。

最終，中華人民共和國與中華民國之間有了默契，輪流向對方的軍隊進行炮擊。[11]這種象徵性的戰鬥──所謂的「單打雙不打」宣傳性炮戰，持續了二十年，直到中華人民共和國與美國建交，北京向臺北遞出象徵和解的橄欖枝。

友好突然取代敵意

從一九六九年三月起，中國與蘇聯在其漫長邊界的某幾個區域，開啟長達七個月未公開宣戰的戰爭。當年八月十四日，尼克森總統在國安會會議上宣布美國不能允許中國遭蘇聯擊潰，令與會者皆大吃一驚。到一九七一年，當北京取代臺北成為（全部）中國在聯合國的唯一合法代表時，尼克森開始將美國政策從利用臺灣遏制中華人民共和國，轉變為利用中華人民共和國遏制蘇聯。因為此次政策調整，美國協助中國從英國購買勞斯萊斯斯貝渦輪風扇引擎（Rolls-Royce Spey engine），很可能還有從法國購買其最初的漢級核潛艦（Han class nuclear submarines）的推動裝置。

一九七二年二月，尼克森訪華建立了實質但非法律上的關係。一九七二年二月二十八日《上海公報》[12]說明，尼克森曾希望在他的總統第二任期內，承認與北京的外交關係；不料，他卻在一九七四年八月被迫下臺。下一任總統傑拉德・福特（Gerald R. Ford, 1913-2006）缺乏實現建交承諾的政治影響力，後來由在一九七七年一月二十日上任的卡特總統完成了這項任務。

一九七八年十二月十五日，卡特總統發表聯合公報（即《中美建交公報》），將華府先前對中華民國作為中國唯一合法政府的承認移交給中華人民共和國，自一九七九年一月一日生效。[13]美國與臺北斷交，宣布從臺灣撤出所有美軍及相關設施，並提前一年通知終止《美中共同防禦條約》。[14]一九七九年四月，美國與臺北只剩下非官方的關係，美軍顧問團及美軍協防臺灣司令部都正式解散。北京擱置對臺灣的好戰言論[15]來回應與美國的建交關係，轉而透過經濟整合、文化和解及談判以實現臺灣與大陸之和平統一。[16]

為維持建交公報所允許的與臺灣人民全方位文化、商業及其他非官方關係，卡特政府向國會提交《臺灣關係法》（Taiwan Relations Act，簡稱TRA）草案。國會兩院基本上未改動草案的主體內容，但增加了前言聲明，即美國的政策是要提供「臺灣必要的國防物資與服務，以便使臺灣維持足夠的自我防衛能力」。《臺灣關係法》於一九七九年四月十日通過。[17]根據可靠消息指出，中國最高領導人鄧小平曾認真考慮過因《臺灣關係法》法案而與美國斷絕關係；然而，他最後接受了卡特總統的保證，即該法的實施方式將符合美國在建交公報中對中華人民共和國的承諾。

公開聯合防禦意外地開始

美中建交後，大使館取代了兩國於一九七三年在對方首都設立的聯絡處。到了一九七九年八月，美國大使館的海軍陸戰隊分隊已經穿上制服。[18]美國國防武官辦事處（U.S. Defense Attaché Office，簡稱DAO）在大使館成立，除了允許雙方進行《上海公報》授權的外交對話、貿易及民間交流外，也增加了軍事關係。[19]

最初，兩軍保持十分正式且有距離的互動，沒有實質性的交流（其中一個原因是美國與中華民國的《共同防禦條約》仍然有效）。但一年後，蘇聯突然入侵阿富汗，這是對兩國的安全利益發起公然挑戰。

美國對這次入侵的反應是國防部長哈羅德•布朗（Harold Brown, 1927-2019）緊急出訪北京，與解放軍磋商。這次訪問於一九八〇年一月五日至十一日進行，這是美國國防部長首次訪中。布朗在一月六日北京歡迎宴會上的講話中宣稱，一九七九年聖誕節前夕蘇聯入侵阿富汗，造成了「美中之間加強合作可以成為維護全球安全的重要且必要的因素……的局面。〔這種〕合作……應該提醒其他國家，如果他們威脅到美中的共同利益，我們可以在國防和外交領域採取互補行動予以應對。」[20]

布朗與中國官員討論美中國防合作的各個方面，包括國防對話、向解放軍提供美國的雙重用途技術轉移（但不包括武器），[21]以及針對蘇聯部隊及其飛彈發展計畫的聯合信號情報行動（joint signals intelligence operations），[22]該情報行動取代並加強了美國在一九七九年一月失去的監聽站功能，當時伊朗伊斯蘭革命推翻了穆罕默德－李查沙·巴勒維（Shah Mohammed Reza Pahlavi, 1919-1980）的政府。布朗離開北京後，悄悄視察中國最西部的新疆自治區及東北遼寧省的解放軍部隊，前者毗鄰蘇聯在中亞的武器試驗場，後者則靠近蘇聯太平洋艦隊的總部城市海參崴，當時該艦隊指揮全蘇聯三分之一的海軍。

此後不久，美國放寬向中國出售三十種非致命軍事設備的出口管制，包括先進的通訊系統、卡車、直升機、運輸機及預警雷達。[23]看到這份清單時，人民解放軍副參謀長之一、曾在韓戰中遭美軍打傷的徐信（1921-2005）將軍[24]（當時負責外事情報工作）苦笑地說：「哦，我明白了，你們希望我們能夠看到蘇聯進攻，然後能夠逃跑。」隨後，中國要求授權購買更具殺傷力的裝備。

在一九八〇年五月底、六月初，國防部長布朗接待中國國務院副總理耿飈（1909-2000）的回訪，負責國防現代化總參謀部副部長的劉華清（1916-2011）也隨同前來。劉華清被譽為中國人民解放軍海軍最具遠見之總司令（也有人稱他為中國現代海軍之父）。

代表團中還有中國人民解放軍空軍（People’s Liberation Army Air Force，簡稱ＰＬＡＡＦ）上將王海（1926-2020），他是廣州軍區空軍的司令員，曾是韓戰的王牌飛行員，曾擊落過美國的王牌飛行員查爾斯·加布里埃爾（Charles A. Gabriel, 1928-2003）上將，也曾被加布里埃爾擊落過；當時加布里埃爾是美國空軍參謀長，也是首位擔任此職位的戰鬥機飛行員。在五角大樓共進晚餐時，王海與加布里埃爾對他們共同的歷史展開生動且熱烈的探索。兩人最後交換了各自擊落對方的影片紀錄片段，並開始將對方視為朋友，就像沙場老兵戰後常見的關係一般。

一九八〇年九月，經過內部激烈辯論之後，其中美國蘇聯問題專家建議不要與中國建立更緊密的關係，以免引發蘇聯的過度反應，美國國防部負責研究及工程之副部長威廉·裴利（William Perry, 1927-）率領代表團前往北京，討論具體的合作計畫。隨後當月，解放軍赴美考察美軍後勤管理系統，包括美國對外軍售系統。在十月，中國國防部副部長蕭克（1907-2008）參觀美國軍事學院及訓練設施。一九八一年十二月上旬，負責人力、儲備事務及後勤的國防部助理部長羅伯特・皮里（Robert Pirie, 1933-）回訪中國後勤代表團。[25]

這些互動引發莫斯科關切，尤其是因為美中合作的範圍包括美國提供中國更多沙烏地阿拉伯資助的武器，以及美國訓練阿富汗當地人（聖戰者）抵抗蘇聯軍隊占領。[26]這種援助〔美國中情局稱之為旋風行動（Operation Cyclone），由其與巴基斯坦的三軍情報局（Inter-Services Intelligence，簡稱ＩＳＩ）共同管理〕的目的，不僅在於對蘇聯施壓，也是為了提高蘇聯擴張邊界及占領具有戰略地位國家的代價，以迫使蘇聯撤軍。該行動始於一九七九年，投入五十萬美元；到一九八七年，預算已經增長到每年六億三千萬美元。[27]中國還針對蘇聯在阿富汗的行動制定了自己的祕密干預計畫。

因此，蘇聯入侵阿富汗促成美中關係從原先的緩和關係（détente）走向愈來愈穩固的的友好關係（entente）。[28]中國、巴基斯坦、沙烏地阿拉伯與美國之間合作以助聖戰者反抗蘇聯侵略的成果豐碩，最終在推翻蘇聯的過程中，起了關鍵作用（這種國際聯盟對聖戰的援助，也不慎催生了一些伊斯蘭主義抵抗運動，最終於二〇〇一年九月十一日襲擊美國，並滲透到新疆）。

對臺暫停軍售

一九八一年一月二十日雷根總統上任時，美中針對蘇聯展開軍事情報合作的程度對他來說是一個啟示。雷根公開反共，在競選期間承諾要恢復與臺北的官方關係，並促進對親美的中華民國政權，在軍售方面不受限制。然而，一旦他了解到美國與中國建交後所獲得的戰略籌碼及具體利益，他改變了心意。

美中建交協議的一部分[29]是華府承諾縮限對臺軍售，有限地對臺僅僅銷售特定的防禦武器，[30]這項承諾是讓北京得以化解與華府持續對臺軍售問題上的意見分歧之重要因素，但雷根仍然決心取消軍售限制。

卡特總統，即雷根上一任的美國總統，在任期內批准美國公司開發專供出口而非供美國空軍使用的飛機，留給新總統一個難解的政治問題。諾斯洛普・格魯曼公司（Northrop Grumman，簡稱諾格）推出F-20戰機，作為諾格F-5E戰機的替代，也是臺灣空軍的主力機型。若不對臺軍售，諾格則無法盈利，其競爭者通用動力公司（General Dynamics），F-16戰機之製造商，跟美國空軍一樣，不滿意僅供出口戰機的規劃，希望將其已在美國空軍服役過的F-16戰機出售給外國客戶。通用動力假惺惺地提供F-16戰機的弱化版本（F-16/79）作為實驗戰鬥機計畫（F-X）的入門，因為以後可將其升級為全功能的F-16，他們確信外國買家會更喜歡這項產品而非F-20。通用動力預想潛在買家會偏好自家產品可升級之特點，從而扼殺F-20的市場。

這兩款競爭機種都尚未開始製造。其中一款將在南加州創造許多工作機會，另一家則是在德州。考慮到任何決定都會對這兩州的選民產生政治影響，卡特不願在一九八〇年大選前作出選擇。出於同樣的政治因素，雷根也拒絕選擇僅供出口飛機。反之，他宣布將對臺提供實驗戰鬥機計畫所選的任何機型。中國明確表示無法接受，並警告這將對美中關係造成嚴重後果。

雷根的國務卿亞歷山大・梅格斯・海格上將（Alexander M. Haig Jr., 1924-2010）[31]認為，美國願意對中國軍售，可能可以克服中國對臺軍售的反對。[32]一九八一年六月，海格在訪問北京期間宣布，美國正鬆綁對向中國出售致命武器之限制。與此同時，中國西部一個聯合電子情報收集設施的存在也被披露，這突顯了這一政策變革的戰略背景。[33]但中國明確表示，除非美國不再對臺軍售，否則他們沒興趣跟美國購買武器。到十月的時候，中國表示意欲就此問題降低與美國的關係，[34]暫停了與美國的外交合作。[35]一九八二年一月十一日，根據參謀長聯席會的研究，認為像F-X這樣更先進的攔截機，對臺灣防禦當時剛起步的解放軍空軍來說並不重要，因此雷根政府宣布不對臺出售比現有庫存F-5E更先進的戰機。同時，美國駐北京大使館開始與中國外交部就對臺軍售問題進行談判。在五月份，時任美國副總統的老布希前往北京，向中國領導人鄧小平直接傳達雷根總統想解決此問題的決心。一九八二年八月十七日，雙方發表第三次聯合公報（即《八一七公報》），記錄暫訂協議（modus vivendi）。[36]

在這份公報中，中國重申了要以最大努力及和平方式實現統一的決心，美國同時承諾限制對臺軍售的品質及數量，並逐步降低，以期最終解決與中國的分歧。事實上，雙方回到在建交談判期間能夠接受彼此意見的本質，但增加了一個條件，即只要中國堅持強調和平解決與臺灣當局的分歧，美國將減少對臺軍售。[37]

對北京而言，維持美國對臺軍售的逐步下降是必要的，也因此，北京有澄清自身意圖的壓力，亦即，若可能，它不打算對臺灣使用武力。隨著時間推移，可以預期臺灣的武力——相較於中國而言——將會下降，臺灣海峽兩岸的軍事將逐步失衡、對臺灣不利。[38]而臺灣面臨美國減少軍售所造成的壓力，必須探索與傳統軍事對抗政策不同的選擇。美國向臺北澄清與保證，表示將不會接受中國針對美國對臺軍售的進一步限制，也同時拒絕提供臺灣對中政策的建議，強調這並非美國事務。[39]

華府與北京雙方對於修復關係所做的讓步都感到不滿，但兩者也為有機會恢復先前關係感到欣慰。漸漸地，美中關係回復到先前正面積極的軌道上。

戰略合作

一九八二年八月十七日聯合公報的最後定稿完成之前，繼任海格成為國務卿的資深官員喬治・舒茲（George Shultz, 1920-2021），於一九八三年二月出訪北京，討論技術轉移、軍事合作，以及全球與區域地緣政治問題。隨後，商務部長馬爾科姆・鮑德里奇（Malcolm Baldrige, 1922-1987）於五月訪華，告知中國美國已將中國指定為友好的非同盟國家，並有資格購買禁止銷售給蘇聯的先進美國科技（此前，這兩個共產主義巨頭已正式受到名義上同等的出口管制）。

九月底，國防部長卡斯珀・溫伯格（Caspar Willard Weinberger, 1917-2006）出訪北京，他強調美國希望在對抗蘇聯方面繼續與中國進行戰略合作，並告知解放軍，美國準備向他們出售防禦性武器系統，如反裝甲武器及防空飛彈，但也強調此類軍售將受美國法律限制，尤其是涉及武器或技術轉售給第三國之可能性的情境。中國再次表達對美國持續對臺軍售的不滿。雙方宣布趙紫陽總理與雷根總統將於一九八四年初進行互訪，他們分別於一月和四月完成此事。

當時，中國正在與英國談判有關一九九七年香港新界租借期滿後回歸的問題。一九八四年六月二十二日至二十三日，鄧小平會見一組香港商人代表，並提出英國殖民地回歸中國應該在「一國兩制」的方針下進行。[40]考慮到中國可以隨時使用武力奪取香港及澳門，鄧小平的宣示對當地居民以及英國人都具有保障。這推動了中英雙方的談判。一九八四年十二月十九日，雙方簽署香港回歸中國主權的聯合聲明。

一九八四年六月十二日，美國開放中國購買美國軍武。隨後不久，中國國防部長張愛萍（1919-2003）抵達華府。一九八四年八月八日，雷根政府通知國會，擬出售二十四架S-70C2直升機——黑鷹直升機的民用衍生機型。經輸出管制統籌委員會（Coordinating Committee for Multilateral Export Controls，縮寫為CoCom，亦稱巴黎統籌委員會，簡稱巴統）批准後，於十月初開始交貨。[41]同樣在八月時，約翰・雷曼（John Lehman, 1942-）為首位出訪中國的美國海軍部長，討論中國海軍反潛作戰的現代化。

其他軍售與援助計畫緊隨其後，通用電氣出售燃氣渦輪為中國驅逐艦提供動力。一九八五至一九八七年間，美國批准對外軍售案，升級解放軍火炮彈藥生產，並對瀋陽殲—8戰鬥機（Shenyang J-8II fighters）的火力系統進行現代化改造。美國也向中國出售了 AN/TPQ-37 火炮定位雷達及 Mk-46 反潛魚雷。[42]

雙邊軍事貿易並不是單向的，除了美國在旋風行動中為阿富汗聖戰者購買武器外，中國也向美國出售大量蘇聯設計、中國製造的飛機及其他設備，供美國評估並用於訓練美國飛行員的侵略者中隊，以對抗蘇聯軍隊及其武器裝備。[43]諷刺的是，華府對美中軍事關係的爭論完全聚焦在美國對解放軍的武器轉移，而美國卻暗中從解放軍購買及進口大量軍備，並在與中國的軍事貿易中出現巨額逆差。〔當時，中國經常抱怨民用貿易餘額（civilian trade balance）對美國有利。〕

一九八六年十月，溫伯格二次出訪中國，參觀位於四川的中國西昌衛星發射中心，並確認了首艘美國海軍艦艇停靠中國港口的安排，該艦艇於一九八六年十一月五日至十一日在山東青島的中國海軍北海艦隊司令部，進行訪問。兩年後（一九八八年九月五日至十一日），溫伯格的繼任者弗蘭克・卡魯奇（Frank Carlucci, 1930-2018）成為首位訪問中國人民解放軍東部戰區海軍位於上海吳淞的海事訓練基地的美國國防部長。[44]

卡盧奇轉達了雷根的決定，即經國會批准，美國將允許美國公司使用中國的長征火箭向太空發射通訊衛星，其首次發射在一九九〇年四月七日舉行。[45]然而，到了一九八九年，一系列事件，包括天安門大屠殺、柏林圍牆倒塌以及臺灣民主的出現，重塑了全球與區域地緣政治，結束了美中友好關係，也結束了五年前開始的公開軍事合作計畫。

美中戰略關係失去主題、溫暖與對話

一九八九年四月十五日，中共總書記胡耀邦〔兩年前因涉嫌資產階級自由化（bourgeois liberalism）及處理全國學生抗議活動不力而遭革職〕因心臟病去世。四月十七日，數千名學生在天安門廣場哀悼。五天後，在胡耀邦國葬前夕，廣場上的學生人數已增至十萬，抗議人士要求中國政治自由化，提高教育經費，並提供知識分子更高的待遇。隨著抗議活動發展，當局在和解與強硬策略之間搖擺不定，顯示出黨領導層內部的深刻分歧。一九八九年六月四日，全世界的目光都集中在天安門廣場，當時解放軍以武力鎮壓抗議活動，在北京及其他發生大規模示威抗議活動的城市造成大量傷亡。美國咸認中國向自由民主發展的幻想破滅了，美中關係也失去了溫暖。

老布希總統立刻下令對中國政府實施制裁，如禁止未來武器運輸及軍事援助、停止與中國官員的高層會談以及暫停核能合作會談。老布希希望這些制裁足以表達美國對天安門事件的不滿與憤怒，但實際上並非如此。眾議院不顧老布希的反對，於六月二十九日一致通過了新的制裁措施，其中包括老布希已經宣布的制裁在中國於人權領域取得進展之前不得解除。新的制裁措施暫停擴大美中貿易的談判與資金，並禁止向中國出口警用裝備。

柏林圍牆於一九八九年十一月倒塌，象徵蘇聯帝國終結的開始。蘇聯本身於一九九一年解體，俄羅斯聯邦成為與中國接壤的獨立國家。美國死敵蘇聯的滅亡，使美中軍事合作不再具有戰略依據。美國與解放軍的交流和對話也就此停擺。

一九九〇年，面對美國與日俱增的敵意，以及美國國防承包商常見的成本超支問題，中國終止了與美國空軍合作研發殲—8戰機的計畫，並轉向其他地方尋求援助。[46]在以色列的幫助下，殲—8戰機進行了重大升級，配備了新型多脈衝都卜勒雷達（multi-pulse Doppler radar）、數位射控系統（digital fire-control system）、玻璃駕駛艙、空中加油軟管、新渦輪引擎及新型空對空飛彈（air-to-air missiles）。在一九九〇年六月，中共中央軍事委員會（Central Military Commission，簡稱ＣＭＣ）副主席劉華清上將前往莫斯科，探討俄國恢復對中軍售之議題。同年十月，由於無法再取得美國重型（黑鷹型）直升機的備件，中國向莫斯科購買了二十四架類似的Mi-17直升機，這是幾十年來首次購買蘇聯武器。[47]

天安門大屠殺後，由於美國國內對中華人民共和國的強烈反彈，老布希政府無法維持與中國領導人的關係，中國人民解放軍就更不用提了。一九九二年底，民意調查顯示總統大選勢均力敵，老布希總統為了安撫關鍵州的選民，批准了顯著增加這些州就業機會的重大新武器交易。其中一項交易是對臺出售大批F-16戰機（當時美國史上最大單筆軍售紀錄）。這違反了美國在一九八二年八月十七日的《八一七聯合公報》（全稱《中美就解決美國向臺出售武器問題的公告》）中的承諾（美國仍然給予口惠），加劇了原本已趨緩的臺海軍事緊張局勢，也鼓勵了部分臺灣人深入探索《臺灣關係法》，認為其所規定的美國單方面防禦承諾，或可確保臺灣獨立於中國之外。美國對中國的海外軍售計畫仍持續了一段時間，但軍方與軍方之間的接觸逐漸集中在取消此計畫所涉及的法律及後勤問題上。在一九九三年一月二十日柯林頓總統就職典禮上，該計畫的撤銷完成。

與此同時，在一九九〇年八月至一九九一年二月的波斯灣戰爭（Gulf War）中，美國大勝伊拉克，將其驅逐出科威特，並將其力量削減到鄰國伊朗可以抗衡的水準。美國的軍事聲望上升至全球歷史最高點。高科技美軍在伊拉克戰場的表現讓解放軍意識到他們的能力與大國相比之下顯得多麼落後，促使解放軍發展理論並重整自己，以達致所謂的「打贏信息化局部戰爭」（winning informationized local wars），同時擴大引進先進軍事技術。

指揮階層中的意識形態及排斥現象

柯林頓在競選時強烈抨擊那些被他譴責為「北京屠夫」的人們，當他成為總統後，他要求中國改善人權問題，否則無法享有外交政策合作與最惠國待遇。這項政策象徵與《上海公報》所開始的意識形態休戰的斷裂。[48]在沒有戰略共識且所有軍事往來都終止之下的美中關係，雖然兩國企業業務蓬勃發展、經濟相互依賴，但彼此在政治上的疏離卻與日俱增。美中不再友好協作，轉為交易關係，在日益加劇的戒心與不信任的氣氛中繼續合作。

「銀河號事件」具體體現了美中之間的猜忌還有雙方對彼此的不信任：華府方面由於錯誤的情報，下令美國海軍在印度洋扣押一艘中國貨櫃船「銀河號」，聲稱該船向伊朗運送化學武器原料，但中國政府最高層予以否認。此事件的報告說明，美國承認「銀河號」上並未運載化學武器材料，但拒絕道歉，因為美國是根據情報，懷持善意行事。[49]這種高壓手段令中國領導層感到羞辱，也損害了他們與美國非軍事合作的前景。

從柯林頓政府上台伊始，美國財政部、商務部及國防部，私下便一直對用奠基於經濟施壓、公開譴責、政治性排除的方法來促進人權一事，抱持懷疑的態度，擔心這種方法不僅不會成功，而且可能妨礙與中國在其職權範圍內各種事務的合作。鑑於中國堅持自己立場、拒絕美國的要求，這種猜疑似乎得到了證實。為使政策成功，白宮及國務院不情願地屈服於國防部的主張，重新與中國人民解放軍接觸，希望以此削減中國軍方對美國要求的反對。

恢復對話

一九九三年十一月初，我作為國防部國防部助理部長，前往北京，與中國人民解放軍總參謀部副部長徐惠滋（1932-2005）中將、國防部長遲浩田（1929-）、中央軍委副主席劉華清上將及外交部副部長劉華秋（1939-2022）進行為期兩天的緊張會議。我不接受中方指責美國要對雙邊軍事關係破裂負責任的說法，並堅持雙方要共同承擔修復關係的責任。我反駁了中國就美國對臺軍售的批評，闡明這些武器令臺北有信心開始與北京進行政治對話。

我指出，兩國軍隊缺乏互動，雙方對彼此的不了解可能會增加，進而加深相互的猜疑，最終導致不必要的敵對關係。我認為，考量到維護和平國際環境對雙方都有利，應該恢復對話，減少相互誤解，幫助彼此準備參與聯合國維和及救災行動，並設計、進行演習，以改善、加強聯合或平行搜索、潛艇救援、反恐及反海盜行動之能力。中國同意恢復與美國軍方的對話，但對美國提出的雙邊合作具體建議表示將再進行進一步研究，並未保證一定會同意。[50]

在一九九四年五月，柯林頓承認，他試圖將中國永久正常貿易地位與其人權政策和作法的改變聯繫起來的努力失敗了，並宣布這項政策已經失去效用。[51]柯林頓政府將目標轉向將中國納入由美國主導的全球秩序，而非以前關切中國國內政治法律體系，重點是要穩定這種秩序，促進中國最終成為美國在全球治理中的合作夥伴。將國防對話和軍事交流重新正常化的嘗試正是這一努力的一部分。但它發生的戰略和心理背景，與過去中美兩國面臨蘇聯對共同利益的挑戰時大相徑庭。

美國國防部長裴利在一九九四年十月十六至十九日，於爭議中——包含中國對第三國的軍售、中國的核試驗，以及人權倡議人士的持續反對——出訪中國，與中央軍委副主席劉華清及國防部長遲浩田在北京會面，並前往武漢拜會江澤民主席。他以在重慶史迪威將軍博物館（Stilwell Museum）的演講結束了這次訪問。

強調合作的政治限制

在訪問期間，裴利還與當時的國防科學技術工業委員會主任丁衡高（1931-）上將會面，參加了新成立的美中聯合防務轉化委員會（U.S.-China Joint Defense Conversion Commission）首次舉行的會議。中國隨後將農業、工業及科學技術現代化——而非國防——列為最優先等級，同時也努力將資源從軍事轉向民用，將工廠從軍工生產轉型為民用生產，即「軍轉民」。

裴利認為，與中國合作推動軍工廠的軍轉民符合美國利益，並且可以讓美軍熟悉解放軍及其軍工基地。中國的這項計畫是以「合作削減威脅」的名義，並仿照後共產主義時期的俄羅斯運作計畫下所設立的。儘管該計畫有明顯的意圖要收集情報並發展美國在解放軍中的影響力，中國仍然同意了。

國會反對裴利所提出的美國參與中國國防轉型提議，他們不贊成與中國建立合作的政治軍事關係。美中緩和關係的反對者成功將這項計畫描繪為美國對中國軍隊的祕密援助。為限制美軍與解放軍之間和平合作，眾議院及參議院立法禁止。美中軍事關係進入新的不確定時期，交易模式介於合作與對抗之間，但愈來愈趨向於對抗。

艦隊、高階國防及軍方官員互訪的速度與主題，成為衡量美中軍事關係狀況的便利氣壓計。戰略與雙方在訪問中採取的針鋒相對之作法毫無關係。事實上，雙方並無太多實質的業務需要處理，也都認為相互訪問是為了收集情報而非建立關係。美國國防文職人員（如部會祕書）的訪問變得十分罕見；[52]這種訪問幾乎得不到任何成果，反而經常招致政治批評。取消艦隊訪問，似乎是在針對對方的態度或者行動表達不滿時，一種相對低成本的方式。

儘管經常取消艦隊靠港——包括香港在內——但參謀長聯席會議主席仍定期與解放軍總參謀長進行儀式性訪問。雙方軍事首長的互訪雖然經常取消或暫停，藉以強調反對對方的政策與行動（例如：對臺軍售、雙邊事件或報復其他計畫或訪問的取消），但卻未曾中斷。一九九四年七月，美國海軍上將兼太平洋司令部總司令查爾斯・拉爾森（Charles Robert Larson, 1936-2014）的訪問開啟了新時期，此後與解放軍的互動逐漸交付給美國太平洋司令部，拉爾森的繼任者幾乎每年都會出訪中國。

戰略不安及軍備競賽的開始

一九九〇年代初，東北亞戰略環境發生重大變化，北韓在經濟、政治及軍事上都被南韓遠遠甩在後頭。南韓的進步，讓美國駐韓軍指揮官決定，將南韓軍隊的平時作戰控制權轉交給韓國陸軍指揮官。美國政府持續且頻繁地表示希望平壤政體改變。中國與南韓發展的關係使其與北韓的關係由濃轉淡，俄國更是被邊緣化了。北韓開始獨自研發核武器及運載系統，以威懾和打擊他們的敵人，其目標首先是附近的駐日美軍基地，然後是美國本土，美國則以研發飛彈防禦系統作為回應。

儘管美國的防禦系統表面上僅僅針對北韓，但中國有充分的理由相信，中國的核威懾力也可能會受到這個系統削弱。美國對中國的擔憂並未積極應對。而中國的回應則是加倍努力發展多目標重返大氣層載具（multiple independently targetable reentry vehicles，簡稱ＭＩＲＶｓ）與極音速飛行器（hypersonic glide vehicles，簡稱ＨＧＶｓ），使洲際彈道飛彈（intercontinental ballistic missile，簡稱ＩＣＢＭｓ）能夠克服美國的彈道飛彈防禦（ballistic missile defense，簡稱ＢＭＤ）[54]。這些行動導致兩國陷入一場以中國對美國彈道飛彈防禦攔截器為主題的軍備競賽，雖然雙方並未有心如此。

一九九四年十月的一起事件突顯美中軍隊長年以來對彼此不熟悉所帶來的潛在問題。美國海軍「小鷹號」航空母艦（USS Kitty Hawk）的反潛機於黃海作業時，發現公海海域裡有一艘解放軍海軍的潛艦在水面上活動。「美國反潛機按照冷戰時期追蹤蘇聯潛艦的『常規』程序，追蹤解放軍海軍潛艦、投放聲納浮標收集聲紋特徵資料；此舉引發解放軍海軍不悅並因此派出戰機出擊。」當解放軍戰機抵達時，美國反潛機已離開，解放軍海軍隨後通知美國駐北京國防武官辦事處，「若再次發生類似事件，中國將會擊落美國飛行器」。[55]

中俄關係恢復

與此同時，中俄關係從緩和政策走向新的軍事合作。一九九二年，俄國向中國大量出售武器。一九九三年，中國從俄國購買了第一艘基洛級柴電潛艦（Kilo-class diesel-electric submarines）。一九九四年，中俄同意在共同邊界沿線各自裁減軍力。一九九五年，解放軍空軍訂購蘇愷—27戰鬥機（後來成功複製並作為殲—11戰機銷售）。一九九六年初，俄國獲得在瀋陽飛機工業集團工廠與中國聯合生產蘇愷—27戰鬥機的許可。

二〇〇一年，即中俄共同發起上海合作組織（Shanghai Cooperation Organization，簡稱ＳＣＯ、上合組織）的同一年，[56]兩國締結了《中俄睦鄰友好合作條約》（China-Russia Treaty of Good-Neighborliness and Friendly Cooperation），同意其中一方若受第三方威脅，願意進行磋商。二〇〇三年，中俄開始一系列日益複雜的演習，旨在實現陸上、空中以及自二〇一二年以來的海上聯合作戰。二〇〇四年，中俄解決了最後一次邊界糾紛，以建立信任措施取代軍事對抗。

美中關係考驗相互敵意

隨著中俄關係的往前推進，美中關係逐步惡化。一九九五至一九九六年間，因美軍與中國軍隊之間的相互猜疑，導致雙方積極策畫開戰；其催化劑是一九九五年六月李登輝（1923-2020）訪美。李登輝是蔣介石之子蔣經國（1910-1988）的繼任者，傾向臺灣獨立的中華民國總統。

李登輝在他的美國母校康乃爾大學出資創建李登輝紀念研究所，隨後該校邀請他擔任該研究所的首任演講者。美國國務卿克里斯多福向中國外交部長錢其琛（1928-2017）保證李登輝的簽證不會通過，因為簽發簽證不符合（美國與臺灣的）非官方關係。然而，在臺北動員數百萬美元的遊說活動之後，柯林頓總統屈服於壓倒性的國會要求，允許李登輝訪美，簽證也發下來了。

中華人民共和國立即將駐美大使李道豫（1932-）自華府召回，並以針對臺灣的演習形式發起了一系列總共六次的武力展示，首先是一九九五年七月二十一日至二十六日在臺灣控制區附近試射飛彈。在八月十五日至二十五日的海軍演習中又發射了更多飛彈。對許多人來說，柯林頓政府似乎暗自高興，因為李登輝操縱國會推翻了柯林頓的決定，從而羞辱了柯林頓，而現在正從海峽對岸得到了一些報應。

儘管有充分警告說中國計畫持續升級對臺軍事壓力，包括在一九九六年三月臺灣總統大選前夕，對基隆與高雄等重要港口發射飛彈，但華府並未作出更多回應。一九九五年十月二十四日，柯林頓在紐約聯合國會見中國國家主席江澤民時，沒有警告江澤民若解放軍做得太超過的話，美國將不得不作出軍事回應。在十一月時，解放軍大張旗鼓地進行兩棲登陸演習，目標顯然是臺灣。

據《紐約時報》報導，[57]一九九六年一月四日白宮戰情室的非正式會議中，因錯誤情報，迫使美國急忙對中國的行動做出反應，正如情報示警的那樣。[58]一九九六年三月八日，美國宣布派遣「獨立號」航空母艦戰鬥群（USS Independence aircraft carrier battle group，簡稱CVBG）航巡臺灣附近的公海海域。隔天，中國宣布於三月十二日至二十日，在臺灣澎湖群島附近進行實彈演習。三月十三日，解放軍開始向高雄及基隆附近的目標區域發射飛彈。作為回應，美國下令從波斯灣調派尼米茲號航空母艦（USS Nimitz）戰鬥群到臺灣地區。幾天後，在保證不侵臺的同時，北京宣布計畫於三月十八日至二十五日模擬兩棲攻擊。[59]最後由於各方都不願發生衝突，因此沒有進一步的行動。

北京方面的行動最初的效果，是促使李登輝準備了一份和解的就職演說草稿，以便在他幾乎已成定局的就職典禮上使用。[60]但美國海軍的到來——且顯然已準備好為臺灣而戰——改變了他的政治考量，李登輝認為可以隨心所欲以挑釁語氣回應，而他也確實這麼做了。最後，這場危機導致所有參與者——臺北、華府與北京三方——得出了互不相容的結論：臺北政界發現他們似乎有希望可以操縱美國為臺灣獨立而戰。[61]華府政界則認為美國已經展示足夠武力以威懾解放軍。美軍可能隨時會被要求保衛臺灣。過去對這項任務的規劃一直不被重視，現在它則是美國太平洋司令部日常戰爭規劃工作的重點。北京推斷有望透過與臺北談判實現統一，或者較不理想的情況下，武統臺灣以結束中國內戰。而北京需要有能力阻止美國在臺灣附近投送軍事力量，[62]因此解放軍開始制定長期的研究、研發及採購計畫。[63]作為權宜之計，在一九九六年十二月，解放軍海軍向俄國訂購兩艘現代級驅逐艦（Sovremenny-class destroyers），是由蘇聯海軍設計用來殲滅航空母艦的驅逐艦。

一九九七年七月一日，英國將香港主權歸還中國。香港與澳門的回歸給中國領導層施加了壓力，他們必須也要制定出統一臺灣的時程。美中在臺灣問題上的緊張局勢加劇。

然而，一九九八年一月十七日至二十一日，美國國防部長威廉・科漢（William Cohen, 1940-）出訪中國。在北京期間，科漢簽訂《海上軍事安全磋商機制》（Military Maritime Consultative Agreement），旨在減少美國海軍與解放軍海軍在海上或空中作戰時發生誤判事故的可能性。這種旨在降低衝突概率的協議是與對手而非合作夥伴簽署的，其簽署象徵美中軍事關係在西太平洋地區進入了近乎敵對的戰略競爭階段。

一九九八年九月，中央軍委高級副主席張萬年（1928-2015）上將的訪美突顯了這一變化，鑑於參謀長聯席會議主席沙利卡什維利（John Shalikashvili, 1936-2011）上將在一九九七年五月訪華期間曾對中國缺乏透明度表達的不滿，科漢拒絕讓張萬年參訪他希望參觀的各種設施。與此同時，華府附屬智庫群開始將中國視為嚴重的潛在對手進行研究。[64]在五角大廈裡，中國成了戰爭規劃的首選競爭對手。

對中國國防現代化的刺激：貝爾格勒轟炸事件

在一九九九年五月七日午夜左右，當北約轟炸塞爾維亞時，美國空軍以五枚精準導引炸彈（precision-guided bombs）空襲位於貝爾格勒的中國駐南斯拉夫大使館，炸毀了大部分的建築，造成三名通訊人員死亡，二十名中國大使館工作人員受傷。起初，美國僅僅敷衍地勉強道歉，解釋說轟炸是因使用了過時的地圖而造成意外。北京不相信這個說法，並認為這是一項戰爭行為，美國透過展示其勢不可擋的軍事力量來羞辱中國。駐成都的美國領事館遭暴民襲擊，憤怒的中國抗議分子圍攻北京的美國大使館以及廣州、上海及瀋陽的領事館。中華人民共和國決定暫停與美國的軍事互動，等待美國作出更令人滿意的回應解決其不滿為止。[65]

同時，北京仍繼續爭論如何處理臺灣問題。一九九九年七月九日，李登輝宣布臺灣與中國大陸為兩個國家（states），澈底改變了兩岸爭論的方向。也就是說，中國內戰已成過去式，現在中國正式分裂成兩個國家：一個是由孫中山（1866-1925）領導、於一九一一年革命成立的中華民國，另一個則是由毛澤東領導、於一九四九年共產革命成立的中華人民共和國。[66]李登輝在德國之聲（Deutsche Welle）[67]發表的「兩國論」，希望藉德國在冷戰中被迫分裂而後重新統一的經驗，減輕他否定蔣介石及中華人民共和國所堅持的「一個中國」所帶來的影響。

北京將李登輝的聲明視為實質的獨立宣言。中華人民共和國暫停了原定的談判及與臺北的其他對話管道，[68]並在三週的時間裡積極尋求以軍事行動懲罰臺北背離中國正統思想的行為。但考量到解放軍既有的能力，並未找到可行的方案，這讓北京意識到自己的無能為力。

一九九九年八月初，中共領導層聚集在渤海灣海濱度假勝地的北戴河，這裡每年都會舉行非正式的高層政策磋商，其主要議題是如何處理臺灣及其美國支持者。最後他們想出了妥協方案，與會者決定利用經典的「兩手政策」（two-handed policy），透過政治經濟誘惑及軍事威脅相互結合，以期遏制獨立，促進統一。

中共中央統一戰線工作部與其他相關國家機關（如國務院臺灣事務辦公室）被授權去擴大並加強深化兩岸交流，塑造促進兩岸和解的支持民眾，減少反對統一的力量，並培養一種自認為是中國人的臺灣身分認同。與此同時，解放軍總參謀部的任務，則是確保在軍事上可以阻止美國並讓臺灣屈服，最晚在二〇〇八年滿足強制統一的基本要求。

到一九九九年底，徐惠滋上將制定了一項計畫，要以及時採購的方式購買新設備和技術：先進行足夠的軍購，以便部隊能夠在使用新採購的設備技術之前，輪流接受相關訓練。他認為，中國武器裝備的現代化將加速進行。延遲採購可以確保有足夠時間進行研發，以便在大量採購之前完善新系統，同時能夠盡可能長時間地隱藏不斷發展的能力，直到設備經過全面測試和開發之後才開始購買，並且將中央政府預算增加的國防開支計畫，延後至中國的發展足以負擔的階段，從而將國防支出的負擔降至最低。

解放軍重新鎖定臺灣並在二〇〇八年完成，此任務的進行消除了過往中國軍隊現代化方法的諸多弊端。中國在其邊界上（持續）面臨極其複雜的各種威脅，其中許多涉及曾經與解放軍交過手且能力更強的外國軍隊。[69]試圖同時應對所有威脅，導致解放軍現代化計畫缺乏重點、連貫性，也欠缺資金，也讓該計畫疲於應對各軍種間的利益，而非為現實的未來挑戰作準備。專注於「臺灣情境」——其中包含美軍介入——為提升中國軍事能力，尤其是與此情境相關的中國人民解放軍海軍、空軍及火箭軍（People's Liberation Army Rocket Force，簡稱PLARF）[70]的發展提供明確的方向。

一直停滯不前的中國國防預算，現在開始隨著中央政府預算的增加而快速增長（以兩位數的速度增長，甚至比中國GDP的驚人成長還要快）。二〇〇〇年，中國公布的國防預算，按美元匯率計算為一百四十六億美元，到二〇一八年成長為一千七百五十億美元。經濟成長抵消了這些預算的上升，使國防開支負擔維持在較低水準。一九九九年以前，國防預算平均占GDP的百分之一點一。近年來，儘管有巨幅的經濟成長，國防預算一直保持在百分之二左右。[71]隨著對中國國防現代化的擔憂加劇，美國國會嚴格限制各種軍事接觸，以避免不當暴露與戰爭有關的美國活動，而造成國安危機。

二〇〇〇年三月，偏向臺獨立場的民進黨候選人陳水扁當選總統，結束國民黨長達五十五年的執政，令北京頗為震驚。同年七月，在兩岸緊張局勢加劇的情況下，美國國防部長科漢出訪北京。他是自貝爾格勒大使館轟炸事件以來第一位訪華的美國國防部長，也是第一位沒有參觀解放軍任何單位的部長。中國國防部長遲浩田告訴科漢，中國對陳水扁雖不放心，但會「聽其言，觀其行」，不急著下判斷。遲浩田抗議美國向以色列施加壓力，迫使其取消向解放軍出售價值十億美元的獵鷹（Phalcon）空中早期預警機（airborne early warning system），同時也反對美國的彈道飛彈防禦計畫。[72]而科漢則是抱怨中國持續轉讓反艦飛彈（anti-ship missiles）給伊朗。

相互挑釁的新形式：EP-3事件

二〇〇〇年夏末，美國對機載情報（airborne intelligence）收集要求的研究指出，過往針對俄國目標的多次飛行已不再必要，這讓美軍挪出了更多飛行時間執行優先層級較低的目標，而中國就是名單上的下一項。北京很快發現 EP-3 偵察機沿其海岸的飛行頻率大幅增加，並在二〇〇〇年十二月與美國就軍事海上安全進行磋商時，在北京及夏威夷兩地皆對此提出了抗議。然而，柯林頓政府已進入政權交接過程，因為政策層級的官員紛紛離開，以追求更有利可圖的事業。中國的擔憂及其可能的後果在政策層面並未得到解決。言語不足以引起美國的注意，因此中國採取行動——積極攔截美國偵察機。

二〇〇一年一月，當小布希政府上臺，他們並不知道中國飛行員沿中國邊境挑釁、騷擾美國飛機，是在回應美國近期偵察活動的莫名增長。不過美國的最高級官員咸認中國對美國在亞洲的存在抱有敵意，並將中國的行為視為他們假說的佐證。在無對話的情況下，美中飛行員在中國沿海的空中對抗愈演愈烈。雙方的挫敗感演變成了惱怒和互相指責，雙方都指稱對方的行為極其不專業並意圖挑釁。

二〇〇一年四月一日，解放軍殲—8戰鬥機在空中與美軍軍機相撞墜毀，中國飛行員王偉（1968-2001）中校因此不幸喪生，美國海軍EP-3偵查機嚴重受損。因美中之間的不信任，雙方立即將事故歸咎於對方。[73] EP-3偵察機緊急迫降在海南陵水的解放軍空軍基地，不過並未引起注意。機組人員受到審問，飛機遭扣留十一天，直到美國致函中國外交部長，表示對王偉的不幸喪生以及美方偵察機不得不未經授權迫降在中國基地深感遺憾，機組人員才獲釋。

海南島EP-3事件激怒了雙方，軍事交流陷入停頓。五角大廈延遲收受新任中國國防武官陳小功少將的到任國書；儘管陳小功對阿富汗有深入的了解，美國也拒絕讓陳小功針對阿富汗議題向美國彙報、分享資訊（作為中國在九一一事件後所提供的支援）。[74]倫斯斐領導下的國防部把中國當作敵人，顯然與美中關係的其他方面脫節。兩國經濟的相互依存加深，在國際論壇上的合作不斷往前推進，旅遊、文化及學生交流也在擴大，但軍事互動卻變得愈來愈不友善。

九一一事件與來自臺北的挑戰：改變主題

二〇〇一年九月十一日的恐怖攻擊改變了美中公開敵對的趨勢。小布希政府認為當前的迫切需要為打擊蓋達組織（al-Qaeda）、塔利班（Taliban）、其他伊斯蘭極端分子及伊拉克，因而暫停對中國施壓。二〇〇三年十月底，中央軍委主席上將曹剛川（1935-）訪美，由國防部長倫斯斐接見。

二〇〇二年八月二日，當陳水扁試圖重塑臺灣的國際地位，海峽兩岸緊張局勢上升至新的境界。他聲稱「臺灣跟對岸中國一邊一國」，[75]明確指出一中一臺的立場，儼然觸及北京的底線。儘管北京對陳水扁的危險挑釁行為抨擊猛烈，但實際行動上北京只是加速推進軍事現代化計畫。二〇〇三年九月，陳水扁宣布一項修改中華民國憲法的提議，企圖透過公投突破中國對臺灣施加的壓力。美國開始擔心陳水扁發表的海峽兩岸現況論述，會逼迫北京對臺灣使用武力。至此，北京及華府都意識到，約束陳水扁的言行符合雙方的共同利益。

二〇〇三年十二月九日中國總理溫家寶訪問華府時，小布希總統與其並肩而立，直言不諱地對陳水扁發出警告說：「我們反對任何中國或臺灣，單方面改變現狀的決定，對臺灣領導人這些顯示可能有意願片面改變現狀的言行，我們堅決反對。」[76]一開始陳水扁退縮讓步了，但他在二〇〇四年連任成功時，建議臺灣透過制定新憲法來改變法律現狀，脫離之前的一個中國共識。[77]中國則因此起草了《反分裂國家法》（Anti-Secession Law），這項新法於二〇〇五年三月十四日頒布，奉行江澤民提出的八點建議（又稱「江八點」），[78]內容列舉兩岸談判的主題，也定義中國政府得對臺灣使用武力的突發事件，包括：一、「臺獨」分裂勢力以任何名義、任何方式造成臺灣從中國分裂出去的事實；二、發生將會導致臺灣從中國分裂出去的重大事變；三、和平統一的可能性完全喪失。

臺灣海峽局勢的大躍進

面對臺海緊張，美國的中國問題觀察家普遍感到恐慌，美國眾議院也透過決議表示嚴重關切，但出人意料的是，《反分裂國家法》的通過並未導致局勢升級，相反地，兩岸關係竟因此有了重大突破。二〇〇五年四月二十六日，國民黨黨主席連戰（1936-）出訪中國，參觀南京中山陵，接著在北京面會中共總書記胡錦濤。[79]連戰的來訪重新恢復五十年前已結束的黨際合作，兩黨領導人並商定了十五項兩岸交流與合作的具體方案。

國共兩黨隨後展開密集的交流，使兩岸的貿易、旅遊、投資呈現爆炸性的成長。從連戰開始的友好進程讓緊張局勢逐步緩和，最終在十年後的二〇一五年十一月七日，國民黨黨主席暨中華民國總統馬英九（1950-）以及中共中央總書記（暨中華人民共和國國家主席、中央軍委會主席）習近平，於新加坡舉行高峰會。

此時，臺海的緊張局勢降至歷史最低點，美軍則愈來愈著重在阿富汗、伊拉克及索馬利亞的戰爭以及與伊朗開戰的可能性，對中國的關注便隨之下降。國防部長倫斯斐於二〇〇五年十月十八日至二十日前往北京，拜會第二炮兵指揮官上將靖志遠（1944-），後者重申了中國不率先使用核武之政策。[80]二〇〇六年七月，倫斯斐接待中央軍委副主席郭伯雄（1942-）上將的訪問行程，雙方同意舉行聯合海上搜救演習，實踐雙方在一九九三年十一月首次提出的建議。[81]中國也同意讓美國查閱解放軍的檔案，查找有關韓戰中美軍戰俘和失蹤人員的資訊。

二〇〇七年一月，中國成功測試反衛星武器，引起美國極大的不安，因為美軍的指揮、管控、通訊、監視、偵察及情報等工作都十分依賴衛星資料。同年十一月國防部長勞勃・蓋茲（Robert Gates, 1943-）出訪北京，對中國的計畫與武器測試方式多有怨言；與此同時，中國對雙方處理突發事件應變能力的擔憂，最終使其回應了美國長期以來希望在五角大廈與中國之間建立熱線的提議。

二〇〇八年三月，陳水扁卸任。在接下來的八年中，繼任的國民黨籍總統馬英九在國共兩黨的共識基礎上，建立了更緊密的兩岸關係，緩解了兩岸緊張局勢並增加了合作。儘管如此，當美國小布希政府在二〇〇八年十月對臺灣最後一次軍售，作為回應，中國立即中止了與美國軍方的大部分接觸。

南海與東海的紛爭

歐巴馬總統於二〇〇九年一月就職後，很快就面臨到中國在三個問題上的反擊：對臺軍售、在中國沿海的美國海軍及空中偵察活動，以及國會禁止與解放軍接觸交流。二〇〇九年三月，解放軍海軍聲稱美軍在中國依據《聯合國海洋法公約》規定擁有的兩百海里專屬經濟區之內進行軍事偵察是非法行為，並開始攔截及阻撓此類活動。[82]

美中兩國發現彼此正處於對立的態勢，部分原因是美國海軍與中國海軍之間的緊張關係加劇所致（其中包括中國反對美韓在黃海舉行意圖向北韓展示武力的聯合軍事演習）。二〇一〇年七月二十三日在河內舉行的東協安全對話中，國務卿希拉蕊爭取其他亞洲國家共同支持越南、反對中國對南海的主張，此舉令中國感到詫異，甚至激怒了中國。中國放大檢視美國立場，不輕易放過任何微小之處，認定美國在雙方軍事對抗方面，除了臺灣問題之外又新增了南海領土爭端的新戰線，藉以遏制中國。

隨後，中國悄悄放棄在專屬經濟區的偵察活動是非法的論點。儘管中國曾經認定並斷言此類活動具政治挑釁意味，但現在中國本身也在美國的領土——關島及夏威夷——執行這類的偵察活動。同時，中國並未試圖將其他聲稱擁有南海主權的國家驅逐，而是在荒蕪的小島及礁岩上建造碉堡派遣兵力駐守，並在連結中國的海上通道外圍（最近對中國的入侵來自於此）建立雷達哨、進行空中巡邏。

中國主張南海主權的法律依據及範圍仍不明確（端看與他國之談判結果）。[83]中國和其餘聲稱擁有主權的國家皆未阻撓進入或通過南海的商船航運，其中有三分之二的貨物是從中國港口進出。中國保持海上通道暢通的利害關係是其在南沙群島常駐的關鍵原因。美國的航行自由行動無涉商業，而是為了挑戰中國對《海洋法》錯誤的詮釋，並堅持擁有在中國的領土附近進行軍事偵察的權利。但迄今為止，他們的主要成果卻是促使解放軍海軍加強在南海的存在，包括加速在人造島嶼上部署武器。正如高龍江於本書第三章所述，美國海軍與中國海軍的關係如今空前緊張。

二〇一〇年九月七日之後，東海的海軍緊張局勢也有所加劇，當時一名醉酒且行為不當的中國漁船船長，因日本海上保安廳巡防隊阻止他在釣魚臺列嶼（Senkaku Islands）附近捕撈魚獲，試圖衝撞巡防隊的快艇後被捕。中國宣稱東海的這些貧瘠礁岩是臺灣的一部分，但自一九七一年以來，一直由日本管理。中國認為，起訴該漁民是日本對釣魚臺主權的宣示，因此違反了雙方在一九七二年達成的共識，即任何一方皆不強迫對方著手處理這個問題。隨著事件愈演愈烈，中日雙方的民族主義反應導致兩國關係急劇惡化。

在這種情況下，美國不得不重申其一貫的立場，即：雖然美國對釣魚臺列嶼主權爭議並不表態，但將防禦釣魚臺視為美國在《美日安保條約》（U.S.-Japan Mutual Cooperation and Security Treaty）中的義務，因此會捍衛日本（對抗中國）對釣魚臺的管轄權。自二〇一〇年以來，中日兩國的海岸警衛隊、海軍和空軍都曾相互展示過武力。儘管中日一直小心避免衝突，但關於釣魚臺的爭議已經成為美日與中國之間潛在的開戰理由。

改善氣氛的努力作為

胡錦濤預計在二〇一二年一月進行國是訪問。為了緩解不甚理想的整體氣氛，[84]二〇一一年一月，中國人民解放軍邀請美國國防部長蓋茲進行第二次訪問。蓋茲對中國在遏制北韓方面起到的作用表示讚賞，並強調北韓已逐步成為美國的直接威脅。美國早在一九九三年十一月就已經對中國提出了提議，希望雙方成立工作小組，為展開海上搜救、人道主義援助、救災、打擊海盜、反恐行動等方面的演習制定框架。[85]此協議延遲多年，至此終於得到中國的回應。中國國防部長梁光烈（1940-）上將雖不同意蓋茲進行核武、飛彈防禦、太空行動、網路安全戰略對話的提議，但已將此事納入考慮。

二〇一二年五月與九月，梁光烈與美國國防部長里昂・潘內達（Leon Panetta, 1938-）進行互訪。他們的討論集中在美國的「亞洲轉向」（或稱「再平衡」），這是美國毫不掩飾地限制（或遏制）中國在亞洲影響力的舉措。在北京期間，潘內達表示有意邀請中國海軍參加二〇一四年環太平洋軍演（Rim of the Pacific Exercise，簡稱ＲＩＭＰＡＣ），這是美國海軍兩年一次在夏威夷附近舉辦的太平洋多國海軍演習。解放軍海軍同意並參加二〇一四及二〇一六年的演習。

二〇一三年八月，中國國防部長梁光烈再次出訪華府，而美國國防部長查克・海格（Chuck Hagel, 1946-）於二〇一四年四月回訪北京，雙方同意將包括北韓問題在內的亞太安全對話制度化，並啟動兩軍對話。海格也邀請解放軍在環太平洋軍演後，加入於夏威夷舉行的軍事醫療演習。

臺灣、貿易及投資的動盪與麻煩

二〇一六年十一月，川普當選總統，並承諾徹底調整美國與中國的貿易與投資關係。在總統交接期間，他與謹慎支持獨立的臺灣總統蔡英文通了電話，此舉招致了他是否會利用臺灣議題在貿易或其他問題上向中國施壓的質疑。上任後，川普讓美國退出跨太平洋夥伴關係協議（Trans-Pacific Partnership，簡稱ＴＰＰ），放棄美國在東亞的政治經濟參與，轉而以軍事手段與中國爭奪區域影響力。

川普特意宣稱與中國國家主席習近平私交甚篤，顯然是認為這種關係可以緩和美國政府在其他問題上與中國的對抗，並拉攏北京支持美國共同對抗北韓。二〇一八年春季，他向中國發動全面的貿易戰，對其他國家造成了巨大的連帶損失，而究竟應該如何利用中國的財富和實力為美國謀取利益，此願景從未獲得完整說明。

兩國展開貿易戰的根源在於雙方的軍事競爭以及對經濟衰退的恐懼。中國的「軍民融合」強國政策，以及美國的第三抵消戰略和商業現貨（Commercial off-the-shelf，簡稱ＣＯＴＳ）採購理念，都是將商業科技轉作軍用。[86]軍事及民用科技之間的區別因此變得模糊，幾乎所有科技都有雙重用途。美國素來貶低中國的創新能力，並將其進步歸功於竊取外國智慧財產，數十年後，美國終於開始意識到中國在科學、科技及工程方面取得的顯著進步。[87]川普政府的《國家安全戰略》[88]及《國家防衛戰略》都將中國視為對手，聲稱中國與俄國都對遵守規則的美國和平秩序構成威脅，必須予以打擊。對美國或中國科技公司投資的新限制，已使世界上最大的兩個經濟體之間的資金流動趨於枯竭。[89]

在軍事方面，二〇一八年五月，美國撤回對中國海軍參加環太平洋演習的邀請，藉以表達對中國在南海軍事活動的不滿（儘管美國並未言明抗議的是哪些具體活動）。[90]二〇一八年六月底，國防部長詹姆士・馬提斯（James "Jim" Mattis, 1950-）飛往北京，與國防部長魏鳳和（1954-）進行會談（上次此類訪問已是四年前）。這場會談除了表現出相互尊重以外毫無成果。在回顧美中在臺灣問題上的分歧之於，他們也討論了南海問題。當馬提斯拜會習近平時，習近平說：「老祖宗留下來的領土一寸也不能丟，別人的東西我們一分一毫也不要。」[91]

兩國國防部長之間的直接對話，雖未尋求任何合作機會，但總要好於軍事關係中經常出現的不相往來狀態。這種沒有企圖、以戰術為導向的軍事對話，不受任何戰略目標的指導，只希望共存以避免戰爭與核危機升級可能帶來的風險，或許是雙方所能期望的最好結果了。但美國可能會考慮重回一九七一至一九七三年與中國首次開啟戰略對話期間的作法，當時的華府要求北京說明並解釋其利益，仔細傾聽，並精心設計了一種既符合中國利益也符合美國優先事項的關係。[92]

結論與展望

美中軍事互動進入第十九個十年。某些模式持續存在，反映出權力及野心的差異。在這段漫長的時間裡，美中軍事關係一直是不對稱的：

- 美軍在中國部分地區駐軍，在其國土內陸及沿海巡邏，干涉中國內戰，但中國從未向美國做出類似舉動。
- 美中軍隊之間的所有衝突都發生在中國境內或附近，而非美國境內或周邊。
- 美國曾多次威脅攻擊中國，包括使用核武，儘管中國明確表示會以牙還牙，但並未作出實質威脅。
- 美國預期將與中國開戰，與中國的鄰國建立聯盟，而中國並未嘗試採取同樣的作法。
- 美國國安官員很少對中國在國際問題及糾紛爭議的觀點或立場表現興趣，反之，他們只專注於將華府的觀點強加給中國。[93]

除了臺灣（一個有吸引力的現代化中國社會，卻也同時是美中關係中的惡性因素）問題以外，北京及華府之間並沒有可能導致開戰的具體利益衝突。比起具體的事件，地位、階級或面子等等才是造成美中之間隔閡的議題。隨著實力成長，牢記過去屈辱的中國愈來愈堅持要求美國在管理區域事務時，對中國予以尊重及平等對待。儘管印太地區的軍事力量天平正不可阻擋地向中國傾斜，區域秩序日益以中國為中心，但美國仍尋求自己在印太地區的龍頭地位。雙方的目標並非完全不相容，但尚未調和。

近兩個世紀，美國對中國總是不留情面；即便一九七九年美中建交，過去的四十年也沒有真正改變這種動態關係。自一九七九年以來：

- 基於美軍出色的戰爭表現、侵略性的行為，以及對中國領土完整性的威脅，美國一直是解放軍理論教條、部隊結構和武器現代化的推手。
- 美國繼續對臺灣提供軍事支持以對抗解放軍（即持續干預尚未結束的中國內戰），但中國並未在美國國內的政治爭議中選邊站，也沒有在軍事上幫助美國的異議行動。[94]
- 美國部署其武裝部隊以強調其不願接受中國對第三國（如日本、菲律賓、越南）所提出的邊界要求，但中國在美國與鄰國的領土爭議問題上，並未表態。

- 沒有任何美國官兵因解放軍的攻擊而喪生，但中國曾有外交官與解放軍軍官死於美軍之手。[95]

中國現在更加堅定地反擊美國的主導地位。這（尤其是解放軍海軍在南海不斷擴大的存在）正在改變西太平洋的軍事平衡，使之不利於美國。解放軍因為軍事現代化而在某些方面具備超越美國的能力，在某些情況下甚至令美軍無法有效抗衡。美國主動、中國回應的歷史動態正在被一種更加平衡的互動模式所取代；在這種模式中，中國對美國政策和軍力結構的影響，幾乎等同於美國軍事力量對中國的影響。[96]

這突顯了黃金法則背後的問題：隨著中國實力逐漸迎頭趕上，中國是否會開始對美國採取和美國對待中國相似的行動？若真是如此，兩國之間發生武裝衝突的風險將大大增加。然而，美中都還沒有準備好應對趨於彼此對抗的軍事關係。

儘管有四十年的交流經驗，美中雙方仍未建立起有效的危機管理、危機升級管控機制，甚至是在共同關切的地域（如朝鮮半島）也沒有就軍事突發事件進行磋商的機制。美中軍事關係不斷變化，擺盪在敵對、戰略合作、因相互戒備而進行的戰術互動，以及一種雙方明明都不笨，但我們美國人卻選擇裝聾作瞎的對話關係之間。目前美中關係似乎正在從競爭發展成積極地對抗。與習近平提出的充滿希望的「新型大國關係」（new type of major-power relationship）不同，美中似乎正處於新冷戰時代，或者更準確地說，是處於虛偽和平、惡意共存的新時代。[97]

引註：

1. Mao Zedong, "The Chinese People Have Stood Up!," September 21, 1949, https://china.usc.edu/Mao-declares-founding-of-peoples-republic-of-china-chinese-people-have-stood-up.
2. See "A Hostage in Communist China, 1948-49," Association for Diplomatic Studies and Training, September 12, 2012, https://adst.org/2012/09/a-hostage-in-communist-china/.

3. Harry S. Truman, “Statement on Formosa,” January 5, 1950, https://china.usc.edu/harry-s-truman-%e2%80%9cstatement-formosa%e2%80%9d-january-5-1950.
4. 於一九四三年三月十五日成立，由當時總部位於澳洲布里斯本的西南太平洋艦隊改編而來。
5. Truman, “Statement on Formosa.”
6. 英文Busan，有時拼成Pusan.
7. Lynn Montross, “The Inchon Landing: Victory Over Time and Tide,” *The Marine Corps Gazette*, July 1951, http://www.koreanwar-educator.org/topics/branch_accounts/marine/p_inchon_landing.htm.
8. 二〇一八年四月二十七日，南北韓領導人在板門店會面，承諾在年底之前用和平條約取代停戰協定，中國表示願意加入。
9. 中華人民共和國聲稱美國公開或私下威脅要使用核武器對其進行攻擊，至少有六次。
10. 中國於一九六四年十月十六日首次進行核試驗。
11. 蔣介石與中華人民共和國總理周恩來之間的祕密通信，在蘇聯中間人的幫助下，似乎有助於達成這種理解。
12. “Shanghai Communiqué,” Taiwan Documents Project, February 28, 1972, http://www.taiwandocuments.org/communique01.htm.
13. “Joint Communiqué on the Establishment of Diplomatic Relations,” Taiwan Documents Project, January 1, 1979, http://www.taiwandocuments.org/communique02.htm.
14. 卡特總統聲明的文字可參http://www.presidency.ucsb.edu/ws/?pid=30309. Context is described at Office of the Historian, “China Policy,” https:// history.state.gov/milestones/1977-1980/china-policy.
15. 「我們一定要解放臺灣。」（We will definitely liberate Taiwan.）
16. Text of “Message to Compatriots in Taiwan” of January 1, 1979, can be found at http:// www.china.org.cn/english/7943.htm. 中華人民共和國對美國對臺軍售此一持續爭議的妥協，記錄在《八一七公報》的第四段中。Text available at “US-PRC Joint Communique, August 17, 1982,” Wikisource, https://en.wikisource.org/wiki/US%E2%80%93PRC_Joint_Communique,_August_17,_1982. Context avail- able at Office of the Historian, “The August 17, 1982 U.S.-China Communiqué on Arms Sales to Taiwan,” https://history.state.gov/milestones/1981-1988/china-communique.
17. Taiwan Relations Act, Pub. L. No. 96-8, 93 Stat. 14 (1979).
18. 讓海軍陸戰隊員穿上制服的決定，這是作者作為臨時參事的第一個決定，引起中國的強烈抗議，但華盛頓並未予以撤銷。
19. “Shanghai Communiqué.”
20. Charles W. Freeman Jr., “The Process of Rapprochement: Achievements and Problems,” in *Sino-American Normalization and Its Policy Implications*, eds. Gene T. Hsiao and Michael J. Witunski (Santa Barbara, CA: Praeger, 1983), 1-27.

21. 一九八〇年一月七日美國國防部長哈羅德·布朗與中國人民共和國副總理耿飈之會談紀錄，請見David P. Nickles, ed., *Foreign Relations of the United States 1977-1980, Vol XIII, China* (Washington, DC: U.S. Government Printing Office, 2013), 1036. Available online at https://history.state.gov/historicaldocuments/frus1977-80v13/d290.

22. 美國中情局、國安局與中國人民解放軍第二及第三部門之間的情報關係及其後的演變情況，在以下的聯合新聞社報導中有詳細說明：John C. K. Daly, "Feature: U.S., China-Intel's Odd Couple," UPI, February 24, 2001, https://www.upi.com/Archives/2001/02/24/Feature-US-China-intels-odd-couple/6536982990800/.

23. U.S. Department of State, *Munitions Control Newsletter No. 81* (Washington, DC: U.S. Department of State, March 1980).

24. Hezi Jiang, "From China's Foe to Friend," *China Daily*, January 21, 2017, http://usa.chi-nadaily.com.cn/culture/2017-01/21/content_28015802.htm.

25. See "Two Years of U.S. China Relations--A Chronology of Events from January 1, 1979 Through December 29, 1980," in *Sino-American Normalization and Its Policy Implications*, eds. Gene T. Hsiao and Michael J. Witunski (Santa Barbara, CA: Praeger, 1983), 260-77.

26. Philip Taubman, "U.S. and China Forging Close Ties; Critics Fear That Pace Is Too Swift," *New York Times*, December 8, 1980.

27. Bruce Reidel, *What We Won: America's Secret War in Afghanistan, 1979-1989* (Washing- ton, DC: Brookings Institution, 2014).

28. 緩和關係（Détente）是緩解緊張局勢的一種方式，雖未解決對立的根本原因，但可以減少衝突。友好關係（Entente）是基於各方理解共同利益，儘管存在差異，但仍進行有限合作以達目標的相互承諾。

29. "Joint Communiqué," 1979.

30. U.S. Department of State, *Foreign Affairs Memorandum: Diplomatic Relations with the People's Republic of China and Future Relations with Taiwan* (Washington, DC: U.S. Department of State, December 1978), 4.

31. 海格曾擔任國家安全事務顧問季辛吉的副手，並在改善關係方面扮演要角，隨同尼克森總統前往北京，並參與一九七二年二月二十八日的《上海公報》談判。如季辛吉一般，他也是中國戰略思想及推理的崇拜者。

32. 他的顧問團隊中，包括當時負責中華人民共和國及蒙古事務的作者在內，沒有人同意這一觀點。

33. William R. Feeney, "Strategic Implications," in *Sino-American Normalization and Its Policy Implications*, eds. Gene T. Hsiao and Michael J. Witunski (Santa Barbara, CA: Praeger, 1983), 164.

34. See Leslie H. Gelb, "Arms for China and Taiwan: Twists in Diplomacy," *New York Times*, October 16, 1981, https://www.nytimes.com/1981/10/16/world/arms-for-china-and-taiwan-twists-in-diplomacy.html.（有部分事實或者數據並不準確，但是大原則要旨是正確的。）

35. Kerry B. Dumbaugh and Richard F. Grimmett, *U.S. Arms Sales to China*, CRS Report No. 85-138F (Washington, DC: Congressional Research Service, July 8, 1985.

36. "The August 17, 1982 U.S.-China Communiqué on Arms Sales to Taiwan," Office of the Historian, https://history.state.gov/

milestones/1981-1988/china-communique. For a history of the communiqué's negotiations, see Chas W. Freeman Jr., "The 1981-82 Sino-American Taiwan Arms Sales Negotiations," August 19, 2019, https://chasfreeman.net/the-1981-82-sino-american-taiwan-arms-sales-negotiations/.

37. 《臺灣關係法》要求美國行政部門確保臺灣具足夠之自衛能力。一九八二年八月十七日的聯合公報則暗示，美國對何為「足夠」的評估，除了權衡北京政策的意圖之外，亦將考慮臺灣海峽的軍事平衡。

38. See Chas W. Freeman Jr., "Diplomacy: A Rusting Tool of American Statecraft," February 2018, https://chasfreeman.net/diplomacy-a-rusting-tool-of-american-statecraft/. 一九九二年，海峽兩岸談判開始，這標誌著美國採取行動促進和平解決臺海問題（臺灣與中國大陸之政治關係）的策略成功。

39. 「六項保證」是由時任東亞及太平洋事務的助理國務卿何志立（John H. Holdridge, 1924-2001）在國會證詞中列出的，他宣稱在一九八二年八月十七日的《聯合公報》談判中，美國政府：一、「並未同意設定一確定日期結束對臺軍售」；二、預見「美國在中臺之間不會扮演調解角色」；三、將「不會試圖對臺施壓，使其與中國進行談判」；四、「未改變對臺主權問題的長期立場」；五、「未計劃尋求修訂《臺灣關係法》」；六、《聯合公報》內容「不應被解讀為美國同意在對臺軍售之前與北京事先磋商」。在二〇一六年，這六項保證在眾議院的非約束性決議中獲得認可。"H.Con.Res.88－114th Congress (2015-2016)," U.S. Congress, May 17, 2016, https://www.congress.gov/bill/114th-congress/house-concurrent-resolution/88/text.

40. Text of remarks can be found at "Deng Xiaoping on 'One Country, Two Systems,'" *China Daily*, June 22-23, 1984, http://www.chinadaily.com.cn/english/doc/2004-02/19/content_307590.htm. 《中華人民共和國香港特別行政區基本法》第一章第五條體現「一國兩制」，規定「在香港特別行政區實行社會主義制度及政策，保持原有的資本主義制度及生活方式五十年不變」，此為中國全代會通過的香港特區基本法之內容。

41. 輸出管制統籌委員會於冷戰開始時的一九四〇年代末成立，其成員包括十六個北約國家及日本，但隨著蘇聯解體於一九九四年停止運作。

42. Dumbaugh and Grimmett, *U.S. Arms Sales*, 16-22.

43. "USAF Aggressor Squadrons," Aces Flying High, February 25, 2015, https://acesflyinghigh.wordpress.com/2015/02/25/usaf-aggressor-squadrons/. See also the description of the overall Constant Peg program at the following sites: "4477th Test and Evaluation Squadron," Wikipedia, https://en.wikipedia.org/wiki/4477th_Test_and_Evaluation_Squadon; and "Constant Peg," GlobalSecurity.org, https://www.globalsecurity.org/military/systems/aircraft/constant-peg.htm.

44. 此後許多外國訪客參觀此機構。

45. See https://en.wikipedia.org/wiki/lisst-of-Long/March/launches.

46. Jim Mann, "China Cancels U.S. Deal for Modernizin F-8 Jet, *Los Angeles Times*, May 15, 1990.

47. 一九九〇年代末，中國人民解放軍空軍使用俄羅斯蘇愷—27戰鬥機為基礎，取代了殲—8戰鬥機，稱為殲—11。殲—8戰鬥機現已公認過時，但仍解放軍海軍航空兵中仍有使用。

48. 《上海公報》中指出：「中美兩國的社會制度和對外政策有著本質的區別。但是，雙方同意，各國不論社會制度如何，都應根據尊重各國主權和領土完整、不侵入別國、不干涉別國內政、平等互利、和平共處的原則來處理國與國之間的關係。國際爭端應在此基礎上予以解決，而不訴諸武力和武力威脅。美國和中華人民共和國準備在他們的相互關係中實行這些原則。」

49. See Robert Suettinger, *Beyond Tiananmen: The Politics of U.S.-China Relations 1989-2000* (Washington, DC: Brookings Institution Press, 2003), 174-77.

50. Jing-Dong Yuan, "Sino-US Military Relations Since Tiananmen: Restoration, Progress, and Pitfalls," *Parameters* 33, no. 1 (Spring 2003): 51-67. 中國人民解放軍不願與美軍進行聯合演習，是因為擔心會暴露出解放軍之弱點，比起教育意義，更可能導致尷尬。

51. John M. Broder and Jim Mann, "Clinton Reverses His Policy, Renews China Trade Status," *Los Angeles Times*, May 27, 1994, http://articles.latimes.com/1994-05-27/news/mn-62877_1_human-rights. 美國大概有一年的時間普遍認為中國會朝著自由的國內秩序發展，並將此希望視為政策的構成原則，而不僅僅是人權活動人士、批評美國對華開放人士、一九八九年六月四日在北京天安門廣場遭鎮壓的學生與其他抗議者，以及失望的美國政治菁英所主張的路線。

52. 自一九八九年以來，美國陸軍及空軍部部長並未進行過訪華。美國海軍部長丹澤（Richard Danzig）於一九九八年底訪華，而馬布斯（Ray Mabus）則於二〇〇九年底訪華。

53. 中國在相當多年前就具備了對ＩＣＢＭ裝設ＭＩＲＶ的技術。美國的彈道飛彈防禦ＢＭＤ計畫讓中國覺得有必要進行ＭＩＲＶ技術之發展。當時，耿飈同時擔任ＣＭＣ祕書長及中央政治局常委。

54. 美中兩國科學家對美國系統是否有效抱持懷疑態度，但中國感覺有必要對此進行最壞情況的分析。劉華清曾擔任中國人民解放軍海軍司令，任期為一九八二年至一九八八年。他為解放軍海軍制定的三部分發展計畫，要求在二〇一〇年前能夠在「第一島鏈」區域運作（即中國、日本、菲律賓、印尼及東南亞大陸地區），在二〇二〇年前能夠擴展到「第二島鏈」區域（即從日本本州到小笠原群島、馬利安納群島、關島、帛琉及印尼的西巴布亞），並在二〇四〇年前發展成具全球競爭力的力量。島鏈概念最初是美國海軍用來描述日本在二戰時的戰略環境的，劉華清則將其適用於描述中國的防禦範圍。

55. 這份論文是由退休的海軍上將邁克・麥克迪特（Michael McDevitt）為美國外交政策全國委員會（National-Committee on American Foreign Policy，簡稱ＮＣＡＦＰ）與清華大學美中戰略對話於二〇一〇年十一月十四日準備的。如同加布里埃爾一樣，王海後來成為解放軍空軍首位戰鬥機飛行員，任期從一九八五年到一九九二年。在一九八五年十月，當加布里埃爾上將成為首位訪華的美國空軍參謀長時，由王海接待，但王海並未作為解放軍空軍參謀長訪問過美國。

56. 上海合作組織的目的是合作安全，而非軍事聯盟，旨在抑制伊斯蘭恐怖主義及民族分離主義的擴散，填補蘇聯解體後的真空，並為中俄在中亞地區合作管理提供框架。最初成員有中國、俄羅斯、哈薩克、吉爾吉斯、塔吉克及烏茲別克，印度和巴基斯坦是最近加入的成員。目前，上海合作組織有四個觀察員（阿富汗、白俄羅斯、伊朗及蒙古），六個對話夥伴（亞美尼亞、亞塞拜然、柬埔寨、尼泊爾、斯里蘭卡及土耳其），以及三個「峰會主席國客人」（東協、獨立國協及土庫曼）。

57. Patrick E. Tyler, "As China Threatens Taiwan, It Makes Sure U.S. Listens," *New York Times*, January 24, 1996, https://www.nytimes.com/1996/01/24/world/as-china-threatens-taiwan-it-makes-sure-us-listens.html.

58. 由於長期參與美國處理臺灣問題，我對此深感興趣，於一九九五年十月中旬自費訪問臺北與北京，對雙方的動機和計畫進行調查。我警告北京，若按照我理解的計畫執行，將會引發美國的強烈軍事反應。離開中國後，我返回臺北，警告臺灣應該預期在其總統選舉前不久會有導彈對臺發射。北京表示對其自身情報有信心，認為美國不會有反應，而臺灣軍方對此警告認真對待，但李登輝總統拒絕將其納入考慮。我返回華府後，就自己對中國計畫之理解，向情報界、國務院、國防部及國家安全委員會的工作人員提出警示，但我被認為是不切實際，我緊急建議，應該在總統即將與中國領導人會面時，警告江澤民中國的計畫將引起美國的軍事反應，但這一建議被置之不理。

一月初，在我出發前往印度及中東之前，我再次向國家安全顧問雷克（Anthony Lake）發出警告。雷克對此嗤之以鼻，聲稱考慮到美國的龐大核武，中國不敢透過對臺施加軍事壓力。我回應他，當我向中國高階軍官提出同樣觀點時，他們表示對美國有信心，他們說美國曾有六次威脅要對中國使用核武，但現在已不敢再這樣做，因為中國現在有能力對美國領土進行報復。他們明確表示深信中國已對美國核威脅免疫，因為美國總是「更關心洛杉磯，而非臺北」。後來《紐約時報》接獲消息並報導稱中國威脅要對美國發動核攻擊，而非中國對其能夠遏制美國的核攻擊表示信心。由於會議是非公開的，而我當時正在國外旅行，無法確認、否認或者評論媒體對此事件之詮釋。而媒體將此解讀成中國威脅對美國發動核攻擊，這種完全沒有由來的猜測，或許應該歸因於當時的中國人民解放軍總參謀部副參謀長熊光楷。

59. Patrick E. Tyler, "China Signaling U.S. That It Will Not Invade Taiwan," *New York Times*, March 13, 1996, https://www.nytimes.com/1996/03/13/world/china-signaling-us-that-it-will-not-invade-taiwan.html.

60. 據報導，此情報是私下與中國官員共享的（但未與美國共享）。

61. 有關臺獨來源與中國對臺灣及中國民族主義對臺灣與中國大陸的觀點，請見Chas W. Freeman Jr., *Interesting Times: China, America, and the Shifting Balance of Prestige* (Washington, DC: Just World, 2012), 83-102.

62. 關於各方對於衝突結論的分析及其影響，請見Chas W. Freeman Jr., "Preventing War in the Taiwan Strait: Restraining Taiwan-and Beijing," *Foreign Affairs* 77, no. 4 (July-August 1998) 6-11, reprinted as "The Aftermath of the 1995-1996 Taiwan Crisis" in Chas W. Freeman Jr, "The Reemergence of the Taiwan Problem," chap. 4 in *Interesting Times: China, America, and the Shifting Balance of Prestige* (Washington, DC: Just World, 2012), 122-141.

63. 這些能力在美國文獻中被稱為反存取／區域拒絕（簡稱A2/AD）。解放軍的創新如部署具終端導引能力的彈道飛彈，可以打擊移動目標（如航空母艦），以及超越美國同類型武器射程的遠程反艦巡航導彈。

64. 例如海軍分析中心就在此期間建立其中國研究中心。該中心現在是分析與中國有關政治軍事事務的頂尖機構。

65. 在一九九九年十二月十六日，美國正式為這一事件向中國政府道歉，並支付了兩千八百萬美元的賠償金，同時支付四百五十萬美元給遇難或受傷者的家屬，並解僱對於這一錯誤負有責任的情報官員，涉及其中的六名高階管理人員受到訓斥。

66. 李登輝的聲明幾乎肯定是受到柯林頓總統於一九九八年六月三十日在北京對臺灣問題的美國政策聲明所刺激的：「我們不支持臺灣獨立，也不支持『兩個中國』，或『一個臺灣，一個中國』，我們也不認為臺灣應成為任何需要國家地位的組織成員。」一九九八年八月，李登輝贊助成立「強化中華民國主權國家地位專案小組」，由蔡英文領導，她擁有國際法的專業知識，後來當選為總統。「兩國論」就是這個團隊的成果。參見Lee Teng-hui, "'Two-State' Theory: Perceptions and Policy Change," http://www2.scu.edu.tw/politics/journal/doc/j294/4.pdf.

67. 德國官方媒體。

68. 作為兩岸一九九二年開啟談判的延續，海峽兩岸關係協會主席汪道涵與海峽交流基金會主席辜振甫，原定於一九九九年十月共同訪問臺北。

69. 中國與越南、寮國、緬甸、印度、不丹、尼泊爾、巴基斯坦、塔吉克、吉爾吉斯、哈薩克、俄羅斯、蒙古及北韓接壤。中國與越南、馬來西亞、印尼、汶萊、菲律賓及日本存在有爭議的海上邊界。同時，中國也必須應對臺灣以及保護臺灣的美國。

70. 時稱為解放軍第二砲兵部隊（PLA Second Artillery Corps）的解放軍火箭軍於二〇一五年底成為中國人民解放軍內的獨立軍種。

71. 相比之下，美國國防部預算占GDP約百分之三點五，而其他部門預算（例如退伍軍人事務、能源）的軍事支出將總和提高至約百分之六左右。

72. See P. R. Kumaraswamy, "Israel-China Relations and the Phalcon Controversy," *Middle East Policy* 12, no. 2 (Summer 2005): 93-103, https://www.mepc.org/journal/israel-china-relations-and-phalcon-controversy.

73. 雙方皆無提出協調搜救行動來尋找飛行員王偉，也沒有合作進行事故調查。雙方都可能對碰撞事故有責任。王偉明顯飛得非常靠近EP-3飛機，在他的第三次接近時，他撞向該飛機或者被其所撞。然而，作者從美國及中國的消息來源聽到有關的猜測，指稱EP-3飛機的飛行員採取不安全的對策，故意將速度降至低於王偉駕駛的殲—8能夠保持穩定飛行的速度，增加了碰撞的風險。

74. For a fuller description of the incident, see James Mulvenon, "Chen Xiaogong: A Political Biography," *China Leadership Monitor*, no. 22, https://www.hoover.org/sites/default/files/uploads/documents/CLM22JM.pdf.

75. "President Chen Delivers the Opening Address of the 29th Annual Meeting of the World Federation of Taiwanese Associations via Live Video Link," Office of the President, Republic of China (Taiwan), August 3, 2002, https://english.president.gov.tw/NEWS/490.

76. John King, "Blunt Bush Message for Taiwan," CNN, December 9, 2003, http://www.cnn.com/2003/ALLPOLITICS/12/09/bush.china.taiwan/.

77. 在*Parity, Peace, and Win-Win: The Republic of China's Position on the "Special State-to- State Relationship"* (Taiwan, Taipei: Mainland Affairs Council, Executive Yuan, Republic of China, August 1, 1999)一文中，李登輝政府曾肯定「臺灣與中國大陸對『一個中國』的定義一直存在差異。因此，在一九九二年……兩岸最終就『一個中國』達成了協議，雙方都有權解釋其各自的看法。」

78. 《反分裂國家法》是一九七九年美國《臺灣關係法》諷刺的鏡像。全文可查找："Anti-Secession Law (Full text)," Embassy of the People's Republic of China in the United States of America, March 15, 2005, http://www.china-embassy.org/eng/zt/999999999/t187406.htm.

79. 連戰曾擔任臺灣外交部長、行政院長及副總統，他在二〇〇〇年競選總統但未當選。連戰的政治對手宋楚瑜，曾在二〇〇四年離開國民黨以獨立身分參選，並緊隨其後於五月初在北京與胡錦濤會面。

80. 倫斯斐沒有對中國的暗示性邀請作出回應提供類似的保證。戰略威懾問題幾乎未受到兩國的關注，並且仍是美中軍事關係中的危險弱點。

81. 請參閱本章前面對於一九九三年傅立民訪問北京之討論。

82. 美國海軍的無瑕號是設計用於收集潛艇情報的雙體船，配備拖曳聲納陣列，該船艦於海南島南部的國際水域收集前往三亞中國潛艇基地的路徑資訊時，中國海軍的護衛艦及飛機對其騷擾，最終用鉤爪勾住其聲納陣列。美國提出抗議，並派遣了驅逐艦保護無瑕號。參David Morgan, "U.S. Says Chinese Vessels Harassed Navy Ship," Reuters, March 9, 2009, https://www.reuters.com/article/us-usa-china-navy/u-s-says-chinese-vessels-harassed-navy-ship-idUSTRE52845A20090309.

83. 中國聲稱對南海的所有陸地擁有主權，越南也是。根據菲律賓（在美國支持下）的請求，由《聯合國海洋法公約》設立的特別法庭裁定，南海中不存在能產生專屬經濟區的「島嶼」。參見Permanent Court of Arbitration, "Press Release: The South China Sea Arbitration- The Republic of the Philippines v. The Peoples Republic of China," July 12, 2016, https://pca-cpa.org/wp-content/uploads/sites/175/2016/07/PH-CN-20160712-Pres-Release-No-11-English.pdf. 此判決並不否定中國對那些礁石的主權主張，但卻對珊瑚礁的主權主張產生影響（中國在其中一座珊瑚島礁上建造人造島嶼）。此判決將專屬經濟區的權利授予菲律賓，包括了中國與越南聲稱及占據的島嶼周圍之領海。中國拒絕出席該特別法庭，並認定其判決非法無效。（詳見本書由高龍江所撰的第三章。）

84. 事情的發展對胡錦濤來說並不順利。參See Chas W. Freeman Jr., "The Arabs Take a Chinese Wife: Sino-Arab Relations in the Decade to Come," May 7, 2006, https://chasfreeman.net/the-arabs-take-a-chinese-wife-sino-arab-relations-in-the-decade-to-come/.

85. 在國際媒體中，這些問題被中國殲—20隱形空優戰鬥機試飛所引起的猜測所掩蓋（反映出美國自我中心主義），該試飛是在蓋茨訪問北京期間進行，有人認為這是向他展示優越性的象徵。證據指出，試飛時機是由負責開發的成都工程師決定的，與北京或其他地方的政治事件無關。

86. 中興通訊的案例特別明確地表現出這一點，該公司因竊取美國公司的智慧財產而遭罰款並被迫關閉，以防止其從事間諜活動，這個猜測指控毫無根據，且與其最初受懲處之原因無關。該公司的關閉造成七萬名中國人以及其部分美國供應商員工失業。儘管參議院及眾議院的成員對此提出煽動性的反對意見，川普政府最終還是退卻了。

87. 關於中國競爭力及影響美中關係的基本衝突，請見Chas W. Freeman Jr., "The United States and China: Game of Superpowers," February 8, 2018, https://chasfreeman.net/the-united-states-and-china-game-of-superpowers/.

88. Donald J. Trump, *Nation Security Strategy of the United States* (Washington, DC: White House, December 2017), https://www.whitehouse.gov/wp-content/uploads/2017/12/NSS-Final-12-18-2017-0905.pdf; and Jim Mattis, "Summary of the 2018 National Defense Strategy of the United States of America," Department of Defense, https://www.defense.gov/Portals/1/Documents/pubs/2018-National-Defense-Strategy-Summary.pdf.

89. 二〇一八年《外國投資風險審查現代化法案》（Foreign Investment Risk Review Modernization Act）通過後，出現了新的限制措施。

90. 在這一點上，主要的法律問題是，中國使用直線基線來劃定其在西沙及南沙群島的主張與占領島嶼周圍的領海，而美國堅持這在《聯合國海洋法公約》下是非法的。

91. Lolita C. Baldor and Christopher Bodeen, "Mattis, China Leaders Strike Positive Tone Despite Tensions," AP News, June 27, 2018, https://apnews.com/article/2fd1a13f15 6c414ead855e1e14ffcaa3.

92. 對中國缺乏戰略透明度的抱怨令人尷尬，因為那些抱怨恰恰證明提出抱怨的人並未注意，中國所書寫及講述之戰略實際上有很多與華府官方之敘述沒有任何相似之處。不斷重複抱怨使得幻想被當作公理，而糾正不實資訊的可能性卻很低。世上沒有比華府智庫社群的運作更令人印象深刻的政治奇觀了，它們像一群魚一樣支持其政府贊助者及媒體掠食者的最新幻想。新聞界的知識領袖接受這些看法，並大規模地隨之前進，走向充滿「替代事實」（alternative facts）的深淵，不實資訊因而不斷繁衍茁壯。

93. 中國人遵循《孫子兵法》——知己知彼百戰百勝——花費時間與精力來理解美國及其作戰方式。目前，美國對中國的觀點還是依循著刻板印象——通常是美國人認為中國人可能會想要的東西——而非來自可靠的中國資訊來源。孫子沒有活到有線電視及社群媒體的時代，若孫子生於現代，他會指出，讓滿足政治及私人幻想取代以實證為基礎的情況，是一條終將導致不必要屠殺與失敗的道路。

94. 只要美國將臺灣視為戰略資產，中國可以將其視為戰略負擔，並採取相應之行動。

95. 於中國駐南斯拉夫大使館轟炸事件（一九九九年）與南海撞機事件（二〇〇一年）。

96. See Office of the Secretary of Defense, "Annual Report to Congress: Military and Security Developments involving the People's Republic of China 2018," https://media.defense.gov/2018/Aug/16/2001955282/-1/-1/1/2018-CHINA-MILITARY-POWER-REPORT.PDF#page=5&zoom=auto,-257,67.

97. Carnegie-Tsinghua Center for Global Policy, "A New Type of Great Power Relations Between China and the United States," July 6,2013, https://carnegietsinghua.org/2013/07/06/new-type-of-great-power-relations-between-china-and-united-states-event-4161.

第12章 中國周邊——美中關係的裂痕

文／傅瑞珍（Carla P. Freeman）

如偉大的漢學家、中國問題專家拉鐵摩爾所言，中國周邊長期以來一直是強國地緣政治的樞紐。他在二戰後不久撰寫《中國的亞洲內陸邊疆》（*Inner Asian Frontiers of China*）一書，其中寫道，當時美國的國際優勢將焦點放在海軍及空軍能力，但拉鐵摩爾再三強調互動的重要性，這種互動就是他所謂的跨越國界的「主權」（sovereignties）關係以及全球經濟與軍事力量的平衡。[1]今日，美國與中華人民共和國關係造成的全球影響，使得雙邊關係的學術焦點自然地落在了解釋兩國利益趨同或衝突上面。然而，在美中關係歷史中，中國周邊地區，即中國邊界——國際公認或單方面宣稱——與其他國家邊界相互作用之區域，一直是兩國關係緊張的交叉點，並且對地緣政治產生影響。這種模式一直存在於過去五十年的美中關係，即使在兩國出於戰略、經濟及跨國原因展開國際合作時，也是如此。簡而言之，中國的周邊區域一直是美中關係的核心。透過對三個案例的檢視，本章試圖說明為什麼「周邊」地區一直處於「中心」地位，並從中得出可能有助於管理美中關係以促進未來國際穩定的經驗教訓。

首先澄清一下，我使用「中國周邊」（China's periphery）一詞，無意暗示亞洲的政治地理確實或應該以中國為中心。美國對亞洲的地理有自己的看法，認為亞洲的地理邊界是海洋，而非大陸板塊，正如其名——亞太、環太平洋及印度太平洋——所示。然而，中國的周邊是一個概念，概括了中國將其邊界作為社會文化與戰略緩衝區的地理觀點。正如學者彭德（Pitman Potter, 1953-）所寫：「中國的周邊地帶可以被認為是包括中國本土周圍的地區，這些地區既提供庇護，又與外部的制度、文化及人民互動。」

[2]這個緩衝區包括中國所稱「邊疆地區」，構成中國現代國家的內部邊界，也曾經被稱為「關外」，例如滿洲、蒙古、西藏、新疆，甚至貴州及雲南；[3]更廣義地說，也可以指中國的「邊緣」或「周邊」，[4]即中國周邊地區之鄰國。中國二〇一四年的外事工作會議重點聚焦於周邊或邊緣區域，為中國對周邊國家的新外交重點奠定了基礎。

除了對中國安全及文化完整性具緩衝作用外，中國的周邊地區也是具有重要戰略性意義的地理區域，其具體大小隨著中國實力及影響力在亞洲消長而變化。例如，反映中國主要戰略家思想的二〇一三年《國防科技》（*Science of Military Strategy*）一書呼籲移動中國的第一道防線，這樣一來「衝突將被視為是發生在中國的邊界及海岸之內，而非之外」。[5]中國常以戰略利益範圍來決定周邊區域之大小，鑑於中國不斷擴大的軍事、經濟及政治影響力，許多中國決策者認為中國的周邊愈來愈廣泛，也就不足為奇。如中國人民大學學者龐中英（1962-）在二〇〇七年所指出的：「中國的周邊是廣闊的區域，幾乎涵蓋整個亞洲，而中國的根本利益就在亞洲。」[6]

龐中英的說法完美概括了美中在中國周邊地區戰略上的緊張關係。百年來，美國一直是令人敬畏的全球大國，自二戰以來便主導全球安全，在與中國周邊重疊的亞洲部分地區，擁有廣泛的經濟及戰略利益。作為世界強權，美國推動符合其偏好的全球秩序及規範，並將其延伸到亞洲，甚至與中國廣闊的周邊地區重疊。此外，美國作為國際行為者的身分也包括促進國家理想，如普世人權、政治自由、民主法治，以及——從歷史的角度而言——自由貿易。美國外交政策的這一方面固然富有理想主義色彩，但它也反映了一種重要的戰略視角，即學者邁克爾・格林（Michael J. Green, 1962-）所描述的對於「美國在亞洲」一事尤為重要的觀點：華府一直在亞洲尋求促進「理念上的權力制衡」，即「志同道合的國家共同加強美國在此的影響力、進入管道以及安全」。[7]

美國作為中國周邊的主要勢力，其行動與政策經常和中國對周邊區域國際環境的許多偏好背道而馳。事實上，美國政策制定者通常認為，鼓勵中國周邊國家正式／非正式地與華府結盟，或者維持獨立於中國的方向，可以讓它們有能力抵制或拒絕中國的影響，在戰略及意識形態上都是明智而審慎的。

冷戰期間，美國在這方面採取了極端的政策。當時美國試圖在中國周邊拉攏更多盟友及夥伴，支持美國的反共圍堵戰略。美國與日本、菲律賓、巴基斯坦、韓國及泰國成為同盟，並與新加坡建立密切的安全關係。中華人民共和國於一九四九年成立，往後的幾十年裡，美國在不同的時間點向上述這些國家，還有印尼跟印度提供軍事援助。華府同時也向臺灣——在一九七九年以前美國外交承認的「中華民國」——提供軍事支持，在一九五五至一九七九年間，美國和中華民國是盟友及安全夥伴，並介入保護臺灣免受北京的軍事威脅。在冷戰期間，北京將美國的圍堵戰略視為美軍對中國的包圍，並將華府的民主外交政策視為生死存亡之威脅。[8]

美國透過與澳洲、日本、菲律賓、韓國及泰國間離散安全關係（discrete security relationships）的「軸輻式」（hub-and-spokes）聯盟體系，以及在印太地區的許多其他安全夥伴關係，持續向亞洲投射其國力，使中國的區域政策目標日趨複雜。如許多大國一般，北京利用其經濟及軍事力量盡可能提高國安，並在區域內實現國家利益。華府認為自己在此地是負起促進地區穩定的責任，回應中國周邊國家對美國政治軍事支持的需求信號，而北京則認為這是新帝國主義的過度擴張，也是美國遏制或圍堵中國願望的體現。[9]

中國還反對華盛頓試圖充當國際法全球執行者的行為，在某些情況下甚至不惜冒著暴力衝突的風險。例如，北京利用日益強大的軍事力量挑戰美國海軍艦艇在西太平洋的單邊航行自由，就是為了挑戰《國際海洋法》對國家海洋管轄範圍的既定解釋。北京聲稱擁有權利限制外國海軍進入其專屬經濟區。

相較之下，美國主張，無論是習慣法（Customary Law）還是美國尚未批准的《聯合國海洋法公約》，都將專屬經濟區視為公海海域，可供海軍及商船通行之用。儘管於中美已經在二〇一四年協商達成一項「空中海上不期而遇」（unplanned air and naval encounters）雙邊行為準則，但兩國海軍在日本海及南海的相逢，抑或在中國沿岸空域內軍用飛行器之間的衝突，發生危險的頻率之高仍然令人震驚。北京認為美國的存在破壞了中國周邊的區域穩定，而此地對中國經濟、軍事及能源安全極其重要，但美國卻認為自己是能夠穩定區域、提供海上安全及其他全球公共財的制衡力量。[10]

同樣地，中國譴責美國堅持由美國及其西方盟友所確立的國際法秩序是唯一合法解釋的主張。北京認為，如此捍衛既定規範的作法，實際上是在捍衛符合華府利益，以及「制約」（或牽制）戰略的構成元素，以限制中國作為國際強權、大國可以對全球規範產生影響的權利。[11]美國堅持南海主權爭議應當依循國際法，這點特別令北京不悅，不僅因為中國及其人民所受的歷史、地理教育讓他們毫無疑問地將南海圈定在中國管轄範圍內，認定中國擁有其上不論岩石、礁岩、環礁或島嶼的主權，也是因為他們將中國治下的「盛世」（Pax Sinica）崩潰歸咎於清朝未能巡航此處，使其落入西方強權之手。[12]

然而，對於北京而言，其周邊地區所面臨最嚴峻的美國挑戰是華府保護臺灣事實獨立的意願，這尤其體現在華府與臺北之間的準同盟關係上，畢竟嚴格說起來，北京與臺北目前仍處於戰爭狀態。統一臺灣和其他從中國分離的地區，是既是統一祖國的過程，也是中國克服百年國恥過程中的核心目標。這目標同時是中國共產黨民族振興使命的核心，也是其政治合法性之基礎，亦即：如果沒有中國共產黨，中國就不能克服帝國主義列強造成的分裂與劣勢。[13]面對臺美之間的安全關係進展與其挑戰，發展軍事能力以武統臺灣，成為持續驅動中國實現快速國防現代化的主要動力。[14]

提及美國對大陸恢復對臺控制方面的阻撓，中國經常譴責美國「干涉」中國內政，損害中國主權及國家安全利益。[15]不過，對北京而言，臺灣遠非美國干涉內政的唯一例子。北京認為美國持續威脅著其文化相近地區，而在這些地區，中國的主權是不容挑戰的。藍普頓將北京對這些區域——香港、西藏、新疆，以及內蒙古等其他邊疆地區——的看法歸納為「靠不住」（unreliable）。這些區域「在行政及政治上屬於中國，但在民族或精神上並非如此」。[16]從北京的角度來看，這些區域容易受到美國的政治黑手操弄，受其鼓勵而在中國發展出分裂主義和／或政治動盪，起身反對中國共產黨領導的政治體制，而美國便可藉此來抑制中國的崛起。

在本章中討論的中國周邊美中關係三個案例，在撰寫當時都是華府與北京之間激烈衝突的源頭。

我的第一個案例研究，探討的是二〇一六年大韓民國決定在朝鮮半島部署美軍的終端高空防禦飛彈系統（Terminal High Altitude Area Defense，簡稱ＴＨＡＡＤ，又稱薩德反飛彈系統）。由於歷史上敵軍經常通過朝鮮半島進攻中國，北京對美國駐軍韓國一事，保持著高度的關切。在戰略上，中國也擔憂美國將薩德反飛彈系統部署到離北京僅七百一十英里的南韓，是在試圖透過為美軍前線部署的軍備添加新武器及監視水準，增強在戰爭中擊潰中國的能力。美國對此反駁道，薩德反飛彈系統的部屬只是為了降低來自平壤的彈道飛彈威脅。然而對於北京而言，毫無疑問，美國將軍事能力增強到朝鮮半島的舉動就是為了削弱中國的核威懾能力，尤其是華府能通過監視中國的核設施以及針對遠程目標（如美國）的飛彈，來弱化中國的核反擊（second-strike）能力。部署當時，有些觀察家將薩德反飛彈系統比作一九六二年的古巴飛彈危機，並推測北京可能會對薩德系統發動先發制人的攻擊。[17]此外，中國也將薩德系統的部署解讀為一種企圖破壞北京與首爾之間漸趨改善的關係的手段，目的是加強美韓安全關係以及美國在此地的軍事同盟體系。[18]

我的第二個案例研究，聚焦在馬尼拉於二〇一三年根據《聯合國海洋法公約》附件七所提起的菲律賓仲裁程序，其目的是針對中國對其在南海的領土及其他海上主張的挑戰提出異議。這個仲裁程序呈現出中國如何看待美國對其盟友的政策支持，以及認為美國如何使用《國際法》來制約中國。鑑於美國與馬尼拉關係密切，華府認為這項行動是適切的。菲國與美國的關係根源於自一九五一年以來馬尼拉軍事盟友的歷史以及美國超過半世紀的占領殖民，同時也因為美國是菲國重要的經濟合作夥伴及外資主要來源，而且美國擁有超過四百萬的菲裔公民，與菲國有深厚的文化聯繫。然而，對於北京而言，華府是中菲雙邊主權糾紛中不受歡迎的敵手，因為北京相信這場爭議可以在沒有第三方干預的情況下解決。這場當代爭議背後是中國對菲國的歷史情感，其中包括自明朝以來與呂宋的朝貢關係，以及讓華人貿易社群在馬尼拉崛起發展的繁榮絲綢貿易。[19]

我的第三個案例探討美中關係與香港近年來的抗議事件，從二〇一四年的占中運動（Occupy Movement）——又稱雨傘革命（Umbrella Movement）——開始，一直到此文撰寫期間的二〇一九至二〇二〇年。在香港的案例中，華府聲援抗議活動，呼籲維護香港的自治與生活方式，包括民主化及普世人權，被北京認為是為了達成美國破壞甚至分裂中國的目標而作的立場宣示。對北京而言，華府聲援示威者，並於二〇二〇年六月北京實施港版《國家安全法》後撤銷對香港的優惠經濟待遇，表明了美國對香港的利益主要是地緣政治方面的。對華府來說，中國遏制香港自治及壓制其民主運動的政策，象徵了中國對自由政治價值的敵意，也證實了具有全球強大影響力的中國將對民主社會構成威脅。然而，在更廣泛的美中戰略競爭背景下，川普政府終止香港在美國特殊關稅地位的決定，是關閉重要高科技進口管道的一種方式，以此讓這些高科技產品受到美國的出口管制。[20]

第一次鴉片戰爭後，香港在英國統治下發展為區域商業及金融中心，在美國與亞洲的關係史上占有重要地位。在一九七〇年代早期美中友好和睦之前，香港是美國收集中國大陸發展情報的關鍵據點，也是中情局情報員的基地。[21]在「一國兩制」框架下，英國與中國談判決定香港回歸中國成為特別行政區的過程，是在美中經濟關係迅速深化擴大的背景下進行的。美國並未直接參與談判，但利用其與中英兩國的關係，敦促雙方找到支持香港人民福祉的最佳解方。[22]

在一九九七年移交之前，美國國會通過了一九九二年的《美國－香港政策法》（United States-Hong Kong Policy Act）。該法案要求美國行政部門向國會定期報告有關香港維持自治及民主制度發展等問題之情況。自從老布希總統簽署成法後，中國一直稱《美國－香港政策法》為美國干預中國內政的例子，並且是華府「霸權不敏感」（hegemonic insensitivity）的實證。[23]然而，這項法案過去並非雙邊爭議的主要來源，部分原因猶如藍普頓二十年前所觀察到的，是因為該法案為正式成為中國一部分的香港提供了好處。[24]二〇二〇年，中國使用類似的措辭來描述美國為回應北京在二〇一九至二〇二〇年處理香港長期抗議活動而採取的政策行動；現在，中國更宣誓要採取報復行動。[25]

在這三個例子中，華府的政策都強化了北京的觀點，即美國與該地區的傳統強權中國，在利益及目標上無法取得一致，因此，美國的區域政策與中國存在著根本的競爭——如果不是直接敵對的話——關係。在華府方面，則認為中國的行動彰顯了中國對美國在該地區的存在，以及作為「美國治世」（Pax Americana）基礎的全球秩序與規範，都懷抱敵意。

綜上所述，本章探討的案例顯示，儘管雙邊在非傳統安全、深度經濟關係，與民間流動等方面的頻仍交流合作已有五十年的歷史，但中國周邊仍然是美中關係地緣政治的分歧區域。美國的區域主導地位迫使中國遵從美國的偏好，但在表面之下依舊暗潮洶湧。正如這三個案例所示，周邊區域長期充滿「裂縫」，每一個裂縫都代表了一個可能引發暴力衝突的隱憂。中國共產黨領導層已經立下了引領中國崛起為大國、確保邊境安全，以及恢復並保證中國領土完整等領導工作的基本目標。美國對中國周邊所制定的政策，則被中國認為是在限制、圍堵及破壞其雄心壯志，藉此削弱中共的合法性。

然而，在華府看來，中國的許多行動似乎都損害美國盟友的利益、挑戰既定的規範，也危及美國在東亞的軍事力量——包括削弱美國與盟友的關係在內。這些對一個「現在是，而且將來也永遠是太平洋強國」的國家來說，是極大的冒犯。[26]這些案例顯示，在過去的五十年中，有些舊有的緊張關係如臺灣問題不斷加劇，而新出現的問題如南海爭議也日益惡化，然而，值得關注的是，兩國仍能找到避免直接衝突的方法。這些案例也說明這種成功的應對方式，很大程度上歸功於中國周邊小國及其他政體（或用藍普頓所稱的「第三方」[27]）的領導人，他們認為相對於激化緊張，減緩美中關係對他們更加有利。然而這樣偶然的幸運是可遇而不可求的。

圍攻威脅：南韓飛彈防禦系統

首爾在二〇一六年七月宣布同意於南韓領土上部署薩德系統，導致中韓關係幾近破裂。北京認為，首爾全然不顧中國強烈反對的一意孤行不啻背叛行為。中國長久以來將南韓視為好鄰居，有著如貿易及投資夥伴等多方面的關係。兩國關係的發展自然源於彼此的鄰近與經濟互補性。一九九二年兩國建交不僅帶來百分之三十的貿易年度成長率，更帶來了與經濟、教育交流相關的文化復甦、旅遊業的成長，南韓媒體也得以進入中國。兩國在一九九八年締結《二十一世紀中國合作夥伴關係》（Chinese Cooperative Partnership for the Twenty-First Century），有意擴大文化的連結。[28]

南韓也是中國新興的安全夥伴，可以共同應對北韓及重新軍事化的日本，對區域安全共同分擔風險。二〇一四年，習近平與時任南韓總統的朴槿惠（Park Geun-hye, 1952-）在北京會面，進行被「信心之旅」訪問，[29]象徵中國在朝鮮半島問題上取得重大突破。原本南韓將韓中關係視為韓美關係之下的一部分，而此時似乎已轉向將中國視為區域安全的潛在合作夥伴，將其與韓美同盟分離開來。對北京來說，首爾明知薩德反飛彈系統可以增強華府在衝突情境下收集情報及增強通訊的能力，從而削弱中國的核威懾力，卻仍然同意部署，這是無法容忍的背叛。[30]

南韓的分析家強調，首爾同意部署薩德系統的唯一目的，是為增強抵禦北韓攻擊的能力，而並無計畫將薩德系統與美國領導的全球飛彈防禦網絡連結起來。然而，有些分析家認為，薩德系統也是首爾為了加強自身安全而採取的一項舉措，因為即使兩國出於戰略目的愈走愈近，中國仍反對肯定南韓的獨立性。正如南韓學者李熙玉（Lee Hee Ok）所言：「首爾需要表明，南韓不會允許中國對其部署系統以捍衛國安的權利行使否決權。」[31]此前，首爾曾表示不會加入美國飛彈防禦計畫，因其成本較高，而且韓國計畫開發自己的飛彈防禦系統。[32]

二〇一四年，華府開始向首爾施壓，要求在南韓領土上部署薩德系統，原因是擔心北韓的中程與遠程飛彈對朝鮮半島上的美國及韓國軍隊，甚至是距離更遠的標的（例如駐日美軍基地）構成威脅。在華府有些人認為，中國自己也在山東半島部署俄羅斯製造的 S-400 飛彈防禦暨防空系統，保護中國免受北韓一定程度的飛彈襲擊，這正突顯了薩德系統的必要性。[33]北韓在二〇一六年進行的第四次核試驗，似乎推動首爾開始與美國就部署薩德系統進行正式磋商。

從首爾認真考慮部署薩德系統起，北京就表達強烈的反對。高階官員明確表示，中國認為這是對區域安全平衡的破壞，不但對中國的安全利益構成威脅，而且對抵禦北韓的威脅也無濟於事。北京重點關注薩德的雷達偵測涵蓋範圍，因為這足以瞄準中國的戰略飛彈系統。這些飛彈系統對於北京的國防，特別是海防以及北京對臺獨的威懾來說非常重要。[34]此外，北京預期俄羅斯為擊敗薩德系統採取反制措施，也會給中國自身安全帶來更多隱患。[35]

北京對首爾同意美韓關於部署薩德系統的協議祭出了懲罰。中國暫停了與南韓高階官員的對話及與某些官方交流管道，並下令將前往南韓的中國遊客人數限額減少百分之二十，這（在二〇一七年底）估計造成南韓超過一百五十億美元的觀光收入損失。中國當局還鼓吹破壞性的消費抵制，並多次傳喚樂天集團，指控其違反當地法規——因樂天集團擁有為建造薩德系統所購買的資產，並在中國經營許多購物中心。[36]到二〇一九年，據估計已在中國投資九十六億美元的樂天集團最終關閉了在中國的大部分商店及工廠。[37]韓流明星與熱門電視節目也成為受害者，[38]南韓汽車製造商更是同遭池魚之殃，現代汽車在中國的銷量大幅下降。[39]

北京官員也透過向首爾表明中國反對立場的強硬措詞，來表達中國反對部署薩德系統之立場。中國外交部長王毅（1953-）告訴南韓外長此次部署將「直接損害中國的戰略安全利益」，並警告切勿利用北韓為藉口，作出「損害中國合法權益」的行動。[40]首爾宣布薩德系統部署後不久，王毅接受路透社採訪，用更形象的成語，將此次的部署行為比作針對中國的惡意「舞劍」。[41]

中國在描述對鄰國的看法還有與傳統上親近鄰國的關係時，經常引經據典，例如王毅所說的「舞劍」就是引用《史記》（公元前九十四年）中鴻門宴故事的典故（「項莊舞劍，意在沛公」）。中國共產主義青年團（Chinese Communist Youth League）社交媒體上分享了一段題為「拒絕薩德」的音樂影片，並獲官方認可；這支影片有效地點出了問題核心，說明部署薩德系統激起北京憤怒與中國民族主義情緒的原因。饒舌團體「天府事變」（CD Rev）以中英文交替演唱搭配韓語字幕，開頭的英文歌詞是：「可愛的鄰居小男孩，我要警告你多少次？你不是真的想要那個玩具，你知道大哥已經生氣了。」（How many times do I have to warn you my lovely little neighbor boy? You don't really want that little toy. You know, big brother is annoyed.）接著稱南韓為「二十一世紀的殖民地」（twenty-first-century colony），並以英語繼續饒舌唱道：「但我愛你，孩子，你會得到擁抱。」（but I love you kid, you will get embraced.）然後用中文唱：「我不希望臨江望劍拔弩張不相讓。」這首歌的最後一句歌詞是提出這個問題：「為何不選我們，而要選山姆大叔？」[42]這首饒舌作品涵蓋了所有重點：在儒家封建制度時代，南韓在區域關係中曾經稱呼中國為「大哥」，說明中韓關係（兄弟之邦）歷史悠久，並暗指韓戰在中國支持北韓之後陷入僵局後，歌詞的用字遣詞也足以激起韓國民眾對美軍駐韓（二十一世紀的殖民地）此一事實的敏感情緒。首爾不可能不明白，部署薩德是一種政治選擇，選擇與美國站在一起對抗中國。

二〇一七年文在寅（Moon Jae-in, 1953-）當選南韓總統，他的勝選終結了南韓近十年的保守派執政；上任後，他迅速採取行動，試圖在擱置分歧、求同存異的基礎上重啟中韓關係。為取得進展，南韓做出三不承諾，表明首爾（一）無意安裝額外的薩德系統之電池，（二）無意參與區域飛彈防禦系統，（三）無意與美日締結三邊聯盟。[43]二〇一七年，文在寅啟動對薩德系統的環境影響評估，暫停了系統電池組件之安裝，並在二〇一九年宣布南韓考慮退出與日本的情報共享協議，這些舉措莫不違背了美國對南韓的期望。

藉由反對部署薩德系統，中國向首爾明確表示，不會容忍美韓聯盟在中國周邊地區採取對其安全構成額外威脅的任何行動。同時也闡明，倘若首爾屈服於美國的施壓、繼續薩德系統的部署，或採取中國認為違反「三不承諾」之行動，將會有嚴重後果。回顧南韓歷史，南韓對身處美中對抗風暴中的狀況深感警惕，想當然爾，首爾將盡最大努力將自己的風險降到最低。薩德系統部署一事可能會侵蝕而非加強美韓同盟，從而削弱美國在亞洲的戰略地位。然而，對中國來說，薩德系統是美國遏制中國的戰略工具，所以中國有必要利用自己對韓國的影響力來削弱該系統之作用。這表明，中國認為韓國或其他鄰國不太可能選擇不去積極回應中國要求、付出放棄與中國的經濟關係的代價。但是對美國而言，中國反對薩德系統，並利用經濟壓力迫使南韓撤銷部署該系統的的行為，本身就是推動繼續部署的理由。

對北韓核威脅的共同擔憂，可能降低薩德系統本身導致美中衝突的風險。然而，該系統在朝鮮半島的部署，已經成為美中在區域影響力比較上的試金石。因此，薩德系統部署的結果，使得美中兩國在中國周邊地區的分歧加劇，更加互不信任。

牽制巨人：菲律賓仲裁案

二〇一三年，菲律賓將其與中國長達數十年的南沙群島主權爭議，上訴至海牙的國際仲裁法院，企圖使中國對南沙主張主權及管轄權的依據無效。此仲裁案質疑中國所主張的歷史權利，並挑戰中國所提出的海洋地形地貌特徵分類（作為其海上權力主張的基礎）。[44]馬尼拉希望在與北京的長期爭端中扭轉局勢，爭取爭議領土的主權，包括黃岩島（Scarborough Shoal），以及名為卡拉延群島（Kalayaan Island Group）的另外五十個南沙群島地貌，此案屬於中國與其鄰國在南海爭奪島嶼、礁岩與環礁的一系列爭端之一。馬尼拉在九個南沙島礁上有少許軍事設施。常設仲裁法院（The Permanent Court of Arbitration，簡稱ＰＣＡ）於二〇一六年的裁決完全傾向對菲律賓有利。自二〇一六年起就任菲律賓總統的羅德里戈．杜特蒂（Rodrigo Duterte, 1954-）一直追求與北京的良好關係；在二〇一九年的一次面會中，他與習主席肯定中菲關係建立在「百年友誼」與合作互「利」的基礎上。[45]

截至二〇二〇年秋季，北京已占領南沙群島的七個礁岩，並在其中某些礁岩上建造軍事及海上救援設施，並且將這些島嶼劃分到海南省轄區，以此宣稱中國對南沙群島之管理權。南沙群島的重要意義不僅在豐富的天然資源，如大量能源、礦產及海洋生物資源，也在於其戰略地理位置，南沙群島橫跨通往東北亞的主要海上貿易路線，可以作為監視和控制進入南海通道的潛在基地，故而深具吸引力。

儘管仲裁本身並未解決有關海事主張的主權問題——事實上也不能解決，因為《聯合國海洋法公約》不包括裁決主權主張的機制——但對華府而言，仲裁過程及其結果在政策上是成功的。至關重要的是，仲裁機構發現，在南沙群島中沒有足以維持人類居住的天然島嶼，因此，根據《聯合國海洋法公約》第一百二十一條，這些島嶼不享有與其他陸地領土相同的專屬經濟區之海洋權利。[46]仲裁裁決也認定，中國基於南海歷史性權利提出的九段線主張並不符合《國際法》，因為「沒有證據表明中國歷史上曾對該水域或其資源行使過專屬控制權」。[47]

此次仲裁展開的背景是中國所推行一系列主張中國主權的政策。這些政策不僅包括在南海填海造島、於島礁上建造先進的軍事設施，也包括在爭議的海域部署重裝海岸巡防隊與由國家支持的武裝漁船海上民兵，以驅趕菲律賓漁民。[48]中國拒絕承認仲裁是有效的法律程序，並在南沙群島上更加擴大新雷達等設施的興建，呈現出中國是巨人歌利亞、菲律賓是大衛的形象：中國利用強大的國力壓倒菲律賓，而這讓美國更有理由譴責中國在南海的行為。[49]

馬尼拉認為菲國對此處的領土要求有充分的理由根據，包含鄰近、發現及有效占領原則等，並指出至少從西班牙殖民時期以來，菲律賓漁民就將此海域作為漁場，同時提到美國海軍在一九五〇年代於該地區進行的海洋量測、在其他與國防相關的活動中使用淺灘，以及在一九六〇年代中期於淺灘上建造的燈塔。[50]另外，早在一九四六年從美國手中獨立以後，菲律賓副總統兼外交部長埃爾皮迪奧・季里諾（Elpidio Quirino, 1890-1956）就提到南沙群島對菲國國家安全至關重要。在一九五〇年代，菲國公民占領了南沙群島的一部分，宣布成立自由地自由領地（Free Territory of Freedomland）。馬尼拉從一九七〇年代開始加強對島礁的正式行政管控。斐迪南・馬可仕（Ferdinand Marcos, 1917-1989）的政府將自由地重新命名為「卡拉延」〔塔加洛語（Tagalog）的「自由」〕，並正式將這些領土併入距離最近的巴拉望省管轄。[51]

北京爭論說，中國對南沙群島的統治可追溯到公元前二世紀，而且歷史紀錄表明中國一直為這些島嶼維持警戒，抵禦潛在的入侵者，並援引滿清政府的相關報告作為最新證據，稱日本試圖占領其中一個島嶼時，滿清政府曾努力確保對南海島嶼之主權。北京也指出，中國在一九三三年抗議法國占領九個南沙群島；在中華民國政府統治下，至少對這些島嶼進行過一次視察。一九四八年，四面楚歌的中國國民黨政府出版了一份官方地圖集，以「十一段線」標中國的海上邊界，涵蓋了南海的大部分海洋地貌，其中包括南沙群島及臺灣，表明了中國對該海域所主張的主權範圍。

一九四九年，共產黨政府上臺後，中國正式將這些島嶼劃歸給新政府的行政機關。在周恩來總理的領導下，為了安撫河內，刪除了伸入北部灣（Gulf of Tonkin）的兩條線段，形成今天廣為人知的「九段線」。自一九七〇年代以來，中國透過部署捕魚船隊、派遣載有政府官員的海洋研究船前往該區，以及在部分地物上建造設施來宣示主權。[52]在一九八〇年代後期，中國開始探勘南沙群島，並開始在永暑礁（Fiery Cross Reef）建立永久基地。一九八八年，中國與當時控制二十多個南沙群島地物的越南之間的緊張關係，引發為一場小規模的暴力衝突，造成越南方面的人員傷亡。[53]

中菲分別於一九九二年及一九九四年批准《聯合國海洋法公約》，而這更大程度地加劇了兩國領土爭議的緊迫性，以及雙邊的緊張局勢。根據《聯合國海洋法公約》，沿海國家有權在兩百海里專屬經濟區內行使專屬管轄權，包括海底礦產、油氣資源（hydrocarbon deposits）等海洋資源的利用。不過，專屬經濟區是從沿海的基線往外延伸，而只有能夠自然維持人類居住的島嶼，才會被視為擁有沿海基線的合法土地。因此，就海洋地物而言，一個國家可能基於這些地物所享有的潛在海洋權利範圍，取決於它們在《聯合國海洋法公約》中的所屬的分類。菲律賓在《聯合國海洋法公約》下作為群島國家的地位，及其對南沙群島和礁岩的主權，賦予菲律賓對這些島嶼附近的水域，還有鄰近作為「國內」或「群島」（archipelagic）範圍水域資源的主權管轄。值得注意的是，中國在簽署《聯合國海洋法公約》時，已經針對其與菲律賓的爭議提出一些保留意見，如中國將透過與附近沿海國家的磋商改動其海洋邊界，並且「依據在一九九二年二月二十五日頒布的《中華人民共和國領海及毗連區法》第二條所列之群島與島嶼，〔重申〕中國之主權」。[54] 此法第二條規定：「中華人民共和國的陸地領土包括……臺灣及其附屬各島」，包括釣魚臺、澎湖、東沙、西沙、中沙與南沙島，「以及其他一切屬於中華人民共和國的島嶼」。[55]

隨著一九九〇年代馬尼拉與北京雙邊的緊張局勢升級，兩國簽署了一項雙邊守則，相互承諾在該地區採取和平手段解決衝突並建立信任，同意兩國之間的任何衝突應該由直接相關的國家解決。在一九九五年底的亞太經濟合作組織（Asia-Pacific Economic Cooperation，簡稱ＡＰＥＣ）會議期間，時任中國國家主席江澤民與菲律賓總統羅慕斯（Fidel Ramos, 1928-2022）談到在爭議地區共同開發海洋資源的可能性。儘管二〇〇二年中菲兩國因菲律賓海軍陸戰隊出現在仁愛礁（Second Thomas Shoal）而加劇摩擦，但葛洛麗雅・雅羅育（Gloria Macapagal Arroyo, 1947-）政府支持東協內部就南海行為守則進行談判。中菲兩國也採取了建立信任的措施，並支持一家中國石油公司與菲律賓國家石油公司之間的聯合勘探，而越南也於二〇〇五年加入了此協議。[56]

然而，在二〇〇八年，雅羅育總統簽訂了《菲律賓領海基線法案》〔Philippine Baseline Bill，即第九五二二號共和國法（Republic Act No. 9522）〕，這是確立菲律賓海域主張的關鍵一步。該法案的推力是提交資訊截止日期二〇〇九年五月，亦即馬尼拉和其他一百二十八個在一九九九年五月之前成為《聯合國海洋法公約》締約國的國家，必須在此之前提交有關大陸架（continental shelf，又稱大陸礁、大陸棚）主權要求的初步資料。對菲律賓來說，這一點很重要，因為國際社會對菲律賓主權要求的承認，攸關菲律賓對其海底約兩千億桶石油和其他資源的排他性權利。[57] 其中，南沙群島附近就有一個油田，其產出占菲律賓國家石油總消耗量約百分之十五。[58]

二〇〇九年五月，中國向聯合國大陸礁層界限委員會（Commission on the Limits of the Continental Shelf，簡稱ＣＬＣＳ）提交了一系列普通照會（note verbales）給聯合國成員國傳閱，以回應菲律賓的

《領海基線法》還有其他主張南海主權的國家所提交的文件。這些照會指出，中國對南海及其相鄰海域的島嶼擁有「無可爭議的主權」，對相關海域及其海床和底土亦有主權管轄。[59]中國的文件提交引用了一份地圖，標明環繞南海島嶼及其他海上地貌的九段線，這是國民黨一九四八年地圖的修改版。

北京提交給CLCS的資料引發了外界對中國意圖的熱烈猜測。華府與主張南海主權的國家的觀察員，認為中國此舉意在將其對幾乎整個南海作為領土或歷史水域的主張，正式提交紀錄。這份文件是在「無瑕號」事件——中國海軍在南海的國際水域騷擾美國偵查船「無瑕號」——之後不久提交，使華府中許多人都確信中國對整個地區的航行自由與飛越自由構成了威脅。[60]

二〇一〇至二〇一六年，歐巴馬政府對南海爭議的關注程度前所未有。幾十年前，時人所稱中國在南海的「西南進軍」（southwest march）就已成為華府不安的根源。[61]不過，南海主權主張國家——包括中菲兩國在內——彼此間的能源開發合作已有重大進展，這就使得美國針對中國在此地意圖的爭論，很大程度上只能限縮在國防的領域。

新的安全淨評估（net assessments）檢視了軍事硬體及其他戰略科技後所得出的結論是：中國正重新調整其反介入與區域拒止之能力，過去該能力側重於臺灣海峽突發事件，如今則涵蓋其他具有重要戰略意義的海域。美國二〇一〇年《四年期國防總檢討》（Quadrennial Defense Review）指出，美軍需要升級，以便能夠在反介入地區投射力量，以「威懾、抵禦和擊潰潛在敵對國家的侵略」。[62]

華府日益形成共識，認為中國在南海的海洋主張（以及在日本海／東海上中日爭議的釣魚臺主權問題），對美國的戰略利益構成了重大威脅。

當中國官員從二〇一〇年起將南海稱為中國的「**核心利益**」之一時，美國開始更加憂心，因為過往中國使用「核心利益」一詞時，主要是指臺灣及西藏問題。[63]在二〇一〇年七月的東協區域論壇上，美國國務卿希拉蕊發表回應，表示開放南海通道還有以法律解決海上爭議這兩個問題都是美國的「國家利益」並且「對區域安全至關重要」。[64]希拉蕊的言論，需要考量多種因素的背景脈絡才能更加理解，包含「無瑕號」事件的發生、中國提交給聯合國大陸礁層界限委員會的照會，同時由於共同關切中國的崛起，美國也急於加強與東亞盟邦及夥伴之間的防禦合作關係。上述考慮因素被希拉蕊納入「重返亞洲」（pivot to Asia）的框架中，此政策始於二〇一一年，旨在展示美國對亞洲經濟及戰略逐步加深的承諾，在此受到全球金融危機重挫的地區中恢復美國的聲譽。在二〇一一年，希拉蕊在馬尼拉灣的一艘美國軍艦甲板上肯定美菲同盟的堅強力量，稱南海為「西菲律賓海」，並在談話中呼籲中菲兩國和平解決海上爭議。[65]

然而，中菲之間一系列的事件，如二〇一一年中國巡防艦在南沙群島一處沙洲上向菲律賓漁船開火的衝突，促使美國高階官員將注意力集中在馬尼拉與北京之間的爭議上。從歐巴馬政府的角度來看，若無法幫助盟友抵抗中國壓力（即使美國自身不對此地的主權爭議表態），等於實質上接受中國在南海強勢推進主導權——其中包括拒絕接受以現行《國際法》解決國際問題，以及試圖改變中國的區域政治現狀等作為。如法律學者戴傑（Jacques DeLisle）所說，美國若「默許中國的權利（或主導權）主張，……〔就可能〕為中國那些修正主義目標打開《國際法》的大門，其影響將遠遠超出〔南海〕」。[66]

將爭議送交海牙常設仲裁法院的是馬尼拉，不過此舉實際上符合美國戰略。國際法律程序提供了一種手段，可以去質疑中國主張的法律依據，而無須直接在主權問題上採取立場。隨著仲裁的進行，美國可以透過擴大軍售、恢復美國海軍在蘇比克灣（Subic Bay）前美國基地的通行，以及增加美菲海軍演習，來加強與菲律賓的國防關係，[67]同時，美國可以利用「航行自由行動」來加強《聯合國海洋法公約》與習慣法所規範的航行自由，藉以挑戰中國那含糊不清的九段線定義。

在中國看來，菲律賓決定進行國際仲裁，代表此爭議已國際化，而北京方面認為該爭議本可以藉由雙邊途徑穩定下來甚至得到解決。中國認為，聯合能源開發、環境管理及執法等作法，將可緩解緊張局勢、避免衝突，並找到解決問題的方法。

中國國務委員楊潔篪（1950-）就仲裁結果向中國官媒發表了一系列毫不掩飾的評論，並且被廣泛引用。二〇一〇年，美國國務卿希拉蕊發表聲明表示自由的南海符合美國利益，而楊潔篪對此在河內發表了著名的嚴詞回應，聲稱：「中國是大國，而其他國家都是一些小國，這是無法改變的事實。」[68]

在二〇一六年楊潔篪指責仲裁程序「自始至終就是一場披著法律外衣的政治鬧劇，其背後有著不可告人的圖謀」，並稱仲裁結果「完全是非法的、無效的」。[69]楊潔篪批評常設仲裁法院充滿詭計，將時任國際海洋法法庭庭長的柳井俊二（Shunji Yanai, 1937-）描述為「右翼色彩濃厚、一心推動突破戰後體制的」日本人。他說：「南海是中國人民的祖宗海，是吾祖吾宗用智慧和生命開拓出來的基業。中國政府捍衛南海領土主權和海洋權益的決心是堅定不移的。」關於中菲關係，楊潔篪則表示：「中菲是隔海相望的近鄰，兩國有著上千年的友好交往歷史。」他認為仲裁「違背兩國和兩國人民共同利益」，並稱仲裁「是阻礙中菲關係改善的主要政治障礙」。最後，楊潔篪明確地將中菲的緊張關係歸咎於美國，提到區域外的國家「出於一己之利，打著『航行自由』、『維護地區和平』的幌子，頻繁介入、插手南海問題，導致南海局勢有所升溫。他們這些作法是非常不負責任的，已經成為影響南海和平穩定的主要風險源」。[70]

仲裁程序駁回中國所主張的歷史權利及九段線，並記錄了中國違反《聯合國海洋法公約》的行為。[71]因此，在官方對仲裁程序作出回應的同時，中國民眾也在中國各城市的肯德基店門前舉行抗議活動。河北抗議人士高舉「抵制美日韓菲，愛我中華民族，你吃的是美國肯德基，丟的是老祖宗的臉」的旗幟。[72]在菲律賓，民眾齊聚慶祝，但政府的反應很謹慎，外交部長呼籲各界保持「克制」（restraint）與「清醒」（sobriety）的態度。[73]儘管最樂觀的觀察員抱有微弱的希望，認為仲裁可能會促使各國就南海海域地物進行具有建設性的多邊談判，但實際上並未發生。菲國總統杜特蒂於仲裁結果公布前數週就職，他曾形容仲裁是徒勞無功的，最初還表示更喜歡透過雙邊對話解決爭議，這也讓人懷疑他是否支持美菲聯盟。[74]

然而，在他當選後的幾年中，杜特蒂似乎發現他最初的作法並不符合民意及菲律賓軍方的偏好。

據傳，杜特蒂在二〇一九年七月呼籲美國，若想讓中國退出該地區，就應該向中國宣戰，並表示他將會提供支援：「我希望美軍整個第七艦隊進駐南海，只要他們進入，菲律賓就會跟進，我會跟第一個進入南海的美軍搭乘同一艘軍艦。然後我會對老美說，好，現在讓我們把一切都炸了吧。」[75]儘管曾有這些發言，在二〇一九年八月出訪中國之前，杜特蒂淡化了菲國漁民與中國船隻之間的對峙，以及中國在兩國爭議水域測試反艦彈道飛彈（anti-ship ballistic missiles）之事。此外，在二〇一九年訪問北京期間，杜特蒂明確表示，不會讓仲裁結果來決定菲律賓與北京的雙邊關係。事實上，杜特蒂一回到馬尼拉後便承認，他已經沒有辦法促使北京遵守仲裁裁決了。[76]

美國在南沙群島及南海其他島礁的主權問題上一直保持中立。當美國統治菲律賓時，美國並未尋求管控這些地物。然而，如菲律賓仲裁所示，北京對南海的主權主張是對航行自由的間接挑戰，因此也是對美國海軍在西太平洋投射力量的挑戰，而這是美國所無法容忍的。另一方面，中國認為美國的行動是對其與鄰國雙邊爭議的干涉，並試圖透過模稜兩可的盟友對《國際法》的運用來限制中國，保障其核心利益，複雜化中國與鄰國的關係。在撰寫本文時，由國務卿蓬佩奧領導的美國政策措施宣布中國聲稱的主權是非法的，因為這些主張已經被仲裁庭的裁決所駁回。這些措施更強化了中國的上述觀點。[77]

幕後黑手、雨傘運動：香港的抗議行動

二〇一四年九月，向來平靜的香港爆發抗議活動，其規模與強度令北京當局震驚。香港過去只發生過兩次類似規模的抗議活動：一次是一九六〇年代末期，港民反對英國的統治——諷刺的是，那一次的反對活動是在發生文革的背景下，實際上由中國共產黨煽動的。另一次則發生於一九八九年，肇因於港民支持中國大陸民主化。[78]二〇一四年香港抗議活動之所以發生，是因為中國全國人民代表大會常務委員會否決二〇一七年實現香港行政長官普選的改革方案。北京提出的回應方案是，香港居民享有普選的

權利，但只能從大陸當局篩選批准的候選人中選擇。

二〇一四年，香港抗議人士以公民不服從的方式試圖向北京施壓，要求北京重新考慮關於選舉規則的決定，並迫使不受歡迎的行政長官梁振英（許多人認為他貪汙腐敗，並且與北京走得太近）下臺。二〇一四年的示威活動被稱為「雨傘運動」，因為港警使用胡椒噴霧驅趕基本採取平和手段表達意見的民眾，抗議人士必須攜帶雨傘保護自己。

抗議活動持續了十一週，標誌著自一九九七年結束英國對香港島統治至今，在中國的「一國兩制」方案下擴大北京與香港之間政治距離最重要的一次努力。「一國兩制」是經由《基本法》（Basic Law）確立的香港與北京關係原則，保證香港居民不受中國社會主義政府的治理，並且可維持香港的資本主義制度及生活方式五十年（自一九九七年起算）。[79]香港主權移交後的幾次抗議活動，如二〇〇三年反對中國政府推動《反分裂法》、二〇一二年抗議北京導入鼓勵愛國主義內容到香港教科書中的計畫，以及二〇一三年的支持普選，規模雖相當可觀，但持續時間相對較短。

未來幾年中，香港發生一系列大規模、曠日持久的政治抗議活動，要求改變香港的政治制度，而二〇一四年的抗議活動成為了其中的首發。二〇一六年，香港選舉管理委員會禁止幾名主張獨立的候選人參加立法會選舉，之後數千名抗議人士聚集，要求香港獨立與建立香港共和國。二〇一九年，香港爆發的大規模示威活動〔即反送中運動（anti-extradition bill demonstrations）〕，則是由於民眾對香港政府提出的《逃犯條例修訂草案》感到憤怒，這項修訂案意圖將涉嫌犯罪者引渡到香港未簽訂引渡協議的地點，包含中國大陸在內。反對人士認為《逃犯條例修訂草案》將威脅香港的自治權利，而最終該草案被撤回。據估計，反送中運動吸引數百萬人走上香港街頭，要求政府民主化以及警察改革，並抗議警方對抗議人士執法過度。

二〇二〇年，雖然新冠疫情爆發導致大型集會暫時減少，但一些支持民主的人士因參與二〇一九年的抗議活動遭警方逮捕。當中國全國人大常委會宣布起草《香港國安法》以防止、鎮壓及懲治任何鼓吹國家分裂、推翻主權、恐怖主義或勾結外國或外部力量之行為，香港再次爆發新的抗議行動。原先，香港《基本法》作為香港實質上的憲法，其中的規定使港民預期國安立法的來源只有香港的立法會。[80]

香港的抗議行動對北京的挑戰是多面向的。這些抗議活動擾亂了商業活動，破壞了香港作為大規模投資的安全地點的形象，從而帶來了經濟損失。香港是中國大陸投資及貸款的主要來源，許多中國公司也在香港股市上籌募資本。作為獨立的個別關稅領域（customs territory），香港讓中國註冊公司免受美國出口管制並享有其他優惠待遇。[81]（值得注意的是，毛澤東選擇保留香港作為英國殖民地地位，以此規避一九四九年以後美國對中國實施的封鎖。）[82]但除此之外，香港對中國而言，也是強大的政治象徵。在中華人民共和國成立後的數十年間，香港仍是英國殖民地，一九九七年的香港回歸是中國共產黨領導層的一次勝利，象徵中國和平收復在所謂的「百年國恥」時期——即從中國在第一次鴉片戰爭（1839-1842）中遭英國擊潰開始——失去的領土。因此，香港回歸中國的成功與否，成為對中共承諾通過和平手段統一、恢復中國領土完整的考驗。鄧小平以來的中國領導人一直強調和平統一是實現國家與臺灣統一的首選途徑，儘管他們並未排除使用武力的可能性。

自一九九七年「一國兩制」下的香港主權移交以來，中國透過加強中港經濟關係，促進彼此的投資貿易以及行政連結，不斷地加強「一國」的力量。基礎建設也是重要工具。北京從一九九三年開始將香港納入其全國鐵路規劃中，如今，香港、中國內地城市及澳門之間有廣泛的鐵路聯繫、免費高速公路，以及長達三十英里的港珠澳大橋。[83]香港的高鐵總站在香港境內設置大陸入境檢查站。[84]為了促進融合，北京政府在教育政策中推動共同語言認同，確保香港的大多數以廣東話為母語的學生，都能講一口流利的普通話，長期目標是採用普通話作為中文教學語言，這是北京整合香港政策的另外一個面向。[85]

香港的抗議反映了許多居民對諸多政策與日俱增的不滿，物質因素也助長當地抵制與中國大陸深化融合的氣氛。香港的房價飆升，導致居住成本不斷上漲，許多人普遍認為是肇因於市場完全被房產大亨——可以說是實際上的寡頭，其社經地位源於和北京的政治關係——所控制。在心理層面上，香港從亞洲經濟的獨特樞紐，變成了中國大陸經濟邊緣的經濟體。正如趙永佳（Stephen Chiu）與呂大樂（Tai-Lok Lui, 1958-）所指，香港曾是中國大陸通往世界的門戶，但在過去的幾十年裡，香港本身則變成了通往中國大陸的門戶。[86]但是，基於對北京削弱香港行政與政治自主權，以及限制香港政治制度民主化進程的擔心，政治上的不滿引發香港民眾持續、反覆的抗議行動。

北京將二〇一四年以來發生的抗議活動描述為外國黑手干涉的傑作，而美國情報員則是個中主角。北京將抗議領導人士稱為在外國勢力支持下煽動動亂的叛徒。在二〇一九年的抗議中，中國大陸的國務院港澳事務辦公室主任張曉明（1963-）表示，示威活動具「明顯的顏色革命特徵」，否定抗議行動源自本土。[87]在中共控制下的媒體，如《文匯報》，將美國描繪為暴力社會動盪的主要來源，以及認定來自臺灣支持港獨的勢力是另一組發揮作用的黑手。[88]中方還指稱某些美國官員是造成混亂的幕後黑手，例如：在二〇一九年的抗議活動中，中國新聞媒體將美國駐香港領事館的一名美國政治顧問認定為顛覆國家政權的專家。[89]雖然美國非政府組織與其他外國非政府組織一樣，長期以來在香港享有相當大的自主權，但在二〇一九年，中國對自由之家、人權觀察（Human Rights Watch）、國際共和學會及美國國家民主基金會實施制裁，直指這些是試圖煽動香港獨立的反華策畫團體。[90]

美國對中國在香港的鎮壓採取了所謂的核選項（nuclear option）[91]，結束美國先前授予香港的特殊地位。根據一九九二年國會通過的《美國－香港政策法》授權，美國國務院每年監測並彙報香港在一國兩制下的自治狀況。二〇二〇年五月的報告結論寫道：「中國已不掩飾，所謂香港人民享有的《中英聯合聲明》與《基本法》所保障高度自治、民主制度及公民自由，都已不復存在。」基於這些理由，美國國務卿蓬佩奧決定取消香港在美國法律下的優惠待遇。[92]在北京立法通過二〇二〇年六月的港版《國安法》之後，在二〇二〇年七月十四日，川普總統簽訂《香港自治法》（Hong Kong Autonomy Act），該法案是奠基於國會先前的立法，對實質上削弱香港自治權的外國人士實施制裁。同一天，美國總統也發布一項行政命令，終止根據美國法律給予香港的優惠待遇，指示在包括移民及出口管制在內的關鍵領域，採取和中國其他地區一樣的待遇對待香港，並暫停與香港的雙邊引渡協議。[93]

北京對香港抗議的回應表明，北京想要的香港未來，是一坐完全融入內地，但保留反映香港特殊歷史——作為國際貿易與金融中心——特徵的中國城市。而華府的回應，則清楚呈現出截然相反的香港夢：華府想要的香港未來，是讓這個地區成為自由的堡壘，並且如同蓬佩奧在《二〇二〇年香港政策法案報告》（2020 Hong Kong Policy Act Report）中所述，成為中國可以追求的典範；在報告中，蓬佩奧也宣稱美國「與香港人民站在一起」，因為他們正在與「中國共產黨對原先承諾給予的自治權利的否認」作「抗爭」。[94]對於北京來說，華府對其政治體系的批評及還有對中國在香港主權控制的隱晦挑戰，是在舊傷口上灑鹽。對美國而言，北京嚴苛的《國安法》是中國對該地區其他開放社會構成威脅的鐵證，其中最直接受到威脅的就是臺灣。到二〇二〇年夏末，川普政府已採取措施提升臺灣的國際地位及國防能力。香港不再僅僅是美中緊張局勢的一個焦點，更成為了促使美中關係日益火爆的燃料。

結語

藍普頓對美中交流的悼詞為本書定下了結論，他將美中關係的「後交流時代」定於二〇一六年。本章剖析的三個美中在中國周邊互動的案例，都代表美中關係轉變中潛在的危險裂痕。二〇一六年左右，似乎美中關係中的一切都成為敏感議題，美中關係正常化近四十年來，首次進入了前所未有的緊張局勢。上述三大案例，每個在雙邊關係中都具有獨特的動態關係；同時，也在在體現兩國長期面臨的挑戰，即中國管理其周邊安全的偏好，與美國在全球範圍內——包括其在亞洲的聯盟關係及對民主化的支持——安全利益的混合體。現在，這三個案例的問題都有可能成為衝突的引爆點，不是因為難以通過談判找到公平解決的途徑，而是因在兩國日益轉向零和（zero-sum）的賽局中，它們已經成為了某種維護自身利益的表徵。

據藍普頓觀察，美中交流時代在華府的政策特點是安撫中國，在不斷擴大加深的關係——如日益加深的經濟相互依存、多方面的政府對話、民間交流，以及在全球挑戰上的努力合作——方面，可見一斑。然而在近十年的過程中，安撫政策已逐漸被威懾策略取代，美國將中國視為崛起的同級競爭對手並與之對抗，在川普總統任內也轉而追求（與中國）經濟及社會的脫鉤。

對中國而言，面對與美國日益緊張的關係，他們不斷談論與強調的則是自力更生以及與日俱增的國際自信。在交流時代，北京從現有的國際及區域架構中看見戰略機遇，例如美國在亞洲的同盟體系，就限制了至少日本還有其他潛在的區域敵人，並且形塑公認由美國推動的國際規範，為中國的崛起確保了相對穩定的政治及經濟環境。然而，在二十一世紀的第二個十年，在全球金融危機爆發之後，中國發現採行更積極的外交政策將更能滿足其戰略利益。習近平呼籲中國引領全球治理體系的改革。[95]中國二〇一九年國防白皮書（defense white paper）賦予中國軍隊一項全球使命，強調在需要中國軍隊積極參與國際事務以確保中國安全的世界裡，「中國的國防具有全球意義」。[96]在經濟方面，自二〇一八年起，習近平多次引用毛澤東在美國遏制中國時期「自力更生」的呼籲，反覆敦促中國企業在先進科技與創新方面實現經濟自力更生，隨後推廣雙循環經濟模式（dual circulation economic model），以實現中國經濟轉向更多內需主導的「再平衡」（rebalance）。[97]這些發展也引人重新思考，中國在當前以及未來將如何重新定義其周邊地區。

本章描述的三個案例研究得出五個重要結論。第一，若美中交流時代已經結束，那麼政策制定者及專家都應該更加關注美中接觸交流前在中國周邊的歷史教訓。當兩國為敵時，中國的周邊往往是兩國暴力互動的區域，偶爾會爆發戰爭，如在朝鮮半島及越南。然而，傅泰林（M. Taylor Fravel, 1971-）等學者的研究表明，中國並不輕易在其周邊地區發生衝突，相反地，北京會採取各式各樣的行動，從發動衝突到作出重大讓步都有可能，其決策將取決於當時對安全的擔憂程度。[98]

第二，隨著中國周邊成為潛在衝突及競爭之地的可能性增加，周邊國家與第三方可能在美中關係中發揮愈來愈大的作用。這種轉變可能會放大兩種潛在的動力：首先，在美中競爭中具有戰略意義的地區國家，可能會尋求利用這一點來影響這兩個大國以謀取國家利益。例如，在撰寫本文時，菲國總統杜特蒂似乎正試著利用南沙群島爭議為菲律賓謀取利益。相較之下，中國周邊的小國也可能在安全方面更加依賴美國或中國，因而削弱其獨立性。這種動態關係中很好的例子，就是韓國學術界中有關伴隨著中國結盟而來的風險與機會日益激烈的辯論。此外，所討論的三個案例都表明，中國周邊政體的國內政治逐漸將美中競爭內部化，其政治後果難以預料，這個問題急需分析關注。

第三，至少在某種程度上，本章分析的案例反映了美中在部分不相容的世界秩序願景之間的較量。概括來說，美國試圖捍衛在其霸權期間建立的國際秩序。這三個案例都表明——其中薩德系統爭議尤為明顯——相較之下，中國對國際秩序的認知與儒家思想的「天下觀」有密切共鳴，意指與其地理位置鄰近，在經濟、政治與文化方面有聯繫的親近關係，這個觀點也意味著承認中國的優勢地位。[99]這應該僅僅被理解為一個大國的正常主張——即聲稱其有能力亦有權利塑造其區域環境——嗎？此主張讓人聯想到古希臘歷史學家修昔底德（Thucydides）筆下與米洛斯人（Milos）談判的雅典人？還是如康燦雄（David Chan-oong Kang, 1965-）等學者所洞見，是由中國所領導、根植於朝貢體系傳統的區域重整？[100]

第四，學者與政策制定者都該謹記，中國的戰略周邊是一種彈性概念，若此周邊向外延伸到北極、印度洋、中東甚或更遠的地方，美國將如何應對？此外，從中國地理周邊的競爭、衝突及合作動態關係中汲取的教訓同樣值得參考，因為它們也關乎非物質及非陸地領域。中國歷史上的國家安全政策專注於保護內地（關內），而其周邊地區則是中國試圖透過維持足夠的影響力以確保國家安全之緩衝地帶，例如利用經濟影響力（對南韓）、武力與開採資源（對南沙群島），以及加強對香港的政治管控以抵制政治改革的壓力，壓縮社會或政治抗議的空間，大幅加強鎮壓挑戰中國當局權威之能力。在外太空或網路空間等非陸地領域，當中國保護自己免於外部影響時，它將結合哪些解決方案，又會引發哪些衝突？中國的新周邊將如何影響這些領域的國際關係？例如，在網路空間方面，中國正在發展監控能力，並創建出實質的網路緩衝區，以抵禦外部對其內部網路之影響。[101]

第五，這項研究對後交流時代競爭管理與戰略不信任有什麼潛在的可行建議？最首要的是，這份研究提醒我們必須靈活地重新思考導致緊張局勢的問題。中國領導人將周邊問題置於如領土完整與國家主權等核心戰略利益的框架下，除非將周邊爭議與這些整體概念分離，或反過來與之妥協，否則將很難達成共識。此外，中國周邊問題的解決，可能也愈來愈需要美中雙方的合作。

找到這些具建設性的周邊互動領域——無論是在應對像是氣候變遷等跨國議題領域、促進發展的經濟議題，還是安全事務方面——將有助於兩國政策制定者將雙邊關係變得更具互動性，哪怕只增加一丁點也好。最後，本章討論的三個案例都說明了中國的周邊地區本身就是具有自我利益的第三方，而第三方角色能有效緩解在他們境內或鄰近地區上演的美中緊張局勢。

李光耀曾告誡說，當「中國的發展有足夠實力推進入某地區時，中國將做出重大決定：是要利用其經濟與軍事實力創造出勢力範圍成為霸權，還是繼續做一個優良的國際公民」。[102]這個決定主要將取決於中國如何看待其周邊地區——是將之視為裂縫區域還是構建交流往來的機會——但也取決於美國選擇在哪些方面挑戰中國、與之合作或者對其讓步。「周邊地區」可能位於中國的外部，卻是美中關係未來的核心。

引註：

1. Owen Lattimore, *Inner Asian Frontiers of China* (Boston: Beacon, 1962), xx-xxii.
2. Pitman B. Potter, *Law, Policy, and Practice on China's Periphery: Selective Adaptation and Institutional Capacity* (Abingdon, UK: Routledge, 2010), 2.
3. James A. Millward, *Beyond the Pass: Economy, Ethnicity, and Empire in Qing Xinjiang, 1759-1864* (Stanford, CA: Stanford University Press, 1998), 3.

4. Michael D. Swaine, "Chinese Views and Commentary on Periphery Diplomacy," *China Leadership Monitor* 44 (Summer 2014): 43.
5. M. Taylor Fravel, "China's Changing Approach to Military Strategy: The Science of Military Strategy from 2001 and 2013," in *The Evolution of China's Military Strategy*, ed. Joe McReynolds (Washington, DC: Jamestown Foundation, 2016).
6. Pang Zhongying, "Transformation of China's Asia Policy: Challenges and Opportunities: A Personal View from China," 2007, http://library.fes.de/pdf-files/bueros/singapur/04601/2007-2/zhongying.pdf.
7. Michael J. Green, *By More Than Providence: Grand Strategy and American Power in the Asia Pacific Since 1783* (New York: Columbia University Press, 2017), 9.
8. "The Encirclement of China: *The People's Daily*, February 1, 1966," *Survival* 8, no. 4 (1966): 128-29.
9. Yong Deng, "Hegemon on the Offensive: Chinese Perspectives on U.S. Global Strategy," *Political Science Quarterly* 116, no. 3 (2001): 350.
10. Cary Huang, "China Takes Aim at the US for the First Time in Its Defence White Paper," *South China Morning Post*, August 7, 2019, https://www.scmp.com/comment/opinion/article/3021273/china-takes-aim-us-first-time-its-defence-white-paper.
11. Renato Cruz De Castro, "The Obama Administration's Strategic Rebalancing in Asia: from a Diplomatic to a Strategic Constrainment of an Emergent China?" in *The South China Sea: A Crucible of Regional Cooperation or Conflict-Making Sovereignty Claims?*, eds. C. J. Jenner and Tran Truong Thuy (Cambridge: Cambridge University Press, 2016), 42-58.
12. Stewart S. Johnson, "Understanding the World Order Contest in the South China Sea," *Journal of Conflict Studies* XIX, no. 2 (Fall 1999): 187-93.
13. Chen Jian, "Understanding the Logic of Beijing's Taiwan Policy," *Security Dialogue* 27, no. 4 (1996): 461.
14. David M. Lampton, "Xi Jinping and the National Security Commission: Policy Coordination and Political Power," *Journal of Contemporary China* 24, no. 95 (September 2015): 759-77.
15. "US Report 'Interfering' in China's Internal Affairs--FM," *China Daily*, May 27, 2008, http://www.chinadaily.com.cn/china/2007-05/28/content_881723.htm.
16. Lampton, "Xi Jinping," 764.
17. Simon Shen, "Will THAAD Row Lead to a Standoff Like the Cuban Missile Crisis?" Ejinsight, March 23, 2017, http://www.ejinsight.com/20170323-will-thaad-row-lead-to-a-standoff-like-the-cuban-missile-crisis/.
18. Ren Yuanzhe, "China's Policy Toward the Korean Peninsula," *PowerPoint*, June 13, 2016, https://www.stimson.org/event/chinas-policy-toward-the-korean-peninsula/.
19. Albert Chan, "Chinese-Philippine Relations in the Late Sixteenth Century and to 1603," *Philippine Studies* 26, no. 1/2 (1978): 51-52.
20. Brian C. H. Fong, "Hong Kong and the US-China New Cold War," *Diplomat*, May 16, 2019, https://thediplomat.com/2019/05/hong-kong-and-the-us-china-new-cold-war/.

21. Tai Ming Cheung, "Hong Kong's Strategic Importance Under Chinese Sovereignty," in *Chinese Security Policy and the Future of Asia: In China's Shadow* (Honolulu, HI: RAND Center for Asia Policy, 1996), 170-83.
22. "Hong Kong Returns to China, Part I," Association for Diplomatic Studies and Training, June 27, 2016, https://adst.org/2016/06/hong-kong-returns-to-china-part-i/.
23. Jonathan Mirsky, "Peking, Hong Kong, & the U.S.," ChinaFile, New York Review of Books China Archive, April 24, 1997, http://www.chinafile.com/library/nyrb-china-archive/peking-hong-kong-us.
24. David M. Lampton, "The Dilemma of Third Parties," in *Same Bed, Different Dreams: Managing U.S.-China Relations, 1989-2000* (Oakland: University of California Press, 2001), 147, 204-45.
25. Steven Lee Myers, "China Vows to Retaliate After Trump Signs Hong Kong Sanctions Bill," *New York Times,* July 15, 2020, https://www.nytimes.com/2020/07/15/world/asia/china-trump-hong-kong.html.
26. Barack Obama, "Remarks by President Obama at the University of Queensland," U.S. White House, November 15, 2014, https://obamawhitehouse.archives.gov/the-press-office/2014/11/15/remarks-president-obama-university-queensland.
27. Lampton, "Dilemma."
28. Yi Xiaoxiong, "Dynamics of China's South Korea Policy: Assertive Nationalism, Beijing's Changing Strategic Evaluation of the United States, and the North Korea Factor," *Asian Perspective* 24, no. 1 (2000): 79.
29. Jaeho Hwang, "The ROK's China Policy Under Park Geun-Hye: A New Model of ROK-PRC Relations," Brookings, June 2014, https://www.brookings.edu/research/the-roks-china-policy-under-park-geun-hye-a-new-model-of-rok-prc-relations/.
30. Michael D. Swaine, "Chinese Views on South Korea's Deployment of THAAD," *China Leadership Monitor* 52 (Winter 2017), https://carnegieendowment.org/files/CLM52MS.pdf.
31. Hee Ok Lee, "THAAD: A Critical Litmus Test for South Korea-China Relations," 38 North, March 2, 2017, https://www.38north.org/2017/03/hlee030217/.
32. Samuel Songhoon Lee, "Why Wouldn't S. Korea Want US Missile Defense?" CBS News, June 3, 2014, https://www.cbsnews.com/news/u-s-proposes-advanced-missile-defense-system-in-south-korea/.
33. Bruce W. Bennett, "Why THAAD Is Needed in Korea," RAND Corporation, August 7, 2017, https://www.rand.org/blog/2017/08/why-thaad-is-needed-in-korea.html.
34. Lee, "US Missile Defense."
35. Swaine, "South Korea's Deployment of THAAD."
36. Andy Zelleke and Brian Tilley, "In the Eye of a Geopolitical Storm: South Korea's Lotte Group, China and the U.S. THAAD Missile Defense System (A)," HBS Case Collection, December 2017, https://www.hbs.edu/faculty/Pages/item.aspx?num=53632.
37. "South Korea's Lotte Seeks to Exit China after Investing $9.6 Billion, as Thaad Fallout Ensues," *Straits Times,* March 13, 2019,

https://www.straitstimes.com/asia/east-asia/south-koreas-lotte-seeks-to-exit-china-after-investing-96-billion.

38. Jeongseok Lee, "Back to Normal? The End of the THAAD Dispute Between China and South Korea," *China Brief* 17, no. 15 (November 22, 2017), https://jamestown.org/program/back-normal-end-thaad-dispute-china-south-korea/.

39. David Josef Volodzko, "China Wins Its War Against South Korea's US THAAD Missile Shield--Without Firing a Shot," *South China Morning Post*, November 18, 2017, https://www.scmp.com/week-asia/geopolitics/article/2120452/china-wins-its-war-against-south-koreas-us-thaad-missile.

40. Consulate-General of the People's Republic of China in Los Angeles, "Wang Yi Talks About US's Plan to Deploy THAAD Missile Defense System in ROK," February 13, 2016, https://www.fmprc.gov.cn/ce/cgla/eng/topnews/t1340525.htm.

41. Hee OK Lee, "THAAD"; Consulate-General of China, "Wang Yi Talks."

42. Liu Zhen, "THAAD? No Thanks, Say Officially Sanctioned Chinese Rappers," *South China Morning Post*, May 18, 2017, https://www.scmp.com/news/china/society/article/2094747/thaad-no-thanks-say-officially-sanctioned-chinese-rappers.

43. Lee, "Back to Normal?"

44. "The South China Sea Arbitration (The Republic of Philippines v. The People's Republic of China)," Permanent Court of Arbitration, https://pca-cpa.org/en/cases/7/.

45. Alexis Romero, "Duterte, Xi Stick to Opposing Stances on Arbitral Ruling," *PhilStar Global*, August 30, 2019, https://www.philstar.com/headlines/2019/08/30/1947670/duterte-xi-stick-opposing-stances-arbitral-ruling.

46. 自然島嶼亦可用於衍生其他海洋權益，例如領海及大陸架。參見：Article 121, UN Convention on the Law of the Sea, https://www.un.org/Depts/los/convention_agreements/texts/unclos/unclos_e.pdf.

47. Warwick Gullett, "The South China Sea Arbitration's Contribution to the Concept of Juridical Islands," *Questions of International Law*, February 28, 2018, http://www.qil-qdi.org/south-china-sea-arbitrations-contribution-concept-juridical-islands/.

48. Andrew S. Erickson and Conor M. Kennedy, "China's Maritime Militia," CA Corporation, March 7, 2016, https://www.cna.org/cna_files/pdf/Chinas-Maritime-Militia.pdf.

49. Amrutha Gayathi, "China-Philippines Standoff Likened to David Vs Goliath: Safety Alert Issued Over South China Sea Protests," *International Business Times*, May 11, 2012, https://www.ibtimes.com/china-philippines-standoff-likened-david-vs-goliath-safety-alert-issued-over-south-china-sea-697942.

50. Closely drawn from Bruce Elleman, Stephen Kotkin, and Clive Schofield, *Beijing's Power and China's Borders: Twenty Neighbors in Asia* (Armonk, NY: M.E. Sharpe, 2013), 240.

51. Bill Hayton, *The South China Sea: The Struggle for Power in Asia* (New Haven, CT: Yale University Press, 2014), 65-70.

52. Michael G. Gallagher, "China's Illusory Threat to the South China Sea," *International Security* 19, no. 1 (1994): 170.

53. Teh-Kuang Chang, "China's Claim of Sovereignty Over Spratly and Paracel Islands: A Historical and Legal Perspective," *Case*

Western Reserve Journal of International Law 23, no. 3 (1991): 408.

54. United Nations Treaty Collection, "Chapter XXI: Law of the Sea, United Nations Convention on the Law of the Sea," December 10, 1982, https://treaties.un.org/Pages/ViewDetailsIII.aspx?src=TREATY&mtdsg_no=XXI-6&chapter=21&Temp=mtdsg3 &clang=_en#EndDec.

55. "Law of the People's Republic of China on the Territorial Sea and the Contiguous Zone," Asian Legal Information Institute, February 25, 1992, http://www.asianlii.org/cn/legis/cen/laws/lotprocottsatcz739/.

56. Peter Kreuzer, "A Comparison of Malaysian and Philippine Responses to China in the South China Sea," *Chinese Journal of International Politics* 9, no. 3 (2016): 263.

57. Vera Files, "RP in Last Minute Scramble to Beat UN Deadline on Territorial Claim," GMANetwork,March24,2008,https://www.gmanetwork.com/news/news/specialreports/86021/rp-in-last-minute-scramble-to-beat-un-deadline-on-territorial-claim/story/.

58. Ralph Jennings, "Oil Becoming Code for Sovereignty in Contested South China Sea," VOA News, November 23, 2016, https://www.voanews.com/east-asia-pacific/oil-becoming-code-sovereignty-contested-south-china-sea.

59. The United Nations, "Note Verbale," May 7, 2009, https://www.un.org/Depts/los/clcs_new/submissions_files/vnm37_09/chn_2009re_vnm.pdf.

60. Robert G. Beckman, "ASEAN and the South China Sea Dispute," in *Entering Uncharted Waters? ASEAN and the South China Sea*, ed. Pavin Chachavalpongpun (Singapore: ISEAS-Yusof Ishak Institute Singapore, 2014), 32-34.

61. Marlay Ross, "China, the Philippines, and the Spratly Islands," *Asian Affairs: An American Review* 23, no. 4 (1997): 195-210.

62. "What Is Anti-Access/Area Denial (A2/AD)?" Missile Defense Advocacy Alliance, August 24, 2018, https://missiledefenseadvocacy.org/missile-threat-and-proliferation/todays-missile-threat/china-anti-access-area-denial-coming-soon/.

63. Toshi Yoshihara and James R. Holmes, "Can China Defend a 'Core Interest' in the South China Sea?" *Washington Quarterly* 34, no. 2 (2011): 45-59.

64. "China Fears Hillary Clinton Far More Than It Does Donald Trump," CNBC, July 11, 2016, https://www.cnbc.com/2016/07/11/china-fears-hillary-clinton-focus-on-south-china-sea-human-rights-far-more-than-it-does-donald-trump.html.

65. Floyd Whaley, "Clinton Reaffirms Military Ties with the Philippines," *New York Times*, November 16, 2011, https://www.nytimes.com/2011/11/17/world/asia/clinton-reaffirms-military-ties-with-the-philippines.html.

66. Jacques DeLisle, "Political-Legal Implications of the July 2016 Arbitration Decision in the Philippines-PRC Case Concerning the South China Sea: The United States, China, and International Law," in *Asian Yearbook of International Law*, vol. 21, eds. Seokwoo Lee and Hee Eun Lee (Leiden, the Netherlands: Brill, 2017), 49-82.

67. Robert S. Ross, "US Grand Strategy, the Rise of China, and US National Security Strategy for East Asia," *Strategic Studies Quarterly* 7, no. 2 (2013): 20-40.

68. Josh Kurlantzick, "The Belligerents," *New Republic*, January 27, 2011, https://newrepublic.com/article/82211/china-foreign-policy.
69. MFA News, "Yang Jiechi Gives Interview to State Media on the So-Called Award by the Arbitral Tribunal for the South China Sea Arbitration," *South China Sea Issue*, July 15, 2016, https://www.fmprc.gov.cn/nanhai/eng/wjbxw_1/t1381740.htm.
70. MFA News, "Yang Jiechi Gives Interview."
71. Roncevert Ganan Almond, "Interview: The South China Sea Ruling," *Diplomat*, July 16, 2016, https://thediplomat.com/2016/07/interview-the-south-china-sea-ruling/.
72. Austin Ramzy, "KFC Targeted in Protests Over South China Sea," *New York Times*, July 19, 2016, https://www.nytimes.com/2016/07/20/world/asia/south-china-sea-protests-kfc.html.
73. Floyd Whaley, "After Victory at Sea, Reality Sets in for Philippines," *New York Times*, July 14, 2016, https://www.nytimes.com/2016/07/15/world/asia/philippines-south-china-sea.html.
74. Richard Javad Heydarian, "Philippines: Rodrigo Duterte's Pivotto China," Aljazeera, October 14, 2016, https://www.aljazeera.com/indepth/opinion/2016/10/philippines-rodrigo-duterte-pivot-china-161012062518615.html.
75. CNN Philippines Staff, "Duterte Dares US to Send 7th Fleet to South China Sea," CNN Philippines, July 9, 2019, https://www.cnnphilippines.com/news/2019/7/9/Rodrigo-Duterte-7th-Fleet-United-States.html.
76. Yuki Tsang, "Duterte Says He Allows Chinese Vessels to Fish in Philippine Waters to Prevent War," *South China Morning Post*, July 22, 2019, https://www.scmp.com/video/asia/3019799/duterte-says-he-allows-chinese-vessels-fish-philippine-waters-prevent-war.
77. See, for example, "Wang Yi: U.S. Is the Most Dangerous Factor Against Peace in South China Sea," CGTN, September 10, 2020, https://news.cgtn.com/news/2020-09-09/Wang-Yi-U-S-most-dangerous-factor-against-peace-of-South-China-Sea-TErNTlTLgI/index.html.
78. Ma Ngok, *Political Development in Hong Kong: State, Political Society, and Civil Society* (Hong Kong: Hong Kong University Press, 2007), 9.
79. Anastasia Yip, "Hong Kong and China: One Country, Two Systems, Two Identities," *Global Societies Journal* 3 (2015): 20-27; "The Basic Law of the Hong Kong Special Administrative Region of the People's Republic of China," July 2020, https://www.basiclaw.gov.hk/en/basiclawtext/images/basiclaw_full_text_en.pdf.
80. Lily Kuo, "Chinese Parliament Approves Controversial Hong Kong Security Law," *Guardian*, May 28, 2020, https://www.theguardian.com/world/2020/may/28/china-vote-npc-national-security-laws-hong-kong-us-protest.
81. Fong, "Hong Kong."
82. Fong.
83. Quan Hou and Si-Ming Li, "Transport Infrastructure Development and Changing Spatial Accessibility in the Greater Pearl River

Delta, China, 1990-2020," *Journal of Transport Geography* 19, no. 6 (November 2011): 1350-60; Ng Kang-chung and Kanis Leung, "New Road Linking Hong Kong with Mainland China to Open This Month as Work on HK$33.7 Billion Border Crossing Enters Final Stages," *South China Morning Post,* May 17, 2019, https://www.scmp.com/news/hong-kong/transport/article/3010597/new-road-linking-hong-kong-mainland-china-open-month-work; "World's Longest Cross-Sea Bridge Opens, Integrating China's Greater Bay Area," Xinhua Headlines, October 23, 2018, http://www.xinhuanet.com/english/2018-10/23/c_137553194.htm.

84. Congressional-Executive Commission on China, *One Hundred Fifteenth Congress, Second Session: Annual Report* (Washington, DC: U.S. Government Publishing Office, 2018), 63, https://www.justice.gov/eoir/page/file/1106401/download; Alvin Cheung, "Will China Use Its Xinjiang 'Periphery Playbook' on Hong Kong & Taiwan?" *New Lens,* October 29, 2018, https://international.thenewslens.com/article/107047.

85. Juliana Liu, "Cantonese v Mandarin: When Hong Kong Languages Get Political," *South China Morning Post,* June 29, 2017, https://www.bbc.com/news/world-asia-china-40406429.

86. Stephen Chiu and Tai-Lok Lui, *Hong Kong: Becoming a Chinese Global City* (London: Routledge, 2009), 106-7.

87. Austin Ramzy and Tiffany May, "Chinese Official Warns Hong Kong Protesters Against 'Color Revolution,'" *New York Times,* August 7, 2019, https://www.nytimes.com/2019/08/07/world/asia/hong-kong-protests-china-violence.html.

88. Andrew Higgins, "China's Theory for Hong Kong Protests: Secret American Meddling," *New York Times,* August 8, 2019, https://www.nytimes.com/2019/08/08/world/asia/hong-kong-black-hand.html.

89. Higgins, "China's Theory for Hong Kong Protests."

90. Ministry of Foreign Affairs of the People's Republic of China, "Foreign Ministry Spokesperson Hua Chunying's Regular Press Conference," December 2, 2019, https:// www.fmprc.gov.cn/mfa_eng/xwfw_665399/s2510_665401/t1720852.shtml.

91. 編按：核選項一詞類似於核武器是戰爭中最極端的選擇，是一種美國參議院的議事程序，允許參議院以簡單多數推翻日常規則，而不是規範通常需要的絕對多數（三分之二）。

92. U.S. Department of State, "2020 Hong Kong Policy Act Report," May 28, 2020, https:// www.state.gov/2020-hong-kong-policy-act-report/.

93. White House, "The President's Executive Order on Hong Kong Normalization," July 14, 2020, https://www.whitehouse.gov/presidential-actions/presidents-executive-order-hong-kong-normalization/.

94. Department of State, "Policy Act Report."

95. "Xi Urges Breaking New Ground in Major Country Diplomacy with Chinese Characteristics," Xinhua, June 24, 2018, http://www.xinhuanet.com/english/2018-06/24/c_137276269.htm.

96. The State Council Information Office of the People's Republic of China, "Full Text of 2019 Defense White Paper: 'China's National Defense in the New Era' (English & Chinese Versions)," Xinhua, July 24, 2019, http://www.xinhuanet.com/english/2019-07/24/

c_138253389.htm.

97. Gabriel Wildau, "China's Xi Jinping Revives Maoist Call for 'Self-Reliance,'" *Financial Times*, November 11, 2018, https://www.ft.com/content/63430718-e3cb-11e8-a6e5-792428919cee.

98. M. Taylor Fravel, *Strong Borders, Secure Nation: Cooperation and Conflict in China's Territorial Disputes* (Princeton, NJ: Princeton University Press, 2008).

99. 史文與田立司（Ashley Tellis）觀察到「中國長期保有地緣政治主導地位，且藉此主導地位維持良好秩序、文明、美德及正義，因為這樣悠久而獨特的歷史經驗」，所以「中國更有可能採行積極的政策」，因此「透過積極行為追求地緣中心地位可能對於中國會再次深具吸引力，即使在缺乏階層式儒家世界觀的情況下也是如此」。參：Swaine and Tellis, *Interpreting China's Grand Strategy: Past, Present, and Future* (Santa Monica, CA: RAND Corporation, 2000), 231. See also Xue Li and Cheng Zhangxi, "What Might a Chinese World Order Look Like? Using the Ancient Concept of Li to Understand a Chinese Order," *Diplomat*, April 13, 2018, https://thediplomat.com/2018/04/what-might-a-chinese-world-order-look-like/.

100. David C. Kang, "Hierarchy and Legitimacy in International Systems: The Tribute System in Early Modern East Asia," *Security Studies* 19, no. 4 (2010): 591-622.

101. See Jack Stubbs, "China Hacked Asian Telecoms to Spy on Uighur Travelers, Sources Say," *Huffington Post*, September 5, 2019, https://www.huffpost.com/entry/chinese-hackers-uighur-asian-telecom_n_5d7136f4e4b0a606aa4f212e?yptr=yahoo.

102. Graham Allison and Robert Blackwill, "Interview: Lee Kuan Yew on the Future of U.S.-China Relations," *Atlantic*, March 5, 2013, https://www.theatlantic.com/china/archive/2013/03/interview-lee-kuan-yew-on-the-future-of-us-china-relations/273657/.

第13章

美中外交關係四十餘年——現實與建議

文／李侃如與董雲裳（Kenneth Lieberthal and Susan Thornton）

美中關係的歷史，正如同本書作者群所述，如此動盪又變幻莫測。一次又一次出乎意料的外部事件或國內壓力威脅著美中關係，破壞美中關係正常化的基礎。[1]欲使美中關係重回正軌，需要毅力、克制、雙邊危機管理的經驗，美中領導人對彼此的雄心壯志和遭遇的難題也必須有更深刻的認識。

自從美中於一九七九年重新建交，總共歷經三位共和黨總統（雷根、老布希、小布希）與三位民主黨總統（卡特、柯林頓、歐巴馬）的任期。他們各自的政治理念與立場有相當差異，但大多數於總統任內都對中國持懷疑態度，即便如此，最後仍認為持續深化美中交流符合美國利益。

冷戰時期對抗蘇聯的擔憂及戰略競爭，成為卡特、雷根與老布希總統任內美中關係的樞紐，但除此之外，美中關係逐漸發展出了其他支持動力，如協助中國加入國際機構、提供建議及專業知識以助數億中國人脫貧、協助中國發展法律專業知識，這對中國的經濟成長至關重要，並為逐漸增多的中國學生提供在美國受教育的機會。擴大交流帶來許多重大影響，在一九五九至一九七六年間，中國教育體系遭摧毀，法律制度遭解體，經濟受到嚴重破壞，民間暴力及貧困對社會信任及國家凝聚力造成深不可測的傷害。歷屆美國總統都認為幫助減輕這些巨大挑戰帶來的衝擊，既符合國家利益同時也是道德責任，於是美國努力提供專業知識及機會。

隨著蘇聯及蘇聯集團（the Soviet bloc）的崩潰及一九九〇年代初期中國經濟改革加速，中國的經濟開始在亞洲及其他地區扮演更加重要的角色。在缺乏以安全為重的戰略基礎下，美國與中華人民共和國交流之目的，側重於進入不斷成長的中國市場。在柯林頓的第二任期（一九九七至二〇〇一年）期間，總統力圖使中國成為主要經濟夥伴，並鼓勵中國成為國際體系中**「負責任的利益相關者」**——日後由佐利克創造的術語。許多與這些目標密切相關的問題，也在美中交流的議程中逐漸占據更重要的位置。

在二〇〇〇至二〇一六年間，美中在關鍵時刻都相互支持，如九一一事件後及二〇〇九至二〇一〇年全球金融危機期間，這些將在本章後半部詳細討論。但隨著中國在區域及全球事務中扮演更大、更複雜的角色，美國受到黨派分歧的拉扯愈來愈深（受經濟大衰退加劇的影響），在美中關係裡，一方面在某些重大問題上增加了合作，擴大了經濟相互依存，但同時也出現日益加劇的摩擦及對彼此長期意圖的不信任。

總之，儘管美中關係的重心會隨著時間而轉換，並且一再遭遇重大問題甚至危機，但兩國仍設法維繫支持關係（雖然存在明顯的起伏），即使是在雙方的國內政治都持續轉變，即使雙方都不曾對關係狀態或對方的行動感到完全滿意，也持續相互支持。從卡特到歐巴馬任內，美中交流不斷遭遇威脅，使關係倒退，或者讓往前推進成為挑戰。應對這些危機的難度取決於五個因素的影響，這些因素在不同政府、不同時期的美中關係階段持續存在。

美中交流的五大難題

一、兩國國內政治傾向削弱彼此的信任

戰略專家往往忽略了，在外交政策及國內事務上，大多數國家領袖的決策實際上是出於國內政治的壓力，而不是基於某種戰略大局。在美國，幾乎所有關於中國政策的決策都與國內政治有關，並逐年隨著美中關係擴大加深而更加明顯，北京方面也是如此。

一般來說，美國大多數政策制定者不夠了解中國政治的動態關係，因此不知道該多認真對待中國

所聲稱的國內政治限制會導致議題難以達成及難以協商的說法。中國官員對美國體制深入的理解，也不足以區分國內反對者的策略遊戲，更無法看清白宮為了在美中談判中為了獲得更多籌碼而使用的欺騙策略。例如，當美國國會決議、立法或威脅採取懲罰行動的計畫被國內行為者洩露給媒體時，北京官員便很難分析此舉的意圖或影響。

簡單來說，在美國，各種資訊從四面八方不斷湧入，其中大部分並不可靠，無法作為指引官方美國意圖的根據。相較之下，中國對其內部政治及決策制定則極其不透明。兩國的政治領導層都假設對方比實際情況更有紀律、內部協調與戰略性更強，導致不確定性提高。這種集中線索推論的方式往往會導致嚴重不切實際的期望，並造成相互不信任。

兩國有時也會迫於國內政治壓力作出違反雙邊期望與保證的決定。例如，在一九九九年四月，朱鎔基總理前往華府簽訂美中雙邊關於中國加入世貿組織的協議，[2]柯林頓總統一直努力說服懷疑者相信這項協議是對美國有價值的——尤其是他所屬的民主黨，當中有預期中國加入世貿組織會導致美國失業人口增多的憂慮。最終，某位柯林頓的親信說服他將簽署推遲到朱鎔基訪美幾週後，以明確表明他並不像共和黨及民主黨的批評者所指責的那樣，願意在政策上讓步，並急於在華府高調舉行簽訂儀式。

但在朱鎔基這邊，他不斷推動北京作出重大讓步以達成協議，並擔心若未能在訪美期間完成簽署，他的努力可能付諸流水。事實證明，他這麼擔心是有道理的。訪美未能簽署該協議，使他在政治上大受打擊。

在朱鎔基離開華府的前一天，柯林頓政府的官員在白宮網站上發布一份長達十七頁的文件，內容是中方在美中雙邊加入協議草案中所作承諾的摘要，致使朱鎔基的政治問題更加複雜化。發現該文件的中國網友與北京官員嚴厲批評朱鎔基承諾為滿足美國要求而作出的讓步。[3]結果，朱在中國的地位大打折扣，中國改革所面臨的政治阻力愈來愈大。在美國方面，國會及商界的批評者看到草案文件後，痛斥柯林頓在朱鎔基訪美期間沒有簽署協議——因為協議的實質內容遠比預想中的要好。因此，事實證明，柯林頓屈服於國內政治壓力的作法，讓華府與北京都付出了極其高昂的代價。

然後，在一九九九年五月七日，就在人們對朱鎔基四月初訪美失敗仍憤怒不已，並且仍在質疑背後的政治動機之際，美國轟炸機錯誤設定了其授權目標的位置，意外炸毀了中國駐南斯拉夫大使館，導致大使館嚴重受損並有三名中國人不幸喪生。中國不相信美國關於轟炸是意外的解釋，並且懷疑中國大使館是美方刻意挑選的目標。[4]但事實上，這個悲劇是由一系列未協調的個人決策，以及規劃執行中的發生機率極低的巧合所造成，並非故意瞄準中國大使館。在雙邊關係的關鍵時刻，北京屈服於國內的憤怒情緒，放任中國民眾針對美國駐華使館的示威抗議失控，導致美國駐成都總領事官邸遭燒毀，而在北京的美國大使館遭大批民眾包圍。

北京要求並得到柯林頓總統的保證，美方將會交予中國一份關於轟炸事件的詳細報告，在隨後幾週中，中國媒體不斷要求華府儘快對事件負起作全面的責任。到了五月底，美國調查報告完成，準備交給中方。當晚，一名白宮官員親自把調查報告遞交給了中國駐華府大使。但是當大使看到裝有報告的密封公文信封時，拒絕接受，斷然聲稱報告不完整。當白宮官員詢問大使認為報告何時才算完整時，大使回應說六月中旬左右。「敏感」的一九八六年六月四日天安門事件十週年即將到來。在美方看來，北京領導層希望安然度過天安門事件十週年，故而讓中國國內媒體一直聚焦在中國政府針對貝爾格勒轟炸事件要求報告的憤怒。

中國駐南斯拉夫大使館遭意外轟炸，美中雙方正在進行的中國加入世貿組織雙邊協議談判也因此受到影響，直到幾個月後的一九九九年九月初，美國總統柯林頓在紐西蘭奧克蘭舉行的APEC領袖峰會上與時任中國國家主席的江澤民會晤，江澤民同意重新啟動最後的談判，此事才再度展開。美中的雙邊協議最終在一九九九年十一月簽署（儘管中國實際直到二〇〇一年十二月才加入世貿組織）。

小布希剛入主白宮時對中國持懷疑態度，但漸漸地，他找到了平衡短期國內政治需求，同時可以處理北京問題並符合美國長期利益的方法。達賴喇嘛因獲頒美國國會金質獎章（U.S. Congressional Gold

Medal）——即美國最高的平民榮譽——訪美所引發的小型危機就是這樣一個例子。達賴喇嘛是一位備受尊崇的宗教人士，曾多次出訪美國與歷任美國總統會面，這種情況總是會引起中國官員的憤怒。當達賴喇嘛於二〇〇七年十月前往華府領取美國國會頒發的金質獎章時，中國政府一如既往地強烈反對，全力要求取消頒獎典禮，並譴責小布希總統參加典禮或會見達賴喇嘛。

但對於任何現任美國總統來說，拒絕參加備受矚目的國會金質獎章頒獎典禮，在政治上是不可能的，因此小布希總統想出了一個折衷辦法。他跟中國國家主席胡錦濤說他有「好消息跟壞消息」，直言他將在國會金質獎章頒獎典禮上會見達賴喇嘛，但也承諾將攜家帶眷出席北京奧運的開幕典禮。這樣一來，小布希表達美國對西藏的嚴重關切，同時也明確表示他希望北京能成功舉辦奧運。即使西藏在二〇〇八年三月爆發動亂，抗議示威在隨後幾週蔓延開來並遭到強力鎮壓，小布希仍然信守承諾出席開幕典禮。[5]

二、複雜不透明的政策流程加劇美中的互不信任

美國政府的政策制定通常會將過程分解為許多具體步驟，每個步驟都有自己的歷史、支持者、敏感性與侷限。有效的人員配置立基於對以下議題的了解：總統想要什麼、哪些參與者可能受到影響、實質問題是什麼、其他哪些問題與利益可能受到影響，以及如何與國際相關人士進行溝通。這一過程需要政治智慧、特定專業知識，也需要協調行政部門之間的運作，還有運用與其他國家之間可信賴的管道。沒有任何一屆政府能夠完美管理此事，持不同政見的參與者插手破壞的機會也無處不在。此外，在美中關係相關的問題中，國會扮演複雜的角色，而北京通常不知道如何解讀。事實上，兩國政府都擁有難以管束的龐大官僚機構，並且必須小心控制與降伏具有相互競爭特定目標的人與機關。

由於兩國政策過程的複雜性與不透明性，高層領導人之間的高峰會在美中關係十分重要。雙方的政治體系都只有最高領導人擁有針對議題的全盤性理解，以及制衡國家、排定政治優先事項與利益的權

力，可以為各機構制定外交政策。因此，中國對美國總統的發言非常重視，美國政府的表現似乎容許政策中斷或是毫無預警的改變，這便使得中國很憂慮，並經常對美國總統傾向在臺灣等問題表現出歷史失憶（historical amnesia）感到不安。

每任政府都傾向於不信任對方的聲明，將其視為藉口或謀取不正當利益的伎倆。例如，美國政府不相信北京「因當地抵制而難以履行承諾」的說法。然而事實上，中國很少有問題不需要與地方官員進行內部協商、建立共識以有效執行國家決策[6]，許多地方官員用「上（國家）有政策，下（地方）有對策」來描述這一情況。

北京犯了類似的錯誤。北京假設龐大的美國政府比它們的實際情況要更富有戰略、紀律、權力與緊密的協調性。美國的法律體系與三權分立似乎對中國官員來說十分惱人，他們基於自己制度經驗，不相信權力真的是「平等分立」的。美國國會尤其如此，它經常推動反華法案，而中國則要求行政部門予以否決；他們同時也懷疑「司法獨立」只不過是美國政府在美國法院作出不利於中國的判決時用來撇清的藉口。

由於雙方制度相異，加上對彼此的政策過程與政治權力的運作缺乏了解，最高級別的政府機關都用對方的本質或者（自己設想的）對方的野心來填補空白的部分。長期以來，中國一直認為美國政府試圖複雜化、遏制甚至擾亂中國的崛起。美國，雖然態度十分複雜，但整體來說，認定中國一黨專制的政治體制具有比實際上更多的內部紀律、協調及能力。雙方都無法理解對方為何無法清楚看到自己的重點意圖，明明自己已經表達得很清楚了。

有鑑於這種複雜性，在歷屆美國政府中，中國會尋找一、兩名他們認為可以就美國政府真正目標與關切提供合理可靠資訊，並且自己也在戰略上密切關注美中關係事態全面發展的官員來建立關係。他們選擇的官員通常是國家安全顧問，但有時也會轉向其他人，如小布希總統第二任期內的財政部長亨利・鮑爾森。

三、競選時的主張很少能在實際管理美中關係時得以維持

除了一九七四至一九七六年擔任美國駐北京聯絡處主任[7]並於一九七六年擔任中央情報局局長的老布希外，自傑拉德・福特以來的歷任美國總統皆無太多的外交背景，也未在上任前認真思考過中國或亞洲議題；他們的競選主張集中在國內問題上。沒有人是基於外交政策經驗而贏得總統大位或者其他需要打贏選戰才能獲得的職位。事實上，成功當選的總統在美中關係上若有任何相關的評論紀錄存在，那往往都是他們在競選期間針對前任總統對中國「軟弱」或「柔和」立場的批評。因此，自一九七九年美中正式建交以來，歷屆美國總統，無論政黨或個人背景，在上任之初都含糊其詞地承諾推行新的對中政策。

如卡特在一九七七年就職總統時，本想關注中國的人權問題，但他被各種實際與原則的因素說服，最終認為繼續推動美中建交才是明智之舉。一九七九年一月二十九日，卡特總統在橢圓辦公室接待中國領導人鄧小平時，將人民的移動自由與言論自由作為美國的核心原則。據傳鄧小平對此的回應是提出允許一百萬名中國學生到美國留學。卡特讚賞為中國人民擴大個人選擇的重要性，同時也意識到需要在務實範圍內實現這一目標。在大多數（但絕非所有）的其他問題上，鄧小平列出他所設想促進美中戰略利益政策的重要方式，包括合作密切關注與打擊蘇聯的擴張與軍事發展。鄧小平的願景在某些方面確實實現了，例如美中在監控蘇聯飛彈測試的合作，又例如蘇聯一九七九年入侵阿富汗後，美中兩國協調回應並合作向阿富汗聖戰者組織提供武器。

在雷根總統競選期間，他指責卡特犧牲臺灣而與「中共」建交，並表示他想要在美臺的互動關係中重新引入某種程度的官方性質，因此挑戰了美中關係正常化協議中的關鍵規定。然而，雷根上任後發現美中正在合作對抗蘇聯的影響，而且中國也反對蘇聯入侵阿富汗，因此他又退回到最初的態度。事實上，雷根政府在一九八一年六月宣布開放對中軍售（原則上決定根據每一次的具體情況判斷），隨後又談判促成了一九八二年八月十七日發布的《聯合公報》（《八一七公報》），此前，美國對臺軍售是美

中建交公報中懸而未解的問題，到了一九八二年的春季甚至還使兩國關係頻臨破裂，然而《八一七公報》巧妙規定了美國未來對臺軍售的性質，即僅出售「防禦性武器」的原則。[8]

在一九九二年的總統大選期間，柯林頓譴責老布希在一九八九年六月四日中國血腥鎮壓在北京與其他地方示威抗議人士的時候，縱容放任「北京屠夫」的惡行。一九九三年，柯林頓總統正式規定，每年給予中國最惠國待遇的續簽條件，便是北京要顯著改善人權。[9]當北京拒絕柯林頓提出的人權基準時，柯林頓讓步了，理由是拒絕給予最惠國待遇將「使我們回到相互孤立、相互指責的時期，這會損害而非促進美國利益」（他後來向中國領導人江澤民說，中國在人權與宗教自由問題上的立場讓中國處於「歷史上錯誤的一方」）。[10]

小布希也自稱為中國懷疑論者，他在二〇〇〇年總統大選時，抨擊高爾收受疑似來自中國的政治獻金，而他上任後也含糊地承諾將對中國採取更強硬的立場。他的副總統迪克・錢尼（Dick Cheney, 1941-）也希望對中國抱持更強硬的態度，但在一系列事件發生以後，小布希改動了政策優先事項的順序，隨後重新調整他對中國的看法。兩件重大事件改變了小布希的心意：第一是二〇〇一年四月的EP-3事件，中國海軍殲—8戰鬥機在海南島沿岸與美國海軍 EP-3 偵察機相撞，導致中國飛行員不幸喪生，而受損的美軍偵察機則迫降於海南島上的中國軍用機場。[11]第二是二〇〇一年九月十一日，美國遭受恐怖攻擊，這讓小布希很清楚地看到美中關係的高度利害關係。小布希很快得出結論：與中國發生衝突並不符合美國利益，而且要完成他作為總統的優先事項，就必須與中國建立好關係。在小布希第一任期即將結束時，他甚至向臺獨領導人陳水扁總統發出前所未有的警告，告誡他切勿試圖片面強行改變海峽兩岸現狀。[12]

與大多數歷屆總統不同，歐巴馬曾思考過如何應對中國的崛起，而且他個人有些國際經驗，尤其是在亞洲。但他上任時也對中國持懷疑態度，擔心中國變得膽大妄為，違反有關國際經濟及安全問題的規範與協議。然而，這位新總統初初上任即刻面臨始於美國的國際金融體系崩潰；他明白與北京合作是國際戰略之關鍵所在，藉此方能遏制全球金融的一連串大出血。因此，歐巴馬總統採取協調的行動以獲取和中國合作的機會，如擴大小布希政府財政部長鮑爾森與中國國家副主席王岐山（1948-）之間的戰略對話框架。歐巴馬也推動從八大工業國組織（G8）轉向二十大工業國（G20）（中國屬於後者而非前者）作為協調全球經濟問題的主要焦點，從而確保中國參與決策。此後，歐巴馬總統專注於促使中國提供更多資源和具有建設性的行動來支持國際體系，就像小布希所做的那樣。

四、外來或意外事件對美中關係之衝擊

自一九七九年以來，大多數美國總統上任之初皆希望採取更強硬的對中態度，然而在上任後前述期待則逐漸被更具體實際的政策目標取代。但在美中建交後，中國內部、美中之間或完全在雙邊關係之外發生的意外事件，都左右了政策方向，也對兩國關係造成長期影響。通常，美國總統會在上任之後因為受到此類事件的衝擊而改變對中國的態度和觀點，或者重新評估政策的輕重緩急。例如，在某些情況下，中國在發生外部衝擊時出人意料地提供有效且令人激賞的協助。例如，在一九九七至一九九八年亞洲金融危機期間，中國在美國的敦促下決定不讓人民幣貶值；[13]在九月十一日恐怖攻擊的消息傳到北京後，江澤民立即致電小布希總統，不僅表達了哀悼，也提供了中國在聯合國及其他場域和美國的合作，以動員支持美國建立聯盟來推翻塔利班政權、摧毀蓋達組織、打擊恐怖主義暴力，並阻止伊拉克阻撓聯合國授權的尋找隱藏大規模毀滅性武器檢查。[14]在這些與其他情況下，意外的衝擊改變了美中領導人對美中關係潛力的看法。

老布希是一九七九年後唯一一位上任後渴望推動美中關係發展的總統，包括技術合作方面。老布希非常了解中國，起初在經濟與政治可能開放、充滿希望的日子裡，他相信可以從許多方面找到合作機會，但很快就理解到更大程度的政治開放並非中國領導人的初衷——尤其是考慮到中國內部針對日益嚴重的通膨、貪腐問題，以及改革應該採取的方向所引發的爭端。到一九八九年，中國政治菁英內部的分

歧擴大，北京及其他地區因而發生了大規模示威活動，抗議人士呼籲開放更多的言論自由、結束貪腐，並且走向民主。

六月初，中國當局無情地鎮壓在天安門廣場的抗議人士，造成數百人或甚至更多人死亡。隨後，全國數十個城市對類似示威活動也進行鎮壓，只是相對地不為人所知。在流血事件發生後，美國人義憤填膺，對中國的好感降至民調史上最低點，而美國國會則對技術合作方面實施全面制裁。老布希努力維持與中國互通的管道，但他不得不擱置其他更大型的計畫。

兩次重大的金融衝擊也是兩國關係的關鍵轉折點。大多數美國人都不記得一九九七年那一個影響大多數亞洲經濟體，尤其重擊韓國、泰國及印尼的亞洲金融危機。美國與國際貨幣基金組織合作制定穩定方案的同時，華府擔心中國可能會使人民幣貶值，從而危及穩定措施。中國在一九九七年已經是主要出口國，若人民幣不貶值則會面臨重大損失。儘管如此，在美國的敦促下，中國還是同意不讓人民幣貶值。這個承諾，還有對中國在亞洲經濟重要性的進一步認識，加速了美中之間針對中國加入世貿組織的談判。

二〇〇八至二〇〇九年的全球金融危機是一次後果更為嚴重的金融衝擊。由於中國經濟並不受此次崩盤影響太多，這不僅帶來了美中權力關係的關鍵變化，也讓中國對美國的信心大打折扣——此前，中國原以為美國已經掌握了全球化時代下創造及維持現代經濟的關鍵。藉由大量的信貸刺激，中國經濟成長從全球金融危機中迅速復原，此後，北京愈來愈不願意接受美國關於市場改革及開放的建議。這場危機也促使富裕國家決定讓G20取代G8作為主要經濟協商場域，首次實質承認了中國對新全球權力結構的影響力。[15]這些事態發展的最終結果是，中國的實力地位（包括硬實力及軟實力）躍升的速度遠遠超過了中國領導人之前的預期，而且中國對美國的信心也急劇下降，不再深信美國是唯一能夠發展和維持一個充滿活力、富裕的社會並發揮全球領導作用的國家。

五、歷屆總統皆轉而接納美中交流

如前所述，自美中建交以後的歷屆美國總統，都在就職之初明確表示要改變美國對中政策，然而，最終每一位都回到了與前任總統相似的立場——某種合作、哄騙、指責的混合體，在某些領域推動前進，而在其他領域對抗或抵制。每位總統都發現，無故惡化與中國的關係，會使其他領域的國際問題更加難以處理，但話說回來，就美國或中國國內政治而言，要推動美中關係向前發展也絕非易事。

雷根在總統競選期間嘲笑卡特總統的對中政策，並承諾改善與臺灣的關係，然而雷根新政府上台後的對中關係開局並不順利。直至一九八一年春末，雷根總統同意向北京出售致命軍事裝備時，情況才有所改善。[16]相對來說，老布希獨樹一格地準備深化與中國合作，但也不得不因應天安門事件而調整，而且在競選連任時受挫。柯林頓入主白宮時，指責老布希縱容「北京屠夫」，但歷經一九九五至一九九六年臺海危機、一九九六至一九九七年亞洲金融危機，以及美中經濟逐漸相互依存之後，他的態度和緩下來。小布希指稱柯林頓－高爾的競選活動收受中國的非法資金援助，[17]然而，他在九一一事件之後對中態度轉變，甚至公開警告臺灣的陳水扁總統切勿嘗試片面改變現狀。歐巴馬總統在二〇〇九年上任時對中國持懷疑態度，但他需要北京幫助遏制始於二〇〇八年的全球金融危機。

回顧過去四十年的美中關係，尼克森對中國開放而中國對世界開放都是以遠大的理念為基礎。首先是推動美國贏得冷戰的努力，其次則是勸說中國成為全球體系中負責任的利益相關者，以及認知此舉若能成功將對美中兩國都有利。即使在天安門事件表明根本性政治民主化遙遙無期之後，中國仍決心繼續經濟改革，這與美國的目標和利益密切相關。因此，即使沒有冷戰的戰略之必要，華府也有理由繼續努力將中國納入國際貿易和金融體系以及更廣泛的全球機構，像是美國商界對於開拓巨大中國市場的渴望——尤其在眼見亞洲已經開始令人眼花撩亂的經濟整合的情況下。但柯林頓總統也斷言，在蘇聯解體之後，經濟自由化與市場自由化可能會逐漸削弱共產黨中央對中國的政治控制。這並非——如某些人現在所聲稱的那樣——美國政策的首要目標，但削弱共產黨的控制，確實有助於緩解在與威權的「共產」國家打交道時，將經濟增長目標放在最優先位置的政治不適感。

過去四十年來，美中政治制度、經濟和社會都經歷了重大轉變。與美國相比，中國的轉變要大得多，爭議也更加激烈。在各個階段中，雙方的社會上都有一些勢力在強烈抗議、指責優先事項與結果的變化。雙方的政治體制都有改革者也有試圖破壞改革的人，而且每種體制在國內都不會是一帆風順的，因為每個階段的改革都會產生輸家和贏家。而且，無論在美國還是中國，美中關係都捲入了各自國內政治議題，使得兩國的關係更加緊張。[18]

展望未來：啟示與建言

在現任川普政府的領導下，美國對中國的看法已經從「具有威懾力的經濟機會」轉為「生存威脅」。許多權威人士斷言，與中交流的戰略「太過天真」（naïve），它給中國寶貴的資源，使其得以挑戰並最終削弱美國在亞洲乃至全球的領導地位。然而，這樣的論點乃基於錯誤的前提：即「自一九七九年以來，美國對中政策的核心目標與關鍵考驗，是將中國轉變為多黨派的自由民主國家」。它忽視了過去四十年與中國交流帶給美國的國家利益，甚至假設，美國倘若從一九七〇年代後期就開始對中國採取敵對態度，亞洲可能會更加和平與繁榮，而中國將陷於被動地位，無法提升其軍事實力，儘管美國國內政治的兩極分化問題加劇導致功能失調，對中東及其他地區的外交政策有所誤判，也不會影響美國當前在國內外面臨的挑戰。

自一九七九年與中華人民共和國建交以後，五屆美國總統任期內推行的交流策略中，美國得到什麼？列表如下：

- 加速終結冷戰（隨之而來的災難性核武戰爭之威脅大大減少）。

- 中國從推動革命輸出並與美國主導的國際秩序保持距離，轉變為追求經濟發展、優先參與區域與全球多邊機構，強調維持國際穩定而非革命性變革。
- 在亞洲（尤其是中國）及全球以直接與間接的方式協助脫貧，並取得前所未有的進展。
- 透過鼓勵中國行為溫和化，並創造條件使美國的盟友和合作夥伴不必在美國和中國之間選邊站，從而保持了美國聯盟和夥伴關係的顯著性和活力。
- 由於冷戰結束及地緣政治的變化大大減少了亞洲發生大國戰爭的機會，使美國大幅減少軍事開支。一九八四年，中國也將軍事預算削減約百分之五十，這是基於鄧小平的評估，即中國有一個將持續三十年的戰略機遇期，可以集中精力發展經濟。中國的軍事預算仍占GDP的百分之二左右，不過在這期間內，中國GDP以兩位數的成長率上升，軍事預算規模也相應增加。

更多的爭議集中在美國自身的經濟和社會成本及收益的資產負債表上。自世紀交替以來，財富分配不均加劇、工資停滯、製造業就業機會及相關獲益大幅減少，對美國造成巨大的政治與社會影響。現在許多美國人將這些負面發展歸咎於中國的政策與行動（如中國的國家資本主義發展模式、盜竊美國智慧財產權、對國有企業的補貼與相關工業政策，及對美國進入中國市場與投資機會的嚴格限制）。其他人則將這些發展更大程度上歸咎於美國政策與行動的失敗，如國內稅收與支出政策的政治問題、對財富與機會不均之情況未能改善；數位革命（digital revolution）及相關新科技對美國經濟、社會與政治的影響，以及美國金融法規的重大變革。事實上，所有上述因素都發揮了重要作用，但相對責任的占比，已經與美國—中國未來關係的性質和條件的爭論緊密結合在一起。

儘管最近幾屆總統最終都確信美中關係十分重要，不能放棄也禁不起不當處理，但以修正主義的角度評估美國對中國開放的目標及結果，只會扭曲美國對當前政策選項的討論。錯誤地作下結論，認為與中國交流未能帶給美國利益，催生了誇張及誤導性的說法，並更加傾向與中國脫鉤、遏制及對抗中國，導致華府與外交政策界對美中未來關係的預測，幾乎一致地持悲觀態度。

雖然在當前緊張的局勢中，制定具體的前進道路十分艱難，但我們還是對四十年來與中國交流的經驗進行了以下簡短總結，並就如何管理美中關係提出建議，以便在複雜的全球化世界中最大限度地維護美國的中長期利益。

重點所在

未來入主白宮的美國總統不太可能比前任總統更了解中國，或有能力對中國作出更準確的假設，他們也很可能無法避免危機、國內政治干擾、政策執行中的麻煩及溝通不良等問題。比較樂觀的部分是有些事情將維持不變，例如所有美國領導人最初都會考慮對中國政策進行大刀闊斧的全面改革，而後來往往會意識到自己能操縱的空間有限、任期的時間跨幅也有限，因此會調整自己的目標。

為充分利用中國所提供的眾多機會、有效回應中國的違規行徑，並降低意外事故及災難發生的可能性，美國的政策過程必須條理分明且有效控制，以確立優先事項、分析選項與其長期後果，以及傳播、協調與執行決策。無人知曉未來情況，但我們**知道**意外事件將會發生，科技改革正在加速，而在當今世界，韌性和危機管理系統比以往任何時候都更加重要。

目前兩國的國內政治都不利於美中關係順利推進，誤解與意外事件發生的可能性太高了。此外，鑑於現代科技發展迅速以致政府難以監管，未來的科技進步可能會超前於政府政策，進而破壞穩定。美中兩國需要共同努力制定行為準則並肩負責任，以確保所有國家行為者在相同的護欄（guardrails）下運作，這點在未來將日趨重要。

自二〇一七年起，幾乎所有定期的美中一軌對話——內容包含民間與軍方對軍方對話，若非終止就是已被縮減。然而，雙邊對話機制的長期價值所在，在於建立某種程度的相互理解與信任，因為此機制允許對各種假設進行更深入的探索，並允許在預設的談話要點之外進行交流互動，例如雙方國家如何看待同一個問題、最大的擔憂所在，甚至可以了解雙方對具體術語與詞語的理解（以及誤解）。定期對話機制並非談判的最佳手段，但可以促進雙方對彼此有更全面的理解，並制定有效策略及戰術以達成協議。結束對正在進行的討論只會徒增誤解，而這些誤解又成為雙方尋求對抗的藉口。

對美國的建言

美國與其合作夥伴及區域與全球多邊組織，推動了中國經濟和社會的開放，造就前所未有的全球成長，將中國納入一個基於規則的全球秩序，並鼓勵中國成為公共利益的貢獻者，如在發展援助、反海盜行動、反恐怖主義、防止武器擴散、環境保護、氣候變遷、疾病控制與維和等方面。實際上，在這些領域的每個面向，中國的行動都是一把雙面刃。將北京在這些領域的計畫視為戰略有害與僵化守舊的作法，是對實際紀錄的嚴重扭曲，也盲目地減少與中國合作增進能力、承諾與情感的空間，而這些合作的目的，都是為了應對美國現在及未來二十一世紀所剩期間裡可能面臨的重大挑戰。因此，對於美國來說，其對中國言論與政策從負面諷刺轉向更加平衡的現實主義，是非常符合國家利益的。這並非是要求美國更加軟弱，而是要更加精明。

在這種情況下，針對美國政策的建言應該考慮到未來的四個基本現實：

- 中國擁有與十五個國家接壤的陸地邊界及廣闊的海岸線、超過十四億人口，又是世界第二大經濟體，不管是好是壞，中國都將繼續成為影響亞洲未來的核心因素。
- 富國圖強的目的深植於中國的思維中。由於悠久歷史與過去兩百年的經驗，中國普遍認為，在未來三十年，中共應將成為富裕、強大、具影響力且受人尊敬的大國作為發展目標。具體標的尚未明確界定，但基本觀點是中國會成為全球最重要的兩、三個國家之一，並成為東亞、東南亞及大洋洲最具影響力的國家；中國應避免陷入中等收入而停滯不前，努力進入高收入國家之列（這需要中國成為科技創新的國家，擁有市場導向的經濟，並在區域及全球經濟與金融體系中扮演更重要的角色）；中國應打造能夠保衛國土並防止喪失領土，能夠保障國民取得各種資源、進入各種市場，以及遏制外來重大威脅之軍隊；中國應在塑造國際規則及規範方面發揮更大的影響力，例如利用中國在主要國際組織中的地位來訂定規則（如主權、國際標準及人權等方面）以有效反映中國觀點；中國應在政治制度、發展方法及核心外交政策原則與概念等方面受國際尊重。

這些目標都對美國的利益與價值觀構成潛在的嚴重威脅，因此，華府與北京都不能指望友好合作能成為未來美中關係的主要推力；話雖如此，這些目標中的每一項或多或少與美國利益及價值觀相容，並且可以在實際操作中再加以界定。事實上，這些基本目標早在過去十年之前就已存在，而中國一再為實現這些目標的最佳措施及如何定義任務的「成功」所困。無論是中國國內或是國外，對中國目前所採取的方法也有愈來愈多的爭論。

- 中國的國內發展及其外交政策，將對亞洲及全球的經濟、金融體系、環境與氣候變遷、疾病風險、科技發展與應用，以及安全挑戰等方面產生巨大影響。在每個案例中，中國所取得的成就都將造成困難的挑戰與壓力。
- 然而，中國在這些領域的重大失敗，可能導致國內甚至全球付出更大的代價。事實上，若中國的失敗導致大規模國內動盪時，會大幅破壞亞洲的穩定，滋養跨國犯罪組織，加劇武器擴散風險，引發前所未有的大規模移民潮，導致中國國家凝聚力崩潰及跨國境武力衝突，並使其他問題的骨牌式地惡化，最終導致中國、任何其他國家或多邊甚至全球性的組織，都無法有效管控這些問題。

總之，雖然美國與國際社會在各個領域中改變中國行為具有重大且合法之利益，但若優先考慮與中國脫鉤而導致全面美中競爭，其代價將遠遠超出目前華府的政策考量與各種層面的辨論範圍以外。我們建議美國政策充分考慮這些複雜又令人不悅的現實。

具體行動

考量到目前美國的政治局勢，我們在下一節所提出的建議政策變革，短期內應該難以實現。因此，我們建議目前的工作重點應該著重於非政府方面的努力，以制定在政治局勢變得明朗之後（無論是在美國還是中國）可行的政策選項。這些方法不僅應該在美國國內討論中敲定，也應該在與相關國家的國際雙邊、多邊二軌對話中進一步鑽研。

根據美中過去四十年的交流經驗，我們提出六項建議，旨在管控中國崛起的固有風險，同時又增強我們與中國共同應對兩國所面臨的重大議題之能力。

建議

加入現稱的跨太平洋夥伴全面進步協定

跨太平洋夥伴全面進步協定（Comprehensive and Progressive Agreement for Trans-Pacific Partnership，簡稱CPTPP）於二〇一九年年初生效，若按其成員國的GDP總量來衡量，它是世界第三大貿易協定。[19]美國在這項多邊協定的談判中扮演了至關重要的角色，該協議的廣義目標（從華府角度看）是強調美國在未來多年中於亞太地區的長久承諾與角色；更新現有貿易條款，含括過去十年中變得重要的商品及服務，特別是資料儲存、電子商務與其他網路相關的高科技產品服務，並創建高品質的貿易平臺，以吸引其他國家加入跨太平洋夥伴全面進步協定。在成立跨太平洋夥伴關係協議（TPP，此為最初協議之名稱，在美國退出後改為CPTPP）的協商中，中華人民共和國並無參與，但考量到這個貿易組織的規模與重要性，與中國談判未來加入協議，將對中國經濟的水準與改革提供強而有力的動能。

川普總統在ＴＰＰ提交國會批准之前宣布退出，他隨後要求與中國還有美國的盟友及合作夥伴分別進行雙邊協商，修改先前的貿易協定以求更加符合美國利益。他的協商策略，以及使用國家安全為由來為美國行為——那些本應被視為違反過去美國承諾之行為——辯解，給整個國際貿易界帶來了重大摩擦及不確定性。

過去的事實一再證明，加入多邊協議的協商，對於中國的經濟改革者深具意義，可令他們更致力推動中國經濟體制改革。任何協議都不可能獲得絕對之成功，國內政治與外在環境變化莫測且充滿爭議，無法確保總是一帆風順。然而，當北京尋求加入重要的現有組織時，與雙邊協商中面對美國強硬要求相比，積極變革的動力和同意這些變革的政治意願會積極得多。

退出跨太平洋夥伴協定讓美國對其他十一個協商國的信用大打折扣，也使美國在尋求達成許多與中國相同目標的同時，缺乏中國那樣因為與其他最大貿易夥伴已經在相同基礎上運作所添加的助力。而現在跨太平洋夥伴全面進步協定已經生效，不少其他國家正考慮申請加入，並建立潛在的橋梁，使跨太平洋夥伴全面進步協定享有與歐盟同等的地位。

在此脈絡下，北京若在幾年後開始研商加入跨太平洋夥伴全面進步協定，也不足為奇。如果北京在未來十年加入而美國仍置身於該協議之外，那麼中國——而非美國——將成為亞太地區（可能還有歐洲）主要貿易共同體的主導力量。屆時，美國若要加入該協定則必須反過來滿足部分由北京制定的要求了。無論是短期還是長期來看，這都不符合美國利益。

重啟美中雙邊投資協定談判

歐巴馬政府與中國為制定美中雙邊投資協定（Bilateral Investment Treaty，簡稱ＢＩＴ）而進行了曠日費時的談判。這樣複雜的協商雖有重大進展，但未能及時在二〇一六年美國總統大選前提交國會批准，完成簽署。歐巴馬政府啟動談判是為了制定規則以消除美國私人企業在中國直接投資面臨的障礙，規範美國公司在中國享有與中國公司同等的待遇，使中國經濟所有相關單位——除了那些協定中指定的企業〔所謂的負面表列（negative list）〕[20]之外——均受雙邊投資協定約束，並制定明確的國有企業待遇規則等目標。從根本上來說，美國希望更妥善地保護智慧財產權，讓美國在中國各個領域（如美國公司尤具競爭力的高附加價值服務）開設的公司皆能擁有多數或完整的公司所有權，並且能更充分地進入成長迅速的中國中產階級市場。

成功的美中雙邊投資協定將解決跨太平洋夥伴全面進步協定未涵蓋的許多問題。事實證明，完成這兩項協議並讓美國國會批准這些協議的目標過於遠大，歐巴馬無法在卸任前實現。若美國新政府在二〇一七年上任後，能夠成功推行這些政策，將使美國在展望亞太地區——特別關注中國——的美國經濟未來時，處於強勢地位。但川普政府決定不簽訂美中雙邊投資協定。我們建議美國重啟協商。

重返《巴黎協定》

我們建議美國撤回退出《巴黎協定》的決定。[21]美國政府正式否認人類對氣候變遷的究責，並以外交、經濟及安全政策上的作為來體現對此事實的否認，對美國利益極其有害。為應對氣候變遷的具體問題，合理的辯論是必要的，俾能在最有效率和效果的方式下緩解、適應氣候變遷的影響，理清各國與其機構在應對氣候變遷的責任。然而，氣候變遷的證據、科學理論、實際損害的加速，以及自然界與未來生活可能受不可逆轉影響的時間都愈來愈短，美國目前的立場，顯然與將自己視為全球科學領導者與規範制定者的定位相互扞格。

《巴黎協定》本身過於薄弱，不足以激發所需的資源與行動，將溫室氣體排放控制在可接受的範圍內。但主要大國制定《巴黎協定》，是為了獲得全球共識、建立程序，並定期加強國家承諾。美國退出《巴黎協定》大大地增加了在數十年內發生災難性氣候變遷之可能性。在歐巴馬的領導下，美國主導推動全球共識以應對氣候變遷，然而，川普總統退出《巴黎協定》並拒絕將氣候變遷視為問題，此舉造成的傷害之廣令人震驚。

重返《巴黎協定》將為美國提供一個機會，對該協定進行一些重要的修改，作為重新加入協定的誘因。例如，我們建議美國要求外部監測與查核所有主要排放國的溫室氣體排放承諾與其達成的成就。這項措施將在其他好處之餘，額外增強中國各級官員加倍努力管控碳排的動機，同時為未來預測與排放目標提供更好的基礎。

探索與中國在潔淨能源研究、開發、測試、評估與部署方面的合作

美中在這幾十年來在潔淨能源的研究、開發、測試、評估和部署方面進行了無數種方式的合作，然而目前美國政府不僅整體上放棄了對潔淨能源的支持和付出，並且更傾向將中國在此領域的作為視為國安挑戰。兩國皆具提升潔淨能源效益與可用性的能力，然而，對於美中這兩個世界上最大的經濟體來說，潔淨能源的開發與部署要能夠規模化，才有將成本控制在掌握範圍內，並達到重大突破。換言之，兩個巨大的市場採用相容的標準以增加利用的規模並降低成本，在潔淨能源的合作上至關重要。

同時，智慧財產權的保護與國家補貼的角色在此也存有巨大的討論空間，甚至比其他領域更為突出。但在美中可行的合作領域內，雙方（以及全球減少溫室氣體排放的奮鬥）都可能從潔淨能源的合作上獲得重大利益。此外，隨著與氣候相關的自然災害導致世界對潔淨能源能力及產品的需求急劇增加，在美中缺乏合作，美國政府對潔淨能源開發與應用也不支持的情況下，中國可能會獲得決定性的競爭優勢。

在網路領域，更積極專注於協商全球規範與標準之協議

新的數位世界帶來根本性的挑戰，卻無明確的解決方案，這源於數位領域中的三個核心事實。首先，不同領域的科技進步，如ＡＩ人工智慧、量子運算（quantum computing）、５Ｇ科技與虛擬實境

等，發展速度過快，以致政府無法迅速理解或有效管控。通常當政府處理某個問題、制定並採用法律或規定來管理時，欲解決的問題本身已發生變化，以至於該解決方案無法有效應對當前的實際情況。

第二，沒有任何系統能夠抵擋持續不斷且資源充足的駭客攻擊，多年來一直如此，而未來可能依然如此。總之，儘管多數官員與機構無法承認或理解，但在網路世界中，進攻勝於防守。

第三，人工智慧、虛擬實境、擴增實境（augmented reality）、量子運算、5G網路及物聯網（Internet of things）的進步，以及經濟、娛樂、醫療設備與服務等領域的數位化轉變，這些前所未見又不太能被理解的能力全部都由某些公司、軟體工程師及電腦演算法所掌握。以上這些能力倘若掌握在各國政府管控之下，那麼遭到惡意利用的可能性將令人憂慮，不過單就限制與規範方面，比起現行的網路世界現實，政府還是更有能力達成真正有效的協議。

或許更重要的是，科技創新的歷史充滿了許多突然「豁然開朗」的時刻，當原先為各自不相關目的所開發之能力能夠正確結合時，就會產生前所未見且無人預期的顛覆性能力。目前絕大部分領域還未受規範的數位科技發展，可能在未來十年內會產生這樣的「頓悟」劇變。由於許多最活躍的數位科技都在美中兩國發展，因此彼此都極度擔憂對方現在與未來的能力，這也是可以理解的。

目前的困境並沒有能令人完全滿意的解決方案。然而，美國應該更加重視就國際規範及下一代數位系統的標準進行協商，以達成協議〔例如一個數位的《日內瓦公約》（Geneva Convention）〕。中國一直在標準制定過程中十分活躍，而美國對此的關注程度相對較低。這些標準的重要性不容忽視，因為它們是拓展銷售至其他市場的關鍵，同時也可以對不見容於已採用適用標準的新功能帶來重大障礙。

數位領域的國際規範尚處於起步階段，但在許多問題上（例如數據資料儲存、傳輸規定及數位內容及流量的主權管控），因實際運作方式不斷變化，而成為許多政府、私營企業、非政府組織、政治倡議者與金融機構的關注要點。跟許多其他領域一樣，進行嚴肅的對話以了解當前的關切以及日新月異數位科技的影響，並在可能的情況下達成一致的規範，是一項值得付出努力的工作。美中兩國絕非這個領域中唯一重要的參與者，但美中之間的磋商與共識建立，至少可以提供一些動力，讓網路領域不再是競爭與衝突的場域。

儘管如此，總地來說，網路領域的發展絕對會加劇美中之間的不信任。我們的建議雖無法解決這個問題，但試圖盡可能減輕這種不信任還有隨之而來的危險。有鑑於廣義的網路領域正經歷快速、多面的轉變，而且無法保證任何系統不受入侵（即在駭客世界中，攻擊勝於防禦的現實），將中國公司的網路及設備，與歐洲、美國及其盟友與全球合作夥伴脫鉤，並不必然會對中國或美國的網路安全帶來永續且實質的成長（net increase）。事實上，持續溝通、共同研究（如人工智慧），以及關於規範與標準的談判，更有可能在網路領域中增加活躍且相對無害的發展機會。[22]

重啟並擴大美中軍事對話

隨著中國軍事實力的擴張，美中的軍事緊張局勢加劇，潛在的引爆點增加，國家安全教則、部署與演習，都增強了對方的受威脅感。不斷升級的緊張局勢不僅反映現實的重大變化，也反映出日益顯著的零和賽局地緣戰略競爭（zero-sum geostrategic rivalry）意識。在這種背景下，自二〇一六年起，美中兩國的軍事對談與共同合作的行動大幅減少，現存的聯繫僅限於各軍事部門的最高層級。

中國也對軍隊進行了重大改組，將其主要任務從確保國內管控轉為專注於跨軍種的聯合能力，以應對潛在的外部威脅。[23]因此，鑑於解放軍指揮控制系統的快速變化、兩軍教則的重大變革，以及兩軍在第一島鏈地區的增強部署，美中兩軍對話在各個層面上的潛在重要性非但沒有降低，反而有所增加。我們建議美中兩國開啟討論——無論是重啟還是往下發展——以確立最有用的軍事對談，其中並應包含下列三個基本目標：

- 制定額外協議程序，以應對海上、水下及空中發生的海上事故。
- 針對可能引發升級反應的事故或事件的發生，制定並交換彼此關於危機管理方面的資訊。

- 針對某些特定問題（例如朝鮮半島發生衝突的可能）展開對話，清楚確認相關人員與通訊方式，以降低美中軍事直接衝突的可能。

讓美中兩國的軍官相互了解的價值在於，透過這種互動，雙方可以熟悉彼此的性格、態度與見識，這在危機爆發時尤其有用。在緊張局勢下，若有既定的行為準則可供參照，便能減少溝通不良或誤解的可能性，也能大幅降低局勢升級的風險，避免犯下不必要的錯誤。特別是在危機不斷升級的狀況下，一方往往會認為對方必定清楚理解自己發出的信號，且會以先入為主的假設方式，去解讀對方的信號。在美中兩國的體系中，危機當頭時內部溝通的失準以及吝於分享情報的作法，都將徒增危險。

美中軍隊都有在不洩露機密情報的前提下與對方交流的經驗。進行對話並制定適當的行為準則以應對各種類型的事件與情況，其價值遠超過不進行對話的潛在風險。

＊＊＊

這個世界上人口最多、曾受貧窮、狂熱主義（fanaticism）及孤立主義（isolationism）所苦的國家，在四十多年前開始加入國際社會。其後，它愈來愈歡迎外國企業與技術，並成為冷戰期間對抗蘇聯侵略的戰略夥伴，還推動了數十年來前所未有的國內及全球脫貧計畫、促進繁榮。中國的領導人推動了上述舉措，其中許多需要對中國的社會與政治體制進行艱難的改革，而美國在自身利益的基礎上看到了機會，並支持了他們的努力。

無論是美國還是中國，作出選擇和處理問題的時候都不是懷抱天真的夢想，在許多時刻，彼此的關係甚至還十分緊張。然而，雙方都認識到——在歷經四十多年來國家領導層多次重大更迭後——放棄建設性的雙邊接觸將使兩國在經濟和地緣戰略方面陷入更糟的處境。若美國不對中國開放而中國也不對世界開放，那麼當今國際的高度互動、全球經濟的傲人成長，以及亞洲無戰事四十年，都不可能發生。這種共同理解只有透過雙方的努力、耐心與實事求是的決心，才得以實現。

美中政府應該認清，一九七九年的美中建交是隨後四十年經濟成長與避免重大戰爭的**必要條件**。展望未來，氣候變遷、恐怖主義、網路戰爭、核武擴散及疫病大流行等許多現今最危險的威脅，都是跨國性的，美中唯有找到合作——或至少在平行軌道上同步作業——的方式，才能有效管控。若兩國相互將這些威脅視為零和地緣政治競爭與威懾的另一座競技場，這些威脅則很可能會惡化並且變得更加棘手。

目前美中之間日益增多的競爭與敵對關係，確實是受到某些重要現實因素所影響。在這種情況下，美中領導人與民眾都不該忘記，若要有效應對本章所述的挑戰，美中兩國必須有一定程度的合作。不幸的是，儘管兩國都對日益加劇的雙邊與多邊衝突作出應對，還是有一些誤導性的歷史敘事廣為流傳，先是諷刺美中四十多年的外交目標，然後貶低其成就，導致美中外交的政治空間縮限，進而使兩國難以維持必要的合作。

引註：

1. 「正常化」是一九七九年一月一日中華人民共和國與美國之間建立完整外交關係的專有術語。
2. 每個世貿組織成員國都可以進行雙邊加入協議之談判，該協議明確說明其所堅持之條款，以支持新申請國加入世貿組織。就中國而言，美中之間的雙邊加入協議涵蓋最廣泛的重要問題，大多數其他主要成員認為涵蓋了中國加入世貿組織所需的百分之八十以上關鍵問題。因為世貿組織是透過共識運作，每個雙邊加入協議的條款都將納入加入世貿組織的最終整體條款之中。
3. See Paul Blustein, *Schism: China, America, and the Fracturing of the Global Trading System* (Waterloo, ON: Centre for International Governance Innovation, 2019), 40-42. 朱鎔基總理必然得到了中國共產黨總書記江澤民的支持，才能接受這些妥協，但這些細節似乎受嚴格保密，讓許多認為自己應該對這些決定有更多參與的官員感到驚訝。
4. 中國指出事件的許多方面加深了他們對美國故意瞄準中國大使館的懷疑。然而實際上，白宮是在戰情室人員在CNN上看到現場的實況報導時，首次得知這次轟炸事件。
5. On the unrest and its suppression, see Robert Barnett, "The Tibet Protests of Spring 2008," *China Perspectives* 3 (2009): 6-23.

6. Kenneth Lieberthal and David M. Lampton, eds., *Bureaucracy, Politics, and Decision Making in Post-Mao China* (Berkeley: University of California Press, 1992).

7. 也就是說，在兩國建立完整的外交關係之前，他在北京相當於實質大使。

8. An excellent, concise summary of the issues, challenges, and outcomes is available at U.S. Department of State, Office of the Historian, "The August 17, 1982 U.S.-China Communiqué on Arms Sales to Taiwan," https://history.state.gov/milestones/1981-1988/china-communique. For the text of the joint communiqué, see "U.S.-PRC Joint Communique, August 17, 1982," https://photos.state.gov/libraries/ait-taiwan/171414/ait-pages/817_e.pdf.

9. 最惠國待遇簡單來說就是享有相同的關稅待遇。美國及許多其他國家都對幾乎所有與其進行貿易的國家授予最惠國待遇，通常不需要定期更新。簡言之，沒有最惠國待遇代表你被單獨歧視對待。在一九九〇年代，美國除了對某些國家以外，給予所有國家最惠國待遇。世貿組織的規定賦予所有成員國最惠國待遇。柯林頓政府希望談判將中國納入世貿組織，但美國國會對任何暗示中國將獲特殊優惠關稅待遇之情事表示強烈反對。柯林頓隨後讓國會將「最惠國」一詞更名為「永久正常貿易關係」；二〇〇〇年，國會表決通過，授予中國永久正常貿易關係地位。若無此一改變，待中國在二〇〇一年底加入世貿組織後，所有世貿組織成員國，都將受益於美國與中國在協議談判中達成的優惠條款，僅僅美國本身被排除在外。

10. "Summit in Washington; Clinton and Jiang in Their Own Words: Sharing a Broad Agenda," *New York Times*, October 30, 1997, A20.

11. "Hainan Island Incident," Wikipedia, https://en.wikipedia.org/wiki/Hainan_Island_incident.

12. 小布希總統在二〇〇三年十二月於白宮橢圓形辦公室會見中國國務院總理溫家寶時表示：「我們反對中國或臺灣片面作出改變現狀的決定，臺灣領導人的言論與行動表明他可能想單方面改變現狀，而我們反對這種作法。」參見Brian Knowlton, "Bush Warns Taiwan to Keep Status Quo: China Welcomes U.S. Stance," *New York Times*, December 10, 2003, https://www.nytimes.com/2003/12/10/news/bush-warns-taiwan-to-keep-status-quo-chinawelcomes-us-stance.html.

13. 詳見本章後半部之討論。

14. Jacque deLisle, "9/11 and U.S.-China Relations," Foreign Policy Research Institute E-Notes, September 3, 2011, https://www.fpri.org/article/2011/09/911-and-u-s-china-relations/.

15. 中國並非G8成員國之一。

16. Bernard Gwertzman, "U.S. Decides to Sell Weapons to China in Policy Reversal," *New York Times*, June 17, 1981, https://www.nytimes.com/1981/06/17/world/us-decides-to-sell-weapons-to-china-in-policy-reversal.html.

17. The history is summarized in: Andy Wright, "Trump Could Learn from Gore on How to Handle an Election Interference Scandal," Just Security, August 9, 2018, https://www.justsecurity.org/60200/trumps-unlearned-lessons-chinas-clinton-goreelection-interference/.

18. See, for example, Kenneth Lieberthal, "Domestic Forces and Sino-U.S. Relations," in *Living with China: U.S.-China Relations in the Twenty-First Century*, ed. Ezra Vogel (New York: W.W. Norton, 1997): 254-76.

19. 若美國沒有退出，跨太平洋夥伴關係協議成員國的總GDP將從全球百分之十三以上增加到接近百分之三十。

20. 中國先前曾採用正面表列原則，即協議僅適用於協議中明確列出的部門，所有其他部門均被排除在外，轉而採用負面表列原則在中國及雙邊投資協定談判中，象徵一大突破。

21. 雖然川普總統於二〇一七年退出了《巴黎協定》，但美國在退出決定生效後的四年內仍為正式成員。因此，在二〇二一年之前，美國政府可以撤銷其退出決定，無需正式重新談判加入該協定，也無需經過國會批准。編按：美國已於拜登總統上任一個月後重新加入《巴黎協定》。

22. 下列資源為這些議題提供了簡易的介紹：Anders Henriksen, “The End of the Road for the UN GGE Process: The Future Regulation of Cyberspace,” *Journal of Cybersecurity* 5, no. 1 (2019): 1-9; Alex Grigsby, “The United Nations Doubles Its Workload on Cyber Norms, and Not Everyone Is Pleased,” Council on Foreign Relations, November 15, 2018, https://www.cfr.org/blog/united-nations-doubles-its-workload-cyber-norms-and-not-everyone-pleased; and Melissa Hathaway, “Getting Beyond Norms,” Centre for International Governance Innovation, April 20, 2017, https://www.cigionline.org/publications/getting-beyond-norms-when-violating-agreement-becomes-customary-practice.

22. Phillip C. Saunders et al., eds., *Chairman Xi Remakes the PLA: Assessing Chinese Military Reforms* (Washington, DC: National Defense University Press, 2019) 此文提供了對中國人民解放軍綜合性的分析與評估，包括解放軍的驅動力、內涵、影響以及潛力。

第14章 與中交流——悼詞與風暴的反思

文／藍普頓（David M. Lampton）

我非欲辯駁布魯圖斯之言，
我只言我所知。
昔日諸君愛戴凱撒，並非毫無起因，
何故今日不為其哀悼？
嗚呼，判斷之思想，竟逃遁似蠢獸，
人類已失其理智！請容我言，
我心在凱撒之棺中，
須待我心歸來，方可復言。

馬克・安東尼之葬禮演說，《凱撒大帝》，第三幕第二場
——威廉・莎士比亞（William Shakespeare, 1546-1616）[1]

以莎士比亞筆下馬克・安東尼（Mark Antony）在凱撒大帝（Caesar）葬禮上的發言為精神，我在此埋葬自一九七二年以來四十多年眾所皆知的美中「交流時代」。如同安東尼的葬禮演說，我將**讚揚**逝去的時代；與安東尼不同的是，我的讚揚將平實直接、清楚明確，不為其辯護，也不對其嘲諷。然而，在

讚揚過後，我們這些「生者」仍然要面臨核心的問題：接下來會發生什麼？我們應該要做什麼？

在美中關係的後交流時代，未來互動的性質仍不明確，不過目前看來其方向與兩國及其人民長遠、全面的利益背道而馳。這種趨勢可能會持續下去，因為兩國對彼此的安全焦慮都日益加深，而且先前保持正面態度的選民或者支持者也逐漸疏離，種種原因推動著國內政治，致使兩國關係愈走愈遠。分道揚鑣的代價將不斷累積，直到在未來某個時刻，那些更具有建設性及冷靜思考能力的人有機會——或是有勇氣——發揮，或者重新發揮影響力。

隨著千禧年來到第三個十年，美國兩個占主導地位的政黨對中華人民共和國的政策與感受在許多方面趨於一致。這種趨勢反映出美國人對中國的普遍看法急劇下滑，在西歐也是如此。[2]

傳統上，美中關係就像一張三腳凳，安全、經濟、文化與外交各為一隻腳。直到二〇一〇年左右，當其中一隻腳疲軟無力時，其他兩隻腳須有能力承重。但在二〇一〇年後，安全問題從作為交流與建交關係的支柱，逐漸轉變對兩國充滿摩擦的主因，正如馮稼時（第二章）、傅立民（第十一章）、高龍江（第三章）及趙文詞（第五章）在各自章節所詳述。大多數的社會更傾向於優先考慮安全，將其置於其他考慮因素之上，因此在安全問題日益嚴峻的情境之下，北京與華府去化解各種針對美中關係的牢騷或者不滿的動機或理由，也日益減少。

在華府與北京，貿易、金融及教育關係逐漸深陷安全焦慮之中（參見本書戴博的第十章），更別提這些領域本身也早已變得衝突不斷。兩國的整體政策，都與支持雙邊關係的對方支持者愈走愈遠。在美國，北京逐漸疏遠美國商界就是很好的例子。因此，到二〇一六年，美中關係中的安全、經濟、文化與外交三隻腳同時變得不穩定，這是過去近三十年來從未發生過的。接著，從二〇二〇年第一季起，新冠病毒的大流行巨幅放大對中國負面的看法，因為美國咸認中國是疫情的起源地。一開始北京試圖掩蓋並淡化這一點，後來才勉強與世衛組織合作。可以預見的是，美國對北京最初新冠病毒反應的批評，被解讀為華府企圖羞辱中國及其人民。

在美國，美中關係三支柱削弱的背景是眾人根深柢固的成見：兩國經濟關係從根本上來說是不公平的、缺乏互惠性；展望未來，中國成為法治、人道主義國家的前景也似乎愈來愈黯淡，[3]而美國商界也認為中國的經濟改革正在開倒車（本書由艾倫撰寫的第六章與諾頓的第七章皆直接談論了此問題）。北京當局愈來愈擔心美國可能永遠不會將中國視為具有同等地位的大國，甚至會試圖破壞中國政權之穩定——歐巴馬政府二〇一一年的「重返亞洲」政策，還有拒絕接受當時新上任的習近平關於「新型大國關係」之呼籲，成為北京理解美國檯面下目的的典型代表。這種負面觀點在中國十分普遍，中國人民認為：中國如今更強大且更值得尊重，美國須表現一定程度的敬重；相對地，美國的衰落（從北京的角度來看）在全球金融危機中暴露了出來，華府也需要因應和調整。在美國，中國的虛張聲勢使得美國民眾更加擔心北京將會考驗華府的決心。隨著川普與習近平分別在華府與北京掌權，這一切都達到了頂峰。兩位都是民粹主義型領導人，都不像他們的前任那般熱衷於交流；兩者都減少對專家與技術官僚的依賴，取而代之的是集權式的強人政治管控。

本章的重點並非美中兩國究竟如何從過去走到現在這一步，而是著重於：有哪些跡象顯示美中交流時代——如我們過去四十多年來一直在談論——在許多重要的面向已經結束？隨著美中兩國走向衝突頻仍、合作減少的未來，過去交流所得的益處，有什麼將會逐漸減少甚或遭受完全摒棄？我們從那漫長而在許多方面皆有豐碩成果的交流時代中，能學習到什麼可以幫助我們處理美中關係，並應對未來挑戰的課題？最後，新的後交流時期與二十世紀下半葉的冷戰時期（一九四六至一九九一年）有何相似與不同之處？面對未來，這些差異將會十分重要。

交流的消逝：從消除疑慮到威懾遏制

為了進入討論，我將交流時代的期間定義在一九七一至二〇一六年左右，這幾十年間的交流主要的特徵是具有某種延續性。美中之間獨特的互動模式定義了這個時代，當時美國盛行（儘管未被普遍接受）某種態度、目標及政策傾向。我將這時期視為一個整體，藉以強調持續了四十五年的核心特徵——以政策的壽命而言，這是一段相對較長的時期。

一九六九年初尼克森總統上任後不久，便採取嚴肅而漸進的態度展開與毛澤東的接觸，進而開啟了交流時代，但隨著川普與習近平的上臺，交流時代畫下了句點。儘管八屆美國總統政府（尼克森、福特、卡特、雷根、老布希、柯林頓、小布希、歐巴馬）與四屆北京政府（毛澤東、鄧小平、江澤民、胡錦濤）都存在顯著的差異，美中的互動模式從本質上來說是連續一致的。

正如李侃如與董雲裳在共同撰寫的第十三章中提到：「歷屆美國總統都認為幫助減輕這些（在中國後文革時期）巨大挑戰帶來的衝擊，既符合國家利益同時也是道德責任。」文革摧毀了一九六〇年代末至一九七〇年代初的中國，其面臨的挑戰包括脫貧、重建教育體系、改善醫療保健，以及建立讓北京認為有利於己的國際秩序。簡而言之，美國的任務是給予足夠的動機使中國實施更人性化的治理，以期創造和平的先決條件。

中美雙方最初是為了打擊蘇聯政權而攜手（在本書馮稼時所撰之章節詳述），後來也合作反恐。在整個交流時期，儘管多次出現危機及溝通中斷的情況，然而在整個交流時期，**對話**是一切的前提。就對話者而言，這種關係不斷擴大和深化，從以「最高」領導人為中心的互動與對話模式，如尼克森（和季辛吉）與毛澤東（和周恩來）之間的互動，發展到從卡特總統與鄧小平時代逐步擴大至**社會對社會的互動與對話**，正如布洛克在第八章所述。美中交流的核心，在於促成兩個社會在各個層面愈來愈頻密的對話與互動。

交流背後的基本思考邏輯是，若雙方能鞏固相互理解，雙方社會及其經濟、民間社會團體與官僚機構若能更加緊密交織在一起，美中關係便會更加穩定，更富有成效，也更易於管控。美中關係好比初到小人國被用繩索綑住的格列佛，繩索綑得愈多愈牢，帶來的系統性破壞就會愈多愈嚴重。儘管中華人民共和國在兩國互動時的限制一直比美國更多，這種經濟、教育與文化交流，仍大幅地擴展到兩國間參與交流的部門、個人、機構與政府單位，正如本書相關章節所述一般。自然地，我們社會內部與社會之間的參與者愈多，複雜性及衝突點就愈多，但「交流愈多穩定性愈高」是整體時代的假設。

儘管危機及嚴重事件屢屢發生（如一九八九年的天安門事件、一九九五年與一九九六年的臺海危機、一九九九年貝爾格勒的中國駐南斯拉夫大使館誤炸事件，以及二〇〇一年南海的美中軍機擦撞事件），而且就戰略而言中美雙方互不信任，但它們並未將對方定義為最嚴重的國安問題。在一九九〇至二〇〇〇年代，儘管美中交流之基礎不如以往穩固，但北韓核計畫與全球反恐戰爭等事件，仍為有限的美中安全合作提供了機會。正如馮稼時對筆者的評論中所說，這些事態發展，讓北京與華府可以「假裝」彼此的戰略關係與交流比實際情況更「健康」。同樣重要的是，在整個千禧年期間，從九一一事件、阿富汗戰爭到伊拉克戰爭，華府的關注焦點一直在東亞以外的地區。

漸漸地，由於愈來愈多事件發生，加上解放軍實力日益提昇，中美雙方在安全方面的策略都變得愈發保守。當美軍深陷中亞與中東問題的泥沼時，北京察覺到美國衰落的跡象，甚至已達日薄西山的程度。二〇〇八至二〇〇九年的全球金融危機，鑑於中國當時有能力有效刺激國內成長並良好應對全球貿易與金融風暴，讓北京認定美國的實力已大幅衰退。不過，北京也擔心華府可能會因中國實力增強而變得更加挑釁好戰，因此中國與日俱增的自信心隨之逐漸踩了煞車。

但就美國而言，華府僅能眼見中國的軍事、經濟與實力急速成長而乾著急。如諾頓在第七章所言，「大多數經濟學家（包括我自己）無法預見中國崛起為經濟超級大國後，所帶來的巨幅變動」，也無法預見其變動速度之快。愈來愈多證據顯示，北京有意非法取得智慧財產權，並在美國競爭優勢最大的中國市場排擠美國。為達上述目的，中國利用其龐大的國內市場誘引外國企業，以獲取必要的技術轉讓。

但撇開弦外之音不談，在整個交流時代，兩國公開宣布的政策與整體戰略，都強調**消除疑慮而非威懾過制**（reassurance rather than deterrence），並且著重於透過雙邊關係實現國內經濟目標。事實上，二〇〇一年美國遭受恐怖襲擊，一時間推進了美中安全關係合作，如李侃如與董雲裳合著章節以及傅立民撰寫章節所描述。甚至在二十一世紀首個十年末尾，全球金融危機也突顯了華府與北京在各自的宏觀經濟政策方面合作以維持全球經濟成長與金融穩定的重要性。儘管美中之間長期存在諸如商品貿易逆差擴大、匯率、市場進入、非關稅壁壘、技術轉移與智慧財產盜竊等問題，但雙方都認為擴大雙邊經濟關係對兩國關係具有重要的正面影響及穩定作用。在這一時期，透過經濟相互依存建立安全與繁榮是主流想法。在交流期間，企業界看到的是業務問題，而非戰略衝突。事實上，商界普遍支持與北京的正常貿易關係，也支持中國在二〇〇一年加入世貿組織。

在歐巴馬與胡錦濤政府末期，各方對交流時代的意見都愈來愈多—例如北京在南海強勢推進，以及華府的「重返亞洲」（後來稱為「再平衡」）——而川普與習近平時代的到來，使兩國關係發生了巨大變化，政治強人之間的互動成為雙邊關係的顯著特徵，且兩位領袖的作風都與前任背道而馳，著實令人不安。新時代的高階領導人更具主導地位，他們**較少**仰賴各自政府機關與專家學者所提出的技術官僚政策而行動。事實證明，川普與習近平都決心在國內與國際經濟事務中介入更多，與其前任相比，他們較不信任市場或專家的智慧。

雙邊關係多方面惡化，政府間、部會間既有廣泛而定期的對話，以及活躍而相對無拘束的非政府組織對話，都已大幅減少。雙邊非政府組織互動在頻率、規模與重要性方面都明顯下降，反映出北京二〇一七年一月頒布《外國非政府組織法》所帶來的影響。正如戴博與毛雪峰在各自章節（第十章與第四章）所述，雙方的學生、學者、智庫研究人員不易取得簽證，學術與教育關係之纖維已經磨損。到二〇一九年年中，往來於美中兩國的學者與商界人士憂慮日增，擔心旅行簽證是否能獲准核發，也擔心在兩國之間移動時會遭遇各種刁難（例如在邊境卡關）。而私部門間的對話內容空洞，迴避了最需要解決的核心問題。雙方都在追蹤彼此的間諜，並且都試圖透過金流來追蹤對方的「影響力作戰」（influence operations）。[4]

威懾力量與軍備競賽已經壓倒了透過軍方交流與對話試圖消除的疑慮，其中一個跡象便是使用「**侵略**」（aggression）一詞來描述中國的行為，而非使用「**強硬的對外政策**」（assertive foreign policy）之類較為溫和的措詞。在美中兩國治國方略中，強制手段占據了主導地位，而外交與文化交流方面則退居二線。美國國防部的政策是很好的例子：對某些繼續接受中國資金建設孔子學院的學校，削減國防部的資助，而某些國會議員也響應（實際上是鼓動）這一號召。二〇一九年九月，美國科技政策辦公室（Office of Science and Technology Policy）表示需要「聯邦政府、研究機構、私營公司、非營利組織與執法單位攜手合作，在與日俱增的威脅下，確保美國研究事業的完整與安全」。[5]在中國，外國學者取得檔案與田野調查機會的管道正在不斷減少，而商業與金融關係現在成為威脅雙邊關係的爭議焦點（請參閱艾倫所撰寫之章節）。華府與北京針鋒相對地對彼此的出口商品上徵收報復性關稅，使互惠互利的概念名譽掃地，世界兩大經濟體之間龐大的經濟與商業關係正遭受來自政治的砲火，華府追求「脫鉤」，而北京則追求「自力更生」（self-reliance）。[6]

隨著美中關係進入二〇一九下半年，中國對香港的權力行使（愈發嚴厲的聲明與過當的港警執法）以及對新疆的行動〔「再教育」營（"reeducation" camps）〕，成為主要的爭議焦點，對臺灣的壓力也增加了，中國甚至試圖影響二〇二〇年的臺灣總統大選（但未成功）。面對香港數月的動盪及中國對香港自治運動的更多限制，在二〇一九年十一月，美國國會通過並由川普總統簽訂《香港人權與民主法案》。北京並未讓步，反而在次年年初逮捕許多年長一輩的香港民主推動者，並實施了一項可對外國人執法的《國安法》，該法條適用於在香港及中國境外活動的外國人士。在二〇二〇年八月，華府派出自一九七九年以來最高級別的官員——衛生及公共服務部部長（Health and Human Services Secretary）亞歷克斯・阿札爾（Alex Azar, 1967-）訪問臺灣，激怒了北京。

北京與華府現在都將對方定義為主要的外部安全挑戰。川普總統以「國家安全」為由將中國從關鍵供應鏈中驅逐出去（例如華為；雖也嘗試針對中興通訊但最終失敗，換來的是中國的以牙還牙）。中國實際上也已經將美國最具競爭力的網路公司（例如Google及Facebook）排除在其龐大的國內市場之外，但同類型的中國公司卻在美國及全球地區獲致成功。習主席使用毛澤東的「自力更生」法寶，以應對對美依賴的焦慮，無論是在糧食還是關鍵技術方面。[7]二〇一八年九月，《中國日報》刊登了一張習近平與一群農民工的合照，讓人想起文革期間毛主席與農民的著名場景。這張照片的說明寫道：「因中國在國際上面臨單邊主義抬頭及貿易保護主義上升，習主席強調自力更生的重要性——糧食要靠自己，實體經濟要靠自己，製造業要靠自己。」[8]華府與北京正在相互較勁，雙方都採取更為嚴格安全、重商主義及進口替代的政策，同時因各自對間諜活動與推翻政權的恐懼而限制了知識交流。以下將提供四個案例的實質內容來加以說明：

第一，由共和黨及民主黨共同創立、自稱「大膽、創新、兩黨合作」的華盛頓智庫——新美國安全中心（Center for a New American Security），已成為華府解讀中國政策重要的一員。二〇一九年年中，該中心的報告準地總結了華府兩黨針對中國的國家安全觀：「就中俄戰略競爭優先而言，國防體系樂見這一段兩黨共識時期。」[9]同一智庫的另一位副研究員，在另一份報告中主張「考慮到中國軍事的創新進展」，多方位的「競爭性動員」（competitive mobilization）實為必要。作者擔心「未來的衝突可能會迅速且毫無預警地爆發」，主張進行動員準備，如擴大兵役登記制度（Selective Service System）「不僅是十八至二十五歲的男性，而且要擴大登記到三十五歲以下所有性別的美國人」。[10]

第二個例子是由美國國務院的政策規劃主管所提出（雖然隨後遭國務院否認），該官員觀察到，這是「我們首次遇到非白種人的強國競爭對手」。[11]該官員以帶有種族色彩的「文明衝突」（clash of civilizations）論來支持川普政府對北京的政策。不單華府的某些勢力陷入種族主義的死胡同裡，在二〇一四年五月，習近平也曾表示：「亞洲的事情，歸根結底要靠亞洲人民辦；亞洲的問題，歸根結底要靠亞洲人民來處理；亞洲的安全，歸根結底要靠亞洲人民來維護。」[12]這是什麼意思呢？白話地說便是「亞洲是亞洲人民的亞洲」（Asia for Asians）。

在美國，華裔社群由於擔心自己可能成為受懷疑的目標，內部的焦慮情緒不斷升高。[13]華裔民眾受到身體與言語攻擊的事件愈來愈頻繁。聯邦調查局呼籲美國民眾團結一心去回應、對抗中國的間諜活動及智慧財產權盜竊之威脅。[14]有鑑於此，北京政府主張所有在中國境外生活的華裔人士（其中許多或大多數人是其他國家的公民），都有某種義務幫助「祖國」（motherland，即中國），這可能無意中使所有在國外生活的華裔人士成為目標。前中央情報局反情報部門主管詹姆斯・歐爾森（James M. Olson）寫道，俄羅斯情報部門常常以金錢作為誘因招募情報員，古巴情報部門則以意識形態作為吸引力，而中國情報部門則傾向於利用民族團結。[15]

第三個案例是：美國在交流時期，政策會避免對中國直言不諱地提倡反政權、反共產主義、意識形態，還有以推翻政權為導向的言論，而是傾向於談論特定問題，如法治、人權、全球價值觀與規範。在維持對美國價值忠誠的同時，曾有人試圖將意識形態摩擦擺到一邊。然而，到二〇一九年六月，美國國務卿蓬佩奧說：

> 在那〔天安門事件〕以後的幾十年裡，美國曾希望中國融入國際體系能夠帶來一個更開放、更寬容的社會。但這些希望破滅了⋯⋯我們向三十年前在天安門廣場勇敢地挺身而出、爭取自身權利的中國人民英雄們致敬。他們大無畏的榜樣一直激勵著後代在世界各地發出要求自由和民主的呼聲，柏林圍牆的倒塌以及隨後幾個月東歐共產主義的終結都深受天安門事件的啟發。[16]

中國領導人將此類言論視為煽動「顏色革命」。北京注意到華府的「黑手」在鼓勵中國延伸而不穩定的周邊地區——香港、臺灣、西藏、新疆——進行破壞穩定的運動（見本書傅瑞珍所撰之第十二章）。舉個例子，筆者在二〇一九年年中與一位中國外交官的會面中，他對美國眾議院議長南西・裴洛西（Nancy Pelosi, 1940-）最近表示數百萬示威者在香港街頭的場景是「美麗的一幕」（beautiful sight to behold）表達了抗議。

正如布洛克在本書中所指出的，美國並非唯一一個在意識形態問題上提高聲量的國家。《九號文件》是由中央委員會辦公廳頒布的習近平新時代中國共產黨首批聲明之一，主張政權打算加強對外部顛覆勢力的打擊，並定義出數個在政治上具有危險性的問題，如（西方）憲政民主（constitutionalism）、歷史虛無主義（nihilism）、公民社會、普世價值與新聞媒體自由（西方新聞觀）。[17]。隨後，習近平成立了國家安全委員會，其主要目的是為打擊外國顛覆政權之活動。[18]在其他意識形態相關的領域，舉凡大量的新疆維吾爾人被送進「再教育」營，以及利用現有和發展中科技監控國家狀態，無疑都激起了美國民眾與政府的關切。中國二〇一六至二〇一七年的《外國非政府組織法》，核心特點是將對外國非政府組織的監管權從民政部轉移到公安部，這一舉措進一步加深國內非政府組織與美國及其他外國非政府組織的擔憂。美國的大學、研究機構與非政府組織，都因此開始不斷評估與中國機構合作的風險報酬率。

最後，與「樹欲靜而風不止」（the wind will not subside）這句文革時期的口號遙相呼應的是，新冠病毒於二〇一九年末於中國爆發，並且隨後在全球傳播，引發了新一輪對中國體制帶有意識形態色彩的批評，指責其透明度不足及最初對國際合作——尤其是對美國——抱持的保留態度。雙方相互指責隨之而來，雙方國家中都有一些聲音指稱對方以某種方式有意釋放病毒（但沒有證據）。本書第九章黃嚴忠詳細介紹了之前的公衛合作及最近的惡化情況。確實，到了二〇二〇年春季，北京與華府彼此指責，認為對方對新冠病毒大流行的應對反應緩慢，導致病毒大規模傳播；美國退出了世衛組織，而北京則作出了多邊合作捍衛者的姿態，去遏制新冠病毒的傳播。新上任的拜登政府二〇二一年的首要行動之一，就是重新加入世衛組織。

簡而言之，自習近平與川普時代開始以來，美中之間的意識形態衝突急劇惡化。然而，儘管美中交流每況愈下，也不應因此掩蓋早期所達成的成果。

悼詞：美中交流的目標與成就

目標：基於前述的情勢惡化，美中兩國內部都存有許多對交流時期的批評，兩國都在進行政策調查。兩國人民普遍擔心未來會走入「新冷戰」的局勢。在美國方面，二〇一八年的《外交事務》雜誌春季號上，由柯林頓至歐巴馬時期的兩位前美國官員所共同撰寫的文章，在辯論初期被引用的頻率最高。在康貝爾與瑞特納的分析中，對美國的調查定下了不準確的起始點，他們將交流政策的實行歸因於一個首要目標（使中國變得與美國一樣，實現民主）歸功於，然而實際上在交流四十五年的期間，那並非大多數政策制定者的主要目標。康貝爾與瑞特納寫道：

> 美國一直對自己影響中國路線的能力有過於誇大的認知……華府現在面臨著現代史上最具活力、最強大的競爭。要正確應對這一挑戰，就需要摒棄長期以來美國對中政策的特點，即充滿希望的想法。川普政府的第一份《國家安全戰略》透過**質疑**美國戰略中的假設想法，朝著正確的方向邁出了一步。[20]〔粗體由原書編輯添加〕

所以，二〇一七年十二月發布的《國家安全戰略》的內容重點為何？

> 中俄兩國挑戰美國的實力、影響力及利益，企圖破壞美國的安全與繁榮。中俄限縮經濟的自由度與公平性，提升軍事實力，並控制資訊與數據資料，以壓制社會並擴大影響力……這些舉措讓美國重新思考，過去二十年內與競爭對手接觸交流、將其納入國際機構與全球商業中，預期將可以使他們行為良好並成為可信任的夥伴，這樣的政策是否正確。大多數情況下，事實證明這個前提

是錯誤的。[21]

康貝爾與瑞特納的文章（還有發表時間早於他們的川普《國家安全戰略》）隱晦指出，過去十年左右所見的中國政策整體變化，美國（及其他地區）並不樂見，這一局勢的發展大多是由過去的政策所導致，而倘若早期採取了其他政策，便可能減輕或避免這種趨勢。如柯慶生（Thomas Christensen, 1962-）與金沛雅（Patricia Kim）指出，因為康貝爾與瑞特納所「定義的國際秩序是由美國主導」，因此北京追求自身利益的任何舉動都被視為「修正主義」，即非現狀權力者（non-status quo power）的行為。[22]

事實上，在過去八位美國總統任期中，不論是哪個政黨執政，交流政策的推行都不是基於「北京會停止追求其利益，或突然以符合美國偏好的方式來治理」這樣的前提進行的。在過去三十年中，認真覺得中國即將出現民主（或類似的制度）的分析專家屈指可數。[23]樂觀觀察家中，亨利・羅文（Henry S. Rowen, 1925-2015）是最深思熟慮、以數據資料為本的，他在一九九六年主張，中國在地方選舉、媒體及法律制度領域正在自由化，且很有可能在大約二〇一五年開始進入「穩定民主轉型」。他認為這種轉型與人均收入七千美元之間存在高度相關性，而當時中國的人均收入已接近七千美元，這讓他樂觀以待。[24]隨著中國現在的人均收入已接近一萬美元大關，但當地的政治發展卻朝反方向發展，他那「即將發生轉型」的樂觀觀點並未獲得實現——至少目前尚未實現。

此外，康貝爾與瑞特納的分析並未考慮到一關鍵問題，即早期是否存在更可取的政策選項，也未考慮到在以往的決策時刻，遵循這些替代路徑可能產生的結果。若在一開始便在每一個轉捩點盡力阻礙中華人民共和國的發展，會產生什麼後果？美國若在過去幾十年採取更強硬的應對措施，幾乎可以肯定會造成衝突升級，並且幾乎不會獲得任何國際支持。此外，在美國同時陷入中亞與中東的長期大規模衝突，以及自一九九〇年代末以來歐洲核心地區的衝突與挑戰的背景下，美國領導層不得不對吃緊的專注力和國家安全資源，進行合理分配。在以往的決策時刻，與中國加劇緊張局勢似乎既不可取也不可行。

國家領導層的主要職責之一是將資源與願景相互匹配，進行優先排序。同樣不容忽視的是，放棄交流所帶來實際收益的機會成本是多少？

歷史尚未終結，與中國交流長達四十年多的所有成果仍在發揮影響力。中國的改革開放，還有與美國和世界其他國家接觸交流的過程，使中國產生了比二十年前更加異質化、多元化的社會與政治結構，更別提與毛澤東逝世時相比。在中國，相當大一部分人口、官僚機構與黨員對於習近平的國內外政策指導方針感到不滿，因為先前實現的改革開放與交流所帶來的變化，對他們本是有利的。我們應該重視現代化所帶來的累積效應。我同意黎安友的以下觀點：

> 中國愈常藉由國內現代化與全球經濟交流來追求財富及力量，就有愈多學生、知識分子與崛起的中產階級不願遵從一九五〇年代風格的意識形態一致性……但習近平的領導方式也帶來了危機。在黨內，許多人私下抱怨被要求要忠於一種空洞的意識形態，這實際上就是一種討論政策的禁令。在廣泛的社會中，控制的強度積聚了心理上的反抗力量，若政權在表現或權力意志上出現動搖，可能會爆發出相當強大的力量。[25]

交流的成果

有很多方法可以計算出交流時期的獲益，有些成果可能顯得微不足道，而另一些則是重如泰山。李侃如、董雲裳和馮稼時的章節闡述了戰略外交政策領域的許多成就；我在此關注的不是經常被傳頌的貢獻，而是較少被提及的進展，即美中交流（根據世界銀行的數據資料）幫助中國八億五千萬人脫貧（一九七八至二〇一九年[26]），並推動全球經濟擴大，到二〇一九年中國占全球成長的百分之三十三。[27]我並未深究中國周邊地區那些相對平和的戰事（如一九五〇年代、一九六〇年代及一九七〇年代在韓國與越南發生的衝突），它們可能是因為與北京合作才沒有造成慘重的傷亡。我不細說期間中國對蘇聯產生的威懾作用。同樣地，我也不討論中國在聯合國維和行動中的作用，及其處理蘇丹與非洲人權問題時，在「保護權」（right to protect）上受限的靈活度。儘管華府在一九七〇年代後期將正式建交關係從臺北轉移到北京，但建設性的美中關係創造了相對穩定的區域環境，從而促進了臺灣在一九八〇年代及之後的成長與民主化。若臺灣海峽兩岸的冷戰緊張局勢持續存在，臺灣的國民黨政權為了應對中共的威脅將持續實施戒嚴，那麼很難想像今日的臺灣會擁有民主。這點我們在此也按下不表。此外，在阿富汗，北京從未打算直接或透過其盟友巴基斯坦阻撓美國的干預，事實上，美中兩國同樣希望這個飽受摧殘的國家能夠穩定下來。

相反地，我想關注那些看似較小，但事實上具有廣泛影響與驚人效益的交流成效。我**不會**將所討論的每個領域獲益都歸功於交流，然而，若沒有交流的背景，這些進展可能需要更長的時間才能達成，甚或根本不會實現。

農業與食品領域就是很好的例子。要知道，中國在一九八五年時，有一半以上的蔬果在收成到端上餐桌的過程中遭受到損害。現在中國國內蔬果供應的整體損失率可能落在百分之十到二十之間，顯著降低了百分之三十到四十。[28]一九八〇年代中期，美國國家科學院、國家工程學院（National Academy of Engineering）與美國工業界及贈地大學聯手，和中國科學院及工業界合作改善中國的食品供應鏈，引入無菌包裝、冷儲、批發系統、農作物基因改造，還有良好的處理與保存方法。[29]因此，中國人民獲得更多樣、更高品質、更豐富且相對便宜的食品消費，在此過程中，中國已成為美國農民與農業綜合企業的大型商業市場。美國公司出售設備、商品與農業資材（agricultural inputs），提高中國的技術水準，減輕全球糧食供應系統的巨大壓力。

值得注意的是，美中建立如此穩定又富有成效的食品合作關係，以致中國領導人認為能夠大量依賴美國農產品出口，這是毛澤東絕對不會考慮的，鑑於美國傾向利用糧食出口作為威脅的武器，他會將這種依賴關係視為國家安全問題。在交流期間，中國成為美國最大的農產品出口市場，中國人民的飲食營養也提升了，尤其是蛋白質的攝取。[30]聯合國世界糧食計畫署報告稱：「自一九九〇年以來，發展中國家營養不良人口減少的總數中，光是中國就占近三分之二。」[31]

但這種合作方式現在已經發生了變化。在習近平呼籲「自力更生」的背景下，面對華府的關稅與北京的報復，二〇一七至二〇一八年美國對中國的大豆出口暴跌了百分之九十八。[32]當前的美中貿易衝突，已將雙邊糧食和農業的合作模式轉為雙方的摩擦和損失。由於中國在二〇一九年的報復，美國發覺自己對中國的農產品銷售銳減，而華府的共和黨政府雖然宣稱奉行反補貼政策，實際上卻必須訴諸大量補貼來支撐農業的收入。北京與華府於二〇二〇年一月宣布的「第一階段貿易協議」（phase one trade deal）或多或少穩定了美中食品合作關係，但支撐這領域合作的基本信任已經遭受重創。

另一個在交流時代合作為兩國帶來巨大獲益的例子是航空安全。美國聯邦航空總署（Federal Aviation Administration，簡稱ＦＡＡ）及美國航太業與中國合作，打造了世界上最安全、發展最快的航空產業。在不斷擴大的航空系統中，空中交通管制與管理是關鍵。美中合作將一九八〇年代及一九九〇年代世界上最不安全的空中網絡之一（由於「飛行員失誤、維修不靈與政府監督不周」[33]）轉變為一個飛航安全等同於美國紀錄的全天候系統。

> 二〇〇〇年代末，儘管中國航空公司的飛行時間愈來愈多，其死亡事故率卻低於歐美航空公司。中國的天穹安全文化並非來自數百年來的儒家傳統和對權威的尊重，而是來自一次果斷的決策，在十年內澈底改革了中國航空業。[34]

這種合作對商業與人道的影響皆鉅。波音公司目前估計，至二〇二三年左右，中國將成為全球最大的飛機市場；到二〇三七年，中國將需要七千六百九十架新飛機，並且中國目前已經占波音全球收入的百分之十三。[35]Airfleets.net網站報導稱中國自二〇一〇年八月起，就**沒有**發生過死亡航空事故。相較之下，一九九〇年中國有一百二十八人於空難不幸喪生，二〇〇二年則有一百一十二人，在此期間幾乎每年都有人因空難喪生。[36]

與農業的情況一樣，自二〇一八年以來持續的雙邊貿易衝突也對航空商業方面產生嚴重影響，而航空商業正是美中長期合作的核心領域。截至二〇一七年，「飛機及相關零組件」是美國最大的單一出口品類別；在這一類別中，中國是最大的進口國。但在二〇一八年，中國**並未**向波音公司下新的飛機訂單。[37]

美國汽車業以及更廣泛的雙向外國直接投資問題，又是另外的例子。二〇一六年，根據美國第二大報業集團麥克拉奇（McClatchy）的報導，約有十萬名美國人在美國的中資企業工作。[38]底特律經歷了二〇〇八年的經濟衰退，於二〇一三年七月宣布破產，有百餘家中國公司投資當地的汽車零組件業，為陷入困境的底特律創造了一千多個就業機會。[39]在二〇一七財政年度，通用汽車在中國的銷售量比在美國多了將近三成五，而十一月份單月更是超過了七成。[40]通用汽車在二〇〇八至二〇〇九年的全球金融風暴中能夠倖存下來，靠的是在中國的銷售量，而非來自美國政府的救助紓困。在俄亥俄州的代頓（Dayton），福耀玻璃美國公司（Fuyao Glass America）雇用了超過兩千名工人，是該地區第三大製造商與最大雇主之一。[41]儘管試圖融合美中企業與工作文化並非易事，但這對俄亥俄州及代頓地區來說，似乎具有十分正面的幫助。[42]

現在，美國正在實施愈來愈嚴格的規則與機制，來限制中國在美國的投資。二〇一七年，中國對美國的外商直接投資下降了約百分之四十，而二〇一八年又下降了百分之八十。[43]根據美國智庫榮鼎集團（Rhodium Group）的估計，「由於未能解決美國外資投資委員會（Committee on Foreign Investment in the United States，簡稱CFIUS）的擔憂，在美國的中國投資者在二〇一八年放棄了價值超過二十五億美元的交易。」[44]華府對一些潛在的中國收購有合理的安全擔憂，但謹慎行事有時很容易適得其反。

美中互利合作的最後一個例子是來自國際公共衛生領域，在此領域的合作可以追溯到十九世紀上半葉（詳見本書黃嚴忠與布洛克所撰之章節）。在一九七九年六月，當時的美國衛生教育與福利部（Department of Health, Education, and Welfare，簡稱HEW）與中國簽署了《醫療公衛科技合作協議》，為中國的機構與美國衛生教育與福利部（後來更名為美國衛生及公共服務部（Department of Health and Human Services，簡稱HHS））、美國國家衛生院、疾病管制與預防中心及其他相關政府機關之間的後續合作提供了框架。[45]在這一基礎上，兩國的公衛機構隨後在研究、資金與資訊共享方面展開合作，以應對一系列全球重大國際公衛挑戰，如一九八〇年代與一九九〇年代的愛滋危機、二〇〇二至二〇〇三年的SARS（嚴重急性呼吸道症候群）危機、二〇〇三年的H5N1禽流感危機、二〇〇九年以美墨為「重災區」的H1N1豬流感流行病，以及二〇一四至二〇一五年西非的伊波拉疫情。如黃嚴忠在其所撰之章節所述：「二〇〇五年，兩國政府啟動了新興及再浮現傳染病合作計畫，促進中國成立疾病預防控制中心。」[46]

經由這些醫療和公衛方面互動（特別像是面對早期H1N1危機的合作）的累積，

> 二〇一三年三月中國出現新型禽流感H7N9時，證明了這種合作方法是有用的。這種禽流感的「人類」死亡率高達百分之三十。中國對H7N9疫情的內部反應阻止了病毒傳播到中國大陸以外的地方，僅香港、臺灣及馬來西亞有少數病例。此外，二〇一三年十月，中國科學家開發了一種疫苗——這是首個完全在中國開發的流感疫苗——並與世界分享，促進了疾控中心與私營製藥公司的疫苗開發工作。[47]

美中在國際衛生領域雙邊合作的同時，北京與臺北（國民黨籍的總統馬英九在任期間）之間的兩岸緊張局勢逐漸放緩，北京暫停反對給予臺灣在世界衛生大會（World Health Assembly，簡稱WHA）中

「觀察員」的身分（這一反對其實是錯誤的）。隨著最近美中及兩岸緊張局勢的升級，北京在二〇一七年恢復反對給予臺灣在WHA觀察員的身分。事實上，隨著二〇一九年底開始的全球新冠疫情大流行，華府與北京之間的公衛合作受到嚴重打擊，從合作轉為衝突。其中一個衝突直接導致的後果，就是美國疾呼要大幅並迅速地減少對中國製藥品的依賴。

更廣泛地說，在這個後交流時代，美中在醫療保健方面的合作，在美國變得愈來愈有爭議。二〇一九年六月，美國參議院財政委員會就接受國家衛生院資助的外國人（特別是與中國有實際或疑似聯繫的華裔人士）舉行聽證會，參議員兼主席、來自愛荷華州共和黨的查克・葛雷斯利（Chuck Grassley, 1933-）向證人生物醫學工程師喬・葛瑞（Joe Gray）提問：「國家衛生院在授予機構資助之前是否會對其PI（principal investigators，主要研究員）進行背景調查，包括出於反情報（counterintelligence）目的的審查？」葛瑞回答：

> 我們不這麼做，他們都是各自所屬機構的職員。我承認智慧財產權與數據資料的濫用問題確實存在，並且需要對犯下此類違法行為的國家與個人進行嚴格執法，但是，進行額外的審查則是個複雜的問題。進行審查的過程會汙名化受審查的群體，降低他們前來美國做進一步科學研究的熱忱與意願。我擔心這將削弱我們自己的創新能力。[48]

眼前的真正問題是：與中國籍和具有中國背景的科學家與學者，可以進行多深入的合作研究？其成本與效益為何？為避免華裔美國人以及所有具有華裔背景的學者和研究員因其種族背景受到抨擊，必須劃分哪些公正的界限？就實際情況而言，使自己與全球最大的人才庫疏離，對美國是否有益？在撰寫本文之際，新冠病毒正在全球傳播，美中雙邊衛生合作大大少於過去疾病爆發時的情況，正反映了兩國戰略政治關係的低迷。

我們也應該在整體評估中衡量交流時代的戰略（安全）獲益。例如，二〇〇七年，中國在南蘇丹帶來一定程度的和平，至少暫時確實如此。北京也在二〇一五年對伊朗的《聯合全面行動計畫》（核協議）貢獻良多，此前大約十八年前，中國就已經停止與德黑蘭的核計畫合作。[49]二〇一六年末，中國批准《巴黎協定》（氣候變遷協議）[50]。若你相信跨國安全問題的管理需要多邊主義，那麼與中國在許多戰略問題上，甚至在生死攸關的重要議題上合作，是必不可少的。北京就北韓核問題的合作，雖然是間歇性的，有時是冷淡的，有時甚至缺席，但仍然應當記上一筆。在核領域特別值得一提的還有北京在一九九九年的印巴卡吉爾危機（India-Pakistan Kargil Crisis）中起到的正向作用，這場衝突本可能升級到核戰等級，但北京對伊斯蘭馬巴德施加了約束壓力——這是華府無法自己實行，但十分樂見的舉措。[51]這多少有點諷刺：美國對中國與巴基斯坦、伊朗及北韓等國的密切關係感到擔憂，但在涉及這些國家的危機時，華府往往試圖讓中國幫助約束它們，若北京對它們沒有影響力，就無法達到這一目的。

簡而言之，對於交流的總結必須包括過去四十多年來雙方社會中多元的效益，以及因美中關係而避免在中國周邊地區戰爭中浪費的資源與犧牲的生命，正如傅瑞珍在其章節所述一般。美中合作也協助亞洲（包括臺灣）在經濟、社會及政治方面的進展。以近期而言，二〇〇八至二〇〇九年間，美中雙方採取的宏觀經濟措施相互呼應，維持全球經濟需求的水準，有效應對自一九三〇年代以來全球成長面臨的最大挑戰——全球金融危機。此外，美中教育合作（參見布洛克、戴博及毛雪峰的章節）同樣促進了硬科學（hard sciences）、社會科學及人文學科的綜合發展，尤其是在中國研究的領域。在二〇一六年，中國留學生支付給美國高等教育機構的學雜費約一百五十億美元，大致相當於上文討論的二〇一八至二〇一九年出口乾旱期之前，美國每年向中國出口大豆的規模。[52]

然而，儘管取得了這些進展，美中關係在二〇二〇年仍迅速惡化。兩國將要邁入的時代有何特徵？與冷戰相似或者完全不同？交流時代是否為未來的管理提供了經驗教訓？可預見的未來極有可能充斥更多不安、更多威懾，並且在安全、經濟、意識形態與外交領域展開全面競爭的時代，我們應該如何謀畫才能減少損害並最大化利益？從二〇二一年初與新任拜登政府的角度來看，政策制定的過程將更加奠基於事實、專業與多邊關係考量，但根本的問題、趨勢與危險似乎不太可能很快有所改變。

第二次冷戰？

傅立民大使稱這個後交流時代為「新世界失序」（New World Disorder），比起其他稱呼，這是目前最為貼切的稱呼。無論我們要如何稱呼這個新時期，其背景脈絡與冷戰時期已截然不同，至少對未來政策的影響方面是如此。冷戰是兩個有明確等級體系的陣營對壘，領導人明確並且聯盟體系相對緊密。當時，統制經濟（planned economy）與市場經濟之間毫無相互依存之關係，但目前情況已大不相同。

在一九五〇年代、一九六〇年代與一九七〇年代末，中國的經濟和社會陷入一片混亂。中共大躍進及其隨之而來的饑荒與文革，是中國自一九四九年後的兩大悲劇事件。在改革之初，按人均收入計算，中國比海地還窮。在冷戰期間，平均而言，在一九四五至一九七九年間，美國的國民儲蓄淨額（net national savings rate）高達GDP的百分之九點八四。相較之下，在一九七八至二〇一六年間，美國的國民儲蓄淨額下降到接近百分之二，二〇一七年為百分之二點九，而中國在二〇一七年的國民儲蓄淨額則為GDP的百分之二十點三二。在美國，在一九四八到一九七八年間，勞動生產率（labor productivity）平均成長了百分之七點七五；在一九七三至一九七八年間，下降到百分之三點九九，此後成長速度更加緩慢，到二〇一九年三月下滑到百分之一點九九。即使在冷戰期間美國享有強大的經濟條件，在一九五〇年代初的韓戰仍與對手陷入僵局；在一九六〇年代與一九七〇年代美國與北越的長期鬥爭中，北越也在中國的大力幫助下取得優勢，最終戰勝美國。如果在韓戰與越戰期間——當美國國力處於巔峰而中國國力處於谷底時——華府都無法直接制服中國，也無法間接控制越南，那麼很難想像在兩國目前的情況下，要如何實現任何像是區域單一主導的目標（確實有人明確提出了這個目標，正如趙文詞於其所撰寫之章節所解釋的）。[53]

雖然相較於冷戰時期，現在的相互依存程度更高，而任何類似「脫鉤」的行動都將對兩個經濟體及其廣泛價值鏈中的所有供應商造成重大打擊，但我們也很容易誇大兩國經濟體迄今確實已實現的依存程度。美國有可能誇大了自己對中國的經濟影響力，其實中國擁有相當實力去抵抗美國的壓力並實現自我目標。根據經濟學家劉遵義（Lawrence Lau, 1944-）的說法，二〇一八年中國對美國的商品出口占ＧＤＰ的百分之三點六。劉遵義指出，由於中國對其許多出口商品的增值貢獻相對較少，所以「若停止對美國出口商品，中國ＧＤＰ將減少百分之二點四，雖相當可觀，但仍在可承受的範圍內」。[54]他也指出，二〇一八年美國對中國的商品出口占美國ＧＤＰ的百分之零點五八。這種相對有限的相互依存意味著，在長期激烈的貿易戰中，即便假設中國將比美國受到更大的影響，兩國仍然可以在相互對抗的同時推動各自的經濟發展，儘管整體經濟效率會大幅降低。

在當今全球化時代，美與中國的經濟利益競爭削弱了其與盟友間的凝聚力，這點在美國未能說服其盟友不參與亞投行還有不與中國電信巨頭華為合作的情況下昭然若揭。中國以其龐大的國內市場作為誘因，有能力使美國與其盟友相互對立，這是在冷戰期間對中國實施禁運時不可能發生的事。法國總統馬克宏（Emmanuel Macron, 1977-）在二〇二一年討論安全領域的問題時，指出歐盟需要更加獨立自主的安全規劃。

對華府來說，這表示未來在經營盟友方面可能比冷戰時期更具挑戰性。以當代南韓（大韓民國）為例，在冷戰時期，因中國對南韓的威脅，迫使首爾對華府產生高度依賴。時至今日，包括文在寅政府在內的許多南韓人民認為，與北京的合作有助於他們促進實現國家統一、經濟繁榮，並實現與中亞及歐洲陸路連接——必須過境中國領土——的希望。如傅瑞珍於其章節所述，南韓對美國的防禦承諾，有時會激怒中國，二〇一六年首爾同意在南韓境內部署薩德系統就是實例。最終，首爾同意北京的要求，在初步的有限部署以後，放棄於南韓境內建立更多反彈道飛彈基地。

總之，在新冷戰中，美國的主要對手將比蘇聯更為強大（唯獨核武器是重要的例外），而華府的盟友可能比冷戰時期更少。北京如何巧妙地在美國與其傳統友人與盟邦之間製造分歧，將會影響未來的許多走向。華府方面或許可以避免採取具侵略性、疏遠自身盟友的政策以因應現況，正如自二〇一七年初以來的作法。二〇二一年拜登政府上臺，華府將努力延續這種政策方向，然而其效果如何仍有待觀察。同樣值得注意的是，在交流時代的前半時期，美國可以利用中蘇矛盾從中獲益，然而如今華府卻使得中俄兩國關係更加緊密。

當前時代與冷戰有何相似之處？

然而，冷戰的框架仍然足以描述當前現狀的一些重要面向，正如美國國防部長辦公室向國會提交的《二〇一九年年度中國軍力報告》（*Annual Report to Congress: Military and Security Developments Involving the People's Republic of China 2019*）所述：「中國的領導人認為，美國採取更具對抗的態度，是為了遏制中國的崛起。」[55]北京會這麼想也是情有可原，畢竟頂尖期刊如《外交事務》上就出現了呼籲「新遏制」（the new containment）的文章，[56]其內容令人聯想到該期刊在一九四七年七月刊登喬治・凱南（George Kennan, 1904-2005）以筆名「X先生」發表的遏制呼籲。

今日，類似於冷戰時期，美中兩國正處於一種安全兩難的困境——部分原因是科技改革所致——當一方採取措施增加安全感時，另一方就會感到不安全。這導致了作用與反作用（action and reaction）的循環，無法達到穩定的均衡狀態。美中兩國現在像漂浮物一樣，被科技的作用與反作用洪流帶著走，而這洪流的動力來自於雙方都認為對方正在追求軍事主導地位與地區霸權。在某種程度上，雙方都透過卓越出色的開發能力，以盡可能低的「交換比率」（exchange ratio）來脅持對方的軍事及其他資產，以達威懾效果（用不到一美元的自身資源來摧毀對方價值超過一美元的資產）。例如，北京建造價值數**百萬**美元的終端導引飛彈（terminally guided missiles）與高超音速飛彈（hypersonic missiles），每個都能夠摧毀價值數**十億**美元的美國航空母艦，這對美國來說是不利的「交換比率」。近年來，北京大幅增強其短程與中程飛彈之能力，使得美國在海上、太平洋地區領土上，以及太平洋盟友與盟邦領土上的資產，都處於危險之中。對此，華府正做出回應：二〇一九年夏季，美國退出了與俄國的《中程飛彈條約》（Intermediate-Range Nuclear Forces Treaty，簡稱ＩＦＴ），因該條約限制了華府對北京在太平洋地區的飛彈挑戰所能作出的反應。[57]此外，美國也改變了其作戰原則。

同樣，雙方都在發展網路與太空能力，企圖以（相對）低廉的成本干擾對方在戰場內外昂貴的民用與軍事系統。未來戰場的界限將逐漸模糊。美中兩國正在開發、改善與部署空中、水下及太空的無人機，這些無人機體積小、成本相對低廉，並且能夠大量集結——形成「無人機集群」（swarms）。這些成本相對低廉的儀器允許觀察方或攻擊方人員在很小的風險下監視及攻擊對方的昂貴系統。它們這些儀器可用於打擊民用系統，也可用於明確的軍事目標。然而上述一切都提升了誤判與不知不覺升級衝突的危險性。

要在這種軍備競賽中「取勝」（prevail），創新科技必不可少。中國長期致力於改善軍民融合，視其為國家戰略的重點事項。[58]美中雙方各自的產業政策、研究與教育能力成為爭奪與競爭的關鍵領域。兩國都努力透過合法、非法及灰色地帶相互結合的手段，在保護自己的創新技術的同時取得對方的智慧財產權。正如戴博在其章節所指出，這一切在美國引發質疑，即美國是否應該在美中教育方面的關係與交流上，採取更具戰略性的舉措。

就如冷戰的嚇阻理論（deterrence theory）一般，如今雙方都不是根據對方**實際**的意圖，而是根據對方在不確定的未來**可能可以**做到什麼，來判斷、評估對方取得的成就以及採取的行動，在此前提下，雙方**能做**什麼，又轉變為**會做**什麼。隨著兩國軍工業體系的不斷發展，**可能性**逐漸演變為了**預判**。

此外，與冷戰時期一樣，美中之間的競爭當中也出現「切香腸戰術」（salami tactics）或所謂的灰色地帶戰術（gray-area tactics），即一方試圖在引發對方劇烈回應的底線之下來回挑戰與試探，藉以獲得自身的最大利益。[59]這需要防禦方不斷評估對方是否踩到「紅線」（red line）。因「紅線」的確切位置十分模糊，當事故或者誤判發生在一方或者雙方之間，就有引發意外衝突的可能。例如，在之前引用的二〇一九年報告中，美國國防部正是這麼說。北京將南海的無人島逐漸轉為人造軍事基地是一例，而利用民用漁船與其他非軍事船隻（如海岸巡防隊與漁業執法船）實施漁業控制，並在各種爭議地區強化對該區域的主張，又是另一例。

多年來，中國對美國在其沿海進行的近距離空中、水面及水下監視，就有類似的感受；美國（及其他國家）在南海與東海的航行自由行動也列入中國的起訴書中。[60]美中都認為對方習慣性地在「測試」己方的決心。如此，事故發生只是遲早的事，就像二〇〇一年四月在海南島近海發生的EP-3事件一樣。到二〇二〇年年中，北京偶爾會飛越臺灣海峽中線，迫使臺灣不得不緊急派出空軍應對。

當前，美中兩國都在努力建立或維持一個國際多邊機構體系，各自試圖從中獲取支援並排擠對方——這必然會令那些有經驗的冷戰觀察家聯想起美蘇衝突時代的基礎現實。巴艾麗（Alice Ba）觀察到這種動態在美中關係中正變得越來越突出。[61]華府正在尋求建立一系列多邊體制、貿易集團及組織，以支持其國家利益、規範與價值觀；在這些結構中，中國並不占主導地位，甚至可能根本不參與其中，包括《跨太平洋夥伴關係協議》（前總統川普拒絕加入，後來成為《跨太平洋夥伴全面進步協定》）、「自由開放的印太戰略」（Free and Open Indo-Pacific initiative/strategy）、「四方安全對話」（the Quad，成員為美、日、澳、印四國）、情報社群的「五眼聯盟」（Five Eyes）、「藍點網絡」（Blue Dot Network）、「湄公河下游行動計畫」（Lower Mekong Initiative），以及華府分別與日本、韓國、泰國、菲律賓、澳洲簽訂的五項「雙邊安全協定」。就中國而言，北京也正在培育自己的組織集群——十六個國家（東協與其他六個亞太國家）所組成的區域全面經濟夥伴協定（Regional Comprehensive Economic Partnership，簡稱ＲＣＥＰ）、亞投行、一帶一路計畫、北京香山論壇、亞洲相互協作與信任措施會議（Conference on Interaction and Confidence-Building Measures in Asia，簡稱ＣＩＣＡ），以及上海合作組織等等。

此外，美中兩國採取與當年美蘇如出一轍的作法，即相互在對方的政治或地理「後院」（backyard）活動，試圖削弱對方與其鄰近國家、友邦及盟友之間的聯繫。因此，舉例來說，如今美中之間的關係惡化，中國就尋求加強與古巴、委內瑞拉還有其他拉丁美洲國家的關係。同樣地，當美中之間的摩擦衝突增加，美國便愈發熱切地改善與越南、緬甸、印度、蒙古及其他國家的關係，包括臺北——對於中國的國家利益考量來說，美國與臺北的關係尤其敏感。兩方都試圖激勵較小的鄰國對其俯首聽命（carry its water），經常被指責在需要達成共識的東協敏感決策上唯中國馬首是瞻的柬埔寨就是一例。

在中國周邊地區還存有一些所謂的「歷史遺留議題」（legacy issues），傅瑞珍在其章節對此有詳細討論。與冷戰時期一樣——尤其是當西藏、新疆、香港及臺灣不穩定時——中國認為是美國的「黑手」伸入這個區域、在背後操弄。香港的示威活動愈多（如二〇一九年）、新疆對北京高壓統治的抵抗愈激烈、臺灣對自治（autonomy）的追求愈緊迫，北京就更加認為是美國在煽風點火，試圖破壞中國的政治凝聚力與領土完整性。在川普政府即將卸任之際，美國在軍售與外交領域採取多項措施，以突破前八屆美國政府在臺灣問題上所確立的政策界限，而拜登入主白宮後，並未退縮回原本的界線內。

當然，中國的壓制只會更加激發美國與其他國家對這些社會的同情，並為美國國會及外國非政府組織提供動力，以表達（有時是行動上的）憤慨或援助弱勢方。例如，二〇一九年秋季香港示威活動加劇時，美國國會開始迅速審議《香港人權與民主法案》，該法案在二〇一九年十一月通過（參議院一致通過，眾議院僅一票反對），並立即由川普總統簽署生效。隨後，在二〇二〇年三月，美國國會通過並由總統簽署了《二〇一九年臺灣友邦國際保護及加強倡議法案》〔Taiwan Allies International Protection and Enhancement Initiative Act，簡稱《臺北法案》（TAIPEI Act）〕。[62]這些表達與活動反過來加劇了北京對美國的不信任，即使美國並未對這些區域提供實質上的支持。在二〇二〇年春季，中國共產黨與網路論壇上，開始熱烈討論如何快速、有力地實現統一臺灣。雖然多數人希望這只是未經授權的虛張聲勢或威懾警告，但中國戰略理論中的先發制人與突襲等元素引發了關切。[63]即使如此，川普政府並未因此放緩腳步，於二〇二〇年八月派遣了自一九七九年以來最高級別的官員訪臺，其他類似的舉措也在同步討論中。截至二〇二一年初，新上任的拜登政府仍延續這樣的互動。

最後，就如同冷戰時期一樣，中小型國家愈是看到兩個大國的競爭本能，就愈想要從中謀取利益——這些關係更像是租賃關係，而非所有權關係或者夥伴關係，尤其是現在中國有得是錢。在最近的一次交談中，一位美國國防部高階官員就對中國慷慨給予小國的「一箱箱的錢」（suitcases of money）表示蔑視（同時也帶有一點羨慕）。[64]

我們即將迎來的時期與冷戰有何不同？

冷戰早期與我們現在正邁入的混亂時期之間，最根本也最重要的差異在於，中國國力**規模**與**組成**的急速擴張與演變，對美國體制帶來了調整應對方面的挑戰。更重要的是，中國如今的經濟、外交與軍事實力規模，遠比蘇聯或毛時代的中國要來得更大、更多樣化且更具發展性（除了核武器外）。對於毛澤東來說，意識形態力量（革命）還有以龐大陸軍為基礎的脅迫力，是北京的主要資產，也是其對外展示國力、對內治理國家的工具。儘管這些手段有利也有效（正如美國在韓戰及越戰中所見），但它們同時呈現出畫地自限的特性。除了對一無所有的窮人以外，毛澤東意識形態對外的吸引力有限，而且中國軍事實力是以防禦性的陸軍為基礎，限制了中國對離國土較遠的地區直接軍力介入的潛力，只有一支小型飛彈部隊擁有核彈頭，因此具有最低限度的威懾力量外。

如同冷戰時期，雙方都希望維持核威懾及其他嚇阻力量，從而產生劇烈的作用與反作用循環。今日，作用與反作用的循環擴大到新科技領域的競爭，在這些領域中，民用及軍用之間並無明確的界限。現存的威脅正在倍速增長，超出核領域，來到了網路領域。兩國都期望透過使用機器人與自主作戰設備來提高「軍隊殺傷力」（force lethality）。在這些領域中，由於民間的研究推進了部分關鍵技術的發展，使得民用與軍用產品、民間與軍方研究之間的區別變得主觀，難以規範。這激發了兩國以「整體型系統」（whole-of-system）來應對，形成了一種建設性競爭、必要性警惕還有危言聳聽的混合體。

對於未來的狀態，我們可以從以下的例子窺知一二：二〇一九年六月十五日《紐約時報》有一篇文章指出，美國網路司令部被指控試圖將惡意軟體嵌入俄國的電網；在二〇一〇至二〇一二年間，也有許多可信的報導指稱美國與以色列曾將惡意軟體嵌入伊朗的核計畫，使其離心機無法運作，延遲核武器的開發進度。若美中雙方無法透過嚴肅的戰略與軍備限制談判，促成彼此都有信心的約束規範，那麼上述種種還只是美中關係未來走向的淺嚐。

冷戰時代與我們現處的未來之間最為顯著的區別，是中國的經濟轉型。北京的經濟實力已經成為施展權力的主要工具，是一種待價而沽的資產，也可以在不同程度上轉化為強制性及規範性的權力，而且可觸及的範圍遠遠超越中國的海岸，廣泛地向世界延伸。中國經濟在過去四十年裡，以大約百分之九以上的速度成長，儘管速度在最近幾年放緩，截至新冠疫情之前，仍有百分之六的成長率，十分可觀。二〇一三年十一月，「中國超過美國成為世界第一大貿易夥伴，有一百二十四個國家將中國視為最大貿易夥伴，只有七十六個國家與美國有同等關係。這是一大轉變——在二〇〇六年，美國是一百二十七個國家的最大貿易夥伴，而中國只有七十個。有些美國的傳統盟友，現在將中國視為他們的最大貿易夥伴，如澳洲與南韓。」[65]因此，中國正迅速成為深具競爭力的全球參與者，其活動與地域範圍比以往都更加廣大。一帶一路計畫就是一個例子。[66]

許多國家受經濟利益的驅使，而中國在愈來愈多社會的經濟外部影響因素上占據重要地位。假設中國能夠維持令人滿意的強勁成長，未來北京將愈來愈有能力說動美國的盟友甚至是敵人。有鑑於此，美國需要鞏固與加強長期的同盟關係、擴大其友邦範圍、建立聯盟，以及，最重要的是，加強自身的經濟表現與治理績效。

結語

本書中許多作者的職涯都恰好始於我們熟知的交流時代的起點，並且在交流達到高峰時退休。在千禧年的第三個十年開始之際，美國的領袖、學者及評論家都在思考以下問題：在近半個世紀的美中交流期間，美國是否在不知不覺間培養了一名全方位的競爭者甚與敵手？我們應該如何衡量長期以來美國政策的成本與效益？

據我的計算（雖然在這方面並沒有被普遍接受認可的估算準則），效益遠遠超過了成本。然而，無論過去的美中交流優缺點應如何評估，今日的實際問題是我們要如何應對眼前的未來。正如列寧（Vladimir Lenin, 1870-1924）在一九〇二年——即布爾什維克革命（Bolsheviks Revolution，又稱俄國十月革命）爆發十五年前——的高聲提問：「怎麼辦？」我之於應對新情勢的建議，是基於以下幾點主張：在合作機會出現時，確實把握機會。美中之間的衝突與摩擦根深柢固，存在已久。兩國社會的變革是朝著對雙邊都更好的方向持久前進的先決條件，而美國必須先整頓自己的國內局勢。根據趙文詞在本書中的說法，中國「近期內會把成功、活躍的經濟與專制威權綁在一起」。在川普時代，兩國都由單一的領袖與其聯盟所治理，使雙邊情勢不可能出現持續或大幅的改善。展望拜登政府的未來，仍有許多事情有待觀察，但前景烏雲密布。最後，美國必須保有「威懾」政策——足以嚇阻的強制力量確實十分重要。雖然威懾是建立在威脅的基礎上，但我們必須在不挑釁的情況下實現威懾，同時以盡可能低的成本實現穩定的平衡，這是最核心關鍵的挑戰。

正如在尼克森與毛澤東一九六〇年代末與一九七〇年代初實現他們大膽的政治推進以前，兩國已經經過了二十年的政治形勢相互協調，美中兩國的國內情勢要達到利於下次合作的狀態，可能還需要更多時間。冷戰本身提醒我們，這種衝突的傾向，往往會帶入組織與慣性思維中，逐漸變得根深柢固。這給當前與未來新一代學者、政策分析師及政治領袖留下了明確的挑戰——在交流時代終結以後、更具合作可能的穩定未來到來以前，中間這一段可能非常具有挑戰，甚至危機四伏的未知過渡期。我們應該專注於阻止——或盡量減輕——情勢惡化，並在條件成熟時，為建立新的合作、互惠的時代奠定基礎。

最後，要制定有效的政策，我們必須回答一個看似簡單的問題：我們想要什麼？除了穩定與安全之外，美國希望，也應該專注的焦點在於公平待遇或互惠。考慮到**公平**與**互惠**在操作時的含義並不總是很明確，基本原則應該是對於**同等的承諾**給予**平等的對待**。在交流時代初始，給予中國特殊待遇是合理且可以理解的，因為中國剛開始經濟轉型時，人均收入比海地還要低，卻擁有全世界四分之一的人口，而且並未加入大多數全球組織。現在這種例外主義（exceptionalism）已經不再具有正當性了。中國必須承認它本身已經成長許多，而美國必須願意與實力更強大的崛起中國平等合作。

註記：

我在此向史丹佛大學弗里曼斯伯格里國際問題研究所（Stanford University's Freeman Spogli Institute）的艾莉西亞・陳（Alicia R. Chen）表示感謝，感謝她在本文初稿中提供的研究協助與建議。我也要感謝我的好友與同事馮稼時、羅伯特・卡普（Robert Kapp）、陶泰瑞、石文安，以及哥倫比亞大學出版社的匿名審稿人，感謝他們對本文早初稿的深入評論。最後，感謝柔伊・波克（Zoe Balk）提供在美國國會收集的資料。

引註：

1. William Shakespeare, *Julius Caesar*, eds. Barbara A. Mowat and Paul Westine, updated ed., Folger Shakespeare Library (New York: Simon & Schuster Paperbacks, 2011), 125.

2. Dina Smeltz and Craig Kafura, "Do Republicans and Democrats Want a Cold War with China?," The Chicago Council on Global Affairs, October 2020, 5, https://www.thechicagocouncil.org/sites/default/files/2020-12/201013_china_brief_1.pdf; Laura Silver, Kat Devlin, and Christine Huang, "Unfavorable Views of China Reach Historic Highs in Many Countries," Pew Research Center, Global Attitudes and Trends, October 6, 2020, https://www.pewresearch.org/global/2020/10/06/unfavorable-views-of-china-reach-historic-highs-in-many-countries/.

3. 我在二〇一六年三月三十一日向美中經濟與安全評估委員會作證時，提出了「對等性」（reciprocity）問題，這是美國所關切的廣泛而深刻之議題，華府需要將其作為我所稱之「對等參與」（reciprocal engagement）新政策的核心要素放在首要位置。"One-Hundred and Fourteenth Congress, Second Session, March 31, 2016, 100-101," U.S.-China Economic and Security Review Commission, https://www.uscc.gov/sites/default/files/transcripts/March%2031%202016_Hearing%20Transcript_0.pdf.

4. Jeffrey Mervis, "Powerful U.S. Senator Calls for Vetting NIH Grantees on Foreign Influences," *Science*, June 6, 2019, https://www.sciencemag.org/news/2019/06/powerful-us-senator-calls-vetting-nih-grantees-hearing-foreign-influences. See also Larry Diamond and Orville Schell, *Chinese Influence and American Interests: Promoting Constructive Vigilance* (Stanford, CA: Hoover Institution Press, 2018); Jun Mai, "Be on Alert for External 'Hostile Forces', Chinese Security Chief Warns Cadres," *South China Morning Post*, June 21, 2019, https://www.scmp.com/news/china/politics/article/3015433/be-alert-external-hostile-forces-chinese-security-chief-warns.

5. Kevin K. Droegemeier, "Letter to the United States Research Community," Office of Science and Technology Policy, September 16, 2019, 2, https://www.whitehouse.gov/wp-content/uploads/2019/09/OSTP-letter-to-the-US-research-community-september-2019.pdf.

6. Xu Wei, "Xi Stresses Nation's Self-Reliance," *China Daily*, September 27, 2018, http:// www.chinadaily.com.cn/a/201809/27/WS5babed9aa310c4cc775e8414.html.

7. Gabriel Wildau, "China's Xi Jinping Revives Maoist Call for 'Self-Reliance,'" *Financial Times*, November 11, 2019, https://www.ft.com/content/63430718-e3cb-11e8-a6e5-792428919cee. 在二〇一九年五月，美國商務部宣布：「工業及安全局（The Bureau of Industry and Security，簡稱ＢＩＳ）修改出口管理法規（the Export Administration Regulations，簡稱ＥＡＲ），將華為技術有限公司（華為）列入實體清單（Entity List）。ＢＩＳ還將華為的非美國附屬事業也列入實體清單，因其子公司存有明顯的風險，可能參與和美國的國家安全或外交政策利益相悖的活動……最終華為旗下位於二十六處的六十八家非美國附屬事業（從比利時到越南），都被列入實體清單中。」（引文經過作者編輯。）Industry and Security Bureau of the U.S. Department of Commerce, "Addition of Entities to the Entity List," *Federal Register*, May 21, 2019, https:// www.federalregister.gov/documents/2019/05/21/2019-10616/addition-of-entities-to-the-entity-list.

8. Xu, "Xi Stresses Nation's Self-Reliance."

9. Susanna V. Blume, "Strategy to Ask: Analysis of the 2020 Defense Budget Request," Center for a New American Security, May 29, 2019, https://www.cnas.org/publications/reports/strategy-to-ask; for another example of Center for a New American Security

propositions, see Robert O. Work and Greg Grant, "Beating the Americans at Their Own Game," Center for a New American Security, June 6, 2019, https://www.cnas.org/publications/reports/beating-the-americans-at-their-own-game.

10. Elsa B. Kania and Emma Moore, "The US Is Unprepared to Mobilize for Great Power Conflict," Defense One, July 21, 2019, https://www.defenseone.com/ideas/2019/07/us-unprepared-mobilize-great-power-conflict/158560/.

11. Steven Ward, "Because China Isn't 'Caucasian,' the U.S. Is Planning for a 'Clash of Civilizations.' That Could Be Dangerous," *Washington Post*, May 4, 2019, https://www.washingtonpost.com/politics/2019/05/04/because-china-isnt-caucasian-us-is-planning-clash-civilizations-that-could-be-dangerous/.

12. Xi Jinping, "New Approach for Asian Security Cooperation, May 21, 2014, Delivered at the Fourth Summit of the Conference on Interaction and Confidence-Building Measures in Asia," in *The Governance of China* (Beijing, China: Foreign Languages Press, 2014), 392.

13. 有一份來自主流研究及公共教育組織的報告，標誌了這個變化中的環境：Larry Diamond and Orville Schell, *Chinese Influence and American Interests: Promoting Constructive Vigilance* (Stanford, CA: The Hoover Institution Press, 2018).

14. 在二〇一九年五月，FBI局長瑞伊在外交關係委員會的訪談中表示，中國正在透過盜竊的方式「往上升級」，並且「沒有任何國家比中國對情報蒐集構成更廣泛、更嚴重的威脅。〔中國〕已經創立一種社會性的方法，透過各種方式從各企業、大學及組織中盜取創新。」Gordon Watts, "China's 'stealing its way up the economic ladder,'" *Asia Times*, May 1, 2019, https://www.asiatimes.com/2019/05/article/chinas-stealing-its-way-up-the-economic-ladder/.

15. James M. Olson, *To Catch a Spy: The Art of Counterintelligence* (Washington, DC: Georgetown University Press, 2019).

16. Michael R. Pompeo, "On the 30th Anniversary of Tiananmen Square, Press Statement," U.S. Department of State, June 3, 2019, https://www.state.gov/on-the-30th-anniversary-of-tiananmen-square/. 編按：中文翻譯參考美國在臺協會網站。

17. "Document 9: A ChinaFile Translation," ChinaFile, November 8, 2013, http://www.chinafile.com/document-9-chinafile-translation.

18. David M. Lampton, "Xi Jinping and the National Security Commission: Policy Coordination and Political Power," *Journal of Contemporary China* 24, no. 95 (2015): 759-77.

19. Juan Zhang, "Interview: David Mike Lampton on COVID-19: 'Decoupling' or 'Self-reliance' in U.S.-China Relations Are Dangerous Delusions," U.S.-China Perception Monitor, March 16, 2020, https://uscnpm.org/2020/03/16/david-mike-lampton-covid-19-demonstrates-that-decoupling-or-self-reliance-in-u-s-china-relations-are-dangerous-delusions/.

20. Kurt Campbell and Ely Ratner, "The China Reckoning: How Beijing Defied American Expectations," *Foreign Affairs* 97, no. 2 (March/April 2018): 60, 70.

21. Donald J. Trump, "National Security Strategy of the United States of America," The White House, December 2017, 2-3, https://www.whitehouse.gov/wp-content/uploads/2017/12/NSS-Final-12-18-2017-0905.pdf.

22. Thomas Christensen and Patricia Kim, "Don't Abandon Ship," in "Did America Get China Wrong? The Engagement Debate,"

Foreign Affairs, July/August 2018, https://www.foreignaffairs.com/articles/china/2018-06-14/did-america-get-china-wrong.

23. 最大膽樂觀主義宣言可以參考：Bruce Gilley, *China's Democratic Future: How It Will Happen and Where It Will Lead* (New York: Columbia University Press, 2004).
24. Henry S. Rowen, "The Short March: China's Road to Democracy," *The National Interest*, September 1, 1996, https://nationalinterest.org/article/the-short-march-chinas-road-to-democracy-416.
25. Andrew J. Nathan, "The New Tiananmen Papers: The Secret Meeting That Changed China," *Foreign Affairs*, July/August 2019, https://www.foreignaffairs.com/articles/china/2019-05-30/new-tiananmen-papers.
26. World Bank, "The World Bank in China," https://www.worldbank.org/en/country/china/overview.
27. Jeff Desjardins, "The Economies Adding the Most to Global Growth in 2019," Visual Capitalist, March 15, 2019, https://www.visualcapitalist.com/economies-global-growth-2019/. 中國也推動了亞洲其他地區的經濟成長。二〇一九年，中國和「亞洲其他地區」占了全球經濟成長的百分之六十三，而美國僅占百分之十一。
28. Lisa Kitinoja and Adel A. Kader, *Measuring Postharvest Losses of Fresh Fruits and Vegetables in Developing Countries*, White Paper-15-02 (La Pine, OR: The Postharvest Edu- cation Foundation, September 2015).
29. U.S. National Academy of Sciences, *Postharvest Food Losses in Fruits and Vegetables* (Washington, DC: National Academy Press, 1986).
30. David M. Lampton, *Following the Leader: Ruling China, from Deng Xiaoping to Xi Jinping*, 2nd ed. (Oakland: University of California Press, 2019), 49, 142-47.
31. United Nations World Food Program, "10 Facts About Nutrition in China," https:// www.wfp.org/stories/10-facts-about-nutrition-china.
32. "The Soybean Tariff Issue in 5 Charts," *Proactive Advisor Magazine*, July 25, 2018, http:// proactiveadvisormagazine.com/soybean-tariff-issue/; see also Adriana Belmonte, "The Incredible U.S.-to-China Soybean Nosedive, in One Chart," Yahoo Finance, November 19, 2018, https://finance.yahoo.com/news/incredible-u-s-china-soybean-nosedive-one-chart-161047194.html.
33. Andy Pasztor, "How China Turned Around a Dismal Air-Safety Record," *Wall Street Journal*, October 10, 2007, https://www.wsj.com/articles/SB119198005864354292. See also https://www.chinalawblog.com/2007/10/china_air_safety_damn_good.html.
34. Brandon Fuller, "China's Air Safety Overhaul," New York University, Marron Institute of Urban Management (blog), July 14, 2010, https://marroninstitute.nyu.edu/blog/chinas-air-safety-overhaul.
35. "Boeing's Bullish China Outlook Faces Trump's Trade War Headwind," *Bloomberg*, September 10, 2018, https://www.bloomberg.com/news/articles/2018-09-11/boeing-raises-china-forecast-but-trade-war-clouds-prospects.
36. "Accidents List for China," Airfleets.net, https://www.airfleets.net/crash/crash_country_China.htm.
37. Michael Sheetz, "Boeing Drags Down the Dow on Speculation China Could Single It Out in Trade War," CNBC, May 13, 2019,

https://www.cnbc.com/2019/05/13/boeing-shares-fall-on-speculation-that-china-may-single-it-out-in-the-trade-war.html.

38. James Rosen, "About 100,000 in U.S. Now Work for Chinese Firms," McClatchy DC, May 27, 2016, https://www.mcclatchydc.com/news/politics-government/article80386057.html.

39. Melissa Anders, "See List of Chinese-Owned Companies in Michigan: Mostly Auto Parts, Mostly Detroit Area," MLive, September 4, 2013, https://www.mlive.com/business/index.ssf/2013/09/as_gov_snyder_tries_to_recruit.html.

40. "General Motors Company's Vehicle Sales by Key Country in FY 2017 (in 1,000 Units)," Statistica, February 2019, https://www.statista.com/statistics/304367/vehicle-sales-of-general-motors; and Wolf Richter, "GM's Business Is Booming in China," *Business Insider*, December 6, 2017, https://www.businessinsider.com/gms-business-is-booming-in-china-2017-12.

41. John Bush, "Fuyao to Expand Operations in Moraine," *Dayton Business Journal*, July 24, 2018, https://www.bizjournals.com/dayton/news/2018/07/24/fuyao-to-expand-operations-in-moraine.html.

42. 史蒂芬・博格納（Steven Bognar）及茱莉亞・瑞希特（Julia Reichert）執導的Netflix紀錄片《美國工廠》（*American Factory*）細膩且平衡地描述在俄亥俄州建立並發展中資玻璃工廠的種種波折。

43. Thilo Hanemann et al., "Two-Way Street: 2019 Update US-China Direct Investment Trends," Rhodium Group, May 8, 2019, https://rhg.com/research/two-way-street-2019-update-us-china-direct-investment-trends/.

44. Hanemann et al., "Two-Way Street." CFIUS是由美國財政部主導的跨部門機構，負責評估並批准或拒絕具有安全影響的外國投資，其職責範圍正在不斷擴大。

45. 作者在一九七九年中期的訪問中，親眼見證由衛生教育及福利部部長約瑟夫・卡利法諾（Joseph Califano）帶領的代表團簽署該協議。

46. Georgetown University Initiative for U.S.-China Dialogue, *U.S.-China Dialogue on Global Health: Background Report* (Washington, DC: Georgetown University, April 2017), 7.

47. Georgetown University, *U.S.-China Dialogue*, 8-9.

48. Mervis, "Powerful U.S. Senator"; Jeffrey Mervis, "U.S. Groups Urge Restraint in Investigating Academic Espionage by China," *Science*, August 12, 2019, https://www.sciencemag.org/news/2019/08/us-groups-urge-restraint-investigating-academic-espionage-china.

49. John Garver, "China and the Iran Nuclear Negotiations: Beijing's Mediation Effort," in *The Red Star and the Crescent, China and the Middle East*, ed. James Reardon-Anderson (Washington, DC: Georgetown University Qatar, Oxford University Press, 2018), 123-48.

50. 隨後，在川普政府的領導下，美國退出《巴黎協定》及《伊朗協議》。川普的繼任者拜登在他的第一任期開始時重新加入《巴黎協定》，並表示希望以某些修改重新加入《伊朗協議》。

51. Ashley J. Tellis, C. Christine Fair, and Jamison Jo Medby, *Limited Conflicts Under the Nuclear Umbrella: Indian and Pakistani Lessons from the Kargil Crisis* (Santa Monica, CA: RAND Corporation, 2001), 10. https://www.rand.org/pubs/monograph_reports/MR1450.html. Also available in print form.

52. Marie Royce, "Assistant Secretary Royce Remarks at the EdUSA Forum: The U.S. Welcomes Chinese Students," July 30, 2019, https://eca.state.gov/highlight/assistant-secretary-royce-remarks-edusa-forum.

53. 即使我們承認中國目前面臨嚴重的人口結構、債務及潛在的政治不穩定挑戰，而美國仍在更大的基礎下相對迅速地成長，這個評估結果也不會改變。

54. Lawrence J. Lau, "U.S.-China Trade and Economic Relations" (presentation, A Forum on U.S.-China Trade and Economic Relations: What Now? What Next?, Discovery Bay, Hong Kong, July 9, 2019).

55. Office of the Secretary of Defense, *Annual Report to Congress: Military and Security Developments Involving the People's Republic of China 2019* (Washington, DC: U.S. Department of Defense, 2019), 1. 此報告並不認為中國的觀點是錯誤的。

56. Michael Mandelbaum, "The New Containment: Handling Russia, China, and Iran," *Foreign Affairs* 98, no. 2 (March/April 2019): 123-31. 作者呼籲採取三重的威懾政策，對象是：俄羅斯、中國和伊朗。

57. David E. Sanger and Edward Wong, "U.S. Ends Cold War Missile Treaty, with Aim of Countering China," *New York Times*, August 1, 2019, https://www.nytimes.com/2019/08/01/world/asia/inf-missile-treaty.html. 關於愈演愈烈的太空競賽概況，請參見：William. J. Broad, "U.S. Counters Space Threat From China," *New York Times*, January 25, 2021, A1 & A17

58. See Eric Hagt's dissertation on civil-military integration entitled "China's Civil-Military Integration: National Strategy, Local Politics" (dissertation, Johns Hopkins University, 2019). 此文認為，在習近平的領導下，這種軍民融合已經從部門層級的優先事項升級到跨領域的國家與戰略層級。

59. Gui Yongtao and Li Boran, "Managing U.S.-China Gray Zone Competition and Mitigating Security Tensions in the Asia-Pacific Region," in *The U.S. and China in Asia: Mitigating Tensions and Enhancing Cooperation*, eds. David J. Bulman and Hu Ran (Washington, DC: PCI, 2019), 15-26.

60. The State Council Information Office of the PRC, Xinhua, *China's National Defense in the New Era* (Beijing, China: Foreign Languages Press, 2019).

61. Alice Ba, "U.S.-China Relations and Regional Institutions: Challenges and Paths Ahead," in *The U.S. and China in Asia: Mitigating Tensions and Enhancing Cooperation*, eds. David J. Bulman and Hu Ran (Washington, DC: PCI, 2019), 167-78.

62. David Lampton, "US' Taipei Act Is a Needless Provocation Aimed at China, Even if Unintended," *South China Morning Post*, April 14, 2020, https://www.scmp.com/comment/opinion/article/3079535/us-taipei-act-needless-provocation-aimed-china-even-if-unintended.

63. Minnie Chan, "China Tries to Calm 'Nationalist Fever' as Calls for Invasion of Taiwan Grow," *South China Morning Post*, May 10, 2020, https://www.scmp.com/news/china/politics/article/3083696/china-tries-calm-nationalist-fever-calls-invasion-taiwan-grow.

64. David M. Lampton, "Notes of Conversation with Senior U.S. Military Officer," July 12, 2019, 3.

65. "China Overtakes US as World's Largest Trading Country," RT, February 11, 2013, https://www.rt.com/business/china-us-largest-

trading-country-908/.

66. David M. Lampton, Selina Ho, and Cheng-Chwee Kuik, *Rivers of Iron: Railroads and Chinese Power in Southeast Asia* (Oakland: University of California Press, 2020).

後記

拜登在本書（原文版）出版前幾週就任美國總統，他面臨的國內外挑戰比二戰後杜魯門以來的歷屆總統都要更棘手——致命的流行病、困頓的經濟、因黨派而分裂的公民社會、充滿緊張局勢的國際情勢。新總統的首要任務是結束疫情，這樣經濟才能復甦，人民得以重返工作崗位，孩子可以重返學校。[1]他也必須修復搖搖欲墜的美國政體。早在疫情開始之前，拜登就呼籲關注我們的民主，因其不再堅不可摧。他的目標是改革美國教育系統使孩子的受教育機會不再由環境或種族決定、實施改革以解決刑事司法系統的不平等問題，以及恢復政府的透明度、誠信與問責制度。他主張，民主制度仰賴強大的中產階級，而強大的中產階級則是仰賴經濟安全。為了促進經濟安全，也必須對基礎建設進行大量投資——包括高速公路、橋梁鐵路、網路寬頻、能源與教育。[2]

拜登的主要外交政策目標是使美國恢復在世界上的領導地位。美國作為世界領導者的能力，他不斷精神喊話：「不僅取決於我們力量的展示，也取決於我們作為榜樣的力量。」[3]他上任後的首項行動就是重新加入《巴黎協定》與世衛組織，並希望恢復臺灣作為世衛成員的地位。[4]他計畫建立一個新的世界民主聯盟，就從召開全球民主峰會開始，旨在更新升級自由世界面對新挑戰時共同精神與目標。他認為存在三大挑戰：氣候變遷、新核戰威脅及具有破壞力的科技。[5]有人批評拜登的外交政策是冷戰思維的遺毒，而拜登的回應是承諾將以新的角度重新設想美國許多的傳統歷史夥伴關係。因為政府曾經對待傳統、長期的朋友像敵人一般，卻將獨裁者視為朋友，這種對待方式造成的信任關係破裂，需要時間來修復。

拜登在參議院外交關係委員會工作了數十年，這使他比歷史上的其他總統都擁有更多的外交政策經驗，甚至比曾在一九七四至一九七六年擔任北京美國聯絡處負責人的老布希還要多。拜登在擔任參議員期間訪問過六十多個國家，拜會過約一百五十位領導人。他重視專業知識並依賴經驗豐富的外交政策顧問團隊，其中許多人在歐巴馬政府期間曾與他共事。他承諾重建國務院，該部門因在川普領導下失去數千名經驗豐富的專家而遭受重創。

拜登與中國的互動經歷超過四十年，他出國訪問的第一站就是臺灣，並於一九七九年中華人民共和國成立三十年時，作為首次訪華的國會代表團成員之一踏上中國。他對中國人權議題的關注至少可以追溯到一九八九年，當時北京對和平抗議人士暴力鎮壓讓人權議題成為美國人關注的焦點。他認為中國（與其他亞洲國家）需要獲得客觀的新聞報導，並且需要更好地理解西方民主制度，於是提議建立一家針對亞洲的美國新聞廣播電臺，這便是一九九六年創立並營運至今的自由亞洲電臺（Radio Free Asia）。他支持中國加入世貿，並與歐巴馬一起公開歡迎中國的經濟崛起。[6]在二〇〇一年，拜登面帶微笑，彎下身子在北京郊外的農村與一位九歲小男孩握手，留下了照片紀錄。根據最近的報導，這位男孩現在已經長大，他還記得當時拜登打趣地說也許有一天他可以成為中國領導人。[7]

在二〇一一及二〇一二年，副總統拜登與習近平會面八次，共二十五個小時，希望了解習近平是什麼樣的領導人，也在二〇一二年接待習近平訪美。最初拜登團隊對習近平印象深刻，並誤認他是改革者，但這種欽佩很快開始消退。在總統大選期間，他稱習近平為暴徒，並承諾對中國採取強硬態度，[8]拜登政府執政的早期種種也確實顯示如此。強硬的對中政策或許是本屆總統與上屆總統唯一的共同點，[9]但拜登的國際經驗、基於事實的決策風格以及願意妥協，在在都顯示，比起川普的時代，他對美中關係的處理能夠大幅降低衝突。拜登可能傾向透過尋找可以合作的議題來穩定兩國關係，同時在雙方沒有共識的議題上，保持堅決態度。

氣候變遷與醫療保健是美中兩國必須加強合作的領域。拜登認為氣候變遷是地球面臨最大的長期危機，他明白要成功解決這個問題，必然需要國際合作。中國是迄今為止世界上產出最多汙染的國家，因為中國大量依賴煤炭能源，其碳排量超過美國與歐盟的總和，但中國也是太陽能與風力能源最大的消費與生產國。作為《巴黎協定》的一員，中國承諾要在本世紀末以前，將全球暖化程度限制在比工業化前高出攝氏兩度的範圍以內，並預計在二〇三〇年或更早達到碳排量的高峰值。中國在太陽能與風力發電領域的經驗中，或許有不少值得美國借鑑之處。

如本書中黃嚴忠（他為許多關於中國應對疫情的新聞報導中提供專業知識參考）所撰寫的章節所述，目前的新冠疫情也突顯出在醫療健康領域進行國際合作的必要性。然而美中兩國都已錯失在疫情初期的合作機會：美國將病毒歸咎於中國，稱其為「中國病毒」（China virus）；中國最初隱瞞了疫情的爆發，封鎖了試圖說出真相的專家，然後還向國外銷售有瑕疵的醫療與防護裝備。拜登上任總統，以及他對結束美國疫情的積極關切，應該能為兩國重啟醫療健康的合作提供契機。

另一個可能合作的領域是北韓與伊朗的核武問題。中國與美國同樣擔心這些國家可能生產核武，而且中國對這些國家的影響力比美國要大得多。

但衝突仍持續不斷。正如格雷厄姆・艾利森（Graham Allison, 1940-）所描述的，中國仍會繼續是美國建國兩百四十四年以來所面對最未知而費解的國際挑戰。[10]中國侵犯人權的事件仍持續發生，這將是與拜登政府發生衝突的源頭，畢竟美國政府對中國目前的兩大人權問題早有關注。第一個問題在新疆：新疆自治區遠在中國國境的西邊，有多達一百萬名穆斯林維吾爾人被關押於再教育營中，雖接受職業培訓，但也被迫放棄自己穆斯林身分，並且強制使用普通話。第二個問題是香港：北京背棄了一九九七年香港回歸時中國所承諾的「一國兩制」模式。中國不斷干預香港（相對民主）的政體，而同時香港民眾的憤怒與絕望也在不斷加深。

最後，中國最近對臺灣的挑釁，如戰機飛越臺灣海峽中線以及對臺灣海岸隨機開火，可能會使美中關係迅速偏離正軌。許多中國問題專家認為，美中兩國之間唯一可能導致真正戰爭的分歧是臺灣問題，[11]而香港與臺灣問題密切相關。自一九四九年敗戰的蔣介石部隊撤退至臺灣、建立中華民國以來，[12]臺灣已發展為成功、運作良好、充滿活力的民主政體，經濟繁榮，擁有進步的生活水準，身分認同也愈來愈獨立。但是中華人民共和國政府仍然聲稱擁有臺灣主權，且從未放棄武裝統一的可能。中國政府反對香港獨立的每一個舉動都在提醒臺灣人民，他們可能就是下一個。美國在對中國武統臺灣的可能性維持一貫的戰略模糊政策，不過，正如同中國未曾放棄武統，倘若中國採取行動，美國也不會放棄武力介入。

總之，美中之間的緊張關係不會因拜登上任而消失。這些分歧真實存在，並具有潛在的危險性。然而，拜登總統本身的專業知識與經驗，以及他重組國務院並仰賴專業經驗與知識的決心，意味著兩國關係將有更好、更理性的管理，讓兩國能夠在現有的必然衝突之外，找到可以合作的領域。儘管仍存有問題，但這樣一來，世界可能會稍加安全一些。

引註：

1. See Alex Ward, "Joe Biden's Plan to Fix the World," Vox, August 18, 2020, https://www.vox.com/2020/8/18/21334630/joe-biden-foreign-policy-explainer.
2. Joseph R. Biden Jr., "Why America Must Lead Again," *Foreign Affairs*, March/April 2020, 65-68.
3. Biden, "Why America Must Lead Again," 65.
4. Simone McCarthy, "US Under Biden Set to Stay in WHO," *South China Morning Post*, November 9, 2020, https://www.scmp.com/news/china/diplomacy/article/3109068/us-under-biden-set-stay-who-experts-say-health-body-needs.
5. Biden, "Why America Must Lead Again"; Ward, "Joe Biden's Plan to Fix the World."
6. See Edward Wong, Michael Crowley, and Ana Swanson, "Joe Biden's China Journey," *New York Times*, September 6, 2020, https://www.nytimes.com/2020/09/06/us/politics/biden-china-html/.
7. "Joe Biden: Chinese Villagers Remember President-Elect's 2001 Visit," *South China Morning Post/Agence France Presse*, November 11, 2020.
8. Julian E. Barnes, Lara Jakes, and Jennifer Steinhauer, "In Confirmation Hearings, Biden Aides Indicate Tough Approach on China," *New York Times*, January 24, 2021.
9. Barnes et al., "In Confirmation Hearings, Biden Aides Indicate Tough Approach on China."
10. Graham Allison, "Grave New World," *Foreign Policy*, January 15, 2021.
11. Nicholas Kristoff, "Biden's Nightmare May Be China," *New York Times*, January 31, 2021.
12. 編按：此處作者原文為「Since the remnants of Chiang Kai-shek's forces fled to Taiwan in 1949 and established the Republic of China, ...」，然中華民國實於一九一二年建國，而非一九四九年撤退後在臺灣建國。此處保留作者的說法，但以此註特別說明。

謝詞

我們深切感謝藍普頓教授，感謝他對本書的貢獻，以及他終身在中國領域的研究。在二〇一八年初，藍普頓教授宣布即將自約翰・霍普金斯大學的高等國際研究學院（School of Advanced International Studies，簡稱ＳＡＩＳ）退休，他榮獲中國問題研究海曼教授（Hyman Professor）之名譽並擔任高等國際研究學院的中國研究系系主任長達二十年，也任職過學院院長，他的同事們期望向他致敬，而本書出版的源頭就在這裡。

本書的想法來自高等國際研究學院外交政策研究所所長傅瑞珍博士及中國研究的副主任饒玫。藍普頓教授不會接受紀念他的專屬文集。如果要出版一本書，那麼此書必須是學術書籍，且必須要能夠在中國問題研究領域中作出貢獻，於是我應邀主編本書。

本書想法始於二〇一八年十一月三到五日於威斯康辛州拉辛市詹森基金會（Johnson Foundation）的展翼會議中心舉辦之學術研討會——《五十年美中交流：我們學到什麼？》。展翼會議中心以其廣闊場地與法蘭克・洛伊・萊特（Frank Lloyd Wright, 1867-1959）的建築聞名，五十多年來一直是美中許多高層會議及對話之場所。在展翼中心舉行會議，我們可以從過去之經驗汲取靈感。會議聚集了來自學術界、非政府組織與公共服務領域的傑出中國問題專家，其中許多人即將退休，而有些人則正處於職涯巔峰。這次會議也有象徵性作用，把接力棒從一代中國問題專家遞交給下一代。本書大部分的章節的雛型都是源自那次會議上的演講，而詹森基金會的設施與熟練的工作人員讓會議得以圓滿成功。

本書的作者群皆為中國問題之專家，他們豐富的經驗賦予了本書內容極高的可信度與嚴肅性。儘管撰稿人各自從不同的角度來看待中國，而且並非在所有議題上都互相一致或彼此認同，但他們對中國的了解與體驗卻是極其深刻的。此外，在這個日益兩極分化的世界中，他們並不往極端靠攏，而是抱持著合理、基於證據、平衡的觀點來論述分析。我們對他們在本書的卓越貢獻深表感謝。

許多個人與組織在這本書的成書過程中發揮了重要作用。特別感謝約翰・霍普金斯大學發展處的工作人員，尤其是休・蘇利文（Hugh Sullivan）與強納森・亨利（Jonathan Henry）為這項計畫成功籌集資金。我們特別感謝杰拉丁・昆施塔特（Geraldine Kunstadter）與彼特・尼克森（Pete Nickerson）的慷慨解囊，他們多年來一直是中國研究領域的忠實朋友與重要支持者。福特基金會的資助也很重要，一如他們在過去六十年來對中國領域方方面面的資助那樣關鍵。我們特別感謝福特基金會中國代表高倩倩的支持。

還有許多高等國際研究學院的同事付出努力使本書的付梓成為可能，其中最重要的是高等國際研究學院中國研究計畫的統籌季肇瑾（Zhaojin Ji）與中國研究系主任毛雪峰教授。毛雪峰與傅瑞珍為本書撰寫了章節，而饒玫則是協助編輯並支援後勤工作。對於他們的幫助，我們十分感謝。隨著高等國際研究學院的中國研究計畫開始整合，與約翰・霍普金斯大學為數眾多且面向多元又國際化的中國相關研究計畫，形成一個以當代中國為主題的全球研究中心，這本書有望成為新研究中心早期成果的範例。

在高等國際研究學院以外，兩位匿名審稿人提供了極具洞見且有幫助的評論與建議，而哥倫比亞大學出版社的史提芬・衛斯理則是一位非常和藹的編輯，不僅鼎力相助，更提供了許多富有建設性的建議。我們同樣感謝出版社的文字編輯們對細節的一絲不苟。我們特別高興這本書得以由哥倫比亞大學出版社的系列出版，以紀念唐耐心（Nancy Bernkopf Tucker, 1948-2012）與孔華潤，他們是這個領域的佼佼者，也是令我們心懷尊敬與欽佩的榜樣。最後，我要特別感謝我長期以來的經紀人彼得・伯恩斯坦（Peter W. Bernstein），若沒有他的努力，這本書不可能出版。

本書作者群

石文安（Anne F. Thurston）於一九九九年開始在約翰・霍普金斯大學高等國際研究學院的中國研究計畫中任教，並在她成立草根中國倡議計畫（Grassroots China Initiative）與中國非政府組織合作時晉升為高階研究教授。她的教學生涯始於福坦莫大學，後來在社會科學研究會的中國計畫部門服務。她曾獲得麥克・阿瑟基金會（MacArthur Foundation）、美國和平研究所（U.S. Institute of Peace）、伍德羅・威爾遜國際學者中心（Woodrow Wilson International Center for Scholars）、國家人文基金會（National Endowment for the Humanities）及洛克斐勒基金會的研究獎助金。她最近與達賴喇嘛的兄長嘉樂頓珠（Gyalo Thondup）合著了《噶倫堡的製麵師：達賴喇嘛二哥回憶錄・不為人知的圖博奮鬥故事》（*The Noodle Maker of Kalimpong: The untold story of my struggle for tibet*, Public Affairs, 2015；中文版二〇一七年由臺灣圖博之友會出版）一書。她著作的書籍與專書有*Enemies of the People: The Ordeal of China's Intellectuals During the Great Cultural Revolution*（Knopf, 1987 and Harvard University Press, 1988，暫譯：《人民的敵人：大躍進時期中國知識分子的折磨》）；與毛澤東的私人醫生李志綏合著的《毛澤東私人醫生回憶錄》（*The Private Life of Chairman Mao*, Random House, 1994；中文版二〇一五年由時報出版）；*A Chinese Odyssey: The Life and Times of a Chinese Dissident*（Scribner's, 1991，暫譯：《中國奇遇記：一位中國異議人士的生活時代》）；*Muddling Toward Democracy: Political Change in Grass Roots China*（U.S. Institute of Peace, 1998，暫譯：《朝令夕改的民主：中國草根政治變革》），以及*China Bound: A Guide to Academic Life in the People's Republic of China*的修訂版（National Academies Press, 1994，暫譯《中國訪問》）。她為學術期刊與大眾期刊撰寫文章，並擁有加州大學柏克萊分校政治學博士學位。

克雷格・艾倫（Craig Allen）目前擔任美中貿易全國委員會主席，該組織是私營、無黨派的非營利組織，代表超過兩百家與中國進行業務往來的美國企業。在加入美中貿易全國委員會之前，艾倫也有卓越的公職職涯，他於一九八五年加入美國商務部國際貿易署（International Trade Administration，簡稱ＩＴＡ），並在中國辦事處擔任國際經濟學家。一九八八年，艾倫擔任美國在臺協會的美國貿易中心主任，並於一九九二年回到駐北京的美國大使館擔任商務參事。克雷格曾任職於東京美國大使館以及位於西雅圖的亞太經濟合作組織國家中心，此後，他再次回到駐北京美國大使館擔任高階商務官員，隨後晉升為美國商務部國際貿易署亞洲地區副助理部長。他於二〇一四至二〇一八年七月擔任美國駐汶萊（Brunei Darussalam）大使，隨後成為美中貿易全國委員會的主席。他於一九七九年取得密西根大學政治學與亞洲研究的學士學位，並於一九八五年取得喬治城大學外交事務碩士學位。

瑪麗・布朗・布洛克（Mary Brown Bullock）是艾格尼絲・斯科特學院（Agnes Scott College）的名譽校長。在中國的外交與學術關係重建之際，她曾擔任與中華人民共和國學術交流委員會主任，隨後，她也擔任伍德羅・威爾遜國際學者中心的亞洲計畫主任。她曾擔任亞洲基金會、外交關係委員會、美中關係全國委員會與美國中華醫學基金會的董事會成員，目前擔任崑山杜克大學的執行副校長。她著有*An American Transplant: The Rockefeller Foundation and Peking Union Medical College*（暫譯：《美國的移植：洛克斐勒基金會與北京協和醫學院》）一書，並擁有史丹佛大學的中國歷史碩士及博士學位。

戴博（Robert Daly）自二〇一三年八月起擔任伍德羅・威爾遜國際學者中心的季辛吉美中研究所所長。他最初在美中關係方面的工作是外交官，於一九八〇年代末與一九九〇年代初在美國駐北京大使館擔任文化交流官。離開外交部後，他在康乃爾大學教授中文，同時也是主持人、演員及作家，他也曾在中國參與過電視與戲劇計畫，並協助製作《芝麻街》（*Sesame Street*）及其他兒童電視節目的中文版本。後來，他在南京擔任南京大學－約翰・霍普金斯大學中美文化研究中心的美國主任。戴博曾在美國國會就美中關係發表證詞，也曾在許多中國與美國的機構，如史密森尼學會（Smithsonian Institution）、美國東西方中心（East-West Center）、亞洲協會及美中關係全國委員會等進行講座。他旅居中國十一年，曾為美中兩國領導人進行口譯，包括江澤民、李源潮、吉米・卡特總統與亨利・季辛吉等人。

馮稼時（Thomas Fingar）是史丹佛大學弗利曼・斯伯格里國際研究所舒思深亞太研究中心（Shorenstein APARC）的研究員。他在二〇一〇至二〇一五年期間為奧森柏格－羅倫傑出研究員（Oksenberg-Rohlen Distinguished Fellow），而二〇〇九年為史丹佛大學的佩恩傑出講座教授（Payne Distinguished Lecturer）。在二〇〇五到二〇〇八年間，他擔任首位美國國家情報分析副總監（deputy director of National Intelligence for Analysis），同時擔任國家情報委員會主席。馮稼時博士曾擔任國務院情報研究局的助理國務卿（二〇〇〇至二〇〇一年及二〇〇四至二〇〇五年）、主要副助理國務卿（二〇〇一至二〇〇三年）、分析副助理國務卿（一九九四至二〇〇〇年）、東亞暨太平洋地區分析辦公室主任（一九八九至一九九四年），以及中國事務處處長（一九八六至一九八九年）。在一九七五至一九八六年間，他在史丹佛大學擔任多個職位，包括國際安全與軍控中心（Center for International Security and Arms Control）的高階研究員。馮稼時博士畢業於康乃爾大學（政治與歷史學學士，一九六八年）及史丹佛大學（政治學碩士，一九六九年；政治學博士，一九七七年）。他最近的著作有*Reducing Uncertainty: Intelligence Analysis and National Security*（Stanford University Press, 2011，暫譯：《減少不確定性：情報分析與國家安全》），編著作品有*The New Great Game: China and South and Central Asia in the Era of Reform*（Stanford, 2016，暫譯：《新大棋局：改革時代中國與南亞、中亞的關係》）、*Uneasy Partnerships: China and Japan, the Koreas, and Russia in the Era of Reform*（Stanford, 2017，暫譯：《不安的夥伴關係：改革時代中國與日本、朝鮮半島及俄羅斯的關係》），以及與戴慕珍合編的*Fateful Decisions: Choices That Will Shape China's Future*（Stanford, 2020，暫譯：《決定命運：塑造中國未來的選擇》）。

傅瑞珍（Carla P. Freeman）目前是約翰・霍普金斯大學高等國際研究學院中國研究副教授兼外交政策研究所所長。在二〇二〇年，她擔任美國國會圖書館的美中關係主席。她的研究領域著重探討中國國內與外交政策之間的關聯，並關注中國的區域及環境政策、非傳統安全挑戰，以及在全球治理中的角色。她曾編著中國與北韓關係，以及中國在發展中世界角色的相關書籍，並在學術刊物上發表許多文章，其中包括關於亞投行的文章，發表於《全球政策》（*Global Policy*），以及關於中國與部分全球公域（global commons）之間交互影響的文章，發表於《中國季刊》（*China Quarterly*）。她即將在《英國政治與國際關係期刊》（*British Journal of Politics and International Relations*）上發表關於中國與全球公共財的研究，這同時也是她目前的專書主題。傅瑞珍經常提供政府及非營利組織諮詢意見，並曾擔任美國和平研究所、哈佛大學費正清中心與中國社會科學院的研究員。她在耶魯大學攻讀學士學程，並在約翰‧霍普金斯大學高等國際研究學院獲得國際經濟學與中國研究碩士學位，以及國際關係博士學位。

傅立民（Chas W. Freeman Jr.）是現任布朗大學沃森國際和公共事務研究所（Watson Institute for International and Public Affairs）之高階研究員，曾在一九七二年尼克森總統出訪北京時擔任主要的美國口譯員。他在一九九三至一九九四年間擔任國防部國際安全事務助理部長；一九八九至一九九二年擔任美國駐沙烏地阿拉伯大使；一九八六至一九八九年擔任國務院非洲事務副助理國務卿；一九八四至一九八六年間在曼谷擔任代辦（chargé d'affaires），而一九八一至一九八四年間則在北京擔任代辦。他也曾擔任大西洋理事會副主席（一九九六至二〇〇八年）、美中政策基金會共同主席（一九九六至二〇〇九年）、中東政策委員會主席（一九九七至二〇〇九年）。他是《大英百科全書》外交文章的編輯，並著有*America's Continuing Misadventures in the Middle East*（暫譯：《美國在中東持續的冒險》）、*Interesting Times: China, America, and the Shifting Balance of Prestige*（暫譯：《有趣的時代：美中威望的轉變》）、*America's Misadventures in the Middle East*（暫譯：《美國在中東的冒險》）、*The Diplomat's Dictionary*（暫譯：《外交官的詞典》）與*Arts of Power: Statecraft and Diplomacy*（暫譯：《權力的藝術：國家政策與外交》）。傅立民經常在美國各地的教育與政策相關機構發表演講，其演講片段可在chasfreeman.net網站上找到。

高龍江（John W. Garver）是喬治亞理工學院（Georgia Institute of Technology）山姆・能恩國際事務學院（Sam Nunn School of International Affairs）的榮譽教授，他在此任教三十年，同時發起中國與東亞發展的暑期學生計畫，並在中國各省份及多個東亞國家進行廣泛的實地考察。他在許多期刊的編輯委員會上任職多年，如《中國季刊》、《當代中國》（*Journal of Contemporary China*）、《問題與研究》（*Issues and Studies*）及《亞洲安全》（*Asian Security*）等，同時也是美中關係全國委員會的成員。他曾在美國國會委員會作證，並向國務院及其他行政機關提供諮詢。他在一九六九至一九七〇年間於美軍服役。

高龍江的研究專注於中國的外交關係，他已出版十一本書籍，並發表了一百多篇期刊文章與書籍章節探討相關議題。他是在中國外交關係領域富有聲譽的頂尖學者。他最新的著作是*China's Quest: The History of the Foreign Relations of the People's Republic of China*（Oxford University Press, 2018，暫譯：《中國探索：中華人民共和國對外關係史》），這本書是他終身學術工作的結晶，也是第一本全面的中國外交關係史。他的其他著作包括*Chinese-Soviet Relations, 1937-1945*（Oxford University Press, 1988，暫譯：《中蘇關係》）、*Protracted Contest: China-Indian Rivalry in the Twentieth Century*（University of Washington Press, 2001，暫譯：《曠日費時的較量：二十世紀的中印競爭》）、*Face Off: China, the United States, and Taiwan's Democratization*（University of Washington Press, 1997，暫譯：《對峙：中國、美國及臺灣的民主化》）、*China and Iran: Ancient Partners in a Post-Imperial World*（University of Washington Press, 2001, 1997, and 2006，暫譯：《中國與伊朗：後帝國時代的古老夥伴》）、*The Sino-American Alliance: Nationalist China and American Cold War Strategy in Asia*（M.E. Sharpe, 1997，暫譯：《中美同盟：民族主義中國與美國在亞洲的冷戰戰略》）、*Foreign Relations of the People's Republic of China*（Prentice Hall, 1993，暫譯：《中華人民共和國對外關係》），以及*China's Decision for Rapprochement with the United States*（Westview, 1982，暫譯：《中國決定與美國和解》）。

黃嚴忠（Yanzhong Huang）是西東大學（Seton Hall University）外交與國際關係學院全球衛生研究

的教授與系主任，這是美國專業國際事務學院當中首個明確著重公衛領域關於安全與外交政策方面的學術研究方向。他也是美國外交關係協會（Council on Foreign Relations）全球衛生高階研究員，負責指導全球衛生治理系列圓桌會議，也共同指導中國與全球治理計畫；他還創辦了學術期刊《全球衛生治理：新健康安全典範》（*Global Health Governance: The Scholarly Journal for the New Health Security Paradigm*）。黃嚴忠在中國及全球衛生領域撰寫大量著作，並刊載了眾多報告及專書篇章，包括在《生存》（*Survival*）、《外交事務》、《公共衛生》（*Public Health*）、《生化恐怖主義與生物安全》（*Bioterrorism and Biosecurity*）和《當代中國》等上發表的文章，以及在《紐約時報》、《國際先驅論壇報》（*International Herald Tribune*）、《耶魯全球》（*YaleGlobal*）及《南華早報》（*South China Morning Post*）等媒體上的專欄文章。在二〇〇六年，他與他人合著首篇針對中國軟實力系統性研究的學術文章。他著有*Governing Health in Contemporary China*（暫譯：《當代中國的健康治理》）。他曾在國會委員會作證，並經常就全球健康與中國議題提供諮詢及演講。他是美國外交關係委員會及美中關係全國委員會的一員。他曾在巴納德學院（Barnard College）、哥倫比亞大學和清華大學任教。他在復旦大學獲得國際政治的學士與碩士學位，並在芝加哥大學獲得政治學的博士學位。

藍普頓（David M. Lampton）目前擔任約翰・霍普金斯大學高等國際研究學院外交政策研究所的高階研究員，並於二〇一九至二〇二〇年擔任史丹佛大學亞太研究中心的奧森柏格–羅倫研究員。他是約翰・霍普金斯大學高等國際研究學院的中國問題研究海曼教授與主任，並曾任該學院院長。藍普頓在史丹佛大學獲得學士、碩士及博士學位，並在俄亥俄州立大學開始他的學術生涯。隨後，他擔任美中關係全國委員會主席與亞洲基金會主席。他的最新著作《中國夢：從鄧小平到習近平》（*Following the Leader: Ruling China, from Deng Xiaoping to Xi Jinping*）最初於二〇一四年出版，並於二〇一九年重新發行，附有新的序言（編按：中文版於二〇二〇年由遠流出版）。此外，他還著有*Same Bed, Different Dreams: Managing U.S.-China Relations, 1989-2000*（University of California Press, 2001，暫譯：《同床異夢：管理美中關係》）、*The Three Faces of Chinese Power: Might, Money, and Minds*（University of California Press, 2008，暫譯：《中國力量的三張面孔：實力、金錢與思想》）；並編有*The Making of Chinese Foreign and Security Policy*（Stanford University Press, 2001，暫譯：《中國外交與安全政策的制定》）。他與何莉菁（Selina Ho）、郭清水（Kuik Cheng-Chwee）合著的最新著作是*Rivers of Iron: Railroads and Chinese Power in Southeast Asia*（譯名《鐵河：鐵路與東南亞的中國力量》），基於對九個國家的實地研究，重點關注中國建設從華南到新加坡的高速鐵路及其他鐵路的相關工作。

李侃如（Kenneth Lieberthal）是布魯金斯學會外交政策的退休高階研究員，曾任約翰・桑頓中國中心（John L. Thornton China Center）主任（二〇〇九至二〇一二年）及外交政策高階研究員（二〇〇九至二〇一六年）。他也是密西根大學的榮譽教授。李侃如博士曾在一九九八至二〇〇〇年間擔任美國國家安全委員會主席的國家安全事務特別助理，以及亞洲地區高階主任。他著有或編有二十四本書籍與專論，並撰寫了約七十五篇文章與專書篇章。最近的書籍與專書包括與馬丁・英迪克（Martin Indyk, 1951-）及歐漢龍（Michael O'Hanlon, 1961-）合著的*Bending History: Barack Obama's Foreign Policy*（暫譯：《扭曲歷史：歐巴馬的外交政策》）、與王緝思（1948-）合著的*Addressing U.S.-China Strategic Distrust*（暫譯：《解決美中戰略不信任》）、與彼得・辛格（Peter Singer, 1946-）合著的*Cybersecurity and US-China Relations*（暫譯：《網路安全與美中關係》），而*Managing the China Challenge: How to Achieve Corporate Success in the People's Republic*（暫譯：《應對中國挑戰：如何在中華人民共和國取得企業成功》）及*Governing China: From Revolution Through Reform*（暫譯：《治理中國：從革命到改革》）兩書是在大學中國政治課程中經常使用的教科書。李侃如博士也是許多編輯委員會、非營利組織董事會及顧問委員會的一員。

趙文詞（Richard Madsen）是位於加州大學聖地牙哥分校的復旦大學－加州大學當代中國研究中心（Fudan-University of California Center on Contemporary China）的特聘研究教授及主任。他與羅伯特・

貝拉（Robert Bellah, 1927-2013）等人合著的*The Good Society*（暫譯：《良善社會》）與*Habits of the Heart*（暫譯：《心的習慣》）曾獲得《洛杉磯時報》圖書獎並入圍普立茲獎（Pulitzer Prize）。他在中國議題方面撰有或合著有八本書籍，其中包括榮獲萊特・米爾斯獎（C. Wright Mills Award）的*Morality and Power in a Chinese Village*（暫譯：《中國農村的道德與權力》），還有*China and the American Dream*（暫譯：《中國與美國夢》）、*China's Catholics: Tragedy and Hope in an Emerging Civil Society*（暫譯：《中國天主教徒：新興公民社會的悲劇與希望》），以及*Democracy's Dharma: Religious Renaissance and Political Development in Taiwan*（暫譯：《民主法門：臺灣的宗教復興與政治發展》）。他最新作品為與徐楊心怡（Becky Yang Hsu）合編的*The Chinese Pursuit of Happiness: Anxieties, Hopes, and Moral Tensions in Everyday Life*（暫譯：《中國追求幸福：日常生活的焦慮、希望及道德緊張》）。

毛雪峰（Andrew Mertha）是中國問題研究喬治與薩迪・海曼教授（George and Sadie Hyman Professor of China Studies），也是約翰・霍普金斯大學高等國際研究學院中國研究計畫主任，曾任康乃爾大學政府學教授及華盛頓大學政治學助理教授。毛雪峰專攻中國的官僚政治、政治制度及國內外政策過程，其專業範疇最近也擴展到柬埔寨。他著有*The Politics of Piracy: Intellectual Property in Contemporary China*（暫譯：《盜版的政治：當代中國的知識產權》，二〇〇五年）、*China's Water Warriors: Citizen Action and Policy Change*（暫譯：《中國水戰士：公民行動與政策變革》，二〇〇八年），以及*Brothers in Arms: Chinese Aid to the Khmer Rouge*（暫譯：《兄弟戰友：中國對紅色高棉的援助》，二〇一四年）。他的文章發表在許多期刊上，包括《中國季刊》、《比較政治學》（*Comparative Politics*）、《國際組織》（*International Organization*）及《問題與研究》，也為一些編輯專書撰寫了部分篇章。他編輯了由人類學家梅・埃比哈拉（May Ebihara, 1934-2005）撰寫、茱蒂・萊格伍德（Judy Ledgerwood, 1959-）作序的*Svay: A Khmer Village in Cambodia*（暫譯：《柴楨：柬埔寨的高棉村莊》），於二〇一八年出版。毛雪峰曾在美中經濟與安全審查委員會前作證，向國會執行委員會就中國問題進行簡報，並陪同美國國會代表團前往北京、新疆及上海，討論恐怖主義與毒品販運等議題。他也曾接受美國國家公共廣播電臺、英國廣播公司（British Broadcasting Corporation，簡稱ＢＢＣ）與美國之音等媒體的訪問，並經常受報章媒體引用。

巴里・諾頓（Barry Naughton）是加州大學聖地牙哥分校全球政策與策略學院（School of Global Policy and Strategy）的蘇君樂講座教授（So Kwanlok Professor）他的中國經濟研究聚焦於市場轉型、產業技術、對外貿易及政治經濟等方面。他的第一本著作*Growing Out of the Plan*（暫譯：《從計畫中成長》）於一九九六年榮獲大平正芳紀念獎（Ohira Prize）。他深入淺出的概述性著作《中國經濟：轉型與增長》（*The Chinese Economy: Adaptation and Growth*）於二〇一八年出版了新版，並在二〇二〇年出版了中譯版（由上海人民出版社出版）。諾頓目前正在研究中國的產業政策。他於一九八二年在中國進行博士論文研究，而一九八六年獲得耶魯大學經濟學博士學位。

董雲裳（Susan A. Thornton）是退休的美國高階外交官，在美國國務院的歐亞及東亞領域擁有近三十年經驗。她目前是耶魯大學法學院蔡中曾中國中心（Paul Tsai China Center）的高階研究員、美國外交政策國家委員會亞太安全論壇主任，以及布魯金斯學會的非常駐研究員。董雲裳在國務院擔任東亞及太平洋事務署代理署長直到二〇一八年七月為止，在北韓危機、與中國不斷升級的貿易緊張關係，以及快速變化的國際環境中領導美國東亞政策制定。在之前的國務院職位中，她從事關於美國對中國、韓國及前蘇聯的政策工作，並在美國駐中亞、俄羅斯、高加索與中國的大使館任主管職。董雲裳在約翰・霍普金斯大學高等國際研究學院獲得國際關係碩士學位，並在鮑登學院（Bowdoin College）獲得經濟學與俄語的學士學位。她在多個非營利組織的董事會擔任職務，並精通華語與俄語。她是二〇一九年七月《華盛頓郵報》發表的致總統公開信——〈中國非敵也〉——的發起人之一。

譯名對照表

原文	譯文
第一章	
National Committee on U.S.-China Relations	美中關係全國委員會
John D. Rockefeller III, 1906-1978	約翰・洛克斐勒
Richard Nixon, 1913-1994	理察・尼克森
Foreign Affairs	《外交事務》
Red China	共產中國
Jimmy Carter, 1924-	吉米・卡特
Racine	拉辛市
Wingspread Conference Center	展翼會議中心
Five Decades of U.S. Engagement with China: What Have We Learned?	五十年美中交流：我們學到什麼？
John Garver, 1946-	高龍江
Thomas Fingar, 1946-	馮稼時
Kenneth Lieberthal, 1943-	李侃如
Susan Thornton	董雲裳
David Lampton, 1946-	藍普頓
Richard Madsen, 1941-	趙文詞
Robert Daly, 1936-	戴博
Yanzhong Huang	黃嚴忠
Mary Brown Bullock, 1944-	瑪麗・布朗・布洛克
Andrew Mertha	毛雪峰
Barry Naughton, 1951-	巴里・諾頓
Craig Allen, 1957-	克雷格・艾倫
Carla Freeman, 1959-	傅瑞珍
Chas Freeman, 1943-	傅立民
Robert Zoellick, 1953-	勞勃・佐利克
responsible stakeholder	負責的利益相關者
UN Security Council	聯合國安全理事會
World Trade Organization	世界貿易組織，簡稱WTO
International Monetary Fund	國際貨幣基金組織，簡稱IMF
World Bank	世界銀行
Treaty on the Non-Proliferation of Nuclear Weapons	核武禁擴條約
Comprehensive Nuclear-Test-Ban Treaty	全面禁止核試驗條約
Paris Climate Agreement	巴黎協定
North Atlantic Treaty Organization	北約，簡稱NATO
we had better get China right	我們最好能讓中國改頭換面

原文	譯文
Barack Obama, 1961-	歐巴馬
fundamental interests	基本法益
offshoring	境外外包
China threat school of thought	中國威脅論
China collapse school of thought	中國崩潰論
Wolf Warrior ethos	戰狼文化
Thucydides Trap	修昔底德陷阱
Made in China 2025	「中國製造二〇二五」
Belt and Road Initiative	一帶一路計畫，簡稱BRI
Asian Infrastructure Investment Bank	亞洲基礎設施投資銀行，簡稱AIIB、亞投行
Donald Trump, 1946-	唐納德・川普
National Security Strategy	《國家安全戰略》
James Mattis, 1950-	詹姆斯・馬蒂斯
National Defense Strategy	《國家防衛戰略》
revisionist powers	修正主義強權
Mike Pence, 1959-	麥克・彭斯
Hudson Institute	哈德遜研究所
whole-of-government/whole of government	整體型政府
fentanyl	吩坦尼止痛藥
Strategic Approach to the People's Republic of China	《美國對中華人民共和國的戰略方針》
Michael R. Pompeo, 1963-	蓬佩奧
Gerald R. Ford Presidential Museum	傑拉德・福特博物館
Nixon Presidential Library	尼克森總統圖書館
Christopher Wray, 1966-	克里斯多福・瑞伊
Robert O'Brien, 1966-	羅伯特・歐布萊恩
William P. Barr, 1950-	巴維理
the Great Firewall of China	防火長城
Pew Research Center	皮尤研究中心
Democrats	民主黨
Republicans	共和黨
Gallup	蓋洛普
Joe Biden, 1942-	拜登
Washington Post	《華盛頓郵報》
China Is Not an Enemy	〈中國非敵也〉
Stay the Course on China	〈堅守對中立場〉

原文	譯文
New York Times	《紐約時報》
Thomas Friedman, 1953-	湯馬斯・佛里曼
Henry Kissinger, 1923-2023	亨利・季辛吉
Kurt Campell, 1957-	庫特・康貝爾
Ely Ratner, 1977-	伊利・瑞特納
integrationists	調和論者
hawks	鷹派
Brookings Institution	布魯金斯學會
Jeffrey Bader, 1945-	傑佛瑞・貝德
Alastair Iain Johnston	江憶恩
Dalai Lama, 1935-	達賴喇嘛
gang of four	四人幫
Beijing Hotel	北京飯店
Friendship Stores	友誼商店
People's Daily	《人民日報》
the Great Leap Forward	中共大躍進
Cultural Revolution	文化大革命
Third Plenary Session of the Eleventh Central Committee	十一屆三中全會
Richard Baum, 1940-2012	包瑞嘉
the Democracy Wall movement	西單民主牆運動
May Seventh Cadre Schools	五七幹校
John King Fairbank, 1907-1991	費正清
Wilma Cannon Fairbank, 1909-2002	慰梅
Anti-Rightist Campaign	反右運動
baogao wenxue	報告文學
reportage literature	報導文學
People or Monsters?	《人妖之間》
literature of the wounded	傷痕文學
Democracy, Reform, and Modernization	〈民主、改革、現代化〉
Princeton University's Institute for Advanced Study	普林斯頓大學高等研究院
River Elegy	《河殤》
the May Fourth Movement	五四運動
revolutionary operas	革命樣板戲
Red Sorghum	《紅高粱》
Nothing to My Name	〈一無所有〉
Mikhail Gorbachev, 1931-2022	米哈伊爾・戈巴契夫

原文	譯文
find common ground while reserving our minor differences	求同存異
George H. W. Bush, 1924-2018	老布希
Barbara Bush, 1925-2018	芭芭拉・布希
Brent Scowcroft, 1925-2020	布倫特・斯考克羅夫特
Lawrence Eagleburger, 1930-2011	勞倫斯・伊格爾伯格
James Lilley, 1928-2009	李潔明
Standard Oil Company	美孚石油公司
Jack Downey, 1930-2014	約翰・道尼
Richard Fecteau, ? -2014	理查・費克圖
Bill Clinton, 1946-	柯林頓
Tiananmen massacre	天安門大屠殺
NGOs	非政府組織
the Ford Foundation	福特基金會
the International Republican Institute	國際共和學會
the Asia Foundation	亞洲基金會
the Carter Center	卡特中心
you cannot not try	你非試不可
Seymour Martin Lipset, 1922-2006	李普塞
Some Social Requisites of Democracy	〈民主的社會要件〉
Francisco Franco, 1892-1975	佛朗哥
something of a mystic entity	某種神秘的實體
Thomas E. Kellogg	托馬斯・凱洛
Albert Camus, 1913-1960	卡繆
The Plague	《瘟疫》
Andrew J. Nathan, 1943-	黎安友
Madelyn Ross	饒玫
Stephen Wesley	史提芬・衛斯理
Minxin Pei, 1957-	裴敏欣
David Shanbaugh, 1953-	沈大偉
Carma Hinton, 1949-	卡瑪
The Gate of Heavenly Peace	《天安門》
Herbert Hoover, 1874-1964	赫伯特・胡佛
Voice of America	美國之音
第二章	
revisionism	修正主義
the enabling policies	扶持性政策

原文	譯文
decouple	脫鉤
realist	務實
realpolitik	現實政治
axis of convenience	便利軸心
normalization	正常化
Shanghai Communiqué	《上海公報》
Watergate	水門事件
Asian Tiger model	亞洲四小龍模式
Opium War, 1840-1842	鴉片戰爭
Arrow War, 1856-1860	英法聯軍之役
quasi-security partnership	準安全夥伴關係
Frank Press, 1924-2020	法蘭克・普雷斯
Zbigniew Brzezinski, 1928-2017	茲比格涅夫・布里辛斯基
Medusa	梅杜莎
Marxism	馬克思主義
crossing the river by feeling the stones	摸著石頭過河
Boris Yeltsin, 1931-2007	葉爾欽
Vladimir Putin, 1952-	弗拉迪米爾・普丁
the strategic triangle of relations	戰略三角關係
the Great Recession	經濟大衰退
If it ain't broke, don't fix it.	若無破裂，則不修補
spiritual pollution	精神汙染
peaceful transformation	和平轉型
regime change	政權輪替
color revolution	顏色革命
porous relations	多孔關係
whole of society	整體型社會
butchers of Beijing	北京的屠夫
Joint Comprehensive Plan of Action	《聯合全面行動計畫》
Responsibility to Protect	《國家保護責任》，簡稱R2P
the American Chamber of Commerce in the People's Republic of China	中國美國商會，簡稱AmCham China
National Council for U.S.-China Trade，現名U.S.-China Business Council	美中貿易全國委員會，簡稱USCBC
第三章	
Warren Cohen, 1934-	孔華潤

原文	譯文
great aberration	大偏移
strategic humility	戰略謙和
the People's Liberation Army Navy	中國人民解放軍海軍，簡稱PLAN
the first and second island chains	第一與第二島鏈
Alfred Thayer Mahan, 1840-1914	阿爾弗雷德・賽耶・馬漢
American benevolence toward China	對中國的仁慈
Open Door Notes	《門戶開放照會》
Nine-Power Treaty	《九國公約》
the Cairo Declaration	《開羅宣言》
the Yalta agreement	《雅爾達協定》
Franklin Delano Roosevelt, 1882-1945	羅斯福
the policeman of Asia	亞洲的警察
George Marshal, 1880-1959	喬治・馬歇爾
Harry Truman, 1884-1972	杜魯門
Titoism	狄托主義
Joseph Stalin, 1878-1953	史達林
Angus Ward, 1893-1969	安格斯・沃德
People's Liberation Army	人民解放軍，簡稱PLA
Kim Il Sung, 1912-1994	金日成
John F. Kennedy, 1917-1963	甘迺迪
Lyndon Baines Johnson, 1908-1973	詹森
special drawing rights	特別提款權
blue-water navy	藍水海軍
Ronald Reagan, 1911-2004	隆納・雷根
Lowy Institute	洛伊國際政策研究所
High Seas Fleet	公海艦隊
RAND Corporation	蘭德公司
ultramodern ballistic missiles	超現代彈道飛彈
freedom of the seas	海洋自由
Century of National Humiliation	百年國恥
maritime/oceanic regime	海事體系
freedom of navigation	航行自由
the Declaration of Independence	《獨立宣言》
the shores of Tripoli	的黎波里的海岸
Tripartite Treaty of Germany, Japan, and Italy	《德義日三國同盟條約》
United Nations Convention on the Law of the Sea	《聯合國海洋法公約》，簡稱UNCLOS

原文	譯文
exclusive economic zone	專屬經濟區，簡稱EEZ，又稱經濟海域
seizure	占領
resident power	常駐強權
Fiery Cross Shoal	永暑礁
Association of Southeast Asian Nations	東南亞國家國協，簡稱東協、ASEAN
gray zone	灰色地帶
Permanent Court of Arbitration	國際常設仲裁法院
freedom of navigation operations	航行自由行動，簡稱FONOPs
USS Impeccable	美國無瑕號
antiaccess, area denial	反介入與區域拒止
Andaman Sea	安達曼海
Arakan	若開邦
Kyaukpyu	皎漂
Gwadar	瓜達爾
Hambantota	漢班托塔
Sarawak	砂拉越州
Natuna Island	納土納群島
mid-range powers	中等強國
concert of Asia	亞洲和諧會
appeasement	綏靖政策
U.S. Navy War College	美國海軍戰爭學院
Lyle Goldstein,1972-	金萊爾
antihegemony	反霸權
Nonhegemony	非霸權主義
Benigno Aquino, 1960-2021	貝尼格諾・艾奎諾
Mahathir Mohamad,1925-	馬哈地・穆罕默德
Josip Broz Tito, 1892-1980	狄托
Bill Gertz, 1952-	比爾・戈茨
Edward Timperlake	愛德華・丁伯雷
William Triplett	威廉・崔普雷特
Steven Mosher, 1948-	毛思迪
Michael Pillsbury, 1945-	白邦瑞
Thomas J. Christensen, 1962-	柯慶生
第四章	
the McCarthy period	麥卡錫主義時期
Owen Lattimore, 1900-1989	歐文・拉鐵摩爾

原文	譯文
John Service, 1909-1999	謝偉思
John Paton Davies, 1908-1999	約翰・佩頓・戴維斯
China hands	中國通
John Foster Dulles, 1888-1959	約翰・福斯特・杜勒斯
Pekingology	北京學
Lucian Pye, 1921-2008	白魯恂
A. Doak Barnett, 1921-1999	鮑大可
Robert Scalapino, 1919-2011	施樂伯
Luce foundations	魯斯基金會
Richard Solomon, 1937-2017	索樂文
Socialist Education Movement	四清運動
Frederick Teiwes, 1939-	泰偉斯
Ssu-Ch'ing: The Socialist Education Movement of 1962–1966	《肅清：一九六二至六六年的四清運動》
Foreign Broadcast Information Service	外國廣播資訊處，簡稱FBIS
Joint Publications Research Service	美國聯合出版研究服務處，簡稱JPRS
Selections from the Chinese Mainland Press	《中國大陸報刊選集》，簡稱SCMP
Selections from Chinese Mainland Magazines	《中國大陸雜誌選集》，簡稱SCMM
Daily Appearance Tracking Data	每日露面追蹤資料
Universities Service Centre	大學研究服務中心，簡稱USC
Michel Oksenberg, 1938-2001	米克爾・奧森柏格
Ezra Vogel, 1930-2020	傅高義
Steven Goldstein	戈迪溫
Andrew Walder, 1953-	魏昂德
Susan Shirk, 1945-	謝淑麗
Martin Whyte, 1942-	懷默霆
intergenerational hothouse	世代間的溫室
Bill Marvel	比爾・馬維爾
McCarthyism	麥卡錫主義
George Taylor, 1905-2000	戴德華
Office of War Information	戰時情報局
Social Science Research Council	社會科學研究會
American Council of Learned Societies	美國學術團體協會
National Defense Education Act	《國防教育法》
Union Research Institute	友聯研究所，簡稱URI
Simon Leys, 1935-2014	李克曼

原文	譯文
Ronald Montaperto	羅納多・蒙塔波托
Paths to Power: Elite Mobility in Contemporary China	《權力之路》
B. Michael Frolic, 1937-	傅堯樂
Jerome Cohen, 1930-	孔傑榮
Suzanne Pepper, 1939-	胡素珊
John Dolfin	鐸華
American chauvinism	美國沙文主義
Cadres, Bureaucracy, and Political Power in Communist China	《共產中國的幹部、官僚和政治權力》
Donald Rumsfeld, 1932-2021	唐納・倫斯斐
Committee of Concerned Asian Scholars	關心亞洲學者委員會
Edward Friedman, 1937-	傅禮門
Potemkin Villages	波坦金村莊
China Reconstructs	《中國建設》
China Pictorial	《中國畫報》
Jonathan Mirsky, 1932-2021	梅兆贊
Mark Selden, 1938-	馬克・塞爾登
The Yenan Way in Revolutionary China	《革命中的中國：延安道路》
Critical Asian Studies	《批判亞洲研究》
McGeorge Bundy, 1919-1996	麥喬治・邦迪
Terry Lautz, 1946-	陶泰瑞
Halsey Beemer	哈爾西・比默
Chinese Shadows	《中國的陰影》
Roger Garside	蓋思德
Coming Alive: China After Mao	《甦醒：毛澤東之後的中國》
Fox Butterfield, 1939-	福克斯・巴特菲爾德
China: Alive in the Bitter Sea	《苦海餘生》
National Academy of Sciences	美國國家科學院
The Committee on Scholarly Communication with the People's Republic of China	與中華人民共和國學術交流委員會
Steven Mosher, 1948-	毛思迪
activist research	行動者研究
apologia	辯護主義
cultural relativism	文化相對主義
critical analysis	批判分析
Harry Harding, 1946-	何漢理
Joel Fort, 1929-2015	喬爾・福特

原文	譯文
Wang Yuhua	王裕華
National Public Radio, NPR	美國全國公共廣播電臺，簡稱NPR
Communiqué on the Current State of the Ideological Sphere	《關於當前意識形態領域情況的通報》，又稱《九號文件》
Maria Repnikova	瑪莉亞・雷普尼科娃
Khmer Rouge	紅色高棉，又稱赤柬
Wade-Giles	威妥瑪
Policy Making in China	《中國的政策制定》
fragmented authoritarianism	分權式威權主義
John Burns, 1947-	卜約翰
principal-agent theory	委託代理人理論
Dan Lynch	林丹
Charlotte Lee	李夏洛
Victor Shih	史宗瀚
Christian Sorace	克里斯蒂安・索拉斯
Franz Schurmann, 1926-2010	弗朗茨・舒曼
people's war	人民戰爭
Ellis Joffe	越飛
Michael D. Swaine, 1951-	史文
de-Baathification	去復興黨化
Elizabeth Perry, 1948-	裴宜理
Dorothy Solinger	蘇黛蕊
Jean Oi	戴慕珍
Scott Kennedy, 1967-	甘思德
Jessica Teets	潔西卡・蒂茨
Timothy Hildebrandt	何天文
Anita Chan, 1946-	陳佩華
Ching Kwan Lee, 1963-	李靜君
Mary Gallagher, 1969-	高敏
Diana Fu	傅黛安
Kellee Tsai	蔡欣怡
Edward Steinfeld, 1966-	謝德華
Ralph Thaxton, 1944-	戴瑞福
Kevin O'Brien, 1957-	歐博文
Canton Under Communism	《共產主義制度下的廣東》
Jonathan Unger	安戈

原文	譯文
Chen Village	《陳村》
John Pomfret, 1959-	潘文
The Beautiful Country and the Middle Kingdom	《美麗國家與中央王朝》
Jeremy Wallace, 1980-	萬家瑞
meta	後設
black boxes	黑盒子
Joseph Fewsmith, 1949-	傅士卓
Alice Lyman Miller	愛麗絲・萊曼・米勒
panda huggers	擁抱熊貓派
dragon slayers	屠龍派
The Godfather Part II	教父2
Michael Corleone	麥可・柯里昂
Keep your friends close, but your enemies closer.	親近你的朋友，但更要親近你的敵人。
Stanley Rosen, 1929-2014	駱思典
Bruce Gilley, 1966-	布魯斯・季禮
Pierre Ryckmans	皮埃爾・李克曼
Chuck Cell	查克・塞爾
Michael Gatz	麥克・蓋茨
Mitch Meisner	米奇・邁斯納
第五章	
Stephen K. Bannon, 1953-	史蒂芬・班農
Breitbart News	布萊巴特新聞網
kinetic war	熱戰
opioid	鴉片類藥物
covert actors	祕密人員
front groups	前線組織
America First	美國優先
China and the American Dream	《中國與美國夢》
Charles Taylor, 1931-	查爾斯・泰勒
Red Menace	紅色威脅
Troubled Modernizer	受困的現代化者
Revolutionary Redeemer	革命救贖者
Robert Bellah, 1927-2013	羅伯特・貝拉
Second Vatican Council	梵蒂岡第二屆大公會議
National Council of Churches	全國教會理事會
ecumenism	普世教會合一運動

原文	譯文
evangelical Christians	福音派基督徒
Yellow Menace	黃禍論
most favored nation	最惠國，簡稱MFN
General Motors	通用汽車
General Electric	通用電氣
Boeing	波音
Rupert Murdoch, 1931-	魯柏・梅鐸
Golden Venture	金色冒險號
Rockaway Beach	洛克威海灘
Immigration and Naturalization Service	移民及歸化局
Flushing	法拉盛
Chinagate	中國門
Independent Sentinel	《獨立哨兵報》
Charlie Trie	崔亞琳
Democratic National Committee	民主黨全國委員會，簡稱DNC
Johnny Chung, 1955-	鍾育瀚
John Huang	黃建南
Maria Hsia	夏鈴
Al Gore, 1948-	艾爾・高爾
Clinton cash	柯林頓現金
Cox Committee	考克斯委員會
Report on U.S. National Security and Military/Commercial Concerns with the People's Republic of China	《美國國安及中華人民共和國軍事暨商業關係報告》
Los Alamos National Laboratory	洛斯阿拉莫斯國家實驗室
My Country Versus Me	《我的國家控告我》
Protestant Three-Self Patriotic Movement	三自愛國教會
Chinese Patriotic Catholic Association	中國天主教愛國會
Bob Fu, 1968-	傅希秋
ChinaAid Association	對華援助協會
National Association of Evangelicals	全國福音派協會
Cardinal Kung Foundation	龔品梅樞機主教基金會
Chinese Patriotic Catholic Association	中國天主教愛國會
Freedom House	自由之家
China shock	中國衝擊
permanent normal trade relations	永久性正常貿易關係
Goldman Sachs	高盛集團

原文	譯文
Henry Paulson, 1946-	亨利・鮑爾森
U.S.-China Strategic and Economic Dialogue	美中戰略與經濟對話
economic iron curtain	經濟鐵幕
crooked Hillary	騙子希拉蕊
Peter Navarro, 1949-	彼得・納瓦羅
Stephen Miller , 1985-	史蒂芬・米勒
Make America Great Again	讓美國再次偉大
The Chinese Pursuit of Happiness	《中國人追求幸福》
James Farrer	劉雅格
Deborah Davis, 1945-	戴慧思
The Consumer Revolution in Urban China	《中國都市消費革命》
neo-Calvinists	新加爾文主義者
Charter 08	《零八憲章》
Karl Marx, 1818-1883	卡爾・馬克思
compressed modernity	壓縮現代性
Allan Havis, 1951-	艾倫・哈維斯
scènes à faire	必備場景
Bulletin of Concerned Asian Scholars	《關注亞洲學者公報》
John Spratt, 1942-	斯普拉特（眾議員）
Pew Forum on Religion and Public Life	皮尤宗教與公眾生活論壇
第六章	
Empress of China	中國皇后號
Henry Ford, 1863-1947	亨利・福特
Hughes Tool Company	休斯飛機公司
Johnson Space Center	詹森太空中心
Cyrus Vance, 1917-2002	賽勒斯・范錫
the American Trade Act of 1974	一九七四年美國貿易法
Jackson-Vanik amendment	賈克森－凡尼克修正案
foreign exchange certificate system	外匯券制度，簡稱FEC
glasnost	開放
perestroika	重建
Barbara Franklin, 1940-	芭芭拉・富蘭克林
Warren Christopher, 1925-2011	華倫・克里斯多福
Jeffrey Garten, 1946-	傑弗瑞・賈騰
Los Angeles Times	《洛杉磯時報》
Ron Brown, 1941-1996	羅恩・布朗

原文	譯文
comprehensive engagement	全面交流
Hillary Clinton, 1947-	希拉蕊・柯林頓
Lehman Brothers	雷曼兄弟
Li & Fung Limited	港商利豐有限公司
Schumpeterian creative destruction	熊彼特的創造性破壞理論
national champion treatment	國家冠軍企業
block and copy	封鎖複製
copy to China	複製到中國
NASDAQ	納斯達克
Alibaba	阿里巴巴
Tencent	騰訊
external financing	外部融資
net exports	貿易差額
Ministry of Industry and Information Technology	工業和信息化部
techno-nationalistic policies	科技民族主義政策
International Organization for Standardization	國際標準化組織
Robert Lighthizer, 1947-	賴海哲
Steven Mnuchin, 1962-	史蒂芬・梅努欽
第七章	
global financial crisis	全球金融危機，簡稱GFC
Dwight Perkins, 1934-	德懷特・珀金斯
China: Asia's Next Economic Giant?	《中國：亞洲下一個經濟巨人？》
GNP	國民生產毛額
China Deconstructs	《中國解構》
William Overholt	威廉・奧弗霍爾特
hard budget constraints	硬預算約束
second takeoff	第二次經濟起飛
demographic dividend	人口紅利
“Sino-American” networks	中美網絡
downstream	下游
demand-side	需求方
supply-side upgrading	供應方升級
financialization	企業金融化
GPNs	全球生產網絡
intermediate stages	中間階段
dualistic trading regime	雙重貿易體制

原文	譯文
David Autor, 1967-	奧特
David Dorn, 1979-	多恩
Gordon Hanson, 1964-	漢森
mini-recession	微型經濟衰退
economic clusters	經濟集群
the pay-as-you-go pension systems	隨收隨付退休金制度
marketization	市場化
steerage	操舵
Medium to Long-Term Plan for the Development of Science and Technology	《國家中長期科學和技術發展規劃綱要》
the Innovation-Driven Development Strategy	《創新驅動發展戰略》
technocratic mentality	技術官僚心態
Jude Blanchette	任白明
Three Represents	三個代表
Kennh Jowitt, 1940-	喬・威特
nonbiodegradable	無法生物分解
Nick Lardy	尼古拉斯・拉迪
Markets Over Mao	《民進國退》
green box	綠色措施
condominium	共管
第八章	
China Medical Board	美國中華醫學基金會
The Rockefeller Foundation	洛克菲勒基金會
Asia Society	亞洲協會
Jonathan Spence, 1936-2021	史景遷
To Change China: Western Advisors in China, 1620 to 1960	《改變中國》
James Thomson, 1931-2002	詹姆斯・湯姆森
While China Faced West: American Reformers in Nationalist China, 1928–1937	《中國面向西方》
Norton Wheeler	諾頓・惠勒
sick man of Asia	東亞病夫
ping-pong diplomacy	桌球外交
Chase Manhattan	大通銀行
John Knowles, 1926-1979	約翰・諾爾斯
Peking Union Medical College	北京協和醫學院，簡稱PUMC
Yale-China	雅禮協會

原文	譯文
Foundation for Theological Education in South East Asia	東南亞神學教育協會
Nanjing Theological Seminary	金陵神學院
United Board for Christian Higher Education in Asia	亞洲基督教高等教育聯合董事會
China Christian Council	中國基督教協會
Renee Yuen-Jan Hsia	夏芮妮
Lynn T. White, 1941-	林恩・懷特
rescuing	解救
National Institutes of Health	國家衛生院，簡稱NIH
U.S. Geological Service	美國地質調查局
Housing and Urban Development	住房及城市發展部
Department of Defense	國防部
William Sawyer	威廉・索耶
Peter Geithner	彼得・蓋斯納
Shawn Shieh	謝世宏
government-organized nongovernmental organizations	官辦非政府組織，簡稱GONGOs
All-China Women's Federation	中華全國婦女聯合會
David Zweig, 1950-	崔大偉
Internationalizing China	《國際化中的中國》
Linkage fever	連動熱潮
Barber Benjamin Conable, 1922-2003	巴伯・科納布爾
Robert McNamara, 1916-2009	勞勃・麥納馬拉
Track II dialogue	二軌對話
Young Leaders Forum	全球青年領袖論壇
public intellectuals program	公共知識分子計畫
Susan Rice, 1964-	蘇珊・萊斯
Condoleezza Rice, 1954-	康朵麗莎・萊斯
mainline Protestants	主流新教徒
evangelical Protestants	福音派新教徒
U.S.-China Catholic Association	美中天主教協會
Maryknolls	瑪利諾會
Jesuits	耶穌會
three-Self Patriotic Movement	三自愛國運動
Ding Guangxun	丁光訓，又稱K. H. Ting, 1915- 2012
St. John's University	聖約翰大學
Union Theological Seminary	紐約協和神學院
Amity Foundation	愛德基金會

原文	譯文
Philip Wickeri, 1947	魏克利
U.S. Presbyterian Church	美國長老教會
Jonathan Tam	譚峻斌
Reza Hasmath	瑞薩・哈斯馬斯
Fuller Theological Seminary	加州福樂神學院
Nanjing Theological Review	《金陵神學誌》
Janice Wickeri	魏貞愷
Chinese Theological Review	《中國神學誌》
sinicization	中國化
International Crane Foundation	國際鶴類基金會
John D. Rockefeller Jr., 1874-1960	小約翰・洛克菲勒
Rockefeller Brothers Foundation	洛克菲勒兄弟基金會
Friends of Nature	自然之友
The Nature Conservancy	大自然保護協會
Stephen Heintz	斯蒂芬・海因茨
the Yunnan Great Rivers Project	雲南大江大河計畫
Mark Sidel	馬克・席德爾
Bill & Melinda Gates Foundation	比爾與美琳達・蓋茲基金會
Occupy Central demonstrations	香港占領中環運動
securitization	安全化
Chinese People's Association for Friendship with Foreign Countries	中國人民對外友好協會，簡稱對外友協
Elizabeth Knup	高倩倩
stakeholders	利害關係人
American International Chamber of Commerce	美國國際商會
Cotton USA	美國棉花協會
International Copper Association	國際銅業協會
Pacific Environment	太平洋環境組織
Natural Resources Defense Council	自然資源守護委員會
Wildlife Conservation Society	國際野生生物保護學會
Orbis	奧比斯
Project HOPE	世界健康基金會
Holt International	霍爾特國際機構
Go and Love Foundation	傳仁基金會
Blessing Hands	祝福之手
China Service Ventures	中美服務促進會
China-U.S. Volunteer Cooperation Service Society	中美志工合作服務會

原文	譯文
Soros Open Society Foundations	索羅斯開放社會基金會
National Endowment for Democracy	美國國家民主基金會
American Bar Association	美國律師協會，簡稱ABA
Rule of Law Initiative	法治計畫
Conservation International	保護國際
Environmental Defense Fund	環境保衛基金
Stephen Noakes	史蒂芬・諾克斯
Jessica C. Teets	潔西卡・蒂茨
Global Times	《環球時報》
environmental resilience	環境韌性
China in the World	世界中的中國
Brent Fulton	傅邦寧
Lester Ruiz	萊斯特・魯伊斯
Kathleen Walsh	華爾希
Joan Kaufman	瓊恩・考夫曼
Katherine Wilhelm	魏夢欣
Anthony Spires	安子傑
第九章	
Peter Parker, 1804-1888	伯駕
Ophthalmic Hospital of Canton	廣州眼科醫局
Methodist Episcopal Church	衛理派美以美會
Kang Chen，又名Ida Kahn, 1873-1931	康成
Shi Meiyu，又名Mary Stone, 1873-1954	石美玉
Yale Foreign Missionary Society	雅禮外國傳道會
Xiangya (Yale-China) Hospital	湘雅醫院
Roger Greene, 1881-1947	顧臨
barefoot doctors	赤腳醫生
Eli Lilly	禮來製藥
Emil Smith, 1911-2009	埃米爾・史密斯
Fogarty International Center	福格蒂國際中心
Milo Leavitt, ?-1983	米洛・萊維特
James Reston, 1909-1995	詹姆斯・雷斯頓
Victor Sidel, 1931-2018	維克・席德爾
Allen Dobson	艾倫・道柏森
Protocol for Cooperation in the Science and Technology of Medicine and Public Health	《醫療公衛科技合作協議》，簡稱《醫療協議》

原文	譯文
China-United States Biochemistry and Molecular Biology Examination and Application Program	中美生物化學聯合招生項目，簡稱CUSBEA
Smile Train	微笑列車
Bristol Myers Squibb	必治妥施貴寶
Sino-American Shanghai Squibb Pharmaceutical	中美上海施貴寶製藥有限公司
Merck	默克
Johnson & Johnson	嬌生
Janssen	楊森製藥
GlaxoSmithKline	葛蘭素史克，簡稱GSK
Pfizer	輝瑞
Baxter International	百特國際
Abbott	亞培
HBV	B型肝炎病毒
Expanded Programme on Immunization	擴大免疫計畫
Norman Bethune, 1890-1939	白求恩
Center for Disease Control and Prevention	中國疾病預防控制中心，簡稱CDC
acquired immunodeficiency syndrome	後天免疫缺乏症候群，簡稱AIDS
Tuberculosis	肺結核，簡稱TB
severe acute respiratory syndrome	嚴重急性呼吸道症候群，簡稱SARS
avian flu	禽流感
Health and Human Services	美國衛生與公衆服務部
Tommy Thompson, 1941-	湯米・湯普森
Global AIDS Program	全球愛滋計畫，簡稱GAP
prevention for positives	預防確診
President's Emergency Plan for AIDS Relief	總統愛滋緊急救援計畫，簡稱PEPFAR
antiretroviral therapy	抗愛滋病毒治療
National Academy of Science’s Institute of Medicine	美國國家醫學院
Richard Lugar, 1932-2019	理察・盧加爾
International Partnership on Avian and Pandemic Influenza	禽流感與流感大流行國際夥伴關係
Collaborative Program on Emerging and Re-emerging Infectious Diseases	新興及再浮現傳染病合作計畫
Global Disease Detection Center	全球疾病檢測中心
field epidemiologists	應用流行病學家
Joint Initiative on Avian Influenza	禽流感聯合倡議計畫
Ebola	伊波拉病毒
Sylvia Burwell, 1948-	希薇亞・波維

原文	譯文
The Global AIDS Disaster	〈全球愛滋災難〉
Sandy Berger, 1945-2015	山迪・柏格
Global Health Security Agenda	全球衛生安全綱領
Bethesda labs	貝塞斯達實驗室
Strategic and Economic Dialogue	戰略與經濟對話，簡稱SED
U.S.-China Health Care Forum	美中衛生醫療論壇
Joint Commission on Commerce and Trade	商貿聯委會
Food and Drug Administration	美國食品藥物管理局，簡稱FDA
U.S.-China Global Issues Forum	美中全球議題論壇
U.S.-China Consultation on People-to-People Exchange	美中人文交流磋商
Clinton Foundation	柯林頓基金會
China HIV/ AIDS Initiative	中國愛滋病防治行動，簡稱CHAI
The Global Fund to Fight AIDS, Tuberculosis and Malaria	全球對抗愛滋病、肺結核和瘧疾基金會
Country Coordinating Mechanism	國家協調機制，簡稱CCM
Johns Hopkins University-Nanjing University Center for Chinese and American Studies or Hopkins-Nanjing Center, HNC	南京大學－約翰斯・霍普金斯大學中美文化研究中心，或簡稱中美中心
Drew Thompson	唐安竹
U.S.-China Healthcare Cooperation Program	美中衛生醫療合作計畫，簡稱HCP
US Trade and Development Agency	美國貿易發展署，簡稱USTDA
Advanced Medical Technology Association	美國先進醫療技術協會，簡稱AdvaMed
The American Chamber of Commerce in the People's Republic of China	中國美國商會，簡稱AmCham China
U.S.-China Fair Trade Agreement	美中公平貿易協定
penicillin	青黴素
anthrax	炭疽病
ciprofloxacin	環丙沙星
vancomycin	萬古黴素
data exclusivity	資料專屬權
patent linkage	專利連結
Agreement on Trade-Related Aspects of Intellectual Property Rights	《與貿易有關的智慧財產權協定》，簡稱TRIPS
compulsory licensing	強制授權
Tamiflu	克流感
non-traditional security	非傳統安全，簡稱NTS
HIV/AIDS: China's Titanic Peril"	《愛滋病：中國的巨大威脅》
Jordyn Dahl	喬汀・達爾

原文	譯文
U.S.-China Social and Cultural Dialogue	美中社會與文化對話
Global Health Drug Discovery Institute	全球健康藥物研發中心
U.S.-China Track II Dialogue on Healthcare	美中健康二軌對話
Dying to Survive	《我不是藥神》
Gary Cohn, 1960-	蓋瑞・科恩
human genetic materials	人類遺傳資源
Financial Times	《金融時報》
John Thomson, 1930-	唐占晞
Francis Collins, 1950-	法蘭西斯・柯林斯
MD Anderson Cancer Center	安德森癌症中心
Thousand Talents Plan	千人計畫
Emory University	埃默里大學
Frederick Gates	弗雷德里克・蓋茨
Wallace Buttrick	華萊士・巴特里克
Dr. Matthew Brown	馬修・布朗博士
第十章	
Yung Wing, 1828-1912	容閎
Chinese Educational Mission	幼童出洋肄業局，或稱中國留美幼童，簡稱CEM
Boxer Indemnity Scholars	庚子賠款學者
Edmund James, 1855-1925	愛德蒙・詹姆斯
Theodore Roosevelt, 1858-1919	狄奧多・羅斯福
Boxer Rebellion	義和團運動
Michael Hunt, 1942-2018	邁克爾・韓特
Woman's Medical College of the New York Infirmary	紐約醫院女子醫學院
John Leighton Stuart, 1876-1962	司徒雷登
William Henry Welch, 1850-1934	威廉・亨利・韋爾奇
Steven Chu, 1948-	朱棣文
Maya Lin, 1959-	林瓔
United Nations Development Programme	聯合國開發計劃署
Joint Economic Committee	美國國會聯合經濟委員會
Henry Reuss, 1912-2002	亨利・羅伊斯
Beijing's Indigenous Innovation program	北京自主創新計畫
normalization	正常化
A Relationship Restored: Trends in U.S.-China Educational Exchanges, 1978–1984	《修復關係：一九七八至一九八四年美中教育交流趨勢》

原文	譯文
Anti-Spiritual Pollution Campaign	清除精神汙染運動，簡稱清汙運動
Gao Xiqing, 1953-	高西慶
Atlantic	《大西洋雜誌》
James Fallows, 1949-	詹姆斯・法羅斯
Association of International Educators	國際教育工作者協會
China Scholarship Council	國家留學基金委員會
Oberlin Shansi	銘賢社
China Educational Tours	中國教育留學團，簡稱CET
Wellesley College	威爾斯利學院
Mark Salzman, 1959-	馬克・薩爾茲曼
Iron and Silk	《鐵與絲》
Peace Corps	和平工作團
Peter Hessler, 1969-	何偉
River Town	《消失中的江城》
China Daily	《中國日報》
Beijing's Friendship Hotel	北京友誼賓館
State Administration of Foreign Experts Affairs	國家外國專家局，簡稱國家外專局
Ramon Myers, 1929-2015	拉蒙・梅耶斯
Thomas Metzger, 1938-2020	湯姆・梅茨格
Bell Labs	貝爾實驗室
Fulbright Program	傅爾布萊特計畫
Buffalo State School of Management	紐約州立大學水牛城分校管理學院
Pelosi Bill	裴洛西法案
Institute of International Education，簡稱IIE	美國國際教育協會
Open Doors data	《門戶開放報告》
Iowa Writers' Workshop	愛荷華作家工作坊
New Yorker	《紐約客》
Paris Review	《巴黎評論》
Frank O'Connor International Short Story Award	歐康納國際小說獎
Hemingway Foundation/PEN Award	海明威獎
Granta	《格蘭塔》
MacArthur Fellowship	麥克阿瑟獎
Guggenheim Fellowship	古根漢獎學金
Knight Journalism Fellow	奈特新聞研究員
Fordham University	福坦莫大學
Harvard's Kennedy School of Government	哈佛甘迺迪政府學院

原文	譯文
China Development Research Foundation	中國發展研究基金會
University of Maryland College Park	馬里蘭大學學院市分校
Academic Travel Abroad	海外留學家，簡稱ATA
Inter-University Program for Chinese Language Studies	各大學中國語文聯合研習所
Princeton in Beijing	普林斯頓大學北京暑期中文培訓班
CIEE / College Study Abroad	國際教育交流協會
China Bound: A Guide to Academic Life and Work in the PRC	《中國行：在中國的學術生活和工作指南》
Perry Link, 1944-	林培瑞
Society of Chinese American Professors and Scientists	美國華裔教授暨科學家協會
Hundred Talents Program	百人計畫
James McGregor, 1953-	麥健陸
Stephen A. Schwarzman, 1947-	蘇世民
Schwarzman College	蘇世民書院
National Security Innovation Base	國家安全創新基地，簡稱NSIB
Marco Antonio Rubio, 1971-	馬可・魯比歐
Politico	《政客》
disclosure policies	資訊公開政策
Statement on Protecting the Integrity of U.S. Biomedical Research	《保護美國生物醫學研究誠信之聲明》
Changjiang Scholar	長江學者
Charles Lieber, 1959-	查爾斯・利伯
Sherry Chen, 1958-	陳霞芬
60 Minutes	《60分鐘》
Temple University	天普大學
Xiaoxing Xi, 1957-	郗小星
Association of American Universities	美國大學協會
Association of Public and Land-grant Universities	公立與贈地大學協會
American Council on Education	美國教育理事會
Rafael Reif, 1950-	拉斐爾・萊夫
Marie Royce	瑪麗・羅伊斯
Education USA Forum	美國教育論壇
Senate Permanent Subcommittee on Investigations	參議院常設調查小組委員會
Threats to the U.S. Research Enterprise: China's Talent Recruitment Plans	《對美國研究單位之威脅：中國的人才招聘計畫》
National Defense Authorization Act	《國防授權法案》，簡稱NDAA
White House Office of Science and Technology Policy	白宮科技政策辦公室

原文	譯文
National Academies of Sciences, Engineering, and Medicine	美國國家學院
Association of American Universities	美國大學協會
第十一章	
Andrew Jackson, 1767-1845	安德魯・傑克森
East India Squadron	東印度分艦隊
Manifest destiny	昭昭天命
Anglo-Chinese Opium Wars	鴉片戰爭
Matthew C. Perry, 1794-1858	馬修・培理
USS Susquehanna	巡防艦薩斯奎哈納號
Yangtze River Patrol	長江巡邏隊
U.S. Asiatic Fleet	美國亞洲艦隊
Fifteenth Infantry Regiment	美軍第十五步兵團
The Sand Pebbles	《聖保羅炮艇》
U.S. Joint Chiefs of Staff	美國參謀長聯席會
Korean People's Army	（北）朝鮮人民軍，簡稱KPA
thirty-eighth parallel dividing line	三十八度線
the Republic of Korea	大韓民國，簡稱ROK
the Democratic People's Republic of Korea	朝鮮民主主義人民共和國，簡稱DPRK
Chinese People's Volunteer Army	中國人民志願軍，簡稱CPVA
Demilitarized zone	非軍事區，簡稱DMZ
Korean Military Armistice Commission	朝鮮停戰協定委員會
Military Assistance Advisory Group	美軍顧問團，簡稱MAAG
U.S.- ROC Mutual Defense Treaty	中美共同防禦條約
Dwight D. Eisenhower, 1890-1969	德懷特・艾森豪
U.S. Taiwan Defense Command	美軍協防臺灣司令部，簡稱USTDC
F-86 Sabre jets	F-86軍刀戰鬥機
Sidewinder missiles	響尾蛇飛彈
Rolls-Royce Spey engine	勞斯萊斯斯貝渦輪風扇引擎
Han class nuclear submarines	漢級核潛艦
Gerald R. Ford, 1913-2006	傑拉德・福特
Taiwan Relations Act	《臺灣關係法》，簡稱TRA
U.S. Defense Attaché Office	美國國防武官辦事處，簡稱DAO
Harold Brown, 1927-2019	哈羅德・布朗
joint signals intelligence operations	聯合信號情報行動
Shah Mohammed Reza Pahlavi, 1919-1980	穆罕默德－李查沙・巴勒維
People's Liberation Army Air Force, PLAAF	中國人民解放軍空軍

原文	譯文
Charles A. Gabriel, 1928-2003	查爾斯・加布里埃爾
William Perry, 1927-	威廉・裴利
Robert Pirie, 1933-	羅伯特・皮里
Operation Cyclone	旋風行動
Inter-Services Intelligence	巴基斯坦的三軍情報局，簡稱ISI
détente	緩和關係
Northrop Grumman	諾斯洛普・格魯曼公司，簡稱諾格
General Dynamics	通用動力公司
F-X	實驗戰鬥機計畫
Alexander M. Haig Jr., 1924-2010	亞歷山大・梅格斯・海格
modus vivendi	暫訂協議
George Shultz, 1920-2021	喬治・舒茲
Malcolm Baldrige, 1922-1987	馬爾科姆・鮑德里奇
Caspar Willard Weinberger, 1917-2006	卡斯珀・溫伯格
Zhang Aiping, 1919-2003	張愛萍
Coordinating Committee for Multilateral Export Controls, CoCom	輸出管制統籌委員會，亦稱巴黎統籌委員會，簡稱巴統
John Lehman, 1942-	約翰・雷曼
Shenyang J-8II fighters	瀋陽殲-8戰鬥機
civilian trade balance	民用貿易餘額
Frank Carlucci, 1930-2018	弗蘭克・卡魯奇
bourgeois liberalism	資產階級自由化
multi-pulse Doppler radar	多脈衝都卜勒雷達
digital fire-control system	數位射控系統
air-to-air missiles	空對空飛彈
Central Military Commission	中央軍事委員會，簡稱CMC
Gulf War	波斯灣戰爭
winning informationized local wars	打贏信息化局部戰爭
Stilwell Museum	重慶史迪威將軍博物館
U.S.-China Joint Defense Conversion Commission	美中聯合國防轉化委員會
Charles Robert Larson, 1936-2014	查爾斯・拉爾森
multiple independently targetable reentry vehicles	多目標重返大氣層載具，簡稱MIRVs
hypersonic glide vehicles	極音速飛行器，簡稱HGVs
intercontinental ballistic missile	洲際彈道飛彈，簡稱ICBMs
ballistic missile defense	彈道飛彈防禦，簡稱BMD
USS Kitty Hawk	小鷹號航空母艦

原文	譯文
Kilo-class diesel-electric submarines	基洛級柴電潛艦
Shanghai Cooperation Organization	上海合作組織，簡稱SCO、上合組織
China-Russia Treaty of Good-Neighborliness and Friendly Cooperation	《中俄睦鄰友好合作條約》
USS Independence aircraft carrier battle group	獨立號航空母艦戰鬥群，簡稱CVBG
USS Nimitz	尼米茲號航空母艦
Sovremenny-class destroyers	現代級驅逐艦
William Cohen, 1940-	威廉・科漢
Military Maritime Consultative Agreement	《海上軍事安全磋商機制》
John Shalikashvili, 1936-2011	沙利卡什維利
Deutsche Welle	德國之聲
two-handed policy	兩手政策
People's Liberation Army Rocket Force, PLARF	中國人民解放軍火箭軍
Phalcon	獵鷹
airborne early warning system	空中早期預警機
anti-ship missiles	反艦飛彈
airborne intelligence	機載情報
al-Qaeda	蓋達組織
Taliban	塔利班
Robert Gates, 1943-	勞勃・蓋茲
Senkaku Islands	釣魚臺列嶼
U.S.-Japan Mutual Cooperation and Security Treaty	《美日安保條約》
Leon Panetta, 1938-	里昂・潘內達
Rim of the Pacific Exercise	環太平洋軍演，簡稱RIMPAC
Chuck Hagel, 1946-	查克・海格
Trans-Pacific Partnership	跨太平洋夥伴關係協議，簡稱TPP
Commercial off-the-shelf	商業現貨，簡稱COTS
James "Jim" Mattis, 1950-	詹姆士・（吉姆・）馬提斯
new type of major-power relationship	新型大國關係
Wei Fenghe, 1954-	魏鳳和
John H. Holdridge, 1924-2001	何志立
Richard Danzig	丹澤
Ray Mabus	馬布斯
Michael McDevitt	邁克・麥克迪特
National-Committee on American Foreign Policy	美國外交政策全國委員會，簡稱NCAFP
Anthony Lake	雷克
Foreign Investment Risk Review Modernization Act	外國投資風險審查現代化法案

原文	譯文
第十二章	
Inner Asian Frontiers of China	《中國的亞洲內陸邊疆》
China's periphery	中國周邊
Pitman Potter, 1953-	彭德
Science of Military Strategy	《國防科技》
Michael J. Green, 1962-	邁克爾・格林
discrete security relationships	離散安全關係
hub-and-spokes	軸輻式
customary law	習慣法
unplanned air and naval encounters	空中海上不期而遇
Pax Sinica	中國治下的「盛世」
Terminal High Altitude Area Defense	終端高空防禦飛彈系統，又稱薩德反飛彈系統，簡稱THAAD
second-strike	核反擊
Occupy Movement	占中運動
Umbrella Movement	雨傘革命
United States–Hong Kong Policy Act	《美國－香港政策法》
hegemonic insensitivity	霸權不敏感
Pax Americana	美國治世
Chinese Cooperative Partnership for the Twenty-First Century	《二十一世紀中國合作夥伴關係》
Park Geun-hye, 1952-	朴槿惠
Lee Hee Ok	李熙玉
CD Rev	天府事變
Moon Jae-in, 1953-	文在寅
Scarborough Shoal	黃岩島
Kalayaan Island Group	卡拉延群島
The Permanent Court of Arbitration	常設仲裁法院，簡稱PCA
Rodrigo Duterte, 1954-	羅德里戈・杜特蒂
Elpidio Quirino, 1890-1956	埃爾皮迪奧・季里諾
Free Territory of Freedomland	自由地自由領地
Ferdinand Marcos, 1917-1989	斐迪南・馬可仕
Tagalog	塔加洛語
Gulf of Tonkin	北部灣
Fiery Cross Reef	永暑礁
hydrocarbon deposits	油氣資源
Asia-Pacific Economic Cooperation	亞太經濟合作組織，簡稱APEC

原文	譯文
Fidel Ramos, 1928-2022	羅慕斯
Second Thomas Shoal	仁愛礁
Gloria Macapagal Arroyo, 1947-	葛洛麗雅・雅羅育
Philippine Baseline Bill	《菲律賓領海基線法案》
Republic Act No. 9522	《第九五二二號共和國法》
continental shelf	大陸架，又稱大陸礁、大陸棚
Commission on the Limits of the Continental Shelf	聯合國大陸礁層界限委員會，簡稱CLCS
note verbales	普通照會
southwest march	西南進軍
net assessments	淨評估
Quadrennial Defense Review	《四年期國防總檢討》
pivot to Asia	重返亞洲
Jacques DeLisle	戴傑
Shunji Yanai, 1937-	柳井俊二
restraint	克制
sobriety	清醒
anti-ship ballistic missiles	反艦彈道飛彈
Basic Law	《基本法》
anti–extradition bill demonstrations	反送中運動
customs territory	關稅領域
Human Rights Watch	人權觀察
nuclear option	核選項
Hong Kong Autonomy Act	《香港自治法》
2020 Hong Kong Policy Act Report	《二〇二〇年香港政策法案報告》
zero-sum	零和
defense white paper	國防白皮書
dual circulation economic model	雙循環經濟模式
M. Taylor Fravel, 1971-	傅泰林
Thucydides	修昔底德
Milos	米洛斯人
David Chan-oong Kang, 1965-	康燦雄
Ashley Tellis	田立司
第十三章	
the Soviet bloc	蘇聯集團
U.S. Congressional Gold Medal	美國國會金質獎章
historical amnesia	歷史失憶

原文	譯文
Dick Cheney, 1941-	迪克・錢尼
G8	八大工業國組織
G20	二十大工業國
digital revolution	數位革命
Comprehensive and Progressive Agreement for Trans-Pacific Partnership	跨太平洋夥伴全面進步協定，簡稱CPTPP
Bilateral Investment Treaty	美中雙邊投資協定，簡稱BIT
negative list	負面表列
quantum computing	量子運算
augmented reality	擴增實境
Internet of things	物聯網
Geneva Convention	《日內瓦公約》
zero-sum geostrategic rivalry	零和賽局地緣戰略競爭
fanaticism	狂熱主義
isolationism	孤立主義
第十四章	
William Shakespeare, 1546-1616	威廉・莎士比亞
Mark Antony	馬克・安東尼
Caesar	凱撒大帝
nontariff barriers	非關稅貿易壁壘
influence operations	影響力作戰
Office of Science and Technology Policy	美國科技政策辦公室
Health and Human Services Secretary	衛生及公共服務部部長
Alex Azar, 1967-	亞歷克斯・阿札爾
Center for a New American Security	新美國安全中心
competitive mobilization	競爭性動員
Selective Service System	兵役登記制度
clash of civilizations	文明衝突
Asia for Asians	亞洲是亞洲人民的亞洲
whole-of-society response	整體型社會之回應
motherland	祖國
James M. Olson	詹姆斯・歐爾森
Nancy Pelosi, 1940-	南西・裴洛西
constitutionalism	憲政民主
nihilism	歷史虛無主義
the wind will not subside	樹欲靜而風不止

原文	譯文
Patricia Kim	金沛雅
non–status quo power	非現狀權力
Henry S. Rowen, 1925-2015	亨利・羅文
right to protect	保護權
National Academy of Engineering	國家工程學院
phase one trade deal	第一階段貿易協議
Federal Aviation Administration	美國聯邦航空總署，簡稱FAA
McClatchy	麥克拉奇報業集團
Fuyao Glass America	福耀玻璃美國公司
Rhodium Group	榮鼎集團
Committee on Foreign Investment in the United States	美國外資投資委員會，簡稱CFIUS
Department of Health, Education, and Welfare	美國衛生教育與福利部，簡稱HEW
Department of Health and Human Services	美國衛生及公共服務部，簡稱HHS
World Health Assembly	世界衛生大會，簡稱WHA
Chuck Grassley, 1933-	查克・葛雷斯利
Joe Gray	喬・葛瑞
India-Pakistan Kargil Crisis	印巴卡吉爾危機
hard sciences	硬科學
New World Disorder	新世界失序
planned economy	統制經濟
net national savings rate	國民儲蓄淨額
labor productivity	勞動生產率
Emmanuel Macron, 1977-	馬克宏
Annual Report to Congress: Military and Security Developments Involving the People's Republic of China 2019	《二〇一九年年度中國軍力報告》
the new containment	新遏制
George Kennan, 1904-2005	喬治・凱南
exchange ratio	交換比率
terminally guided missiles	終端導引飛彈
hypersonic missiles	高超音速飛彈
Intermediate-Range Nuclear Forces Treaty	《中程飛彈條約》，簡稱IFT
swarms	無人機集群
deterrence theory	嚇阻理論
salami tactics	切香腸戰術
gray-area tactics	灰色地帶戰術
Alice Ba	巴艾麗

原文	譯文
Free and Open Indo-Pacific initiative/strategy	自由開放的印太戰略
the Quad	四方安全對話
Five Eyes	五眼聯盟
Blue Dot Network	藍點網絡
Lower Mekong Initiative	湄公河下游行動計畫
Regional Comprehensive Economic Partnership	區域全面經濟夥伴協定，簡稱RCEP
Conference on Interaction and Confidence-Building Measures in Asia	亞洲相互協作與信任措施會議，簡稱CICA
Taiwan Allies International Protection and Enhancement Initiative Act, TAIPEI Act	《二〇一九年臺灣友邦國際保護及加強倡議法案》，簡稱《臺北法案》
force lethality	軍隊殺傷力
whole-of-system	整體型系統
Vladimir Lenin, 1870-1924	列寧
Bolsheviks Revolution	布爾什維克革命，又稱俄國十月革命
exceptionalism	例外主義
Stanford University's Freeman Spogli Institute	史丹佛大學弗里曼斯伯格里國際問題研究所
Alicia R. Chen	艾莉西亞・陳
Robert Kapp	羅伯特・卡普
Zoe Balk	柔伊・波克
Joseph Califano	約瑟夫・卡利法諾
後記	
Radio Free Asia	自由亞洲電台
China virus	中國病毒
Graham Allison, 1940-	格雷厄姆・艾利森
謝詞	
School of Advanced International Studies	約翰霍普金斯大學高等國際研究學院，簡稱SAIS
Hyman Professor	海曼教授
Johnson Foundation	詹森基金會
Frank Lloyd Wright, 1867-1959	法蘭克・洛伊・萊特
Hugh Sullivan	休・蘇利文
Jonathan Henry	強納森・亨利
Geraldine Kunstadter	杰拉丁・昆施塔特
Pete Nickerson	彼特・尼克森
Zhaojin Ji	季肇瑾
Nancy Bernkopf Tucker, 1948-2012	唐耐心

原文	譯文
Peter W. Bernstein	彼得・伯恩斯坦
本書撰寫人	
Grassroots China Initiative	草根中國倡議計畫
MacArthur Foundation	麥克阿瑟基金會
U.S. Institute of Peace	美國和平研究所
Woodrow Wilson International Center for Scholars	伍德羅・威爾遜國際學者中心
National Endowment for the Humanities	國家人文基金會
Gyalo Thondup	嘉樂頓珠
The Noodle Maker of Kalimpongg: The untold story of my struggle for tibet	《噶倫堡的製麵師：達賴喇嘛二哥回憶錄・不為人知的圖博奮鬥故事》
Enemies of the People: The Ordeal of China's Intellectuals During the Great Cultural Revolution	暫譯：人民的敵人：大躍進時期中國知識分子的折磨
The Private Life of Chairman Mao	《毛澤東私人醫生回憶錄》
A Chinese Odyssey: The Life and Times of a Chinese Dissident	暫譯：中國奇遇記：一位中國異議人士的生活時代
Muddling Toward Democracy: Political Change in Grass Roots China	暫譯：朝令夕改的民主：中國草根政治變革
International Trade Administration	美國商務部國際貿易署，簡稱ITA
Agnes Scott College	艾格尼絲斯科特學院
An American Transplant: The Rockefeller Foundation and Peking Union Medical College	暫譯：美國的移植：洛克菲勒基金會與北京協和醫學院
Sesame Street	《芝麻街》
Smithsonian Institution	史密森尼學會
East-West Center	美國東西方中心
Shorenstein APARC	舒思深亞太研究中心
Oksenberg-Rohlen Distinguished Fellow	奧森柏格－羅倫傑出研究員
Payne Distinguished Lecturer	佩恩傑出講座教授
deputy director of National Intelligence for Analysis	美國國家情報分析副總監
Center for International Security and Arms Control	國際安全與軍控中心
Reducing Uncertainty: Intelligence Analysis and National Security	暫譯：減少不確定性：情報分析與國家安全
The New Great Game: China and South and Central Asia in the Era of Reform	暫譯：新大棋局：改革時代中國與南亞、中亞的關係
Uneasy Partnerships: China and Japan, the Koreas, and Russia in the Era of Reform	暫譯：不安的夥伴關係：改革時代中國與日本、朝鮮半島及俄羅斯的關係
Fateful Decisions: Choices That Will Shape China's Future	暫譯：決定命運：塑造中國未來的選擇
Global Policy	《全球政策》

原文	譯文
global commons	全球公域
China Quarterly	《中國季刊》
British Journal of Politics and International Relations	《英國政治與國際關係期刊》
Watson Institute for International and Public Affairs	沃森國際和公共事務研究所
chargé d'affaires	代辦
America's Continuing Misadventures in the Middle East	暫譯：美國在中東持續的冒險
Interesting Times: China, America, and the Shifting Balance of Prestige	暫譯：有趣的時代：美中威望的轉變
America's Misadventures in the Middle East	暫譯：《美國在中東的冒險》
The Diplomat's Dictionary	暫譯：外交官的詞典
Arts of Power: Statecraft and Diplomacy	暫譯：權力的藝術：國家政策與外交
Georgia Institute of Technology	喬治亞理工學院
Sam Nunn School of International Affairs	山姆能恩國際事務學院
Journal of Contemporary China	《當代中國》
Issues and Studies	《問題與研究》
Asian Security	《亞洲安全》
China's Quest: The History of the Foreign Relations of the People's Republic of China	暫譯：中國探索：中華人民共和國對外關係史
Chinese-Soviet Relations, 1937-1945	暫譯：中蘇關係
Protracted Contest: China-Indian Rivalry in the Twentieth Century	暫譯：曠日費時的較量：二十世紀的中印競爭
Face Off: China, the United States, and Taiwan's Democratization	暫譯：對峙：中國、美國及臺灣的民主化
China and Iran: Ancient Partners in a Post-Imperial World	暫譯：中國與伊朗：後帝國時代的古老夥伴
The Sino-American Alliance: Nationalist China and American Cold War Strategy in Asia	暫譯：中美同盟：民族主義中國與美國在亞洲的冷戰戰略
Foreign Relations of the People's Republic of China	暫譯：中華人民共和國對外關係
China's Decision for Rapprochement with the United States	暫譯：中國決定與美國和解
Seton Hall University	西東大學
Council on Foreign Relations	美國外交關係協會
Global Health Governance: The Scholarly Journal for the New Health Security Paradigm	《全球衛生治理：新健康安全典範》
Survival	《生存》
Public Health	《公共衛生》
Bioterrorism and Biosecurity	《生化恐怖主義與生物安全》
International Herald Tribune	《國際先驅論壇報》

原文	譯文
YaleGlobal	《耶魯全球》
South China Morning Post	《南華早報》
Governing Health in Contemporary China	暫譯：當代中國的健康治理
Barnard College	巴納德學院
Following the Leader: Ruling China, from Deng Xiaoping to Xi Jinping	《中國夢：從鄧小平到習近平》
Same Bed, Different Dreams: Managing U.S.-China Relations, 1989-2000	暫譯：同床異夢：管理美中關係
The Three Faces of Chinese Power: Might, Money, and Minds	暫譯：中國力量的三張面孔：實力、金錢與思想
The Making of Chinese Foreign and Security Policy	暫譯：中國外交與安全政策的制定
Selina Ho	何莉菁
Kuik Cheng-Chwee	郭清水
Rivers of Iron: Railroads and Chinese Power in Southeast Asia	《鐵河：鐵路與東南亞的中國力量》
John L. Thornton China Center	約翰・桑頓中國中心
Martin Indyk, 1951-	馬丁・英迪克
Michael O'Hanlon, 1961-	歐漢龍
Bending History: Barack Obama's Foreign Policy	暫譯：扭曲歷史：歐巴馬的外交政策
Wang Jisi, 1948-	王緝思
Addressing U.S.-China Strategic Distrust	暫譯：解決美中戰略不信任
Peter Singer, 1946-	彼得・辛格
Cybersecurity and US-China Relations	暫譯：網路安全與美中關係
Managing the China Challenge: How to Achieve Corporate Success in the People's Republic	暫譯：應對中國挑戰：如何在中華人民共和國取得企業成功
Governing China: From Revolution Through Reform	暫譯：治理中國：從革命到改革
Fudan-University of California Center on Contemporary China	復旦大學－加州大學當代中國研究中心
Robert Bellah, 1927-2013	羅伯特・貝拉
The Good Society	暫譯：良善社會
Habits of the Heart	暫譯：心的習慣
Pulitzer Prize	普立茲獎
C. Wright Mills Award	萊特・米爾斯獎
Morality and Power in a Chinese Village	暫譯：中國農村的道德與權力
China and the American Dream	暫譯：中國與美國夢
China's Catholics: Tragedy and Hope in an Emerging Civil Society	暫譯：中國天主教徒：新興公民社會的悲劇與希望
Democracy's Dharma: Religious Renaissance and Political Development in Taiwan	暫譯：民主法門：臺灣的宗教復興與政治發展

原文	譯文
Becky Yang Hsu	徐楊心怡
The Chinese Pursuit of Happiness: Anxieties, Hopes, and Moral Tensions in Everyday Life	暫譯：中國追求幸福：日常生活的焦慮、希望及道德緊張
George and Sadie Hyman Professor of China Studies	中國問題研究喬治與薩迪・海曼教授
The Politics of Piracy: Intellectual Property in Contemporary China	暫譯：盜版的政治：當代中國的知識產權
China's Water Warriors: Citizen Action and Policy Change	暫譯：中國水戰士：公民行動與政策變革
Brothers in Arms: Chinese Aid to the Khmer Rouge	暫譯：兄弟戰友：中國對紅色高棉的援助
Comparative Politics	《比較政治學》
International Organization	《國際組織》
May Ebihara（1934-2005）	梅・埃比哈拉
Judy Ledgerwood, 1959-	茱蒂・萊格伍德
Svay: A Khmer Village in Cambodia	暫譯：柴楨：柬埔寨的高棉村莊
British Broadcasting Corporation	英國廣播公司，簡稱BBC
School of Global Policy and Strategy	全球政策與策略學院
So Kwanlok Professor	蘇君樂講座教授
Growing Out of the Plan	暫譯：從計畫中成長
Ohira Prize	大平正芳紀念獎
The Chinese Economy: Adaptation and Growth	《中國經濟：轉型與增長》
Paul Tsai China Center	蔡中曾中國中心
Bowdoin College	鮑登學院

啟思路23　PF0334

與中國共舞：
美中關係五十年

主　　編　　石文安（Anne F. Thurston）
作 者 群　　克雷格・艾倫（Craig Allen）、瑪麗・布朗・布洛克（Mary Brown Bullock）、戴博（Robert Daly）、馮稼時（Thomas Fingar）、傅瑞珍（Carla P. Freeman）、傅立民（Chas W. Freeman Jr.）、高龍江（John W. Garver）、黃嚴忠（Yanzhong Huang）、藍普頓（David M. Lampton）、李侃如（Kenneth Lieberthal）、趙文詞（Richard Madsen）、毛雪峰（Andrew Mertha）、巴里・諾頓（Barry Naughton）、董雲裳（Susan A. Thornton）
譯　　者　　陳於勤
審　　校　　陳建元
責任編輯　　尹懷君
圖文排版　　黃莉珊
封面設計　　王嵩賀

出版策劃　　釀出版
製作發行　　秀威資訊科技股份有限公司
114 台北市內湖區瑞光路76巷65號1樓
電話：+886-2-2796-3638　傳真：+886-2-2796-1377
服務信箱：service@showwe.com.tw
http://www.showwe.com.tw
郵政劃撥　　19563868　戶名：秀威資訊科技股份有限公司
展售門市　　國家書店【松江門市】
104 台北市中山區松江路209號1樓
電話：+886-2-2518-0207　傳真：+886-2-2518-0778
網路訂購　　秀威網路書店：https://store.showwe.tw
國家網路書店：https://www.govbooks.com.tw
法律顧問　　毛國樑　律師
總 經 銷　　聯合發行股份有限公司
231新北市新店區寶橋路235巷6弄6號4F
電話：+886-2-2917-8022　傳真：+886-2-2915-6275

出版日期　　2024年7月　BOD一版
定　　價　　790元

讀者回函卡

Printed in Taiwan

國家圖書館出版品預行編目

與中國共舞：美中關係五十年 / 石文安 (Anne F. Thurston) 主編；陳於勤譯. -- 一版. -- 臺北市：釀出版, 2024.07

面；　公分. -- (啟思路；23)

BOD版

譯自：Engaging China : fifty years of Sino-American relations

ISBN 978-986-445-947-6 (平裝)

1.CST：中美關係　2.CST：美國外交政策

578.522　　113006936